les**clés**du**brevet**

W0273406

3e

CYCLE 4

Nouveau brevet

Tout-en-fiches

Français

Maths

Histoire-géo
Enseignement moral et civique

Sciences
SVT, Physique-chimie, Technologie

Anglais

Belin ÉDUCATION

Le site **clesdubrevet**.com vous propose des compléments numériques pour optimiser vos révisions :

- des **quiz** pour vérifier vos acquis
- des **cours audio mp3** accessibles par le site
- une base d'**annales** actualisée avec les sujets de l'année
- les corrigés détaillés des annales

Gratuit, quelle que soit la matière : l'accès aux quiz et aux annales et sujets type brevet.

En plus, avec l'achat de ce livre, **gratuit** : les corrigés des annales et les cours audio de votre ouvrage.

Auteurs

Français
Annabel Medina – Professeure certifiée de Lettres modernes

Mathématiques
Marc Parant – Formateur
Maya Sartout – Formatrice

Histoire-Géographie-Enseignement moral et civique
Floriane Derambure – Professeure agrégée – Lycée Watteau (Valenciennes)
Irène Jami – Professeure certifiée – Lycée Janson-de-Sailly (Paris)
François Vincent – Professeur agrégé, professeur honoraire – Lycée Janson de Sailly (Paris)

Sciences
SVT
Arnaud Van-Praët – Professeur certifié – Lycée Flora Tristan (Noisy-le-Grand)
Physique-Chimie
Mélanie Joubel – Professeure agrégée – Lycée Geoffroy Saint-Hilaire (Étampes)
Yoann Lefèvre – Professeur agrégé – Lycée Michelet (Arpajon)
Technologie
Driss Soudani – Professeur certifié – Collège des Deux Sarres (Lorquin)
Cyril Martin – Professeur certifié – Collège Louis-Armand (Moulins-lès-Metz)

Anglais
Graham Bushnell – M.A. (Oxon), RSA (Dip.Tefl)

Conception et réalisation : Archipel studio
16, rue Claude-Tillier 75012 Paris

Conception graphique couverture : Éditions Belin
Cartographie : STDI

ISBN 978-2-410-00453-3

SOMMAIRE

Français

Mathématiques

Nombres et calculs

Calcul numérique

Calcul littéral

Fonctions et gestion de données

Fonctions

Gestion de données

Géométrie

Géométrie dans le plan

Géométrie dans l'espace

Algorithmique

Algorithmique et programmation

Corrigés

Tests

Repères

Brevets blancs

Histoire-Géographie-EMC

Histoire

L'Europe, un théâtre majeur de guerres totales

Le monde depuis 1945

Françaises et Français dans une république repensée

Géographie

Dynamiques territoriales de la France contemporaine

Pourquoi et comment aménager le territoire ?

La France et l'Union européenne

Enseignement moral et civique

La citoyenneté démocratique

Tests

Repères

Brevets blancs

Attention !

Les mots suivis d'un astérisque rouge * renvoient au **lexique** p. 242.

Sciences (SVT, Physique-chimie, Technologie)

Sciences de la vie et de la Terre

La planète Terre, l'environnement et l'action humaine

Le vivant et son évolution

Le corps humain et la santé

Physique-chimie

Organisation et transformation de la matière

Mouvement et interactions

L'énergie et ses conversions

Des signaux pour observer et communiquer

Technologie

Design, innovation et créativité

Objets techniques et changements sociétaux

Modélisation et simulation des systèmes techniques

Informatique et programmation

Corrigés

Tests

Repères

Brevets blancs

Anglais

Étude de la langue

Autour du verbe

Autour du nom

La phrase

Lexique thématique

Vocabulaire : les thèmes essentiels

Mieux comprendre, mieux s'exprimer

Les outils de la communication

Civilisation et culture

Civilisation et Histoire des arts

Tests

Repères

Français

Les questions de compréhension du texte

Les questions d'étude de la langue

La dictée et la réécriture

La rédaction

1 Qu'est-ce qu'un récit ?

▶▶▶ Un récit est un texte où un narrateur raconte une histoire.

1 Une progression

▪ Un récit présente une progression. La situation du héros au **début** de l'histoire va évoluer ; les **aventures** s'enchaînent et conduisent au **dénouement***. À la **fin** de l'histoire, un équilibre est retrouvé et les aventures sont terminées.

▪ Les récits courts (nouvelles, contes) respectent cette progression. On appelle cette progression le **schéma narratif**. Les différentes étapes qui le composent sont :
- la situation initiale,
- l'élément perturbateur,
- les péripéties,
- l'élément de résolution,
- la situation finale.

▪ Quand les nouvelles présentent une fin brutale, surprenante, on parle de **chute***.

▪ Les récits longs et complexes ne présentent pas toujours une progression aussi claire.

2 Des personnages

Info +
Cette répartition des rôles des personnages est appelée le **schéma actantiel.**

▪ Un personnage est une création littéraire qui **se comporte comme une personne** : le personnage, même s'il s'agit d'un animal, a une identité, parle, agit et pense.

▪ Le personnage principal, ou **héros**, cherche à obtenir quelque chose (l'amour, la richesse…).

▪ Des personnages vont l'y aider : les **adjuvants**.

▪ D'autres seront des obstacles à sa **quête** : les **opposants**.

▪ Ceux qui vont obtenir quelque chose grâce au héros sont les **destinataires**.

3 Les temps du récit

La plupart des récits s'inscrivent dans le système du passé. L'expression « temps du récit » désigne souvent « les **temps du passé** utilisés dans un récit ».

Info +
Une action limitée dans le temps n'est pas forcément brève ; simplement on sait combien de temps elle a duré.

a/ Le passé simple

▪ C'est le temps de référence. On l'utilise pour les **actions de premier plan**, essentielles à la progression de l'histoire.

▪ Il peut être employé pour :
- des **actions soudaines** : Soudain j'**entendis** un cri !
- des **actions limitées dans le temps** : Elle **partit** pendant trois ans.
- des **actions ponctuelles** : Ce jour-là, il nous **quitta** assez tôt.

b/ L'imparfait

▪ Par opposition au passé simple, l'imparfait est le **temps de l'arrière-plan.**

▪ Il peut être employé pour :
- la **description** : Elle **était** pauvre et mal vêtue.
- des **actions non limitées dans le temps** : Elle **partait** pour longtemps.
- des **actions habituelles** ou répétées : Elle **aimait** se lever tôt.

c/ Les autres temps

▪ **Le plus-que-parfait** est utilisé **pour les actions antérieures** à celles exprimées par des verbes au passé simple ou à l'imparfait : Je pris la lettre que j'**avais reçue** la veille.

▪ Le **présent** pourra :
- exprimer une **vérité générale** : Elle se tut. Les silences **sont** souvent expressifs.
- être un **présent de narration** : Le combat allait commencer. Thibaud **se redresse**, et **frappe** son adversaire.

▪ Dans un récit s'inscrivant dans le système du présent on pourra trouver tous les temps, sauf le passé simple.

▶▶▶ Un récit complexe n'est pas simplement composé de passages narratifs. Il est enrichi de descriptions, de dialogues et d'explications.

Qu'est-ce qu'un texte théâtral ?

▶▶▶ Un texte théâtral se distingue d'un texte narratif par l'absence de narrateur. L'action repose avant tout sur le dialogue.

1 La construction d'un texte théâtral

a/ Actes et scènes

Une pièce de théâtre est généralement divisée en trois ou cinq grandes parties, appelées actes. Chaque acte est constitué de plusieurs scènes : le changement de scène correspond à l'entrée ou à la sortie d'un personnage.

b/ Étapes

- **L'exposition***: c'est le **début de la pièce** qui présente les informations nécessaires à la bonne compréhension de l'action.
Au début de la pièce de Corneille, *Le Cid*, Rodrigue et Chimène s'aiment. Mais le père de Chimène va gifler le père de Rodrigue, qui va demander à son fils de le venger, c'est-à-dire de tuer le comte, père de Chimène.
- **Le nœud de l'intrigue** : c'est le **cœur de la pièce**, qui présente l'évolution des rapports entre les personnages.
Rodrigue tue le comte ; Chimène réclame sa mort au roi ; Rodrigue est le héros d'une bataille victorieuse contre les Maures ; Chimène ne renonce pas à sa vengeance.
- **Le dénouement*** : c'est la ou les **dernières scènes** : tous les conflits sont résolus.
Croyant Rodrigue mort, Chimène révèle l'amour qu'elle éprouvait pour lui ; le roi lui apprend sa méprise et ordonne de célébrer leur mariage l'année suivante.

2 Les répliques

Les répliques* sont les **paroles prononcées** par les personnages.

a/ La tirade

C'est une **longue réplique**, qui explique les sentiments d'un personnage ou raconte un événement qui s'est produit ailleurs.
Ainsi commence la tirade de 70 vers dans laquelle Rodrigue raconte son combat contre les Maures :

Nous partîmes cinq cents ;
mais par un prompt renfort
Nous nous vîmes trois mille en arrivant au port [...]

Corneille, *Le Cid*, Acte IV, scène 3.

> **Info +**
> En ce sens un personnage peut jouer brièvement le rôle d'un narrateur.

b/ L'aparté*

Un personnage prononce, sur scène, des **paroles qui ne sont pas destinées à être entendues par les autres personnages**, mais uniquement par le spectateur. Cela donne souvent naissance à des scènes comiques.

c/ Le monologue*

Un personnage **parle alors qu'il est seul sur scène**. Il s'adresse alors à lui-même ou à un absent. Il expose ainsi ses pensées, ses réflexions et ses sentiments.
Don Diègue se lamente sur sa faiblesse :

Ô rage ! ô désespoir ! ô vieillesse ennemie !
N'ai-je donc tant vécu que pour cette infamie ?

Corneille, *Le Cid*, Acte I, scène 4.

> **Info +**
> Aparté et monologue soulignent ce qu'on appelle **la double énonciation** : derrière les paroles que les personnages s'adressent entre eux, il y a un autre destinataire : le public.

3 Les didascalies*

- Les didascalies sont les **indications de mise en scène** que l'on trouve souvent en italique ou entre parenthèses.
- Les didascalies peuvent **renseigner sur le ton**, la manière dont doivent être prononcées certaines répliques.
- Elles **informent** aussi **sur les déplacements**, **les gestes** que doivent effectuer les personnages, ou l'expression de leur visage.

(Il lui donne un soufflet.) Corneille, *Le Cid*, Acte I, scène 3.

▶▶▶ Le théâtre n'est pas qu'un texte. Une pièce en effet est écrite pour être jouée : le théâtre est donc à la fois texte et représentation.

3 Qu'est-ce qu'un poème ?

▶▶▶ La poésie est un genre littéraire très ancien, mais qui n'est pas toujours facile à définir. La poésie s'est d'abord appuyée sur la versification. Les formes plus récentes s'en éloignent.

1 La poésie versifiée

> **Info +**
> **L'alexandrin** porte ce nom en référence à une épopée médiévale écrite en vers de douze syllabes qui racontait les aventures d'Alexandre Le Grand.

a/ Des vers

▪ Un poème est souvent écrit en vers. Un vers correspond à une **ligne**. Il commence par une majuscule. La fin d'un vers ne coïncide pas forcément avec la fin de la phrase.

▪ Un vers se caractérise par le **nombre de syllabes** qu'il compte. Le *-e* en fin de mot ne compte pas comme une syllabe quand il est suivi par une voyelle ou quand il est en fin de vers ; en revanche il compte comme une syllabe lorsqu'il est suivi d'une consonne.

Que/ len/te/ment/ pa/ssent/ les/ heures (huit syllabes)
Co/mme/ pa/ss**(e)** un/ en/te/rre/ment (huit syllabes)

GUILLAUME APOLLINAIRE, « À la santé », *Alcools*, 1913.

▪ Certains vers portent des noms particuliers selon le nombre de syllabes qu'ils comportent :
- l'**octosyllabe** avec huit syllabes,
- le **décasyllabe** avec dix syllabes,
- l'**alexandrin** avec douze syllabes.

b/ Des strophes

▪ Les vers sont souvent regroupés en **petites unités** : ce sont des strophes.

▪ Certaines strophes portent des noms précis : le distique (deux vers), le **tercet** (trois vers), le **quatrain** (quatre vers), le quintil (cinq vers).

▪ Certains poèmes présentent une forme fixe. Le **sonnet** est ainsi un poème composé de deux quatrains, suivis de deux tercets.

2 La poésie libérée des contraintes

Mais la versification n'est pas un critère suffisant pour définir un poème. La poésie moderne ne présente pas toujours de vers ni de strophes.

> **Info +**
> Le mot **prose** désigne ce qui n'est pas écrit en vers.

a/ Le poème en vers libre

▪ On ne repère **aucune régularité** : ni dans le type de vers employé, ni dans les rimes, ni dans les strophes.

▪ On le distingue néanmoins de la prose par la présence d'une **majuscule au début du vers**, par le **retour à la ligne** après chaque vers, par des mises en page spécifiques, des constructions et des effets de rythme repérables.

La boucle des cheveux noirs de ta nuque est mon trésor
Ma pensée te rejoint et la tienne la croise

GUILLAUME APOLLINAIRE, « Fusée », *Calligrammes*, 1918.

b/ Le poème en prose

▪ C'est un **texte en prose** : les phrases et la ponctuation utilisées sont celles d'un texte en prose, mais les procédés poétiques, comme les **figures de style**, les **allitérations** et **assonances**, sont très employés.

J'ai embrassé l'aube d'été.
Rien ne bougeait encore au front des palais. L'eau était morte. Les camps d'ombre ne quittaient pas la route du bois. J'ai marché, réveillant les haleines vives et tièdes, et les pierreries regardèrent, et les ailes se levèrent sans bruit.

ARTHUR RIMBAUD, « Aube », *Illuminations*, 1872-1875.

▪ La mise en page est celle d'un texte en prose mais on relève une **personnification** (*J'ai embrassé l'aube d'été...*) et des **assonances** nombreuses (en « é » et en « è » notamment).

▶▶▶ Le texte poétique recherche avant tout l'expressivité : toutes les ressources du langage vont être utilisées. La mise en page particulière apparaît aussi comme un critère de reconnaissance d'un texte poétique.

Qu'est-ce qu'un texte argumentatif ?

▶▶▶ C'est un texte qui cherche à convaincre.

1 La défense d'une idée

▪ L'idée que l'émetteur défend s'appelle la **thèse***.

Exposition de la thèse

La peine de mort doit être abolie partout dans le monde.

▪ Pour appuyer sa thèse, le locuteur emploie des **arguments**, c'est-à-dire des raisons abstraites* qui prouvent que son opinion est fondée.

Argument 1 : Pour empêcher les criminels de nuire, la prison suffit.
Argument 2 : La peine de mort ne dissuade pas les criminels d'agir.
Argument 3 : La justice peut condamner des innocents.

> **Info +**
> **Abstrait** signifie qui n'est pas matériel, qu'on ne peut pas représenter. Ex. *Liberté* est un mot abstrait, tandis que *prison* est un mot **concret**.

▪ Pour illustrer ses arguments, il utilise des **exemples**, des faits concrets qui démontrent leur validité.

Exemple illustrant l'argument 2

Il n'y a pas moins de crimes dans les pays où la peine de mort existe : le taux de criminalité est le même pour la Biélorussie que pour la Lituanie, pays où la peine de mort est abolie.

2 Une pensée organisée

▪ Pour que le raisonnement soit clair aux yeux du lecteur, les différentes parties du texte argumentatif sont reliées à l'aide de mots appelés **connecteurs logiques**.

▪ Les connecteurs logiques soulignent l'**organisation d'un raisonnement**, de même que les connecteurs temporels soulignent une **progression temporelle**, et les connecteurs spatiaux l'**organisation d'une description** (voir Fiche 6).

▪ On utilise des connecteurs pour **introduire une nouvelle idée** (*de plus, ensuite…*), pour exprimer une **opposition** (*mais, cependant…*), une **cause** (*car, parce que…*) ou une **conséquence** (*c'est pourquoi, ainsi…*).

3 Exemple récapitulatif

Thèse : La peine de mort devrait être abolie dans tous les pays qui la pratiquent encore.

Argument 1 : D'abord la peine de mort n'est pas indispensable au fonctionnement d'une société : pour empêcher un criminel de nuire, la prison, à perpétuité s'il le faut, doit suffire.

Exemple 1 : Quand on condamne un meurtrier à la prison, ce n'est pas pour venger la famille du mort, **mais** pour protéger les citoyens d'un individu dangereux ; et pour cela la prison suffit.

Argument 2 : Ensuite, la peine de mort se révèle inutile : cela n'a jamais dissuadé les criminels d'agir.

Exemple 2 : **Ainsi** en 2009, le taux d'homicide est le même en Lituanie (qui ne pratique pas la peine de mort) qu'en Biélorussie (qui pratique la peine capitale).

Argument 3 : Enfin la justice est rendue par des hommes, et les hommes peuvent se tromper. **Or** s'il y a une condamnation qui ne permet pas de revenir en arrière, c'est bien la peine de mort.

Exemple 3 : **Par exemple**, en 1796, dans l'affaire du courrier de Lyon, Joseph Lesurques fut condamné à mort pour vol et meurtre. Plus tard on arrêta le véritable assassin et Lesurques fut réhabilité… ou plutôt sa mémoire car il avait déjà été guillotiné.

Rappel de la thèse : C'est pourquoi la peine de mort ne se justifie en aucun cas.

▪ Le texte argumentatif est un **texte subjectif** (le locuteur prend parti). Il se caractérise donc par des indices de subjectivité (*devrait, doit, se révèle inutile…*). Il comporte de nombreux **connecteurs logiques**. Le temps principalement employé est le **présent de l'indicatif**.

> **Info +**
> **Subjectif** se dit de ce qui est personnel.
> **Objectif** se dit de ce qui se prétend neutre, impartial.

▶▶▶ Une visée argumentative peut se rencontrer dans différents genres d'écrits : des passages de récits, de pièces de théâtre ou de poèmes peuvent être argumentatifs.

Narrateur et point de vue

▶▶▶ Un récit est un texte narratif : une histoire est racontée par un narrateur, parfois identifiable, parfois non. Sa présence se traduit toujours par le point de vue* qu'il adopte pour raconter l'histoire.

1 Le statut du narrateur

a/ Le récit à la première personne

- Parfois **le narrateur est un personnage de l'histoire**. Qu'il soit simple témoin ou personnage principal, il emploie la première personne du singulier.
- On peut connaître ou déduire son identité de ce qu'il dit.

Je suis un homme qui, depuis sa jeunesse, est empreint de la conviction profonde que la meilleure façon de vivre est celle qui consiste à se faire le moins de souci possible.

HERMAN MELVILLE, *Bartleby*, 1853.

b/ Le récit à la troisième personne

- Souvent **le narrateur n'est pas un personnage**. On ne sait rien de lui, on ne connaît pas son identité, et la première personne du singulier n'est jamais employée pour le désigner.

La comtesse d'Orgel appartenait par sa naissance à l'illustre maison des Grimoard de la Verberie.

RAYMOND RADIGUET, *Le Bal du comte d'Orgel*, 1924.

Info +
Il n'est pourtant pas un personnage de l'histoire, et on continuera à parler de récit à la 3e personne.

- Il arrive que **le narrateur interrompe son récit pour faire un commentaire.**

C'est ce que nous répondrons aux femmes, qui, les unes, trouveront Mme d'Orgel trop honnête, et les autres trop facile.

RAYMOND RADIGUET, *op. cit.*

2 Les points de vue du narrateur

a/ Le point de vue omniscient

Le narrateur en sait plus que les personnages.
Il connaît leur passé, leurs pensées, leur avenir. Il peut parler d'événements qui se déroulent en même temps dans différents lieux.

Paris se dépeuplait. L'été était avancé, François de Séryeuse ne songeait guère à partir, et, chose moins croyable, Mme d'Orgel non plus. Anne s'en étonnait, qui savait leur goût commun pour la campagne.

RAYMOND RADIGUET, *Le Bal du comte d'Orgel*, 1924.

b/ Le point de vue interne

Conseil
Relire la Fiche 7.

Le narrateur en sait autant que le personnage. Il connaît son passé et ses pensées, qui seront souvent rapportées au discours indirect libre.

Il semblait regretter que les liens de leur amitié se fussent un peu défaits. N'en était-il pas responsable ?

RAYMOND RADIGUET, *op. cit.*

c/ Le point de vue externe

Le narrateur en sait moins que le personnage. Il ne peut que décrire ce qu'il voit, et éventuellement faire des hypothèses sur ce que pensent les personnages, mais sans aucune certitude.

Ce soir-là, il y avait foule. Tout le monde s'attardait en sortant du cinéma. Un attroupement se forma, on ne sait pourquoi.

▶▶▶ Les questions sur le statut du narrateur sont très fréquentes dans les sujets de brevet. Il faut veiller à ne pas confondre narrateur et auteur. Sauf dans de rares cas, on ne peut affirmer qu'il s'agit d'une seule et même personne.
Le point de vue employé est rarement le même tout au long d'un livre. Les passages d'un point de vue interne à un autre point de vue interne sont fréquents.

La description dans un récit

Dans un récit, le déroulement des événements est souvent interrompu par des passages descriptifs, qui vont permettre aux lecteurs de se représenter les lieux ou les personnages. Dans ce dernier cas, la description s'appelle un portrait.

1 Les temps

a/ L'imparfait

Dans un récit mené au passé, la description sera à l'imparfait.

Ils arrivèrent à Chartres à six heures. La chaude lumière des dernières heures d'une journée d'été **baignait** la ville. Les maisons basses **semblaient** aussi tranquilles que des vieilles dames.

b/ Le passé simple

S'il s'agit d'une simple notation descriptive, les temps de la narration (souvent le passé simple) ne sont pas modifiés.

Ils entrèrent à l'auberge, **bâtiment bas aux poutres enfumées**, et demandèrent une chambre.

c/ Le présent

Dans un récit s'inscrivant dans le système du présent, la description sera au présent.

Je découvre la ville. Les rues pavées, les maisons basses, les habitants qui flânent **ont** un charme tout provincial.

2 L'organisation d'une description

a/ Les verbes introducteurs

- La description est souvent **amenée par le biais du regard d'un personnage.**
- Les verbes utilisés sont alors des **verbes de perception** : *découvrir, voir, s'émerveiller, observer…*

J'**observai** avec une grande attention la nouvelle venue, dont les vêtements fraîchement repassés contrastaient avec la fatigue intense qu'elle ne parvenait pas à dissimuler.

> **Info +**
> **Un verbe introducteur** permet de relier narration et description d'une manière assez naturelle, dans un passage au **point de vue interne***.

b/ L'ordre suivi

La description suit toujours un ordre. Il peut s'agir d'un **ordre spatial** (de haut en bas, de gauche à droite…) ou d'un **ordre logique** (du général au particulier, de ce qui est attendu à ce qui l'est moins…). Les **connecteurs** soulignent cette organisation.

Devant moi s'étendait la ville. Les toits étaient surplombés par la silhouette de la cathédrale qui, **au loin**, faisait entendre son carillon. **Autour**, la campagne semblait déserte.

> **Info +**
> Les **connecteurs** peuvent être temporels (*ensuite*…), spatiaux (*plus loin*…) ou logiques (*parce que*…).

c/ Remarque

La description interrompt la narration des événements et marque une pause dans le récit (voir Fiche 8 sur le rythme du récit).

3 Le vocabulaire

a/ Les adjectifs

Ils sont toujours **nombreux** dans une description : c'est leur emploi qui permet au lecteur de se représenter visuellement l'objet décrit.

C'était une **petite** femme aux cheveux **argentés**, aux yeux **noirs** et **doux**.

Albert Camus, *La Peste*, 1947.

b/ Les figures de style

La **comparaison** et la **métaphore** sont des figures fréquemment employées dans un récit.

Il arrive toujours le premier à la porte du restaurant, s'efface, laisse passer sa femme, **menue comme une souris noire**, et entre alors avec, sur ses talons, un petit garçon et une petite fille **habillés comme des chiens savants**.

Albert Camus, *op. cit.*

Une description est rarement neutre. Les termes employés ont généralement une connotation forte : la description, en effet, traduit l'état d'esprit d'un personnage.

7 Les paroles rapportées dans un récit

▶▶▶ Il existe plusieurs manières de faire parler les personnages dans un récit.

1 Le style direct

- Le narrateur choisit de rapporter les paroles directement, **telles qu'elles ont été prononcées** par les personnages.
  Il lui demanda : « **Que vas-tu faire demain** ? »
- Contrairement à la narration, les paroles ou le dialogue s'inscrivent dans le **système du présent**.
- Un **verbe introducteur de parole** (*dire, interroger, confirmer, balbutier*…) précède, interrompt ou suit les paroles. On parle de **proposition incise** quand le verbe se trouve au milieu des paroles :
  « Que vas-tu faire demain, **demanda-t-il**, et avec qui ? »
- Les paroles sont introduites par des **guillemets** ou un **tiret**. On ouvre les guillemets au début d'une prise de parole. Les tirets signalent un changement d'interlocuteur. On ferme les guillemets à la fin du dialogue.

2 Le style indirect

- Quand les paroles sont rapportées indirectement, elles sont **intégrées à la narration.**
  Il lui demanda **ce qu'elle allait faire le lendemain.**
- Elles s'inscrivent dans le **même système que la narration** : les temps, les personnes, les indications de temps et de lieu sont celles de la narration.
- Les paroles sont reliées au verbe introducteur qui les précède par un **système de subordination.**
- Il n'y a **pas de ponctuation spécifique.**

3 Le style indirect libre

- C'est un **moyen intermédiaire** de rapporter les paroles d'un personnage.
  Il la questionna. **Qu'allait-elle faire le lendemain ?**
- **Les paroles sont intégrées à la narration** : il n'y a ni guillemets, ni tiret, ni subordination.
- Les temps, les pronoms personnels, les indications de temps et de lieu sont ceux de la narration.
- **La ponctuation finale des paroles est celle qui aurait été employée au style direct** : points d'interrogation, d'exclamation, de suspension…

Info +
On utilise fréquemment le **style indirect libre** pour rapporter les pensées d'un personnage.

4 Tableau récapitulatif

	Verbe introducteur	Marque de subordination	Ponctuation	Temps	Indication de temps et de lieu
Style direct	Paroles introduites par une proposition indépendante contenant un verbe « de parole »	Pas de subordination	: « » - ponctuation des paroles : ? ! …	Système du présent, même si le récit est au passé	Aujourd'hui, hier, demain, le mois prochain, ici…
Style indirect	Paroles introduites par une proposition principale contenant un verbe « de parole »	Conjonction de subordination « que », ou mots interrogatifs comme « si, pourquoi, comment… »	Pas de ponctuation spécifique	Système des temps du récit	Le jour même, ce jour-là, la veille, le lendemain, le mois suivant, là-bas…
Style indirect libre	Pas de verbe de parole obligatoire	Pas de subordination	ponctuation des paroles : ? ! …	Système des temps du récit	Le jour même, ce jour-là, la veille, le lendemain, le mois suivant, là-bas…

▶▶▶ Dans une rédaction, il est bon de varier le type de style employé pour rapporter les paroles des personnages.

Chronologie et rythme du récit

▶▶▶ Un récit est une succession d'événements. Mais tous les événements ne sont pas racontés de la même manière : certains ne respectent pas l'ordre chronologique, d'autres sont peu ou pas mentionnés, certains enfin sont longuement détaillés.

1 L'ordre des événements

Le narrateur peut choisir de raconter, dans l'ordre, les événements qui se sont déroulés. Des **bouleversements de l'ordre chronologique** sont néanmoins possibles.

a/ Le retour en arrière

Comme un **flash-back** au cinéma, le retour en arrière* interrompt le déroulement des événements pour **revenir sur un élément du passé**, souvent à l'aide d'un verbe au **plus-que-parfait**.

Il prit la montre **que lui avait donnée son père pour son dixième anniversaire**, et me l'offrit.

b/ L'anticipation

Le déroulement chronologique est interrompu par la **mention d'un événement futur**, qui n'a pas encore eu lieu. Le **futur** ou le **conditionnel** (futur du passé) permettent de repérer ce procédé.

Elle travailla longtemps sur ce projet **qui lui rapporterait un jour une fortune colossale**.

> Info +
> **L'anticipation** est un procédé moins fréquent que le **retour en arrière**.

2 Accélérer le récit

La durée des événements racontés coïncide rarement avec le temps nécessaire pour lire l'histoire. Le narrateur peut choisir de **condenser certains passages : le rythme du récit s'accélère.**

a/ Le sommaire

Le narrateur raconte vite des événements qui ont mis du temps à se dérouler : il **résume**. Le sommaire* peut employer l'imparfait ou une série de passés simples juxtaposés. Il contient parfois une **indication temporelle**.

Elle se maria, eut des enfants, les vit grandir. Et cette vie la combla **pendant dix ans.**

b/ L'ellipse

Le narrateur **passe sous silence** un laps de temps plus ou moins long, pour créer du suspens ou parce qu'il ne présente pas d'intérêt majeur. L'ellipse* est souvent signalée par une **indication temporelle.**

Ils annoncèrent leur départ. **Deux mois plus tard** ils étaient de retour.

3 Ralentir le récit

Le narrateur peut choisir de développer, de **détailler certains passages : le rythme du récit se ralentit.**

a/ La scène

Le narrateur peut faire en sorte que **la durée des événements racontés soit (presque) identique au temps nécessaire pour les lire.** Ce procédé, appelé scène*, est souvent introduit par une **indication temporelle**, et comporte des **dialogues**. La scène marque un **moment fort de l'action.**

Il l'aperçut, un jour, sur un banc, à l'ombre de la statue. Il osa l'aborder : « Pardon… » …

b/ La pause

Le narrateur interrompt la narration pour faire une pause **descriptive ou explicative**. Nécessaire à la bonne compréhension de l'histoire, la pause peut instaurer une certaine complicité avec le lecteur, et entretient le suspens.

C'est en essayant désespérément d'échapper à ses poursuivants qu'il se retrouva dans une cave obscure. **Humide, nauséabond, le lieu n'avait aucune aération. Les murs visqueux étaient d'une couleur indéfinissable…**

▶▶▶ Les indications temporelles sont les meilleurs indices des variations de rythme du récit.

Le récit d'enfance

▶▶▶ Nombreux sont les romanciers à avoir écrit des récits, fictifs ou fidèles à la réalité, accordant une place importante à l'enfance ou à l'adolescence.

1 Caractéristiques

a/ La narration

Info +
À propos de **l'autobiographie**, reportez-vous à la Fiche 10.

- **Le personnage principal est un enfant**, ou parfois un adolescent.
- Le récit d'enfance peut être **écrit à la première ou à la troisième personne du singulier.**
- Le **point de vue* interne** sera particulièrement privilégié. Il ne s'agit pas forcément d'un texte autobiographique.
- Le récit relèvera le plus souvent du **système du passé**; mais ce n'est pas obligatoire. Ainsi *L'Enfant* de Jules Vallès est écrit dans le système du présent.

b/ Les thèmes

- Il s'agit d'un **récit de formation**: on insiste sur les événements marquants qui ont fait de l'adulte ce qu'il est.
- Le récit d'enfance peut n'être qu'une partie du livre, ou au contraire en être le centre.
- Les thèmes principaux seront la **famille**, dans ses rapports tendres ou conflictuels; l'**éducation**; les **relations avec les autres enfants.**

c/ Remarque

Le personnage de l'enfant n'acquiert une importance relative en littérature qu'à partir de la fin du XVIIIe siècle. Et c'est après la Seconde Guerre mondiale que le récit d'enfance connaît un vrai succès.

2 Quelques récits d'enfance célèbres

a/ *Vipère au poing*, d'Hervé Bazin

Jean Rezeau, narrateur et personnage principal, a été élevé avec son frère par sa grand-mère. Le retour de leur mère, qu'il va surnommer Folcoche, marque la fin d'une enfance heureuse. Il tente alors de défier par tous les moyens cette mère cruelle et perverse.

Outre notre éducation, Mme Rezeau aura une grande passion: les timbres. Outre ses enfants, je ne lui connaîtrai que deux ennemis: les mites et les épinards. Je ne crois rien pouvoir ajouter à ce tableau, sinon qu'elle avait de larges mains et de larges pieds, dont elle savait se servir. Le nombre de kilogrammètres dépensés par ces extrémités en direction de mes joues et de mes fesses pose un intéressant problème de gaspillage de l'énergie.

HERVÉ BAZIN, *Vipère au poing*, © Bernard Grasset, 1948.

b/ *La Vie devant soi*, d'Émile Ajar

Le personnage principal, Momo, dont l'âge est incertain, est élevé dans un immeuble de Belleville par Madame Rosa, qui prend en pension dans son appartement des enfants de prostituées. La narration est prise en charge par Momo: les incorrections de langage et les raccourcis de pensées font naître le rire comme l'émotion.

Info +
Émile Ajar est le pseudonyme de Romain Gary, qui obtiendra pour ce livre le **prix Goncourt en 1975**; ce prix récompense chaque année un roman méritant, et un auteur ne peut l'obtenir qu'une fois. Or Romain Gary l'avait déjà obtenu pour son roman *Les Racines du ciel* en 1956.

Elle était si triste qu'on ne voyait même pas qu'elle était moche. Je lui ai mis les bras autour du cou et je l'ai embrassée. On disait dans la rue que c'était une femme sans cœur et c'est vrai qu'il n'y avait personne pour s'en occuper. Elle avait tenu le coup sans cœur pendant soixante-cinq ans et il y avait des moments où il fallait lui pardonner.
Elle pleurait tellement que j'ai eu envie de pisser.

ROMAIN GARY (ÉMILE AJAR), *La Vie devant soi*, © Mercure de France, 1975.

▶▶▶ D'autres récits d'enfance sont très célèbres, tels que *Le Grand Meaulnes* d'Alain-Fournier, *La Maison de Claudine* de Colette, *Le Baron perché* d'Italo Calvino.

L'autobiographie

▶▶▶ L'écriture de soi se retrouve souvent dans les textes autobiographiques*, textes où l'auteur fait lui-même le récit de sa propre vie.

1 Caractéristiques

- **L'auteur, le narrateur et le personnage principal sont une seule et même personne.** L'accent est mis sur certaines étapes essentielles dans la vie de l'individu, et notamment la naissance et l'enfance.
- L'auteur s'engage à **être sincère**, à ne pas altérer ou modifier la vérité.

C'est **rien que du vrai**. Je veux dire, il n'y a **rien d'inventé**. Ce gosse, c'est moi quand j'étais gosse, avec mes **exacts** sentiments de ce temps-là. Enfin je crois.

François Cavanna, *Les Ritals*, Belfond, 1978.

- **L'idéal de sincérité a des limites**; la vérité absolue est impossible, le souvenir qu'en a gardé l'adulte est forcément différent de l'événement vécu par l'enfant:

Disons que c'est le gosse de ce temps-là revécu par ce qu'il est aujourd'hui, et qui ressent tellement fort l'instant qu'il revit qu'il ne peut pas imaginer l'avoir vécu autrement.

François Cavanna, *op. cit.*

- Le récit est rétrospectif et **mêle système du passé et système du présent**: les événements vécus sont racontés au passé, mais ils sont commentés et analysés au présent, temps de l'écriture.

Ces différents souvenirs s'associent pour moi à la menace que me fit un jour mon frère aîné de m'opérer de l'appendicite à l'aide d'un tire-bouchon […].

Michel Leiris, *L'Âge d'homme*, © Gallimard, 1939.

- La lettre, le journal intime ne répondent pas à la définition exacte du genre autobiographique. L'auteur, le narrateur et le personnage principal sont bien identiques, mais l'écriture se fait au jour le jour, elle n'est pas rétrospective.

2 Des autobiographies célèbres

a/ *Enfance*, de Nathalie Sarraute

L'auteur raconte certains épisodes de son enfance à son double, qui lui pose des questions, l'interroge sur la véracité du souvenir ou l'encourage à l'analyser.

Maman me lit de sa voix grave, sans mettre le ton… les mots sortent drus et nets… par moments j'ai l'impression qu'elle ne pense pas beaucoup à ce qu'elle lit… quand je lui dis que j'ai sommeil ou que je suis fatiguée, elle referme le livre très vite,
il me semble qu'elle est contente de s'arrêter…
– Tu sentais vraiment cela à ce moment?
– Je crois que oui, je le percevais, mais je ne portais sur elle aucun jugement... N'était-il pas naturel qu'un livre pour enfants n'intéresse pas une grande personne qui aime lire les livres difficiles?

Nathalie Sarraute, *Enfance*, © Gallimard, 1983.

b/ *Le Livre de ma mère*, d'Albert Cohen

Dans cet écrit autobiographique, l'auteur accorde une large place à ses souvenirs d'enfance auprès d'une mère aimante et aimée, dont il n'arrive pas à accepter la mort.

Pleurer sa mère, c'est pleurer son enfance. L'homme veut son enfance, veut la revoir, et s'il aime davantage sa mère à mesure qu'il avance en âge, c'est parce que sa mère, c'est son enfance. J'ai été un enfant, je ne le suis plus et je n'en reviens pas. Soudain je me rappelle notre arrivée à Marseille. J'avais cinq ans. En descendant du bateau, accroché à la jupe de Maman, coiffé d'un canotier orné de cerises, je fus effrayé par les trams, ces voitures qui marchaient toutes seules. Je me rassurai en pensant qu'un cheval devait être caché dedans.

Albert Cohen, *Le Livre de ma mère*, © Gallimard, 1954.

Système du passé (*j'avais cinq ans*) et système du présent (*je me rappelle*) sont mêlés dans ce récit d'un souvenir marquant: l'arrivée en France.

▶▶▶ De nombreux écrivains ont écrit leur autobiographie, tels que Michel Leiris (*L'Âge d'homme*), Colette (*Sido*) ou Romain Gary (*La Promesse de l'aube*).

11 La comédie

▶▶▶ Une comédie est une pièce de théâtre qui cherche à divertir, à faire rire le spectateur.

Info +
La commedia dell'arte est un genre théâtral venu d'Italie et très en vogue au XVIIe siècle, Elle met en scène des personnages encore célèbres aujourd'hui : Arlequin, Pierrot…

1 Les personnages

▪ Ils appartiennent à un **univers ordinaire**. Toutes les classes sociales sont représentées, mais les personnages principaux sont **le plus souvent des bourgeois ou des gens du peuple.**
▪ Il s'agit souvent de **personnages types**, caricaturaux : le vieillard amoureux, la servante effrontée, le domestique rusé… Ils s'inspirent de la ***commedia dell'arte***, qui répartit les personnages en familles : les vieillards, les valets, les servantes, les amoureux.
▪ Dans la pièce de Molière *L'Avare*, on trouve ainsi le vieillard cupide, l'entremetteuse attirée par l'argent, la jeune ingénue, etc.

2 Les thèmes

▪ Les thèmes* relèvent aussi du quotidien. **L'amour et l'argent** sont les sujets principaux, présentés à travers **les relations entre parents et enfants.**
▪ Dans *L'Avare*, les mariages souhaités par les enfants d'Harpagon n'ont pas l'accord du père, car les partis choisis sont sans fortune.
▪ Les **travers**, les **défauts** des hommes sont aussi exposés. *L'Avare* traite de l'avarice, *Le Malade imaginaire* des médecins charlatans, *Tartuffe* de l'hypocrisie…
▪ Le **dénouement* est heureux**. Les enfants d'Harpagon épouseront les partis souhaités, et le vieil avare retrouvera son trésor.
▪ **Remarque** : la comédie classique tout comme la tragédie classique, devait obéir à la **règle des trois unités**.

Conseil
Relire la Fiche 12.

3 Les procédés comiques

a/ Le comique de gestes

Le comique repose parfois sur les gestes et les déplacements des personnages. Cette forme de comique rapproche la comédie d'un autre type de pièces, la **farce**.

Élise, ***elle fait une révérence*** – Je ne veux point me marier, mon père, s'il vous plaît.
Harpagon, ***il contrefait sa révérence*** – Et moi, ma petite fille, ma mie, je veux que vous vous mariiez, s'il vous plaît.

Molière, *L'Avare*, acte I, scène 4.

b/ Le comique de mots

La comédie s'appuie souvent sur les mots : répétitions, injures, **néologismes** qui forment ce qu'on appelle le comique de mots.

Cléante – Vous êtes résolu, dites-vous… ?
Harpagon – D'épouser Mariane.
Cléante – **Qui, vous ? vous ?**
Harpagon – **Oui, moi, moi, moi** […]

Molière, *op. cit.*

c/ Le comique de situation

Certaines situations font naître le rire. C'est le cas du **quiproquo**, ou malentendu entre deux personnes qui croient parler de la même chose. Dans l'exemple précédent, l'étonnement de Cléante fait suite à un quiproquo : Harpagon faisait l'éloge de Mariane, et Cléante pensait qu'il allait la lui donner pour épouse.

d/ Le comique de caractère

Le comique peut s'appuyer sur les **travers des personnages**. Dans *L'Avare* de Molière, Harpagon est tellement avare qu'il en vient à se soupçonner lui-même du vol dont il est victime.

Rends-moi mon argent, coquin… (*Il se prend lui-même le bras.*)
Ah ! c'est moi.

Molière, *op. cit.*, scène 7.

▶▶▶ Une comédie cherche toujours à faire rire, mais souvent aussi, en critiquant la conduite d'un ou plusieurs personnages, à montrer qu'il faut éviter certains comportements. La comédie a donc parfois une vocation morale.

La tragédie

▶▶▶ La tragédie est une pièce en cinq actes, grave et pathétique, dont le dénouement* est malheureux.

1 Les personnages

- Le sujet des tragédies est emprunté aux mythes et légendes de l'antiquité gréco-romaine, ou à l'histoire, et les personnages principaux appartiennent toujours à **la noblesse**.
- La pièce de **Racine**, *Andromaque*, reprend des personnages d'Homère : après la chute de Troie, Andromaque, veuve d'Hector, et son fils Astyanax sont devenus les esclaves de Pyrrhus, le fils d'Achille.
- Ils s'expriment dans un **langage** noble, élevé, **soutenu** et **en vers**, surtout en **alexandrins**.

ANDROMAQUE - Je passais jusqu'aux lieux où l'on garde mon fils.
Puisqu'une fois le jour vous souffrez que je voie
Le seul bien qui me reste et d'Hector et de Troie,
J'allais, Seigneur, pleurer un moment avec lui :
Je ne l'ai point encore embrassé d'aujourd'hui.

RACINE, *Andromaque*, acte I, scène 4.

2 L'action

a/ Les thèmes

- **L'amour, l'honneur, la responsabilité politique** sont les thèmes* majeurs de la tragédie.
- **La fatalité** pèse sur les personnages. Leur marge de liberté est très limitée, leur avenir est déjà écrit.

b/ Le dilemme

- Le personnage est toujours face à un dilemme, un **choix difficile entre raison et passion**.
- Pyrrhus est tombé amoureux d'Andromaque et la menace de s'en prendre à son fils si elle ne lui cède pas. Andromaque est face à un choix impossible : être fidèle à la mémoire de son époux Hector et voir mourir son fils ; ou sauver son fils en épousant le fils du meurtrier de son époux.

PYRRHUS - Je meurs si je vous perds, mais je meurs si j'attends.
Songez-y : je vous laisse, et je viendrai vous prendre
Pour vous mener au temple où ce fils doit m'attendre.
Et là vous me verrez, soumis ou furieux,
Vous couronner, Madame, ou le perdre à vos yeux.

RACINE, *op. cit.*, acte III, scène 7.

3 Les règles de la tragédie

Il s'agit des règles de la tragédie « classique », c'est-à-dire du XVIIe siècle français.

a/ La règle des trois unités

- L'unité de **temps** : l'action doit se dérouler **en moins d'une journée**.
- L'unité de **lieu** : l'action doit se dérouler dans **un lieu unique.**
- L'unité d'**action** : l'action doit être unifiée autour d'**un sujet principal**.

b/ La règle de l'unité de ton

Il ne faut pas mélanger les tons : **le comique est interdit** dans une tragédie.

c/ La règle des bienséances

On ne doit **pas présenter sur scène des spectacles choquants** pour le spectateur : la mort, la violence ne seront pas montrées, mais simplement racontées par un personnage.

d/ La règle de la vraisemblance

On ne doit trouver **aucune invraisemblance** dans le déroulement d'une tragédie.

> **Info +**
> **Les pièces de Shakespeare** n'obéissent pas, par exemple, à la règle de l'unité de ton : on trouve souvent dans ses tragédies des passages comiques, voire bouffons.

▶▶▶ La tragédie devait provoquer chez le spectateur deux réactions : la pitié pour le héros accablé de malheurs, et la crainte devant un destin aussi funeste.

13 Le théâtre engagé

▶▶▶ Le théâtre est un lieu d'expression, il véhicule des idées. Accessible à tous, même aux spectateurs qui ne savent pas lire, il a longtemps été considéré comme un lieu où la critique populaire pouvait s'exprimer.

1 Le théâtre censuré

- Historiquement, le théâtre a toujours été censuré. **La censure est l'interdiction décidée par le pouvoir** politique ou religieux, qui frappe une pièce vue comme dangereuse pour ce même pouvoir.
- Molière est un auteur comique, mais aussi un dénonciateur. Le pouvoir royal ne s'y trompe pas et comprend que ses pièces sont un instrument aisé pour faire passer une **parole politique**. *Tartuffe* est interdit à deux reprises, *Don Juan* est interrompu à la quinzième représentation : toutes deux sont jugées injurieuses envers la religion.
- Au XVIIIe siècle, la pièce de Beaumarchais, *Le Mariage de Figaro,* est interdite de représentation pendant sept ans. Le passage suivant explique en quoi consiste la censure :

> [...] pourvu que je ne parle en mes écrits ni de l'autorité, ni du culte, ni de la politique, ni de la morale, ni des gens en place, ni des corps en crédit, ni de l'Opéra, ni des autres spectacles, ni de personne qui tienne à quelque chose, je puis tout imprimer librement, sous l'inspection de deux ou trois censeurs.

BEAUMARCHAIS, *Le Mariage de Figaro*, acte V, scène 3.

- À travers le divertissement, **le théâtre est vu comme lieu d'expression politique ou de révolte.**

2 Le théâtre militant au XXe siècle

Pendant et au lendemain de la Seconde Guerre mondiale, de nombreux dramaturges ne veulent plus que l'on considère le théâtre comme un amusement. Ils travaillent alors à la **création d'un théâtre engagé politiquement**, au cœur d'une réflexion citoyenne.

a/ Le théâtre populaire

En 1947, **Jean Vilar** entreprend de réformer le théâtre. Il veut le rendre plus populaire, c'est-à-dire accessible à tous et mettant **l'homme au centre de son entreprise**. De nombreux comédiens l'accompagnent dans son projet : Gérard Philipe, Philippe Noiret, Jeanne Moreau.

b/ Des pièces politiques

D'autres auteurs de théâtre s'inspirent directement des événements historiques et politiques pour leurs pièces.

> **Info +**
> La date de « **création** » d'une pièce est la date à laquelle elle est jouée pour la première fois.

- En 1943, **Jean-Paul Sartre** crée une pièce intitulée *Les Mouches*. La pièce, qui reprend le mythe ancien des Atrides (la famille d'Agamemnon), **pose le problème de la liberté**. Le personnage d'Oreste est la figure du résistant, qui combat l'injustice. Le tyran Égisthe finit assassiné. Le mythe ancien des Atrides sauvegarde la pièce de la censure, mais les allusions importantes contre la collaboration menée à l'époque furent parfaitement comprises.
- 1966 est l'année de la création d'une pièce de **Jean Genet**, *Les Paravents,* qui se déroule pendant la guerre d'Algérie. De nombreuses manifestations gênent les représentations, et des débats sur la pièce se déroulent à l'Assemblée Nationale : la pièce prend violemment parti **contre le colonialisme français et la domination occidentale**.

> LEÏLA – [...] Que j'arrive en taule avec une gueule pleine de bleus, mes tifs collés par mes larmes, par ma morve et bancale à cause d'une côte défoncée...
> LE GENDARME – Tu sais bien qu'on ne peut plus vous traiter comme avant. *(Un peu déconcerté.)* On veut être humain, je suis de ceux qui veulent être humains, et c'est vous qui cherchez les coups.

JEAN GENET, *Les Paravents*, © Gallimard, 1966.

▶▶▶ Le théâtre engagé défend des convictions et s'inscrit dans une certaine actualité.

Sonorités, rythmes et images

▶▶▶ Un texte poétique fait appel à toutes les ressources du langage.

1 Les jeux sur les sonorités

a/ Les rimes

- Une rime est la répétition d'un même son en fin de vers.
- On dit qu'une rime est **pauvre** (un son en commun : *raison/passion*), **suffisante** (deux sons en commun : *mort/corps*), ou **riche** (trois sons au plus en commun : *détestable/insaisissable*).
- Dans la poésie versifiée, il existe des schémas types expliquant la répartition des rimes : les **rimes plates** (*aabb*) : les rimes se suivent, le vers 1 rime avec le vers 2, le vers 3 avec le vers 4, etc. ; les **rimes croisées** (*abab*) : les rimes sont alternées, le vers 1 rime avec le vers 3, le vers 2 rime avec le vers 4, etc. ; les **rimes embrassées** (*abba*) : le vers 1 rime avec le vers 4, le vers 2 rime avec le vers 3.

Info +
Un même poème peut combiner différents schémas de rimes.

b/ L'allitération

C'est la **répétition d'un son consonantique**, c'est-à-dire d'un son dû à la présence d'une consonne.

Sous **l**e pont Mirabeau cou**l**e **l**a Seine / Et nos amours / Faut-i**l** qu'i**l** m'en souvienne

Guillaume Apollinaire, « Le Pont Mirabeau », *Alcools*, © Gallimard, 1913.

c/ L'assonance

- C'est la **répétition d'un son vocalique**, c'est-à-dire d'un son dû à la présence d'une voyelle.

S**ou**s le pont Mirabeau c**ou**le la Seine / Et nos am**ou**rs / Faut-il qu'il m'en s**ou**vienne

Guillaume Apollinaire, *op. cit.*

- Ces répétitions peuvent souligner l'importance d'un mot par le retour des sons qui le composent.

2 Les procédés de rythme

a/ Les coupes

Ce sont les **pauses** qui suivent chaque syllabe accentuée à l'intérieur d'un vers.

La tempête/ a béni/ mes éveils/ maritimes. (3/3/3/3) Arthur Rimbaud, *Le Bateau ivre*, 1871.

b/ Enjambement et rejet

- Lorsque la proposition ne s'arrête pas à la fin du vers mais **déborde sur le suivant**, on parle d'**enjambement**.

J'aurais voulu montrer aux enfants ces dorades
Du flot bleu, ces poissons d'or, ces poissons chantants. Arthur Rimbaud, *op. cit.*

- Lorsque ce **débordement est très bref** (un mot ou un groupe de mots), on parle de **rejet**.

L'eau verte pénétra ma coque de sapin
Et des taches de vins bleus et des vomissures
Me lava, dispersant gouvernail et grappin. Arthur Rimbaud, *op. cit.*

- On parle de **contre-rejet** lorsqu'une **proposition commence avec les derniers mots du vers précédent**.

J'ai vu des archipels sidéraux ! **et des îles** / Dont les cieux délirants sont ouverts au vogueur.

Arthur Rimbaud, *op. cit.*

3 Les images

a/ La comparaison

Les plaques les avis à la façon des perroquets criaillent Guillaume Apollinaire, « Zone », *op. cit.*

On établit une ressemblance entre les avis affichés sur les murs (comparé) et des perroquets (comparant).

b/ La métaphore

Tu es la nuit dans un grand restaurant Guillaume Apollinaire, *op. cit.*

L'identité est posée entre ce « tu » et « la nuit ».

c/ La personnification

Bergère ô tour Eiffel le troupeau des ponts bêle ce matin Guillaume Apollinaire, *op. cit.*

Dans cet exemple, la tour Eiffel est personnifiée en bergère.

15 La poésie engagée

Beaucoup de poètes mettent leur art au service de leurs idéaux politiques. On trouve de nombreux exemples au XXe siècle de cette poésie engagée, toujours ancrée dans l'Histoire.

1 Des thèmes politiques

a/ La résistance en temps de guerre

Contre celui qui est désigné comme l'ennemi, **les poètes s'engagent dans différents conflits** tout au long du siècle.

Ce cœur qui haïssait la guerre voilà qu'il bat pour le combat et la bataille !
Ce cœur qui ne battait qu'au rythme des marées, à celui des saisons, à celui des heures du jour et de la nuit, [...]
Révolte contre Hitler et mort à ses partisans !
Pourtant ce cœur haïssait la guerre et battait au rythme des saisons,
Mais un seul mot : Liberté a suffi à réveiller les vieilles colères
Et des millions de Français se préparent dans l'ombre à la besogne que l'aube proche leur imposera.

ROBERT DESNOS, *Ce cœur qui haïssait la guerre*, 1940, rééd. © Gallimard, 1975.

b/ La résistance aux guerres injustes

- Nombre de poètes se sont engagés **contre les guerres** menées par les États au XXe siècle.
- La chanson suivante, par exemple, fut interdite parce qu'elle dénonçait la politique de la France pendant les guerres d'indépendance de ses anciennes colonies.

Et je dirai aux gens : / Refusez d'obéir / Refusez de la faire
N'allez pas à la guerre / Refusez de partir

Boris Vian, « Le Déserteur », 1re diffusion mai 1954.

2 La forme libre

- La poésie versifiée peut être utilisée, mais **le vers libre est le plus exploité** dans la poésie engagée. Les strophes, les vers au nombre de syllabes régulier, les rimes, disparaissent au profit de vers souvent plus longs, plus amples.
- C'est le cas, par exemple, dans les poèmes de Césaire en faveur des populations colonisées :

Histoire je conte / L'Afrique qui a pour armes
Ses poings nus son antique sagesse sa raison toute nouvelle

AIMÉ CÉSAIRE, « Le temps de la liberté », 1941.

3 Les visées

a/ Marquer le lecteur

La poésie engagée veut frapper l'esprit du lecteur. Pour lui laisser une impression forte, le **registre épique** est fortement utilisé.

O mes frères dans les prisons vous êtes libres
Libres les yeux brûlés les membres enchaînés
Le visage troué les lèvres mutilées
Vous êtes ces arbres violents et torturés
Qui croissent plus puissants parce qu'on les émonde

PIERRE EMMANUEL, « Hymne de la liberté », 1942.

Info +
Un **registre** désigne la tonalité d'un texte par différents procédés. On parle de registre épique pour un texte qui utilise l'amplification, pour susciter la crainte, mais aussi l'admiration et l'exaltation.

b/ Pousser le lecteur à agir

Les poètes veulent **pousser le lecteur à réfléchir et à agir**. Leur **mission**, le rôle de guide qu'ils doivent jouer auprès de leurs semblables est particulièrement développé.

Car vous marchez sans but sans savoir que les hommes
Ont besoin d'être unis d'espérer de lutter
Pour expliquer le monde et pour le transformer

PAUL ÉLUARD, « La poésie doit avoir pour but la vérité pratique », *Poèmes politiques*, © Gallimard, 1948.

La révolte et le combat sont des thèmes majeurs de la poésie engagée.

La poésie contemporaine : nouveaux regards sur le monde

▸▸▸ Tout au long du XXe siècle, les poètes vont suivre différentes directions. À côté de la poésie engagée liée aux grands bouleversements de l'Histoire, d'autres possibilités s'offrent à eux.

1 Abandonner les contraintes formelles

Certains poètes, comme Guillaume Apollinaire, vont donner une **grande liberté** formelle à leur poésie.

- Les formes et les **strophes sont variées.**
- On accorde une plus grande **importance à l'assonance** qu'à la rime.
- La **ponctuation est absente** : le rythme à l'intérieur du vers et les coupes suffisent.
- Le **calligramme**, où la disposition des mots sur la page indique leur sens, en est un exemple :

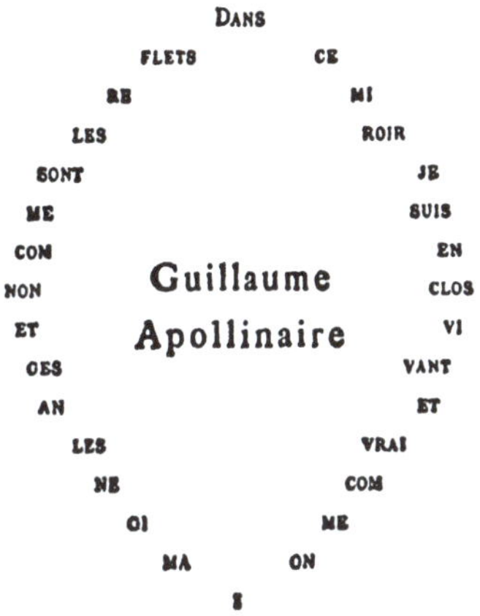

DANS CE MIROIR JE SUIS ENCLOS VIVANT ET VRAI COMME ON IMAGINE LES ANGES ET NON COMME SONT LES REFLETS

GUILLAUME APOLLINAIRE, extrait de « Cœur couronne et miroir », recueilli dans *Calligrammes*, © Gallimard, 1925.

2 Explorer d'autres thèmes

- D'autres poètes vont totalement **repenser les thèmes***. Dans *Le Parti pris des choses*, Francis Ponge s'intéresse à la **banalité du quotidien**, et s'arrête ainsi sur différents objets : l'huître, le pain, le cageot… Il s'agit de rendre compte de leur beauté.

À mi-chemin de la cage au cachot la langue française a cageot, simple caissette à claire-voie vouée au transport de ces fruits qui de la moindre suffocation font à coup sûr une maladie.

FRANCIS PONGE, *Le Parti pris des choses*, © Gallimard, 1942.

- Le poète **prend les choses pour en faire des paroles, et que les paroles deviennent des choses**. Pour ce faire il utilise la forme du « **proême** », qui cherche à confondre poème et prose.

3 Adopter de nouvelles contraintes

- D'autres poètes enfin, rassemblés autour du groupe de l'**Oulipo**, vont privilégier l'**aspect ludique** de la poésie, en s'accommodant des anciennes contraintes formelles et en en inventant de nouvelles.
- Jean Lescure s'amuse dans ce poème à reproduire un bégaiement.

Couvrez vraiment l'été, ténèbres !
Terre, tes ruines sont songeuses.
Pour pourrir rire est une heureuse
Ruse, uses-en ô l'ivre de tes fûts funèbres.

JEAN LESCURE, « Poème pour bègue », *Oulipo, la littérature potentielle*, © Gallimard, 1973.

Info +
C'est dans ce même esprit que GEORGES PÉREC publie en 1969 le roman *La Disparition*, lequel ne comporte aucun « e ».

▸▸▸ La poésie contemporaine française est donc très diverse, dans les formes adoptées comme dans les thèmes traités.

17 Témoignage et dénonciation

▶▶▶ Certains récits sont porteurs d'un regard sur l'histoire et le monde contemporain. Le récit peut servir à témoigner sur le monde qui nous entoure, les événements historiques et les nouvelles idéologies.

1 Caractéristiques

Info +
L'implicite est ce qui est **sous-entendu** : le lecteur comprend de quoi il s'agit, même si ce n'est pas dit clairement.

- Cette forme de narration permet, de manière explicite ou implicite, de rapporter des faits réels.
- Ces récits peuvent revêtir **différentes formes** : récits à la troisième ou à la première personne, autobiographiques ou non.
- Ils ont pour **thème* principal un événement fondamental dans l'histoire** de notre époque, comme la Première Guerre mondiale par exemple.
- Ils portent **un regard critique sur notre monde**, sur les événements passés, présents ou craints pour l'avenir.

2 Quelques récits de témoignages célèbres

a/ *À l'Ouest rien de nouveau*, E. M. Remarque

- L'auteur, qui a lui-même été soldat pendant la Première Guerre mondiale, voit son livre publié en 1928.
- Paul, le narrateur, s'engage volontairement dans l'armée allemande.
- Confronté à l'atrocité de la guerre, **il dénonce les mensonges** qui ont permis une situation aussi absurde qu'inhumaine.

> Je vois que les peuples sont poussés l'un contre l'autre et se tuent sans rien dire, sans rien savoir, follement, docilement, innocemment. Je vois que les cerveaux les plus intelligents de l'univers inventent des paroles et des armes pour que tout cela se fasse d'une manière encore plus raffinée et dure encore plus longtemps.

Erich Maria Remarque, *À l'Ouest rien de nouveau*, 1929,
© Éditions Stock pour la traduction française, 2009.

b/ *La Ferme des animaux*, George Orwell

- Ce court roman, paru en 1945, raconte comment des animaux de ferme se révoltent contre les humains. Ce sont les cochons qui dirigent le nouveau régime.
- **Par la fiction animale, c'est la mise en place des régimes totalitaires humains qui est décrite.** Les règles égalitaires établies au début de la révolte (appelées les « Sept Commandements ») sont peu à peu abandonnées.
- L'âne Benjamin découvre un dernier changement :

> Benjamin, pour une fois consentant à rompre avec ses principes, lui lut ce qui était écrit sur le mur. Il n'y avait plus maintenant qu'un seul Commandement. Il énonçait :
>
> Tous les animaux sont égaux
> Mais certains sont plus égaux que d'autres.
>
> Après quoi le lendemain il ne parut pas étrange de voir les cochons superviser le travail de la ferme le fouet à la patte.

George Orwell, *La Ferme des animaux*, 1945, Champ Libre/Ivréa, 1981.

c/ *Effroyables jardins*, Michel Quint

- Cette nouvelle évoque les lois du gouvernement de Vichy pendant la Seconde Guerre mondiale, période trouble où **les vrais héros ne sont pas forcément ceux qu'on croit.**
- L'auteur dédicace ainsi son texte :

> À la mémoire de mon grand-père Leprêtre, ancien combattant de Verdun, mineur de fond, et à celle de mon père, ancien résistant, professeur, qui m'ont ouvert en grand la mémoire de l'horreur et fait pourtant apprendre la langue allemande, parce qu'ils sentaient bien que le manichéisme en histoire est une sottise.

Michel Quint, *Effroyables jardins*, Joëlle Losfeld, 2000.

▶▶▶ Les récits de témoignage racontent des faits réels par l'intermédiaire d'un narrateur en empruntant différentes techniques littéraires.

La satire

Certains écrits, certains dessins s'attaquent à quelque chose ou à quelqu'un, en s'en moquant. On appelle satiriques ces œuvres qui servent à dénoncer un comportement en le ridiculisant.

1 Les œuvres satiriques

La satire peut être présente dans des supports variés : images et textes satiriques relèvent souvent de genres très différents.

a/ La fable

- C'est un **récit court**, en prose ou en vers, qui illustre une **morale**, le plus souvent exprimée à la fin. Parmi les fabulistes les plus célèbres, il faut retenir les noms d'Ésope, Jean de La Fontaine ou Jean-Pierre Claris de Florian.
- La première partie est composée de passages narratifs, au passé, et de dialogues. La moralité, plus courte, est rédigée au présent. On parle alors de **présent de vérité générale**, puisque la chose est présentée comme vraie pour tout le monde.
- L'anecdote amusante sert à critiquer un comportement humain. Même lorsque les personnages sont des animaux, ce sont, par le biais d'une **personnification**, les hommes qui sont visés.

b/ Le conte philosophique

- C'est une **histoire fictive**, qui rappelle le conte traditionnel par certains aspects : des événements merveilleux, irréels peuvent se produire ; on retrouve parfois la formule initiale « Il était une fois ».
- Les aventures du héros révèlent les **défauts** et les **travers** des mondes et des sociétés qu'il visite.
- Voltaire a écrit de nombreux contes philosophiques : *Jeannot et Colin, Micromégas, Candide ou l'optimisme*…

c/ La caricature

- C'est un portrait qui **déforme** certains traits du sujet. La personne est ainsi ridiculisée.
- Le plus souvent, il ne s'agit pas seulement de se moquer du physique d'une personne ; la déformation est la **métaphore d'un défaut** que l'on dénonce.

2 Les procédés de la satire

a/ L'imitation

- Présentés dans un contexte différent, un texte, une personne, une idée peuvent devenir ridicules. Il s'agit alors d'une **parodie**.
- Pour qu'une parodie soit réussie, le public doit reconnaître immédiatement le modèle : les correspondances et les changements doivent être évidents.
- La parodie peut prendre **différentes formes** : récit, scène de théâtre, chanson, film etc.

b/ L'exagération

- Pour tourner en ridicule une personne ou une situation, on peut grossir ou **exagérer** certaines de ses caractéristiques.
- L'**hyperbole** est une figure d'exagération fréquemment utilisée dans un texte satirique.

> **Info +**
> La **caricature** repose essentiellement sur le procédé d'**exagération**.

c/ L'ironie

- Elle repose sur un **décalage** entre une situation et les mots employés pour décrire cette situation, qui ne s'y appliquent pas.

> Monsieur le baron était un des plus puissants seigneurs de la Westphalie car son château avait une porte et des fenêtres.
>
> Voltaire, *Candide*.

- Une des figures privilégiées de l'ironie est l'**antiphrase**. Sous la plume de Voltaire, les cellules d'une prison deviennent :

> des appartements d'une extrême fraîcheur, dans lesquels on n'était jamais incommodé du soleil.
>
> Voltaire, *Candide*.

La satire poursuit un but moral : dénoncer les travers de la société. Elle obtient la complicité du public en faisant naître le rire. Elle peut relever de genres, de formes, et d'arts différents.

L'image argumentative

▶▶▶ Chaque image est produite avec une intention et cherche à provoquer un effet. On peut donc lire une intention argumentative dans la plupart des images.

1 Les caractéristiques de l'image

a/ Le support

▪ Les supports peuvent être **variés** : il peut s'agir d'un tableau, d'une photographie, d'une affiche, d'un document audiovisuel, d'un dessin de presse, etc. On distingue deux grandes catégories : l'image fixe et l'image animée.
▪ La **taille** du support, la **technique** utilisée, les **plans**, les **angles de vue**, les **couleurs** et les **formes** sont signifiants.

b/ Le contexte

▪ L'image est souvent accompagnée d'un **titre** ou d'une légende qui en précise le sens.
▪ L'**année** de production et l'identité de l'**auteur** de l'image sont des informations indispensables.

c/ Le destinataire

▪ Elle s'adresse toujours à quelqu'un qu'elle veut convaincre. Identifier le destinataire de l'image permet de mieux comprendre ses visées.
▪ Plus rapidement lisible qu'un long texte, l'image est souvent percutante. Elle utilise des moyens qui frappent le destinataire et suscitent en lui une émotion : compassion, rire, rejet, révolte…

Info +
Comme pour un **texte argumentatif**, il faut identifier le thème, la thèse et les arguments utilisés.

2 Les objectifs de l'image

a/ Susciter l'engagement

▪ L'image argumentative cherche à faire réagir le destinataire, à le pousser à agir.
▪ Deux stratégies peuvent être utilisées, souvent de manière complémentaire : celle qui s'efforce de **convaincre** et qui repose sur des arguments rationnels ; et celle qui cherche à **persuader**, en s'appuyant davantage sur les émotions.

b/ Faire de la propagande

▪ La propagande est une forme de communication utilisée par les **pouvoirs politiques** pour inciter la population à penser et/ou à agir d'une certaine manière.
▪ Les exemples les plus célèbres de propagande sont les affiches utilisées par les **dictatures nazie et soviétique** au XXe siècle, pour vanter la supériorité de leur régime.

c/ Faire de la publicité

L'image peut aussi chercher à susciter chez son destinataire un **acte d'achat**.

3 Exemple d'analyse d'une image argumentative : *Guernica* de Picasso

Nature du support	Huile sur toile monumentale (plus de 3,5 m x 7, 7).
Date et contexte de production	1937, pendant la guerre civile espagnole, juste après le bombardement de la ville espagnole de Guernica par les troupes allemandes et italiennes.
Émetteur et destinataire	Peinture de Picasso faite à Paris pour l'Exposition universelle de 1937, destinée à être vue par le plus grand nombre.
Thème	Le bombardement de la ville de Guernica.
Thèse	Dénoncer la violence des troupes franquistes et fascistes, et plus généralement encore dénoncer l'horreur de la guerre.
Arguments	– Ce fut un massacre. – Des civils innocents ont péri. – Il ne subsiste que très peu d'espoir.
Moyens propres à l'image, utilisés pour rendre ces arguments percutants	– Les couleurs : noir, blanc, gris (rappel des photos de guerre) ; la taille de l'œuvre. – Femmes, enfants et animaux sont morts, éventrés ou crient de douleur. – On ne distingue qu'un seul signe positif : une petite fleur effacée.

▶▶▶ L'image est un outil privilégié pour la dénonciation des travers de la société.

Classes de mots et fonctions

Il existe des mots variables et invariables, répartis en neuf classes grammaticales*. Chaque mot ou groupe de mots a une fonction dans la phrase : c'est le rôle qu'il joue par rapport aux autres éléments de la phrase.

1 Les classes de mots

a/ Les mots variables

Certains mots sont variables en **genre** (masculin/féminin), en **nombre** (singulier/pluriel), en **personne**.

Les déterminants	Article (un, une, des...), déterminant possessif (mon, leur, vos...), démonstratif (ce, cet, ces...), indéfini (chaque, certain, quelque...)
Les noms	Nom commun (fille, liberté, ville...), nom propre (Italien, Madrid...)
Les adjectifs qualificatifs	Heureux, habile, distrait...
Les pronoms	Pronom personnel (je, il, eux...), démonstratif (celui, ceux...), possessif (le mien, le vôtre...), indéfini (on...)
Les verbes	Regarder, vieillir, prendre... quand ils sont conjugués.

b/ Les mots invariables

Les mots invariables ne s'accordent jamais.

Les conjonctions	- de coordination (mais, ou, et, donc, or, ni, car) ; - de subordination (que, parce que, puisque, comme...)
Les prépositions	à, avec, de, par, pour, sur, dans, chez, en, devant...
Les adverbes	bien, pourtant, courageusement...
Les interjections	hélas, bravo, ouf, oh...

Remarques

- **Il ne faut pas confondre préposition et adverbe** : la préposition est **nécessairement** suivie d'un nom (d'un pronom ou d'un GN), contrairement à l'adverbe, qui peut constituer une phrase à lui seul.
  Iras-tu au cinéma sans (préposition) tes amis ? Non. (adverbe)
- **En règle générale, la nature d'un mot ne change pas**, mais il arrive que certains adjectifs deviennent des noms : Le rouge de ses joues...
- Certains mots sont **homonymes***.
  Je dois lire **le** (déterminant) roman avant de **le** (pronom) rendre.

2 Les fonctions

a/ Par rapport au nom : les expansions du nom

Le complément du nom	C'est un mot ou un groupe de mots introduit par une préposition : *de*, *à*, *en*...	La couleur **de cette voiture** me plaît. (CDN du nom *couleur*)
L'épithète	L'épithète est généralement un adjectif. C'est un mot ou un groupe de mots placé **directement avant ou après le nom**.	Quand aura lieu la **prochaine** sortie **scolaire** ? (épithètes du nom *sortie*)
La proposition subordonnée relative	**Introduite par un pronom relatif** (*qui*, *que*, *quoi*, *dont*, *où*, *lequel*...), elle complète l'antécédent.	Je participerai à la sortie **qui aura lieu la semaine prochaine**. (complément de l'antécédent *la sortie*)
L'apposition	C'est un mot ou un groupe de mots **détaché du nom par un signe de ponctuation** (souvent une virgule).	Louis XIV, **roi de France**, régna longtemps. (apposition au nom *Louis XIV*)

Info + Les expansions du nom sont facultatives : on peut les supprimer.

b/ Par rapport au verbe : les fonctions essentielles

Le sujet	Il indique qui fait l'action exprimée par le verbe. Il peut être un nom, un GN, un pronom, une proposition, un infinitif.	**Les chevaux** galopent. **Le soleil** brille. Que fait Sophie ? **Qu'elle ait très envie de venir** ne m'étonne pas.

Info + Les fonctions par rapport au verbe sont essentielles : on ne peut pas les supprimer.

Le complément d'objet	C'est l'élément sur lequel s'exerce l'action exprimée par le verbe. Il peut être **direct** (COD) ou **indirect** (COI), introduit par une préposition (à, *de*...). Le complément d'objet second (COS) est le COI d'un verbe qui a déjà un COD ou un COI.	Il boit **son biberon** (COD). Jean parle **à Sophie** (COI). Il donne **son biberon** (COD) **à son petit frère** (COS).
L'attribut du sujet	– Il caractérise le sujet ; il est généralement placé **après le verbe**. – Il est relié au sujet par l'intermédiaire d'un **verbe attributif**, que l'on peut remplacer par *être*.	Elle semble (= *est*) **malheureuse**.
L'attribut du COD	– Il caractérise le COD ; il se place après le COD, sauf si celui-ci est un pronom. – On le trouve **après des verbes d'opinion** comme *juger*, *croire*, *estimer*, *trouver* et éventuellement après *avoir*, *nommer*, *rendre*, *appeler*.	Elle trouve cette chanteuse (COD) **émouvante** (attribut du COD). Elle la (COD) trouve **émouvante** (attribut du COD).
Le complément d'agent	C'est le complément d'un verbe à la **forme passive**.	Le public est enchanté **par ce spectacle**.

Remarque

- Les verbes construits avec un complément d'objet sont appelés **transitifs**.
- La **classe grammaticale** d'un mot ne change pas, mais un même mot peut occuper différentes **fonctions**.
  Voyager (sujet) est agréable. / J'aime **voyager** (COD).
- Attention à **ne pas confondre l'attribut du sujet avec un COD**. Le COD est introduit par un verbe transitif, qu'on ne peut pas remplacer par *être*.
  Elle passe pour (= *est*) **une excellente joueuse** (attribut du sujet).
  Nous admirons **cette excellente joueuse**. (COD du verbe)
- Attention à **ne pas confondre l'attribut du COD avec une épithète** faisant partie du COD.
  Je trouve ce match **passionnant** (*passionnant* est attribut du COD -> on ne peut pas le supprimer) ≠ Je regarde ce match **passionnant** (*passionnant* est une épithète qui fait partie du COD -> on peut le supprimer).

c/ Par rapport à la phrase : les compléments circonstanciels

- Ce sont des noms ou des GN (généralement introduits par une préposition), des adverbes, des propositions subordonnées, qui indiquent les **circonstances** de l'action ou de la situation décrites dans la phrase : temps, lieu, manière, cause, conséquence, but, opposition, condition.
- Ces compléments **ne sont pas essentiels**, ils peuvent être supprimés (voir Fiche 23).

3 L'ordre des mots

a/ L'ordre normal

- Dans la plupart des phrases déclaratives, les mots sont toujours dans le même ordre : **sujet/verbe/complément essentiel/complément circonstanciel**.
  Mathieu organise une grande fête samedi prochain.

b/ La mise en relief d'un élément

- Pour insister sur un des éléments de la phrase, on peut **bouleverser l'ordre traditionnel**, à l'aide des procédés suivants :

- le **détachement** d'un groupe en tête ou en fin de phrase.
  Samedi prochain, Mathieu organise une grande fête.
- le **redoublement** d'un groupe par un pronom.
  Cette fête, Mathieu l'organise samedi prochain.
- L'utilisation d'une **tournure présentative** (voici, voilà, c'est ... que, il y a, etc.) :
  C'est Mathieu qui organise cette fête. **C'est samedi prochain** que Mathieu organise une fête.

- Les phrases qui utilisent ces procédés de mise en relief sont appelées **phrases emphatiques**.

Le sujet et les compléments essentiels

▶▶▶ La fonction est le rôle que le mot ou groupe de mots occupe dans la phrase. Certains mots occupent des fonctions essentielles : on ne peut pas les supprimer.

1 La fonction sujet

▪ **Le sujet indique qui fait l'action** exprimée par le verbe. On l'identifie en posant la question « qui est-ce qui ? » ou « qu'est-ce qui ? » suivie du verbe.

Les chevaux galopent. **Le soleil** brille.

▪ **Il commande l'accord du verbe**. Généralement placé avant le verbe, il peut aussi être inversé ou éloigné du verbe.

Dans la prairie, galopent **les chevaux.**

▪ Le sujet peut être un nom, un GN, un pronom, une proposition, un infinitif.

Qu'elle ait très envie de venir ne m'étonne pas.

2 La fonction complément d'objet

▪ Le complément d'objet est l'**élément sur lequel s'exerce l'action exprimée par le verbe**. Les verbes construits avec un complément d'objet sont appelés **transitifs**.

- **Le COD** : on l'identifie en posant la question « qui ? » ou « quoi ? » après le verbe.

Il boit **son biberon**. (COD)

- **Le COI** : on l'identifie en posant la question « de qui ? » ou « de quoi ? », « à qui ? » ou « à quoi ? ».
- **Le COS** : c'est le nom donné à un COI qui suit un premier complément d'objet (COD ou COI)

Elle a écrit **à son amie** (COI) **de venir pour les vacances.** (COS)

> Info +
> **Le COI** est donc toujours introduit par une préposition : *à, de, sur*…

▪ Contrairement à la classe grammaticale (qui ne change pas), un même mot peut occuper différentes fonctions.

Voyager (sujet) est agréable. / J'aime **voyager**. (COD)

3 L'attribut du sujet

▪ L'attribut fait partie du groupe verbal. Il peut appartenir à différentes classes grammaticales (nom, adjectif, proposition…). **On ne peut pas le supprimer.**

- Il caractérise le sujet ; il est **généralement placé après le verbe.**
- Il est **relié au sujet par l'intermédiaire d'un verbe attributif**, c'est-à-dire par un verbe (ou une locution verbale) que l'on peut remplacer par *être*.

Elle semble **malheureuse.**

▪ Attention à **ne pas confondre l'attribut du sujet avec un COD**. Le COD est introduit par un verbe transitif, qu'on ne peut pas remplacer par *être*.

Elle passe pour (= *est*) **une excellente joueuse.** (attribut du sujet)

Nous admirons **cette excellente joueuse.** (COD du verbe)

4 L'attribut du COD

▪ Il caractérise le COD ; il **se place après le COD**, sauf si celui-ci est un pronom. On le trouve **après des verbes d'opinion** comme *juger, croire, estimer, trouver* et éventuellement après *avoir, nommer, rendre, appeler*.

▪ Attention à **ne pas confondre l'attribut du COD avec une épithète** faisant partie du COD.

Je trouve ce match **passionnant** / Je le trouve **passionnant.**

L'attribut du COD reste exprimé, même si le COD est un pronom.

Je regarde ce match **passionnant** / Je le regarde.

Passionnant est une épithète qui fait partie du COD, on peut la supprimer.

▶▶▶ À côté des fonctions essentielles, on trouve les compléments circonstanciels des verbes qui peuvent être supprimés dans la plupart des cas.

FRANÇAIS

22 Les propositions subordonnées relatives et complétives

▶▶▶ Une phrase peut comporter plusieurs propositions*. Quand une proposition dépend d'une autre, on dit qu'elle est subordonnée. L'autre est alors la principale.

1 La proposition subordonnée relative

> **Info +**
> ***Auquel, duquel, lequel*** s'accordent en genre et en nombre avec leur antécédent : *à laquelle, auxquels, desquelles...*

- Elle est **introduite par un pronom relatif** : *qui, que, quoi, dont, où, auquel, duquel, lequel.*
- Elle **complète un nom** (son antécédent) employé dans la proposition principale. On dit qu'elle est épithète du nom « ... » ou complément de l'antécédent « ... ».
- Elle peut parfois être supprimée.

Le film [**auquel je pense**] est tout récent.

Proposition subordonnée relative, complément de l'antécédent *film*.

2 La proposition subordonnée complétive

Elle occupe généralement la fonction de : sujet, complément d'objet (le plus souvent), attribut.... Elle **ne peut pas être supprimée.**

a/ La subordonnée conjonctive

Elle est **introduite par la conjonction *que*** (ou *ce que*).

Dans une subordonnée conjonctive, on emploie l'indicatif quand l'action est présentée comme certaine ou probable ; le subjonctif quand l'action est présentée comme simplement possible.

Je sais [**qu'il te plaira**]. /Je souhaite [**qu'il te plaise**].

Dans les deux cas, la subordonnée conjonctive est complément d'objet direct du verbe.

b/ La subordonnée interrogative indirecte

- Elle est **introduite par un mot interrogatif** : *si* (si l'interrogation est totale) ou *pourquoi, comment, quand...* (si l'interrogation est partielle).
- Elle pose une question par l'intermédiaire d'un verbe introducteur (*demander, dire, raconter...*).

Je te demande [**comment il s'appelle**].

Proposition subordonnée interrogative indirecte, complément d'objet direct du verbe *demande*.

> **Info +**
> Dans la phrase *J'adore marcher*, le sujet de *marcher* est le même que celui de *adore* : *marcher* n'est pas une subordonnée infinitive, mais simplement un infinitif COD de *adorer*.

c/ La subordonnée infinitive

- Elle est construite **sans mot subordonnant** pour la relier à la principale.
- Elle **comporte un verbe à l'infinitif**, dont le sujet n'est pas le même que celui de la proposition principale.

Je laisse [**les gens passer**].

Proposition subordonnée infinitive, complément d'objet direct de *laisse*.

3 Remarque

Il ne faut pas confondre une proposition subordonnée relative introduite par *que* et une proposition subordonnée conjonctive introduite par *que*.

La valise [**que je porte**] est bien lourde.

Que je porte est une expansion du nom *valise*, on peut la supprimer ou la remplacer par un adjectif (*la valise noire est bien lourde*) : c'est une proposition subordonnée relative, dont la fonction est d'être épithète du nom (ou complément de l'antécédent) *valise*.

Je répète [**que la valise est bien lourde**].

Que la valise est bien lourde ne peut pas être supprimée ni remplacée par un adjectif : c'est un complément essentiel du verbe, donc une subordonnée conjonctive, dont la fonction est d'être COD du verbe *répète*.

▶▶▶ Pour identifier la nature d'une proposition subordonnée, il faut :
- reconnaître le mot subordonnant employé ;
- comprendre le rôle (essentiel ou non) de la subordonnée dans la phrase.

Les propositions subordonnées circonstancielles

▶▶▶ Dans une phrase complexe*, on peut trouver des propositions* subordonnées qui répondent à des questions comme : « Quand ? », « Pourquoi ? », « À quelle condition ? »...

Ces subordonnées sont des compléments circonstanciels de la phrase. Elles commencent par une conjonction de subordination ou par une **locution conjonctive**. La conjonction employée a souvent des conséquences sur le mode utilisé dans la subordonnée.

Info +
Une locution conjonctive est une suite de mots fonctionnant comme une unité et jouant le rôle d'une conjonction.

1 La subordonnée circonstancielle de temps

- Elle peut indiquer la simultanéité, l'antériorité ou la postériorité.
  Je veux lui parler [**avant qu'il s'en aille**].
- La subordonnée conjonctive introduite par *avant que* (suivie d'un verbe au subjonctif présent) a pour fonction d'être complément circonstanciel de temps de la proposition principale : *Je veux lui parler.*

2 Les subordonnées circonstancielles de cause et de conséquence

- La circonstancielle de cause est introduite *par parce que, puisque, étant donné que, vu que...*
  Le loup est affamé [**étant donné qu'il n'a rien mangé depuis des jours**].
- La circonstancielle de conséquence peut être introduite par *si bien que, de sorte que,* ou par une corrélation : *si...que, tellement...que, à un tel point...que.*
  Le loup est [**tellement affamé qu'il mangera l'agneau de toute façon**].

3 Les subordonnées circonstancielles d'opposition et de concession

- La subordonnée circonstancielle d'opposition est introduite par *alors que, tandis que...*
  L'agneau est timide [**alors que le loup est prêt à tout**].
- La circonstancielle de concession indique qu'une conséquence attendue n'a pas eu lieu.
  [**Bien que l'agneau ait peur**], il se défend bravement.

Info +
Bien qu'il ne travaille guère (A), il a de bons résultats (B) : le manque de travail (A) devrait avoir pour conséquence de mauvais résultats ; or c'est l'inverse (B) qui se produit.

4 La subordonnée circonstancielle de condition

Elle est introduite par : *à condition que, à supposer que, pourvu que, à moins que...* (+ subjonctif) ; *au cas où* (+ conditionnel) ; *si* (+ indicatif ou conditionnel).
L'agneau pourra s'en tirer [**à condition que le loup soit sensible à ses arguments**].

Si la subordonnée exprime :	La conjonction employée est :	Le mode de la subordonnée est :
Le temps :		
- la simultanéité	- pendant que, tandis que, au moment où	- indicatif
- l'antériorité	- après que, depuis que, aussitôt que, dès que	- indicatif
- la postériorité	- avant que, jusqu'au moment où, jusqu'à ce que	- subjonctif
La cause	parce que, puisque, étant donné que, vu que	indicatif
La conséquence	si bien que, de sorte que, tellement…que	indicatif
L'opposition	alors que, tandis que, cependant que, sans que	indicatif
La concession	bien que, quoique, sans que	subjonctif
La condition	- à condition que - au cas où - si	- subjonctif - conditionnel - indicatif ou conditionnel

24 La formation des mots et les familles de mots

▶▶▶ Les mots comportent toujours un radical et leurs dérivés s ont de la même famille...

1 La formation des mots

Un mot comporte au minimum une partie, appelée le **radical**. Le radical est la partie du mot qui concentre l'essentiel de son sens. Dans les mots *s'adosser* et *dossier* on reconnaît le radical *dos*, et par le son et par le sens.

a/ Les mots formés par dérivation

- On peut **ajouter un préfixe** à la **gauche du radical**, ce qui va en **modifier le sens**. Par exemple, le préfixe *mal-* change le sens de l'adjectif *honnête* puisqu'il signifie le contraire.
- On peut **ajouter un suffixe** à la **droite du radical**, ce qui va **modifier la classe grammaticale** du mot. En ajoutant le suffixe *-er* au mot *travail* on en fait un verbe (*travailler*); en ajoutant le suffixe *-eur* on en fait un adjectif (*travailleur*).

> **Info +**
> On peut rajouter un préfixe et un suffixe au radical : rive –> dé/riv/er.

b/ Les mots formés par composition

- Ce sont les mots formés par la **réunion de plusieurs mots ou radicaux,** parfois d'origine grecque ou latine. Le mot *médiathèque* est ainsi formé à partir de deux radicaux d'origine grecque : *-thèque* : lieu où on conserve, et *média* : les moyens d'information.
- Les radicaux peuvent être parfaitement **soudés**, simplement **juxtaposés** ou **reliés** par un trait d'union ou une préposition.
- Tous les mots formés à partir du même radical sont appelés **mots de la même famille**.

> **Info +**
> Pour savoir comment s'accordent au pluriel les mots composés, relire la Fiche 29.

2 Les familles de mots

Les mots de la même famille, qu'ils soient dérivés ou composés, sont tous formés à partir du **même radical**. Donner un mot de la même famille ne signifie pas mentionner un synonyme*.

a/ Reconnaître une famille de mots

- On reconnaît des mots de la même famille à leur radical : *hôpital* et *hospitalier* sont des mots de la même famille.
- Le radical présente parfois des différences plus importantes : *cavalier* et *chevaucher* sont des mots de la même famille. Leur sens indique leur parenté, mais ils présentent un radical différent : *caval-* et *chevau-*. Ils appartiennent pourtant à la même famille de mots, que l'on va appeler **famille à radicaux multiples.**
- Ces radicaux différents au sein d'une même famille s'expliquent par l'évolution de la langue.

> **Info +**
> Comme souvent, le *-s* avant un *t* ou un *p* a été changé en accent circonflexe en français moderne.

b/ Comprendre l'évolution de la langue

- La plupart des mots de la langue française proviennent du **latin**.
- Beaucoup de mots latins ont suivi une **double évolution** : transmis à l'écrit (**évolution savante**), ils sont restés proches de l'original latin ; transmis à l'oral (**évolution populaire**), ils se sont beaucoup transformés.
- Les deux mots français obtenus à partir du même mot latin sont appelés des **doublets**.
- Le verbe latin ***masticare*** a ainsi donné deux mots en français : ***mastiquer***, selon une **évolution savante** (le mot est assez proche du latin) et ***mâcher***, selon une **évolution populaire** (le mot s'est beaucoup modifié). Le dernier appartient à un niveau de langue courant, tandis que l'autre est plus recherché.

▶▶▶ Pour expliquer la formation d'un mot, il est nécessaire de différencier et de nommer les parties qui le composent. Pour trouver des mots de la même famille, il faut penser aux mots dont le radical est légèrement différent. Il ne s'agit en aucun cas de synonymes !

Niveaux de langue et champ lexical

Pour analyser un texte, il est utile de repérer les niveaux de langue utilisés par l'auteur et de procéder à un relevé d'un ou de plusieurs champs lexicaux*.

1 Les niveaux de langue

On appelle «niveau de langue*» la manière plus ou moins soignée dont on s'exprime. On adapte son niveau de langue à la situation dans laquelle on se trouve: le niveau employé sera différent selon le contexte et les interlocuteurs.

a/ Le niveau de langue courant

- Il se caractérise par l'emploi de **tournures grammaticales correctes**, mais sans recherche particulière. Le **vocabulaire employé est compréhensible** par tous.
- Cet emploi plutôt simple du lexique et de la syntaxe* correspond aux échanges habituels.

Il a acheté une nouvelle voiture.

Info +
On rencontre aussi l'expression «**registre de langue**», qui signifie exactement la même chose.

b/ Le niveau de langue familier

- Il se caractérise par l'emploi de **tournures orales** et parfois **incorrectes**. Le vocabulaire est imagé, parfois argotique ou vulgaire.
- On peut l'employer dans un souci **d'expressivité**.

Elle est pas donnée, cette **bagnole** !

c/ Le niveau de langue soutenu

- Il se caractérise par l'emploi de **tournures correctes et recherchées**. Le vocabulaire est **soigné** et **précis**.
- Cet emploi très marqué de la langue correspond à une langue **plus littéraire**.

Il est **éminemment satisfait** de son **véhicule**.

Info +
Dans un dictionnaire, les abréviations *fam.* (familier), *pop.* (populaire), ou *litt.* (littéraire) renseignent sur le niveau de langue auquel le mot appartient.

2 Le champ lexical

- On appelle «champ lexical» **un ensemble de mots ou expressions se rapportant à une même idée**. Par exemple, le champ lexical de l'orage comprend les mots et expressions suivantes: *éclair, tonnerre, foudroyer, pluies torrentielles*...
- Les mots d'un même champ lexical peuvent appartenir à **différentes classes grammaticales***.

Ma gorge se noue devant un spectacle si **touchant**. Ce que je **ressens** est presque indéfinissable ! **L'émotion** fait **trembler** mes mains.

–> Le champ lexical de l'**émotion** se compose de verbes, d'adjectifs, de noms, d'expressions.

- Repérer les champs lexicaux dans un texte aide à en dégager les idées dominantes.

a/ Dénotation* et connotation*

- Le **sens dénoté** est le sens premier d'un mot, tel qu'on le trouve dans le dictionnaire. Le **sens connoté** est le sens particulier que le mot va prendre dans différents contextes.
- Un mot peut appartenir à différents champs lexicaux: il peut en effet être pris dans un **sens dénoté** ou dans un **sens connoté**.

Le mot *vert* au sens premier (dénoté) signifie une couleur

–> il appartient alors au champ lexical des couleurs.

Le mot *vert* peut avoir un sens connoté (*pas mûr*, donc *jeune*)

–> il appartient alors au champ lexical de la jeunesse.

b/ Vocabulaire péjoratif* ou mélioratif

Les mots qui forment un champ lexical peuvent révéler l'opinion de l'émetteur: ils peuvent être **mélioratifs** (valorisants), ou **péjoratifs** (dévalorisants).

Sa **vilaine** figure, toute **blanche**, est **effrayante**. Son **horrible** dent en or **n'arrange rien**. La peau **luisante** du crâne sous les **rares cheveux** parachève le tableau.

Le champ lexical de la laideur se compose de termes péjoratifs. L'adjectif *blanche* employé ici dans un sens connoté (*blafarde, terne*) appartient à ce champ lexical.

Figures de style et modalisation

▶▶▶ L'emploi de figures de style et la modalisation sont des procédés stylistiques, l'un plutôt poétique, l'autre plutôt argumentatif. Ils sont souvent utilisés en littérature.

1 Les figures de style

On appelle « figure de style » un emploi particulier de la langue qui traduit un souci d'expressivité.

Figures…	Procédé	Exemple
de ressemblance (ou d'analogie)		
Comparaison	Rapprochement de deux éléments à l'aide d'un mot comparatif (comme, semblable à …).	Il est **sourd comme un pot.**
Métaphore	Rapprochement de deux éléments mais sans mot comparatif.	Cette **école est une prison.**
Personnification	Des caractéristiques humaines sont données à quelque chose qui ne l'est pas.	Le vent **gémit**.
d'insistance		
Anaphore	Répétition d'un mot ou d'une expression en début de phrase ou de vers.	Là-haut qui sourit ?/ **Est-ce** un esprit ?/ **Est-ce** une femme ? (V. Hugo)
Énumération	Succession de mots, qui vont parfois en s'intensifiant.	Adieu **veau, vache, cochon, couvée**. (La Fontaine)
Hyperbole	Exagération	Il est bête **à manger du foin**.
de substitution		
Périphrase	Remplacement d'un mot par une expression plus longue.	La **cité Phocéenne**. (Marseille)
Métonymie	Remplacement d'un mot par un autre qui lui est proche.	Mourir par **le fer.** (l'épée)
d'opposition		
Antithèse	Mise en relation de deux mots ou expressions de sens opposés.	Préférer l'**enfer** au **paradis**.

- **Certaines figures peuvent se combiner entre elles :**
Le poète est semblable au prince des nuées (Baudelaire, *L'Albatros*).
Comparaison (*semblable à*) et **périphrase** (*prince des nuées* pour l'albatros).

• Certaines figures sont devenues des **clichés** :
Elle est **belle comme un cœur**. Elle est **sage comme une image**.

2 La modalisation

L'émetteur peut exprimer une opinion sur ce qu'il est en train de dire : adhérer ou non. Ce degré d'adhésion de l'émetteur à son énoncé est appelé modalisation*.

a/ Les différents degrés d'adhésion

- L'émetteur peut **adhérer totalement** à ce qu'il dit, se montrer enthousiaste ou critique, énoncer un doute ou une incertitude…
- Les **marques de jugement** du locuteur peuvent traduire deux attitudes :
- **une certitude plus ou moins forte :** toutes les nuances sont possibles (certitude ou doute) : Je suis **persuadé**, je **suppose**, je **doute** que…
- **une évaluation positive ou négative**.
J'**approuve** cette attitude **admirable**. / Je **condamne** cette attitude **curieuse/inadmissible**.

b/ Les outils de la modalisation

Les outils de la modalisation, ou **modalisateurs**, sont nombreux et variés.

- **Les verbes** comme *devoir, pouvoir, vouloir* ou les verbes d'opinion comme *croire, affirmer, penser…* J'**estime** que tu as eu tort.
- **Les temps :** le conditionnel par exemple indique une plus grande incertitude que le futur. Nous **aimerions** te croire !
- **Les adverbes** : *sans doute, peut-être, éventuellement, réellement…* Il sera **certainement** d'accord.
- **Les adjectifs péjoratifs** ou **mélioratifs** : Il a un physique **repoussant/avantageux**.
- Beaucoup d'autres tournures peuvent fonctionner, selon le contexte, comme des modalisateurs : Il avance **comme une tortue**. Arrête de **rêvasser**…

> **Info +**
> Certains **signes de ponctuation**, comme le point d'exclamation, sont des modalisateurs.

Les accords principaux

▶▶▶ Le verbe s'accorde toujours avec son sujet, l'adjectif avec le nom qu'il qualifie. Mais quelques emplois nécessitent une attention particulière.

1 Les accords sujet-verbe

a/ Identifier le sujet

- Le sujet désigne la personne, l'animal ou la chose qui **fait l'action** du verbe (voir Fiche 4). On le trouve en posant la question « qu'est-ce qui ? » ou « qui est-ce qui ? ».

Hercule a accompli douze travaux exceptionnels.

Qui est-ce qui a accompli douze travaux ? *Hercule*.

- Le sujet peut appartenir à **différentes classes grammaticales***: nom, pronom, verbe à l'infinitif, proposition… Lorsque le sujet est un GN, le verbe s'accorde avec le nom noyau du GN. **Certains héros de la mythologie grecque** sont très connus.

Le verbe *être* s'accorde avec le nom noyau du GN *héros*.

- Le sujet est généralement **placé avant le verbe** ; dans le cas contraire, on parle de sujet inversé.

Devant les murailles de Troie se déroule **le combat de deux héros** : Achille et Hector.

b/ Les cas particuliers

Si le sujet est…	Règle d'accord à suivre	Exemple
Je + une autre personne	Accord à la 1re personne du pluriel	Mon voisin et moi sommes ravis du concert.
Tu + une autre personne	Accord à la 2e personne du pluriel	Éric et toi êtes arrivés tôt.
Chacun, aucun, personne, rien…	Accord à la 3e personne du singulier	Personne n'était en retard.
La plupart de, la majorité de, un groupe de, la moitié de	Accord à la 3e personne du singulier ou du pluriel	La majorité des gens a / ont longuement applaudi.
Peu, beaucoup, la plupart, plusieurs, trop	Accord à la 3e personne du pluriel	La plupart ont apprécié.

- **Remarque**

Il faut bien différencier *la plupart de…* (accord à la 3e personne du singulier ou du pluriel au choix) de *la plupart* (accord à la 3e personne du pluriel uniquement). Dans le doute, mieux vaut choisir la 3e personne du pluriel.

2 Les accords de l'adjectif

L'adjectif qualifie toujours un nom, dont il prend les marques de genre et de nombre. Certains cas pourtant sont un peu particuliers.

a/ Règle générale

- L'adjectif **apporte des précisions sur un nom**, un pronom ou un GN.

Œdipe appartient à une famille **maudite**.

- L'adjectif n'est pas toujours placé immédiatement avant ou après le nom ; il peut en être éloigné.

Abandonné par ses parents, il deviendra **fou** de douleur lorsqu'il apprendra la vérité.

Abandonné, participe passé employé comme adjectif, et *fou*, se rapportent tous les deux à *il*.

b/ Les adjectifs de couleur

- La plupart suivent la règle générale. Mais s'il s'agit d'**un nom avant d'être un adjectif** de couleur, alors l'adjectif *ne s'accorde pas* : *orange, marron, kaki*… Mais *rose, fauve* et *mauve* sont des exceptions à cette règle : ils s'accordent.
- **Les adjectifs de couleur composés ne s'accordent pas** : *des vêtements bleu marine* ou *vert clair*.

c/ L'adjectif verbal en *-ant*

Il s'accorde comme n'importe quel autre adjectif : *une voiture voyante*.

Attention : il ne faut pas le confondre avec le participe présent en *-ant*, qui lui ne s'accorde pas : *une personne voyant loin*.

> **Info +**
> **Le participe présent** fonctionne vraiment comme un verbe, et peut donc être suivi de complément, comme ici *voyager*.

d/ Exemple récapitulatif

L'exemple récapitulatif suivant met en évidence les adjectifs, et les noms auxquels ils se rapportent.

Furieux, le héros se précipita sur les monstres **grimaçants** ; ceux-ci ne purent se défendre, trop **épuisés** par le combat. Le sol se teinta de taches **rouge sang**.

28 Les accords du participe passé

Le participe passé est une forme verbale. La manière dont il est employé justifie s'il faut l'accorder ou non, et avec quel autre mot.

1 Les cas simples

a/ Le participe passé employé seul

Employé seul, **il s'accorde en genre et en nombre avec le nom** (ou le GN, ou le pronom) auquel il se rapporte : il fonctionne comme un adjectif qualificatif.

Gênée par sa grande valise, elle avance difficilement.

Gênée s'accorde avec *elle*.

b/ Le participe passé employé avec l'auxiliaire *être*

Employé avec l'auxiliaire *être*, **il s'accorde en genre et en nombre avec le sujet**.

Elle est **allée** voir ses voisins, qui ont été **chargés** de relever son courrier.

Allée s'accorde avec *elle* ; *chargés* s'accorde avec *qui*, reprenant *ses voisins*.

Info +
Pour les verbes d'état conjugués aux **temps composés**, le pp s'accorde aussi avec le sujet : ***elle** a paru ennuy**ée***.

c/ Le participe passé employé avec l'auxiliaire *avoir*

- Employé avec *avoir*, le participe passé **ne s'accorde jamais avec le sujet**.

Ils ont **téléphoné** chez moi.

- Employé avec *avoir*, le participe passé **s'accorde avec le COD si celui-ci est placé avant** le verbe.

J'aime beaucoup la chanteuse que j'ai **entendue** à la radio hier.

J'ai entendu qui ? la chanteuse. *Entendue* s'accorde donc avec le COD, placé avant.

2 Le cas du participe passé suivi d'un infinitif

Lorsque le COD précède le verbe, deux cas se présentent.

- **Si le COD complète l'infinitif**, le participe passé ne s'accorde pas.

J'ai admiré les dessins que ma sœur a **souhaité** emporter.

Le COD *que* reprenant *les dessins* complète l'infinitif *emporter*.

- **Si le COD complète le verbe** conjugué, le participe passé s'accorde avec le COD.

J'ai observé ma sœur ; je l'ai **vue** partir.

Le COD *l'* reprenant *ma sœur* complète le verbe *voir* et non l'infinitif.

3 Les cas particuliers des verbes pronominaux

Info +
Le pronom réfléchi renvoie à la même personne que le sujet, qui le réfléchit comme un miroir : *Je **me** tais, nous **nous** demandons.*

a/ Le fonctionnement d'un verbe pronominal

- Un verbe pronominal est **toujours accompagné d'un pronom réfléchi**.
- Aux temps composés, un verbe pronominal **se conjugue à l'aide de l'auxiliaire *être***.

Je me **suis** demandé.

Ils s'**étaient** sauvés.

b/ Le participe passé d'un verbe pronominal

Voici un tableau récapitulant des règles d'accord à suivre.

Type de verbe pronominal	Règle d'accord	Exemple
Verbe n'existant qu'à la forme pronominale (*se blottir*, *s'écrier*…)	Le participe passé **s'accorde avec le sujet.**	Elle s'est souvenue de lui.
Verbe de sens passif (*se vendre*, *s'ouvrir*…)		La porte s'est fermée sans bruit.
Verbe de sens réfléchi : le sujet exerce une action sur lui-même (*se demander*, *se lever*…)	Le participe passé **s'accorde avec le COD si celui-ci est placé avant le verbe.**	Elle s'est cachée. (*s'* = COD) Elle s'est offert une glace. (*s'* = COS, le COD *une glace* est placé après le verbe)
Verbe de sens réciproque : les sujets exercent des actions les unes sur les autres (*se battre*, *s'aimer*…)		Elles se sont regardées. (*se* = COD) Elles se sont téléphoné. (*se* = COI)

Difficultés orthographiques

En faisant appel à des connaissances grammaticales, on peut résoudre bien des difficultés orthographiques. En voici les principales : pluriel des noms composés, consonnes doubles, homonymes particuliers et terminaisons verbales en [e].

1 Le pluriel des noms composés

Pour savoir former le pluriel de noms composés, il faut savoir comment ils sont construits.

a/ Construction des noms composés

- Certains noms sont formés de deux (ou trois) mots :
  - nom + autre nom : un chef-lieu
  - nom + adjectif : un nouveau-né
  - verbe + nom : un appui(e)-tête
  - mot invariable + nom : un après-coup
  - nom + préposition + nom : un arc-en-ciel
- Ces mots peuvent être soudés ou juxtaposés : un portemanteau, une table basse.
- Ils peuvent être reliés entre eux par une préposition ou un tiret : Un fauteuil à bascule, un canapé-lit.

b/ Mettre au pluriel les noms composés

- **Les noms composés soudés** : la marque du pluriel n'intervient que pour la deuxième partie du mot. Des portemanteaux, des portefeuilles.
- **Les noms composés juxtaposés** : le nom et l'adjectif s'accordent. Des tables basses, des ordinateurs portables.
- **Les noms composés reliés par une préposition** : seul le premier nom prend la marque du pluriel. Des fauteuils à bascule, des pommes de terre.
- **Les noms composés reliés par un tiret** : seuls le nom et l'adjectif prennent les marques du pluriel, et seulement si le sens le permet :
  - des canapés-lits : les deux noms s'accordent ;
  - des couvre-lits : *couvre* est un verbe, on ne l'accorde pas ;
  - des porte-monnaie : *porte* est un verbe, on ne l'accorde pas ; l'objet sert à porter la *monnaie*, au singulier.
- Certains noms composés sont **invariables**. Un/des qu'en dira-t-on, un/des laissez-passer, un/des face-à-face.

> Info +
> **Quelques exceptions** : *madame* devient *mesdames*, *bonhomme* devient *bonshommes*…

2 Les consonnes doubles

Des règles existent pour savoir quand doubler les consonnes, sauf quelques exceptions.

a/ Au début d'un mot

- On double la consonne des mots commençant par :

ac- : accord, accepter, accès… (mais acacia, académie…)
oc- : occuper, occasion, occident
ap- : apparaître, appel, appuyer… (mais apercevoir, apitoyer…)
af- : affaire, affiche, affliger… (mais Afrique, afin…)
ef- : effort, effacer…
il- : illusion, illustration (mais île, iliaque…)

- On ne double pas la consonne des mots commençant par ***ab-*** (sauf dans abbaye) ; ni par ***ad-*** (sauf dans addition).

b/ Au milieu d'un mot

- Pour savoir s'il faut doubler la consonne à l'intérieur d'un mot, il faut **trouver des mots de la même famille**. Par exemple, enterrer, terrier, atterrir s'écrivent avec deux *-r*, comme dans *terre* (le radical).
- Mais il existe des **familles de mots irrégulières** :
  - honneur, honnête, mais honorer ;
  - sonnette, sonnerie, mais sonore ;
  - nommer, mais nomination ;
  - donner, mais donation.

c/ À la fin d'un mot

- **On double la consonne dans certains suffixes** :
  - **le féminin de certains adjectifs** : bas/basse ; net/nette ; mignon/mignonne… ;
  - **les verbes en *-onner*** : raisonner, assaisonner… ;
  - **les adverbes en *-ment*** qui prennent deux *-m* lorsqu'on entend « ament » : patiemment, méchamment…

- L'emploi d'une consonne double permet de différencier certains homonymes : bal/balle ; date/datte ; mare/marre.

3 Des homonymes particuliers : *quoi que et quoique, quel(les) que et quelque(s)*

Identifier la classe grammaticale de ces homonymes* permet de les orthographier correctement.

a/ Différencier *quoi que* et *quoique*

Selon le sens de la phrase, on peut déterminer sa classe grammaticale. *Quoi que* s'écrit en deux mots lorsqu'il s'agit du **pronom**. *Quoique* s'écrit en un seul mot lorsqu'il s'agit d'une **conjonction de subordination**.

	Classe grammaticale	Exemple
Quoi que	Pronom, suivi du subjonctif. **On peut le remplacer par *quelle que soit la chose que*.**	**Quoi que** tu décides, je serai d'accord.
Quoique	Conjonction de subordination **On peut le remplacer par *bien que*.**	**Quoique** petit, il est très doué au basket.

b/ Différencier quel(les) que et quelque(s)

- *Quelque(s)*, **déterminant indéfini** en un mot, ne présente pas de difficultés, il s'accorde toujours avec le nom qui suit.
- Employé comme adverbe, *quelque… que* est invariable.
- *Quel(les) que*, **adjectif relatif** en deux mots, est toujours suivie du verbe *être* et s'accorde avec le nom qui suit ce verbe.

	Classe grammaticale	Exemple
Quelque… que(')	Adverbe, invariable. **On peut le remplacer par *environ, aussi…***	**Quelque** fatigués **qu**'ils soient, ils doivent se lever.
Quelque(s)	Déterminant indéfini, s'accorde avec le nom qui suit. **On peut le remplacer par *un, des, certain, plusieurs…***	Ils ont **quelques** petites choses à faire.
Quel(les) que	Locution, suivie de *être* (ou *pouvoir*) au subjonctif : *quel* s'accorde avec le nom qui suit le verbe *être*. **On peut remplacer la locution et le verbe qui suivent par *peu importe*.**	**Quelle que** soit son excuse, il sera puni. **Quels que** puissent être vos projets, rentrez à l'heure.

4 Les terminaisons verbales en [e]

Quand on entend le son [e] (« é ») à la fin d'un verbe, il y a plusieurs façon de l'écrire selon le mode, la temps ou la personne. Comment les reconnaître ?

a/ S'il s'agit d'un infinitif : *-er*

- Pour reconnaître l'infinitif en –*er* d'un verbe du 1er groupe, on le **remplace par un infinitif du 3e groupe** : Il aime dans**er** en public.

Il aime rire est correct, c'est bien l'infinitif en *-er*.

b/ S'il s'agit d'un participe passé : *-é*

- Pour reconnaître le participe passé en *-é* d'un verbe du 1er groupe, on le **remplace par le participe passé d'un verbe du 3e groupe**.

Nous avions bien remarqu**é** son absence. *Nous avions bien pris* est correct, il s'agit bien d'un participe passé en *-é*.

Attention ! À l'impératif, le pronom est absent : *Partez* !

c/ S'il s'agit d'une deuxième personne du pluriel : *-ez*

- Pour reconnaître la terminaison *-ez* de la 2e personne du pluriel, on **cherche le pronom *vous*** qui l'accompagne : À quoi pens**ez**-vous ?

d/ S'il s'agit de la première personne d'un passé simple : *-ai*

- Pour reconnaître la terminaison *-ai* de la 1re personne du singulier des verbes du 1er groupe au passé simple, on **change de personne**.

J'arriv**ai** à la nuit tombée. *Il arriva à la nuit tombée.*

Remarque

- On confond parfois les formes en [e] (« é »), avec les formes en [ɛ] (« è »), qui correspondent aux terminaisons de l'imparfait et du conditionnel présent. Le changement de personne permet de les reconnaître.

Tu parlais lorsque j'entrai. *Nous parlions* (imparfait) *lorsqu'il entra* (passé simple).

Les modes, les temps, les voix

▶▶▶ Les formes verbales conjuguées peuvent varier en personne, mais aussi en mode, en temps et en voix. Identifier ces trois éléments est donc indispensable pour écrire correctement une forme verbale.

1 Les quatre modes personnels

Chaque mode a une **valeur**, qui renseigne sur la manière dont l'action est envisagée.

- **L'indicatif**: c'est le mode du **réel**.
  Tu partiras. (Fait réel.)
- **L'impératif**: c'est le mode de l'**injonction**, utilisé pour donner un ordre ou un conseil. Il se conjugue uniquement à la 2e personne du singulier, et aux 1re et 2e personnes du pluriel. Les pronoms personnels ne sont jamais exprimés.
  Pars! Partons! Partez! (Ordre.)
- **Le subjonctif**: c'est le mode du **possible** et de l'incertain. Il est souvent précédé de *que*.
  Qu'il parte! (Fait souhaité mais qui n'est pas réalisé.)
- **Le conditionnel**: c'est le mode de l'**hypothèse**.
  Partirait-il? (Supposition.)

Info +
Il existe aussi trois **modes impersonnels**, qui ne varient pas en personne: l'infinitif, le participe, le gérondif.

2 Les temps

Chaque mode possède des temps simples et composés. À chaque temps simple correspond un temps composé.

- **Les temps simples** ne comportent qu'**une seule forme verbale** (un seul mot).
  J'applaudis.
- **Les temps composés** comportent **deux éléments**: un **auxiliaire** (*avoir* ou *être*) conjugué à un temps simple, et un **participe passé**.
  J'ai applaudi. Il est parti.

Modes	Temps simples	Temps composés
Indicatif	Présent Imparfait Futur simple Passé simple	Passé composé (aux. au présent + part. passé) Plus-que-parfait (aux. à l'imparfait + part. passé) Futur antérieur (aux. au futur + part. passé) Passé antérieur (aux. au passé simple + part. passé)
Impératif	Présent	Passé (aux. à l'impératif présent + part. passé)
Subjonctif	Présent Imparfait	Passé (aux. au subj. présent + part. passé) Plus-que-parfait (aux. au subj. imparfait + part. passé)
Conditionnel	Présent	Passé (aux. au conditionnel présent + part. passé)

3 Les voix

- **Voix active: le sujet accomplit l'action** exprimée par le verbe. Tous les verbes peuvent se conjuguer à la voix active.
  Le public **a applaudi** le grand artiste.

Le verbe est au passé composé, à la voix active.

- **Voix passive**: **le sujet subit l'action** exprimée par le verbe. Seuls les verbes transitifs directs (c'est-à-dire suivis d'un COD) peuvent être conjugués à la voix passive. Le verbe est alors conjugué avec l'auxiliaire *être*.
  Le grand artiste **a été applaudi** par le public.

Auxiliaire *être* au passé composé + participe passé de *applaudir*: passé composé passif.

4 Exemple récapitulatif

Il semblerait que son meilleur ami ait révélé son secret.

Pour réécrire la phrase à la voix passive, on conjugue l'auxiliaire *être* au temps employé à la voix active (subjonctif passé), puis on le fait suivre du participe passé du verbe. **Le sujet devient complément d'agent; le COD devient sujet** de la phrase passive.

Il semblerait que son secret ait été révélé par son meilleur ami.

ait été → Subjonctif passé de *être* + révélé → participe passé de *révéler*
= *révéler* est conjugué au subjonctif passé passif

31 Écrire un récit complexe

▶▶▶ Très souvent les sujets de rédaction demandent d'écrire la suite du texte qui a servi de support aux questions.

1 Respecter la situation donnée

a/ La situation d'énonciation

- **Le narrateur est le même** (ne pas passer d'un récit à la première personne à un récit à la troisième personne), et conserve le **même point de vue**.
- Il faut **respecter le système des temps** utilisé, et employer correctement les temps utiles.

Info +
On parle d'**anachronisme** lorsqu'on utilise, pour parler d'une époque, des termes qui appartiennent à une autre époque.

b/ Le cadre

- **Le lieu et l'époque** de l'histoire à raconter sont identifiés avec précision, de manière à **éviter** au mieux les **invraisemblances** (aller à la plage si l'histoire se déroule à Lyon), au pire les **anachronismes** (utilisation du téléphone dans une histoire se déroulant au XIXe siècle).

c/ Les personnages

Le caractère des personnages doit être respecté : un individu timide ne peut pas d'un coup se comporter comme un super-héros, un personnage cruel ne se laissera pas facilement attendrir, etc.

2 Ajouter des passages descriptifs

- La description n'est pas ornementale, elle **joue un rôle** dans le récit. Elle intervient pour aider le lecteur à se représenter un nouveau lieu, pour créer une certaine atmosphère ou pour faire le portrait d'un nouveau personnage.
- Tous les outils de la description peuvent être utilisés : **adjectifs qualificatifs et figures de style** notamment.
- Pour un portrait, physique et moral, il faut **éviter les adjectifs trop attendus** comme *petit, grand, gentil, méchant*... Préférez les termes suivants :

Portrait physique	Portrait moral
Court, menu, élancé, impressionnant, efflanqué, corpulent, ventru, élégant, charmant, repoussant, affreux, hideux...	Agréable, plaisant, cruel, agressif, malveillant, curieux, étonnant, bizarre, égoïste, blasé, intelligent, généreux, timide, effacé, éloquent...

3 Exprimer des sentiments

Utiliser le vocabulaire des sentiments **donne une certaine épaisseur aux personnages**. Voici un tableau présentant le vocabulaire associé à différents sentiments.

Sentiments	Mots ou expressions	
La peur	- terreur, angoisse - livide, pâle, mortel,	- être paralysé par la peur, trembler, - avoir une peur bleue
La joie	- bonheur, excitation, plaisir - enjoué, gai, satisfait	- être rayonnant, se faire une joie de
La honte	- humiliation, gêne, déshonneur, trouble - rouge, méprisable, confus, blessé	- essuyer une humiliation
La tristesse	- souffrance, désastre, épreuve, malheur - triste, affligé, sombre	- être malheureux comme les pierres, pleurer à chaudes larmes
Le regret	- remord, repentir, souvenir - désolé, déçu, nostalgique	- se remémorer, se lamenter, déplorer

4 Intégrer du dialogue

Conseil
Voir Fiche 7.

Faire parler les personnages est essentiel pour donner vie au récit. Mais attention : le dialogue doit toujours avoir une utilité : l'histoire doit progresser grâce à lui.

▶▶▶ Même lorsque la consigne ne le précise pas, il est conseillé d'enrichir son récit en y intégrant l'expression des sentiments, des passages descriptifs et des dialogues.

Réécrire un texte en changeant de point de vue

▶▶▶ Certains sujets de rédaction proposent de réécrire un récit en changeant de point de vue*.

1 Se mettre à la place du personnage que l'on suit

Il s'agit le plus souvent de réécrire l'épisode en adoptant le **point de vue interne** de l'un des personnages.

Pour son anniversaire, les parents de Pedro veulent lui acheter un ballon. Pour l'instant il ne se doute de rien.

a/ Éliminer ce que le personnage ignore

- Quand le narrateur adopte un point de vue interne, le lecteur n'en sait pas plus que le personnage que l'on suit.
- Ici, Pedro ignore les intentions de ses parents : le narrateur ne peut donc pas les mentionner.

Exemple avec une narration à la 3e personne :

Pedro attend son anniversaire avec impatience. Il espère de tout cœur obtenir ce dont il rêve depuis des mois, un gant de baseball.

b/ Définir le caractère du personnage

Le personnage doit penser et agir de manière **conforme à son âge, sa situation, son caractère**.

Il a tanné ses parents pendant des mois : il a pleuré, menacé, réclamé, fait nombre d'allusions pour être sûr d'obtenir le même gant que Tony, maître incontesté de la bande d'enfants du quartier.

2 Ajouter les pensées du personnage

Pour que le lecteur connaisse les pensées du personnage, le narrateur peut utiliser plusieurs outils.

a/ Les modalisateurs

Les modalisateurs sont les mots qui renseignent sur le **jugement du locuteur** sur son propre énoncé.

Pedro **est sûr** que sa mère a compris ses allusions, et il **pense** que, **comme toujours**, son père se laissera guider par sa femme.

Conseil
Voir Fiche 26 sur la modalisation.

b/ Le style indirect libre

C'est le meilleur moyen de faire pénétrer le lecteur dans les pensées du personnage : **la frontière disparaît** entre les propos tenus par le narrateur et les impressions du personnage.

Son père est toujours distant et craintif avec lui. **Mais de quoi a-t-il peur le vieux ? Qu'a-t-il vécu pour se sentir menacé dès qu'on lui adresse la parole ?**

3 Insister sur les sentiments

a/ Sentiments et jugements

Le récit est raconté du point de vue du personnage ; le lecteur doit donc partager ses jugements et sentiments.

Ce n'est pas que Tony soit forcément un exemple à suivre. Mais c'est un gant **sacrément bon**, et une fois en sa possession, Pedro **espère s'en tirer un peu mieux** dans les matchs après l'école.

b/ Ponctuation et types de phrase

Une ponctuation et des types de phrase variés rendront expressifs les sentiments mentionnés : points d'exclamation, points de suspension et tournures emphatiques doivent être utilisés.

Tony, **voilà** un gars **à qui** Pedro aimerait ressembler. **Tyrannique**, c'est vrai, mais pas toujours ! **Méprisant** la plupart du temps, mais sachant se montrer généreux envers les autres quand rien ne l'y oblige.

Info +
Une tournure emphatique est la mise en valeur d'un élément de la phrase au moyen d'un présentatif : ***c'est*** *Pedro* ***qui*** *va être surpris* ; ou d'un ordre des mots inhabituel : ***Surpris****, il le sera.*

▶▶▶ Attention : passer à un point de vue interne ne signifie pas forcément écrire un récit à la première personne.

33 Raconter une expérience personnelle

▶▶▶ De nombreux sujets de rédaction demandent de raconter une expérience personnelle. Il ne s'agit pas forcément de raconter une anecdote personnelle réelle, mais elle doit être vraisemblable.

1 L'introduction

Elle doit **présenter votre âge et la situation** dans laquelle vous vous trouviez à l'époque de l'événement. Si vous situez l'événement raconté dans votre enfance, alors **le souvenir peut être imprécis**, la mémoire étant parfois capricieuse.

Âgé de cinq ou six ans, je fus victime d'une agression. Je veux dire que je subis dans la gorge une opération qui consista à m'enlever des végétations; l'intervention eut lieu d'une manière très brutale, sans que je fusse anesthésié. Mes parents avaient d'abord commis la faute de m'emmener chez le chirurgien sans me dire où ils me conduisaient. **Si mes souvenirs sont justes**, je m'imaginais que nous allions au cirque […].

Michel Leiris, « Gorge coupée », *L'Âge d'homme*, © Gallimard, 1939.

2 Le récit de l'expérience

Info +
Dans un texte littéraire, imparfait et passé simple seront employés en priorité. Mais dans votre rédaction, vous pouvez choisir de **remplacer le passé simple par le passé composé.**

▪ Le récit se fera **de manière chronologique**, même si quelques variations (anticipation, retour en arrière) sont possibles.

Voici comment les choses se passèrent: […]
- le vieux médecin m'amena jusqu'au chirurgien […];
- J'aperçus des instruments tranchants […].
- À partir de ce moment je ne me souviens de rien, sinon de l'attaque soudaine du chirurgien qui plongea un outil dans ma gorge […].
- Dans le fiacre qui nous ramena […].

Michel Leiris, *op. cit.*

▪ Pour rendre le récit vivant, il faut **donner ses impressions**, même déformées par le souvenir.

[…] le vieux médecin m'amena jusqu'au chirurgien, qui se tenait dans une autre pièce en grande barbe noire et blouse blanche (telle est, du moins, l'image d'ogre que j'en ai gardée).

Michel Leiris, *op. cit.*

▪ Il n'est pas nécessaire de vous présenter sous votre meilleur jour. En admettant des faiblesses, le récit sera plus **vraisemblable**, voire **humoristique**.

J'ai toujours été assez peu turbulent, encore moins batailleur, en général plutôt craintif, maussade, criailleur.

Michel Leiris, *op. cit.*

3 Les conséquences

La dernière partie du devoir doit raconter **les leçons tirées de cette expérience**: conséquences sur votre attitude ou votre situation actuelle. Le temps de référence sera alors le **présent de l'énonciation**.

Ce souvenir est, **je crois**, le plus pénible de mes souvenirs d'enfance. […] **Toute ma représentation de la vie en est restée marquée**: le monde, plein de chausse-trapes, n'est qu'une vaste prison ou salle de chirurgie; je ne suis sur terre que pour devenir chair à médecins, chair à canons, chair à cercueil; comme la promesse fallacieuse de m'emmener au cirque ou de jouer à faire la cuisine, tout ce qui peut m'arriver d'agréable en attendant n'est qu'un leurre, une façon de me dorer la pilule pour me conduire plus sûrement à l'abattoir où, tôt ou tard, je dois être mené.

Michel Leiris, *op. cit.*

▶▶▶ Ce genre de sujet implique l'écriture d'un récit à la première personne. La construction du devoir en trois parties (introduction, récit, conclusion) ne se limite pas à ce type de sujet: toutes les rédactions peuvent suivre ce modèle.

Écrire un dialogue

▸▸▸ De nombreux sujets de rédaction demandent d'intégrer un dialogue, c'est-à-dire du discours direct au récit.

1 L'enjeu du dialogue

▪ Un dialogue est là pour **faire progresser l'action**. Il doit apporter quelque chose de plus, que le lecteur n'aurait pas si les paroles étaient résumées par le narrateur.
▪ Un dialogue peut avoir plusieurs justifications : la **demande d'informations** ; l'**argumentation** autour d'un point de vue donné.
▪ Un dialogue doit **présenter une progression**. Les personnages ne doivent pas tourner en rond : leur position à la fin du dialogue doit avoir évolué.

2 Les caractéristiques du style direct

▪ Le style direct se caractérise par une **ponctuation particulière** : les guillemets encadrent la première et la dernière phrase du dialogue, les tirets signalent un changement d'interlocuteur.
▪ **Les temps et les indications spatio-temporelles* sont ceux du système du présent.**
▪ Les propositions incises contiennent **les verbes introducteurs de parole** et renseignent sur l'identité de celui qui parle. Elles ne sont pas nécessaires à chaque prise de parole. Il faut **varier leur place** : avant, au milieu ou après les paroles.

> **Attention !**
> Contrairement aux paroles prononcées, les **propositions incises** relèvent du système du passé.

3 La construction du dialogue

a/ Donner de l'épaisseur aux personnages

▪ En les faisant parler, le narrateur donne au lecteur l'impression d'assister en direct à la scène. **Le dialogue donne un effet de réel.**
▪ Chaque personnage doit **s'exprimer de manière conforme à son âge** et à sa situation ; le niveau de langue* sera adapté au destinataire.

b/ Varier les constructions

Pour éviter qu'un dialogue soit monotone, il faut penser à **varier** :
- **les types de phrases*** : les personnages peuvent employer des phrases injonctives, exclamatives, interrogatives, en plus des phrases déclaratives ;
- **les verbes introducteurs**, ou verbes de parole : plutôt que de répéter les verbes *dire, répondre et demander,* on peut utiliser des verbes différents selon la nuance que l'on souhaite exprimer.

Dire avec colère	Dire doucement	Dire fort
gronder, ordonner, menacer, hurler…	soupirer, suggérer, bredouiller, avouer…	s'écrier, brailler, s'exclamer, proclamer…

4 Exemple récapitulatif

« Salut !
- Salut. Ça va ?
- Oui, et toi ?
- Oui. »

> Les quatre premières lignes sont inutiles, elles n'apportent rien, et ne précisent pas qui parle.

Je me rapprochai de Sasha et l'interrogeai sans plus attendre :
« Alors, qu'est-ce qu'il t'a dit le prof ?
- Il veut appeler mes parents ! Tu te rends compte, reprit-il, pour un petit papier qui a malencontreusement atterri sur son dos ?
- Tu as raison, c'est vraiment exagéré », l'assurai-je avec conviction.

> Types de phrase variés

> Verbes de parole variés et à différentes places.

▸▸▸ Si la consigne précise simplement qu'il faut faire parler les personnages, alors, en plus du style direct, il est possible d'employer le style indirect et le style indirect libre.

35 Écrire un dialogue argumentatif

▶▶▶ Beaucoup de sujets de rédaction demandent d'imaginer un dialogue entre deux personnages défendant des points de vue* opposés.

« L'adolescence est-elle le plus bel âge de la vie ? » : imaginez un dialogue entre deux adolescents sur ce thème.

1 Trouver des idées

a/ Définir la thèse

Il faut définir clairement la thèse* de chaque interlocuteur.

- Pour ce sujet, le premier interlocuteur défendra la thèse suivante :
  L'adolescence est la période la plus heureuse de la vie.
- Le deuxième interlocuteur défendra l'idée que :
  L'adolescence n'est pas une période heureuse.

b/ Trouver des arguments

Pour appuyer chaque thèse, il faut trouver des arguments qui font appel à la raison ou aux sentiments.

Pour la première thèse :

On ne se préoccupe pas à l'adolescence des soucis matériels.
C'est une période de découverte et d'apprentissage.
C'est une période où tout est encore possible.

Conseil
Dans l'idéal, chaque **argument** est illustré par un **exemple** ; mais dans la pratique, le temps imparti pour la rédaction est parfois trop court.

c/ Trouver des exemples

Au moins quelques-uns des arguments doivent être illustrés par des exemples, **tirés de lectures ou de son expérience personnelle.**

Pour le deuxième argument :

C'est à treize ans que Picasso découvre sa vocation pour la peinture.

2 Organiser le dialogue

a/ L'ordre des arguments

On présentera les arguments **du moins convaincant au plus convaincant.**

Les arguments du deuxième interlocuteur seront présentés dans cet ordre :

L'adolescence est aussi une période de crise : les changements sont perturbants.
Ce n'est pas une période de légèreté : l'acquisition de plus de liberté signifie aussi davantage de responsabilité.
Les émotions sont parfois vécues de manière destructrice.

b/ Relier les deux thèses

Les arguments des deux interlocuteurs doivent alterner. La liaison entre ces arguments opposés est soulignée par l'emploi de **connecteurs logiques d'opposition.**

« Pour moi, l'adolescence est le plus bel âge de la vie : c'est une période heureuse car nous n'avons pas à nous préoccuper des questions matérielles qui régissent la vie des adultes : trouver un emploi, gagner sa vie, économiser pour ses enfants sont des soucis que les adolescents n'ont pas.
- C'est vrai, **mais** les adolescents ont d'autres soucis : les changements physiques, par exemple ne sont pas faciles à vivre. Regarde ma cousine Sonia. Tu sais le nombre d'adolescents qui, comme elle, souffrent de dérèglements alimentaires ? Boulimie et anorexie sont bien le signe que les changements physiques qui nous affectent à l'adolescence posent d'énormes problèmes. »

c/ Conclure l'échange

Un des interlocuteurs doit changer de position à la fin du dialogue, et se ranger aux côtés de son adversaire. C'est le signe que le **dialogue a été efficace.**

« …
- Tu as raison, je crois que j'étais très optimiste en disant que l'adolescence était le plus bel âge de la vie. Un des problèmes de l'adolescence est bien le manque de mesure : quand tu es heureux, tu penses que c'est valable pour l'univers entier. »

▶▶▶ Un dialogue argumentatif doit aussi donner vie aux interlocuteurs en leur prêtant une famille, un passé, des émotions, etc.

Écrire une lettre

▶▶▶ Certains sujets de rédaction demandent d'écrire une lettre. Quelques règles générales sont à respecter.

1 Les caractéristiques de la lettre

a/ La mise en page

Une lettre est un texte avec une mise en page particulière.

- En haut à gauche : faire apparaître **le nom et les coordonnées de l'énonciateur**.
- En haut à droite : préciser **le nom du destinataire**, puis **la date** et **le lieu** où la lettre a été écrite.
- Enfin **l'objet**, c'est-à-dire le but de la lettre, peut être mentionné.

Info +
Ces précisions sont **indispensables dans une lettre officielle**. Dans une lettre intime, on peut se contenter de mentionner la date et le lieu.

b/ Formule d'adresse et formule d'adieu

- Une lettre **commence par une formule d'adresse.**
  Monsieur ; Mes chers parents ; Salut toi…
- Une lettre **se conclut par une formule d'adieu.**
  Je vous prie d'agréer, Madame, Monsieur, mes salutations distinguées ; cordialement ; à bientôt ; je t'embrasse…
- **La signature termine** la lettre. Un même individu ne signera pas de la même manière tous ses courriers.
  Jean-Pierre Labranche pour une lettre officielle ;
  Jean-Pierre, J.-P., Jeannot pour une lettre intime.
- **Attention** : à l'examen vous ne devez jamais signer de votre vrai nom, votre copie doit rester anonyme.

2 La prise en compte du destinataire

Une lettre doit toujours tenir compte du destinataire.

- Une **lettre intime**, adressée à ses proches, peut employer un **niveau de langue*** **familier**.
- Pour une **lettre officielle**, adressée à quelqu'un que l'on ne connaît pas intimement, on emploiera un **niveau de langue courant ou soutenu**.
- Les informations données aussi seront différentes selon la personne à qui l'on écrit.
- Les faits ne seront pas toujours présentés de la même manière, comme le montre l'exemple ci-dessous.

Lettre officielle	Lettre intime
Madame, Je me permets de vous écrire au sujet du devoir que vous avez rendu à mon jeune frère dernièrement. Si je ne remets absolument pas en cause vos choix pédagogiques, je m'étonne cependant du résultat qu'il a obtenu. De huit ans son aîné, j'ai moi-même supervisé son travail. Je puis donc vous assurer du sérieux dont il a fait preuve pour cette rédaction. Peut-être vous serait-il possible de lui expliquer concrètement quelles étaient vos attentes, afin de l'aider à mieux réussir les prochains devoirs ? Dans l'attente de vous lire, je vous prie d'accepter, chère Madame, mes salutations distinguées. Emmanuel Desfeuilles	Salut frangin, Un petit mot pour te dire que j'ai écrit à ta prof : normalement elle doit t'expliquer ce qui clochait dans ta rédac (enfin dans la nôtre !). Continue à bosser, et ne t'inquiète pas : je te laisserai pas tomber, et à la prochaine rédac on aura 16, je te le jure. A + Manu

3 Les visées de la lettre

a/ Raconter

Si le sujet indique de raconter un événement, il faut penser à encadrer ou à interrompre le récit par des **rappels à un passé commun**, voire mentionner des projets futurs concernant les deux correspondants.

Ça m'a rappelé le film comique, tu sais, qu'on a vu l'été dernier.

b/ Convaincre

Le plus souvent la lettre vise à obtenir quelque chose du destinataire : n'hésitez pas à l'**interpeller directement**, par des phrases interrogatives notamment.

J'espère que tu comprends ma position. / Êtes-vous prêt à agir ?

▶▶▶ Pour ce type de rédaction, efforcez-vous de donner une certaine épaisseur à l'énonciateur : donnez-lui un passé et précisez ses sentiments.

37 Présenter une réflexion

▶▶▶ Un des deux sujets de rédaction du Brevet demande souvent une réflexion sur une question ou un thème. Il faut donc envisager à la fois le pour et le contre sur un sujet donné.

«Beaucoup d'adultes prétendent que l'éducation des enfants doit être stricte», qu'en pensez-vous?

1 Trouver des idées

Conseil
Revoir Fiche 35.

Comme pour le dialogue argumentatif, il faut **formuler les deux thèses*** adverses, puis **trouver des arguments** en faveur de chacune, et **les illustrer** par des exemples.

Thèses	1. Pour une éducation très stricte	2. Contre une éducation trop stricte
Arguments	- La vie est faite de contraintes à respecter: il faut apprendre au plus vite, c'est-à-dire très jeune, à obéir à certaines règles sans discuter. - Les enfants ont besoin de repères, de règles fixes pour comprendre le monde qui les entoure. - Laissés libres de choisir, les enfants préfèrent ce qui est mauvais pour eux; il faut donc les en empêcher.	- Les enfants ne sont pas des adultes: il ne faut pas leur imposer les mêmes règles. - On obéit mieux quand on sait pourquoi on le fait: il vaut mieux expliquer et convaincre qu'ordonner. - Une plus grande liberté permet un meilleur apprentissage de l'autonomie, et c'est en se trompant qu'on apprend le mieux.

2 L'introduction et la conclusion

a/ L'introduction

Info +
L'explicite est ce qui est dit très clairement; **l'implicite** est ce qui est sous-entendu, suggéré.

Ce premier paragraphe doit rappeler explicitement le thème du départ, puis **mentionner les deux thèses opposées** sans donner son opinion personnelle.

L'éducation des enfants est un thème qui intéresse tout le monde. Régulièrement on entend dire que certains parents ne sont pas assez stricts avec leurs enfants: quels sont donc les avantages d'une éducation stricte imposée aux enfants? D'autres, adultes ou enfants, ne sont pas partisans d'une éducation trop sévère; quels sont selon eux les avantages d'une éducation plus permissive?

b/ La conclusion

Ce paragraphe, qui termine le devoir, doit **rappeler quelles étaient les deux positions**. On peut ensuite **donner son avis**, tranché ou nuancé, ou s'efforcer d'**ouvrir la discussion** sur un autre sujet.

Certains sont partisans d'une éducation très stricte, qui consisterait à élever des individus obéissants, d'autres d'une éducation plus libre, qui laisserait aux enfants la possibilité de commettre des actes stupides ou honteux. Peut-être faut-il simplement prendre en compte le caractère individuel de chaque enfant, et adopter la méthode d'éducation qui lui convient le mieux.

3 Le développement

On commence par la thèse qui semble la moins convaincante, avant de traiter la thèse avec laquelle on est le plus en accord.

a/ La première partie

Elle présente tous les **arguments** en faveur de la première thèse. Ces différents arguments sont reliés à l'aide de **connecteurs d'addition**.

b/ La deuxième partie

Elle est **reliée à la première partie par un connecteur d'opposition**. Ensuite, elle développe les arguments en faveur de la deuxième thèse. Les arguments sont reliés aux exemples par des connecteurs spécifiques.

▶▶▶ Le sujet de réflexion s'appuie toujours sur le texte : vous pouvez réutiliser quelques-unes des idées qui y sont données.

Exprimer des relations logiques

▶▶▶ Il existe différents moyens grammaticaux pour exprimer un rapport logique* entre plusieurs phrases ou plusieurs propositions. L'un de ces moyens est l'emploi de connecteurs logiques.

1 Connaître les principaux connecteurs logiques

▪ Les connecteurs logiques jouent un **rôle clé** dans l'organisation du texte : ils soulignent les articulations et les étapes du raisonnement.
▪ Ils appartiennent à **différentes classes grammaticales*** : conjonction de coordination, conjonction de subordination, adverbes, propositions.

Pour exprimer :	Conjonction de coordination	Conjonction de subordination	Autres mots ou expressions
la cause	car	parce que, puisque, étant donné que, vu que	en raison de, grâce à
la conséquence	donc	si bien que, de sorte que	c'est pourquoi, par conséquent, ainsi
l'opposition	mais, or	alors que, tandis que, bien que, quoique	par contre, en revanche, néanmoins, toutefois, pourtant
l'addition (introduction d'une idée ou d'une information nouvelle)	et		d'abord, ensuite, d'une part/d'autre part, de plus, aussi, en outre
pour relier argument et exemple			ainsi, en effet, comme le montre, par exemple, notamment

2 Modifier le lien entre plusieurs propositions

On commence par **repérer la relation logique entre les deux propositions**, en s'aidant du contexte et du tableau ci-dessus.

a/ Passer de la juxtaposition à la subordination ou à la coordination

▪ Il s'agit d'**enlever le signe de ponctuation** séparant les deux propositions (une virgule, deux points, un point-virgule) et de **le remplacer par une conjonction** de coordination ou une conjonction de subordination exprimant la même relation logique.
Rapport de coordination : Je suis inquiète **car** il n'est pas rentré.
Rapport de subordination : Je suis inquiète **parce qu'**il n'est pas rentré.
▪ Pour effectuer le travail inverse, on remplace la conjonction par un **signe de ponctuation**.
Je suis inquiète : il n'est pas rentré.

> **Info +**
> **La juxtaposition** est une manière de séparer deux propositions dans une même phrase.

b/ Passer de la coordination à la subordination

▪ Il s'agit d'**enlever la conjonction de coordination** reliant les propositions, et de **la remplacer par une conjonction de subordination** exprimant la même relation logique. Il faut procéder de manière inverse pour passer de la subordination à la coordination.

1. De la coordination à la subordination :
Il est content **mais** il ne sait pas pourquoi. ▸ Il est content **bien qu'**il ne sache pas pourquoi.

2. De la subordination à la coordination :
Vu qu'il a eu de mauvais résultats, il sera puni. ▸ Il sera puni **car** il a eu de mauvais résultats.

▪ **Le passage de la coordination à la subordination s'accompagne parfois de modifications** : changement de temps et de mode (exemple 1, *bien que* suivi d'un subjonctif présent) ou changement de l'ordre des propositions (exemple 2).

▶▶▶ Certains liens logiques sont implicites : la ponctuation, les pronoms et déterminants démonstratifs, la présentation même, permettent aussi d'assurer la cohérence d'un texte.

TEST 1 Identifier le genre d'un texte (fiches 1 à 4)

Voir corrigés p. 62.

Sauf indication spécifique, une seule des deux ou trois réponses proposées est juste. Choisissez la réponse A, B ou C.

1/ Tous les récits suivent le schéma narratif.
A. Vrai
B. Faux

2/ Lesquels des textes suivants sont des récits ?
(2 réponses possibles)
A. Le conte.
B. La fable.
C. Le roman.

3/ Dans la phrase : *Elle regarda* la télévision toute la nuit, quelle est la valeur du passé simple ?
A. Description.
B. Action limitée dans le temps.
C. Action habituelle.

4/ Dans la phrase : *Il dormait quand ses invités arrivèrent*, quelle est la valeur de l'imparfait ?
A. Action de premier plan.
B. Action de l'arrière-plan.

5/ Dans une pièce de théâtre, on appelle exposition :
A. la préface.
B. le début de la pièce.
C. le nœud de l'intrigue.

6/ Un monologue, c'est :
A. une tirade.
B. une réplique.

7/ Une didascalie renseigne sur :
(2 réponses possibles)
A. le ton dont sont prononcées les répliques.
B. le dénouement de la pièce.
C. l'attitude des personnages.

8/ Un alexandrin est un vers :
A. de cinq syllabes.
B. de dix syllabes.
C. de douze syllabes.

9/ Un tercet est :
A. un vers de trois syllabes. B. une strophe de trois vers.
C. un poème de trois strophes.

10/ Un poème en vers libre, c'est un poème :
A. avec des vers qui ont un nombre impair de syllabes.
B. en vers sans régularité.
C. en prose.

11/ On appelle thèse :
A. une opinion que l'on veut défendre.
B. une idée abstraite qui appuie notre opinion.
C. le sujet dont on parle.

TEST 2 Étudier un récit
(fiches 5 à 10)

Voir corrigés p. 63.

Sauf indication spécifique, une seule des deux ou trois réponses proposées est juste. Choisissez la réponse A, B ou C.

1/ Dans les récits à la troisième personne, il n'y a pas de narrateur.
A. Vrai
B. Faux

2/ Les pensées d'un personnage peuvent être rapportées si le narrateur adopte un point de vue:
(2 réponses possibles)
A. externe.
B. interne.
C. omniscient.

3/ Dans un récit, une description sert:
(2 réponses possibles)
A. à comprendre l'état d'esprit d'un personnage.
B. à permettre au lecteur de se représenter l'objet décrit.
C. à faire une pause.

4/ Il lui confia ses angoisses. Qu'allait-il devenir s'il perdait son pari?
Les paroles sont rapportées au style:
A. direct.
B. indirect.
C. indirect libre.

5/ Au style indirect, la phrase: *Il lui répondit: « Je partirai l'année prochaine ! »* devient:
A. Il lui répondit qu'il partira l'année suivante.
B. Il lui répondit qu'il partirait l'année suivante.

6/ Un récit d'enfance est forcément un récit:
A. écrit par un enfant.
B. où le narrateur est un enfant.
C. où le personnage principal est un enfant

7/ Un récit d'enfance est forcément un récit à la 1re personne:
A. Vrai
B. Faux

8/ Dans une autobiographie:
A. Les deux systèmes de temps sont mêlés.
B. Le narrateur n'est pas forcément l'auteur.
C. L'auteur est libre d'inventer ce qu'il veut.

9/ L'autobiographie est un récit rétrospectif, ce qui signifie que:
A. Le narrateur adulte raconte des événements de son enfance.
B. L'ordre chronologique n'est pas respecté.

TEST 3 Étudier un texte théâtral
(fiches 11 à 13)

Voir corrigés p. 64.

Sauf indication spécifique, une seule des deux ou trois réponses proposées est juste. Choisissez la réponse A, B ou C.

1/ Le dénouement d'une comédie est:
A. heureux.
B. malheureux.
C. cela dépend.

2/ Les thèmes d'une comédie peuvent être:
A. l'amour et le mariage.
B. l'amour et la mort.
C. l'amour et l'amitié.

3/ Un quiproquo est un procédé qui relève:
A. du comique de gestes.
B. du comique de situation.
C. du comique de caractère.

4/ Dans une comédie, les personnages appartiennent:
A. au peuple.
B. à la noblesse.
C. à toutes les classes sociales.

5/ Le dénouement d'une tragédie est:
A. heureux.
B. malheureux.
C. cela dépend.

6/ Dans une tragédie, les personnages principaux sont:
A. des nobles.
B. des gens du peuple.
C. de toutes les classes sociales.

7/ Les personnages s'expriment en vers:
A. surtout dans les tragédies.
B. surtout dans les comédies.
C. ni dans les comédies, ni dans les tragédies.

8/ Dans une tragédie classique:
A. l'action se déroule en moins de 24 heures.
B. certains passages comiques peuvent apparaître.
C. les personnages évoluent dans différents lieux.

9/ La création d'une pièce correspond à:
A. sa publication.
B. sa première représentation.

10/ Le pouvoir politique:
A. s'intéresse au théâtre.
B. est indifférent au théâtre.

11/ L'événement à l'origine du théâtre engagé du XXe siècle est:
A. la 1re Guerre mondiale.
B. la 2de Guerre mondiale.
C. la Guerre froide.

12/ La censure:
A. a toujours existé.
B. n'existe plus désormais.

TEST 4 Étudier un poème
(fiches 14 à 16)

Voir corrigés p. 65.

Sauf indication spécifique, une seule des deux ou trois réponses proposées est juste. Choisissez la réponse A, B ou C.

1/ Un poème peut comporter plusieurs schémas de rimes :
A. Vrai
B. Faux

2/ Imaginez deux vers se terminant par *renoncer* et *dénoncer*. Il s'agit :
A. d'une rime pauvre.
B. d'une rime suffisante.
C. d'une rime riche.

3/ Le vers *Le ciel n'est jamais bleu comme il l'est sur les blés* (Aragon, « Les Yeux d'Elsa ») présente :
(2 réponses possibles)
A. une allitération en « l ».
B. une assonance en « è ».
C. une assonance en « l ».

4/ Dans le vers *Comme un marin qui meurt en mer en plein mois d'août* (Aragon, « Les Yeux d'Elsa »), l'allitération dominante est :
A. une allitération en « k ».
B. une allitération en « r ».
C. une allitération en « m ».

5/ Dans les vers *Il dort dans le soleil, la main sur sa poitrine/Tranquille. Il a deux trous rouges au côté droit* (Rimbaud, « Le Dormeur du val »), le procédé employé est :
A. une coupe.
B. un rejet.
C. un enjambement.

6/ La figure de style employée dans le vers *Tes yeux sont mon Pérou* (Aragon, « Les Yeux d'Elsa ») est une :
A. comparaison.
B. métaphore.
C. exagération.

7/ Dans le vers *Un soir j'ai assis la Beauté sur mes genoux* (Rimbaud), on relève :
A. une personnification
B. une métaphore.
C. une antithèse.

8/ La poésie engagée :
(2 réponses possibles)
A. a pour thème majeur la révolte.
B. ne parle jamais de faits précis.
C. veut marquer le lecteur pour le pousser à agir.

9/ Un calligramme est :
A. un poème à forme fixe.
B. un texte entre la prose et la poésie.
C. un texte mis en image.

TEST 5 Étudier une œuvre argumentative (fiches 17 à 19)

Voir corrigés p. 66.

Sauf indication spécifique, une seule des deux ou trois réponses proposées est juste. Choisissez la réponse A, B ou C.

1/ Témoigner signifie :
A. raconter.
B. certifier.
C. imaginer.

2/ Les récits de témoignage prennent appui sur :
(plusieurs réponses possibles)
A. l'histoire.
B. les guerres.
C. l'imagination.

3/ L'implicite, c'est :
A. dire clairement une idée.
B. répéter une idée.
C. sous-entendre une idée.

4/ Les écrits satiriques :
(plusieurs réponses possibles)
A. se moquent pour ridiculiser une idée.
B. critiquent poliment une personne.
C. cherchent à faire réfléchir.

5/ La satire utilise des procédés :
A. fantastiques : elle cherche à effrayer.
B. pathétiques : elle cherche à émouvoir.
C. comiques : elle cherche à faire rire.

6/ Le conte philosophique est :
A. un écrit satirique.
B. un écrit destiné aux enfants.
C. un écrit sérieux et grave.

7/ La satire peut reposer sur :
(plusieurs réponses possibles)
A. l'imitation.
B. l'ironie.
C. l'exagération.

8/ L'image argumentative cherche :
A. avant tout à convaincre.
B. surtout à persuader.
C. à convaincre et à persuader.

9/ Une publicité :
A. est une image argumentative.
B. n'est pas une image argumentative.

10/ Analyser une image argumentative, c'est :
(plusieurs réponses possibles)
A. la décrire.
B. dire ce qu'on ressent.
C. identifier la thèse défendue.

TEST 6 Répondre aux questions de grammaire (fiches 20 à 23)

Voir corrigés p. 67.

Sauf indication spécifique, une seule des deux ou trois réponses proposées est juste. Choisissez la réponse A, B ou C.

1/ Dans la phrase, *Il est très courageux, très* est:
A. un adjectif.
B. une préposition.
C. un adverbe.

2/ Les adverbes se terminent toujours par le suffixe *-ment*:
A. Vrai
B. Faux

3/ *Elle demande à son frère de lui écrire*, le groupe souligné est:
A. COD
B. COI
C. COS

4/ *Les anciens amis sont devenus des adversaires acharnés*, le groupe souligné est:
A. attribut du sujet.
B. COD

5/ *La vieillesse a rendu mon chien aveugle*, le mot souligné est:
A. attribut du sujet.
B. attribut du COD.
C. épithète du nom.

6/ Dans un GN, les expansions sont:
A. indispensables.
B. facultatives.

7/ *La vieille maison, délabrée, en pierres, est à vendre*, le complément du nom est:
A. vieille.
B. délabrée.
C. en pierres.

8/ *J'ai lu un livre [qui m'a beaucoup ennuyé]*, la proposition encadrée est une proposition:
A. principale.
B. subordonnée relative.
C. subordonnée complétive.

9/ *Je me suis endormi [alors que l'émission m'intéressait]*, la proposition encadrée est une proposition:
A. subordonnée circonstancielle d'opposition.
B. subordonnée circonstancielle de temps.

10/ *J'estime que ta présence est indispensable !*, *que* est:
A. un adverbe.
B. un pronom.
C. une conjonction de subordination.

11/ *Le jeu que je réclame pour mon anniversaire est très cher*, *que* est:
A. COD du verbe *est*.
B. COD du verbe *réclame*.

TEST 7 Répondre aux questions de vocabulaire (fiches 24 à 26)

Voir corrigés p. 68.

Sauf indication spécifique, une seule des réponses proposées est juste.
Choisissez la réponse A, B ou C.

1/ Le mot *embrasser* est formé :
A. d'un radical et d'un suffixe.
B. d'un préfixe et d'un radical.
C. d'un préfixe, d'un radical et d'un suffixe.

2/ Les mots de la même famille sont :
A. formés sur le même radical.
B. des mots qui ont le même sens.

3/ Le mot latin *bos, bovis* a donné les mots *bœuf* et *bovin* en français. Quelles sont les propositions qui sont vraies ?
(2 réponses possibles)
A. *Bœuf* a suivi une évolution populaire.
B. *Bovin* a suivi une évolution savante.
C. *Bovin* a suivi une évolution populaire.

4/ Relever un champ lexical, signifie relever :
A. l'idée dominante d'un texte.
B. des phrases entières.
C. des mots ou des expressions.

5/ Dans la phrase, *Lorsque je repense à mon enfance, la mémoire me fait rarement défaut : je me souviens de tous les moments agréables*, le champ lexical dominant est celui :
A. de l'enfance.
B. du souvenir.
C. du bonheur.

6/ Quel est le sens dénoté de *mince* ?
A. médiocre.
B. belle.
C. de peu d'épaisseur.

7/ Nommez la figure de style employée dans le vers suivant :
O mes frères dans les prisons vous êtes libres. (P. Emmanuel)
A. personnification.
B. hyperbole.
C. antithèse.

8/ Nommez la figure de style employée dans le vers suivant :
Vous êtes ces arbres violents et torturés. (P. Emmanuel)
A. personnification.
B. métaphore.
C. périphrase.

9/ Quels sont les modalisateurs employés dans la phrase :
Il a vraiment fait ce qu'il a pu le pauvre…
(2 réponses possibles)
A. vraiment.
B. a pu.
C. le pauvre.

TEST 8 Résoudre les problèmes d'accord
(fiches 27 à 28)

Voir corrigés p. 69.

Sauf indication spécifique, une seule des deux ou trois réponses proposées est juste. Choisissez la réponse A, B ou C.

1/ *C'est sa sœur qui vous <u>a répondu</u>.* Quel est le sujet du verbe souligné ?
A. vous.
B. qui.
C. sa sœur.

2/ Choisissez la forme verbale qui convient. *La moitié des élèves* :
(2 réponses possibles)
A. est partie.
B. sont parti.
C. sont partis.

3/ Complétez la phrase suivante : *Ses lunettes ... lui vont bien.*
A. rose.
B. marron.
C. bleus.

4/ Choisissez le bon accord. *Des gants* :
A. blanc crème.
B. blancs crèmes.
C. blanc crèmes.

5/ Complétez la phrase suivante : *Pour Noël, il a reçu des jeux...*
A. amusant plus les enfants que les adultes.
B. amusants plus les enfants que les adultes.

6/ *Il a pris son instrument et l'a <u>rangé</u>.* Le participe passé souligné :
A. s'accorde avec *il*.
B. s'accorde avec *l'*.
C. ne s'accorde pas.

7/ Quels sont les verbes pronominaux ?
(2 réponses possibles)
A. nous vous regardons.
B. nous nous parlons.
C. ils se vantent.

8/ *La voiture s'est enfin vendue ! S'est vendue* est un verbe pronominal :
A. de sens réciproque.
B. de sens réfléchi.
C. de sens passif.

9/ Quelle est l'orthographe correcte ?
A. Ils se sont souri.
B. Ils se sont souris.

10/ En remplaçant *Marc* par *elles*, la phrase : *Rapide, Marc a gagné la course et a été proclamé champion*, devient :
A. Rapides, elles ont gagné la course et ont été proclamé championnes.
B. Rapides, elles ont gagnées la course et ont été proclamées championne.
C. Rapides, elles ont gagné la course et ont été proclamées championnes.

TEST 9 Éviter les confusions

(fiches 29 à 30)

Voir corrigés p. 70.

Sauf indication spécifique, une seule des deux ou trois réponses proposées est juste. Choisissez la réponse A, B ou C.

1/ Au pluriel, il faut écrire :

A. Des choux-fleur.

B. Des gratte-ciel.

C. Des rouge-gorges.

2/ Choisissez la forme qui convient : *Je n'irai pas...*

A. quoi qu'il dise.

B. quoiqu'il dise.

3/ Complétez la phrase : *J'irai me promener, ... soient les prévisions météorologiques.*

A. quelque…

B. quelques…

C. quelles que…

4/ Choisissez la forme verbale qui convient : *Vous auriez dû...*

A. vous parlé avant.

B. vous parlez avant.

C. vous parler avant.

5/ Choisissez les formes correctes pour compléter la phrase :
Il a pens... à appel..., puis est parti mang...

A. pensé, appeler, manger.

B. pensé, appelé, mangé.

C. penser, appelé, manger.

6/ Quelle est la bonne orthographe ?

A. appercevoir.

B. apercevoir.

7/ L'adverbe tiré de l'adjectif *violent* s'écrit :

A. violamment.

B. violament.

C. violemment.

8/ L'impératif est le mode :

A. du réel.

B. de l'ordre.

C. de l'hypothèse.

9/ Le subjonctif est un mode qui comporte :

A. deux temps.

B. quatre temps.

C. huit temps.

10/ À quel temps est conjugué le 2e verbe ?
Je suis ravi que le voleur ait été arrêté.

A. Au passé composé.

B. Au subjonctif passé.

C. Au subjonctif passé passif.

11/ Que devient cette phrase à la forme passive ?
Ses parents lui ont confisqué son téléphone.

A. Son téléphone est confisqué par ses parents.

B. Son téléphone lui a été confisqué par ses parents.

C. Son téléphone lui avait été confisqué par ses parents.

TEST 10 Écrire un récit
(fiches 31 à 33)

Voir corrigés p. 71.

Sauf indication spécifique, une seule des deux ou trois réponses proposées est juste. Choisissez la réponse A, B ou C.

1/ Dans la phrase *Notre héros décida d'agir immédiatement.*
A. Le narrateur est extérieur au récit (récit à la 3e personne).
B. Le narrateur est interne au récit (récit à la 1re personne).

2/ Lorsqu'on écrit la suite d'un récit, on peut changer le système d'énonciation.
A. Vrai
B. Faux

3/ Si l'histoire se déroule à Paris en 1900, peut-on parler:
A. de la télévision ?
B. d'un carrosse ?
C. de la tour Eiffel ?

4/ Dans la phrase *Les reflets rouges et bleus de sa robe la faisaient ressembler à un joli papillon*, les outils de la description sont:
(2 réponses possibles)
A. *reflets*.
B. *rouges et bleus*.
C. *ressembler à un joli papillon*.

5/ On dira d'un personnage qu'il est rouge:
(2 réponses possibles)
A. de honte.
B. de peur.
C. de colère.

6/ *Petit et ...... , il avait du mal à se hisser sur son cheval.*
Pour compléter on peut utiliser l'adjectif:
(2 réponses possibles)
A. corpulent.
B. agile.
C. pansu.

7/ Dans la phrase *Cette fois je suis sûre que je ne suis pas folle... j'ai vu ! Je ne me trompe pas, je l'ai vu !* le sentiment exprimé est:
A. la souffrance.
B. l'angoisse.
C. le regret.

8/ Écrire un texte au point de vue interne c'est l'écrire à la première personne.
A. Vrai
B. Faux

9/ Pour faire partager aux lecteurs les pensées du personnage, on peut utiliser:
(plusieurs réponses possibles)
A. le style indirect libre.
B. des mots péjoratifs.
C. des verbes exprimant un jugement.

10/ La phrase, *C'est pour cette raison que nous vous écrivons*, présente:
A. une construction classique.
B. une tournure emphatique.
C. une tournure pronominale.

TEST 11 Faire parler les personnages

(fiches 34 à 35)

Voir corrigés p. 72.

Sauf indication spécifique, une seule des deux ou trois réponses proposées est juste. Choisissez la réponse A, B ou C.

1/ Faire parler les personnages :
(2 réponses possibles)
A. crée un effet de réel.
B. apporte des informations nouvelles.
C. repose le lecteur des descriptions.

2/ Un dialogue est écrit dans le système :
A. du présent.
B. du passé.
C. de la narration qui l'encadre.

3/ Chaque prise de parole est accompagnée d'un verbe introducteur, dit verbe de parole.
A. Vrai
B. Faux

4/ Les verbes introducteurs peuvent se placer :
(plusieurs réponses possibles)
A. avant les paroles.
B. après les paroles.
C. au milieu des paroles.

5/ Les verbes introducteurs *souffler, soupirer, marmonner* signifient que l'interlocuteur :
A. parle fort.
B. parle bas.
C. parle lentement.

6/ Au lieu du verbe *répondre*, on peut employer les synonymes :
A. confirmer, protester, contredire.
B. prier, commencer, exiger.
C. attaquer, apostropher.

7/ Pour indiquer que l'interlocuteur se moque, on peut employer :
A. ricaner.
B. bredouiller.
C. papoter.

8/ Un dialogue n'est possible que si les deux interlocuteurs ne sont pas d'accord.
A. Vrai
B. Faux

9/ Dans un dialogue argumentatif, les interlocuteurs défendent :
A. la même thèse.
B. des thèses opposées.
C. les mêmes arguments.

10/ Il faut présenter les arguments :
A. du moins au plus convaincant.
B. du plus au moins convaincant.
C. en alternant ceux qui sont très convaincants et ceux qui le sont moins.

11/ Un dialogue :
A. n'a pas pour but de faire progresser l'action.
B. a pour but de faire progresser l'action.

TEST 12 Défendre un point de vue
(fiches 36 à 38)

Voir corrigés p. 73.

Sauf indication spécifique, une seule des deux ou trois réponses proposées est juste. Choisissez la réponse A, B ou C.

1/ Il faut toujours indiquer sur une lettre :
A. la date et le lieu d'envoi.
B. l'objet de la lettre.
C. les coordonnées de l'émetteur.

2/ L'indication *Ton ami, Damien* est :
A. une formule d'adresse.
B. une formule d'adieu.
C. une signature.

3/ Une lettre tient toujours compte du destinataire car :
A. ses coordonnées sont indiquées en haut à droite.
B. le niveau de langue s'adapte au destinataire.

4/ Dans une lettre officielle on emploie :
A. un niveau de langue familier.
B. un niveau de langue soutenu.
C. tous les niveaux de langue.

5/ L'introduction :
(2 réponses possibles)
A. rappelle le sujet, le thème.
B. présente les thèses opposées.
C. explique qui a raison.

6/ On appelle *implicite* ce qui est :
A. expliqué clairement.
B. sous-entendu.
C. passé sous silence.

7/ Dans la conclusion :
A. il faut donner son avis.
B. il faut parler d'autre chose.
C. il faut mentionner un dernier argument.

8/ Les connecteurs logiques :
A. sont des conjonctions
B. sont des adverbes.
C. appartiennent à différentes classes grammaticales.

9/ *C'est pourquoi* est :
A. un connecteur d'opposition.
B. un connecteur d'addition.
C. un connecteur de conséquence.

10/ Dans la phrase *J'avais quinze ans : j'étais prêt à tomber amoureux*, les deux points expriment un rapport logique :
A. de cause/conséquence.
B. d'opposition.

11/ Si l'on passe de la subordination à la coordination, la phrase *Il viendra bien qu'il soit malade*, devient :
A. il viendra même s'il est malade.
B. il est malade mais il viendra.
C. il est malade pourtant il viendra.

CORRIGÉS TEST 1 Identifier le genre d'un texte

Q.	1	2	3	4	5	6	7	8	9	10	11
R.	B	AC	B	B	B	A	AC	C	B	B	A

1B Les récits longs peuvent présenter plusieurs intrigues, et ne suivent pas forcément le schéma narratif.

2AC La fable, souvent écrite en vers, est un texte poétique, qui contient une partie qui raconte une histoire (on appellera donc cette partie… récit) et une morale.

3B « toute la nuit » délimite clairement la durée de l'événement. A et C correspondent à un autre temps, l'imparfait.

4B Lorsqu'on trouve le passé simple et l'imparfait dans une même phrase, c'est la distinction entre action de premier et de second plan qui s'impose.

5B Le début de la pièce expose les informations concernant les principaux personnages.

6A Le monologue est une tirade que le personnage prononce lorsqu'il est seul sur scène. S'il s'agit d'une réplique qui n'est pas entendue par les autres personnages présents sur scène, alors c'est un aparté.

7AC Ce sont toutes les indications concernant la mise en scène, la manière dont la scène doit être jouée.

8C Les vers impairs ne sont pas très fréquents dans la poésie versifiée. Le vers de dix syllabes est appelé décasyllabe.

9B Les strophes sont composées de vers, eux-mêmes composés de syllabes.

10B Le poème en vers libres est écrit en vers. Mais il n'y a aucune régularité dans le type de vers employé, ni de rimes ou de strophes repérables.

11A La définition B est celle de l'argument ; la définition C est celle du thème.

CORRIGÉS TEST 2 Étudier un récit

Q.	1	2	3	4	5	6	7	8	9
R.	B	BC	AB	C	B	C	B	A	A

1B Un récit est toujours raconté par l'intermédiaire d'un narrateur.

2BC Lorsque le narrateur adopte un point de vue interne, il peut rapporter les pensées d'un personnage ; avec un point de vue omniscient, il peut rapporter les pensées de tous les personnages.

3AB La description est une pause, mais qui a toujours une utilité : rendre le lecteur sensible à un cadre, une atmosphère, ou traduire les sentiments et les pensées d'un personnage.

4C Il n'y a pas de guillemets (la réponse A est exclue) et il n'y a aucune marque de subordination (la réponse B est exclue).

5B Quand le verbe de parole est au passé (*répondit*), on applique la concordance des temps : le futur employé au style direct devient du conditionnel présent. L'indication temporelle change aussi.

6C C'est la seule condition indispensable. Les affirmations A et B sont possibles, comme dans un journal intime, mais pas impératives.

7B Le récit d'enfance peut être mené par un narrateur extérieur au récit.

8A Si le narrateur n'est pas l'auteur, on ne parlera pas d'autobiographie au sens strict mais plutôt d'autobiographie fictive. L'auteur s'engage à ne raconter que la vérité, même si cette vérité se heurte forcément à l'obstacle du temps qui a passé et a modifié le souvenir.

9A Rétrospectif veut dire qui regarde en arrière. Le texte autobiographique est donc un immense retour en arrière par rapport au présent de l'écriture.

CORRIGÉS TEST 3 Étudier un texte théâtral

Q.	1	2	3	4	5	6	7	8	9	10	11	12
R.	A	A	B	C	B	A	A	A	B	A	B	A

1A Le dénouement d'une comédie est toujours heureux.

2A La mort est impossible dans une comédie ; quant à l'amitié ce n'est pas un thème très exploité. Le mariage par contre est un thème majeur de la comédie : c'est l'aspect social de l'amour qui y est étudié.

3B C'est un malentendu entre deux personnes qui croient parler de la même chose. Il peut donc s'accompagner d'un comique de mots.

4C Toutes les classes sociales sont représentées dans la comédie.

5B *Le Cid* est pourtant une pièce qui n'obéit pas à cette règle : Rodrigue épouse celle qu'il aime. Dans sa première édition, la pièce était désignée comme une tragicomédie.

6A Sans exception. La comédie représentera toutes les classes sociales. La farce mettra surtout en scène les gens du peuple.

7A Les personnages s'expriment dans un langage élevé et soutenu, souvent en alexandrins. Mais il existe aussi des comédies écrites en vers comme *L'École des femmes* de Molière.

8A Le comique est impossible dans une tragédie classique, qui obéit à la règle de l'unité de lieu et de temps.

9B La représentation joue en effet un rôle essentiel au théâtre : sans elle, le texte n'est pas complet.

10A Le pouvoir politique s'est toujours intéressé au théâtre, lieu où s'expriment les critiques vis-à-vis de ce même pouvoir.

11B C'est pendant et après la Seconde Guerre mondiale que les auteurs de théâtre vont écrire des pièces à grande portée politique.

12A Le pouvoir politique a toujours surveillé la création artistique, qui ne se limite pas au seul théâtre. La censure est plus ou moins forte selon les pays.

CORRIGÉS TEST 4 Étudier un poème

Q.	1	2	3	4	5	6	7	8	9
R.	A	C	AB	C	B	B	A	AC	C

1A Il n'est pas rare de voir un poème à forme fixe combiner rimes croisées et rimes embrassées par exemple.

2C *renoncer* et *dénoncer* ont plus de trois sons en commun : n/on/c/er.

3AB Le ciel n'est jamais bleu comme il l'est sur les blés. L'assonance est la répétition d'un son « voyelle », l'allitération la répétition d'un son « consonne » : la réponse C ne correspond pas à ces définitions, elle est donc impossible.

4C L'allitération en « r » vient en seconde position néanmoins : *Comme un marin qui meurt en mer en plein mois d'août*. Le vers comporte également des assonances en « in » et « en ».

5B Le mot *tranquille* est rejeté au vers suivant, rendant le contraste encore plus fort avec l'explication finale : l'homme n'est pas « tranquille », il est mort.

6B L'identité est posée entre *Tes yeux* et *mon Pérou*, pays vu comme l'Eldorado, le pays de l'or.

7A *La Beauté* est identifiée à une personne, que l'énonciateur peut asseoir sur ses genoux, ce que souligne la majuscule. La personnification est souvent définie comme un cas particulier de la métaphore ou de la comparaison. La réponse C (rapprochement de deux réalités contraires) est à exclure.

8AC La poésie engagée fait souvent référence à des faits historiques précis et identifiables : la collaboration, le nazisme, la colonisation…

9C Le calligramme est une forme de poésie libre, où les mots sur la page prennent la forme de l'objet dont ils parlent.

CORRIGÉS TEST 5 Étudier une œuvre argumentative

Q.	1	2	3	4	5	6	7	8	9	10
R.	B	AB	C	AC	C	A	ABC	C	A	ABC

1B Le récit de témoignage raconte une histoire pour démontrer une vérité ou un danger.

2AB Les récits de témoignage prennent appui sur des faits réels.

3C L'implicite est sous-entendu, tandis que l'explicite désigne ce qui est dit clairement.

4AC Les deux objectifs sont complémentaires. Ainsi certaines pièces de Molière sont satiriques.

5C La satire utilise le rire pour mieux emporter l'adhésion du destinataire. Elle crée une complicité entre l'émetteur et le récepteur, au détriment de l'objet moqué.

6A Même s'il se déroule dans un monde imaginaire où le merveilleux (l'irréel) l'emporte, il s'adresse à un public adulte, mais sur un mode plaisant.

7ABC Ces trois procédés peuvent être utilisés, de manière indépendante ou conjointe.

8C Toutes les stratégies sont utilisées pour convaincre le destinataire : on fait appel à la raison (ce qu'on appelle convaincre), mais aussi aux sentiments (ce qu'on appelle persuader).

9A Il s'agit toujours de pousser le spectateur à agir dans un certain sens. Analyser les procédés utilisés permet alors d'être plus critique face au message véhiculé.

10ABC Analyser une image argumentative, c'est avant tout identifier la thèse défendue et les moyens mis en œuvre pour la rendre convaincante. Mais pour cela, il faut d'abord procéder à une description de l'image, et s'interroger sur ce qu'on ressent pour mieux comprendre les procédés employés.

CORRIGÉS TEST 6 Répondre aux questions de grammaire

Q.	1	2	3	4	5	6	7	8	9	10	11
R.	C	B	C	A	B	B	C	B	A	C	B

1C *Très* est invariable, ce qui exclut la réponse A. *Très* n'est pas forcément suivi d'un complément, ce qui exclut la réponse B (*Tu es content ? Très.)*.

2B Faux, et inversement : tous les mots terminés par *-ment* ne sont pas forcément des adverbes (*firmament, bâillement*… sont des noms).

3C Le groupe fait suite à un premier complément d'objet indirect (*à son frère*).

4A Le groupe est relié au sujet par un verbe attributif (*sont devenus* = *sont*) : il s'agit donc d'un attribut du sujet et non d'un COD.

5B *Aveugle* se rapporte au COD *chien* (ce qui exclut la réponse A). Quand on transforme le COD en pronom (*la vieillesse l'a rendu aveugle*), *aveugle* n'est pas compris dans le pronom ; c'est donc un attribut du COD et non une épithète de *chien*.

6B Elles ne sont pas nécessaires mais fournissent un complément d'informations.

7C Le complément du nom est toujours introduit par une préposition.

8B La proposition complète le GN *un livre* ; elle n'occupe pas une fonction essentielle dans la phrase.

9A La conjonction *alors que* peut tantôt introduire une subordonnée circonstancielle de temps (indiquant la simultanéité comme dans : le *téléphone sonne alors que je me prépare*), tantôt une subordonnée circonstancielle d'opposition. C'est le sens de la phrase qui permet de trancher.

10C *Que* introduit une proposition subordonnée (complétive) conjonctive.

11B *Que* est un pronom relatif (qui reprend *le jeu*), qui n'a de fonction individuelle que dans la subordonnée *que je réclame pour mon anniversaire*.

CORRIGÉS TEST 7 Répondre aux questions de vocabulaire

Q.	1	2	3	4	5	6	7	8	9
R.	C	A	AB	C	B	C	C	B	AC

1C Préfixe *em-*, radical *bras*, suffixe *-er* : le mot signifie littéralement *prendre dans ses bras*. Remarque : ici le suffixe modifie la classe grammaticale du mot, mais certains modifient le sens du radical. Le suffixe *-on* par exemple est un diminutif, il signifie *petit* (*vallon*, *ballon*, etc.).

2A Les mots qui ont le même sens sont des synonymes.

3AB Le mot *bœuf*, issu d'une évolution populaire, est plus éloigné de l'original latin. Transmis à l'oral, il s'est beaucoup modifié. *Bovin* en revanche, transmis à l'écrit, a subi moins de changement.

4C Il s'agit de relever des mots ou expressions précises du texte, mais jamais des phrases entières. Le terme générique (souvent indiqué dans la question) qui donne son nom au champ lexical, correspond lui toujours à une idée dominante du texte.

5B Les termes *repense*, *mémoire*, *me souviens* appartiennent au champ lexical du souvenir. Les thèmes de l'enfance et du bonheur sont néanmoins présents mais de manière secondaire.

6C Le sens A est connoté négativement, le sens B est connoté positivement. La dénotation elle, ne change jamais, elle donne le strict sens propre.

7C Rapprochement des deux termes opposés, *prisons* et *libres* dans un même vers : il s'agit bien d'une antithèse.

8B Identification des *frères* en *arbres* par le biais du verbe *être*, mais sans mot comparatif. La métaphore pose une équivalence stricte entre les deux éléments.

9AC *Vraiment* indique la certitude, *le pauvre* exprime la compassion.

CORRIGÉS TEST 8 Résoudre les problèmes d'accord

Q.	1	2	3	4	5	6	7	8	9	10
R.	B	AC	B	A	A	B	BC	C	A	C

1B Le pronom relatif *qui* (reprenant *sa sœur*) est le sujet grammatical. *Vous* est COI du verbe *répondre*.

2AC Lorsque le sujet est un collectif, l'accord peut se faire à la 3e personne du singulier ou à la 3e personne du pluriel. Employé avec *être*, le participe passé s'accorde avec le sujet.

3B *Rose* et *bleu* devraient s'accorder au féminin pluriel pour que la phrase soit correcte. *Marron*, en tant qu'adjectif, est invariable.

4A Il s'agit d'un adjectif de couleur composé : les deux termes restent invariables.

5A *Amusant* ne s'accorde pas, c'est un participe présent (il est suivi d'un complément). Remarque : dans la phrase *Il a reçu des jeux amusants*, la forme en *–ant* est un adjectif verbal (on peut la remplacer par un autre adjectif : *des jeux utiles*...), qu'il faut accorder.

6B *Rangé*, employé avec l'auxiliaire *avoir*, ne s'accorde pas avec le sujet *il*. Il s'accorde en revanche avec le COD *l'* (reprenant *son instrument*), placé avant le verbe. Ce COD est masculin singulier : le participe passé ne prend donc aucune marque particulière.

7BC Les pronoms *nous* et *se* renvoient au sujet du verbe ; dans la phrase A, le pronom *vous* (COD) ne désigne pas les mêmes personnes que le sujet *nous*.

8C *La voiture a été vendue* : sens passif.

9A Il s'agit d'un verbe pronominal de sens réciproque : l'accord peut se faire avec le COD si celui-ci est placé avant le verbe. Or ici *se* est COI (*ils ont souri à eux-mêmes*), donc le participe ne s'accorde pas.

10C Les mots *rapides* et *championnes* s'accordent avec *elles* ; *gagné* (employé avec *avoir*) ne s'accorde pas ; *proclamées* (passé composé passif) s'accorde avec *elles*.

CORRIGÉS TEST 9 Éviter les confusions

Q.	1	2	3	4	5	6	7	8	9	10	11
R.	B	A	C	C	A	B	C	B	B	C	B

1B *Gratte* est un verbe et ne s'accorde pas, et pour le sens *ciel* doit rester au singulier. Les deux autres formes doivent s'écrire *des choux-fleurs* et *des rouges-gorges* (dans les mots composés reliés par un tiret, les noms et adjectifs s'accordent).

2A On peut faire la substitution suivante : *quelle que soit la chose qu'il dise.*

3C On peut dire : *peu importe les conditions…*

4C On peut remplacer la forme verbale en « -*é* » par un verbe du 3e groupe : *Vous auriez dû vous écrire* ; c'est bien l'infinitif qui est utilisé.

5A On peut remplacer *pensé* par *pris*, et *appeler* et *manger* par *boire*.

6B C'est une exception, car la plupart des mots commençant par *ap-* doublent la consonne.

7C L'adverbe conserve la voyelle employée dans l'adjectif (le -*e*), et prend deux -*m* pour que la prononciation soit convenable.

8B L'indicatif est le mode du réel, le conditionnel celui de l'hypothèse.

9B Le subjonctif présent (*que je parle*) et le subjonctif passé (*que j'aie parlé*) sont plus employés que le subjonctif imparfait (*que je parlasse*) et le plus-que-parfait (*que j'eusse parlé*).

10C Auxiliaire *être* au subjonctif passé, suivi du participe passé du verbe *arrêter*.

11B À la voix active le verbe est conjugué au passé composé ; à la voix passive, il faut conjuguer l'auxiliaire *être* au passé composé (*a été*) et le faire suivre du participe passé du verbe (*confisqué*). Le sujet de la voix active devient complément d'agent (*par ses parents*) à la voix passive.

CORRIGÉS TEST 10 Écrire un récit

Q.	1	2	3	4	5	6	7	8	9	10
R.	A	B	C	BC	AC	AC	B	B	ABC	B

1A L'emploi de la première personne du pluriel ne fait pas du narrateur un personnage (il fait un simple commentaire) : on ne peut donc pas parler de récit à la première personne.

2B Il faut toujours respecter la situation d'énonciation (statut du narrateur, point de vue, temps du récit) du texte de départ.

3C La tour Eiffel a été construite en 1889 (mais ce n'est qu'à partir des années 1960 qu'elle deviendra un des monuments les plus visités au monde). La télévision n'existait pas et les carrosses ne s'utilisaient plus : en parler serait faire des anachronismes.

4BC Les outils privilégiés de la description sont les adjectifs qualificatifs et les comparaisons.

5AC Les couleurs sont très utilisées pour qualifier les sentiments (*avoir le rouge au front, entrer dans une colère noire, avoir une peur bleue…*).

6AC Ils signifient la même chose : gros. L'adjectif *agile* ne va pas dans le sens de la phrase.

7B La ponctuation très expressive (points d'exclamation et points de suspension) en est le meilleur indice.

8B Pas forcément : un texte à la troisième personne peut aussi adopter un point de vue interne. En général la consigne du sujet précise clairement : dans un récit à la première personne…/ dans un récit à la troisième personne…

9ABC Les mots péjoratifs et les verbes de jugement sont des modalisateurs. Il faut penser à employer ces trois outils lorsque le sujet de rédaction indique qu'il faut présenter les pensées d'un personnage.

10B *C'est… que* : mise en valeur du groupe *pour cette raison*. Une tournure classique aurait été : *Nous vous écrivons pour cette raison.* Le verbe *écrire* n'est pas employé à la forme pronominale : *vous* n'est pas un pronom réfléchi.

CORRIGÉS TEST 11 Faire parler les personnages

Q.	1	2	3	4	5	6	7	8	9	10	11
R.	AB	A	B	ABC	B	A	A	B	B	A	B

1AB Un dialogue apporte un effet de réel : le lecteur a l'impression d'assister en direct à la scène ; pour être utile au récit, il doit apporter des informations nouvelles.

2A Quel que soit le système utilisé dans la narration, le dialogue s'inscrit toujours dans le système du présent : le temps de référence est le présent de l'indicatif.

3B Les verbes introducteurs renseignent sur l'identité de l'interlocuteur et la manière dont sont prononcées les paroles ; ils doivent apparaître régulièrement dans le dialogue, mais ne sont pas indispensables à chaque prise de parole.

4ABC Il est même nécessaire de varier leur place dans la rédaction d'un dialogue. Quand les verbes se trouvent intercalés dans les paroles, on parle de proposition incise : – *Je suis d'accord, reprit-il, partons immédiatement.*

5B *Claironner*, *hurler*, *exploser* signifient parler fort ; *bredouiller*, *hésiter*, *bafouiller* signifient parler lentement.

6A Les verbes des réponses B et C correspondent plus à une interrogation qu'à une réponse.

7A *Ricaner* ou *plaisanter, glousser… Bredouiller* signifie parler lentement, avec difficulté. *Papoter* est un synonyme de *bavarder.*

8B Un dialogue n'est pas forcément argumentatif ; il peut correspondre à une simple demande d'informations de la part d'un personnage.

9B Ils ne partagent ni la même thèse ni les mêmes arguments.

10A Ainsi le dialogue se termine sur une idée forte, destinée à marquer l'interlocuteur.

11B Un dialogue doit apporter quelque chose en plus, que la narration n'aurait pas aussi bien rendu.

CORRIGÉS TEST 12 Défendre un point de vue

Q.	1	2	3	4	5	6	7	8	9	10	11
R.	A	B	B	B	AB	B	A	C	C	A	B

1A Sans ces informations, la situation d'énonciation n'est pas claire et le message est incomplet. Les informations B et C sont indispensables uniquement dans une lettre officielle.

2B Une formule d'adresse serait : *mon cher ami, salut untel…*

3B Dans une lettre intime, on ne précise pas forcément les coordonnées du destinataire ; en revanche le niveau de langue employé dépend du rapport qui nous unit à lui (intime, officiel, respectueux…).

4B Le niveau de langue familier est proscrit ; le niveau de langue courant est autorisé.

5AB L'introduction ne doit pas expliquer d'emblée quelle est la thèse qui l'emporte : cette information ne doit arriver qu'à la fin du devoir.

6B La réponse A correspond à la définition de ce qui est explicite.

7A C'est une possibilité, pas une obligation. La conclusion peut ouvrir sur un autre sujet lié au premier : il ne s'agit pas cependant de parler d'autre chose. Les arguments n'ont plus lieu d'être dans la conclusion.

8C Il y a des conjonctions, des adverbes, mais aussi des locutions, des expressions…

9C On reconnaît les relations logiques en substituant un connecteur à un autre : des connecteurs de conséquence peuvent être remplacés par *donc*, ceux de cause par *car*, ceux d'opposition par *mais*.

10A C'est ce rapport qui est le plus vraisemblable. Si l'on veut réécrire la phrase avec un rapport de coordination, on utilisera *donc* pour relier les propositions ; pour un rapport de subordination, on pourra employer *de sorte que*.

11B *Pourtant* et *même si* ne sont pas des conjonctions de coordination. Le passage de la coordination à la subordination s'accompagne d'un changement de temps et d'un changement dans l'ordre des propositions.

MÉTHODE Les questions

▶▶▶ Après 2 heures consacrées à l'histoire-géographie et à l'éducation morale et civique, l'épreuve se poursuit par des questions de français. Vous disposerez d'1 heure pour répondre à ces questions notées sur 20 points.

1 Comprendre les documents

- Les questions s'appuient sur un texte littéraire d'une trentaine de lignes, et parfois aussi sur une image, fixe ou mobile, en lien avec ce texte.
- Pour vérifier que vous avez compris le texte, posez-vous les questions suivantes.

Pour un récit:
- qui est le narrateur? narrateur-personnage ou narrateur extérieur au récit;
- qui sont les personnages? âge, situation, problèmes rencontrés;
- où et quand se passe l'action?
- quelle est la dominante du texte? narration, description, dialogue.

Pour un extrait de théâtre:
- qui sont les personnages? nom, rôle (domestique, confident…), état d'esprit;
- où se situe le passage dans la pièce? début (exposition), dénouement…;
- qui parle le plus et pourquoi?

Pour un texte poétique:
- les règles de la versification classique sont-elles respectées? strophes, rimes, vers…
- de quoi parle le texte?

2 Lire les questions

- Les questions suivent une progression; **lisez l'ensemble des questions** avant de commencer à y répondre.
- Certaines questions portent sur des points de **grammaire** ou de **vocabulaire**. D'autres interrogent sur le **sens** du texte, sur son **genre***. Certaines questions peuvent être des QCM, d'autres nécessitent des réponses plus longues et détaillées. Mais toutes vous aident à comprendre la signification du texte.

3 Rédiger les réponses

- Suivez l'ordre des questions pour éviter de vous répéter. Indiquez le numéro des questions.
- **Toutes vos réponses doivent être rédigées**: faites des phrases complètes, utilisez correctement les majuscules et la ponctuation.
- **Soignez la présentation**: écrivez lisiblement et aérez votre devoir.

a/ Pour une question d'étude de la langue

La réponse, rédigée, sera présentée de manière claire et concise. Lorsqu'il s'agit de faire un relevé (de champ lexical* par exemple), il est **inutile de recopier des pans entiers du texte**: ne relevez que les mots ou expressions qui répondent précisément à ce qui est demandé, et placez-les entre guillemets.

b/ Pour une question d'analyse de texte

- Même lorsque la question ne le précise pas, pensez à **justifier vos réponses par des citations** précises du texte.
- Une question au moins demande de donner son avis sur un aspect du texte en **justifiant son point de vue**: la réponse doit être détaillée et argumentée. Tous les avis sont recevables, tant qu'ils s'appuient sur des éléments du texte. Vous pouvez aussi présenter une réponse nuancée. Une question enfin, dite de synthèse, exige une réponse longue et construite.

c/ Pour une comparaison entre le texte et l'image

- Certaines questions vous invitent à mettre en relation le texte et l'image.
- Soyez attentif à leurs points communs, mais également à leurs **différences**: le point de vue n'est jamais tout à fait identique.

MÉTHODE La dictée et la réécriture

▸▸▸ Vous disposez de 30 minutes pour ces deux exercices, notés sur 5 points chacun.

1 La dictée

a/ Présentation

La dictée porte sur un texte de 600 caractères environ, toujours en rapport avec le texte support des questions : même œuvre, même auteur ou même thème.

b/ Conseils

- Pendant la première lecture, efforcez-vous de bien comprendre le texte, afin d'**identifier** sans erreur **le mode de narration** (récit à la première ou à la troisième personne) **et les temps employés**.
- Pendant la dictée, il faut être attentif aux **liaisons** et à la prononciation des **mots difficiles**. Tout compte, y compris les accents et la ponctuation.
- Pendant le temps dédié à la relecture, soyez particulièrement attentif :
  - aux homophones grammaticaux ;
  - aux accords sujet-verbe ;
  - aux accords de l'adjectif ;
  - aux accords du participe passé.
- Pour les mots qui semblent difficiles, essayez de retrouver leur orthographe grâce à des mots de la même famille.

> **Conseil**
> Il peut être utile de faire, au crayon à papier, des flèches du verbe vers le sujet, et du déterminant et de l'adjectif vers le nom.

c/ Exemple corrigé

Marie a du mal à garder les yeux ouverts. Elle tente de maîtriser son regard, malgré elle ses paupières se rabattent. Elle se concentre sur ses yeux et cherche à les imaginer globuleux, puissants comme des phares. Elle les écarquille, elle compte sur eux, elle les souhaite éveillés, vigilants. Elle a besoin qu'ils la guident et la conduisent jusqu'à Steph.

Peu à peu il lui faut admettre qu'elle ne pourra pas résister plus longtemps à l'écroulement. Son attention se dilue, son corps devient flasque, spongieux.

ANDRÉE CHEDID, *Le Message*, © Flammarion, 2000.

Homophones Accords particuliers Terminaisons verbales à repérer Mots dont l'orthographe est difficile

2 La réécriture

a/ Présentation

- Ne négligez pas cet exercice, et accordez-lui au minimum cinq minutes.
- Les erreurs de copies sont pénalisées : attention par conséquent à ne pas faire de fautes lorsque vous recopiez des mots qui ne sont pas modifiés.

b/ Conseils

- Cet exercice demande de réécrire un passage du texte de trois ou quatre lignes en fonction de différentes **contraintes grammaticales** : le genre et/ou le nombre d'un GN, ou le temps d'un verbe.

  Réécrivez ce passage en remplaçant *je* par *nous* ; le présent par l'imparfait ; *il* par *elles*…
- Sur le texte, **soulignez** les mots (entre 5 et 10 selon les sujets) qu'il va falloir changer : pronoms, déterminants possessifs et adjectifs, terminaisons des verbes, accords du participe passé etc.

c/ Exemple corrigé

Réécrivez ce passage en remplaçant *un jeune homme* par *des jeunes femmes*.

L'après-midi du même jour, au début de sa consultation, Rieux reçut un jeune homme dont on lui dit qu'il était journaliste et qu'il était déjà venu le matin.

ALBERT CAMUS, *La Peste*, © Gallimard, 1947.

- Il s'agit donc de changer à la fois le **genre** et le **nombre** des personnages, ce qui donne :

  L'après-midi du même jour, au début de sa consultation, Rieux reçut des **jeunes femmes** dont on lui dit qu'**elles** ét**aient** journaliste**s** et qu'**elles** ét**aient** déjà ven**ues** le matin.

MÉTHODE La rédaction

▸▸▸ Vous disposez d'1 heure 30 pour effectuer ce travail d'écriture, de 300 mots environ, noté sur 20 points. Vous avez le droit de vous aider des documents et des questions de la première partie de l'épreuve.

1 Choisir le sujet

- Deux sujets sont proposés, qui s'appuient directement ou indirectement sur le texte initial:
- **un sujet demandant une réflexion** sur un thème* en relation avec le sens du texte:

  Comme le narrateur, pensez-vous qu'il est important d'apprendre une langue étrangère?; Certains établissements obligent leurs élèves à porter l'uniforme: pourquoi, à votre avis? Cela vous conviendrait-il?
- **un sujet faisant appel à l'imagination:**

  Imaginez la suite; Racontez cet épisode en adoptant le point de vue de ...; Devenu adulte, le personnage raconte cet événement...

- **Des consignes supplémentaires** accompagnent parfois le sujet, pour vous guider dans votre travail.

  Votre récit contiendra **au moins un passage descriptif**. Votre réflexion, organisée en paragraphes, présentera **les avantages et les inconvénients** d'une telle attitude...

Conseil

Il n'y a pas de sujet plus facile que d'autre. Sélectionnez rapidement celui qui vous inspire le plus.

2 Travailler au brouillon

Cette phase est **indispensable**. Il faut lui accorder entre 40 et 50 minutes, temps nécessaire pour **écrire son brouillon et l'améliorer**.

a/ Pour le sujet de réflexion

- **Rédigez entièrement au brouillon l'introduction et la conclusion**. Pour le développement, on peut se contenter, au brouillon, d'un **plan détaillé** récapitulant les thèses, arguments et exemples utilisés. Écrivez en rouge **les connecteurs logiques** que vous utiliserez pour introduire chaque étape du devoir.
- **Organisez votre texte en paragraphes**: un pour l'introduction, un pour la conclusion, un, deux ou trois pour le développement.
- Avant de recopier au propre, **vérifiez bien que vous avez tenu compte de toutes les consignes** dans votre devoir.

b/ Pour le sujet d'invention

- Écrivez intégralement votre texte au brouillon et **organisez-le en paragraphes**.
- **Corrigez les erreurs**: vérifiez les accords, l'orthographe, la construction des phrases, la conjugaison.
- **Soignez le style**: évitez les répétitions, employez un vocabulaire varié, utilisez des figures de style.
- Comme pour le sujet de réflexion, avant de recopier au propre, **vérifiez bien que vous avez tenu compte de toutes les consignes** dans votre devoir.

3 Recopier au propre

- Les trente dernières minutes du travail seront consacrées à cette phase. **Prenez votre temps**, **soignez** la présentation et l'écriture, et **respectez** les règles élémentaires de grammaire, d'orthographe, de conjugaison et de ponctuation.
- Le texte complet et structuré en paragraphes doit faire **environ deux pages**.
- Réservez les cinq ou dix dernières minutes pour vous **relire une dernière fois** et éviter les étourderies (mots effacés non recopiés, mots écrits deux fois de suite...).

▸▸▸ Ne sortez pas avant la fin de l'épreuve. Profitez de tout le temps imparti pour améliorer au maximum votre devoir.

1 Analyse et interprétation de textes et de documents

Document 1

George Sand (1804-1876), de son vrai nom Aurore Dupin, est une femme de lettres française. Ses combats pour améliorer la condition des femmes sont restés célèbres. Ses choix de vie ont souvent fait scandale: elle se sépare de son mari, adopte des vêtements masculins et se choisit un pseudonyme d'homme. Dans l'extrait ci-dessous, elle détaille un aspect important de l'éducation qu'elle a reçue: le souci de l'apparence physique.

L'apparence physique

J'étais fortement constituée, et, durant toute mon enfance, j'annonçais devoir être fort belle, promesse que je n'ai point tenue. Il y eut peut-être de ma faute, car à l'âge où la beauté fleurit, je passais déjà les nuits à lire et à écrire. Etant fille de deux êtres d'une beauté parfaite, j'aurais dû ne pas dégénérer, et ma pauvre mère, qui estimait la beauté plus que tout, m'en faisait souvent de naïfs reproches. Pour moi, je ne pus jamais m'astreindre[1] à soigner ma personne. Autant j'aime l'extrême propreté, autant les recherches de la mollesse m'ont toujours paru insupportables.

Se priver de travail pour avoir l'œil frais, ne pas courir au soleil quand ce bon soleil de Dieu vous attire irrésistiblement, ne point marcher dans de bons gros sabots de peur de se déformer le cou-de-pied[2], porter des gants, c'est-à-dire renoncer à l'adresse et à la force de ses mains, se condamner à une éternelle gaucherie[3], à une éternelle débilité[4], ne jamais se fatiguer quand tout nous commande de ne point nous épargner, vivre enfin sous une cloche pour n'être ni hâlée, ni gercée, ni flétrie avant l'âge, voilà ce qu'il me fut toujours impossible d'observer. Ma grand-mère renchérissait encore sur les réprimandes de ma mère, et le chapitre[5] des chapeaux et des gants fit le désespoir de mon enfance; mais, quoique je ne fusse pas volontairement rebelle, la contrainte ne put m'atteindre. Je n'eus qu'un instant de fraîcheur et jamais de beauté. Mes traits étaient cependant assez bien formés, mais je ne songeai jamais à leur donner la moindre expression. L'habitude contractée, presque dès le berceau, d'une rêverie dont il me serait impossible de me rendre compte à moi-même, me donna de bonne heure l'air bête. Je dis le mot tout net, parce que toute ma vie, dans l'enfance, au couvent, dans l'intimité de la famille, on me l'a dit de même, et qu'il faut bien que cela soit vrai. Somme toute, avec des cheveux, des yeux, des dents, et aucune difformité, je ne fus ni laide ni belle dans ma jeunesse, avantage que je considère comme sérieux à mon point de vue, car la laideur inspire des préventions[6] dans un sens, la beauté dans un autre. On attend trop d'un extérieur brillant, on se méfie trop d'un extérieur qui repousse. Il vaut mieux avoir une bonne figure qui n'éblouit personne, et je m'en suis bien trouvée avec mes amis des deux sexes.

George Sand, *Histoire de ma vie*, 2e partie, Chapitre 8, 1855.

1. S'astreindre: se forcer
2. Cou-de-pied: la cheville
3. Gaucherie: maladresse
4. Débilité: faiblesse
5. Le chapitre: le thème
6. Préventions: opinions préconçues

Document 2

Collection Grob/Kharbine-Tapabor

Caricature de George Sand par A. Lorentz, *Le Charivari*, 1842

Questions (20 points)

Sur le texte

1. En vous aidant du texte et du paratexte, précisez l'identité de l'auteur, du narrateur et du personnage principal. *(1,5 pt)*

2. Expliquez précisément quel est le thème central de ce texte. *(1 pt)*

3. Que pouvez-vous en déduire sur le genre littéraire de ce texte ? *(1 pt)*

4a. Relisez le deuxième paragraphe et expliquez quels sont les comportements normalement obligatoires pour une jeune fille bien née au début du XIXe siècle. *(1 pt)*

b. La narratrice obéit-elle à ces injonctions ? Pourquoi à votre avis ? *(2 pts)*

5. Quelles sont les occupations favorites de la narratrice ? Cela correspond-il aux normes de son époque ? *(1 pt)*

6. « Irrésistiblement ». *(ligne 10)*

a. Expliquez la formation de ce mot. *(1,5 pt)*

b. Donnez sa classe grammaticale. (0,5 pt)

c. Expliquez son sens. *(0,5 pt)*

7. Quel adjectif utilisé par les membres de sa famille qualifie « l'air » de la narratrice ? En a-t-elle souffert ? Justifiez votre réponse. *(2 pts)*

8. « On attend trop d'un extérieur brillant, on se méfie trop d'un extérieur qui repousse. » *(lignes 29-30)*

a. Identifiez le mode et le temps utilisés dans cette phrase et donnez sa valeur. (1 pt)

b. Quelle(s) remarque(s) pouvez-vous faire sur la construction de cette phrase ? *(1 pt)*

9. Que pense la narratrice de la beauté ? Partagez-vous son jugement ? *(2 pts)*

Sur le texte et l'image

10. Quels rapprochements pouvez-vous faire entre le texte et le dessin présenté ci-dessus ? *(2 pts)*

11. En quoi pouvez-vous dire qu'il s'agit d'une caricature ? *(2 pts)*

2 Rédaction et maîtrise de la langue

Dictée (5 points)

Je ne pense pas qu'il y ait de l'orgueil et de l'impertinence à écrire l'histoire de sa propre vie. [...] L'étude du cœur humain est de telle nature, que plus on s'y absorbe, moins on y voit clair ; et pour certains esprits actifs, se connaître est une étude [...] toujours incomplète. Pourtant je l'accomplirai ce devoir ; je l'ai toujours eu devant les yeux ; je me suis toujours promis de ne pas mourir sans avoir fait ce que j'ai toujours conseillé aux autres de faire pour eux-mêmes : une étude sincère de ma propre nature et un examen attentif de ma propre existence.

George Sand, *Histoire de ma vie*, 1re partie, chapitre 1, 1847.

Réécriture (5 points)

« J'étais fortement constituée, et, durant toute mon enfance, j'annonçais devoir être fort belle, promesse que je n'ai point tenue. »

Réécrivez cette phrase en remplaçant « je » par « ils ». Vous ferez toutes les modifications nécessaires.

Rédaction (20 points)

Vous traiterez l'un des deux sujets au choix. Votre rédaction sera d'une longueur minimale d'une soixantaine de lignes.

Sujet 1

George Sand considère que « la beauté inspire des préventions ». Pensez-vous comme elle que notre jugement est parfois trop influencé par l'apparence physique ? Vous présenterez votre réflexion dans un devoir argumenté, en vous appuyant sur des exemples précis.

Sujet 2

À votre tour, écrivez votre autoportrait. Après avoir évoqué votre apparence physique, vous dresserez votre portrait moral. Pensez à nuancer vos affirmations, de manière à ne pas tomber dans la caricature.

1 Analyse et interprétation de textes et de documents

Document 1

Dans ce roman qui se déroule en 2050, Barjavel imagine une ville où certains principes de l'architecte Le Corbusier ont été appliqués, jusqu'à un point extrême.

Le Conservatoire

Les progrès de la technique avaient permis d'abandonner cette affreuse coutume qui consistait à enterrer les morts et à les abandonner à la pourriture. Tout appartement confortable comprenait, outre la salle de bains, l'assimilateur d'ordures, le chauffage urbain, les tapis absorbants, les plafonds lumineux et les murs insonores, une pièce qu'on appelait le Conservatoire. Elle était constituée par de doubles parois de verre entre lesquelles le vide avait été fait. À l'intérieur de cette pièce régnait un froid de moins trente degrés. Les familles y conservaient leurs morts, revêtus de leurs habits préférés, installés, debout ou assis, dans des attitudes familières que le froid perpétuait. Les premiers Conservatoires avaient été construits vers l'an 2000. La plupart d'entre eux contenaient déjà deux générations. Les petits-enfants de l'an 2050 devaient à cette invention de connaître leurs arrières-grands-pères. Le culte de la famille y gagnait. L'autorité d'un père ne disparaissait plus avec lui. On ne pouvait plus escamoter[1] le défunt dès son dernier soupir. D'un index tendu pour l'éternité, il continuait à montrer à ses enfants le droit chemin. Des artistes spécialistes se chargeaient de donner aux trépassés[2] toutes les apparences de la vie, et aux Conservatoires un air familier de pièces habitées. Après avoir fait la première mise en scène, ils venaient chaque semaine en vérifier l'installation, raviver, à l'aide de fards spéciaux, les couleurs des personnages, et faire disparaître, à l'aspirateur, la poussière des vêtements et des décors. Les familles payaient, pour ces soins, un petit tant-par-mois à la C.P.D. (Compagnie de Préservation des Défunts).

En général, le Conservatoire occupait dans l'appartement une situation centrale. Chacun de ses murs de verre s'ouvrait sur une pièce différente. Les jours de réception, la maîtresse de maison mettait une fleur à la boutonnière de grand-père, redressait sa moustache. Les morts prenaient part à la réunion. Les invités leur adressaient en arrivant un salut courtois[3], félicitaient leurs enfants de leur bonne mine.

À la salle à manger, la table leur faisait face. Le maître de maison rompait le pain après le leur avoir présenté. Les fumets des plats montaient vers leurs nez de glace. [...]

Afin d'éviter les disputes et les procès, une loi avait rétabli, dans ce domaine, le droit d'aînesse. À moins d'arrangement à l'amiable[4], l'ancêtre appartenait à l'aîné des héritiers.

René Barjavel, *Ravage*, éditions Denoël, 1943.

1. Escamoter : cacher.
2. Trépassés : morts, défunts.
3. Courtois : poli.
4. Arrangement à l'amiable : se mettre d'accord

Document 2

Cet immeuble marseillais, appelé la Cité radieuse, a été conçu par l'architecte Le Corbusier en 1952 comme une petite ville, avec des appartements, des rues (les couloirs des bâtiments) menant à des boutiques et à des hôtels. On trouve même sur la terrasse du toit une école, un gymnase, une piscine, des aires de jeux.

Gerald Bloncourt / Bridgeman Images - F.L.C. / Adagp, Paris 2017

Questions (20 points)

Sur le texte

1. Quelle nouvelle pratique, présentée comme un progrès scientifique, est détaillée dans cet extrait? *(1 pt)*

2. Par quels termes sont désignés les morts? À quelles activités participent-ils au sein de la famille? *(2 pts)*

3. «Une pièce qu'on appelait le Conservatoire» *(ligne 5) (3 pts)*

a. Quel sens donnez-vous habituellement au mot «conservatoire»?

b. Quel sens a-t-il dans le texte?

c. Quel est l'effet produit par le choix de ce terme?

4. Quel est, selon le narrateur, le principal avantage de cette nouvelle pratique? *(1 pt)*

5. Quel problème lié à cette nouvelle pratique est évoqué dans le dernier paragraphe? Quelle remarque pouvez-vous faire sur l'emploi du verbe «appartenir»? *(2 pts)*

6. Quel est le temps principalement employé? Pour quelle raison? *(2 pts)*

7. Selon vous, quel rapport ce texte entretient-il avec la réalité? Que pouvez-vous en déduire sur le genre du texte? *(3 pts)*

8. Que signifie le titre du livre *Ravage*? Que pouvez-vous en déduire sur l'issue de l'histoire racontée? *(2 pts)*

Sur le texte et l'image

9. Comment peut-on rapprocher la photographie et le texte? *(2 pts)*

10. Quelle impression produit sur vous la photographie? Comparez-la avec celle que suscite en vous la lecture du texte. *(2 pts)*

2 Rédaction et maîtrise de la langue

Dictée (5 points)

À cette perspective, les vivants envisageaient la mort d'un œil plus doux. [...] L'homme savait qu'il ne disparaîtrait plus, qu'il demeurerait, au milieu de ses enfants, et de ses lointains petits neveux, honoré et chéri par eux. Pétrifié, laminé, microscopique, mais présent. Il ne craignait plus de servir de proie à la vermine, de disparaître totalement dans la grande Nature indifférente. Ainsi le progrès matériel était-il parvenu à vaincre la grande terreur de la mort qui, depuis le commencement des siècles, courbait le dos de l'humanité.

René Barjavel, *Ravage*.

Réécriture (5 points)

«Les morts prenaient part à la réunion. Les invités leur adressaient en arrivant un salut courtois, félicitaient leurs enfants de leur bonne mine. À la salle à manger, la table leur faisait face. Le maître de maison rompait le pain après le leur avoir présenté. Les fumets des plats montaient vers leurs nez de glace.»

Réécrivez ces lignes en mettant «les morts» au singulier et en faisant toutes les modifications nécessaires.

Rédaction (20 points)

Vous traiterez l'un des deux sujets au choix. Votre rédaction sera d'une longueur minimale d'une soixantaine de lignes.

Sujet 1

Les découvertes scientifiques sont-elles source de progrès? Vous répondrez à cette question dans un texte argumenté et organisé en paragraphes. Vous penserez à illustrer votre réflexion par des exemples précis.

Sujet 2

À la manière de Barjavel, projetez-vous dans le siècle prochain et décrivez le quartier où vous habitez, votre quotidien, vos habitudes et les objets qui vous entourent. Votre devoir prendra la forme d'une page de journal de bord.

1 Analyse et interprétation de textes et de documents

Questions (20 points)

1. George Sand, de son vrai nom Aurore Dupin, est à la fois l'auteur, le narrateur et le personnage principal de ce texte: l'emploi du pronom personnel de la première personne du singulier, le titre de l'ouvrage, *Histoire de ma vie*, et les informations du paratexte nous permettent de l'affirmer.

2. Le thème central du texte est l'apparence physique de la narratrice, et plus précisément son manque de beauté.

3. Il s'agit d'une autobiographie: l'identité auteur-narrateur-personnage, la présence du système du passé et du système du présent, le récit rétrospectif des événements en sont la preuve. Ce texte présente un des passages clés de ce genre littéraire: l'autoportrait.

4a. À cette époque, une jeune fille de bonne famille doit avant tout chercher à protéger sa jeunesse et sa beauté. Pour cela, elle doit vivre «sous une cloche», comme une porcelaine délicate, et subir un certain nombre de contraintes: les activités physiques et de plein air lui sont interdites, elle ne doit ni travailler, ni courir au soleil, ni utiliser la force de ses mains, ni porter des souliers adaptés à la marche.

b. La narratrice a beaucoup de mal à obéir à ces ordres: elle précise que les réprimandes de sa mère et de sa grand-mère étaient nombreuses, mais que «la contrainte ne put [l]'atteindre». Ces injonctions sont en effet contraires au plaisir («courir au soleil»), au bien-être («marcher dans de bons gros sabots») et à la logique («ne jamais se fatiguer quand tout nous commande de ne point nous épargner»).

5. En plus d'aimer les activités physiques, la narratrice passait ses nuits à lire et à écrire. Toutes ces occupations sont très éloignées des normes de son époque, où une jeune fille devait uniquement se préoccuper de préserver sa beauté et sa fraîcheur.

6a. Le mot est composé de trois parties: le préfixe privatif *ir-*, l'adjectif *résistible*, et le suffixe *–ment* (dérivé du latin *mens, mentis*, désignant l'esprit).

b. Il s'agit d'un adverbe.

c. «Irrésistiblement» signifie littéralement «sans que l'on puisse y résister»; «inévitablement» est un de ses synonymes.

7. L'adjectif utilisé est «bête», et la narratrice en reconnaît la justesse: «il faut bien que cela soit vrai». On pourrait penser qu'elle a souffert de ce jugement dévalorisant. Pourtant, elle affirme dans le dernier paragraphe qu'il n'en est rien, et que sa «bonne figure», ni laide ni belle, lui a permis d'avoir des rapports harmonieux avec ses amis.

8a. Les verbes sont conjugués au présent de l'indicatif, qui exprime ici une vérité générale, comme dans un proverbe ou une maxime.

b. La généralisation du propos s'appuie sur un parallélisme de construction. Les deux propositions sont construites de la même manière: pronom «on», verbe, adverbe «trop», complément (préposition + article + nom + expansion du nom).

9. La narratrice pense que la beauté peut être un désavantage: en plus d'obliger à l'inaction et à la mollesse (2e paragraphe), elle peut, au même titre que la laideur, inspirer des préjugés (3e paragraphe) car elle influence fortement le jugement. Elle pense qu'un physique «qui n'éblouit et qui n'effraye personne» facilite les relations amicales avec les hommes comme avec les femmes. On peut en effet penser, comme George Sand, que la beauté n'est pas toujours un avantage, car elle dissimule les autres qualités, parfois bien plus importantes, que certaines personnes possèdent.

10. L'image correspond au portrait de George Sand dressé dans le texte et le paratexte: elle montre une femme habillée en homme, sans beauté ni coquetterie notable; les feuillets qu'elle tient en main révèlent ses préoccupations pour l'amélioration de la condition féminine. Les nuages sur lesquels se trouve le personnage peuvent évoquer le côté rêveur du personnage mentionné dans le texte.

11. La caricature est un portrait qui amplifie certains traits du sujet, souvent dans le but de s'en moquer. Il s'agit bien ici d'une caricature: vêtue en homme et fumant une cigarette, George Sand apparaît excentrique et indécente (les femmes n'ont pas le droit de porter des pantalons à cette époque). Ses prétentions à la littérature et à la politique semblent aussi moquées, notamment avec l'expression «chambre de mères» suivie d'un point d'exclamation.

2 Rédaction et maîtrise de la langue

Réécriture (5 points)

Ils étaient fortement constitués, et, durant toute leur enfance, ils annonçaient devoir être fort beaux, promesse qu'ils n'ont point tenue.

Rédaction (20 points)

Sujet 1

■ **Introduction : présentation du sujet et reformulation de la question posée.** L'apparence physique n'est pas toujours bien vécue, et nombreux sont les gens à se trouver trop petits ou trop grands, pas assez minces ou trop maigres, trop banals ou trop différents des autres. On pense alors parfois que l'opinion que les gens auront de nous dépend de notre physique. Mais est-ce véritablement le cas : notre jugement est-il avant tout influencé par l'apparence physique ?

■ **Première partie : arguments en accord avec la citation.** Lorsque l'on rencontre quelqu'un, on se soumet à son regard. En plus de notre attitude et de notre voix, on sait que le physique joue sur les sentiments que l'on fait naître chez les gens. Si un physique attrayant peut susciter un sentiment amoureux, l'inverse est également vrai : je me souviens, en primaire, d'avoir détesté une petite fille pour la seule raison que je la trouvais laide. Par ailleurs, on associe souvent un trait physique à un trait de caractère : les personnes en léger surpoids sont souvent considérées comme des personnes sympathiques aimant rire et se faire plaisir ; une personne à la peau naturellement très pâle sera fréquemment jugée malade ou malheureuse. Juger les gens sur leur physique est sans doute injuste, mais hélas souvent inévitable.

■ **Seconde partie : objections.** Pourtant, une personne raisonnable ne peut se contenter de cette première impression donnée par l'apparence physique : ces jugements sont en effet souvent des préjugés, qu'il faut combattre. Une jolie fille n'est pas forcément stupide et superficielle, un beau garçon n'est pas nécessairement intelligent et spirituel. L'intrigue de la pièce *Cyrano de Bergerac* de Edmond Rostand démontre à quel point l'apparence physique peut pervertir notre jugement. L'héroïne s'éprend d'abord de Christian pour son visage, mais s'excuse dans le quatrième acte de l'avoir aimé pour son physique plutôt que pour son esprit, sans savoir qu'il n'est pas l'auteur des lettres d'amour qu'elle a reçues.

■ **Conclusion : réponse apportée à la question.** Notre jugement est indéniablement influencé par l'apparence physique. On peut donc considérer, comme George Sand, qu'il vaut mieux avoir un physique « qui n'éblouit et n'effraye personne », de manière à faire connaître plus rapidement ses vraies qualités.

Sujet 2

J'ai quatorze ans, je m'appelle Lola et je suis en classe de troisième. Je suis plutôt grande pour mon âge, ce qui est étonnant car mes parents ne le sont pas spécialement. J'ai les cheveux châtains, aux épaules, et je les porte le plus souvent attachés, pour des raisons de commodité. J'ai des yeux clairs, que je trouve plutôt jolis, mais également un appareil dentaire, qu'il m'est plus difficile de trouver beau. J'en serai débarrassée dans deux ans normalement. Mes pommettes et mon nez, couverts de taches de rousseur, me donnent l'air d'une petite fille. Pour compenser, je ne porte rien que l'on pourrait associer au monde de l'enfance : ni rose, ni violet, ni paillette ! Je m'habille donc le plus souvent en noir, en gris, et en jeans, bien sûr. Ma mère me reproche souvent ces couleurs déprimantes et continue à m'offrir de jolis vêtements orange ou turquoise, que je ne porterai jamais !

Du fait de ma taille, j'ai souvent l'impression de dominer les gens lorsque j'entre dans une pièce, et j'aime bien cela. Pourtant, il y a aussi des inconvénients : j'ai du mal à me faire discrète dans les moments où je voudrais ne pas me faire remarquer. Je ne suis pas toujours à l'aise avec certaines parties de mon corps, comme mes pieds extraordinairement grands, et qui ne cessent de faire rire mes amis. On dit souvent de moi que je suis sympathique, sportive et amusante. Mais on me reproche aussi parfois d'être injuste ou désagréable envers mes proches; ces accès de mauvaise humeur ne durent généralement pas, aussi j'essaye de me faire pardonner ensuite en étant irréprochable. J'aimerais plus tard exercer un métier qui me permettrait de voyager, tout en gardant contact avec mes plus proches amis, qui savent me soutenir dans les moments difficiles.

BREVET BLANC Français - Corrigés du sujet 2

1 Analyse et interprétation de textes et de documents

Questions (20 points)

1. En l'an 2050, les cimetières ont totalement disparu : chaque famille garde ses morts dans une pièce de la maison appelée le Conservatoire. Cette nouvelle pratique est présentée comme un progrès scientifique.

2. Pour désigner les morts, on trouve les termes « morts », « défunt », « trépassés », « ancêtre », mais aussi une appellation plus familière comme « grand-père ». Les morts participent aux activités familiales : ils veillent sur leurs descendants, sont salués par les invités, sont bien habillés pour les jours de fête, et profitent des arômes des bons repas. La logique voulant que les morts restent avec les vivants est ainsi poussée jusqu'à l'absurde.

3a. Dans son emploi le plus commun (conservatoire de musique), le mot désigne un lieu qui assure le maintien et l'enseignement d'un savoir.

b. Le mot « Conservatoire » retrouve dans ce texte son sens premier, puisqu'il désigne une salle qui sert à conserver, à garder quelque chose. La majuscule implique une certaine solennité : ce sont les morts qui y sont conservés et entretenus par leur famille.

c. La fonction macabre du lieu est atténuée par cette appellation qui, dans son emploi le plus commun, est très loin d'évoquer la mort. C'est en fait l'idée même de souffrance liée à la mort des proches qui disparaît.

4. Le principal avantage de cette nouvelle pratique semble être de resserrer les liens familiaux : « Le culte de la famille y gagnait. » *(ligne 13)*

5. Le dernier paragraphe explique que c'est l'aîné de la famille qui hérite des ancêtres. L'emploi du verbe « appartenir » souligne le problème né de cette nouvelle pratique : les morts sont devenus des biens, des objets.

6. Le temps principalement employé est l'imparfait, temps habituel de la description dans un récit. Son emploi n'est donc pas surprenant. Mais ce temps du passé est utilisé pour parler des modes de vie existant en 2050, soit dans le futur, pour l'écrivain comme pour le lecteur. Par le biais de l'écriture, le futur est ainsi le passé pour le lecteur du roman, dont l'intrigue se déroule en 2050.

7. Ce texte publié en 1943 décrivait le monde un siècle plus tard. Il s'agit donc d'un roman d'anticipation, ou de science-fiction. Les progrès techniques sont un thème essentiel de ce genre littéraire. En mentionnant d'abord des progrès plus anodins comme les « tapis absorbants » et les « plafonds lumineux », le narrateur rend plus crédible l'hypothèse des Conservatoires, présentés comme une avancée permettant d'abandonner « cette affreuse coutume qui consistait à enterrer les morts ».

8. Un ravage est un grand mal, un désastre. Le choix d'un tel titre peut laisser penser que la société décrite dans les premières pages du roman ne pourra pas perdurer.

9. La photographie nous montre un immeuble qui aurait l'ambition d'offrir à ses habitants tous les services d'une ville. Le texte poursuit cette logique jusqu'à son terme : même les cimetières prennent place dans l'immeuble, à l'intérieur de l'appartement. À l'image des couleurs vives de la façade de la Cité radieuse, la mort n'a plus rien de douloureux, puisque les défunts continuent à participer aux rituels des vivants (ils portent une fleur à la boutonnière les jours de fête, les invités les saluent).

10. La photographie peut évoquer un habitat joyeux : les couleurs, les grandes fenêtres et les jardins qui entourent l'immeuble témoignent de la volonté de l'architecte d'offrir un maximum de confort et de bien-être à ses habitants. Mais on peut aussi trouver que ces « machines à habiter » n'ont rien de convivial : le béton et la taille monumentale de l'immeuble sont loin de l'image de l'habitat traditionnel. Le texte de Barjavel critique ce mode d'habitat puisque, dans ces immeubles-villes, les morts sont réduits, au mieux à des pantins, au pire à des biens de consommation (ils « appartiennent » aux aînés). Le texte cherche donc à produire une impression de malaise et d'effroi chez le lecteur, devant ce qui est présenté officiellement comme un progrès.

2 Rédaction et maîtrise de la langue

Réécriture (5 points)

Le mort prenait part à la réunion. Les invités lui adressaient en arrivant un salut courtois, félicitaient ses enfants de sa bonne mine. À la salle à manger, la table lui faisait face. Le maître de maison rompait le pain après le lui avoir présenté. Les fumets des plats montaient vers son nez de glace.

Rédaction (20 points)

Sujet 1

- **Introduction**: Les découvertes scientifiques changent profondément le quotidien des hommes. Ces changements, qui semblent s'accélérer ces derniers temps, sont-ils toujours source de progrès pour l'humanité? Nous nous efforcerons d'abord de réfléchir aux aspects positifs des découvertes scientifiques; nous aborderons ensuite les conséquences parfois bien néfastes de ces découvertes.
- **Arguments à mettre en forme dans un développement structuré**

Les découvertes scientifiques sont une source de progrès:

- Le traitement de certaines maladies, le recul de la mortalité sont dus aux progrès de la médecine: on vit aujourd'hui bien plus longtemps et en meilleure santé qu'au siècle dernier.
- Les nouvelles technologies ont rendu plus faciles et plus immédiats des échanges auparavant lents voire impossibles, de telle sorte que l'on parle de « révolution numérique ». Le savoir est théoriquement à la portée de tous.
- Nombre d'inventions ont permis de diminuer la pénibilité de certains travaux; la qualité de vie s'est bien améliorée.

Les découvertes scientifiques ne sont pas toujours synonymes de progrès:

- Le domaine de l'armement a aussi bénéficié des découvertes scientifiques: ce sont l'utilisation des nouvelles armes, chimiques notamment, qui ont fait de la guerre de 1914-1918 le premier conflit mondial aussi meurtrier.
- Les découvertes, même au service de l'homme, ont parfois des conséquences inquiétantes. Les progrès scientifiques du siècle dernier ont ainsi provoqué une plus grande pollution, la destruction des habitats naturels de certaines espèces et une perte de la biodiversité.
- Les machines et les robots sont de plus en plus perfectionnés: en réduisant le rôle de l'homme, pourraient-ils, à terme, le remplacer complètement? De nombreux films d'anticipation partent de cette hypothèse inquiétante.

- **Conclusion**: Si les découvertes scientifiques ont été source de progrès dans bien des cas, elles ont parfois aussi des conséquences terribles pour l'humanité. C'est cette ambivalence que l'on trouve souvent au cœur des œuvres de science-fiction.

Sujet 2

13 octobre 2117

Je suis réveillé depuis une heure environ. Fait-il jour? Difficile à dire. Cela fait trois ans maintenant que la pollution atmosphérique a rendu le ciel si noir que la lumière du soleil ne parvient presque plus jusqu'à la surface de la terre. Cette obscurité permanente a d'abord surpris, mais très vite nous avons compris que sans lumière, la vie sur terre était condamnée. Depuis, les scientifiques du monde entier, dont je fais partie, travaillent sur la question.

Mon lit se redresse pour me forcer à me lever. Je passe dans la douche, où les bras du robot intégré vont me laver, me sécher, m'habiller, me coiffer et me parfumer en moins de dix secondes. Les vêtements ont beaucoup changé depuis le siècle dernier: par un procédé issu des principes de l'électricité statique, les pièces de tissu collent à la peau sans aucun système de fermeture. Les couleurs des tenues sont liées à nos emplois: bleu pour moi et pour tous les chercheurs. Je pose ensuite un doigt sur l'analyseur de tensions et de besoins, le « tensoins », qui me fournit en retour une petite pilule jaune: vitamine K, enzymes et glutamate pour mon déjeuner d'aujourd'hui.

Je choisis enfin la bande-son qui m'accompagnera jusqu'au laboratoire: j'ai un faible en ce moment pour les sons de la nature, et je choisis le morceau qui reproduit l'environnement sonore d'une grotte où l'on entend un petit filet d'eau s'écouler. De ma fenêtre, je fais signe à l'aérobus de me prendre. Trente secondes plus tard, il me dépose et je me consacre à ma tâche quotidienne: retrouver, par tous les moyens, la lumière du soleil.

Maths

Rappels : nombres et opérations

1 Cours

a/ Vocabulaire

Attention ! Ne jamais diviser par zéro.

- Si a et b sont deux nombres, alors :
  - leur **somme** s'écrit $a + b$;
  - leur **différence** s'écrit $a - b$;
  - leur **produit** s'écrit $a \times b$;
  - leur **quotient** s'écrit $a : b$ ou $\frac{a}{b}$ ou a/b avec $b \neq 0$.
- Si $a + b = 0$, alors a et b sont deux nombres **opposés**.
- Si $a \times b = 1$, alors a et b sont **inverses** l'un de l'autre.
- Si $a = 0$ ou $b = 0$, alors le produit $a \times b$ est nul.
- Si $a = 0$ et $b \neq 0$, alors le quotient $\frac{a}{b}$ est nul.

b/ Suite d'opérations et priorité

- Dans une suite d'opérations, effectuer dans l'ordre :

1) les calculs entre parenthèses ;
2) le calcul des puissances ;
3) de gauche à droite, les multiplications et divisions ;
4) les additions et soustractions.

c/ Ordre de grandeur, valeur exacte, valeur approchée

Conseil ! Calculer mentalement un ordre de grandeur aide à éviter les erreurs de calcul.

- Un nombre a plusieurs **ordres de grandeur**. Le décimal 7,45 a pour ordre de grandeur 7 ou 8 ou 10.
- Le produit $7{,}45 \times 94{,}83$ a pour ordre de grandeur 7×100. Par calcul, sa **valeur exacte** est <u>706,4835</u>. Cette réponse est <u>raisonnable</u>, car elle est proche de l'ordre de grandeur 700.
- 706 et 707 sont des **valeurs approchées** de <u>706,4835</u>. Plus exactement, 706 est son **arrondi** à l'unité ; 706,5 est son arrondi au dixième et 706,48 est son arrondi au centième près.

2 Exercices résolus

1. Effectuer les suites d'opérations suivantes :

a. $6 + 4 \times 3$ **b.** $5 - (4 - 6)$ **c.** $7 - 4^2$ **d.** $\dfrac{15 - 12 : 4}{4 + 3 \times 2}$

▶▶▶ SOLUTION

a. $6 + 4 \times 3 = 6 + 12 = \mathbf{18}$.
$6 + 4 \times 3 = 10 \times 3 = 30$ est FAUX.

b. $5 - (4 - 6) = 5 - (-2) = 5 + 2 = 7$.

c. $7 - 4^2 = 7 - 16 = -9$.

d. $\dfrac{15 - 12 : 4}{4 + 3 \times 2} = \dfrac{15 - 3}{4 + 6} = \dfrac{12}{10} = 1{,}2$.

Attention ! Ne pas simplifier l'écriture fractionnaire donnée avant d'effectuer les calculs au numérateur et au dénominateur.

4. À l'aide d'un logiciel de géométrie, Edgar a tracé les triangles ABC rectangle en A et DEF rectangle en D. La mesure de l'hypoténuse BC indiquée par le logiciel est-elle une valeur exacte ou approchée ? Qu'en est-il de l'hypoténuse EF ?

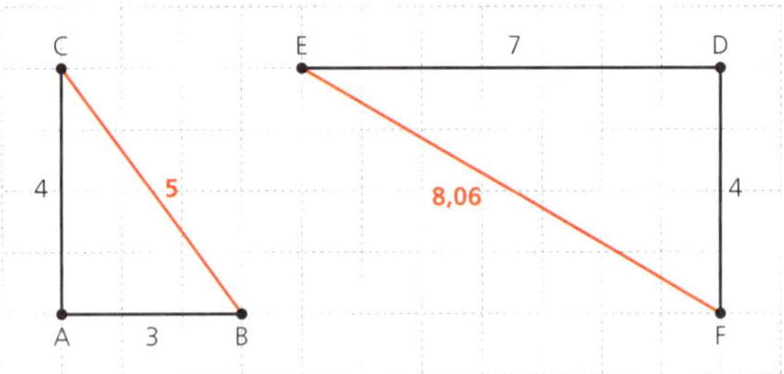

▶▶▶ SOLUTION

- La mesure 5 de l'hypoténuse BC est une **valeur exacte**. En effet, d'après le théorème de Pythagore $BC^2 = AB^2 + AC^2 = 3^2 + 4^2 = 9 + 16 = 25$, donc $BC = \sqrt{25} = 5$.
- La mesure 8,06 de l'hypoténuse EF est une **valeur approchée**. En effet, $EF^2 = 7^2 + 4^2 = 49 + 16 = 65$, donc $EF = \sqrt{65}$. Or, à l'aide d'une calculatrice, on trouve que $\sqrt{65} \approx 8{,}062257748\ldots$ Donc, 8,06 est une mesure de EF arrondie à 0,01 près.

3 Applications

Conseil ! Observer les signes puis calculer.

5. Calcul mental

Compléter les pointillés :

a. $-2{,}3 + \ldots = -5$ **b.** $-7{,}25 + \ldots = 0$ **c.** $-8{,}75 \times 3 \times \ldots = 0$

6. Programme de calcul

Arthur a choisi le nombre 3. Il l'a multiplié par (–4), il a ajouté 5 au produit, puis il a multiplié le résultat par –8. Quel résultat a-t-il obtenu ?

Nombres rationnels

1 Cours

a/ Vocabulaire

- Les nombres que nous utilisons sont des **réels**.
- Un nombre réel est **rationnel** ou **non rationnel**.
- Le mot « **rationnel** » désigne tout nombre qu'on peut écrire sous la forme d'une **fraction** $\frac{a}{b}$ (a entier et b entier $\neq 0$).
- Un nombre non rationnel est dit « **irrationnel** ».

Exemples : ▪ Par définition, la **fraction** $\frac{2}{5}$ est un rationnel.

- L'**entier** –3 est un rationnel, car $-3 = \frac{-3}{1}$ ou $-3 = \frac{-6}{2}$.
- De même, le **décimal** 0,3 et $\sqrt{1,44}$ sont des rationnels, car $0,3 = \frac{3}{10}$ et $\sqrt{1,44} = 1,2 = \frac{12}{10} = \frac{6}{5}$.

Contre-exemple : $\sqrt{5}$ n'est pas un rationnel, car $\sqrt{5} = 2,236067977.....$. Sa partie décimale est illimitée et il est impossible de l'écrire sous la forme d'une fraction.

Remarque : Au lycée, on verra que les nombres dont la partie décimale est illimitée mais répétitive sont des rationnels. Exemple : 1,333333333.... n'est autre que le rationnel $\frac{4}{3}$.

Info +
Les **nombres réels** peuvent être rationnels ou non rationnels.
Exemples de **rationnels** : –2 entier négatif ; 0 ; +5 entier positif ; –3,25 décimal négatif ; 42,7 décimal positif ; $\frac{-3}{8}$ et $\frac{7}{4}$ fractions ; $\sqrt{9}$ ou 3 ou 3/1.
Exemples de **non rationnels** : $\pi = 3,141592653...$; $\sqrt{2} = 1,414213562...$.

Attention !
Un même nombre peut avoir plusieurs écritures.

b/ Représentation sur une droite numérique

Les nombres peuvent être représentés sur une droite numérique.

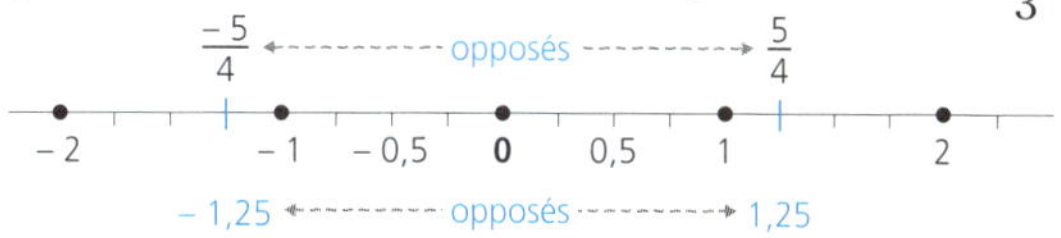

Remarque : Entre deux nombres différents, il existe plusieurs autres nombres. Par exemple, le décimal 1,25 est compris entre 1,20 et 1,30. On écrit $1,2 < 1,25 < 1,3$.

Attention !
$-1,3 < -1,25 < -1,2$

2 Exercices résolus

1. Écrire 4,2 sous la forme d'une fraction

▶▶▶ SOLUTION
$4,2 = \frac{4,2}{1} = \frac{4,2 \times 10}{1 \times 10} = \frac{42}{10} = \frac{2 \times 21}{2 \times 5} = \frac{21}{5}$.

2. Calculer les expressions suivantes : **a.** $A = \frac{5}{6} - \frac{-7}{3} - \frac{5}{20}$ **b.** $B = \frac{3}{4} - \frac{5}{4} : 2$

▶▶▶ SOLUTION
a. $-\frac{-7}{3} = \frac{7}{3}$ et $\frac{5}{20} = \frac{1}{4}$. D'où $A = \frac{5}{6} + \frac{7}{3} - \frac{1}{4}$.

Le dénominateur commun est 12, d'où : $A = \frac{10}{12} + \frac{28}{12} - \frac{3}{12} = \frac{10 + 28 - 3}{12} = \frac{35}{12}$.

b. La division est prioritaire et $2 = \frac{2}{1}$, d'où : $B = \frac{3}{4} - \frac{5}{4} \times \frac{1}{2} = \frac{3}{4} - \frac{5}{8} = \frac{6}{8} - \frac{5}{8} = \frac{1}{8}$.

Conseil ! Penser en premier à simplifier les signes et les fractions.

3. Comparer AB à CD à l'aide d'une fraction.

▶▶▶ SOLUTION
$\frac{AB}{CD} = \frac{3}{5}$. Multiplions les deux membres par $\frac{CD}{1}$, puis simplifions par CD, on obtient : $\frac{AB}{CD} \times \frac{CD}{1} = \frac{3}{5} \times \frac{CD}{1}$. Soit $AB = \frac{3}{5} \times CD$.

3 Applications

4. Calcul mental et calculatrice
Compléter sans calculatrice les pointillés avec < ou >.

a. $\frac{15}{8}$ ... $\frac{21}{8}$ **b.** $\frac{9}{4}$ .... $\frac{9}{5}$ **c.** $\frac{7}{3}$ ... $\frac{14}{9}$

À l'aide d'une calculatrice.

d. $\frac{16}{9}$ ... 1,78 **e.** π ... 3,14 **f.** π ... $\frac{22}{7}$

5. Valeur exacte et valeurs approchées
On donne $a = 11$ et $b = 7$. Quelle est la valeur exacte du quotient $a : b$? Sa valeur arrondie à 0,1 près ? À 0,01 près ?

Diviseurs et PGCD

1 Cours

Tous les nombres de cette fiche sont des entiers naturels.

Attention ! 1 n'est pas premier car il a pour seul diviseur 1. En revanche, 1 est un diviseur de tous les nombres.

a/ Définitions et vocabulaire

- On a $6 = 1 \times 6$ et $6 = 2 \times 3$. On dit que les nombres 1, 2, 3 et 6 sont des **diviseurs** de 6, ou que 6 est **divisible** par 1, 2, 3 et 6, ou que 6 est un **multiple** de 1, 2, 3 et 6.
- Un entier supérieur à 0 est **premier** s'il n'a que deux diviseurs, 1 et lui-même. Exemples de nombres premiers : 2, 3, 5, 7, 11, 13, 17, 19, 23...
- Le **PGCD** de deux entiers a et b est le plus grand commun diviseur de a et b. On le note PGCD(a, b).
- Deux entiers a et b sont **premiers entre eux** s'ils n'ont pas de diviseur commun autre que 1. Soit PGCD(a, b) = 1.

b/ Propriétés

- Tout nombre non premier peut être écrit sous la forme d'un produit unique de nombres premiers. Ainsi $12 = 2 \times 2 \times 3$ ou $12 = 2^2 \times 3$.
- Si PGCD(a, b) = 1, alors la fraction $\frac{a}{b}$ ($b \neq 0$) n'est pas simplifiable, elle est **irréductible**.

Rappel
La division euclidienne est une division avec des entiers naturels.
Exemple : $66 : 18 = 3 \times 18 + 12$.
12 est appelé le reste de la division euclidienne de 66 par 18.

- Pour écrire une fraction $\frac{a}{b}$ sous forme irréductible, on divise ses deux termes a et b par leur PGCD.
- L'algorithme d'Euclide est une méthode de calcul qui permet de trouver le PGCD de deux entiers en utilisant la division euclidienne.

Exemple avec 66 et 18 :
diviser 66 par 18 ⟶ $66 = 3 \times 18 + 12$
diviser 18 par le reste 12 ⟶ $18 = 1 \times 12 + 6$
diviser 12 par le reste 6 ⟶ $12 = 2 \times 6 + 0$
Le dernier reste non nul 6 est le PGCD de 66 et 18.

2 Exercices résolus

1. PGCD et fractions irréductibles
Trouver le PGCD du numérateur et du dénominateur, puis écrire la fraction sous une forme irréductible.
a. $\frac{15}{28}$ **b.** $\frac{18}{56}$

Conseil ! Penser aux critères de divisibilité par 2, 3 et 5.

▶▶▶ SOLUTION
a. $15 = ① \times 3 \times 5$ et $28 = ① \times 2 \times 2 \times 7$, donc PGCD(15 ; 28) = ①.
Les nombres 15 et 28 sont premiers entre eux, la fraction $\frac{15}{28}$ est donc irréductible.
b. $18 = ② \times 3 \times 3$ et $56 = ② \times 2 \times 2 \times 7$, donc : PGCD(18 ; 56) = ② et $\frac{18}{56} = \frac{18 : 2}{56 : 2} = \frac{9}{28}$.

2. Programme de calcul
Trouver à l'aide de l'algorithme d'Euclide le PGCD du numérateur et du dénominateur de la fraction $\frac{672}{392}$. En déduire sa forme irréductible.

▶▶▶ SOLUTION
On applique l'algorithme d'Euclide.
diviser 672 par 392 ⟶ $672 = 1 \times 392 + 280$
diviser 392 par le reste 280 ⟶ $392 = 1 \times 280 + 112$
diviser 280 par le reste 112 ⟶ $280 = 2 \times 112 + 56$
diviser 112 par le reste 56 ⟶ $112 = 2 \times 56 + 0$
Le dernier reste non nul est 56, donc PGCD(672 ; 392) = 56
$\frac{672}{392} = \frac{672 : 56}{392 : 56} = \frac{12}{7}$. La fraction $\frac{12}{7}$ n'est plus simplifiable ; elle est irréductible.

3 Applications

3. Calcul mental
a. Quels sont les deux nombres premiers entre eux ?
☐ 640 et 216 ☐ 44 et 85 ☐ 144 et 207
b. Ces deux nombres sont-ils premiers ? ☐ Oui ☐ Non

Calculatrice et algorithme d'Euclide

4. Un vendeur a 660 cahiers et 495 stylos. Il souhaite les vendre en lots comportant une même quantité de stylos et de cahiers.
a. Quel est le nombre maximum de lots qu'il pourra constituer ?
b. Combien y aura-t-il de cahiers et de stylos par lot ?

Puissances et notation scientifique

1 Cours

a/ Puissances

- 5^1 signifie 5 ; 5^2 signifie 5×5 et 5^3 signifie $5 \times 5 \times 5$.

D'une manière générale, si a est un nombre et n est un entier positif, alors $a^n = a \times a \times \ldots \times a$, n facteurs égaux à a.

- a^n se lit « a exposant n » ou « a à la puissance n ».
- Si $n = 1$ alors $a^1 = a$.
- Si $a \neq 0$ et $n = 0$, alors $a^0 = 1$.
- Si $a \neq 0$ et $n < 0$, alors $a^{-n} = \dfrac{1}{a^n}$. a^{-n} est l'**inverse** de a^n.

b/ Propriétés

- $a^m \times a^n = a^{m+n}$
- $(ab)^n = a^n \times b^n$
- $\left(a^m\right)^n = a^{m \times n}$
- Si $a \neq 0$, alors $\dfrac{a^m}{a^n} = = a^{m-n}$.
- Si $b \neq 0$, alors $\left(\dfrac{a}{b}\right)^n = \dfrac{a^n}{b^n}$.

c/ Notation scientifique

Un nombre est exprimé en notation scientifique s'il est écrit sous la forme $a \times 10^n$ où $1 \leqslant a < 10$ et n est un entier relatif.

Attention !
$1 \leqslant a < 10$ implique que a est un nombre avec un seul chiffre différent de 0 avant la virgule.

2 Exercices résolus

1. Écrire sous la forme d'un décimal :

a. $0{,}1^2$ **b.** 5^{-1} **c.** $(-3)^0$ **d.** -3^0 **e.** -1^4

▶▶▶ SOLUTION

a. $0{,}1^2 = 0{,}1 \times 0{,}1 = 0{,}01$. **b.** $5^{-1} = \dfrac{1}{5} = 0{,}2$. **c.** $(-3)^0 = 1$. **d.** $-3^0 = -1$. **e.** $-1^4 = -1$.

2. Effectuer les calculs suivants :

a. $(-5)^2 \times (-5)$ **b.** $(-1)^{13} \times 5^2$ **c.** $(-1)^{40} \times 2^3$ **d.** $2^2 + 2^{-2}$

▶▶▶ SOLUTION

a. $(-5)^2 \times (-5) = (-5)^3 = -125$.

b. $(-1)^{13} \times 5^2 = -1 \times 25 = -25$.

c. $(-1)^{40} \times 2^3 = 1 \times 2^3 = 8$.

d. $2^2 + 2^{-2} = 4 + \dfrac{1}{2^2} = 4 + \dfrac{1}{4} = 4{,}25$.

3. Écrire sous la forme d'une puissance :

a. 1000 **b.** 0,1 **c.** 0,01 **d.** 100 000 **e.** $3 \times 3^4 \times 3^2$ **f.** $(7^{-1})^{-3}$ **g.** $\left(\dfrac{3^5}{9^{-1}}\right)^2$

▶▶▶ SOLUTION

a. $1000 = 10^3$. **b.** $0{,}1 = \dfrac{1}{10} = 10^{-1}$. **c.** $0{,}01 = 10^{-2}$. **d.** $100\,000 = 10^5$.

e. $3 \times 3^4 \times 3^2 = 3^{1+4+2} = 3^7$. **f.** $\left(7^{-1}\right)^{-3} = 7^{(-1)(-3)} = 7^3$.

g. On a $9 = 3^2$, donc $9^{-1} = \left(3^2\right)^{-1} = 3^{-2}$, d'où : $\left(\dfrac{3^5}{9^{-1}}\right)^2 = \left(\dfrac{3^5}{3^{-2}}\right)^2 = \dfrac{3^{10}}{3^{-4}} = 3^{10-(-4)} = 3^{14}$.

4. Écrire en notation scientifique :

a. 346×10^{-5} **b.** $10^2 - 10^{-1}$ **c.** $\dfrac{3 \times 10^5 - 9 \times 10^4}{3 \times 10^7}$

▶▶▶ SOLUTION

a. $346 \times 10^{-5} = (3{,}46 \times 10^2) \times 10^{-5} = 3{,}46 \times 10^{-3}$.

b. $10^2 - 10^{-1} = 100 - 0{,}1 = 99{,}9 = 9{,}99 \times 10$.

c. Écrire le numérateur sous la forme d'un produit de facteurs, simplifier alors par 3, puis par 10^4, soit :

$$\frac{3\times10^5 - 9\times10^4}{3\times10^7} = \frac{3\times10^4\,(10-3)}{3\times10^7} = \frac{7\times10^4}{10^7} = \frac{7}{10^3} = 7\times10^{-3}.$$

3 Applications

5. Calcul mental

L'expression $3^4 \times 9^3$ est égale à : ☐ 27^7 ☐ 27^{12} ☐ 3^9 ☐ 3^{10}

6. Calcul mental ou calculatrice

Si $a = \dfrac{2}{3}$ alors : **a.** $a^{-1} = \ldots$ **b.** $a^3 = \ldots$ **c.** $a - a^0 = \ldots$ **d.** $\left(a^2\right)^3 = \ldots$

7. Calcul mental et calculatrice

Simplifier l'expression : **a.** $A = \dfrac{\left(2^3 \times 10^{-2}\right)^5}{\left(2^2 \times 10^{-4}\right)^3}$ **b.** Exprimer A en notation scientifique.

Racines carrées

1 Cours

a/ Définition

Attention !
La racine carrée ne concerne que les nombres positifs ($\geqslant 0$).

- Si $a \geqslant 0$, alors $\sqrt{a}$ est un nombre **positif** dont le carré est a, soit $(\sqrt{a})^2 = a$.

Le signe $\sqrt{}$ est dit « radical » et $\sqrt{a}$ se lit « **racine carrée de a** ».

Exemple : $(-3)^2 = 9$ et $3^2 = 9$, mais par définition $\sqrt{9} = 3$.

- $\sqrt{0} = 0$ et $\sqrt{1} = 1$.

b/ Propriétés

Attention !
$\sqrt{4 \times 9} = \sqrt{4} \times \sqrt{9}$,
mais $\sqrt{4+9} \neq \sqrt{4} + \sqrt{9}$

- Si $a > 0$ et $b > 0$, alors $\sqrt{a \times b} = \sqrt{a} \times \sqrt{b}$.

Remarque : si $a = b$, alors $\sqrt{a \times a} = \sqrt{a} \times \sqrt{a}$, soit $\sqrt{a^2} = a$.

- Si $a > 0$ et $b > 0$, alors $\sqrt{\frac{a}{b}} = \frac{\sqrt{a}}{\sqrt{b}}$.

c/ Valeur approchée d'une racine carrée

$\sqrt{15} \approx 3{,}8729833...$ Cette valeur n'est pas exacte, car sa partie décimale est illimitée. 3,8729833 est une **valeur approchée** de $\sqrt{15}$. Son arrondi au millième près est 3,873.

2 Exercices résolus

1. Décomposer en un produit ou en un quotient, puis simplifier : **a.** $\sqrt{72}$ **b.** $\sqrt{0{,}04}$

Conseil !
Penser toujours aux carrés parfaits 4, 9, 16, 25, 36, 49, 64, 81, 100, 121, 144, … dont les racines carrées sont des entiers.

▶▶▶ SOLUTION

a. $\sqrt{72} = \sqrt{36 \times 2} = \sqrt{36} \times \sqrt{2} = 6 \times \sqrt{2} = 6\sqrt{2}$.

b. $\sqrt{0{,}04} = \sqrt{\frac{4}{100}} = \frac{\sqrt{4}}{\sqrt{100}} = \frac{2}{10} = 0{,}2$.

2. Simplifier chacune des expressions : **a.** $\frac{\sqrt{42}}{\sqrt{7}}$ **b.** $-\sqrt{2^2 \times 3^2 \times 5}$ **c.** $\sqrt{\frac{7}{121}} \times \sqrt{7}$

▶▶▶ SOLUTION

a. $\frac{\sqrt{42}}{\sqrt{7}} = \sqrt{\frac{42}{7}} = \sqrt{\frac{6 \times \cancel{7}}{\cancel{7}}} = \sqrt{\frac{6}{1}} = \sqrt{6}$.

b. $-\sqrt{2^2 \times 3^2 \times 5} = -\sqrt{2^2} \times \sqrt{3^2} \times \sqrt{5} = -2 \times 3 \times \sqrt{5} = -6\sqrt{5}$.

c. $\sqrt{\frac{7}{121}} \times \sqrt{7} = \frac{\sqrt{7}}{\sqrt{121}} \times \frac{\sqrt{7}}{1} = \frac{\sqrt{7} \times \sqrt{7}}{\sqrt{121}} = \frac{7}{\sqrt{11^2}} = \frac{7}{11}$.

3. Simplifier s'il y a lieu et donner une écriture sans radical au dénominateur.

a. $\frac{\sqrt{21}}{\sqrt{14}}$ **b.** $\frac{1}{2-\sqrt{3}}$

▶▶▶ SOLUTION

a. $\frac{\sqrt{21}}{\sqrt{14}} = \sqrt{\frac{21}{14}} = \sqrt{\frac{3 \times \cancel{7}}{2 \times \cancel{7}}} = \frac{\sqrt{3}}{\sqrt{2}} = \frac{\sqrt{3} \times \sqrt{2}}{\sqrt{2} \times \sqrt{2}} = \frac{\sqrt{6}}{2}$.

Attention !
On utilise ici l'identité remarquable $(a-b)(a+b) = a^2 - b^2$.

b. Le dénominateur $2-\sqrt{3}$ est de la forme $a-b$. En multipliant le numérateur et le dénominateur de la fraction par $2+\sqrt{3}$, **expression conjuguée** de $2-\sqrt{3}$, on obtient :

$$\frac{1}{2-\sqrt{3}} = \frac{1 \times (2+\sqrt{3})}{(2-\sqrt{3}) \times (2+\sqrt{3})} = \frac{2+\sqrt{3}}{2^2-(\sqrt{3})^2} = \frac{2+\sqrt{3}}{4-3} = \frac{2+\sqrt{3}}{1} = 2+\sqrt{3}.$$

(Voir Fiche 9.)

4. Encadrer $\sqrt{640}$ par deux entiers consécutifs. Quel est son arrondi au centième près ?

▶▶▶ SOLUTION

À l'aide d'une calculatrice $\sqrt{640} \approx 25{,}29\underline{8}22...$ donc : $25 < \sqrt{640} < 26$

$8 > 5$, donc l'arrondi à 0,01 près de $\sqrt{640}$ est égal à 25,30.

3 Applications

5. Calcul mental

Écrire chacune des expressions sous la forme $a\sqrt{3}$.

a. $\frac{3}{\sqrt{3}}$ **b.** $\sqrt{75} - \sqrt{48} + \sqrt{363}$ **c.** $(\sqrt{3})^5$ **d.** $-\frac{\sqrt{60}}{\sqrt{5}}$

6. Calculatrice

Quelle est la longueur exacte du côté d'un carré de 1575 m²? Sa valeur arrondie au centimètre près ?

MÉTHODE Calcul numérique

Exercice 1

Soit l'expression $A = 7 \times 10^2 + 10^1 + 10^0 + 3 \times 10^{-1} + 6 \times 10^{-2}$.

a. Exprimer le nombre A sous la forme d'un décimal.

b. Exprimer le nombre A en notation scientifique.

c. Exprimer le nombre A sous la forme d'une fraction la plus simple possible.

MÉTHODE a. Calculer chacune des puissances de 10, effectuer ensuite les multiplications puis les additions. ***Attention*** : $10^0 = 1$.

b. Écrire le nombre A sous la forme $\ldots,\ldots \times 10^{\cdots}$ avec un seul chiffre différent de 0 avant la virgule.

c. D'abord, écrire A sous la forme d'une fraction avec un numérateur et un dénominateur entiers, puis simplifier.

SOLUTION a. $A = 711{,}36$ b. $A = 7{,}1136 \times 10^2$ c. $A = \dfrac{17784}{25}$

Exercice 2

À l'aide d'un calcul mental, compléter les pointillés avec $=$, $<$ ou $>$.

a. $\dfrac{34}{15} \ldots \dfrac{29}{22}$ b. $\sqrt{1200} \ldots 20\sqrt{3}$ c. $\sqrt{162} \ldots 8\sqrt{2}$ d. $9^5 \ldots 3^{10}$

MÉTHODE a. Calculer mentalement $\dfrac{34}{15} = 2,\ldots$ et $\dfrac{29}{22} = 1,\ldots$

b. Remarquer que 1 200 n'est autre que 400×3 et aussi que $400 = 20 \times 20$.

c. Remarquer que $8 = \sqrt{64}$ et que $64 \times 2 = 128$, puis comparer $\sqrt{162}$ et $\sqrt{128}$.

d. Remarquer que 9 n'est autre que 3^2, puis comparer $\left(3^2\right)^5$ et 3^{10}.

SOLUTION a. $>$ b. $=$ c. $>$ d. $=$

Exercice 3

On donne les expressions A et B. $A = \dfrac{79 + 85}{308 - 15 \times 9}$ $B = \dfrac{4 \times 10^3 - 7 \times 10^2}{7 \times 10^3}$

a. Trouver la valeur exacte de chacune des expressions A et B.

b. Donner un arrondi à 0,01 près de A et B.

MÉTHODE Les numérateurs et les dénominateurs ne sont pas des produits de facteurs, donc il ne faut surtout pas commencer par simplifier. Il s'agit d'utiliser correctement sa calculatrice. Utiliser à cet effet la touche fraction et le curseur ▼, ou les parenthèses pour grouper le numérateur d'une part et le dénominateur d'autre part.

SOLUTION a. $A = \dfrac{164}{173}$, $B = \dfrac{33}{70}$. b. $A \approx 0{,}95$, $B \approx 0{,}47$.

Exercice 4

Calculer le plus simplement possible :

$A = 2^2 \times 5^2 \times 0{,}789$ $B = 4^{-2} \times 25^{-2} \times 567$ $C = \left(\dfrac{1{,}8}{3{,}5}\right)^2 \times \left(\dfrac{7}{6}\right)^2$ $D = \sqrt{\dfrac{763 - 8^2 \times 3{,}5}{11}}$

MÉTHODE Pour calculer A, B et C utiliser la formule $a^n \times b^n = (a \times b)^n$. Ainsi $2^2 \times 5^2 = (2 \times 5)^2 = 10^2 = 100$.

Pour le calcul de C, remarquer que $\dfrac{1{,}8}{3{,}5} = \dfrac{18}{35}$ puis simplifier astucieusement.

Pour le calcul de D, utiliser correctement la calculatrice.

SOLUTION $A = 78{,}9$. $B = 5{,}67$. $C = \dfrac{9}{25}$. $D = 7$.

Exercice 5

a. Pourquoi les nombres 315 et 270 ne sont-ils pas premiers entre eux ?

b. Déterminer le PGCD de 315 et 270 par la méthode de votre choix.

c. En déduire la forme irréductible de la fraction $\dfrac{270}{315}$.

MÉTHODE a. 315 et 270 ont-ils des diviseurs autres que 1 et eux-mêmes ? À cet effet, essayer les critères de divisibilité par 2 ; 3 ; 5... Conclure.

b. Trouver le PGCD à l'aide d'une décomposition en produit de nombres premiers, ou à l'aide d'un algorithme d'Euclide, ou tout simplement à l'aide de votre calculatrice, de sa touche [PGCD] et de la touche [;].

c. Diviser le numérateur et le dénominateur par leur PGCD.

SOLUTION a. 3 et 5 sont des diviseurs communs à 315 et 270, donc 315 et 270 ne sont pas premiers entre eux.

b. PGCD(315 ; 270) = 45. c. $\dfrac{6}{7}$.

Rappels : développer, factoriser

1 Cours

Attention ! En pratique, cela revient à « supprimer » les parenthèses d'une expression.

Attention ! L'expression $(x - 1)(x + 4) + 3$ est une somme et non un produit.

a/ Développer, factoriser

- **Développer** une expression consiste à transformer un produit en somme.
- **Factoriser** une expression consiste à l'écrire sous la forme d'un produit de facteurs.

b/ Propriétés de distributivité

Quels que soient les nombres a, b, c et d

- $a(b + c) = ab + ac$ et $(b + c)a = ba + ca$
- $a(b - c) = ab - ac$ et $(b - c)a = ba - ca$
- $(a + b)(c + d) = a(c + d) + b(c + d) = ac + ad + bc + bd$

c/ Réduire une expression

- Réduire une expression consiste à écrire sa forme développée sous la forme la plus simple possible.

2 Exercices résolus

1. Réduire chacune des expressions :

a. $-7(x + y) + 8y$ **b.** $(3x^2 - 2x + 4) - (2x^2 + 4x - 1)$ **c.** $\frac{3}{4}x^2 - \frac{5}{2}x^2$ **d.** $-(x + 5)(x - 3) + 10$

▶▶▶ SOLUTION

Conseil !
- Pour développer, appliquer la règle des signes et la propriété de distributivité dans le sens $a(b + c) = ab + ac$.
- Pour réduire, appliquer la propriété de distributivité dans le sens $ba + ca = (b + c)\,a$.

a. En supprimant les parenthèses, on obtient : $-7(x + y) + 8y = -7x - 7y + 8y$.
On réduit les termes en y et on obtient :
$-7x + (-7 + 8)y = -7x + 1y = -7x + y$.

b. En supprimant les parenthèses, on obtient :
$3x^2 - 2x + 4 - 2x^2 - 4x + 1$. On réduit, d'une part, les termes en x^2 et, d'autre part, les termes en x, on obtient :
$(3 - 2)x^2 + (-2 - 4)x + 4 + 1 = x^2 - 6x + 5$.

c. $\frac{3}{4}x^2 - \frac{5}{2}x^2 = \left(\frac{3}{4} - \frac{5}{2}\right)x^2 = \left(\frac{3}{4} - \frac{10}{4}\right)x^2 = -\frac{7}{4}x^2$.

d. $-(x + 5)(x - 3) + 10 = -(x^2 - 3x + 5x - 15) + 10$.
$= -(x^2 + 2x - 15) + 10 = -x^2 - 2x + 15 + 10 = -x^2 - 2x + 25$.

2. Factoriser chacune des expressions :

a. $10x^2 - 15x$ **b.** $21a + 33ab$ **c.** $3x - 27x^2$ **d.** $(x - 1)(2x - 3) + 5(2x - 3)$ **e.** $(x + 5)(x - 2) + 2x - 4$

▶▶▶ SOLUTION

Attention ! Pour factoriser, appliquer la propriété de distributivité dans le sens $ab + ac = a(b + c)$.

a. $10x^2 - 15x = 2 \times 5 \times x \times x - 3 \times 5 \times x$. Le plus grand facteur commun est $5x$, d'où $10x^2 - 15x = 5x(2x - 3)$.

b. $21a + 33ab = 3 \times 7 \times a + 3 \times 11 \times a \times$ b. Le plus grand facteur commun est $3a$, d'où $21a + 33ab = 3a(7 + 11b)$.

c. $3x - 27x^2 = 3 \times x \times 1 - 3 \times 9 \times x \times x = 3x\,(1 - 9x)$.

d. $(x - 1)(2x - 3) + 5(2x - 3)$. Cette expression est la somme de deux termes séparés par le signe +. $(2x - 3)$ est un facteur commun à ces deux termes, d'où :
$(2x - 3)[(x - 1) + 5] = (2x - 3)(x - 1 + 5) = (2x - 3)(x + 4)$

e. Donc $2x - 4 = 2(x - 2)$.
On a : $(x + 5)(x - 2) + 2x - 4 = (x + 5)(x - 2) + 2(x - 2)$, d'où $(x - 2)(x + 5 + 2) = (x - 2)(x + 7)$.

3 Applications

3 Transformer et calculer

a. Quelle est la forme développée de :
$A = (x^2 - 3)(2x - 1) - (x + 2)(1 - 2x)$? (Cocher la bonne case.)
☐ $2x^3 + 3x^2 - 3x + 3$ ☐ $2x^3 + x^2 + 3x + 1$ ☐ $2x^3 + x^2 - 3x + 1$

b. Développer le produit $(2x - 1)(x^2 + x - 1)$.

c. Écrire l'expression A sous la forme d'un produit de facteurs.

d. Quelle est la valeur numérique de A pour $x = \frac{1}{2}$?

4. Observer et transformer

Soit $B = (4x - 5)(x - 2) - 4x + 5$.

a. Développer et réduire B.

b. Écrire B sous la forme d'un produit de facteurs.

c. Quelle est la valeur numérique de B pour $x = 0$?
Pour $x = 3$? Pour $x = \frac{5}{4}$?

Identités remarquables

1 Cours

Identités remarquables

Expression	Forme factorisée	Forme développée
Le carré d'une somme	$(a + b)^2$	$a^2 + 2ab + b^2$
Le carré d'une différence	$(a - b)^2$	$a^2 - 2ab + b^2$
Le produit d'une somme de deux termes par leur différence	$(a + b)(a - b)$	$a^2 - b^2$

Remarques :
- Les identités sont vraies quels que soient les nombres a et b.
- $(a + b)^2$ signifie $(a + b)(a + b)$ et $(a - b)^2$ signifie $(a - b)(a - b)$.
- $2ab$ est le double produit de a et b.
- $a^2 - b^2$ est la différence des carrés de a et b.

Attention !
$(a + b)^2 \neq a^2 + b^2$
et $(a - b)^2 \neq a^2 - b^2$

2 Exercices résolus

1. Développer et réduire : **a.** $(x - \sqrt{3})(x + \sqrt{3})$ **b.** $(x + 3)^2 - (x - 3)^2$

Conseil !
Identifier la forme de l'expression puis développer.

▶▶▶ SOLUTION

a. L'expression est de la forme $(a - b)(a + b)$, donc :
$(x - \sqrt{3})(x + \sqrt{3}) = x^2 - (\sqrt{3})^2$. Soit $x^2 - 3$.

b. $(x + 3)^2$ est de la forme $(a + b)^2$ et $(x - 3)^2$ est de la forme $(a - b)^2$, donc $(x + 3)^2 - (x - 3)^2 = (x^2 + 6x + 9) - (x^2 - 6x + 9)$. En supprimant les parenthèses, on obtient : $x^2 + 6x + 9 - x^2 + 6x - 9$. On réduit les termes semblables et on trouve pour expression finale $12x$.

2. Compléter chacune des égalités :
a. $(\sqrt{5} + \sqrt{10})^2 = \ldots$ **b.** $9x^2 - 100y^2 = (3x - \ldots)(3x + \ldots)$
c. $9x^2 + 6x + 1 = (\ldots)^2$ **d.** $49a^2 - 126a + \ldots = (\ldots - \ldots)^2$

▶▶▶ SOLUTION

a. $(\sqrt{5} + \sqrt{10})^2$ est de la forme $(a + b)^2$, donc :
$(\sqrt{5} + \sqrt{10})^2 = (\sqrt{5})^2 + 2 \times \sqrt{5} \times \sqrt{10} + (\sqrt{10})^2 = 5 + 2\sqrt{50} + 10 = 15 + 2\sqrt{50}$.
Or, $2\sqrt{50} = 2\sqrt{25 \times 2} = 2 \times 5\sqrt{2} = 10\sqrt{2}$.
Par conséquent, $(\sqrt{5} + \sqrt{10})^2 = 15 + 10\sqrt{2}$.

b. $9x^2 - 100y^2$ est de la forme $a^2 - b^2$ avec $a = 3x$ et $b = 10y$, donc $9x^2 - 100y^2 = (3x - 10y)(3x + 10y)$

c. $9x^2 + 6x + 1$ est de la forme $a^2 + 2ab + b^2$ avec $a = 3x$ et $b = 1$, donc $9x^2 + 6x + 1 = (3x + 1)^2$

d. Dans $49a^2 - 126a + \ldots = (\ldots - \ldots)^2$, $49a^2$ est le carré de $7a$ et $126a$ est le double produit, donc le produit est $63a$. Le premier terme est $7a$, donc le second est 9. Le carré de 9 est égal à 81. Donc $49a^2 - 126a + 81 = (7a - 9)^2$

3. Factoriser, si cela est possible, à l'aide d'une identité remarquable.
a. $4a^2 + 12a + 9$ **b.** $9x^2 + 10x + 4$ **c.** $12x^2 - 12$ **d.** $64x^2 - 72x + 81$

▶▶▶ SOLUTION

a. $4a^2$ est le carré de $2a$, 9 est le carré de 3, et $2 \times 2a \times 3 = 12a$, donc $4a^2 + 12a + 9$ est de la forme $a^2 + 2ab + b^2$, elle est donc égale à $(2a + 3)^2 = (2a + 3)(2a + 3)$.

b. $9x^2$ est le carré de $3x$, et 4 celui de 2 ; mais $2 \times 3x \times 2 = 12x$ et non $10x$. L'expression n'est donc pas de la forme $a^2 + 2ab + b^2$ et on ne peut la factoriser.

c. $12x^2 - 12 = 12(x^2 - 1)$.
Or, $x^2 - 1$ est de la forme $a^2 - b^2$, donc égale à $12(x - 1)(x + 1)$.

d. Dans $64x^2 - 72x + 81$, $64x^2 = (8x)^2$ et $81 = 9^2$ mais $72x \neq 2 \times 8x \times 9$. L'expression n'est donc pas de la forme $a^2 - 2ab + b^2$ et on ne peut la factoriser.

Conseil !
Posez-vous les bonnes questions. A-t-on des carrés ? Un double produit ? La différence de deux carrés ? Les termes de l'expression ont-ils un facteur commun ?

3 Applications

Calcul mental et identités remarquables

4. Trouver à l'aide d'une identité remarquable le produit : 95×105.

5. Supprimer le radical du dénominateur de $\dfrac{1}{3 - \sqrt{5}}$.

6. Développer et réduire $(3x - 4)^2 + (-2x - 1)^2$.

7. Factoriser l'expression $A = 12x^2 - 27y^2$ et en déduire la factorisation de $B = 12x^2 - 27y^2 - 2x - 3y$.

8. Factoriser chacune des expressions. **a.** $(a - 5)^3 - 4(a - 5)$ **b.** $x^2 - 81 + (x - 9)(x + 5)$

Résoudre une équation

1 Cours

a/ Définition et résolution

- On appelle **équation du premier degré** une expression de la forme $ax + b = c$ où les nombres a, b et c sont connus et x est inconnu.
- **Résoudre** une équation c'est trouver sa solution, c'est-à-dire trouver la valeur de l'inconnue qui vérifie l'égalité.

Remarque: Une équation n'a pas nécessairement de solution. Certaines ont une, deux ou plusieurs solutions.

b/ Équation produit nul

- Une équation produit nul est une expression de la forme $(ax + b)(cx + d) = 0$.

c/ Propriétés

- Les solutions d'une équation ne changent pas, si on ajoute (ou on soustrait) un même nombre aux deux membres de l'équation, et si on multiplie (ou on divise) ses deux membres par un nombre différent de 0.
- Un produit de facteurs est nul si, et seulement si, l'un des facteurs est nul.

2 Exercices résolus

1. Résoudre les équations suivantes.
a. $7x = 21$ **b.** $2(3x + 1) - 3(x - 4) = 5$ **c.** $(x + 1)^2 = x^2 + 3$

SOLUTION

a. $7x = 21$, donc $\frac{7x}{7} = \frac{21}{7}$. On simplifie par 7, d'où $x = 3$.

b. $2(3x + 1) - 3(x - 4) = 5$. En supprimant les parenthèses et en simplifiant, on obtient: $6x + 2 - 3x + 12 = 5$, soit $3x + 14 = 5$.
On isole x alors $3x = -14 + 5$, donc $3x = -9$, ou $x = -\frac{9}{3}$, soit $x = -3$.

c. $(x + 1)^2 = x^2 + 3$. On développe le premier membre:
$x^2 + 2x + 1 = x^2 + 3$. On isole l'inconnue et on simplifie:
$x^2 + 2x - x^2 = 3 - 1$, c'est-à-dire $2x = 2$, donc $x = \frac{2}{2}$. Soit $x = 1$.

2. Résoudre les équations suivantes. **a.** $\frac{x}{4} = -5$ **b.** $\frac{3}{x} = 2$ **c.** $\frac{x}{3} + \frac{9}{4} = -\frac{x}{6}$

SOLUTION

a. $\frac{x}{4} = -5$. En multipliant les deux membres par 4, on trouve que: $\frac{x}{4} \times 4 = -5 \times 4$. On simplifie par 4, d'où $x = -20$.

b. $x \neq 0$ et $\frac{3}{x} = 2$. On multiplie les deux membres par x : $\frac{3}{x} \times x = 2 \times x$. On simplifie le premier membre par x, d'où $3 = 2x$. En divisant les deux membres par 2, on trouve $x = \frac{3}{2}$.

c. $\frac{x}{3} + \frac{9}{4} = -\frac{x}{6}$. Le dénominateur commun est 12, d'où: $\frac{4x + 27}{12} = -\frac{2x}{12}$. On multiplie les deux membres par 12 et on simplifie, on obtient: $4x + 27 = -2x$. On isole x, d'où $4x + 2x = -27$, donc $6x = -27$, $x = -\frac{27}{6}$. Soit $x = -\frac{9}{2}$.

3. Résoudre les équations produit nul suivantes. **a.** $(x + 5)(-4x + 3) = 0$ **b.** $(x - 1)^2 - 16 = 0$

SOLUTION

a. Le produit de facteurs $(x + 5)(4x + 3)$ est nul pour $x + 5 = 0$ ou $-4x + 3 = 0$.
Soit $x = -5$ ou $-4x = -3$, $x = \frac{-3}{-4}$, donc $x = \frac{3}{4}$.

b. $(x - 1)^2 - 16$ est de la forme $a^2 - b^2$ avec $a = (x - 1)$ et $b = 4$, donc $(x - 1)^2 - 16 = 0$ pour $[(x-1) - 4][(x - 1) + 4] = 0$ ou $(x - 5)(x + 3) = 0$. Le produit de facteurs est nul si $x - 5 = 0$ ou $x + 3 = 0$. Soit $x = 5$ ou $x = -3$.

3 Applications

Calcul mental

4. Associer à chaque équation ses solutions.

$x^2 = 16$ •	• $x = 4$
$x^2 = -16$ •	• $x = -4$ ou $x = 4$
$x^2 = 18$ •	• pas de solution
$3(x - 4) = 0$ •	• $x = -3\sqrt{2}$ ou $x = 3\sqrt{2}$
$\frac{3}{4}x - 7 = -4$ •	• $x = 12$

Résoudre une inéquation

1 Cours

a/ Définition et résolution

- On appelle **inéquation** une expression de la forme $ax + b \leqslant c$, où a, b et c sont connus, x inconnu et $\leqslant$ peut être remplacé par $<$, $>$ ou $\geqslant$.
- **Résoudre** une inéquation c'est trouver toutes les valeurs de l'inconnu x qui vérifient une inégalité donnée.

b/ Propriétés

- Les solutions d'une inéquation ne changent pas si :

1) On ajoute ou on soustrait un même nombre aux deux membres de l'inéquation ;

2) On multiplie ou on divise les deux membres par un nombre positif différent de 0 ;

3) On multiplie ou on divise les deux membres de l'inéquation par un nombre négatif, différent de 0, en changeant le sens de l'inéquation.

> **Attention !**
> Être vigilant lorsque l'on multiplie ou l'on divise une inéquation par un nombre négatif.

c/ Représentations graphiques des solutions

Exemples :

Expression	Représentation graphique
$x < 2$ (x inférieur à 2)	
$x \leqslant 2$ (x inférieur ou égal à 2)	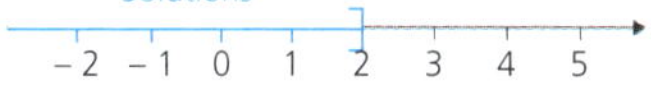
$x > -1$ (x plus grand que –1)	
$x \geqslant -1$ (x plus grand ou égal à –1)	

2 Exercices résolus

1. Résoudre les inéquations. **a.** $4(x + 1) < -8$ **b.** $-x + 5 > 3x + 1$

▶▶▶ SOLUTION

a. $4(x + 1) < -8$. On supprime les parenthèses et on soustrait 4 aux deux membres, on trouve $4x + 4 - 4 < -8 - 4$, ou $4x < -12$. En divisant les deux membres par 4 et en simplifiant, on trouve $\frac{4x}{4} < \frac{-12}{4}$, soit $x < -3$.

b. $-x + 5 \geqslant 3x + 1$. En isolant les x dans le premier membre, on obtient $-x - 3x \geqslant -5 + 1$. Soit $-4x \geqslant -4$. On divise les deux membres par –4 et on change le sens de l'inéquation, alors $\frac{-4x}{-4} \leqslant \frac{-4}{-4}$. On simplifie chacun des membres, d'où $x \leqslant 1$.

> **Méthode**
> Pour résoudre une inéquation, isoler l'inconnue dans l'un des membres.

2. Résoudre les inéquations : **a.** $\frac{x}{-4} > -3$ **b.** $\frac{x}{4} + \frac{2}{3} < \frac{5}{6}$

▶▶▶ SOLUTION

a. $\frac{x}{-4} > -3$. On multiplie les deux membres par –4 en changeant le sens de l'inéquation, puis on simplifie. On obtient : $-4 \times \frac{x}{-4} < -4 \times -3$. Soit $x < 12$.

b. $\frac{x}{4} + \frac{2}{3} < \frac{5}{6}$. On met les deux membres au même dénominateur 12, alors $\frac{3x + 8}{12} < \frac{10}{12}$. En multipliant les deux membres par 12 et en simplifiant, on obtient $3x + 8 < 10$. Après avoir isolé l'inconnue, on trouve $3x < 10 - 8$, soit $3x < 2$. En divisant les deux membres par 3, on trouve $x < \frac{2}{3}$.

3 Applications

3. Répondre par vrai ou faux.

	V	F
a. 0 est solution de l'inéquation $9x - 7 < -5x - 14$	☐	☐
b. –1 est solution de $5(-3x + 21) \geqslant 16(-7x + 5)$	☐	☐

4. Résoudre et représenter graphiquement les solutions de l'inéquation $\frac{1}{2}x + 3 \leqslant -\frac{1}{3}(x + 1)$.

11 Résoudre un système d'équations

1 Cours

a/ Définition

- Un système de deux équations du premier degré et à deux inconnues x et y est de la forme $\begin{cases} ax + by = c \\ a'x + b'y = c' \end{cases}$. Résoudre ce système consiste à trouver les valeurs de x et y qui vérifient les deux équations.

b/ Méthodes de résolution d'un système

Info +
Certains systèmes d'équations n'ont pas de solutions.

Il existe deux méthodes pour résoudre un système : la **méthode de substitution** et la **méthode par addition**.
Elles consistent toutes les deux à éliminer l'une des inconnues.

- Dans la méthode dite de substitution, on commence par écrire une inconnue en fonction de l'autre, puis on la substitue dans l'autre équation. (Voir exercice **1a.**).
- Dans la méthode par addition, on commence par faire la somme ou la différence des deux équations (ou d'un multiple de l'une d'entre elles) membre à membre afin de faire « disparaître » une inconnue. (Voir exercice **1b.**).

2 Exercices résolus

1. Résoudre astucieusement chacun des systèmes :

Attention !
Remarquer que par substitution l'inconnue x a été éliminée.

a. $\begin{cases} x + 6y = -4 \\ 3x - 5y = 11 \end{cases}$ **b.** $\begin{cases} x + 3y = 9 \\ \dfrac{x}{3} - 2y = -15 \end{cases}$

▶▶▶ SOLUTION **a.** $\begin{cases} x + 6y = -4 & (1) \\ 3x - 5y = 11 & (2) \end{cases}$

L'équation (1) nous permet d'écrire $x = -6y - 4$. En substituant x par $-6y - 4$ dans l'équation (2), on obtient $3(-6y - 4) - 5y = 11$. Résoudre cette équation en y nous conduit à : $-18y - 12 - 5y = 11$. On isole y, d'où $-23y = 12 + 11$, ou $y = \dfrac{23}{-23}$. Soit $y = -1$. En remplaçant y par sa valeur dans $x = -6y - 4$, on trouve : $x = -6 \times (-1) - 4$ ou $x = 6 - 4$. Soit $x = 2$. La solution du système est donc le couple $(x = 2 ; y = -1)$.

b. On multiplie par 3 les deux membres de la seconde équation. Le système devient $\begin{cases} x + 3y = 9 & (1) \\ x - 6y = -45 & (2) \end{cases}$. Pour éliminer x, on soustrait membre à membre les équations (1) et (2), on obtient $x - x + 3y - (-6y) = 9 - (-45)$ c'est-à-dire $3y + 6y = 9 + 45$. Soit $9y = 54$, ou $y = 6$. On remplace y par sa valeur dans l'équation (1) et on trouve $x + 3 \times 6 = 9$, donc $x = 9 - 18$. Soit $x = -9$.
La solution du système est donc le couple $(x = -9 ; y = 6)$.

2. Résoudre le problème suivant. La différence de deux nombres est 12. La différence de leurs carrés est –24. Quels sont ces deux nombres ?

▶▶▶ SOLUTION

Soit x et y ces deux nombres. Le système $\begin{cases} x - y = 12 \\ x^2 - y^2 = -24 \end{cases}$ est la traduction du problème.

Dans (2), $x^2 - y^2$ n'est autre que $(x - y)(x + y)$, donc $(x - y)(x + y) = -24$. Or, d'après (1), $(x - y) = 12$, donc $12(x + y) = -24$. D'où $(x + y) = \dfrac{-24}{12} = -2$. Le système devient $\begin{cases} x - y = 12 \\ x + y = -2 \end{cases}$.

En additionnant membre à membre, on obtient $2x = 10$, soit $x = 5$. En remplaçant x par 5 dans la seconde équation, on trouve $5 + y = -2$, donc $y = -5 - 2$, soit $y = -7$.

Les nombres 5 et –7 sont solutions du système.

Conseil ! Vérifier par calcul que les solutions trouvées sont satisfaisantes.

3 Application

3. Vérifier, résoudre

Soit le système $\begin{cases} 3x - 2y = 0 \\ 6x - 5y = -12 \end{cases}$. Les nombres $x = 2$ et $y = 3$ sont-ils solutions du système ? Si non, résoudre ce système.

MÉTHODE Calcul littéral

Exercice 1

On donne le programme de calcul suivant :
- choisir un nombre ;
- prendre le carré de ce nombre ;
- multiplier par 4 ;
- soustraire 36.

a. Quelle est la valeur du résultat lorsque le nombre choisi est -2 ?
b. Quelle est la valeur du résultat lorsque le nombre choisi est x ?
c. Quel nombre doit-on choisir pour que le résultat soit nul ?

MÉTHODE a. et b. Exécuter les instructions dans l'ordre indiqué en présentant les différentes étapes de calculs.
c. Factoriser selon l'identité remarquable $a^2 - b^2 = (a - b)(a + b)$, puis résoudre une équation produit nul.

SOLUTION a. -2, puis $(-2)^2 = 4$, puis $4 \times 4 = 16$, ensuite $16 - 36 = -20$. Le résultat est donc -20.
b. $4x^2 - 36$ c. $4(x - 3)(x + 3) = 0$, il faut donc choisir 3 ou -3.

Exercice 2

On considère l'expression $E = (3x - 5)^2 - (3x - 5)(x + 2)$.

a. Développer et réduire E.
b. Factoriser E.
c. Calculer E pour $x = -\sqrt{2}$.
d. Résoudre l'équation $E = 0$.

MÉTHODE a. Développer $(3x - 5)^2$ selon l'identité remarquable $(a - b)^2 = a^2 -2ab + b^2$. Appliquer la distributivité pour développer le produit $(3x - 5)(x + 2)$.
Faire très attention aux signes, car le produit est précédé du signe –. Enfin, réduire les termes en x^2, les termes en x et les nombres.
b. Sachant que $(3x - 5)^2 = (3x - 5)(3x - 5)$, en déduire le facteur commun aux deux termes de E, puis factoriser. Faire très attention au signe – .
c. Utiliser l'expression développée de E. Attention : $(-\sqrt{2})^2 = 2$.
d. Utiliser l'expression factorisée de E, puis résoudre $E = 0$.

SOLUTION a. $E = 6x^2 - 31x + 35$. b. $E = (3x - 5)(2x - 7)$. c. $E = 47 + 31\sqrt{2}$.
d. $E = 0$ pour $3x - 5 = 0$ ou $2x - 7 = 0$. Soit pour $x = \frac{5}{3}$ ou $x = \frac{7}{2}$.

Exercice 3

Supprimer le radical du dénominateur de l'expression $\frac{2}{3 - \sqrt{2}}$.

MÉTHODE Multiplier le numérateur et le dénominateur par l'expression conjuguée du dénominateur « $3 + \sqrt{2}$ », puis effectuer.

SOLUTION $\frac{6 + 2\sqrt{2}}{7}$

Exercice 4

Résoudre l'inéquation $3x + 5 \leqslant 5(x + 0{,}8)$.
Représenter en couleur ses solutions sur une droite graduée.

MÉTHODE Résoudre l'inéquation en faisant attention au signe de x et au sens de l'inéquation. Représenter sur une droite en faisant attention au crochet.

SOLUTION $x \geqslant \frac{1}{2}$.

Problème

Deux gâteaux et quatre chocolats coûtent 26 euros.
Trois gâteaux et huit chocolats coûtent 44 euros.
Quel est le prix de deux gâteaux et de trois chocolats ?

MÉTHODE Trouver, à l'aide d'un système d'équations, le prix d'un gâteau et le prix d'un chocolat, puis en déduire le prix de deux gâteaux et de trois chocolats.

SOLUTION Soit, en euros, x est le prix d'un gâteau et y est le prix d'un chocolat. On a $\begin{cases} 2x + 4y = 26 & (1) \\ 3x + 8y = 44 & (2) \end{cases}$. En simplifiant par 2 la première équation, on obtient $x + 2y = 13$, soit $x = -2y + 13$ et, en remplaçant x par $-2y + 13$ dans (2), on obtient $-6y + 39 + 8y = 44$. Soit $y = 2{,}5$. D'où $x = 8$. Le prix d'un gâteau est de 8 € et celui d'un chocolat de 2,5 €. Le prix de deux gâteaux et de trois chocolats est de $(2 \times 8) + (3 \times 2{,}5)$ euros. Soit 23,50 euros.

Notion de fonction

1 Cours

- Une **fonction** f associe à un nombre, x, un nombre y et un seul, noté $f(x)$. On écrit : $f : x \mapsto f(x)$. On dit que $f(x)$ est l'**image** de x et que x est l'**antécédent** de $f(x)$.
- Une fonction f peut être donnée sous la forme :
  - d'une formule de calcul
  Exemple : $f : x \mapsto f(x) = 3x - 2$;
  - d'un tableau, d'un tableur, ou d'une liste de valeurs $(x ; f(x))$;
  - d'une représentation graphique dont les points ont pour coordonnées $(x ; f(x))$.

Attention ! Le couple de valeurs $(x ; f(x))$ est ordonné. $(x ; f(x)) \neq (f(x) ; x)$.

2 Exercices résolus

1. Images et antécédents

La fonction f est définie sur l'ensemble des réels par $f(x) = 2x - 3$.

a. Quelle est l'image par f du nombre -2 ?

b. Quel est l'antécédent par f du nombre 0 ?

▸▸▸ SOLUTION

a. L'image de -2 est $f(-2) = 2 \times (-2) - 3 = -7$.

b. L'antécédent de 0 est le nombre x tel que $f(x) = 0$, donc l'antécédent de 0 est la solution de l'équation $2x - 3 = 0$, c'est-à-dire $2x = 3$. Soit $x = \dfrac{3}{2}$.

2. Fonction, images et antécédents

Conseil ! Lire les valeurs de x dans la colonne A et les valeurs de leurs images dans la colonne B.

Vrai ou faux ?

f est une fonction définie par le tableur ci-contre. Observer les cellules des colonnes A et B, puis répondre aux questions suivantes.

	A	B
1	x	$f(x)$
2	−1	8
3	0	3
4	1	0
5	2	−1
6	3	0
7	4	3
8	5	8

	V	F
a. x est un nombre entier	☐	☐
b. $-1 < x < 5$	☐	☐
c. $x = 4$ est dans la cellule A7	☐	☐
d. L'image de 4 est 3	☐	☐
e. 8 a deux antécédents	☐	☐
f. L'antécédent de -1 est 2	☐	☐

g. Quelle est la formule de calcul qui définit la fonction f ? Cocher la bonne case en justifiant votre réponse.

☐ $f_1(x) = x^2 - x + 1$ ☐ $f_2(x) = 5x - 3$ ☐ $f_3(x) = x^2 - 4x + 3$ ☐ $f_4(x) = x + 3$

▸▸▸ SOLUTION

a. Vrai. Les valeurs de x sont des nombres entiers.

b. Faux. On a $-1 \leqslant x \leqslant 5$ (x peut être égal à -1 ou à 5, et non strictement compris entre -1 et 5).

c. Vrai.

d. Vrai. L'image de 4 est $f(4) = 3$. On la lit dans la cellule B7.

e. Vrai. Dans la colonne B, 8 revient deux fois, en B2 et B8, donc 8 a deux antécédents, -1 et 5, que l'on lit dans les cellules A2 et A8.

f. Vrai. On lit $f(x) = -1$ dans la cellule B5. Son antécédent est donc $x = 2$ que l'on lit dans la cellule A5.

g. Par élimination, on trouve f_3, donc $f(x) = x^2 - 4x + 3$. En effet :

- $f_1(0) = 0 - 0 + 1 = 1$. Or, d'après le tableur et les cellules A3 et B3, $f(0)$ est égal à 3 et non à 1, donc ce n'est pas f_1.
- $f_2(0) = 5 \times 0 - 3 = -3$ et non pas 3, donc ce n'est pas f_2.
- $f_3(0) = 3$ et $f_4(0) = 3$, donc ça peut être f_3 ou f_4. Or $f_3(1) = 1 - 4 + 3 = 0$ est conforme à la valeur du tableur et $f_4(1) = 1 + 3 = 4$ est non conforme à la valeur du tableur, donc ce n'est pas f_4. Ayant éliminé les fonctions f_1, f_2 et f_4, la solution est donc f_3.

3 Application

3. Tableau, antécédents et images

x étant un nombre réel, soit la fonction $f : x \mapsto x^2 - 4$.

Compléter le tableau de valeurs. Aucune justification n'est demandée.

x	−3	…	$-\sqrt{2}$	0	1	…	…
$f(x)$	…	0	…	…	…	0	5

Fonction linéaire

1 Cours

a/ Fonction linéaire

■ Soit a un nombre donné. La fonction f qui, à tout nombre x, associe le nombre $a \times x$ est une **fonction linéaire**. On note $f : x \mapsto ax$, ou encore $f(x) = ax$, et on dit que f est une fonction linéaire de coefficient a.

b/ Représentation graphique

Si f est une **fonction linéaire** définie par $f(x) = ax$, alors :

■ la représentation graphique de f est une **droite**, d, qui passe par l'**origine** O du repère. Elle a pour équation $y = ax$;

■ pour $x = 1$, $y = a$, donc la droite d passe par le point de coordonnées **(1 ; a)** ;

> **Attention !**
> Vérifier que le signe de a est conforme à la pente de la représentation graphique.

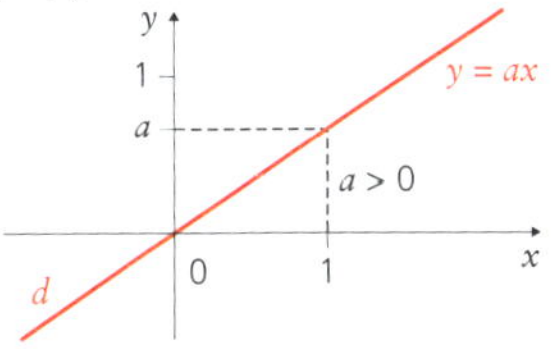

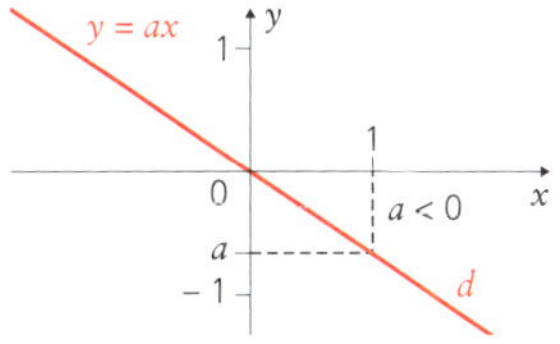

■ pour trouver graphiquement le coefficient a, il suffit de lire l'**image de 1** ;

■ le coefficient a détermine l'inclinaison de la droite par rapport à l'axe horizontal $x'x$. On l'appelle **coefficient directeur** de la droite ou **pente** de la droite ;

■ si $B(x_B ; y_B)$ est un point de d alors $a = \dfrac{y_B}{x_B}$;

■ le tableau de valeurs de f est un **tableau de proportionnalité** de coefficient a.

2 Exercice résolu

1. Représentation graphique, images et antécédents

f est une fonction linéaire qui associe au nombre 2 l'image 1.

a. Tracer la représentation graphique de f dans un repère orthonormal.

b. Déterminer l'expression algébrique de f.

c. À l'aide du graphique, trouver x tel que $f(x) = -1$.

> **Conseil !**
> Lire sur l'axe horizontal les antécédents et sur l'axe vertical les images.

▶▶ SOLUTION

a. On sait que $f(2) = 1$, donc la représentation graphique de la fonction linéaire f est la droite d qui passe par l'origine O du repère et par le point A(2; 1).

b. f est une fonction linéaire, donc son expression est de la forme $f(x) = ax$. Pour $x = 2$, $f(2) = 2 \times a$, or $f(2) = 1$, donc $2a = 1$. Soit $a = \dfrac{1}{2}$. On en déduit que l'expression algébrique de f est $f(x) = \dfrac{1}{2}x$.

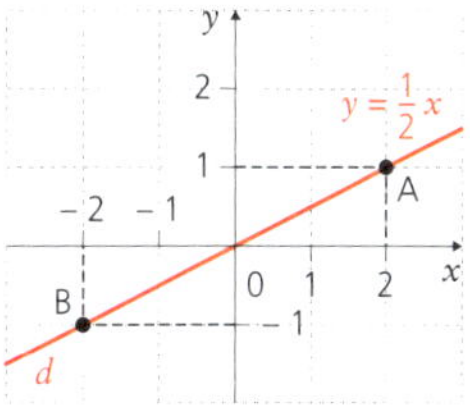

c. À l'aide des perpendiculaires aux axes en pointillé noir, on vérifie que le point B du graphique d'ordonnée $y = -1$ a pour abscisse $x = -2$, donc $f(-2) = -1$.

3 Application

2. Proportionnalité et représentation graphique

En dix ans, les prix d'un magasin ont augmenté de 20 %. Soit f la fonction qui associe à un ancien prix x son nouveau prix y.

a. Exprimer y en fonction de x.

b. Compléter le tableau.

Ancien prix x (en €)	10	20	30	…	…	…
Nouveau prix y (en €)	…	…	…	72	90,60	145,80

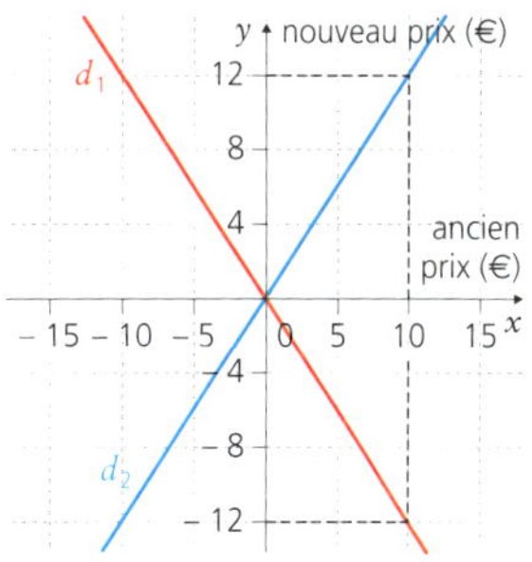

c. QCM. Quelle est la représentation graphique du nouveau prix en fonction de l'ancien ? Une seule réponse est exacte. Justifier votre choix.

☐ d_1 ☐ d_2 ☐ non tracée

MATHS

15 Fonction affine

1 Cours

a/ Définition

- Soit a et b deux nombres donnés. La fonction f qui, à tout nombre x, associe le nombre $ax + b$ est une **fonction affine**. On note $f : x \mapsto ax + b$, ou encore $f(x) = ax + b$.

b/ Représentation graphique d'une fonction affine

Si f est une **fonction affine** définie par $f(x) = ax + b$, alors :

- la représentation graphique de f est une **droite** d ;
- les points de d ont pour coordonnées $(x ; f(x))$;
- $y = ax + b$ est l'**équation** de la droite d ;
- la connaissance des coordonnées de **deux points** de d suffit à tracer la droite d ;

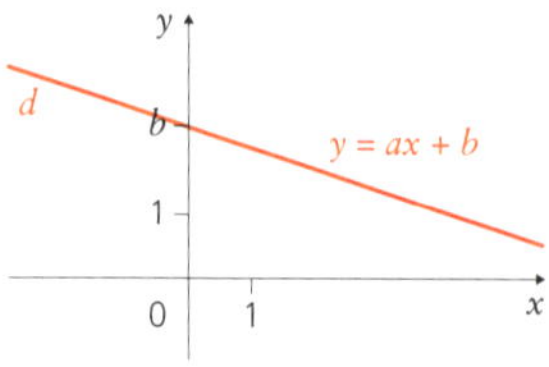

- dans $y = ax + b$, a est le **coefficient directeur**, ou pente, de la droite d ;
- pour $x = 0$, $y = b$. b est l'**ordonnée à l'origine** de la droite d.

c/ Droites et fonctions. Cas particuliers

Dans un repère, toute droite d a une équation de la forme $\mathbf{y = ax + b}$. Elle est associée à la fonction affine f définie par $x \mapsto ax + b$ ou $\mathbf{f(x) = ax + b}$.

- Si $\mathbf{b = 0}$, alors $\mathbf{y = ax}$. La droite d passe par l'origine. Dans ce cas, d est associée à la fonction linéaire définie par $\mathbf{f(x) = ax}$.
- Si $\mathbf{a = 0}$, alors $\mathbf{y = b}$. Dans ce cas, la droite d est parallèle à l'axe horizontal des abscisses. Elle est associée à la fonction f définie par $\mathbf{f(x) = b}$.

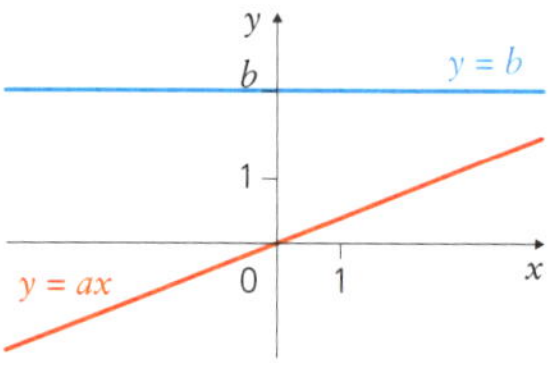

2 Exercice résolu

Conseil !
Observer attentivement les droites, puis leurs points de rencontre avec les axes.

1. Lecture graphique. Points particuliers

Le plan est muni d'un repère orthonormal. Parmi les quatre équations de droites suivantes, figurent celles de chacune des quatre droites tracées sur la figure :

- $y = 6$
- $y = 2x + 3$
- $y = -\frac{1}{3}x + 3$
- $y = 2x - 3$

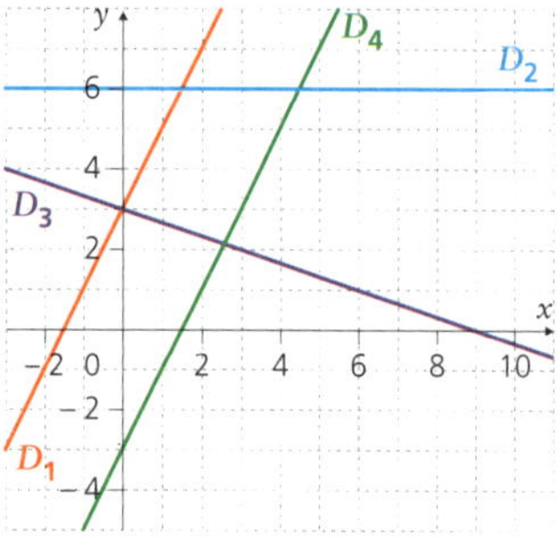

Associer à chacune des droites de la figure l'équation qui lui convient. Justifier votre choix.

SOLUTION

- La droite D_1 a pour équation $y = 2x + 3$. En effet, la droite D_1 a pour ordonnée à l'origine 3 et elle passe par le point $(x = 1, y = 5)$.
- La droite D_2 a pour équation $y = 6$. En effet, tous les points de D_2 ont pour ordonnée 6.
- La droite D_3 a pour équation $y = -\frac{1}{3}x + 3$. Pour $x = 0$, l'ordonnée à l'origine de D_3 est 3 et, pour $x = 3$, $y = 2$.
- La droite D_4 a pour équation $y = 2x - 3$, car l'ordonnée à l'origine de D_4 est –3 et $y = 2x - 3$ est la seule équation pour laquelle $b = -3$.

Remarque : les droites D_1 et D_4 d'équations $y = 2x + 3$ et $y = 2x - 3$ ont le même coefficient directeur 2. Elles sont parallèles.

3 Application

2. Fonctions affines, droites et intersection

a. Représenter graphiquement la fonction affine f qui à x associe l'image $-\frac{x}{2} + 4$. Soit d cette représentation.

b. Trouver graphiquement et par calcul l'image de 4.

c. Trouver graphiquement et par calcul l'antécédent de 3.

d. Soit M(1 ; –1) et N(3 ; 5). Trouver l'équation de la droite (MN).

e. Préciser le coefficient directeur de la droite (MN), son ordonnée à l'origine, et la fonction à laquelle elle est associée.

f. Trouver les coordonnées du point d'intersection I, des droites d et (MN).

Lecture graphique

1 Cours

a/ Courbe et lecture graphique

▪ La représentation graphique, ou courbe, montre la **relation** qui existe entre deux grandeurs qui varient. Voici une courbe qui montre la **vitesse** d'une voiture qui varie **en fonction** du **temps**. La lecture graphique montre que la voiture démarre de 0, accroît sa vitesse pendant 20 min, puis roule à une vitesse constante de 60 km/h pendant 40 min, puis réduit sa vitesse pendant 10 min et enfin s'arrête. (Voir l'exercice d'application.)

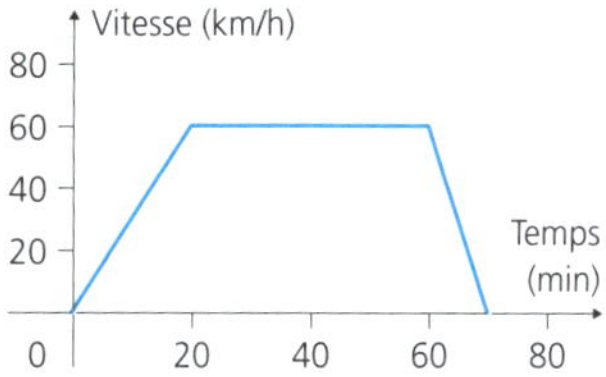

b/ Résoudre graphiquement un système d'équations

▪ Pour résoudre graphiquement un système d'équations :
1) On représente les équations dans un même repère ;
2) Si les représentations graphiques se rencontrent alors les **coordonnées** du point d'**intersection** sont les solutions du système.

2 Exercice résolu

1. Résolution graphique

a. Résoudre graphiquement le système $\begin{cases} x + y = -2 & (1) \\ x - 2y = 7 & (2) \end{cases}$

b. Trouver sans aucun calcul l'équation de la droite qui passe par l'origine O du repère et le point d'intersection I des droites d_1 et d_2 d'équations

$y = -x - 2$ et $y = \frac{1}{2}x - \frac{7}{2}$.

Conseil ! Exprimer y en fonction de x, puis tracer les droites correspondantes.

Attention ! La droite passe par l'origine, donc son équation est de la forme $y = ax$.

▶▶▶ SOLUTION

a. On exprime y en fonction de x. Le système s'écrit alors :

$$\begin{cases} y = -x - 2 \\ 2y = x - 7 \end{cases} \quad \text{ou} \quad \begin{cases} y = -x - 2 \\ y = \frac{1}{2}x - \frac{7}{2} \end{cases}$$

On trace les droites d_1 d'équation $y = -x - 2$ et d_2 d'équation $y = \frac{1}{2}x - \frac{7}{2}$. d_1 passe par les points $(0 ; -2)$ et $(-2 ; 0)$, et d_2 passe par les points $(0 ; -\frac{7}{2})$ et $(7 ; 0)$.

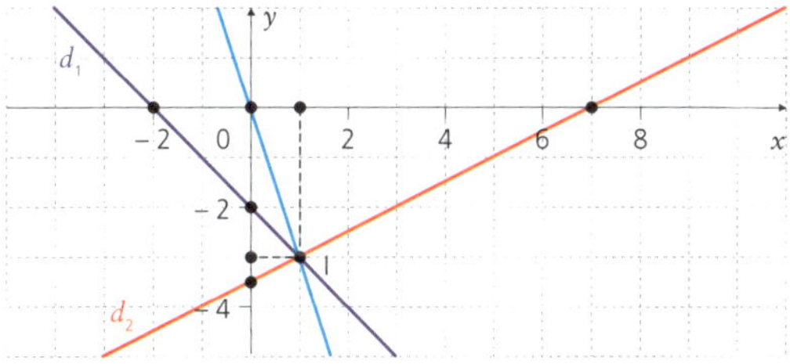

Soit I le point d'intersection de d_1 et d_2.
L'abscisse de I est 1 et son ordonnée est –3. Les solutions du système sont donc $x = 1$ et $y = -3$. En remplaçant x par 1 et y par –3, on s'assurera que les deux équations sont bien vérifiées.

b. La droite (OI) passe par l'origine O du repère, donc son équation est de la forme $y = ax$. Or, par lecture graphique pour $x = 1$, $y = -3$, donc $a = -3$. L'équation de la droite (OI) est $y = -3x$.

3 Applications

2. Lecture graphique

Reprendre la figure du cours, puis répondre aux questions suivantes. Aucune justification n'est demandée.

a. Quelle est la vitesse de la voiture à 5 min du démarrage ? À 10 min ? À 20 min ?

b. On suppose que l'automobiliste a démarré à 10h 45. Quelle était sa vitesse à 11h ? À 11h 30 ? À 11h 45 ? À 11h 50 ? À 11h 55 ?

Conseil ! Lire les minutes sur l'axe horizontal du repère et les vitesses sur son axe vertical.

MÉTHODE Fonctions

Exercice 1

Associer à chacune des droites son équation :

D_1 •   • $y = x$

D_2 •   • $y = 2$

D_3 •   • $x = -3$

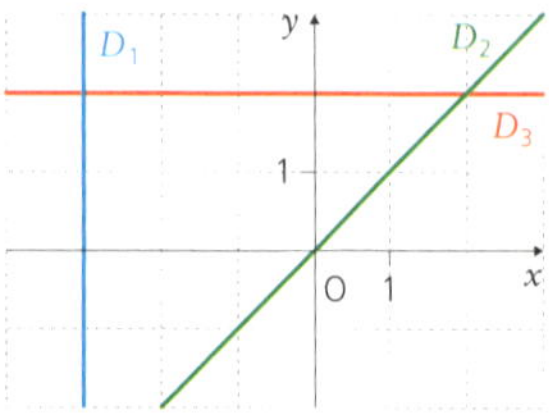

MÉTHODE Observer les propriétés des points de chacune de ces droites particulières et en déduire son équation.

SOLUTION Tous les points de D_1 ont pour abscisse –3, donc l'équation de D_1 est $x = -3$.

• Tous les points de D_2 sont à égale distance des deux axes du repère, donc l'équation de D_2 est $y = x$.

• Tous les points de D_3 ont pour ordonnée 2, donc l'équation de D_3 est $y = 2$.

Exercice 2

La fonction f est définie par :

$f(x) = (x - 5)(x - 1) + (x + 10)(x - 1)$.

a. Développer et réduire $f(x)$.

b. Écrire $f(x)$ sous la forme d'un produit de facteurs.

c. À l'aide d'un tableur, on a calculé $f(x)$, en colonne B, pour les valeurs x de la colonne A. Lire l'image de –1 et les antécédents de 0. Vérifier par calcul.

A	B
x	$f(x)$
–2,5	0
–2	–3
–1,5	–5
–1	–6
–0,5	–6
0	–5
0,5	–3
1	0

MÉTHODE **a.** Supprimer les parenthèses et simplifier.

b. Remarquer que $(x - 1)$ est un facteur commun.

c. Lire les images $f(x)$ dans la colonne B et les antécédents x dans la colonne A. Calculer l'image de –1 dans la forme développée de $f(x)$ et les antécédents de 0 dans sa forme factorisée.

SOLUTION **a.** $f(x) = 2x^2 + 3x - 5$.

b. $f(x) = (x - 1)[(x - 5) + (x + 10)]$, donc $f(x) = (x - 1)(2x + 5)$.

c. L'image de –1 est $f(1) = -6$. Les antécédents de 0 sont les solutions de $f(x) = 0$, donc $x = -2{,}5$ et $x = 1$.

Problème

Observer la figure, puis répondre aux questions. Aucune justification n'est demandée.

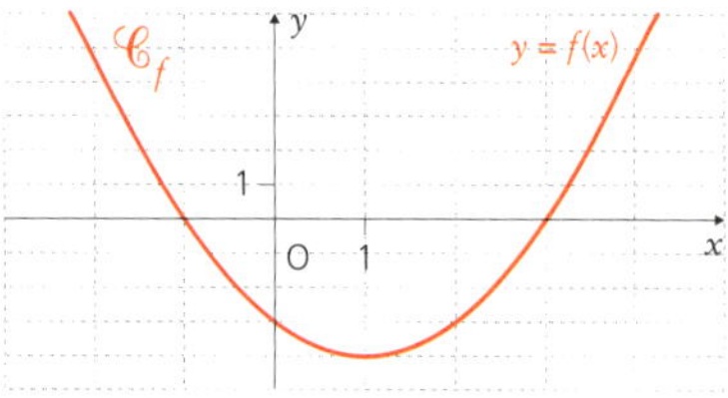

a. Quelle est l'image de 0 ?

☐ –1   ☐ –3   ☐ 3

b. Quel est l'antécédent de –4 ?

☐ 1   ☐ –4   ☐ 0

c. Résoudre l'équation $f(x) = 0$.

d. Résoudre l'inéquation $f(x) < 0$.

MÉTHODE

a. L'image de 0 est l'ordonnée du point d'intersection de la courbe avec l'axe Oy.

b. L'antécédent de –4 est l'abscisse du point de la courbe qui a pour ordonnée –4.

c. Les valeurs de x pour lesquelles $f(x) = 0$, ou $y = 0$, sont les abscisses des points d'intersection de la courbe avec l'axe Ox.

d. Les valeurs de x pour lesquelles $f(x) < 0$, ou $y < 0$, sont les abscisses des points de la courbe situés dessous l'axe Ox.

SOLUTION

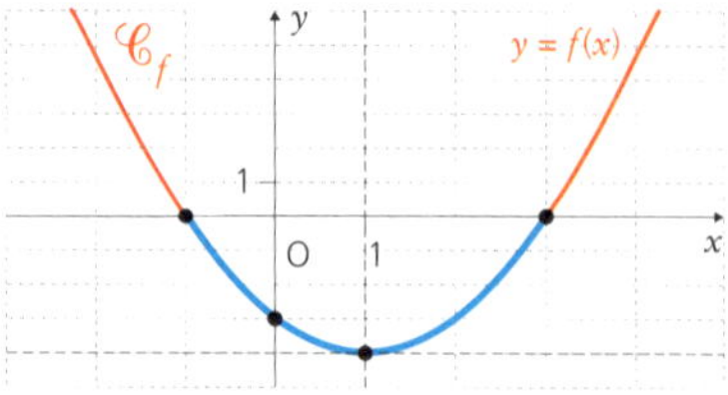

a. –3. En effet pour $x = 0$, $y = -3$.

b. Soit S le point de la courbe qui a pour ordonnée –4. Par lecture graphique, l'abscisse de S est 1. Ici, S est appelé « sommet » de la courbe $\mathscr{C}_f$.

c. $f(x) = 0$ pour $x = -1$ et $x = 3$.

d. $f(x) < 0$ pour $-1 < x < 3$.

Rappels : grandeurs et mesures usuelles

1 Cours

a/ Unités de mesure usuelles et conversions

Longueur ou distance	Masse	Volume et capacité	Temps ou durée
1 cm = 10 mm 1 m = 100 cm 1 km = 1 000 m	1 g = 1 000 mg 1 kg = 1 000 g 1 t = 1 000 kg	1 m^3 = 1 000 dm^3 1 dm^3 = 1 000 cm^3 1 dm^3 = 1 L	1 h = 60 min 1 min = 60 s 1 h = 3 600 s

b/ Unités de mesure composées

Unités produits	Unités quotients
Aires : cm × cm ou cm^2 m × m ou m^2 Volumes : cm × cm × cm ou cm^3 m × m × m ou m^3	Vitesse : m/s ou m × s^{-1} km/h ou km × h^{-1} Masse volumique : g/cm^3 kg/cm^3

Rappel La vitesse est la distance parcourue par unité de temps. La masse volumique est la masse par unité de volume.

c/ Échelle

▪ L'échelle est la relation entre les dimensions d'une représentation (dessin, carte, plan…) et les dimensions réelles d'un objet.
Sur une carte, l'échelle 1 : 100 000, ou 1/100 000, signifie, que 1 cm sur la carte représente 100 000 cm en dimension réelle. Autrement dit, à 1 cm correspond 1 000 m, ou à 1 cm correspond 1 km.

Attention ! Dans l'échelle 1/100 000, 1 et 100 000 sont exprimées dans la même unité de mesure.

2 Exercices résolus

1. Convertir les grandeurs suivantes (durée, vitesse, masse volumique) en complétant les pointillés.

a. 3,2 h = … h … min **b.** 54 km/h = … m/s **c.** 400 kg/m^3 = … g/cm^3

▸▸▸ SOLUTION

a. 3,2 h = 3 h + 0,2 h = 3 h + (0,2 × 60) min = 3 h 12 min.

b. 54 km = 54 000 m et 1 h = 3 600 s. Donc 54 km/h = 54 000 m/3 600 s. En divisant 540 par 36, on obtient 15 m/s.

c. 400 kg/m^3 = 400 000 g/1 000 000 cm^3 = 0,4 g/cm^3.

2. Un automobiliste a parcouru 80 m en 4 secondes. Quelle est sa vitesse en m/s ? En km/h ?

Conseil ! Utiliser la formule $d = v \times t$: d pour distance, v pour vitesse et t pour temps.

▸▸▸ SOLUTION

$v = \frac{d}{t}$. Pour d = 80 m et t = 4 s, sa vitesse en m/s est de $\frac{80}{4}$. Soit 20 m/s. En une seconde, il a parcouru 20 m. En 3 600 secondes, ou en une heure, il parcourt 20 × 3 600 = 72 000 m. Sa vitesse est donc 72 km/h.

3. Une tige à base de cuivre a la forme d'un cylindre. La tige mesure 40 cm de long et a un rayon de base de 5 cm. La masse M de la tige est de 28 kg.

a. Calculer le volume V de la tige arrondi au cm^3 près.

b. Quelle est, arrondie à 0,1 près, en g/cm^3, la masse volumique ρ de cette tige ?

Conseil ! Utiliser les formules du volume $V = \pi r^2 \times h$ et de la masse volumique $\rho = \frac{M}{V}$.

▸▸▸ SOLUTION

a. En cm^3, le volume exact de la tige est $V = \pi \times 5^2 \times 40 = 1\,000\,\pi$.
Or, $1\,000\,\pi \approx 3\,141{,}59$. Arrondi au cm^3 près, $V = 3\,142$ cm^3.

b. La tige pèse 28 kg soit 28 000 g. Sa masse volumique est donc $\rho = \frac{M}{V} = \frac{28\,000\,\text{g}}{3\,142\,\text{cm}^3}$ $\approx 8{,}911$ g/cm^3. Arrondi à 0,1 près, $\rho = 8{,}9$ g/cm^3.

3 Applications

4. Capacité et durée
Le débit d'une pompe est de 2,5 L/s. Combien de jours, heures, minutes et secondes faudrait-il pour remplir une piscine ayant la forme d'un pavé droit de dimensions 40 m × 20 m × 2 m à l'aide de cette pompe ?

5. Échelle
À vol d'oiseau, la distance Paris - Lyon est de 660 km. Sur une carte, elle est de 33 cm. Quelle est l'échelle de la carte ?

Proportionnalité et pourcentages

1 Cours

a/ Proportionnalité : définition et propriété

- a, b, c et d sont quatre nombres différents de zéro. On dit que a et b sont dans la même proportion que c et d si $\frac{a}{b} = \frac{c}{d}$. On dit aussi que a et c sont respectivement proportionnels à b et d.
- Si $\frac{a}{b} = \frac{c}{d}$, alors $ad = bc$. On dit que les **produits en croix sont égaux**.

b/ Pourcentage : définition et applications

- Un pourcentage est une fraction de **dénominateur 100**. Son symbole est %. 30 % se lit et signifie « 30 pour cent ».
- Pour transformer le nombre 0,16 en pourcentage, on écrit $0{,}16 = \frac{16}{100}$ ou 16 %.
- Pour transformer la fraction $\frac{3}{8}$ en pourcentage, on écrit :
$\frac{3}{8} = \frac{x}{100}$ et on calcule x. On a $8x = 300$, donc $x = \frac{300}{8} = 37{,}5$. Donc $\frac{3}{8} = \frac{37{,}5}{100}$ ou encore 37,5 %.
- Pour calculer 15 % de 70, on calcule $\frac{15}{100} \times 70$, soit $0{,}15 \times 70 = 10{,}5$.
- Pour appliquer une **augmentation** de 25 % à une quantité Q, on calcule $Q + \frac{25}{100} \times Q$. Soit $(1 + 0{,}25)Q$ ou encore $1{,}25 \times Q$.
- Pour appliquer une **diminution** de 25 % à une quantité Q, on calcule $Q - \frac{25}{100} \times Q$. Soit $(1 - 0{,}25)\,Q$ ou encore $0{,}75 \times Q$.

2 Exercices résolus

1. Quatrième proportionnelle

Une voiture consomme 35 L de carburant pour parcourir 245 km. Quelle distance d parcourt-elle avec 50 L de carburant ?

SOLUTION

En supposant que la consommation en litres est proportionnelle à la distance parcourue. À l'aide d'un tableau de proportionnalité :

Consommation (en L)	35	50
Distance (en km)	245	d

Les produits en croix sont égaux, par conséquent, $35 \times d = 245 \times 50$. $d = \frac{245 \times 50}{35}$, donc $d = 350$. Avec 50 L de carburant, la voiture parcourt 350 km.

Remarque : le coefficient de proportionnalité k est égal à $\frac{245}{35} = 7$. Ici, k signifie 7 km/L.

2. Proportionnalité ou non ?

Un maçon construit un mur en 3 jours. Deux maçons le construisent-ils en 6 jours ?

SOLUTION

Non, car deux maçons mettent deux fois moins de temps pour construire le mur. Ils mettent donc un jour et demi. Dans ce cas, le temps n'est pas proportionnel au nombre de maçons.

3. Calculer un pourcentage

425 candidats se sont présentés à un concours. 51 ont été admis. Quel est en pourcentage le taux d'admission ?

SOLUTION

À l'aide d'un calcul : $\frac{\text{nombre d'admis}}{\text{nombre de candidats}} = \frac{51}{425} = \frac{x}{100}$.

On trouve $x = 12$. En pourcentage, $\frac{51}{425} = \frac{12}{100} = 12\,\%$.

3 Applications

4. Trouver en pourcentage l'augmentation ou la baisse du montant en euros d'un livret d'épargne entre deux années :

a. En 2005 : 1250 €. En 2010 : 1 437,50 €. **b.** En 2012 : 695 €. En 2013 : 660,25 €.

c. En 2010 : 999 €. En 2020 : 699,30 €.

5. À vol d'oiseau, la distance Paris-Orléans est de 112 km. Sur une carte, elle est de 168 mm. Sur cette même carte, la distance Paris - Brest est de 75,6 cm. Quelle est à vol d'oiseau la distance Paris - Brest ?

Caractéristiques de position d'une série statistique

1 Cours

- La **moyenne** d'une série statistique est égale au quotient : $\dfrac{\text{somme des valeurs}}{\text{effectif total des valeurs}}$.
- La **médiane** d'une série **ordonnée** est la valeur « milieu » si le nombre de valeurs est impair. Si le nombre de valeurs est pair, alors la médiane est la moyenne des deux valeurs « milieux ».
- Le **mode** d'une série est toute valeur dont l'effectif est le plus grand.

Attention !
Pour trouver la médiane, la série des valeurs doit être ordonnée.

Attention !
Une série peut avoir 0, 1, 2 ou plusieurs modes.

2 Exercices résolus

1. Comparer deux séries

En euros, Émile a acheté quatre articles pour 39, 42, 45, 46 euros et Marc a acheté quatre articles pour 2, 3, 8, 159 euros.

a. Montrer que les moyennes de ces deux séries sont égales. En est-il de même de leurs médianes ?

b. Quelles remarques peut-on faire à propos de ces deux séries ?

Objectif
Comparer deux séries de même effectif et de même moyenne.

▶▶▶ SOLUTION

a. Soit E la série 39, 42, 45, 46 et M la série 2, 3, 8, 159. La moyenne de la série E est égale à $(39 + 42 + 45 + 46) : 4 = 43$ et la moyenne de la série M est égale à $(2 + 3 + 8 + 159) : 4 = 43$. Les moyennes des séries E et M sont égales.

Les deux séries écrites dans l'ordre croissant et leur effectif étant pair, la médiane de la série E est égale à $\dfrac{42+45}{2} = 43{,}5$ et la médiane de la série M est égale à $\dfrac{3+8}{2} = 5{,}5$. Les médianes des deux séries sont différentes.

b. La moyenne 43 et la médiane 43,5 de la série E sont proches. Cela montre la tendance des achats d'Émile. Ils sont plutôt centrés autour de la moyenne 43.

En revanche, la moyenne 43 et la médiane 5,5 de la série M sont très éloignées. Cela montre que les achats de Marc ne sont pas resserrés autour de la moyenne 43 et qu'ils sont plutôt dispersés.

2. Mode

Dans sa bibliothèque, Yannick a 12 livres. Le nombre de pages de chacun des livres est : 48, 96, 256, 128, 96, 128, 512,1 024, 512, 128, 24, 48.

a. Quel est le mode de cette série ?

b. Yannick reçoit un 13e livre de 96 pages. Le mode des nombres de pages des livres de sa bibliothèque a-t-il changé ?

▶▶▶ SOLUTION

a. La bibliothèque de Yannick contient trois livres de 128 pages. C'est la valeur de la série dont l'effectif est le plus grand. Donc le mode de cette série est 128.

b. Dorénavant, il y a aussi trois livres de 96 pages dans la bibliothèque. La série a donc deux modes 128 et 96.

3 Application

3. Effectifs cumulés, mode et médiane

51 élèves ont répondu à un test noté sur 10.

Note	0	1	2	3	4	5	6	7	8	9	10
Effectif d'élèves	1	0	0	4	5	7	12	15	…	1	2
Effectifs cumulés	1	1	1	5	10	17	…	…	…	…	51

a. Compléter le tableau.

En déduire :

b. le mode

c. la moyenne

d. la médiane

e. Interpréter les résultats.

21 Caractéristiques de dispersion d'une série statistique

1 Cours

- L'**étendue** d'une série statistique est la différence entre la plus grande et la plus petite valeur de cette série.

Attention ! Le deuxième quartile Q_2 est la médiane de la série. Une série statistique a trois quartiles et non quatre.

- Les quartiles d'une série ordonnée sont des valeurs qui partagent la série en quatre parts de même effectif.
- Le premier quartile (Q_1) d'une série ordonnée est la valeur telle qu'au moins un quart (25 %) des valeurs lui soient inférieures ou égales.
- Le troisième **quartile** (Q_3) d'une série **ordonnée** est la valeur telle qu'au moins trois quarts (75 %) des valeurs lui soient inférieures ou égales.

2 Exercices résolus

1. Étendue de séries

Deux conducteurs de TGV, Amaury et Youssef, comparent les kilomètres effectués lors de leurs 6 derniers trajets aller.

Amaury : 203, 399, 697, 399, 114, 282. Youssef : 484, 307, 501, 399, 501, 282.

a. Quelle est l'étendue de la série de kilomètres effectués par Amaury ?

b. Comparer cette étendue à celle de la série de kilomètres effectués par Youssef ?

c. Peut-on en conclure qu'Amaury a parcouru plus de kilomètres que Youssef lors de ses 6 derniers trajets ?

▸▸▸ SOLUTION

a. L'étendue de la série d'Amaury est égale à 697 – 114 = 583.

b. L'étendue de la série de Youssef est égale à 501 – 282 = 219. L'étendue de la série de Youssef est plus petite que celle d'Amaury.

c. Non, il aurait fallu comparer le nombre de kilomètres total parcouru par Youssef et Amaury lors de leurs 6 derniers trajets.

2. Mode, médiane et quartiles

Voici en euros le relevé des 18 achats de Maya :

5, 8, 13, 6, 4, 13, 5, 9, 13, 13, 8, 15, 20, 13, 14, 10, 4, 17.

a. Quel est le mode de cette série ?

b. Trouver et montrer, à l'aide d'un schéma, la médiane, les premier et troisième quartiles de cette série de prix.

▸▸▸ SOLUTION

a. On ordonne la série dans l'ordre croissant des prix.

4, 4, 5, 5, 6, 8, 8, 9, 10, 13, 13, 13, 13, 13, 14, 15, 17, 20.

Le mode de la série est 13, car c'est la valeur qui apparaît le plus.

b. L'effectif total 18 est pair, donc la médiane est la moyenne du 9e et 10e prix, soit (10 + 13) : 2 = 11,5. Ce qui signifie que 9 prix sont inférieurs à 11,50 € et que 9 prix sont supérieurs à 11,50 €.

Chaque moitié de la série des prix a neuf valeurs, donc le premier quartile Q_1 correspond à la 5e valeur, soit Q_1 = 6. Le troisième quartile correspond à la 14e valeur, donc Q_3 = 13. Euros: 4, 4, 5, 5, 6, 8, 9, 9, 10 | 13, 13, 13, 13, 13, 14, 15 17, 20.

Q_1 médiane Q_3

Cela signifie que cinq prix, **ou au moins 25 % des prix,** sont inférieurs ou égaux à 6 euros et que quatorze prix, **ou au moins 75 % des prix,** sont inférieurs ou égaux à 13 euros.

3 Application

3. Étude d'une série statistique

Utiliser les informations ci-dessous concernant un problème noté sur cinq.

Notes des 40 élèves de 3e																			
1	2	3	1	5	3	1	0	2	3	1	4	5	0	2	3	2	4	4	3
5	3	4	3	4	5	3	1	4	3	5	5	1	4	2	3	2	2	4	4

a. Compléter le tableau des effectifs.

Note	0	1	2	3	4	5
Effectifs	…	6	7	10	9	…

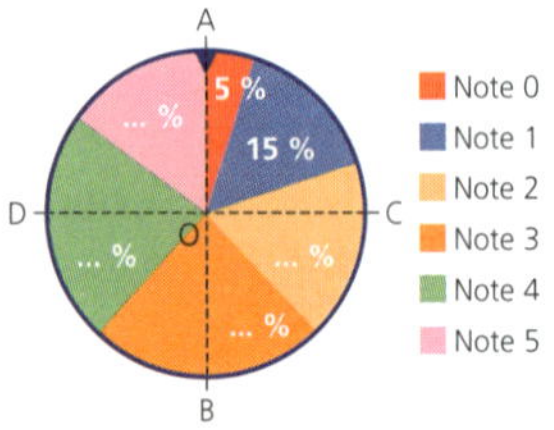

b. Compléter le diagramme circulaire montrant la répartition des notes en pourcentages. En déduire la médiane, les premier et troisième quartiles de la série des notes.

Notion de probabilité

1 Cours

a/ Définition

- Lors d'une **expérience** (lancer d'une pièce de monnaie, par exemple), on parle d'**événement** lors de la réalisation d'une issue (la face « pile » de la pièce est obtenue, par exemple).
- La **probabilité** d'un événement E est la « mesure » qu'un événement se réalise (obtenir « face » lors du lancer d'une pièce, par exemple). Elle est notée $p(E)$.
- Un événement peut se réaliser ou non. On parle de **cas favorable** lorsqu'il se réalise.
- La **probabilité** d'un événement E est égale à :

$$\frac{\text{nombre de cas favorables au succès de E}}{\text{nombre de cas possibles}}.$$

(Par exemple, la probabilité d'obtenir « pile » lors du lancer d'une pièce est $\frac{1}{2}$.)

Conseil ! Commencer par compter le nombre d'issues possibles, puis le nombre de cas favorables au succès.

b/ Propriétés

- La probabilité d'un événement est un nombre p tel que $\mathbf{0 \leqslant p \leqslant 1}$.
- La somme des probabilités de deux **événements contraires** est égale à 1.
- La probabilité p d'un **événement certain** est égale à 1.
- La probabilité p d'un **événement impossible** est égale à 0.

2 Exercices résolus

1. On lance un dé, non truqué, à 6 faces numérotées de 1 à 6.
a. Quelle est la probabilité p d'obtenir 4 ? Un autre que 4 ? **b.** Quelle est la probabilité p d'obtenir 1 ou 6 ? **c.** Quelle est la probabilité p d'obtenir 7 ?

▶▶▶ SOLUTION

a. Le dé n'étant pas truqué, nous sommes en situation d'équiprobabilité. Chaque face, ou événement élémentaire, a une chance sur six de sortir, donc $p(4) = \frac{1}{6}$.
4 et non 4 sont deux événements **contraires**, donc :

$$p(4) + p(\text{non } 4) = 1, \text{ d'où } p(\text{non } 4) = 1 - p(4) = 1 - \frac{1}{6} = \frac{5}{6}.$$

Remarque : p(non 4) n'est autre que p(1 ou 2 ou 3 ou 5 ou 6).

b. L'événement avoir la face 1 ou la face 6 n'est pas élémentaire, car le succès de cet événement est réalisé avec deux sorties possibles : la sortie de la face 1 ou de la face 6.

Soit $p(1 \text{ ou } 6) = \frac{\text{nombre de cas favorables}}{\text{nombre de cas possibles}} = \frac{2}{6} = \frac{1}{3}$.

Ou bien, $p(1 \text{ ou } 6) = p(1) + p(6) = \frac{1}{6} + \frac{1}{6} = \frac{2}{6} = \frac{1}{3}$.

c. Obtenir 7 est un événement impossible, donc $p(7) = 0$.

Attention ! La probabilité d'un événement est la somme des probabilités des événements élémentaires qui le constituent.

2. On lance deux fois de suite une pièce de monnaie.
Montrer à l'aide d'un arbre les issues possibles. En déduire la probabilité p d'avoir une fois la face « pile » et une fois la face « face ».

▶▶▶ SOLUTION

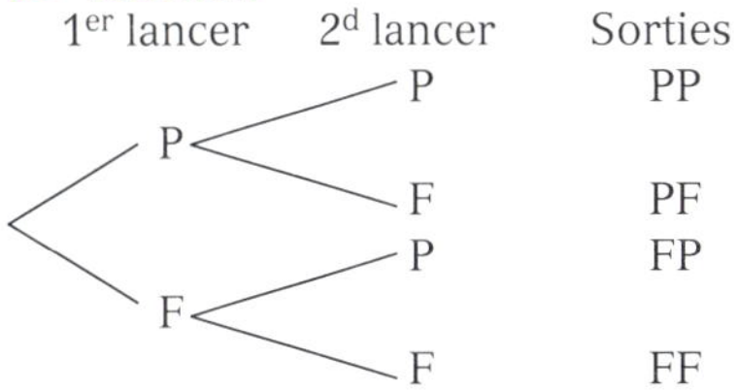

Attention ! Les sorties possibles du 2d lancer sont écrites dans le même ordre que celles du premier. Ici P puis F.

L'arbre montre qu'il y a 4 issues possibles : PP, PF, FP, FF.

PF et FP sont les issues favorables, donc $p(\text{PF ou FP}) = \frac{2}{4} = \frac{1}{2}$.

3 Applications

3. Lisa tire au hasard une carte d'un jeu de 52 cartes.
a. Quelle est la probabilité p d'avoir un as ?
b. Quelle est la probabilité p d'avoir une carte qui ne soit ni un as ni un roi ?

4. On a réparti 432 chocolats dans dix boîtes de : 40, 42, 40, 45, 44, 48, 40, 48, 45, 40.
Quelle est la probabilité de choisir au hasard une boîte de
a. 48 chocolats ? **b.** plus de 42 chocolats ? **c.** moins de 45 ?

MÉTHODE Gestion de données

Exercice 1

	A	B
1	Série 1	Série 2
2	10	33
3	10	40
4	15	50
5	20	?
6	**13,75**	?
7	**12,5**	

À l'aide d'un tableur, on a calculé :
a. la moyenne de la série 1 en tapant, dans la cellule A6, la formule MOYENNE (A2:A5) et en validant. Qu'a-t-on lu ?
b. la médiane de la série 1 en tapant, dans la cellule A7, la formule MEDIANE (A2:A5) et en validant. Qu'a-t-on lu ?
c. Trouver à l'aide du tableur, ou par calcul, la moyenne et la médiane de la série 2.
d. Quel est le mode de chacune des séries ?

MÉTHODE **a.** Repérer la cellule A6. **b.** Repérer la cellule A7.
c. Repérer les cellules. Y introduire correctement les formules de calcul. **d.** Observer la série et le nombre de chacune de ses valeurs.

SOLUTION **a.** **13,75** **b.** **12,5** **c.** On tape dans la cellule B5 la formule MOYENNE (B2:B4) et on lit 41. On vérifie par calcul. On tape dans la cellule B6 la formule MEDIANE (B2:B4) et on lit 40. Pour le calcul à la main de la médiane, on vérifie que la série est dans l'ordre croissant (ou décroissant). **d.** Le mode de la série 1 est 10. La série 2 n'a pas de mode.

Exercice 2

Les aiguilles d'une horloge montrent qu'il est exactement 11 h 20.
a. Quelle est en degrés la mesure du secteur défini par les aiguilles ?
b. Exprimer ce secteur en pourcentage à 0,01 près.

MÉTHODE Faire un schéma. Exprimer le secteur en fraction, puis en déduire sa mesure **a.** en degrés. **b.** en pourcentage.

SOLUTION **a.** Le secteur correspond aux cinq douzièmes du disque. Sa mesure en degrés est $\frac{5}{12} \times 360$, soit 150°. **b.** La totalité du disque représente 100 %.

Or, $\frac{5}{12} \times 100 \approx 41{,}67$, donc le secteur est de 41,67 %.

Exercice 3

Un épicier a acheté des tomates pour 60 €. Il en vend les quatre cinquièmes en réalisant un bénéfice de 25 % et le reste avec une perte de 15 %.
a. Trouver en euros le bénéfice et la perte de l'épicier.
b. L'épicier a-t-il réalisé un bénéfice ou une perte en vendant toutes ses tomates ? Exprimer ce bénéfice ou cette perte en pourcentage.

MÉTHODE **a.** Calculer les quatre cinquièmes de 60 et en déduire le bénéfice ; puis le cinquième de 60 et en déduire la perte.
b. Comparer le bénéfice et la perte et en déduire s'il a, au total, réalisé un bénéfice ou une perte. Transformer le résultat en pourcentage.

SOLUTION **a.** Bénéfice : $\frac{4}{5} \times 60 \times \frac{25}{100} = 12$. Perte : $\frac{1}{5} \times 60 \times \frac{15}{100} = 1{,}80$.
b. 12 > 1,8 et 12 – 1,8 = 10,2, donc au total, pour un achat de 60 €, l'épicier a réalisé un bénéfice de 10,20 €.
En pourcentage, $\frac{10{,}20}{60} = \frac{x}{100}$. Les produits en croix sont égaux, d'où $x = 17$. Au total, l'épicier a vendu ses tomates avec un bénéfice de 17 %.

Exercice 4

a. Le tableau ci-dessous concerne les moyens de déplacement des 540 élèves du collège Robespierre. Complétez-le.

Déplacement	À pied	À vélo	En bus	En voiture
Effectifs	108	216	162	....
Fréquence	108/540 = 0,2	...	....	....
Fréquence en %	0,2 = 20/100 = 20 %	...	...	...

MÉTHODE **a.** Pour l'effectif, utiliser l'effectif total 540. Pour les fréquences, suivre les modèles de calculs donnés.

SOLUTION **a.** Effectif en voiture = 54. Fréquence à vélo = 0,4 ; en bus = 0,3 ; Fréquence en voiture = 0,1. En % à vélo, 40 % ; en bus, 30 % ; en voiture, 10 %.

Rappels de géométrie plane

1 et 2 Cours et exercices résolus

Cette partie est un rappel de certaines notions de base. Calculer x, y, et compléter convenablement les pointillés. Unités de mesure : ° et cm.

À savoir ! Les segments et les angles qui portent les mêmes indications sont de même mesure.

1 • Angles supplémentaires

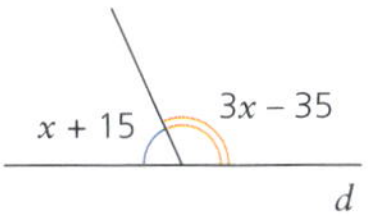

2 • Opposés par le sommet

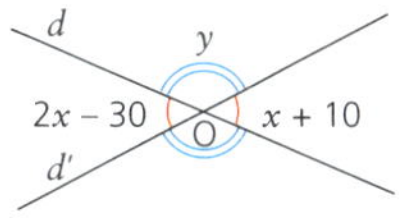

3 • Angles d'un triangle

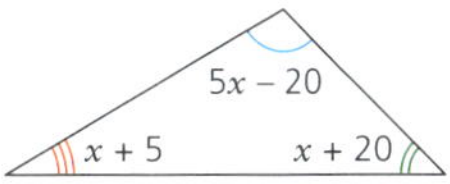

4 • Médiatrice d'un segment

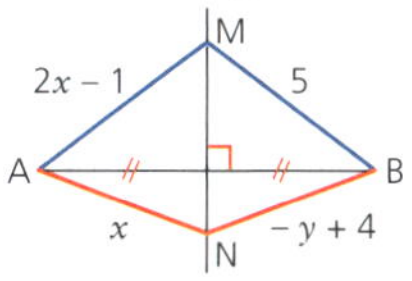

5 • Parallèles et sécante

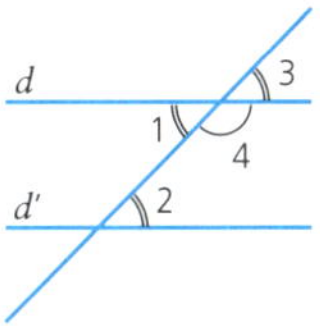

Si $d \parallel d'$ alors sont :

a. égaux les angles alternes-internes 1 et … et les angles correspondants 2 et … ;

b. supplémentaires les angles internes 2 et … .

6 • Parallélogramme

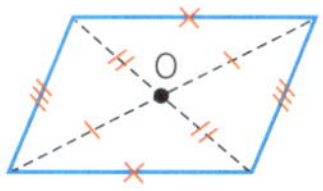

Un parallélogramme est un quadrilatère dont :

a. les côtés opposés sont .... et de même longueur ;

b. les diagonales se coupent en leur .... ;

c. les angles .... ont même mesure.

7 • Losange

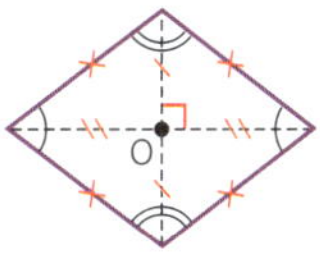

Le losange est un parallélogramme dont :

a. les quatre côtés sont .... ;

b. les diagonales sont perpendiculaires et .... des angles du losange.

8 • Rectangle

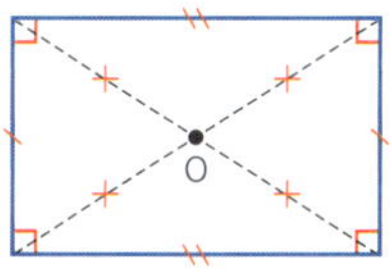

Le rectangle est un parallélogramme dont :

a les quatre angles sont .... ;

b. les diagonales sont de même ....

9 • Constructions

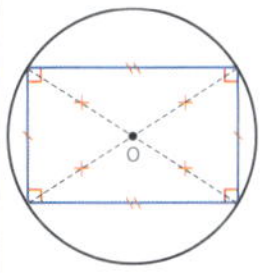

a. Les sommets d'un rectangle sont les extrémités de deux ....

b. Les sommets d'un triangle rectangle sont les extrémités d'un .... et d'un point du cercle.

10 • Carré

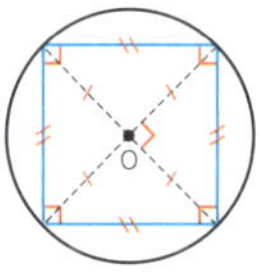

a. Le carré est à la fois un parallélogramme, un .... et un ....

b. Ses sommets sont les extrémités de deux diamètres ....

11 • Théorème de Pythagore

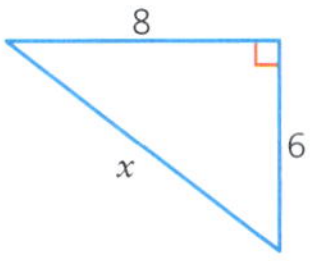

12 • Réciproque

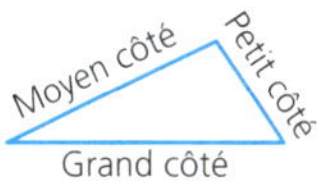

Les mesures des côtés suivantes sont-elles celles d'un triangle rectangle :
4 ; 5 et 7 ?   5 ; 12 et 13 ?

SOLUTION

1. $x = 50°$; **2.** $x = 40°$ et $y = 130°$; **3.** $x = 25°$; **4.** $x = 3$ et $y = 1$. **5a.** 1 et 2, et 2 et 3. **b.** 2 et 4.
6a. parallèles **b.** milieu **c.** opposés **7a.** égaux **b.** bissectrices. **8a.** droits **b.** longueur.
9a. diamètres **b.** diamètre. **10a.** rectangle et losange **b.** perpendiculaires
11. $x^2 = 6^2 + 8^2 = 100$, donc $x = \sqrt{100} = 10$.
12a. Non, car $4^2 + 5^2 = 41$ et $7^2 = 49$; **b.** Oui, car $5^2 + 12^2 = \underline{169}$ et $13^2 = \underline{169}$.

25 Cas d'égalité des triangles

1 Cours

Attention ! Dans deux triangles égaux, les angles opposés aux côtés égaux sont égaux.

a/ Définition

Deux triangles sont égaux s'ils ont leurs **côtés égaux** et leurs **angles égaux**. Par déplacement, leurs sommets coïncident. On dit que les triangles égaux sont **superposables**.

Convention ! Écrire dans le même ordre les sommets des angles égaux. Exemple : « **ABC** » et « **TRI** », car dans l'ordre $\widehat{A} = \widehat{T}$, $\widehat{B} = \widehat{R}$ et $\widehat{C} = \widehat{I}$.
Contre-exemple : ne pas écrire ABC et IRT, car $\widehat{A} \neq \widehat{I}$ et AB ≠ IR.

À savoir ! Deux triangles qui ont uniquement leurs angles égaux sont semblables. Ils ont la même forme mais pas les mêmes dimensions. L'un est une réduction de l'autre. Voir Fiche 28.

b/ Trois cas d'égalité

- **1er cas** : deux triangles sont égaux s'ils ont un côté égal adjacent à deux angles respectivement égaux. Voir exercice 1.
- **2e cas** : deux triangles sont égaux s'ils ont un angle égal compris entre deux côtés respectivement égaux. Voir exercice 2.
- **3e cas** : deux triangles sont égaux s'ils ont les trois côtés respectivement égaux. Voir exercice 3.

Vocabulaire : Le mot « respectivement » signifie ici « chacun à son égal » ou « chacun à son correspondant » ou « chacun à son homologue ».

2 Exercices résolus

1. La diagonale AC du quadrilatère ABCD est bissectrice des angles $\widehat{A}$ et $\widehat{C}$ du quadrilatère. Montrer que les triangles ABC et ADC sont égaux. En déduire que AB = AD.

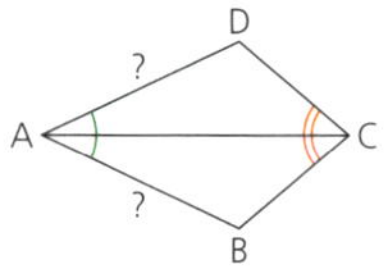

SOLUTION

Les triangles ABC et ADC ont un côté commun, AC, et par hypothèse $\widehat{BAC} = \widehat{CAD}$ et $\widehat{BCA} = \widehat{ACD}$. Ayant un côté égal adjacent à deux angles respectivement égaux, les triangles ABC et ADC sont égaux. Les côtés homologues, opposés aux angles égaux $\widehat{ACB}$ et $\widehat{ACD}$, sont égaux, par conséquent AB = AD.

2. ABCD est un parallélogramme. Les points E et F de la diagonale [AC] sont tels que CE = AF. Montrer que les triangles ADF et CBE sont égaux.

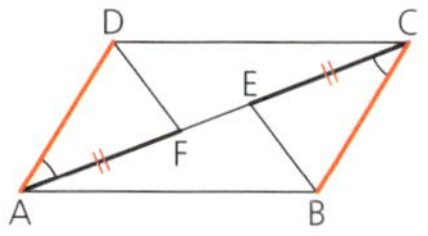

SOLUTION

Les côtés opposés d'un parallélogramme sont parallèles et égaux. Par conséquent AD // BC et AD = BC. Considérons les triangles ADF et CBE. Ils ont $\widehat{BCE} = \widehat{DAF}$ comme alternes-internes formés par les parallèles (AD) et (BC) et la sécante (AC), AF = CE par hypothèse, et AD = BC. Ayant un angle égal compris entre deux côtés respectivement égaux, les triangles ADF et CBE sont égaux.

3 a. Pourquoi les triangles ci-contre sont-ils égaux ?

b. Comment nommer ces triangles : KLM et SOU ou bien KLM et OUS ?

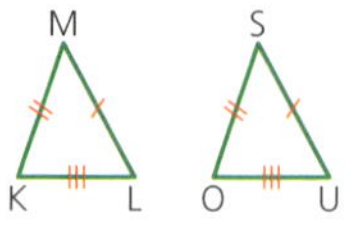

SOLUTION

a. D'après les indications portées par la figure, les deux triangles sont égaux car ils ont leurs trois côtés respectivement égaux.

b. KLM et OUS, car les angles égaux sont opposés aux côtés égaux. Dans l'ordre $\widehat{K} = \widehat{O}$, $\widehat{L} = \widehat{U}$ et $\widehat{M} = \widehat{S}$.

3 Application

4. Trouver l'erreur

Les triangles ABC et DEF ont un angle égal et deux côtés égaux. Pourquoi ces triangles ne sont-ils pas égaux ?

Conseil ! Revoir le 2e cas d'égalité des triangles.

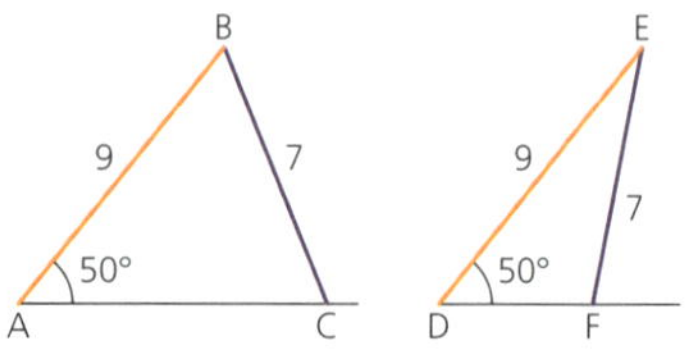

Proportionnalité et théorème de Thalès

1 Cours

a/ Théorème de Thalès

- Soient 2 droites d_1 et d_2 sécantes en A. Si les droites (BC) et (DE) sont **parallèles**, alors les triangles ABC et ADE ont leurs côtés **homologues** dans la **même proportion**.

$$\frac{AD}{AB} = \frac{AE}{AC} = \frac{DE}{BC}$$

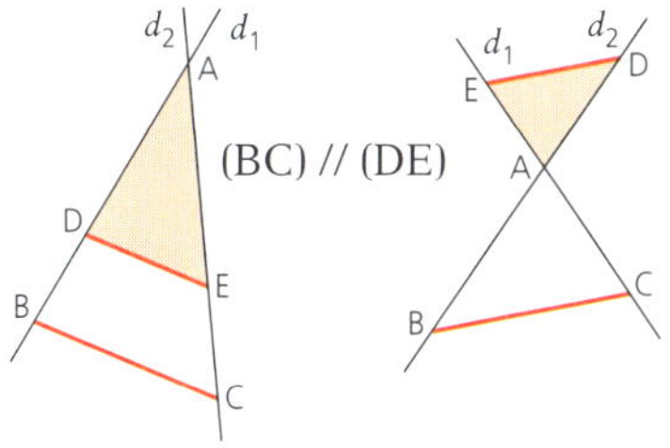

Attention ! Deux côtés sont homologues s'ils sont portés par la même droite ou s'ils sont parallèles. Ici, par exemple, les côtés AD et AC ne sont pas homologues.

Info + Les triangles ABC et ADE ont leurs côtés proportionnels. Ils sont « **semblables** ». Voir Fiche 28.

b/ Réciproque du théorème de Thalès

- Soient 2 droites d_1 et d_2 sécantes en A, si $\frac{AU}{AB} = \frac{AV}{AC}$, autrement dit si AU et AB sont dans la **même proportion** que AV et AC, alors les droites (UV) et (BC) sont **parallèles**.

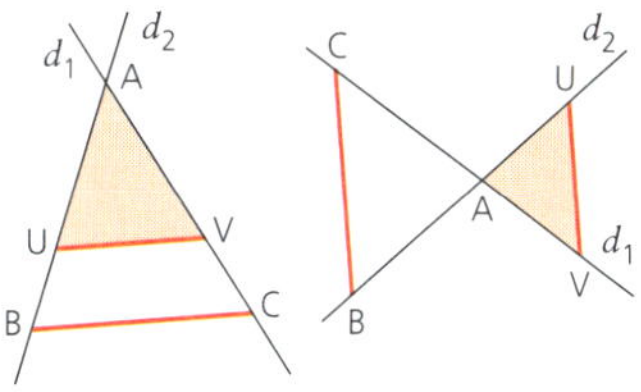

2 Exercices résolus

1. Sachant que (DE) // (BC), observer la figure et compléter les pointillés. (Unité : cm)

a. Si AD = 8, AE = 6, AC = 15, alors AB = …

b. Si AD = 6, AB = 10, BC = 5, alors DE = …

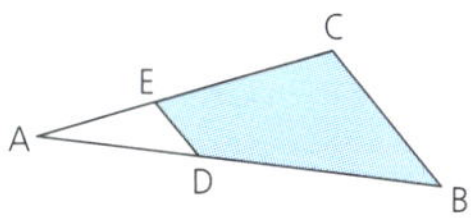

SOLUTION

a. (DE) étant parallèle à (BC), on peut appliquer le théorème de Thalès. D'où $\frac{AD}{AB} = \frac{AE}{AC}$, c'est-à-dire $\frac{8}{AB} = \frac{6}{15}$. Les produits en croix sont égaux, on trouve AB = 20 cm.

b. (DE) // (BC), donc, d'après le théorème de Thalès : $\frac{AD}{AB} = \frac{DE}{BC}$, soit $\frac{6}{10} = \frac{DE}{5}$. Les produits en croix sont égaux, d'où DE = 3 cm.

2. Sachant que $AM = CN = 2\sqrt{2}$, AN = 2 et BM = 4, montrer que les droites (BC) et (MN) sont parallèles.

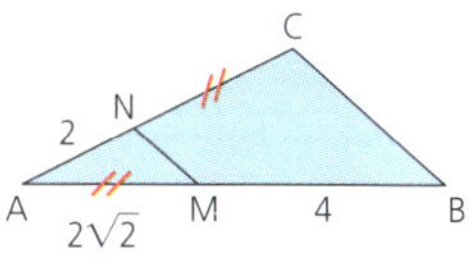

SOLUTION

$AB = AM + MB = 2\sqrt{2} + 4$ et $AC = AN + NC = 2 + 2\sqrt{2}$.

On compare $\frac{AM}{AB}$ et $\frac{AN}{AC}$. $\frac{AM}{AB} = \frac{2\sqrt{2}}{2\sqrt{2}+4} = \frac{2\sqrt{2}}{2\left(\sqrt{2}+2\right)}$.

En simplifiant par 2, on obtient $\frac{AM}{AB} = \frac{\sqrt{2}}{\sqrt{2}+2}$. D'autre part, on a $\frac{AN}{AC} = \frac{2}{2+2\sqrt{2}} = \frac{2}{2\left(1+\sqrt{2}\right)} = \frac{1}{1+\sqrt{2}}$. En comparant les écritures fractionnaires $\frac{\sqrt{2}}{\sqrt{2}+2}$ et $\frac{1}{1+\sqrt{2}}$, on observe que leurs produits en croix $\sqrt{2} \times \left(1+\sqrt{2}\right) = \left(\sqrt{2}+2\right) \times 1$ sont égaux, donc $\frac{\sqrt{2}}{\sqrt{2}+2} = \frac{1}{1+\sqrt{2}}$, d'où $\frac{AM}{AB} = \frac{AN}{AC}$. D'après la réciproque du théorème de Thalès, on en déduit que les droites (BC) et (MN) sont parallèles.

3 Application

3. Droite des milieux

TRAP est un trapèze et I, J et K sont les milieux des côtés non parallèles et de la diagonale [AT].

a. Montrer que les points I, J et K sont alignés.

b. Si AP = 10 et TR = 16, quelle est la mesure de IK ?

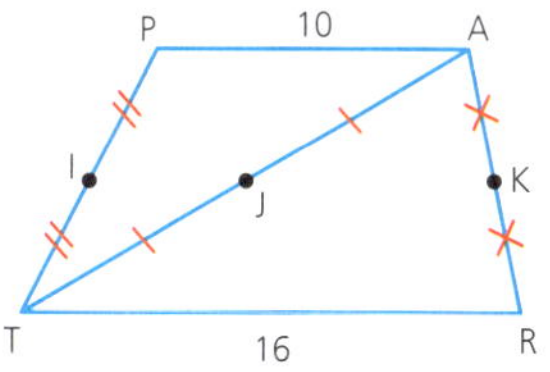

Triangle rectangle et trigonométrie

1 Cours

a/ Définitions

Dans un triangle rectangle ABC d'angle aigu $\widehat{A}$:

$\sin \widehat{A} = \dfrac{\text{longueur du côté opposé}}{\text{longueur de l'hypoténuse}}$

$\cos \widehat{A} = \dfrac{\text{longueur du côté opposé}}{\text{longueur de l'hypoténuse}}$

$\tan \widehat{A} = \dfrac{\text{longueur du côté opposé}}{\text{longueur du côté adjacent}}$

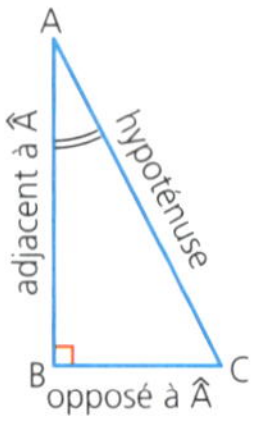

Attention ! Les écritures $\sin^2 \widehat{A}$ et $\cos^2 \widehat{A}$ signifient $(\sin \widehat{A})^2$ et $(\cos \widehat{A})^2$.

b/ Propriétés

Dans un triangle rectangle ABC d'angle aigu $\widehat{A}$:

- $\sin^2 \widehat{A} + \cos^2 \widehat{A} = 1$
- $\tan \widehat{A} = \dfrac{\sin \widehat{A}}{\cos \widehat{A}}$.

2 Exercices résolus

1. Observer la figure et compléter les pointillés avec sin, cos ou tan.

a. $\dfrac{15}{8} = \ldots \hat{I}$ **b.** $\dfrac{8}{15} = \ldots \widehat{R}$ **c.** $\dfrac{15}{17} = \ldots \widehat{R}$

d. $\dfrac{15}{17} = \ldots \hat{I}$ **e.** $\dfrac{8}{17} = \ldots \hat{I}$ **f.** $\dfrac{8}{17} = \ldots \widehat{R}$

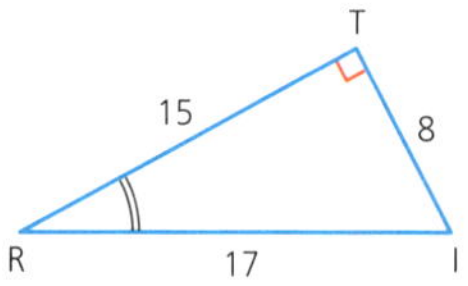

SOLUTION

a. $\dfrac{15}{8} = \dfrac{\text{côté opposé à } \hat{I}}{\text{côté adjacent à } \hat{I}} = \tan \hat{I}$. **b.** $\dfrac{8}{15} = \tan \widehat{R}$.

c. $\dfrac{15}{17} = \dfrac{\text{côté adjacent à } \widehat{R}}{\text{hypoténuse}} = \cos \widehat{R}$. **d.** $\dfrac{15}{17} = \sin \hat{I}$.

e. $\dfrac{8}{17} = \dfrac{\text{côté adjacent à } \hat{I}}{\text{hypoténuse}} = \cos \hat{I}$. **f.** $\dfrac{8}{17} = \sin \widehat{R}$.

Remarque : les angles complémentaires $\hat{I}$ et $\widehat{R}$ sont tels que : $\sin \hat{I} = \cos \widehat{R}$ et $\cos \hat{I} = \sin \widehat{R}$.

2. ABC est un triangle rectangle en C tel que $\sin \widehat{A} = \dfrac{3}{5}$.

a. Calculer $\cos \widehat{A}$. **b.** Calculer $\tan \widehat{A}$. **c.** Montrer que $\sin \widehat{A} = \cos \widehat{B}$.
d. Si BC = 9 cm, quelles sont alors les longueurs de AB et AC ?

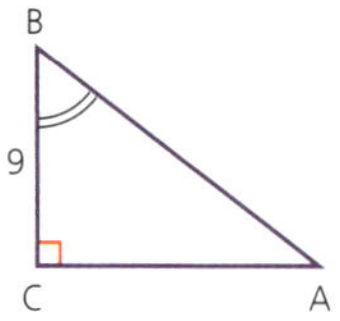

SOLUTION

a. On sait que $\sin^2 \widehat{A} + \cos^2 \widehat{A} = 1$. Pour $\sin \widehat{A} = \dfrac{3}{5}$, $\cos^2 \widehat{A} = 1 - \left(\dfrac{3}{5}\right)^2 = \dfrac{16}{25}$.

Or, $\cos \widehat{A} > 0$, donc $\cos \widehat{A} = \sqrt{\dfrac{16}{25}} = \dfrac{4}{5}$.

b. $\tan \widehat{A} = \dfrac{\sin \widehat{A}}{\cos \widehat{A}} = \dfrac{3}{5} : \dfrac{4}{5} = \dfrac{3}{5} \times \dfrac{5}{4} = \dfrac{3}{4}$.

c. $\sin \widehat{A} = \dfrac{\text{côté opposé à } \widehat{A}}{\text{hypoténuse}} = \dfrac{\text{côté adjacent à } \hat{B}}{\text{hypoténuse}} = \cos \widehat{B}$.

d. $\sin \widehat{A} = \dfrac{BC}{AB} = \dfrac{9}{AB}$, mais $\sin \widehat{A} = \dfrac{3}{5}$, par conséquent $\dfrac{9}{AB} = \dfrac{3}{5}$, d'où $3 \times AB = 9 \times 5$. Soit AB = 15 cm. En utilisant $\tan \widehat{A} = \dfrac{BC}{AC} = \dfrac{3}{4}$ (d'après **2b.**) et BC = 9, ou bien en utilisant le théorème de Pythagore, on trouve AC = 12 cm.

3 Application

Conseil ! Tracer à main levée une figure, puis préciser la nature des côtés par rapport aux angles aigus.

3. Construire, observer, calculer

ABC est un triangle rectangle en A tel que :

BC = 10 cm et AC = 5 cm.

a. Calculer AB.

b. Calculer $\sin \widehat{B}$, $\cos \widehat{C}$, $\tan \widehat{B}$ et $\tan \widehat{C}$.

c. Quelle relation existe-t-il entre $\sin \widehat{B}$ et $\cos \widehat{C}$? Quelle est la valeur de $\tan \widehat{B} \times \tan \widehat{C}$?

d. Calculer les angles $\widehat{B}$ et $\widehat{C}$ du triangle ABC.

Similitude. Réduire et agrandir

1 Cours

a/ Définition

- En mathématiques, deux figures sont **semblables** si elles ont la même forme et si l'une est un **agrandissement** (ou une réduction) de l'autre.
- Une figure $\mathcal{F}_1$ est un **agrandissement**, ou une **réduction**, d'une figure $\mathcal{F}_2$ si les angles de $\mathcal{F}_1$ et $\mathcal{F}_2$ sont égaux et si les côtés homologues de $\mathcal{F}_1$ et $\mathcal{F}_2$ sont dans la même proportion k.

Exemple

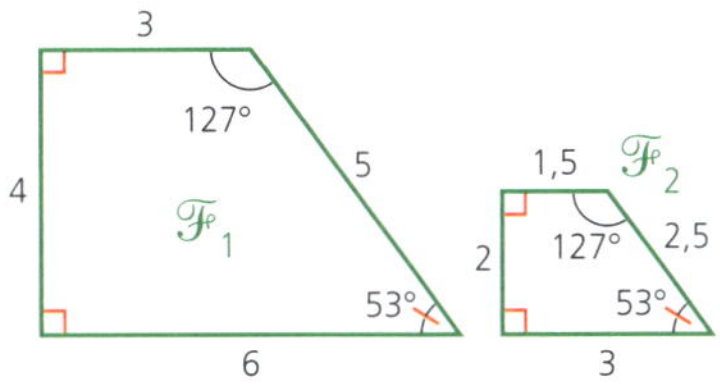

Le trapèze $\mathcal{F}_2$ est une réduction du trapèze $\mathcal{F}_1$. En effet, les côtés sont respectivement proportionnels, et les angles sont respectivement égaux. Le coefficient de réduction est $\frac{1}{2}$.

Contre-exemple

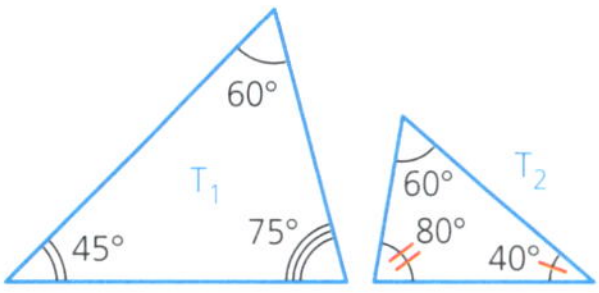

Le triangle T_2 n'est pas une réduction du triangle T_1, car les angles de T_2 ne sont pas égaux à ceux de T_1. Les triangles T_2 et T_2 ne sont pas semblables.

b/ Propriétés

- L'agrandissement, ou la réduction, conserve les angles, donc deux droites perpendiculaires restent perpendiculaires et deux droites parallèles restent parallèles. (Voir les figures $\mathcal{F}_1$ et $\mathcal{F}_2$ des trapèzes ci-dessus.)
- Le facteur d'**agrandissement** k est supérieur à 1, soit $k > 1$.
- Le facteur de **réduction** k est tel que $0 < k < 1$.
- Si le facteur d'agrandissement (ou de réduction) d'une figure est k, alors son périmètre est multiplié par k, son aire par k^2 et son volume par k^3.

Ci-dessus $\mathcal{A}_{\mathcal{F}_2} = \left(\frac{1}{2}\right)^2 \mathcal{A}_{\mathcal{F}_1}$ ou $\mathcal{A}_{\mathcal{F}_2} = \frac{1}{4}\mathcal{A}_{\mathcal{F}_1}$.

2 Exercices résolus

1. Données : (DE) // (BC).
- Pourquoi les triangles ADE et ABC sont-ils semblables ?
- Si AD = 2, alors AB =
☐ 4/3 ☐ 10/3 ☐ incalculable

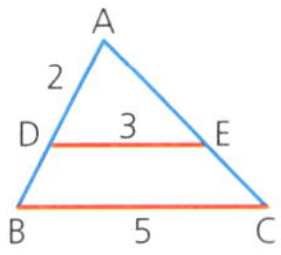

2. Données : les droites (MN) et (PQ) se coupent en O et $\widehat{M} = \widehat{N}$.
- Le triangle ONQ est-il une réduction du triangle OMP ?
- Si oui, quel est le coefficient de réduction ?

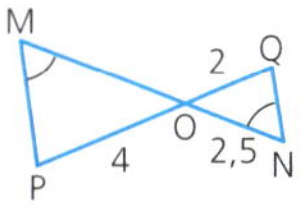

SOLUTION

1. • Les triangles ABC et ADE ont l'angle $\widehat{A}$ commun. (DE) // (BC), donc $\widehat{B} = \widehat{D}$ (correspondants) et $\widehat{C} = \widehat{E}$ (correspondants). D'après le théorème de Thalès, AD/AB = AE/AC = DE/BC = 3/5. Ayant leurs angles égaux et leurs côtés proportionnels, les triangles ABC et ADE sont **semblables**.
• AD/AB = 3/5, donc 2/AB = 3/5. Soit AB = **10/3**.

2. • Les angles $\widehat{M}$ et $\widehat{N}$ ont la position d'angles alternes-internes et sont égaux, donc les droites (MP) et (NQ) qui les forment sont **parallèles**.
Les triangles OMP et ONQ ont leurs angles **égaux** : $\widehat{MOP} = \widehat{NOQ}$ (opposés par le sommet), $\widehat{M} = \widehat{N}$ par hypothèse et $\widehat{P} = \widehat{Q}$ (alternes-internes). D'après le théorème de Thalès, leurs côtés homologues sont **proportionnels**. Ils sont donc **semblables**. Le triangle ONQ est une réduction du triangle OMP.
• Le coefficient de réduction est **2/4** ou 1/2, car il est le rapport des deux côtés homologues OQ et OP, opposés aux angles égaux $\widehat{N}$ et $\widehat{M}$.

3 Application

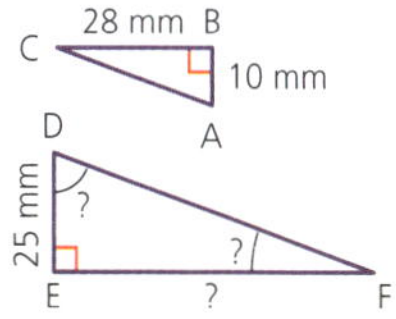

3. Agrandir un triangle rectangle

Le triangle DEF est un agrandissement du triangle rectangle ABC.

a. Quel est le facteur k d'agrandissement ? En déduire la longueur du côté EF.

b. Calculer, à l'unité près, les angles des deux triangles. (Unités : mm et °)

Conseil ! Penser aux relations trigonométriques et à l'égalité des angles des deux triangles.

Calculs d'aires

1 Cours

a/ Figures usuelles et aires

Se reporter aux formules de calcul d'aires des rabats.

Attention ! Veiller aux unités de mesure.

b/ Propriété

Dans un agrandissement ou une réduction de coefficient k, l'aire est multipliée par k^2.

2 Exercices résolus

1. Triangle rectangle

Calculer l'aire d'un triangle ABC rectangle en A tel que AB = 2 cm et BC = $2\sqrt{3}$ cm.

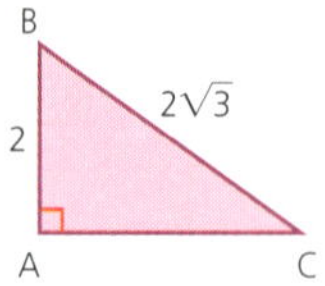

▶▶▶ SOLUTION L'aire $\mathcal{A}$ du triangle rectangle en A est $\frac{1}{2} \times AB \times AC$. Or, d'après le théorème de Pythagore, $AB^2 + AC^2 = BC^2$, donc $AC^2 = (2\sqrt{3})^2 - 2^2$, $AC^2 = 8$, $AC = 2\sqrt{2}$ et $\mathcal{A} = \frac{1}{2} \times 2 \times 2\sqrt{2} = 2\sqrt{2}$ cm^2.

2. Quadrilatères dans un repère orthonormé

Préciser la nature et trouver l'aire des quadrilatères ABCD et OMNP définis par les coordonnées de leurs sommets :

a. A(0 ; 3), B(3 ; 0), C(0 ; –3) et D(–3 ; 0).

b. O(0 ; 0), M(5 ; 0), N(7 ; 3) et P(2 ; 3).

Attention ! Les points A et C sont sur l'axe vertical du repère et B et D sur l'axe horizontal. Les points N et P ont la même ordonnée.

▶▶▶ SOLUTION

a. On a OA = OC = 3 et OB = OD = 3. Les diagonales [AC] et [BD] du quadrilatère ABCD se coupent en leur milieu O, elles sont de même longueur AC = BD = 6 et elles sont perpendiculaires, donc ABCD est un carré.

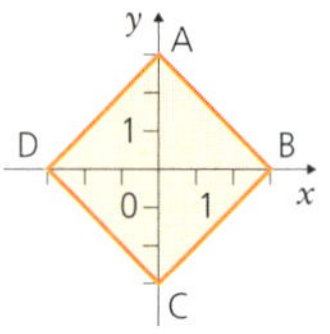

Son aire $\mathcal{A}$ = côté × côté = $AB^2 = OA^2 + OB^2$ (Pythagore), donc $\mathcal{A}$ = 18 unités d'aire.

b. M(5 ; 0) est un point de (Ox), et N et P ont pour ordonnée 3, donc la droite (NP) est parallèle à (OM). Les côtés opposés OM et NP sont parallèles et de même longueur, donc le quadrilatère OMNP est un parallélogramme. Son aire $\mathcal{A}$ est égale à base × hauteur. Soit 5 × 3 = 15, donc $\mathcal{A}$ = 15 unités d'aire.

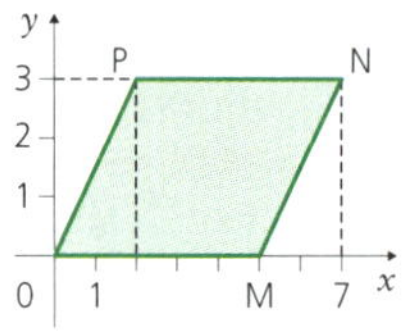

Conseil ! Faire une figure à main levée.

3. Rayon d'un cercle

Un carré d'aire 50 cm^2 est inscrit dans un cercle de rayon r. Calculer r.

▶▶▶ SOLUTION

Les diagonales du carré inscrit dans un cercle sont deux diamètres perpendiculaires. L'aire du carré est de 50, donc côté × côté = 50. Mais, d'après le théorème de Pythagore, $r^2 + r^2 = (\text{côté})^2$, donc $2r^2 = 50$, d'où $r^2 = 25$ et $r = 5$ cm.

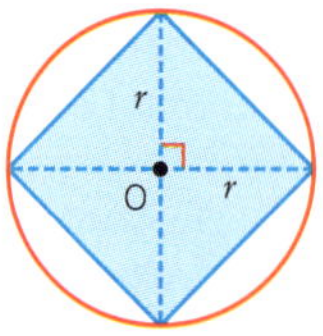

4. Cercles concentriques

$\mathscr{C}$ et $\mathscr{C}'$ sont deux cercles concentriques de rayons 3 cm et 5 cm. Calculer l'aire de la couronne. Arrondir au centième près.

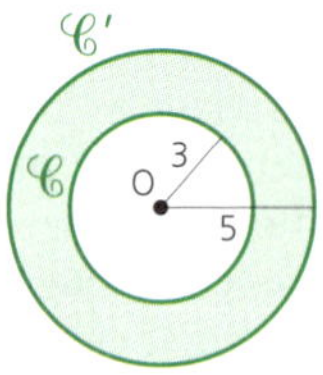

▶▶▶ SOLUTION

$\mathcal{A}_{\mathscr{C}} = \pi r^2 = 9\pi$ et $\mathcal{A}_{\mathscr{C}'} = k^2 \times \mathcal{A}_{\mathscr{C}'}$ donc $\mathcal{A}_{\mathscr{C}'} = \left(\frac{5}{3}\right)^2 \times 9\pi = 25\pi$. L'aire de la couronne est la différence des deux aires $\mathcal{A}_{\mathscr{C}'}$ et $\mathcal{A}_{\mathscr{C}}$. $25\pi - 9\pi = 16\pi$. Arrondie à 0,01 près, l'aire de la couronne est de 50,27 cm^2.

3 Application

Conseil ! Observer le quadrilatère ABCD et voir s'il a l'air particulier ou pas. S'il n'est pas particulier, essayer de partager le quadrilatère en des triangles d'aires calculables à l'aide d'une lecture graphique ou du quadrillage.

5. Analyser une figure

On donne, dans un repère orthonormé d'origine O, les points A(–5 ;2), B(–3 ;–3), C(7 ;2) et D(3 ;5). Calculer l'aire du quadrilatère ABCD.

Rappels : symétries, translation et rotation

1 Cours

a/ Définition, propriété et vocabulaire

- Les symétries centrale et axiale, la translation et la rotation sont des **transformations** qui consistent, selon des règles précises, à « **déplacer** » une figure $\mathcal{F}_1$ d'une première position à une deuxième position.
- Ces transformations **conservent** la forme et les mesures de la figure $\mathcal{F}_1$.
- La figure $\mathcal{F}_2$ obtenue est dite « **image** » de la figure $\mathcal{F}_1$.

b/ Exemples

1. Symétrie axiale

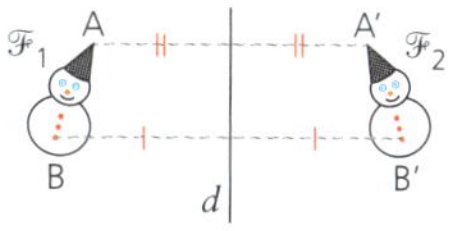

• Ci-contre, on a tracé le symétrique de chacun des points de $\mathcal{F}_1$ par rapport à la **droite** *d*.
• (AA′) // (BB′) et AB = A′B′. AA′B′B est un trapèze isocèle.
• La symétrie axiale revient à un pliage autour de la droite *d*.

2. Translation

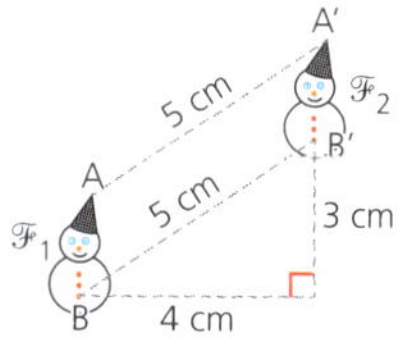

• Ci-contre, on a « glissé » les points de $\mathcal{F}_1$ **horizontalement** de 4 cm vers la droite, puis **verticalement** de 3 cm vers le haut.
• La **longueur** du déplacement est celle de **AA′** ou de BB′. Ici, d'après le théorème de Pythagore, cette longueur est de 5 cm.
• (AA′) // (BB′) et AA′ = BB′. AA′B′B est un parallélogramme.

3. Rotation

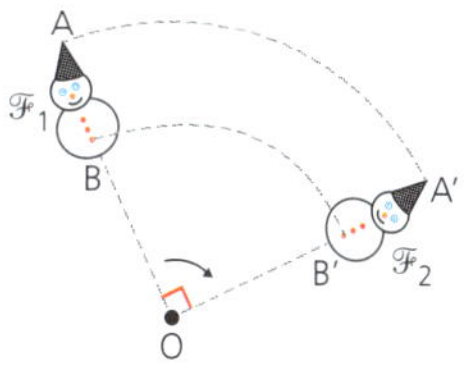

• Ci-contre, à l'aide d'un compas ou d'un logiciel, on a tourné les points de $\mathcal{F}_1$ autour du point **O** d'un **angle** de 90°, dans le **sens** de rotation des aiguilles d'une montre.

4. Symétrie centrale

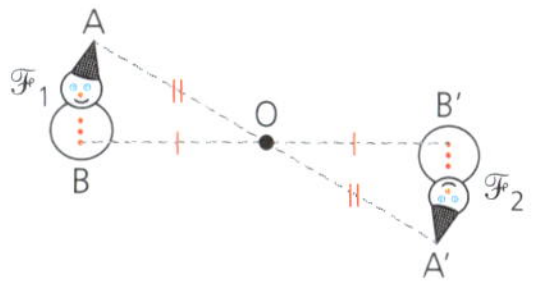

• [AA′] et [BB′] se coupent en leur milieu, O, donc ABA′B′ est un parallélogramme.
• La symétrie de centre O est une rotation de centre O et d'angle 180°.

2 Exercice résolu

1. Vrai ou Faux ?

Observer les figures du paragraphe précédent, puis répondre par Vrai ou Faux.
Si l'image du point A est A′, alors l'image de A′ est A

a. dans la symétrie centrale
b. dans la symétrie axiale
c. dans la translation
d. dans la rotation

▶▶▶ SOLUTION

a. Vrai. b. Vrai. c. **Faux**, car la translation qui transforme A′ en A est définie par un déplacement horizontal de 4 cm vers la **gauche** (et non vers la droite) suivi d'un déplacement vertical de 3 cm vers le **bas** (et non vers le haut). d. **Faux**, car la rotation qui transforme A′ en A est de centre O et d'angle 90° dans le sens **contraire** à celui des aiguilles d'une montre.

3 Application

2. Observer, transformer et lire

> **Rappel !** Lire en premier l'abscisse d'un point sur l'axe O*x* puis son ordonnée sur l'axe O*y*.

a. Préciser sur la figure les coordonnées de chacun des sommets de T_1 et T_2. Quelle est la transformation qui transforme T_1 en T_2 ?
b. Tracer un triangle T_3 de sommets (– 5 ; 1), (– 8 ; 1) et (– 8 ; 3).
c. Tracer T_4 image de T_3 dans la translation définie par un déplacement horizontal de 3 vers la droite suivie d'un déplacement vertical de 6 vers le bas.
d. Préciser les coordonnées des sommets de T_4.
e. T_5 est l'image de T_1 par une rotation de centre O. Préciser l'angle et le sens de cette rotation.

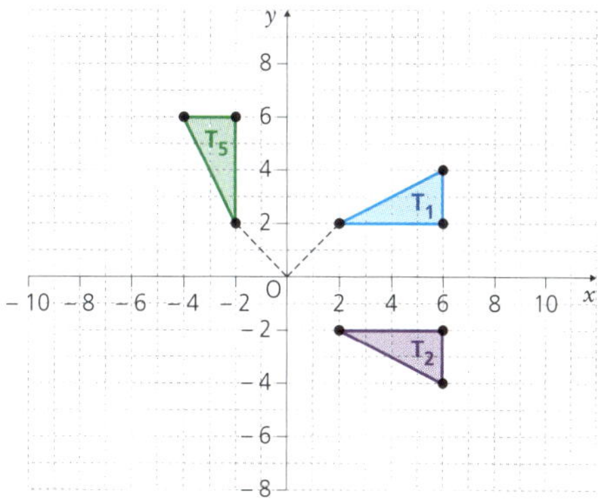

31 Homothétie

1 Cours

À retenir ! L'homothétie est toujours définie par deux données, celle du centre et celle du rapport k.

Attention ! L'homothétie modifie les longueurs mais pas les angles.

a/ Définition et propriétés

- Une homothétie de **centre** O et de **rapport** k ($k > 0$) transforme un point A en un point A′ tel que O, A et A′ sont **alignés** et $OA' = k \times OA$.
- L'homothétie transforme une figure en une figure semblable. Elle l'**agrandit** si $k > 1$, et la **réduit** si $0 < k < 1$.

b/ Programme de construction

Données : • Triangle ABC
• Homothétie de centre O et de rapport 3.

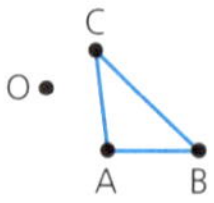

Étape 1 :
Joindre O et A et prolonger du côté de A.
Joindre O et B et prolonger du côté de B.
Joindre O et C et prolonger du côté de C.

Étape 2 :
Utiliser une règle graduée ou un compas et placer : le point A′ tel que $OA' = 3 \times OA$, B′ tel que $OB' = 3 \times OB$, et C′ tel que $OC' = 3 \times OC$.

Étape 3 :
Joindre les points A′, B′ et C′. Le triangle A′B′C′ est le transformé du triangle ABC par l'homothétie de **centre** O et de **rapport** 3.

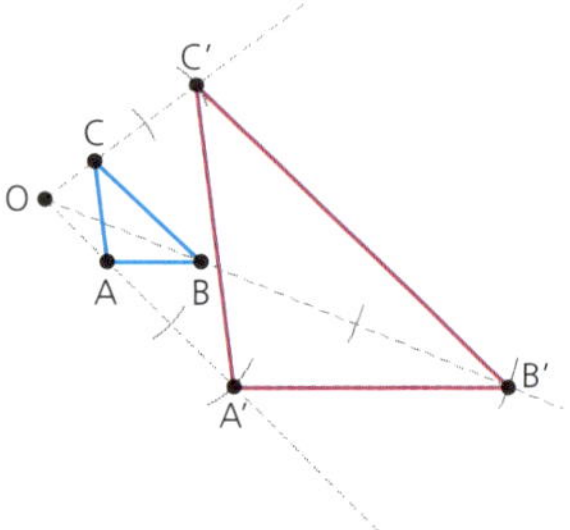

c/ Remarques

- Ci-dessus, dans le triangle OA′B′, $\frac{OA}{OA'} = \frac{OB}{OB'} = \frac{1}{3}$, par conséquent d'après la propriété de **Thalès**, (AB) // (A′B′) et $\frac{AB}{A'B'} = \frac{1}{3}$ ou bien **(A′B′) // (AB)** et **$A'B' = 3 \times AB$**. De même (B′C′) // (BC) et $B'C' = 3 \times BC$, et (A′C′) // (AC) et $A'C' = 3 \times AC$. On dit que l'homothétie conserve les **directions** et multiplie les **longueurs** par k.
- L'homothétie de centre O et de rapport 1/3 transforme le triangle A′B′C′ en ABC.

2 Exercice résolu

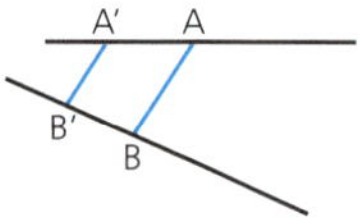

1. Centre, rapport et propriétés

Dans une homothétie de centre O et de rapport k, A′ est l'image de A et B′ est l'image de B.

a. Retrouver le centre effacé de l'homothétie. **b.** Quelle est la valeur de k si $OA = 12$ et $OA' = 9$? **c.** Quelle est la nature de cette homothétie ? **d.** (A′B′) // (AB) ☐ Vrai ☐ Faux
e. Si $AB = 6$ alors $A'B' = 4$ ☐ Vrai ☐ Faux

SOLUTION

a. Par définition, le centre de l'homothétie O, un point A et son image A′ sont alignés ; par conséquent O est l'intersection des droites (AA′) et (BB′).

b. $OA' = k \times OA$, donc $k = \frac{OA'}{OA} = \frac{9}{12} = \frac{3}{4}$. **c.** Réduction, car $0 < \frac{3}{4} < 1$.

d. Vrai. Dans une homothétie, une droite et son image sont toujours parallèles.

e. Faux, car $A'B' = \frac{3}{4} \times AB = \frac{3}{4} \times 6 = \frac{18}{4} = \frac{9}{2} = 4{,}5$.

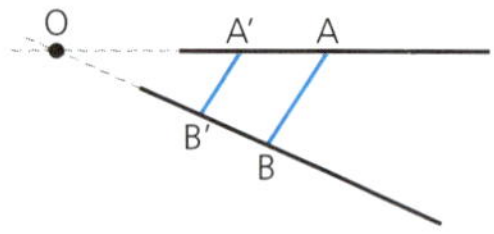

3 Application

Conseil ! Penser à compter les carreaux et à utiliser le théorème de Pythagore.

2. Lecture graphique, périmètres et aires

Le segment [A′B′] est le transformé de [AB] dans l'homothétie de centre O.

a. Quel est le rapport k de cette homothétie ?

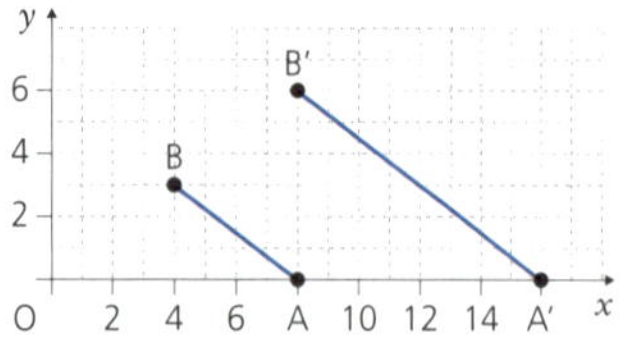

b. Pourquoi le point B est-il le milieu de [OB′] ?

c. Compléter le tableau des longueurs, périmètres et aires.

OA	OA′	OB	OB′	AB	A′B′	$\mathcal{P}_{OAB}$	$\mathcal{P}_{OA'B'}$	$\mathcal{A}_{OAB}$	$\mathcal{A}_{OA'B'}$
8	…	5	…	…	…	…	…	…	…

d. Vrai ou faux ? $\mathcal{P}_{OA'B'} = k \times \mathcal{P}_{OAB}$ et $\mathcal{A}_{OA'B'} = k^2 \times \mathcal{A}_{OAB}$.

MÉTHODE Géométrie dans le plan

Exercice 1

Agrandissement, Pythagore, calcul d'angles

Le triangle rectangle ABC est un agrandissement du triangle rectangle OMN. Observer les indications portées par la figure.

a. Trouver x et en déduire le facteur d'agrandissement.

b. Calculer le périmètre du triangle OMN et en déduire celui de ABC.

c. Calculer l'angle $\widehat{O}$, puis préciser la mesure des autres angles.

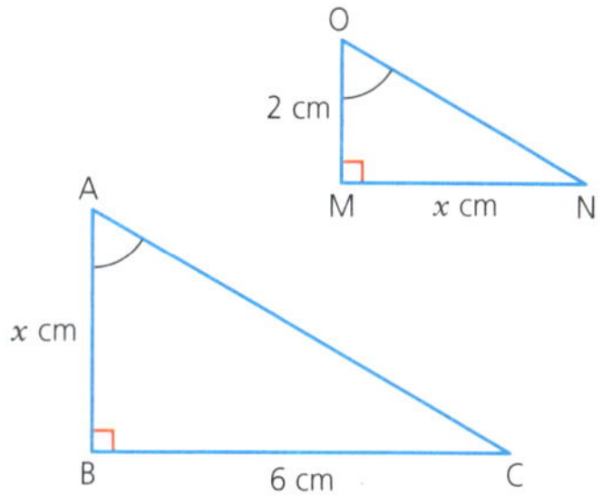

MÉTHODE **a.** Exprimer le fait que les côtés homologues, opposés aux angles égaux, sont dans la même proportion. Résoudre l'équation en x ainsi obtenue. Le facteur, ou coefficient, k d'agrandissement est le quotient de deux côtés homologues, par exemple $\frac{AB}{OM}$.

b. Remplacer x par sa valeur. Appliquer le théorème de Pythagore et calculer ON. Calculer le périmètre du triangle OMN, puis multiplier par k pour obtenir celui de ABC.

c. Le plus simple est de calculer $\cos\widehat{O}$, d'en déduire la mesure de $\widehat{O}$, puis celles des autres angles.

SOLUTION **a.** $\frac{AB}{OM} = \frac{BC}{MN}$ ou $\frac{x}{2} = \frac{6}{x}$. Les produits en croix sont égaux, nous trouvons $x^2 = 12$, soit $x = 2\sqrt{3}$.

Le facteur k d'agrandissement est $\frac{AB}{OM} = \frac{2\sqrt{3}}{2}$, donc $k = \sqrt{3}$.

b. $ON^2 = MO^2 + MN^2$, donc $ON^2 = 2^2 + (2\sqrt{3})^2$, on trouve ON = 4 cm. $\mathcal{P}_{OMN} = 6 + 2\sqrt{3}$ cm. Or, $\mathcal{P}_{ABC} = k \times \mathcal{P}_{OMN}$, donc $\mathcal{P}_{ABC} = \sqrt{3}(6 + 2\sqrt{3})$, soit $\mathcal{P}_{ABC} = 6 + 6\sqrt{3}$ cm.

c. $\cos\widehat{O} = \frac{OM}{ON} = \frac{2}{4} = \frac{1}{2}$, donc $\widehat{O} = 60°$ et $\widehat{N} = 30°$.

L'agrandissement conserve les angles, d'où $\widehat{A} = \widehat{O} = 60°$, $\widehat{B} = \widehat{M} = 90°$ et $\widehat{C} = \widehat{N} = 30°$.

Exercice 2

Cas d'égalité et construction

a. Pourquoi les triangles ABC et DEF sont-ils égaux ?

b. Observer la figure et compléter les pointillés.

$\widehat{A}$ = … ; $\widehat{B}$ = … et $\widehat{C}$ = … .

c. Le triangle DEF est le transformé du triangle ABC par rotation. Recopier la figure sur du papier quadrillé, puis construire à l'aide d'une règle et d'un compas son centre O de rotation.

d. Mesurer à l'aide d'un rapporteur son angle de rotation.

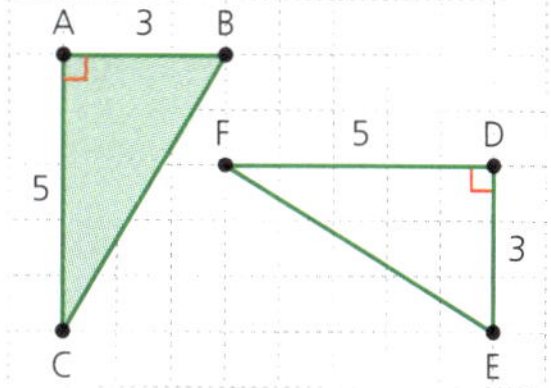

MÉTHODE **a.** Observer les données de la figure et voir si elles répondent à l'un des trois cas d'égalité de deux triangles.

b. Penser à la propriété : dans deux triangles égaux, les angles opposés aux côtés égaux sont égaux.

c. Commencer par repérer un sommet du triangle ABC et son transformé. Par exemple, le transformé de A est D. Écrire sur le brouillon A → D. De même B → E et C → F. Par définition de la rotation, OA = OD, donc O est un point de la médiatrice de [AD]. De même, O est un point de la médiatrice de [BE], et O est un point de la médiatrice de [CF]. Le centre O de rotation est donc l'intersection de deux médiatrices, par exemple celle de [AD] et celle de [CF].

d. Mesurer l'angle $\widehat{AOD}$ ou bien $\widehat{BOE}$ ou bien $\widehat{COF}$.

SOLUTION **a.** Les triangles ABC et DEF ont un angle égal compris entre deux côtés respectivement égaux, ils sont donc égaux. (Fiche 25).

b. $\widehat{A} = \widehat{D}$; $\widehat{B} = \widehat{E}$ et $\widehat{C} = \widehat{F}$.

c. Construction ci-contre selon les instructions de MÉTHODE.

d. À l'aide d'un rapporteur, $\widehat{AOD} = \widehat{BOE} = \widehat{COF} =$ **90°**, donc l'angle de rotation est de 90°. Il est de A vers D, donc dans le sens des aiguilles d'une montre.

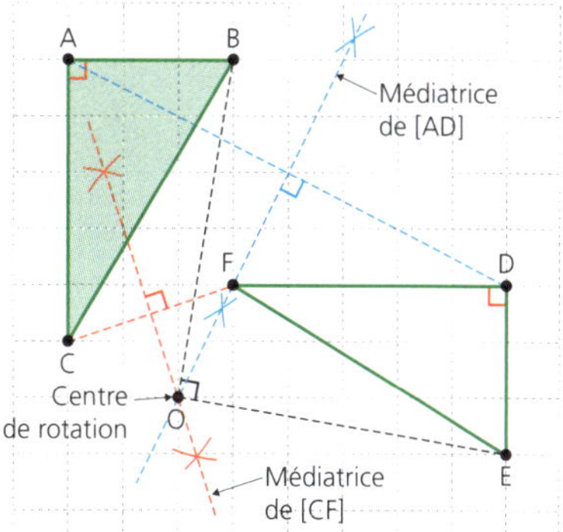

33 Notions d'espace, prismes et pyramides

1 Cours

a/ Définition d'un plan

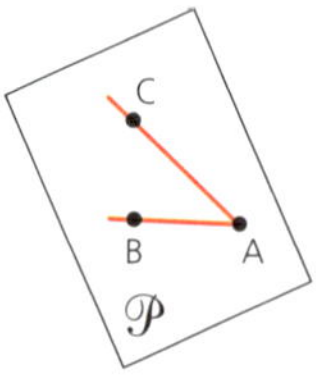

■ Un plan $\mathscr{P}$ est défini par **trois points non alignés**. Exemple : A, B et C.
Un plan est également défini par :
- une droite et un point non situé sur la droite. Exemple A et (BC) ;
- deux droites concourantes. Exemple (AB) et (AC) ;
- deux droites parallèles non confondues.

Attention ! La droite et le plan sont illimités.

b/ Propriétés du plan

■ Si deux points A et B appartiennent à un plan $\mathscr{P}$, alors la **droite** (AB) est entièrement dans le plan.
■ L'intersection de deux plans est une **droite**.
■ Deux plans sont **parallèles** s'ils ne se rencontrent pas.
■ Si deux plans $\mathscr{P}$ et $\mathscr{Q}$ sont **parallèles**, alors tout plan $\mathscr{R}$ qui coupe l'un coupe l'autre et les **intersections** sont deux droites parallèles.
■ Si une droite d est perpendiculaire à un plan $\mathscr{P}$, alors elle est perpendiculaire à toutes les droites du plan $\mathscr{P}$.

c/ Prisme droit

Un **prisme droit** est un solide. Ses **bases** sont parallèles et sous la forme d'un polygone (triangle, quadrilatère, hexagone…). Ses **faces** sont des rectangles.
Son volume est $\mathscr{V} = \mathscr{A}_{\text{base}} \times h$ où $\mathscr{A}_{\text{base}}$ est l'aire de sa base et h la hauteur. Son aire latérale est $\mathscr{A} = \mathscr{P} \times h$ où $\mathscr{P}$ est le périmètre de la base.
Remarque : le cube et le pavé droit sont des prismes droits.

Attention ! La hauteur de la pyramide est la perpendiculaire à la base qui passe par le sommet de la pyramide.

d/ Pyramide

Une **pyramide** est un solide dont la **base** est un polygone et dont les **faces** sont des triangles.
Son volume est $\mathscr{V} = \dfrac{1}{3} \times \mathscr{A}_{\text{base}} \times h$ où $\mathscr{A}_{\text{base}}$ est l'aire de la base et h la hauteur de la pyramide.

2 Exercice résolu

Attention ! Le triplet (5 ; 5 ; 0) est ordonné. Il signifie ($x = 5$; $y = 5$; $z = 0$).

1. Calculer le volume $\mathscr{V}$ de la pyramide et de chacun des prismes suivants. (Unité : cm)

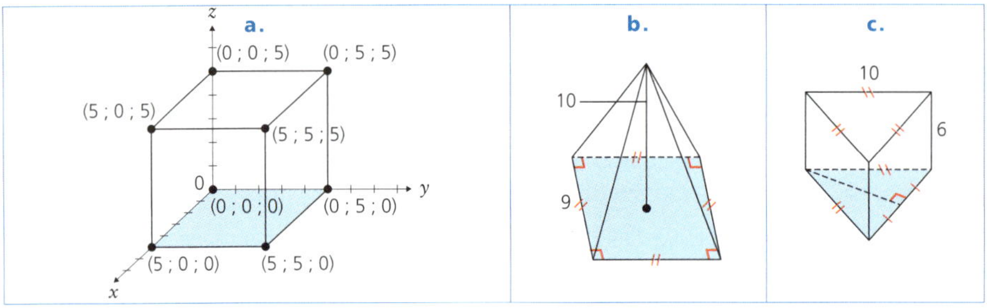

SOLUTION

a. Le solide est un prisme droit, plus exactement un cube. Son volume est $\mathscr{V} = 5 \times 5 \times 5$ cm^3, soit $\mathscr{V} = 125$ cm^3. **b.** Le solide est une pyramide à base carrée d'aire 9×9 cm^2. Son volume est $\mathscr{V} = \dfrac{1}{3} \times (9 \times 9) \times 10$ cm^3, soit $\mathscr{V} = 270$ cm^3.

c. Le solide est un prisme droit dont la base est un triangle équilatéral de côté 10 cm et dont la hauteur h est de 6 cm. On calcule la hauteur h' de la base. Dans un triangle équilatéral, la hauteur est en même temps médiatrice. Ainsi, d'après la propriété de Pythagore, on a : $10^2 = h'^2 + 5^2$, $h'^2 = 100 - 25$, d'où $h' = \sqrt{75} = 5\sqrt{3}$.

$$\mathscr{A}_{\text{base}} = \frac{1}{2} \times 10 \times 5\sqrt{3} \text{ cm}^2 = 25\sqrt{3} \text{ cm}^2, \text{ donc } \mathscr{V} = \mathscr{A}_{\text{base}} \times h = 25\sqrt{3} \times 6 \text{ cm}^3 = 150\sqrt{3} \text{ cm}^3.$$

3 Application

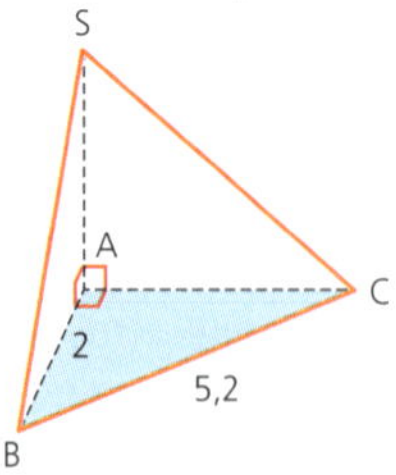

2. Pyramide et patron
SABC est une pyramide de volume 5,6 cm^3 et de base triangulaire ABC rectangle en A telle que AB = 2 cm et BC = 5,2 cm.
a. Calculer AC et la hauteur SA de la pyramide.
b. Construire en taille réelle un patron de cette pyramide.

Cylindres, cônes et sphères

1 Cours

a/ Cylindre droit, cône de révolution et patrons

Cylindre | Patron

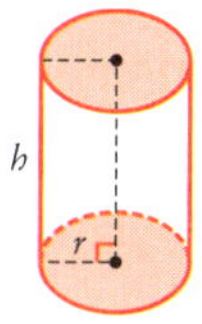

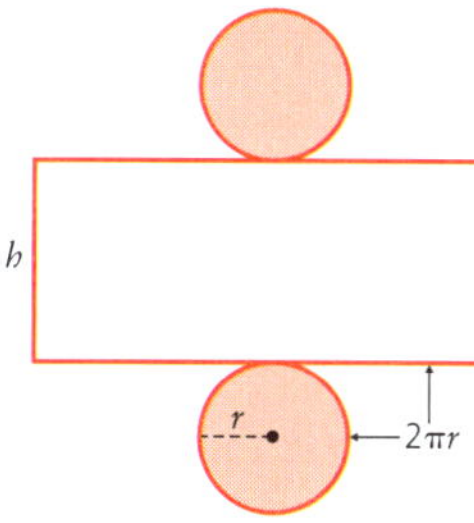

$\mathcal{V} = \mathcal{A}_{\text{base}} \times h = \pi r^2 \times h$

$\mathcal{A}_{\text{latérale}} = 2\pi r \times h$

$\mathcal{A}_{\text{totale}} = 2\pi rh + 2\pi r^2$

Cône | Patron

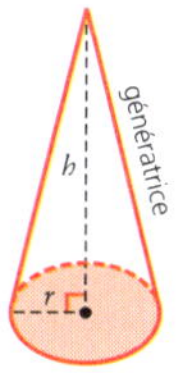

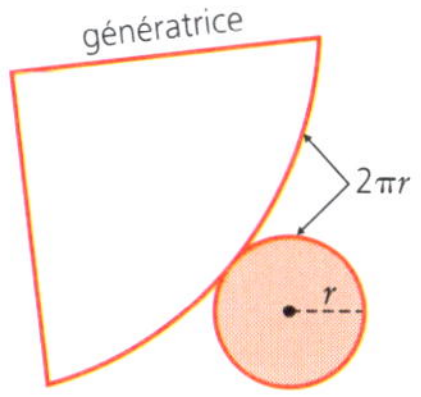

$\mathcal{V} = \dfrac{1}{3} \times \mathcal{A}_{\text{base}} \times h$

avec $\mathcal{A}_{\text{base}} = \pi r^2$

b/ Sphère

La **sphère** est un solide dont tous les points sont à égale distance du centre. Cette distance est le rayon, *r*, de la sphère. Ci-contre, O est le centre de la sphère.

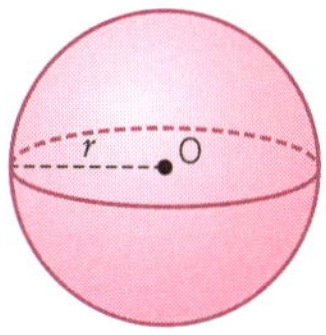

Attention !

Les cylindres étudiés sont des cylindres droits et les cônes sont des cônes de révolution.

c/ Propriété

- La **section** d'un cylindre et d'un cône par un plan **parallèle** à la base est un **cercle** et la section de la sphère par un plan est un cercle. (voir Fiche 35.)

$\mathcal{V} = \dfrac{4}{3}\pi r^3$ et $\mathcal{A} = 4\pi r^2$

2 Exercices résolus

1. Calculer le volume de la partie du solide colorée en vert. Arrondir la réponse à l'unité près.

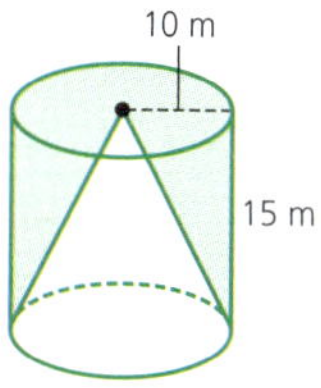

SOLUTION

Le cylindre et le cône ont le même rayon de base 10 m et la même hauteur 15 m ; par conséquent :

- volume du cylindre : $\mathcal{V}_1 = \pi r^2 h = \pi \times 10^2 \times 15 = 1\,500\pi$;
- volume du cône : $\mathcal{V}_2 = \dfrac{1}{3}\pi r^2 h = \dfrac{1}{3} \times 1\,500\pi = 500\pi$;
- volume de la partie colorée : $1\,500\pi - 500\pi = 1\,000\pi$.
- À l'unité près, ce volume est de 3 142 m³.

Le volume du cône est le tiers de celui du cylindre, donc le volume restant est égal aux deux-tiers de celui du cylindre.

2. Calculer le volume d'un baril sphérique dont l'aire est de 11 304 cm². Quelle est sa capacité en litres ? (Prendre $\pi = 3{,}14$.)

SOLUTION

Aire $\mathcal{A}$ du baril : $4\pi r^2 = 11\,304$ cm², donc $r^2 = \dfrac{11\,304}{4\pi}$.

Pour $\pi = 3{,}14$, $r^2 = 900$, donc $r = \sqrt{900}$, $r = 30$ cm. Or, le volume du baril $\mathcal{V} = \dfrac{4}{3}\pi r^3$, donc pour $r = 30$, $\mathcal{V} = 113\,040$ cm³.

113 040 cm³ = 113,040 dm³. Donc la capacité du baril est de 113,040 L.

3 Application

3. Aire totale d'un cône

Le rayon *r* de la base d'un cône est de 6 cm et la génératrice est de 10 cm.

a. Observer le patron du cône de la page précédente. Calculer, en fonction de π, le périmètre de la base et en déduire la longueur de l'arc du secteur circulaire du patron.

b. Calculer, en fonction de π, l'aire du secteur circulaire et en déduire l'aire totale du cône arrondie à 0,01 près.

Sections planes d'un solide

1 Cours

a/ Cylindre et sections par un plan

Attention !

Si le plan $\mathcal{P}$ n'est pas parallèle à la base, alors la section n'est pas un cercle, mais une « ellipse ».

Si le plan $\mathcal{P}$ est **parallèle** à l'axe, alors la section est un rectangle. 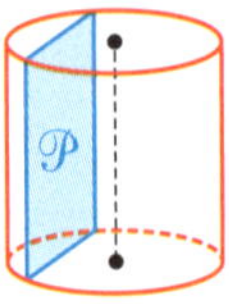	Si le plan $\mathcal{P}$ est **parallèle** à la base, alors la section est identique à la base. 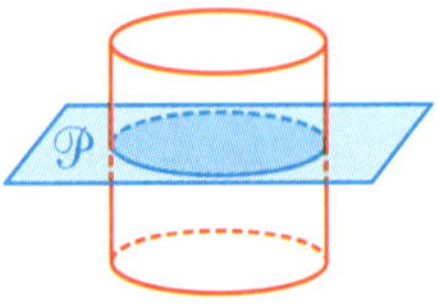

b/ Pyramide, cône et sections par un plan

Si le plan $\mathcal{P}$ est **parallèle** à la base d'une pyramide, alors la section est une **réduction** de la base. 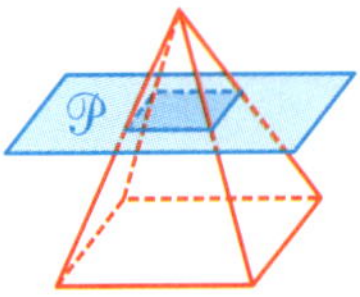	Si le plan $\mathcal{P}$ est **parallèle** à la base d'un cône, alors la section est une **réduction** de la base. 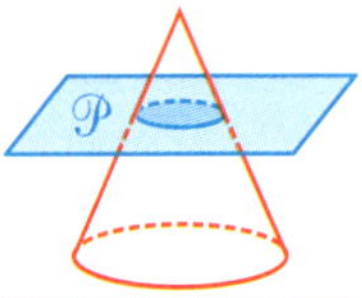

Remarque

Si le plan $\mathcal{P}$ passe par O, alors la section est un grand cercle.

Info +

Un point M de la Terre est repéré par l'intersection d'un demi-cercle « méridien » et d'un cercle « parallèle » à l'équateur. (Voir Application et son corrigé).

c/ Sphère et section par un plan

La section d'une sphère par un plan $\mathcal{P}$ est un cercle de centre O′. La droite (OO′) est perpendiculaire au plan $\mathcal{P}$, et OO′ est la distance du centre O au plan $\mathcal{P}$.

Le triangle OO′A est rectangle en O′.

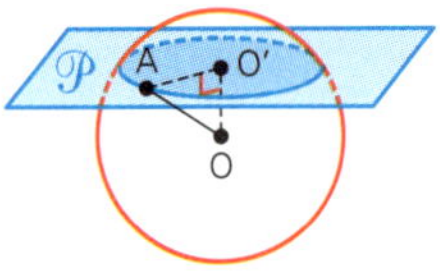

c/ Pavé droit et sections par un plan

Si le plan $\mathcal{P}$ est **parallèle** à la base, alors la section est un rectangle **identique** à la base. 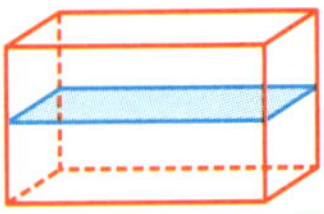	Si le plan $\mathcal{P}$ est **parallèle** à une face, alors la section est un rectangle **identique** à la face. 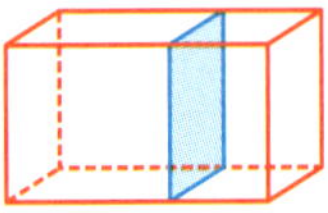	Si le plan $\mathcal{P}$ est **parallèle** à une arête, alors la section est un **rectangle**. 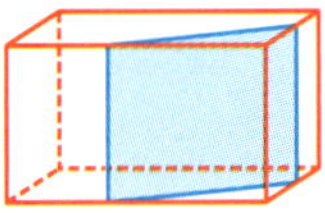

2 Exercice résolu

1. Le plan Q est quelconque. Montrer que sa section ACIJ avec le pavé droit ABCDEFGH est un trapèze.

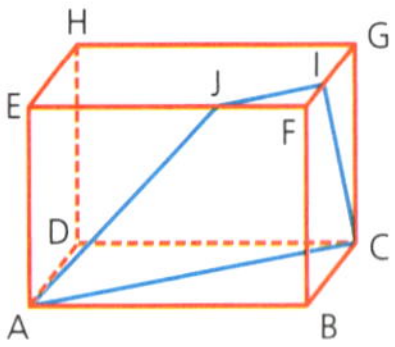

▶▶▶ SOLUTION

Les faces ABCD et EFGH sont parallèles. Les intersections (AC) et (IJ) du plan Q avec les plans ABCD et EFGH sont parallèles. Ayant deux côtés parallèles, le quadrilatère ACIJ est un trapèze.

3 Application

2. Repérer un point sur la Terre

La forme de la Terre est assimilée à une sphère de centre O et de rayon 6 370 km. Vrai ou Faux.

a. La longueur de l'équateur est d'environ 40 000 km. … **b.** Si $\widehat{AOB} = 100°$, alors $\overset{\frown}{AB}$ est d'environ 11 000 km. … **c.** Le demi-cercle NBS est un méridien de longitude 100° vers l'est. … **d.** Les coordonnées géographiques du point M sont M (latitude 40° Nord ; longitude 100° Est). ….

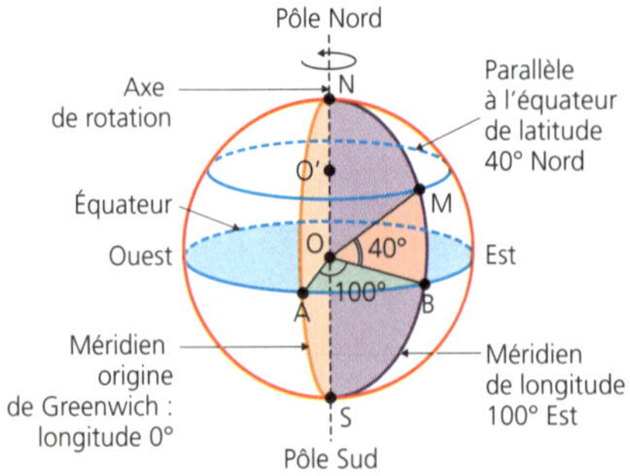

Calculs d'aires et de volumes

1 Cours

a/ Rappel

- Dans un agrandissement, ou une réduction, de coefficient k, l'aire est multipliée par k^2 et le volume est multiplié par k^3.
- Les calculs dans l'espace se ramènent assez souvent à des calculs dans le plan. Ainsi : • dans un triangle rectangle, le théorème de Pythagore permet de calculer un côté connaissant les deux autres ; • le théorème de Thalès appliqué à un triangle permet, par proportionnalité, de calculer des longueurs inconnues ; • dans un triangle rectangle, les relations trigonométriques sinus, cosinus et tangente d'un angle aigu permettent de calculer soit un côté soit la mesure de l'angle.

b/ Cas des figures composées

- La méthode consiste à **décomposer la figure composée en des figures simples** dont on sait calculer les aires ou les volumes.

2 Exercices résolus

1. Trouver l'aire latérale du prisme droit ci-contre. (Unité : cm)

▶▶▶ SOLUTION

Le prisme étant droit, chacune des faces latérales est un rectangle. En cm², l'aire latérale est donc égale à :

$$(5 \times 12) + (5 \times 12) + (4 \times 12) = (5 + 5 + 4) \times 12 = 168.$$

Soit $\mathcal{A}_{\text{latérale}}$ = périmètre de la base × hauteur du prisme = 168 cm².

2. Trouver le volume de la sphère de centre O.

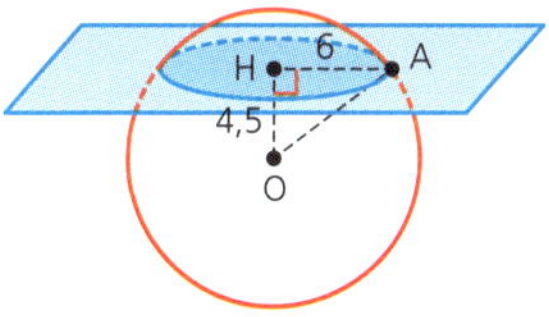

Conseil !
Trouver la mesure inconnue à l'aide du théorème de Pythagore, puis appliquer une formule.

▶▶▶ SOLUTION

La section de la sphère et du plan est un cercle de centre H. OH est la distance du centre O de la sphère au plan. A est un point de la section, donc OA est un rayon de la sphère. Les points O, H et A sont dans un même plan et le triangle OAH est rectangle en H. D'après le théorème de Pythagore, OA = 7,5 cm. En cm³, le volume de la sphère est $\mathcal{V} = \frac{4}{3} \times \pi \times (7{,}5)^3 = 562{,}5\pi$ cm³, soit $\mathcal{V} \approx 1767{,}15$ cm³.

3 Applications

3. Trouver le volume du cône de sommet S représenté ci-dessous par son patron. (Unité : cm)

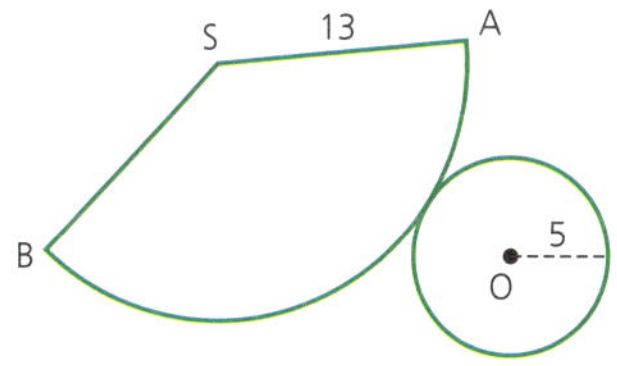

4. Trouver le volume (unité : cm) du solide composé (cylindre et cône droits) ci-dessous.

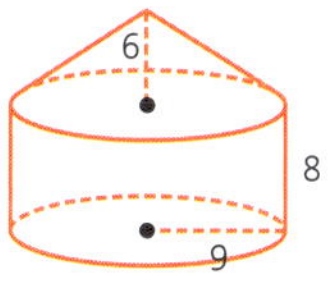

5. SABC est une pyramide dont la base est un triangle rectangle en B et dont la hauteur est SB. À l'aide des indications portées sur la figure :

a. Calculer le volume de la pyramide SABC.

b. Calculer le volume de la pyramide SA′B′C′, A′B′C′ étant la section de la pyramide SABC par le plan $\mathcal{P}$ parallèle à la base ABC et passant par B′.

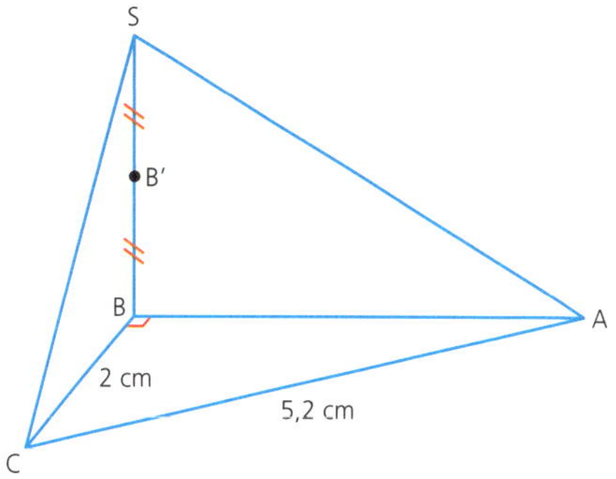

MÉTHODE Géométrie dans l'espace

Exercice 1

Comparaison des volumes de la Lune et de la Terre

La Lune et la Terre sont assimilées à des sphères.

a. Compléter le calcul des rayons. Arrondir les réponses à l'unité près.

Rayon de la Lune	Rayon de la Terre
$4\pi r^2$ = Surface de la Lune	$4\pi r^2$ = Surface de la Terre
$4\pi r^2$= 37 914 864 km^2	$4\pi r^2$ = 511 185 933 km^2
r^2 = … km^2	r^2 = … km^2
r = … km	r = … km

b. Compléter le calcul des volumes. Exprimer les réponses en notation scientifique, arrondies, et sous la forme … , … × $10^{\cdots}$

Volume de la Lune	Volume de la Terre
$\frac{4}{3}\pi r^3$ = Volume de la Lune	$\frac{4}{3}\pi r^3$ = Volume de la Terre
$\frac{4}{3}\pi r^3$ = … km^3	$\frac{4}{3}\pi r^3$ = … km^3
≈ … , … × $10^{\cdots}$ km^3	≈ … , … × $10^{\cdots}$ km^3

c. Comparer, en pourcentage, le volume de la Lune à celui de la Terre.

MÉTHODE **a.** Utiliser les touches (π), (÷) et (√) de la calculatrice. **b.** Remplacer r par sa valeur. Utiliser la touche (x^3) de la calculatrice pour calculer r^3. Arrondir le résultat affiché du volume, à un chiffre après la virgule, en gardant la même puissance de 10.
c. Calculer le quotient du volume de la Lune par celui de la Terre. Exprimer la réponse à l'aide d'une fraction de dénominateur 100.

SOLUTION **a.** Lune : r^2 = 3 017 169 km^2 et r = 1 737 km.
Terre : r^2 = 40 678 884 km^2 et r = 6 378 km.
b. $\mathcal{V}_{\text{Lune}} = 2{,}195270618 \times 10^{10}$. Soit $\mathcal{V}_{\text{Lune}} \approx 2{,}2 \times 10^{10}$ km^3.
$\mathcal{V}_{\text{Terre}} = 1{,}086781293 \times 10^{12}$ km^3. Soit $\mathcal{V}_{\text{Terre}} \approx 1{,}1 \times 10^{12}$ km^3.
c. $\frac{\mathcal{V}_{\text{Lune}}}{\mathcal{V}_{\text{Terre}}} \approx \frac{2{,}2\times10^{10}}{1{,}1\times10^{12}} = \frac{2}{100} = 2\,\%$. Le volume de la Lune est environ 2 % de celui de la Terre.

Exercice 2

Cône, réduction, solide composé

Le vase tel que SO = 18 cm, OB = 6 cm et SO′ = 4,5 cm est constitué d'un tronc de cône et d'un cylindre.

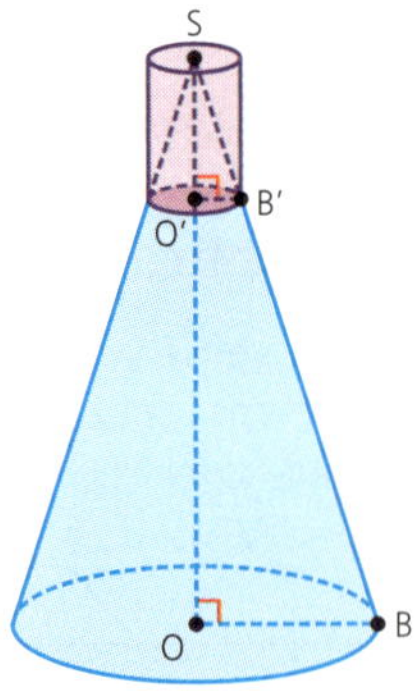

a. Calculer, en fonction de π, les volumes $\mathcal{V}_1$ et $\mathcal{V}_2$ des cônes de sommet S et en déduire le volume du tronc de cône de hauteur OO′.
b. Calculer, en fonction de π, le volume $\mathcal{V}_3$ de la partie cylindrique et en déduire le volume $\mathcal{V}$ du vase.
c. Exprimer sa capacité en litres.

MÉTHODE **a.** Appliquer la formule $\mathcal{V}_{\text{Cône}} = \frac{1}{3}\pi \times r^2 \times h$ et calculer, en gardant π, le volume $\mathcal{V}_1$ du cône de sommet S et de hauteur SO. Enfin, calculer le coefficient de réduction $\frac{\text{SO'}}{\text{SO}}$ et en déduire le volume $\mathcal{V}_2$ du cône de sommet S et de hauteur SO′. $\mathcal{V}_1 - \mathcal{V}_2$ est le volume du tronc de cône.
b. Appliquer la propriété de Thalès, ou le coefficient de réduction, et trouver OB′. Appliquer la formule $\mathcal{V}_{\text{Cylindre}} = \pi \times r^2 \times h$ et trouver le volume $\mathcal{V}_3$ de la partie cylindrique. Le volume $\mathcal{V}$ du vase est la somme des volumes du tronc de cône ($\mathcal{V}_1 - \mathcal{V}_2$) et de la partie cylindrique $\mathcal{V}_3$. **c.** Convertir. La capacité d'un dm^3, ou 1000 cm^3, est un litre.

SOLUTION **a.** On trouve $\mathcal{V}_1$= 216 π cm^3 et le coefficient de réduction $\frac{\text{SO'}}{\text{SO}} = \frac{4{,}5}{18} = \frac{1}{4} = 0{,}25$, donc le volume du cône de sommet S et de hauteur SO′ est $\mathcal{V}_2 = (0{,}25)^3 \times 216\pi = 3{,}375\pi$ cm^3.
Le volume du tronc de cône = $\mathcal{V}_1 - \mathcal{V}_2 = 212{,}625\pi$ cm^3. **b.** $\frac{\text{OB'}}{\text{OB}} = \frac{\text{SO'}}{\text{SO}} = \frac{4{,}5}{18} = \frac{1}{4} = 0{,}25$, donc O′B′ = 6 × 0,25 = 1,5 cm. On trouve $\mathcal{V}_3 = 10{,}125\pi$ cm^3 et $\mathcal{V} = (\mathcal{V}_1 - \mathcal{V}_2) + \mathcal{V}_3 = 222{,}75\pi$ cm^3.
c. À l'aide de la touche (π), et arrondi à l'unité, 222,75π cm^3 = 700 cm^3 = 0,700 dm^3, donc la capacité du vase est 0,7 L (ou 700 mL).

Algorithme et programme

1 Cours

Définition et propriété

- Un **algorithme** est une **suite d'instructions** à exécuter en un nombre fini d'étapes, et dans un ordre bien précis, afin de trouver un résultat à un problème.
- L'algorithme utilise un langage de **programmation** qui doit être compris par l'exécuteur.

Info + Le mot algorithme vient du nom du mathématicien perse Al-Khawarizmi (vers 780-850). Ses écrits ont été traduits de l'arabe en latin vers le XIIe siècle.

2 Exercices résolus

1. Convertir une température

Dans la vie courante, nous exprimons la température en degrés **Celsius**. Dans cette échelle, 0 °C correspond à la température de solidification de l'eau et 100 °C correspond à son ébullition. Dans l'échelle **Fahrenheit**, la température de solidification de l'eau est de 32 °F, et sa température d'ébullition est de 212 °F.

Info + Le système Celsius a été créé par le savant suédois Anders Celsius (1701-1744) et le système Fahrenheit par l'Allemand Daniel Gabriel Fahrenheit (1686-1736).

Voici un **diagramme**, un **programme** de calcul sous la forme d'un **schéma**, qui permet de convertir une température T°F en T°C :

T°F → – 32 → × 5 → ÷ 9 → T°C

a. Exprimer une température de 77 °F en degrés Celsius. **b.** Tracer un diagramme relatif à la conversion d'une température T°C en T°F. **c.** Exprimer –20 °C en degrés Fahrenheit. **d. Vrai ou Faux ?** Si, F désigne une température en degrés Fahrenheit et C en degrés Celsius, alors F = 1,8C + 32.

▸▸▸ SOLUTION

a. Voici les étapes de calculs :
77 °F – 32 = 45, puis 45 × 5 = 225, puis 225 ÷ 9 = **25 °C**.

b. T°C → × 9 → ÷ 5 → + 32 → T°F

c. –20 °C × 9 = –180, puis –180 ÷ 5 = –36, puis –36 + 32 = **–4 °F**

d. Vrai. En effet, d'après b. $F = \frac{9}{5}C + 32$. Or, $\frac{9}{5} = 1{,}8$, donc F = 1,8C + 32.

2. Programme de construction

Construire à l'aide d'un compas un angle égal à l'angle $\widehat{xOy}$.

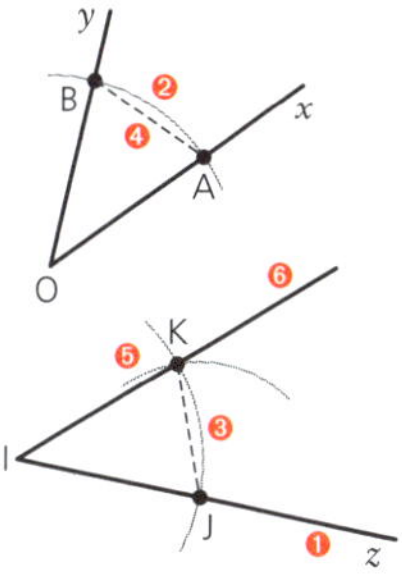

▸▸▸ SOLUTION

Étape 1 : Tracer une demi-droite quelconque [I*z*).
Étape 2 : Placer la pointe du compas en O, et tracer un arc qui coupe [O*x*) en A et [O*y*) en B.
Étape 3 : Placer la pointe du compas en I et tracer avec la même ouverture de compas un arc qui coupe [I*z*) en J.
Étape 4 : Placer la pointe du compas en A et prendre une ouverture égale à AB.
Étape 5 : Avec la même ouverture, placer la pointe du compas en J et couper l'arc en K.
Étape 6 : Tracer la demi-droite [IK).
Conclusion : $\widehat{JIK} = \widehat{xOy}$.
En effet, les triangles OAB et IJK ont par construction leurs côtés égaux, ils sont donc égaux. Les angles $\widehat{O}$ et $\widehat{I}$ sont opposés aux côtés égaux [AB] et [JK], ils sont donc égaux.

3 Application

Programme avec boucle

Exécuter le programme pour X = 1 ; 2 ; 3 ; 4 ; 5 et 6, puis compléter le tableau des valeurs.

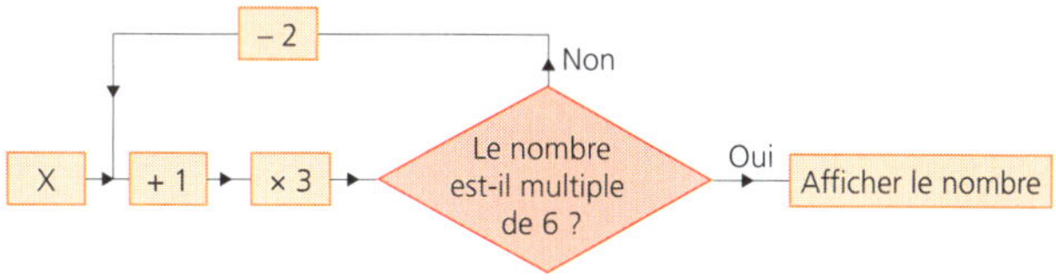

Si X =	1	2	3	4	5	6
Alors l'affichage est	**6**	24				
Calculé sans boucle	×					
Calculé avec boucle		×				

1 Calcul numérique

FICHE 1 Rappels : nombres et opérations

5a. $-2{,}7$ **5b.** $7{,}25$ **5c.** 0

6a. 1ère étape . Choix du nombre : 3.
2e étape : $3 \times (-4) = -12$;
3e étape : $-12 + 5 = -7$;
4e étape : $(-7) \times (-8) = 56$. Arthur a obtenu le nombre 56.

FICHE 2 Nombres rationnels

4a. $\frac{15}{8} < \frac{21}{8}$ **4b.** $\frac{9}{4} > \frac{9}{5}$ **4c.** $\frac{7}{3} > \frac{14}{9}$

4d. $\frac{16}{9} < 1{,}78$ **4e.** $\pi > 3{,}14$ **4f.** $\pi < \frac{22}{7}$

5. La valeur exacte du quotient $a : b$ est $\frac{11}{7}$. Sa valeur arrondie à 0,1 près est 1,6, et celle à 0,01 près est 1,57.

FICHE 3 Diviseurs et PGCD

3a. 44 et 85. En effet, 640 et 216 sont divisibles par 2, donc ils ne sont pas premiers entre eux. De même, 144 et 207 sont divisibles par 3, donc ils ne sont pas premiers entre eux. 44 et 85 n'ont pas de diviseur commun autre que 1, donc ils sont premiers entre eux.
3b. Non, 44 et 85 ne sont pas premiers.
En effet, $44 = 2 \times 2 \times 11$ et $85 = 5 \times 17$, donc ayant des diviseurs autres que 1 et eux-mêmes, 44 et 85 ne sont pas premiers.

4a. Le nombre de lots est un diviseur commun à 660 et 495.
Le nombre maximum de lots est donc le PGCD de 660 et 495. D'après l'algorithme d'Euclide :
$660 = 1 \times 495 + 165$
$495 = 3 \times 165 + 0$. Le dernier reste non nul est 165,
donc PGCD(660 ; 495) = 165.
Le nombre maximum de lots que le vendeur peut faire est 165.

4b. 660 cahiers : 165 = 4 cahiers, et 495 stylos : 165 = 3 stylos, donc chaque lot contiendra 4 cahiers et 3 stylos.

FICHE 4 Puissances et notation scientifique

5. $3^4 \times 9^3 = 3^4 \times \left(3^2\right)^3 = 3^4 \times 3^6 = 3^{4+6} = 3^{10}$

6a. a^{-1} est l'inverse de a, donc $a^{-1} = \frac{1}{a} = \frac{3}{2}$

6b. $a^3 = \left(\frac{2}{3}\right)^3 = \frac{2^3}{3^3} = \frac{8}{27}$ **6c.** $a - a^0 = \frac{2}{3} - 1 = \frac{2}{3} - \frac{3}{3} = -\frac{1}{3}$

6d. $\left(a^2\right)^3 = a^{2 \times 3} = a^6 = \left(\frac{2}{3}\right)^6 = \frac{2^6}{3^6} = \frac{64}{729}$

7a. On supprime les parenthèses du numérateur, d'où :
$\left(2^3 \times 10^{-2}\right)^5 = 2^{15} \times 10^{-10}$ et du dénominateur, d'où :
$\left(2^2 \times 10^{-4}\right)^3 = 2^6 \times 10^{-12}$.
Donc $A = \frac{2^{15} \times 10^{10}}{2^6 \times 10^{-12}} = 2^{15-6} \times 10^{-10-(-12)}$
$= 2^9 \times 10^2 = 512 \times 100 = 51\,200$.

7b. En notation scientifique $A = 5{,}12 \times 10^4$

FICHE 5 Racines carrées

5a. $\frac{3}{\sqrt{3}} = \frac{\sqrt{3} \times \sqrt{3}}{\sqrt{3}} = \sqrt{3}$;
5b. $12\sqrt{3}$.
En effet $\sqrt{75} = \sqrt{25 \times 3} = \sqrt{25} \times \sqrt{3} = 5\sqrt{3}$,
$\sqrt{48} = \sqrt{16 \times 3} = \sqrt{16} \times \sqrt{3} = 4\sqrt{3}$
et $\sqrt{363} = \sqrt{121 \times 3} = \sqrt{121} \times \sqrt{3} = 11\sqrt{3}$.

D'où $5\sqrt{3} - 4\sqrt{3} + 11\sqrt{3} = (5 - 4 + 11)\sqrt{3} = 12\sqrt{3}$.

5c. $(\sqrt{3})^5 = (\sqrt{3})^2 \times (\sqrt{3})^2 \times (\sqrt{3})^1 = 3 \times 3 \times \sqrt{3} = 9\sqrt{3}$.

5d. $-\dfrac{\sqrt{60}}{\sqrt{5}} = -\dfrac{\sqrt{3 \times 4 \times 5}}{\sqrt{5}} = -\dfrac{\sqrt{3} \times \sqrt{4} \times \sqrt{5}}{\sqrt{5}} = -2\sqrt{3}$.

6. En décomposant 1575 en nombres premiers, on obtient :
$1575 = 3 \times 3 \times 5 \times 5 \times 7 = 3^2 \times 5^2 \times 7$.
D'où $\sqrt{1575} = \sqrt{3^2 \times 5^2 \times 7} = 3 \times 5 \times \sqrt{7} = 15\sqrt{7}$.
La longueur exacte du côté du carré est $15\sqrt{7}$ m.
À l'aide d'une calculatrice, $15\sqrt{7}$ m ≈ 39,68626967 m. La valeur arrondie à 0,01 près, ou au centimètre près, de la longueur du côté du carré est 39,69 m.

2 Calcul littéral

FICHE 7 Rappels : développer, factoriser

3a. $A = 2x^3 + x^2 - 3x + 1$. En effet,
$A = (x^2 - 3)(2x - 1) - (x + 2)(1 - 2x)$
$= 2x^3 - x^2 - 6x + 3 - (x - 2x^2 + 2 - 4x)$
$= 2x^3 - x^2 - 6x + 3 - x + 2x^2 - 2 + 4x$.
On réduit les termes en x^2 et les termes en x, on obtient :
$A = 2x^3 + (-1 + 2)x^2 + (-6 - 1 + 4)x + 3 - 2$
$A = 2x^3 + x^2 - 3x + 1$.

3b. $(2x - 1)(x^2 + x - 1) = 2x(x^2 + x - 1) - 1(x^2 + x - 1)$
$= 2x^3 + 2x^2 - 2x - x^2 - x + 1$.
On réduit les termes en x^2 et les termes en x, on obtient :
$2x^3 + (2 - 1)x^2 + (-2 - 1)x + 1$. Soit $2x^3 + x^2 - 3x + 1$.

3c. Les formes développées de A et du produit de la question **3b.** sont identiques, par conséquent, sous la forme d'un produit de facteurs, A s'écrit $(2x - 1)(x^2 + x - 1)$.

3d. Pour $x = \dfrac{1}{2}$, $2x - 1 = 2 \times \dfrac{1}{2} - 1 = \dfrac{2}{2} - 1 = 1 - 1 = 0$,
donc le produit de facteurs $(2x - 1)(x^2 + x - 1) = 0$,
soit pour $x = \dfrac{1}{2}$, $A = 0$.

4a. $B = (4x - 5)(x - 2) - 4x + 5 = 4x^2 - 8x - 5x + 10 - 4x + 5$
$B = 4x^2 + (-8 - 5 - 4)x + 10 + 5$, soit $B = 4x^2 - 17x + 15$.

4b. $B = (4x - 5)(x - 2) - 4x + 5 = (4x - 5)(x - 2) - 1(4x - 5)$
$4x - 5$ est un facteur commun, d'où $B = (4x - 5)[(x - 2) - 1]$, soit $B = (4x - 5)(x - 3)$.

4c. En remplaçant x par 0 dans la forme développée de B, il vient que pour $x = 0$, $B = 0 - 0 + 15 = 15$. Considérons la forme factorisée de B, soit $B = (4x - 5)(x - 3)$.
Pour $x = 3$, le facteur $(x - 3) = 0$, donc $B = 0$.
Pour $x = \dfrac{5}{4}$, le facteur $(4x - 5) = 4 \times \dfrac{5}{4} - 5 = \dfrac{\cancel{4}}{1} \times \dfrac{5}{\cancel{4}} - 5 = 5 - 5 = 0$. Par conséquent, $B = 0$.

FICHE 8 Identités remarquables

4. $95 \times 105 = (100 - 5)(100 + 5) = 100^2 - 5^2 = 10\,000 - 25 = 9\,975$.

5. $A = \dfrac{1}{3 - \sqrt{5}} = \dfrac{1 \times (3 + \sqrt{5})}{(3 - \sqrt{5})(3 + \sqrt{5})} = \dfrac{3 + \sqrt{5}}{9 - 5} = \dfrac{3 + \sqrt{5}}{4}$.

6. On remarque que $(-2x - 1)^2 = [-1(2x + 1)]^2 = (2x + 1)^2$.
Ainsi $(3x - 4)^2 + (2x + 1)^2 = 9x^2 - 24x + 16 + 4x^2 + 4x + 1$.
Sous forme développée et réduite, on trouve $13x^2 - 20x + 17$.

7. $A = 12x^2 - 27y^2 = 3(4x^2 - 9y^2)$.
$4x^2 - 9y^2$ est la différence de deux carrés, d'où :
$A = 3(2x - 3y)(2x + 3y)$.
$B = 12x^2 - 27y^2 - 2x - 3y = (12x^2 - 27y^2) - (2x + 3y)$, or
$(12x^2 - 27y^2) = 3(2x - 3y)(2x + 3y)$, d'où
$B = 3(2x - 3y)(2x + 3y) - (2x + 3y)$, $B = (2x + 3y)[3(2x - 3y) - 1]$. Soit $B = (2x + 3y)(6x - 9y - 1)$.

8a. $(a - 5)^3 - 4(a - 5) = (a - 5)[(a - 5)^2 - 4]$. L'intérieur des crochets est la différence de deux carrés, d'où $(a - 5)[(a - 5) - 2][(a - 5) + 2]$, d'où $(a - 5)(a - 7)(a - 3)$.

8b. $x^2 - 81$ est la différence de deux carrés, d'où :
$(x - 9)(x + 9) + (x - 9)(x + 5) = (x - 9)[(x + 9) + (x + 5)]$,
donc $(x - 9)(2x + 14)$. Soit $2(x - 9)(x + 7)$.

FICHE 9 Résoudre une équation

4.

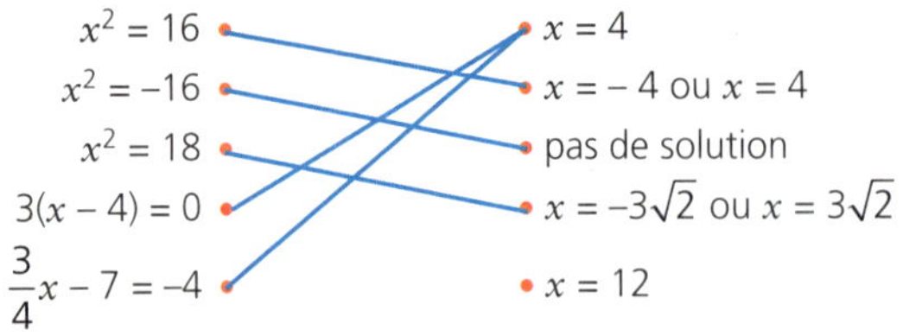

Justifications

Si $x^2 = 16$, alors $x^2 - 16 = 0$, donc $(x-4)(x+4) = 0$.
Le produit de facteurs est nul pour $x = 4$ ou $x = -4$.
Si $x^2 = -16$, alors $x^2 + 16 = 0$. Or, $x^2 + 16 > 0$,
donc l'équation $x^2 = -16$ n'a pas de solution.
Si $x^2 = 18$, alors $x^2 - 18 = 0$. Soit $(x - \sqrt{18})(x + \sqrt{18}) = 0$.
Le produit est nul pour $x = \sqrt{18}$ ou $x = -\sqrt{18}$,
donc pour $x = \sqrt{9 \times 2} = 3\sqrt{2}$ ou $x = -3\sqrt{2}$.
$3(x-4) = 0$ pour $x - 4 = 0$, donc pour $x = 4$.
À l'aide d'un calcul mental, l'égalité $\frac{3}{4}x - 7 = -4$ est vérifiée pour $x = 4$.

FICHE 10 Résoudre une inéquation

3a. Faux. En effet, en remplaçant x par 0, on obtient
$-7 < -14$, ce qui est faux.
3b. Faux. En effet, pour $x = -1$, le premier membre est égal à 120 et le second membre est égal à 192. Or $120 < 192$.

4. En multipliant les deux membres de l'inéquation par le dénominateur commun 6, nous obtenons :
$3x + 18 \leqslant -2(x+1)$, donc $5x \leqslant -20$. Soit $x \leqslant \frac{-20}{5}$ ou $x \leqslant -4$.

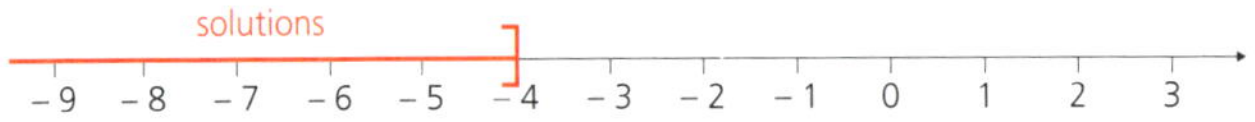

FICHE 11 Résoudre un système d'équations

3. Pour $x = 2$ et $y = 3$, l'équation $3x - 2y$ est bien égale à 0, mais $6x - 5y$ est égal à -3 et non à -12, donc le couple $(x = 2\,;\, y = 3)$ n'est pas solution du système.
On multiplie les deux membres de la première équation par -2, on obtient $-6x + 4y = 0$; puis on additionne membre à membre les deux équations, on trouve $0x - y = -12$, d'où $y = 12$. En remplaçant y par 12 dans la première équation donnée, on obtient $3x - 24 = 0$, donc $x = 8$. La solution du système est le couple $(x = 8\,;\, y = 12)$.

3 Fonctions

FICHE 13 Notion de fonction

3.

x	-3	**-2**	$-\sqrt{2}$	0	1	**2**	3
$f(x)$	5	0	-2	-4	-3	0	5

Pour mieux comprendre, voici la justification des calculs :
$f(x) = x^2 - 4$, donc $f(-3) = (-3)^2 - 4 = 9 - 4 = 5$.
$f(x) = 0$, donc $x^2 - 4 = 0$. Or, $x^2 - 4$ est la différence de deux carrés, donc $x^2 - 4 = (x-2)(x+2)$.
Le produit est nul pour $x = 2$ ou $x = -2$. Ces deux valeurs sont en gras dans le tableau des valeurs.
$f(-\sqrt{2}) = (-\sqrt{2})^2 - 4 = 2 - 4 = -2$.
$f(0) = 0^2 - 4 = -4$.
$f(1) = 1^2 - 4 = -3$.
On sait que $f(x) = 5$, donc $x^2 - 4 = 5$, ou $x^2 - 4 - 5 = 0$.
Soit $x^2 - 9 = 0$. Or $x^2 - 9$ est de la forme $a^2 - b^2$, donc
$x^2 - 9 = (x-3)(x+3)$. Ce produit de facteurs est nul pour $x = 3$ ou $x = -3$. $x = -3$ est déjà marqué dans le tableau, donc $x = 3$.

FICHE 14 Fonction linéaire

2a. $y = x + 20\,\% \times x$, ou $y = x + \frac{20}{100} \times x$. Soit $y = x + 0{,}2x$.
En mettant x en facteur, on trouve $y = (1 + 0{,}2)x$. Soit $y = 1{,}2x$.

2b. On a $y = 1{,}2 \times x$, et donc $x = y : 1{,}2$. D'où, à l'aide d'une calculatrice :

Ancien prix x (en €)	10	20	30	60	75,50	121,50
Nouveau prix y (en €)	12	24	36	72	90,60	145,80

Le tableau est un tableau de proportionnalité de coefficient 1,2.

2c. Non tracée. La représentation graphique est bien une droite car $y = 1{,}2x$ est de la forme $f(x) = ax$ qui est une fonction linéaire de coefficient directeur $a = 1{,}2$. Cependant, on doit uniquement avoir $x \geqslant 0$ et $y \geqslant 0$, car les prix sont des nombres positifs. Or, les droites d_1 et d_2 ont des points qui ont des coordonnées positives ou négatives, donc elles ne sont pas de bonnes représentations.

Voici la représentation graphique des nouveaux prix en fonction des anciens.

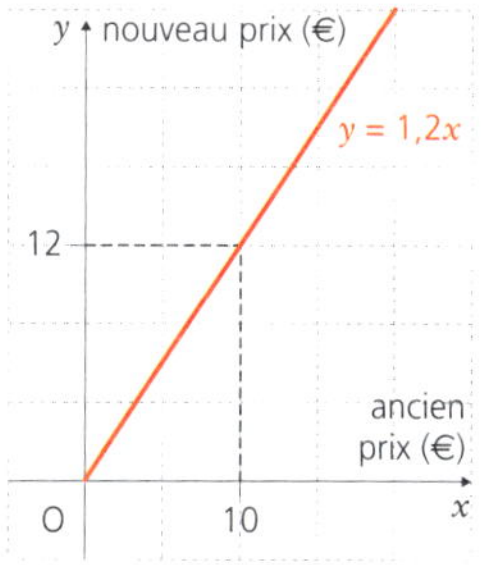

C'est une demi–droite d'origine O qui passe par le point ($x = 10$; $y = 12$) et dont tous les points ont des coordonnées positives.

FICHE 15 Fonction affine

2a. La fonction affine f est représentée graphiquement par une droite d qui passe par deux points de coordonnées (x ; $f(x)$).
On a $f(0) = 4$, donc la droite d passe par le point A ($x = 0$; $y = 4$). Et, $f(2) = 3$, donc la droite d passe par le point B ($x = 2$; $y = 3$).
Dans un tableau :

x	0	2
$f(x)$	4	3

2b. Graphiquement, soit C le point de la droite d d'abscisse 4. L'image de 4 est l'ordonnée du point C que l'on lit sur l'axe Oy, donc l'image de 4 est 2. Par calcul, $f(4) = -\frac{4}{2} + 4 = 2$.

2c. Graphiquement, B est le point de la droite d d'ordonnée 3. L'antécédent de 3 est l'abscisse du point B, donc 2.

Par calcul, l'antécédent de 3 est le nombre x tel que $f(x) = 3$, donc $-\frac{x}{2} + 4 = 3$, soit $x = 2$.

2d. L'équation de la droite (MN) est de la forme $y = ax + b$.
Les coordonnées de M et N vérifient l'équation de (MN), donc pour $x = 1$, $y = -1$, et pour $x = 3$, $y = 5$. D'où le système :

$$\begin{cases} -1 = a \times 1 + b \\ 5 = a \times 3 + b \end{cases} \text{ ou } \begin{cases} a + b = -1 & (1) \\ 3a + b = 5 & (2) \end{cases}.$$

En soustrayant (2) – (1), on obtient $2a = 6$, soit $a = 3$.
En remplaçant a par sa valeur dans (1), on obtient : $b = -4$.
L'équation de la droite (MN) est $y = 3x - 4$.

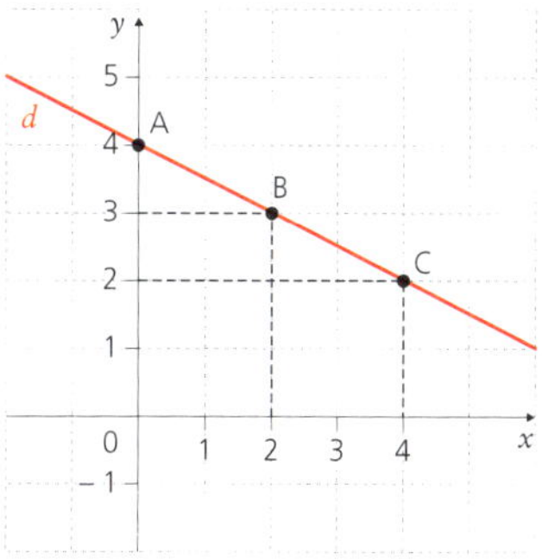

2e. Le coefficient directeur de la droite (MN) est $a = 3$. Son ordonnée à l'origine est $b = -4$. La droite (MN) est associée à la fonction $x \mapsto 3x - 4$.

2f. I est le point d'intersection de d et de (MN), ses coordonnées vérifient donc les équations de d et de (MN). Soit :

$$\begin{cases} y = -\dfrac{x}{2} + 4 & (1) \\ y = 3x - 4 & (2) \end{cases}$$

On remplace y par $3x - 4$ dans l'équation (1), on obtient :

$3x - 4 = -\dfrac{x}{2} + 4$, donc $6x - 8 = -x + 8$. Soit $7x = 16$ et $x = \dfrac{16}{7}$.

En remplaçant x par sa valeur dans l'équation (2), on trouve $y = \dfrac{20}{7}$. Les coordonnées de I sont donc $\left(\dfrac{16}{7};\dfrac{20}{7}\right)$.

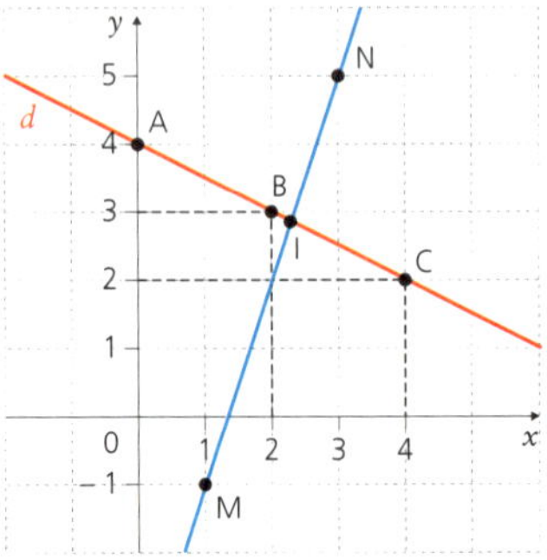

FICHE 16 Lecture graphique

2a. Par lecture graphique :

- à 5 min du démarrage, la vitesse de la voiture est de 15 km/h ;
- à 10 min du démarrage, la vitesse est de 30 km/h ;
- à 20 min du démarrage, la vitesse est de 60 km/h.

2b. 11 h – 10 h 45 = 15 min. À 15 min du démarrage, donc à 11h, la vitesse de la voiture était de 45 km/h.

11 h 30 – 10h45 = 45 min. À 45 min du démarrage, donc à 11 h 30, la vitesse de la voiture était de 60 km/h.

11 h 45 – 10 h 45 = 60 min. À 60 min du démarrage, donc à 11 h 45, la vitesse de la voiture était de 60 km/h.

11 h 50 – 10 h 45 = 65 min. À 65 min du démarrage, donc à 11 h 50, la vitesse de la voiture était de 30 km/h.

11 h 55 – 10 h 45 = 70 min. À 70 min du démarrage, donc à 11 h 55, la vitesse de la voiture était de 0 km/h. La voiture s'est arrêtée.

4 Gestion de données

FICHE 18 Rappels : grandeurs et mesures usuelles

4. $V = B \times h$, et 40 × 20 × 2 = 1 600, donc le volume de la piscine est de 1 600 m^3.

En dm^3, son volume est de 1600 × 1000 = 1 600 000.

Or 1 dm^3 = 1 L, donc la capacité de la piscine est de 1 600 000 L.

En secondes, la durée de remplissage par la pompe est de 1 600 000 : 2,5. Soit 640 000 s. Sachant que 1 min = 60 s, 1 h = 60 min et 1 j = 24 h, à l'aide de la calculatrice et de sa touche de division euclidienne, on obtient successivement :

- 640 000 s = 10 666 min + 40 s ;
- 10 666 min = 177 h + 46 min ;
- 177 h = 7j + 9h.

La durée de remplissage de la piscine est donc de :
7 j 9 h 46 min 40 s.

5. À 33 cm de la carte correspondent 660 km à vol d'oiseau, donc à 1 cm de la carte correspondent 660 km : 33 = 20 km.

Mais 20 km = 20 000 m = 2 000 000 cm, par conséquent à 1 cm de la carte correspondent en réalité 2 000 000 cm.

En résumé, l'échelle de la carte est de 1 cm pour 20 km ou de 1 cm pour 2 000 000 cm, donc la carte est à l'échelle 1/2 000 000.

FICHE 19 Proportionnalité et pourcentages

4a. 1ère méthode : 1437,50 – 1250 = 187,70. Le montant initial a donc augmenté de 187,50 €.

D'où $\frac{\text{augmentation}}{\text{montant initial}} = \frac{187{,}50}{1250} = \frac{x}{100}$.

Les produits en croix sont égaux, d'où $x = 15$. Donc, si le montant initial est de 100 €, alors l'augmentation est de 15 €, soit en pourcentage 15 %.

2de méthode : À l'aide d'un tableau de proportionnalité :

Montant initial (€)	1250	100
Augmentation (€)	187,5	x

Les produits en croix sont égaux, nous trouvons $x = 15$. Donc, l'augmentation est de 15 pour un montant initial de 100, soit en pourcentage 15 %.

4b. 695 – 660,25 = 34,75. Le montant initial a donc baissé de 34,75 €. Par calcul ou à l'aide d'un tableau de proportionnalité, on trouve que la baisse est de 5 %.

4c. 999 – 699,3 = 299,7. Le montant initial a donc baissé de 299,70 €. Par calcul ou à l'aide d'un tableau de proportionnalité, on trouve que la baisse est de 30 %.

5. À l'aide d'un tableau de proportionnalité :

Distance sur carte (mm)	168	756
Distance réelle (km)	112	X

Les produits en croix sont égaux. On trouve $x = 504$.
À vol d'oiseau, la distance Paris-Brest est de 504 km.

FICHE 20 Caractéristiques de position d'une série statistique

3a.

Note	0	1	2	3	4	5	6	7	8	9	10
Effectif d'élèves	1	0	0	4	5	7	12	15	**4**	1	2
Effectifs cumulés	1	1	1	5	10	17	**29**	**44**	**48**	**49**	**51**

Soit N l'effectif total de cette série de notes. Le nombre d'élèves est 51, donc $N = 51$. 51 – (1 + 0 + 0 + 4 + 5 + 7 + 12 + 15 + 1 + 2) = 4, donc 4 élèves ont eu la note 8. Dans la ligne des effectifs cumulés, 17 signifie que 17 élèves ont eu une note inférieure ou égale à 5.

17 + 12 = 29, donc 29 élèves ont eu une note inférieure ou égale à 6. De même 29 + 15 = 44, donc 44 élèves ont eu une note inférieure ou égale à 7. 48 élèves ont eu une note inférieure ou égale à 8. 49 élèves ont eu une note inférieure ou égale à 9, et 51 élèves ont eu une note inférieure ou égale à 10.

3b. D'après le tableau, le plus grand effectif d'élèves, 15, a eu la note 7, donc le mode de la série est la note 7.

3c. La moyenne est égale à la somme de toutes les notes divisée par 51, donc
(0 + 0 + 0 + 12 + 20 + 35 + 72 + 105 + 32 + 9 + 20) : 51 ≈ 5,98.

3d. $\frac{N}{2} = \frac{51}{2} = 25{,}5$, donc la note du 26e élève est la médiane de la série. D'après la ligne des effectifs cumulés, le 26e élève a eu 6, donc la médiane est la note 6. Cela signifie que 25 élèves ont eu une note inférieure ou égale à 6 et que 25 élèves ont eu une note supérieure ou égale à 6.

3e. À l'aide d'un schéma :

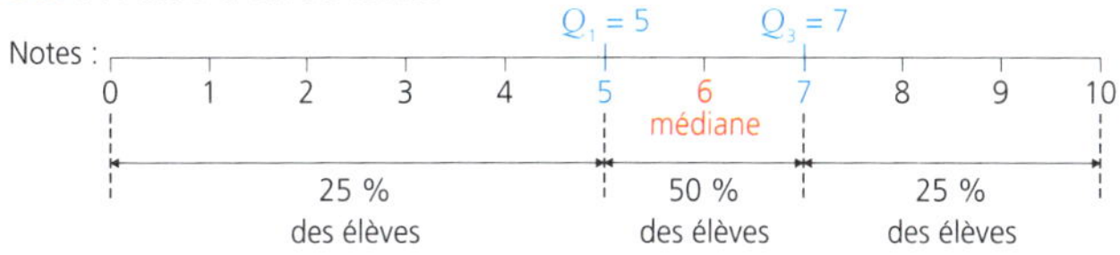

Remarque : voir la Fiche 21 pour la définition des premier et troisième quartiles (Q_1 et Q_3).

FICHE 21 Caractéristique de dispersion d'une série statistique

3a. D'après l'énoncé, 2 élèves ont eu 0 et 6 élèves ont eu 5. On en déduit :

Note	0	1	2	3	4	5
Effectif	2	6	7	10	9	6

3b. 2 élèves sur 40 ont eu 0, soit $\frac{2}{40}$. Or, $\frac{2}{40} = 0{,}05 = \frac{5}{100}$, donc 5 % des élèves ont eu la note 5.

Note	0	1	2	3	4	5
Pourcentage d'élèves	5 %	15 %	17,5 %	25 %	22,5 %	15 %

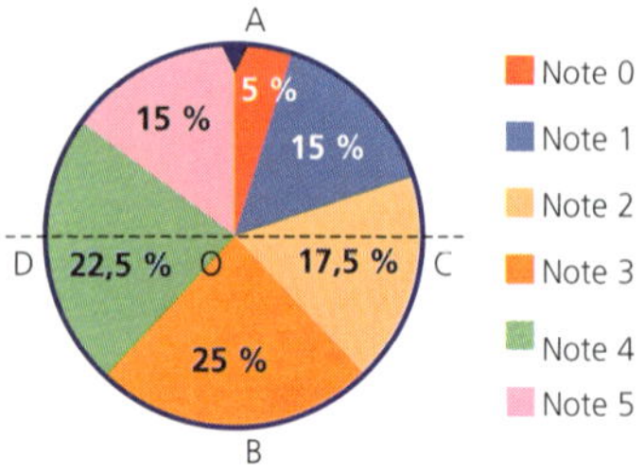

Le secteur relatif à la note 0 correspond à 5% des élèves, donc à 5% du diagramme circulaire.

Sa mesure est donc 5% × 360° = $\frac{5 \times 360}{100} = 18°$.

Le secteur relatif à la note 1 est de 15 %, soit 3 × 5 %, donc 3 × 18° = 54°.
Le secteur relatif à la note 2 représente 17,5 % des élèves, donc il mesure 17,5 % × 360° = 63°.

Le secteur relatif à la note 3 représente 25 % des élèves, soit le quart des élèves, donc il mesure 90°.

Le secteur relatif à la note 4 représente 22,5 % des élèves, donc il mesure 22,5 % × 360° = 81°.

Le secteur relatif à la note 5 représente 15% des élèves, donc il mesure 15 % × 360° = 54°.

On peut vérifier que 18° + 54° + 63° + 90° + 81° + 54° est bien égal à 360°, donc les calculs sont bons.

La médiane est la note 3. Elle correspond au secteur circulaire relatif à 50 % défini par le diamètre AB.

Le premier quartile est la note 2. Il correspond au secteur circulaire relatif à 25 % défini par le rayon OC perpendiculaire à (AB).

Le troisième quartile est la note 4. Il correspond au secteur circulaire ACBD relatif à 75 %, défini par le rayon OD perpendiculaire à (AB).

FICHE 22 Notion de probabilité

3a. $\frac{1}{13}$. On a $p(\text{as}) = \frac{4}{52} = \frac{1}{13}$.

3b. $\frac{11}{13}$. En effet, le nombre de cas favorables est de 52 – (4 + 4) = 44,

donc $p(\text{ni as, ni roi}) = \frac{44}{52} = \frac{11}{13}$.

4a. On représente les données à l'aide d'un tableau :

	Boîte de 40	Boîte de 42	Boîte de 44	Boîte de 45	Boîte de 48
Nombre de boîtes	4	1	1	2	2

On vérifie que le nombre total de boîtes est de 4 + 1 + 1 + 2 + 2, c'est-à-dire 10.

Probabilité d'une boîte de 48 ou $p(\text{boîte de 48}) = \frac{\text{nombre de cas favorables}}{\text{nombre de cas possibles}} = \frac{2}{10} = 0{,}2$.

4b. $p(\text{boîte de plus de 42}) = p(\text{boîte de 44 ou de 45 ou de 48})$

$$= \frac{1+2+2}{10} = \frac{5}{10} = 0{,}5.$$

4c. $p(\text{boîte de moins de 45}) = p(\text{boîte de 40 ou de 42 ou de 44})$

$$= \frac{4+1+1}{10} = 0{,}6.$$

5 Géométrie dans le plan

FICHE 25 Cas d'égalité des triangles

4. Les triangles ABC et DEF ne sont pas égaux, car l'angle égal de 50° n'est pas compris entre les côtés égaux. Il aurait fallu avoir, par exemple, $\widehat{B} = \widehat{E}$ ou bien AC = DF.

FICHE 26 Proportionnalité et théorème de Thalès

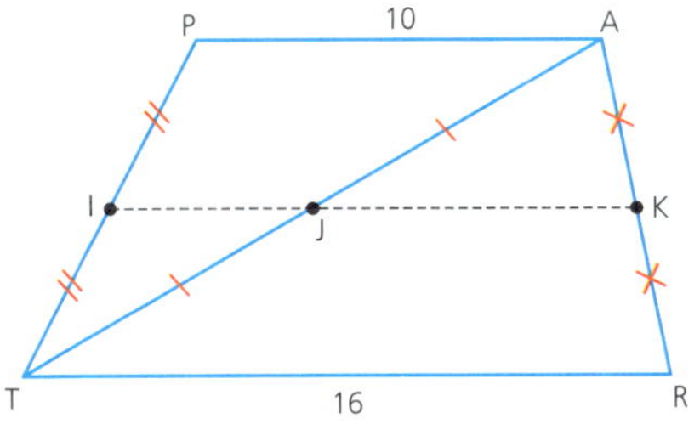

3a. On considère le triangle ATR. J étant le milieu de [AT] et K étant le milieu de [AR], (JK) est la « droite des milieux ». Elle est telle que $\frac{AJ}{AT} = \frac{1}{2}$ et $\frac{AK}{AR} = \frac{1}{2}$, donc $\frac{AJ}{AT} = \frac{AK}{AR}$. D'après la réciproque du théorème de Thalès, (JK) // (TR) et $JK = \frac{1}{2}TR$. De même, dans le triangle TPA, (IJ) est la « droite des milieux », donc (IJ) // (PA) et $IJ = \frac{1}{2}PA$. Or, les droites (PA) et (TR) sont parallèles, et du point J il ne passe qu'une seule droite parallèle à deux parallèles. Donc les droites (JK) et (IJ) sont confondues et les points I, J et K sont alignés.

3b. $IK = IJ + JK = \frac{1}{2}PA + \frac{1}{2}TR = 5 + 8$, donc IK = 13.

Remarque : IK est la base moyenne du trapèze. On vient de démontrer qu'elle est parallèle aux bases et qu'elle est égale à leur demi-somme.

FICHE 27 Triangle rectangle et trigonométrie

3a. D'après le théorème de Pythagore : $BC^2 = AB^2 + AC^2$.
Soit $AB^2 = 10^2 - 5^2 = 75$,
$AB = \sqrt{75}$, $AB = \sqrt{25 \times 3}$,
donc $AB = 5\sqrt{3}$.

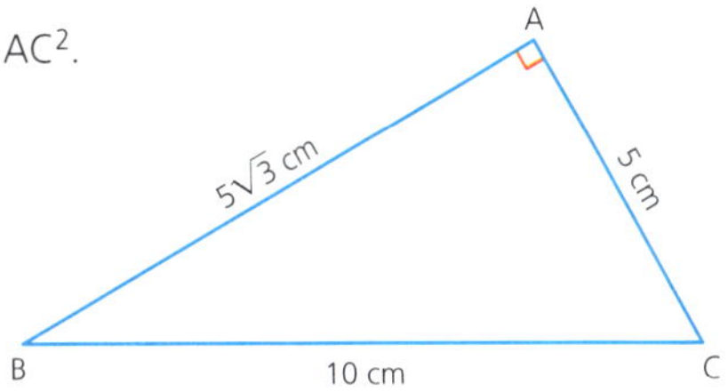

3b. $\sin\widehat{B} = \frac{5}{10} = 0,5$ et $\cos\widehat{C} = \frac{5}{10} = 0,5$.

$\tan\widehat{B} = \frac{5}{5\sqrt{3}} = \frac{1}{\sqrt{3}}$ et $\tan\widehat{C} = \frac{5\sqrt{3}}{5} = \sqrt{3}$.

3c. Les angles $\widehat{B}$ et $\widehat{C}$ du triangle rectangle ABC sont complémentaires. D'après la question **3b.**, on constate que $\sin\widehat{B} = \cos\widehat{C}$ et que $\tan\widehat{B} \times \tan\widehat{C} = 1$.

3d. $\sin\widehat{B} = 0,5$. À l'aide des touches [2nd] [Sin] ou [INV] [Sin], on trouve $\widehat{B} = 30°$, donc $\widehat{C} = 60°$.

FICHE 28 Similitude. Réduire et agrandir

3a. Le facteur d'agrandissement k est égal au quotient des mesures de deux côtés homologues.

Soit $\frac{\text{petit côté du triangle DEF}}{\text{petit côté du triangle ABC}} = \frac{25}{10}$, donc $k = 2,5$.

EF et BC sont deux côtés de l'angle droit et homologues, par conséquent EF = 2,5 × BC. Soit EF = 2,5 × 28, donc EF = 70 mm.

3b. Le triangle DEF est un agrandi du triangle ABC, donc les angles opposés aux côté homologues sont égaux, d'où :
- opposés à l'hypoténuse : $\widehat{B} = \widehat{E} = 90°$;
- opposés aux petits côtés de l'angle droit : $\widehat{C} = \widehat{F}$;
- opposés aux grands côtés de l'angle droit : $\widehat{A} = \widehat{D}$.

Or, dans le triangle rectangle ABC, $\tan\widehat{A} = \frac{28}{10} = 2,8$. À l'aide de la calculatrice et de SHIFT ou SECONDE [tan] (Arctan), on trouve $\widehat{A} \approx 70,34$. Arrondi à l'unité près, $\widehat{A} = 70°$, donc $\widehat{D} = 70°$. 90° – 70° = 20°, donc, arrondi à l'unité près, près $\widehat{C} = \widehat{F} = 20°$.

FICHE 29 Calculs d'aires

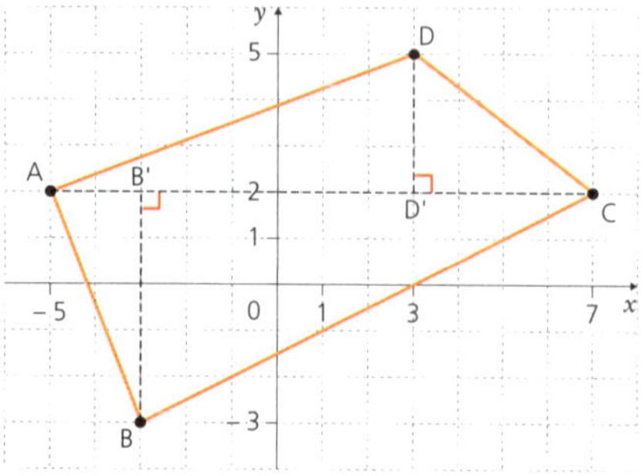

5. ABCD n'est pas un quadrilatère particulier dont on sait calculer l'aire.
Cependant les points A et C ont la même ordonnée, 2, donc la droite (AC) est parallèle à l'axe Ox.
L'aire du quadrilatère ABCD est égale à la somme des aires des triangles ABC et ACD.

$\mathcal{A}_{ABC} = \frac{1}{2} \times AC \times BB' = \frac{1}{2} \times 12 \times 5 = 30$

et $\mathcal{A}_{ACD} = \frac{1}{2} \times AC \times DD' = \frac{1}{2} \times 12 \times 3 = 18$. $30 + 18 = 48$.
Donc l'aire du quadrilatère ABCD est de 48 unités d'aire.

FICHE 30 Rappels : symétries, translation et rotation

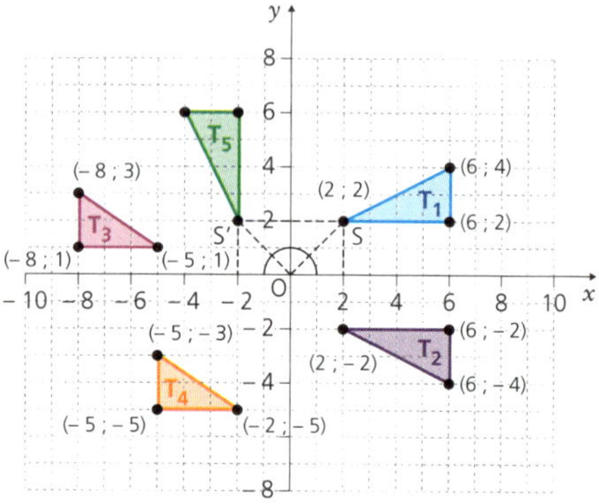

2a. La transformation qui transforme T_1 en T_2 est une **symétrie** par rapport à l'axe Ox. **b.** et **c.** Voir figure ci-contre. **d.** (−2 ; −5), (−5 ; −5) et (−5 ; −3) selon la figure. **e.** Par rotation, les triangles T_1 et T_5 sont égaux. Dans ces triangles, les angles opposés aux côtés égaux sont égaux, donc $\widehat{S} = \widehat{S'}$. Or, [OS] est une diagonale d'un carré de côté 2, donc $\widehat{SOy} = 45°$ et [OS'] est la diagonale d'un carré de côté 2, donc $\widehat{S'Oy} = 45°$. Par conséquent, l'angle de rotation $\widehat{SOS'}$ est de **90°** et le sens de rotation est celui de S vers S', **contraire** à celui des aiguilles d'une montre.

FICHE 31 Homothétie

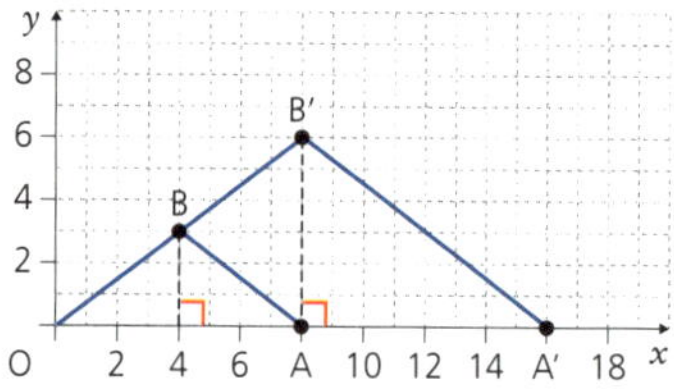

2a. Par lecture graphique, A(8 ; 0) et A'(16 ; 0). Par homothétie OA' = k × OA, donc k = OA'/OA = 16/8 = 2.

2b. B' est l'image de B par l'homothétie de centre O et de rapport 2, donc O, B et B' sont alignés et OB' = 2 × OB, donc B est le milieu de [OB'].
OB' = 2 × OB, donc B est le milieu de [OB'].

2c.

OA	OA'	OB	OB'	AB	A'B'	$\mathcal{P}_{OAB}$	$\mathcal{P}_{OA'B'}$	$\mathcal{A}_{OAB}$	$\mathcal{A}_{OA'B'}$
8	16	5	10	5	10	18	36	12	48

<u>Justificatifs</u> : par lecture graphique et d'après le théorème de Pythagore $OB^2 = 4^2 + 3^2 = 25$, donc **OB = 5** et $AB^2 = 4^2 + 3^2 = 25$, donc **AB = 5**.
Par homothétie, OB' = 2 × OB = 2 × 5 = **10** et A'B' = 2 × AB = **10**.
$\mathcal{P}_{OAB} = 8 + 5 + 5 =$ **18** et $\mathcal{P}_{OA'B'} = 16 + 10 + 10 =$ **36**.
$\mathcal{A}_{OAB} = ½ \times OA \times 3 = 4 \times 3 =$ **12** et $\mathcal{A}_{OA'B'} = ½ \times OA' \times 6 = 8 \times 6 =$ **48**.
d. Vrai. En effet, 36 est bien égal à 2 × 18, donc $\mathcal{P}_{OA'B'} = k \times \mathcal{P}_{OAB}$, et 48 est bien égal à $2^2 \times 12$, donc $\mathcal{A}_{OA'B'} = k^2 \times \mathcal{A}_{OAB}$.

6 Géométrie dans l'espace

FICHE 33 Notions d'espace, prismes et pyramides

2a. Le triangle ABC est rectangle en A. D'après le théorème de Pythagore, $AB^2 + AC^2 = BC^2$, donc $AC^2 = 5{,}2^2 - 2^2 = 23{,}04$. On en conclut que AC = 4,8 cm.

L'aire $\mathcal{A}_{base}$ de la base est égale à $\frac{1}{2} \times AB \times AC$,

donc $\mathcal{A}_{base} = 4{,}8\ cm^2$.

Le volume $\mathcal{V}$ de la pyramide est égal à $\frac{1}{3} \times \mathcal{A}_{base} \times SA$ ou

$3\mathcal{V} = \mathcal{A}_{base} \times SA$, soi $SA = 3\frac{\mathcal{V}}{\mathcal{A}}$. Or $\mathcal{V} = 5{,}6\ cm^3$ et $\mathcal{A}_{base} = 4{,}8\ cm^2$, donc $SA = \frac{3 \times 5{,}6}{4{,}8}$. Soit SA = 3,5 cm.

2b. **1°**. On trace deux droites perpendiculaires qui se coupent en A.

2°. On trace le triangle ABC rectangle en A tel que AB = 2 cm et AC = 4,8 cm.

3°. On place les points S_1 et S_2 tels que $AS_1 = AS_2 = 3,5$ cm.

4°. On construit, à l'aide d'un compas, le triangle S_3BC tel que $BS_3 = BS_1$ et $CS_3 = CS_2$.

5°. Par pliage le long des côtés du triangle ABC, les points S_1, S_2 et S_3 vont alors être confondus en S.

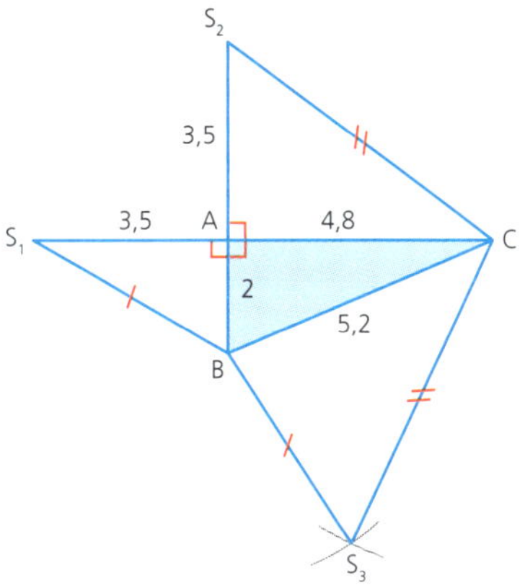

FICHE 34 Cylindres, cônes et sphères

3a. Le périmètre de la base est
$2\pi r = 2 \times \pi \times 6 = 12\pi$ cm.
La longueur exacte de l'arc AB du secteur circulaire est donc 12π cm.

3b. On calcule l'aire du secteur circulaire (SAB). La longueur, ou périmètre, du cercle de sommet S et de rayon 10 cm est égale à $2 \times \pi \times r$ cm $= 20\pi$ cm.

L'aire du disque de sommet S et de rayon 10 cm $= \pi \times 10^2$ cm^2 $= 100\pi$ cm^2.

La longueur de l'arc AB est 12π cm.

On calcule l'aire du secteur à l'aide d'un tableau de proportionnalité :

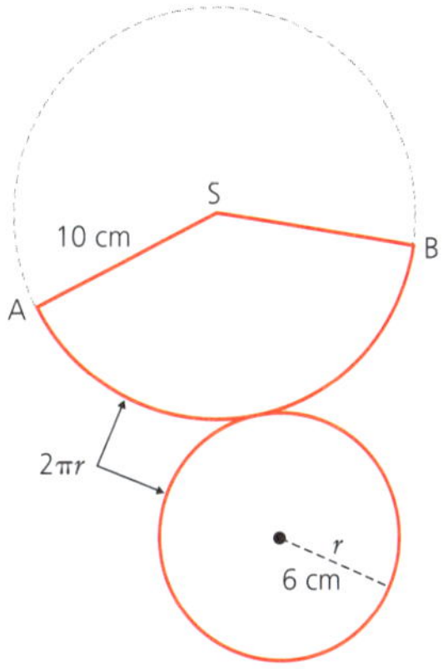

	Cercle de sommet S	Secteur (SAB)
Longueur de l'arc (cm)	20π	12π
Aire (cm²)	100π	x

Les produits en croix sont égaux, d'où l'aire du secteur (SAB) $x = \dfrac{12 \times 100}{20} = 60\pi$ cm^2.

L'aire totale du cône est égale à :
aire de la base + aire du secteur circulaire $= 36\pi + 60\pi$ cm^2
$= 96\pi$ cm^2
$\approx 301,59$ cm^2.
Arrondie à 0,01 près, l'aire totale du cône est 301,59 cm^2.

FICHE 35 Sections planes d'un solide

2a. Vrai. En effet, $2 \times \pi \times 6\,370$ km $\approx 40\,023$ km, donc **40 000** km au millier de km le plus proche.

2b. Vrai. En effet, $\dfrac{40\,000 \times 100}{360} \approx 11\,111$ km, donc **11 000** km au millier de km le plus proche.

2c. Vrai, car $\overset{\frown}{NBS}$ est un demi-cercle de diamètre [NS], donc c'est un méridien, et sa mesure d'angle est $\widehat{AOB} = 100°$ à partir de [OA] en direction de l'est.

2d. Vrai.

Remarques :
- Toutes les lignes tracées sur la Terre sont imaginaires. Elles sont en nombre infini.
- Le plan équatorial est perpendiculaire à l'axe des pôles Nord-Sud. Il passe par le centre O de la Terre et coupe sa surface en l'**équateur**.
- La **latitude** est une **mesure d'angle** relative à un **parallèle** (parallèle à l'équateur). Elle est toujours comprise entre 0° et 90° et définie par une direction vers le nord ou vers le sud.
- La **longitude** est une **mesure d'angle** relative à un **méridien**. Elle est toujours comprise entre 0° et 180° et définie vers l'est ou l'ouest à partir du méridien origine de Greenwich.
- Un point M de la Terre est repéré par une latitude suivie d'une longitude.

FICHE 36 Calculs d'aires et de volumes

3. Par pliage, les génératrices SA et SB se confondent, et le triangle SOA est rectangle en O. D'après le théorème de Pythagore, on trouve SO = 12, donc la hauteur du cône est 12 cm.
En cm^3, le volume du cône est :
$\mathcal{V} = \dfrac{1}{3}\pi r^2 \times h = \dfrac{1}{3} \times \pi \times 5^2 \times 12.$

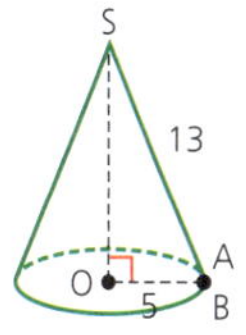

Soit $\mathcal{V} = 100\pi$ cm^3 ou $\mathcal{V} \approx 314$ cm^3

4. Cylindre et cône droits

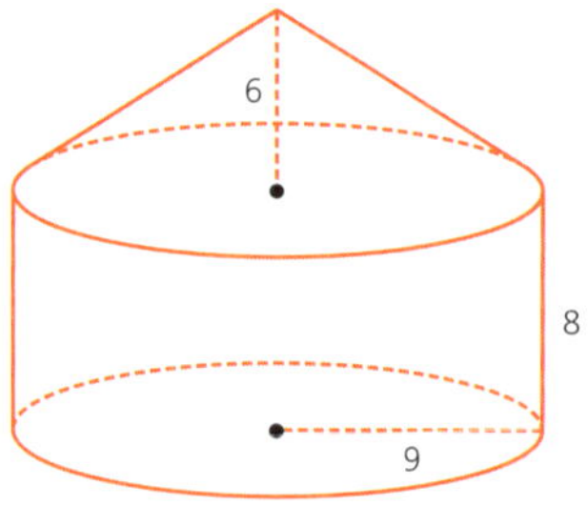

Volume $\mathcal{V}$ du solide = volume $\mathcal{V}_1$ du cylindre + volume $\mathcal{V}_2$ du cône.

Or, $\mathcal{V}_1$ = aire de la base × hauteur et $\mathcal{V}_2 = \frac{1}{3}$aire de la base × hauteur, donc $\mathcal{V}_1 = \pi \times 9^2 \times 8$

et $\mathcal{V}_2 = \frac{1}{3}\pi \times 9^2 \times 6$.

Finalement, on trouve $\mathcal{V} = 810\pi$ cm^3. Soit $\mathcal{V} \approx 2544{,}69$ cm^3

5a. $\mathcal{V}_{SABC} = \frac{1}{3} \times \mathcal{A}_{base} \times h = \frac{1}{3} \times \left(\frac{1}{2} \times BC \times BA\right) \times SB.$

On a BC = 2 cm et SB = 3 cm. Il faut calculer BA.

Dans le triangle ABC rectangle en B, $BC^2 + BA^2 = AC^2$ (Pythagore). Or, BC = 2 cm et AC = 5,2 cm, d'où $AB^2 = 23{,}04$. Soit AB = 4,8 cm.

$\mathcal{A}_{ABC} = \frac{1}{2} \times 2 \times 4{,}8 = 4{,}8$ cm^2.

Donc $\mathcal{V}_{SABC} = \frac{1}{3} \times 4{,}8 \times 3 = 4{,}8$.

Le volume de la pyramide SABC est 4,8 cm^3.

5b. B′ est le milieu de [SB],

donc $SB' = \frac{1}{2}SB$.

La section de la pyramide par le plan $\mathcal{P}$ parallèle à la base et passant par B détermine une pyramide SA′B′C′ réduite de SABC à l'échelle $\frac{1}{2}$,

par conséquent

$\mathcal{V}_{SA'B'C'} = \left(\frac{1}{2}\right)^3 \times \mathcal{V}_{SABC} = \frac{1}{8} \times 4{,}8$ cm^3. Soit $\mathcal{V}_{SA'B'C'}$ = 0,6 cm^3.

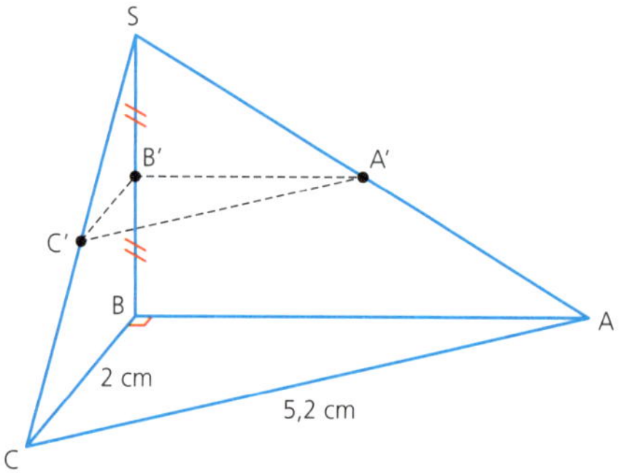

Remarque : le plan $\mathcal{P}$ et la base ABC étant parallèles, leurs intersections avec le plan SBC sont deux droites parallèles. Ainsi (B′C′) et (BC) sont parallèles. De même, (B′A′) et (BA) sont parallèles et (A′C′) et (AC) sont parallèles.

D'après la propriété de Thalès, ou la « droite des milieux »,

$B'C' = \frac{1}{2}BC$, $B'A' = \frac{1}{2}BA$ et $A'C' = \frac{1}{2}AC$.

$\mathcal{A}_{A'B'C'} = \frac{1}{2} \times B'C' \times B'A' = 1{,}2$ cm^2 et

$\mathcal{V}_{SA'B'C'} = \frac{1}{3} \times \mathcal{A}_{A'B'C'} \times SB' = \frac{1}{3} \times 1{,}2 \times 1{,}5 = 0{,}6$ cm^3.

7 Algorithmique et programmation

FICHE 38 Algorithme et programme

Si X =	1	2	3	4	5	6
Alors l'affichage est	**6**	24	12	42	18	60
Calculé sans boucle	×		×		×	
Calculé avec boucle		×		×		×

TEST 1 Calcul numérique (fiches 1 à 6)

Voir corrigés p. 143.

Pour chacune des questions, trois réponses sont proposées mais **une seule est exacte**. Choisir la réponse A, B ou C.

Question	Réponse A	Réponse B	Réponse C
1. Quel est le plus grand des trois nombres ?	$-\frac{7}{5}$	$-\frac{8}{5}$	$-\frac{3}{2}$
2. $18 - 8 : 2 \times 5 - 1$ est égal à :	–3	17	24
3. Où se trouvent tous les diviseurs de 54 ?	1; 6; 9 et 54	1; 2; 3; 6; 9; 18; 27 et 54	1; 2; 3; 4; 6; 9; 27 et 54
4. PGCD(72 ; 96) est égal à :	12	24	36
5. $(3 \times 10^5)(5 \times 10^{-2})$ s'écrit :	15×10^{-10}	15×10^{-3}	15×10^3
6. En notation scientifique, 0,0672 s'écrit :	$6{,}72 \times 10^{-2}$	$6{,}72 \times 10^2$	672×10^{-4}
7. $\frac{1{,}8 \times 10^3}{0{,}9 \times 10^{-3}}$ est égal à :	2×10^{-6}	2	2×10^6
8. $5 : \frac{5 \times \sqrt{24}}{\sqrt{6}}$ est égal à :	2	$\frac{1}{2}$	50
9. Quel est l'arrondi au millième de $\frac{835 - 536}{85}$?	3,520	3,517	3,518
10. Sous la forme $a + b\sqrt{6}$, $2\sqrt{24} + \sqrt{9} - 3\sqrt{54}$ s'écrit :	$2 + 9\sqrt{6}$	$3 - 5\sqrt{6}$	$3 - 7\sqrt{6}$
11. $\frac{\sqrt{32} - \sqrt{162}}{\sqrt{2}}$ est égal à :	–5	13	$-5\sqrt{2}$
12. $\frac{2 + \frac{1}{4}}{4 - \frac{2}{5}}$ est égal à :	$\frac{45}{88}$	$\frac{5}{8}$	$\frac{15}{8}$
13. $-5^0 + 3^2$ est égal à :	8	9	10
14. $5^6 \times (5^{-3})^2$ est égal à :	5	1	125
15. L'écriture scientifique de $\frac{23 \times 10^9 \times 10^{-3}}{10^2}$ est :	$2{,}3 \times 10^4$	23×10^4	$2{,}3 \times 10^5$

MATHS

TEST 2 Calcul littéral (fiches 7 à 12)

Voir corrigés p. 144.

Pour chacune des questions, trois réponses sont proposées mais **une seule est exacte**. Choisir la réponse A, B ou C.

Question	Réponse A	Réponse B	Réponse C
1. L'équation $x^2 - (x-3)(x+4) = 12$:	N'a pas de solution	A pour solution 1	A pour solution 0
2. Quel est le développement de $(x-3)(2x+1) - 2(5x+1)$?	$2x^2 - 15x - 5$	$2x^2 - 15x - 1$	$2x^2 + 4x - 1$
3. Pour $x = \frac{1}{2}$ et $y = \frac{1}{4}$, $\frac{x}{x-y}$ est égale à :	4	2	$\frac{1}{8}$
4. Le système $\begin{cases} 0,7x - 0,5y = 1 \\ 0,7x + 2y = -4 \end{cases}$ a pour solution :	$(x = 0\ ;\ y = 2)$	$(x = 1\ ;\ y = -2)$	$(x = 0\ ;\ y = -2)$
5. Sous la forme d'un produit de facteurs $4x^2 - (x-1)^2$ est égale à :	$(x+1)(3x-1)$	$(2x+1)(x-1)$	$(x-1)(3x+1)$
6. $7x - 18 < 10x + 6$ a pour solution :	$x < -8$	$x > -8$	$x > 12$
7. Quelle est l'écriture de $(3\sqrt{2} + 5)^2$ sous la forme $a + b\sqrt{2}$?	$43 + 30\sqrt{2}$	$40 + 15\sqrt{2}$	$31 + 30\sqrt{2}$
8. Quelle est la représentation graphique des solutions de l'inéquation $6x + 9 \geqslant -9$?	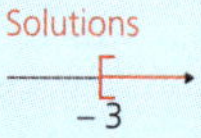	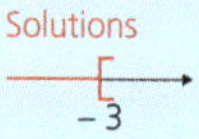	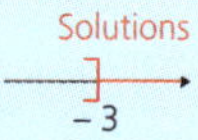
9. Quelle est la solution de l'équation $\frac{x-3}{4} + \frac{x}{2} = 6$?	$x = -5$	$x = 8$	$x = 9$
10. Pour quelles valeurs de x le produit $3(2x-1)(-4x-4)$ est-il nul ?	$x = 1$ ou $x = 2$	$x = \frac{1}{2}$ ou $x = 1$	$x = -1$ ou $x = \frac{1}{2}$

TEST 3 Fonctions (fiches 13 à 17)

Voir corrigés p. 145.

Pour chacune des questions, trois réponses sont proposées mais une seule est exacte. Choisir la réponse A, B ou C

Question	A	B	C
1. L'image de –5 par la fonction f telle que $f(x) = -3x + 4$ est :	–11	3	19
2. L'antécédent de 4 par la fonction g telle que $g(x) = -2x + 3$ est :	$\frac{7}{2}$	$\frac{1}{2}$	$-\frac{1}{2}$
3. $f(x) = 2x^3 - 5x + 3$. L'image de –1 par f est :	6	2	0
4. $f(x) = x^2 - 6x + 9$. La courbe qui représente f coupe l'axe des ordonnées en :	A(0 ; 3)	B(0 ; 9)	C(3 ; 0)
5. Si $f(x) = 3x^2 - 5$, alors $f(-\frac{2}{3}) = ...$	1	$-\frac{11}{3}$	$\frac{7}{9}$
6. $f(x) = 3x + 2$. La droite qui représente f passe par le point :	A(0 ; –2)	B(–2 ; 8)	C(–1 ; –1)
7. O(0 ; 0) et A(5 ; –2). Quelle est la fonction linéaire représentée par la droite (OA) ?	$x \mapsto -\frac{5}{2}x$	$x \mapsto -0{,}4x$	$x \mapsto 2x$
8. S(–5 ; 11) et T(3 ; –5). Quelle est la fonction affine représentée par la droite (ST) ?	$x \mapsto -2x + 1$	$x \mapsto 2x - 11$	$x \mapsto -x + 6$
9. $f(x) = (x + 1)^2$. Le nombre –4 a :	zéro antécédent	un antécédent	deux antécédents
10. $f(x) = \frac{x}{3}$ et $g(x) = x - 8$. Les graphes des fonctions f et g se rencontrent en :	A(3 ; 1)	B(6 ; –2)	C(12 ; 4)
11. Le coefficient directeur de la droite d'équation $y = -\frac{x}{2} + 3$ est :	–1	3	$-\frac{1}{2}$
12. A(1 ; 0) et B(5 ; 2). Quel est le coefficient directeur de la droite (AB) ?	2	$\frac{1}{2}$	4

TEST 4 Gestion de données (fiches 18 à 23)

Voir corrigés p. 146.

Pour chacune des questions, trois réponses sont proposées mais une seule est exacte. Choisir la réponse A, B ou C.

Question	A	B	C
1. Une voiture parcourt 240 km en 2 h 30 min. Sa vitesse moyenne est :	96 km/h	100 km/h	92 km/h
2. La vitesse 90 km/h est égale à :	150 m/s	25 m/s	250 m/s
3. Une voiture a roulé de 10 h 20 à 10 h 55 à la vitesse moyenne de 84 km/h. Quelle distance a-t-elle parcourue ?	44 km	63 km	49 km
4. L'échelle d'une carte est 1: 50 000. Quelle est la distance réelle de deux villes séparées sur la carte par 15 cm ?	750 km	75 km	7,5 km
5. Le prix d'une voiture est passé de 12 300 à 11 316 €. Quelle est en % la baisse de son prix ?	8 %	0,92 %	0,8 %
6. Une réduction de 20 % suivie d'une réduction de 10 % correspond à une réduction de :	30 %	32 %	28 %
7. La moyenne de la série 11 ; 56 ; x est 32. Quelle est la valeur de x ?	58	28	29
8. Si le mode de la série 5 ; y ; 4 ; 12 est 4, alors sa médiane est :	4	4,5	5
9. 8 est la moyenne de la série 2 ; 5 ; 3 ; x ; 17 ; 12. Quel est son premier quartile ?	3	5	12
10. Un dé cubique équilibré porte les lettres du mot CALCUL. On lance le dé, quelle est la probabilité d'obtenir la face L ?	$\frac{1}{6}$	$\frac{1}{4}$	$\frac{1}{3}$

TEST 5 Géométrie dans le plan (fiches 24 à 32)

Voir corrigés p. 147.

Pour chacune des questions trois réponses sont proposées mais **une seule est exacte**. Choisir la réponse A, B ou C.

Question	Réponse A	Réponse B	Réponse C
1. Si AB = 4 cm, alors : 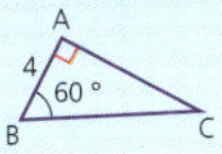	$AC = 4\sqrt{3}$ cm et BC = 8 cm	AC = 8 cm et $BC = 4\sqrt{3}$ cm	$AC = 2\sqrt{3}$ cm et BC = 8 cm
2. Soit ABC un triangle rectangle en A. Si $\sin \widehat{B} = \frac{1}{2}$, alors :	$\widehat{B} = 60°$ et $\widehat{C} = 30°$	$\widehat{B} = 45°$ et $\widehat{C} = 45°$	$\widehat{B} = 30°$ et $\widehat{C} = 60°$
3. Si CD = 20, CA = 32, BE = 9 et CE = x, alors les droites (DE) et (AB) sont parallèles pour x = ... 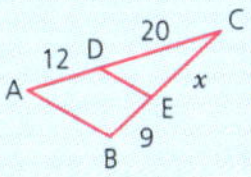	10	12	15
4. Selon les indications portées par la figure, cos C = ... 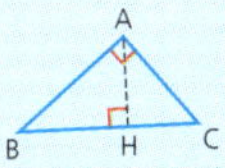	$\frac{AH}{AC}$ ou $\frac{AB}{BC}$	$\frac{CH}{AC}$ ou $\frac{AC}{BC}$	$\frac{CH}{AH}$ ou $\frac{AC}{AB}$
5. $\widehat{A}$ est un angle aigu d'un triangle rectangle. Si $\sin \widehat{A} = \frac{3}{4}$, alors :	$\cos \widehat{A} = \frac{1}{2}$ et $\tan \widehat{A} = \frac{3}{2}$	$\cos \widehat{A} = \frac{\sqrt{7}}{4}$ et $\tan \widehat{A} = \frac{3\sqrt{7}}{7}$	$\cos \widehat{A} = \frac{1}{4}$ et $\tan \widehat{A} = \frac{3}{16}$
6. En réduisant un triangle ABC d'aire 1300 mm^2, on a obtenu un triangle EFG d'aire 468 mm^2. Quel est le coefficient k de réduction ?	2,78	0,36	0,6
7. Les mesures des côtés d'un triangle sont en cm 4,5 ; 6 et 7,5. Ce triangle est :	quelconque	rectangle	isocèle

MATHS

TEST 6 Géométrie dans l'espace (fiches 33 à 37)

▶▶▶ **Voir corrigés p. 148.**

Pour chacune des questions trois réponses sont proposées mais une seule est exacte. Choisir la réponse A, B ou C.

Question	A	B	C
1. Si on double l'arête d'un cube, alors le volume est multiplié par :	2	6	8
2. On considère un cylindre de diamètre 10 cm et de hauteur 8 cm. Quelle est l'aire latérale de ce cylindre et quel est son volume ? 	80π cm² et 200π cm³	25π cm² et 250π cm³	100π cm² et 800π cm³
3. On considère une pyramide régulière à base carrée, de hauteur 30 m et de volume 1 000 m³. Quel est, en mètres, le côté de la base ? 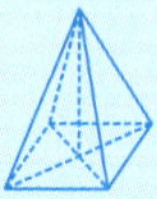	$\frac{10\sqrt{3}}{3}$	100	10
4. L'arête d'un tétraèdre régulier a pour longueur 6 cm. Quelle est, en cm², l'aire totale de ce tétraèdre ? 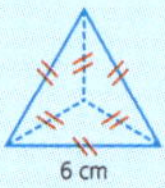	$18\sqrt{3}$	$27\sqrt{3}$	$36\sqrt{3}$
5. En prenant $\pi = 3,14$, quelle est l'aire et quel est le volume d'une balle de diamètre 6 cm ? 	452,16 cm² et 904,32 cm³	113,04 cm² et 113,04 cm³	28,26 cm² et 226,08 cm³
6. Quelle est la base du prisme droit ABCDEFGH ? 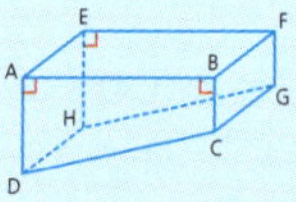	DCGH	ABCD	ADHE
7. Une piscine a la forme du prisme droit de la question 6. Pour AB = 14 m, AE = 5 m, AD = 1,80 m, BC = 0,80 m, quelle est, en litres, sa capacité d'eau ?	91 000 L	9 100 L	56 000 L

CORRIGÉS TEST 1 Calcul numérique

Q.	1	2	3	4	5	6	7	8	9	10	11	12	13	14	15
R.	A	A	B	B	C	A	C	B	C	B	A	B	A	B	C

1A En effet, $-\frac{7}{5} = -1,4$, $-\frac{8}{5} = -1,6$ et $-\frac{3}{2} = -1,5$ et $-1,6 < -1,5 < -1,4$.

2A En effet, $18 - 8 : 2 \times 5 - 1 = 18 - 4 \times 5 - 1 = 18 - 20 - 1 = -3$.

3B Par élimination. Ce n'est pas la réponse **A**, car 2 est un diviseur de 54. Ce n'est pas la réponse **C**, car 4 n'est pas un diviseur de 54, c'est donc la réponse **B**.

4B Par élimination. Ce n'est pas la réponse **A**, car $72 = 12 \times 6$ et $96 = 12 \times 8$, et 6 et 8 ne sont pas premiers entre eux. C'est la réponse **B**, car $72 = 24 \times 3$ et $96 = 24 \times 4$, et 3 et 4 sont premiers entre eux.

5C Par calcul : $(3 \times 10^5)(5 \times 10^{-2}) = 3 \times 10^5 \times 5 \times 10^{-2} = 15 \times 10^{5-2} = 15 \times 10^3$.

6A Par définition de la notation scientifique. En effet, $1 \leqslant 6,72 < 10$ et $0,0672 = 6,72 \times 10^{-2}$.

7C En effet, en simplifiant, on a : $\frac{1,8}{0,9} = \frac{18}{9} = 2$ et $\frac{10^3}{10^{-3}} = 10^{3-(-3)} = 10^6$.

8B En effet, $\sqrt{24} = \sqrt{4 \times 6} = 2\sqrt{6}$, donc :

$$5 : \frac{5 \times \sqrt{24}}{\sqrt{6}} = 5 : \frac{5 \times 2\sqrt{6}}{\sqrt{6}} = 5 : 10 = \frac{1}{2}.$$

9C À l'aide d'une calculatrice, remplacer le trait de fraction par des parenthèses, taper :

[(] 835 [−] 536 [)] [÷] 85 [=] ou [EXE] et lire : 3.517647059. L'arrondi au millième près est 3,518, car le 6 est plus grand que 5.

10B $2\sqrt{24} + \sqrt{9} - 3\sqrt{54} = 2 \times 2\sqrt{6} + 3 - 3 \times 3\sqrt{6} = 3 - 5\sqrt{6}$.

11A $\frac{\sqrt{32} - \sqrt{162}}{\sqrt{2}} = \frac{\sqrt{16 \times 2} - \sqrt{81 \times 2}}{\sqrt{2}} = \frac{4\sqrt{2} - 9\sqrt{2}}{\sqrt{2}} = \frac{-5\sqrt{2}}{\sqrt{2}} = -5$.

12B $\dfrac{2 + \frac{1}{4}}{4 - \frac{2}{5}} = \dfrac{\frac{9}{4}}{\frac{18}{5}} = \frac{9}{4} \times \frac{5}{18} = \frac{5}{8}$.

13A $5^0 = 1$, donc $-5^0 + 3^2 = -1 + 9 = 8$.

14B $5^6 \times (5^{-3})^2 = 5^6 \times 5^{-6} = 5^{6-6} = 5^0 = 1$.

15C $\frac{23 \times 10^9 \times 10^{-3}}{10^2} = 23 \times 10^{9-3-2} = 23 \times 10^4 = 2,3 \times 10^5$.

CORRIGÉS TEST 2 Calcul littéral

Q.	1	2	3	4	5	6	7	8	9	10
R.	C	A	B	C	A	B	A	A	C	C

1C En effet, pour $x = 0$, et à l'aide d'un calcul mental, le premier membre est égal à $0 - (0 - 3)(0 + 4) = 3 \times 4 = 12$.

2A En effet, $(x - 3)(2x + 1) - 2(5x + 1) = 2x^2 + x - 6x - 3 - 10x - 2$.
Réduire les termes en x, on obtient :
$2x^2 + (1 - 6 - 10)x - 3 - 2 = 2x^2 - 15x - 5$.

3B Pour $x = \frac{1}{2}$ et $y = \frac{1}{4}$, le dénominateur $x - y = \frac{1}{2} - \frac{1}{4} = \frac{1}{4}$.
D'où $\frac{1}{2} : \frac{1}{4} = \frac{1}{2} \times \frac{4}{1} = \frac{4}{2} = 2$.

4C Par calcul. En soustrayant membre à membre les deux équations, on obtient $0{,}7x - 0{,}7x - 0{,}5y - 2y = 1 - (-4)$, c'est-à-dire $-2{,}5y = 5$, donc $y = \frac{5}{-2{,}5} = -2$. On remplace y par sa valeur dans la seconde équation et on obtient :
$0{,}7x + 2 \times (-2) = -4$, donc $0{,}7x = 0$. Or, $0{,}7 \neq 0$, donc $x = 0$.

5A $4x^2 - (x - 1)^2$ est de la forme $a^2 - b^2 = (a - b)(a + b)$ avec $a = 2x$ et $b = x - 1$.
D'où $4x^2 - (x - 1)^2 = [2x - (x - 1)][2x + (x - 1)] = (x + 1)(3x - 1)$.

6B $7x - 18 < 10x + 6$. On isole l'inconnue dans le premier membre, d'où $7x - 10x < 18 + 6$, soit $-3x < 24$. La division des deux membres par -3 en changeant le sens de l'inéquation donne $x > -8$.

7A $(3\sqrt{2} + 5)^2$ est de la forme $(a + b)^2$, donc :
$(3\sqrt{2} + 5)^2 = (3\sqrt{2})^2 + 2 \times (3\sqrt{2}) \times 5 + 5^2 = 9 \times 2 + 30\sqrt{2} + 25 = 18 + 30\sqrt{2} + 25 = 43 + 30\sqrt{2}$.

8A En effet, $6x + 9 \geqslant -9$, donc $6x \geqslant -9 - 9$. Soit $6x \geqslant -18$ ou $x \geqslant \frac{-18}{6}$, donc $x \geqslant -3$.

9C Par calcul, on élimine les réponses **A** et **B** et, pour la réponse **C**, on a bien :
$\frac{9 - 3}{4} + \frac{9}{2} = \frac{\cancel{6}}{\cancel{4}} + \frac{9}{2} = \frac{3}{2} + \frac{9}{2} = \frac{12}{2} = 6$.

10C Un produit de facteurs est nul si l'un des facteurs est nul, donc pour $2x - 1 = 0$ ou $-4x - 4 = 0$.
Soit $x = \frac{1}{2}$ ou $-4x = 4$, $x = -\frac{4}{4}$, donc $x = -1$.

CORRIGÉS TEST 3 Fonctions

Q.	1	2	3	4	5	6	7	8	9	10	11	12
R.	C	C	A	B	B	C	B	A	A	C	C	B

1C $f(-5) = -3 \times (-5) + 4 = 15 + 4 = 19$.

2C $g(x) = 4$, donc $-2x + 3 = 4$, d'où $x = -\dfrac{1}{2}$.

3A $f(-1) = 2 \times (-1)^3 -5 \times (-1) + 3 = 2 \times (-1) + 5 + 3 = 6$.

4B Tout point de l'axe des ordonnées a pour abscisse 0. Or, pour $x = 0$, $f(0) = 0 - 0 + 9 = 9$, donc l'intersection de la courbe avec l'axe des ordonnées est le point B(0 ; 9).

5B Par calcul, on trouve que, pour $x = -\dfrac{2}{3}$, $3x^2 - 5 = -\dfrac{11}{3}$.

6C À l'aide d'un calcul mental, on élimine les réponses **A** et **B**.
On vérifie que pour $x = -1$, $y = f(-1) = -1$.

7B L'équation de la droite (OA) est de la forme $y = ax$. Or, pour $x = 5$, $y = -2$.
Donc $a = -\dfrac{2}{5}$. La fonction linéaire représentée par (OA) est donc définie par $x \mapsto -\dfrac{2}{5}x$.

8A Les coordonnées des points S(–5 ; 11) et T(3 ; –5) vérifient l'équation $y = ax + b$. En résolvant le système $\begin{cases} 11 = -5a + b \\ -5 = 3a + b \end{cases}$, soit $\begin{cases} b = 5a + 11 \\ b = -3a - 5 \end{cases}$, on trouve $a = -2$ et $b = 1$. La fonction affine représentée par la droite (ST) est définie par $x \mapsto -2x + 1$.

9A L'antécédent de –4 est un nombre x tel que $f(x) = -4$, soit $(x + 1)^2 = -4$. Or $(x + 1)^2$ est toujours positif ou nul, donc –4 n'a pas d'antécédent.

10C À l'aide d'un calcul mental, on élimine les réponses **A** et **B**.
On vérifie que pour $x = 12$, $f(12) = g(12) = 4$.

11C Le coefficient directeur de la droite n'est autre que le coefficient de x dans l'équation $y = -\dfrac{x}{2} + 3$, donc $-\dfrac{1}{2}$.

12B Les coordonnées des points A(1 ; 0) et B(5 ; 2) vérifient l'équation $y = ax + b$.
En résolvant le système $\begin{cases} 0 = a + b \\ 2 = 5a + b \end{cases}$, soit $\begin{cases} b = -a \\ b = -5a + 2 \end{cases}$, on trouve $a = \dfrac{1}{2}$.

CORRIGÉS TEST 4 Gestion de données

Q.	1	2	3	4	5	6	7	8	9	10
R.	A	B	C	C	A	C	C	B	A	C

1A $v = \frac{d}{t}$. Pour $d = 240$ km et $t = 2{,}5$ h, on obtient $v = 96$ km/h.

2B 1 km = 1000 m et 1 h = 3600 s, d'où :

$90 \text{ km/h} = \frac{90 \text{ km}}{1 \text{ h}} = \frac{90\,000 \text{m}}{3\,600 \text{s}} = 25 \text{ m/s}.$

3C $d = v \times t$. Pour $v = 84$ km/h et $t = 35 \text{ min} = \frac{35}{60}$ h, on obtient $d = 49$ km.

4C Distance réelle = 50 000 × 15 cm = 750 000 cm = 7 500 m = 7,5 km.

5A 12 300 € – 11 316 € = 984 €. $\frac{\text{baisse}}{\text{prix initial}} = \frac{984}{11320} = \frac{x}{100}$. Les produits en croix sont égaux, d'où $x = 8$. En pourcentage, la baisse est donc de 8 %.

6C Si p est le prix initial, alors, suite à la première réduction, le prix devient $0{,}8p$ et, suite à la seconde réduction, il devient $0{,}9 \times (0{,}8p) = 0{,}72p$. La réduction est donc de $1 - 0{,}72 = 0{,}28$ ou 28 %.

7C En effet, $\frac{11+56+x}{3} = 32$, d'où $x = 96 - (11+56) = 29$.

8B Le mode est 4, donc 4 apparaît le plus, d'où $y = 4$. Dans l'ordre croissant, la série s'écrit : 4 ; 4 ; 5 ; 12, donc sa médiane est $\frac{4+5}{2} = 4{,}5$.

9A En appliquant la formule de la moyenne, on trouve $x = 9$. Dans l'ordre croissant, la série s'écrit : 2 ; <u>3</u> ; 5 I 9 ; 12 ; 17. Il apparaît que 3 est son premier quartile.

10C Deux faces portent la lettre L, donc $p(\text{L}) = \frac{2}{6} = \frac{1}{3}$.

CORRIGÉS TEST 5 Géométrie dans le plan

Q.	1	2	3	4	5	6	7
R.	A	C	C	B	B	C	B

1A Dans le triangle ABC rectangle en A, $\tan 60° = \frac{\text{opposé}}{\text{adjacent}} = \frac{AC}{AB}$, d'où $AC = 4 \times \tan 60°$.
Mais $\tan 60° = \sqrt{3}$, donc $AC = 4\sqrt{3}$ cm.
De même, $\cos 60° = \frac{\text{adjacent}}{\text{hypoténuse}} = \frac{AB}{BC}$, donc $BC = \frac{AB}{\cos 60°}$. Mais $\cos 60° = \frac{1}{2}$, donc BC = 8 cm.

2C À l'aide de la calculatrice, on tape Arcsin(0,5) et on lit 30°. Si $\sin \widehat{B} = 0{,}5$ alors $\widehat{B} = 30°$.
Donc $\widehat{C} = 90° - 30° = 60°$.

3C D'après la réciproque du théorème de Thalès, si $\frac{CD}{CA} = \frac{CE}{CB}$, alors les droites (DE) et (AB) sont parallèles. Or $\frac{CD}{CA} = \frac{20}{32} = \frac{5}{8}$ et $\frac{CE}{CB} = \frac{x}{x+9}$. En résolvant l'équation $\frac{x}{x+9} = \frac{5}{8}$, on trouve $x = 15$.

4B $\cos \widehat{C} = \frac{\text{adjacent}}{\text{hypoténuse}}$. Ainsi, dans le triangle ACH rectangle en H, $\cos \widehat{C} = \frac{CH}{AC}$ et, dans le triangle rectangle ABC, $\cos \widehat{C} = \frac{AC}{BC}$.

5B De la relation $\sin^2 \widehat{A} + \cos^2 \widehat{A} = 1$ et la propriété $\cos \widehat{A} > 0$, on en déduit que $\cos \widehat{A} = \frac{\sqrt{7}}{4}$. De la relation $\tan \widehat{A} = \frac{\sin \widehat{A}}{\cos \widehat{A}}$, on en déduit que $\tan \widehat{A} = \frac{3}{\sqrt{7}}$ ou $\tan \widehat{A} = \frac{3\sqrt{7}}{7}$.

6C Le coefficient, ou facteur, de réduction est un nombre k tel que $0 < k < 1$. Or, $k^2 = \frac{468}{1300}$ ou $k^2 = \frac{9}{25}$, donc $k = \sqrt{\frac{9}{25}} = \frac{3}{5} = 0{,}6$.

7B Le triangle n'est certainement pas isocèle. Est-il un triangle rectangle ? On a $7{,}5^2 = 56{,}25$ et $4{,}5^2 + 6^2 = 56{,}25$. D'après la réciproque du théorème de Pythagore, il est rectangle.

CORRIGÉS TEST 6 Géométrie dans l'espace

Q.	1	2	3	4	5	6	7
R.	C	A	C	C	B	B	A

1C Le volume est multiplié par 2^3, donc par 8.

2A L'aire latérale est égale à :
périmètre de la base × hauteur = $10\pi \times 8$ cm² et le volume du cylindre est égal à :
aire de la base × hauteur = $\pi r^2 \times 8$ cm³ = $25 \times \pi \times 8$ cm³ = 200π cm³.

3C En effet, $\mathcal{V}_{\text{pyramide}} = \frac{1}{3} \times \mathcal{A}_{\text{base}} \times$ hauteur.

Soit $\mathcal{V} = \frac{1}{3} \times \mathcal{A}_{\text{base}} \times h$, ou $3 \times \mathcal{V} = \mathcal{A}_{\text{base}} \times h$, donc $\mathcal{A}_{\text{base}} = 3\frac{\mathcal{V}}{h}$.

Soit $\mathcal{A}_{\text{base}} = \frac{3\,000}{30} = 100$. La base est un carré de côté $\sqrt{100} = 10$.

4C Les quatre faces du tétraèdre régulier sont des triangles équilatéraux. En appliquant le théorème de Pythagore, la hauteur d'un triangle équilatéral de côté 6 cm est égale à $3\sqrt{3}$ cm, donc, en cm², l'aire d'une face est $\frac{1}{2} \times 6 \times 3\sqrt{3} = 9\sqrt{3}$ et l'aire totale du tétraèdre est $36\sqrt{3}$ cm².

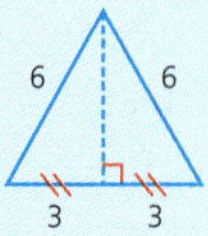

5B $\mathcal{A}_{\text{balle}} = 4\pi r^2 = 4 \times \pi \times 3^2 = 36\pi$.
Pour $\pi = 3{,}14$, l'aire de la balle est 113,04 cm².

$\mathcal{V}_{\text{balle}} = \frac{4}{3}\pi r^3 = \frac{4}{3} \times 3{,}14 \times 3^3 = 113{,}04$ cm³.

6B Les faces d'un prisme droit sont toujours des rectangles dont les côtés opposés sont deux à deux parallèles. Par élimination, les bases sont les faces ABCD et EFGH dont uniquement deux côtés opposés sont parallèles.

7A La base ABCD est un trapèze d'aire :

$$\frac{BC + AD}{2} \times AB = 18{,}20 \text{ m}^2.$$

La hauteur de la piscine est AE = 5 m.
Or, $18{,}2 \times 5 = 91$, donc le volume de la piscine est 91 m³.
Mais 91 m³ = 91 000 dm³, donc la capacité de la piscine est 91 000 L.

MÉTHODE Nature du sujet et objectifs de l'épreuve

L'épreuve de mathématiques du DNB, diplôme national du brevet des collèges, dure deux heures. Elle est notée sur 50.
L'épreuve est composée de six à dix exercices, indépendants les uns des autres, et qui sont notés sur 45 points. La qualité de la rédaction, de l'orthographe et de la présentation est notée sur 5 points.

1 Thèmes des exercices

Chaque exercice est préparé selon plusieurs thèmes : activités numériques, littérales, gestion de données, fonctions, géométrie dans le plan, espace, algorithmique et programmation.
Ces thèmes couvrent l'ensemble du programme de mathématiques du collège :
– **Activités numériques :** nombres, nature, opérations, représentation, PGCD, fractions, puissance, racine carrée, notation scientifique.
– **Calcul littéral :** développer, réduire, factoriser, résoudre une équation ou une inéquation, représenter les solutions.
– **Organisation et gestion de données :** proportionnalité, pourcentages, représentation, mesures, grandeurs, grandeurs composées, fonctions, linéaire, affine, lectures graphiques, tableur.
– **Statistiques et probabilités :** fréquence, moyenne, médiane, étendue, probabilité.
– **Géométrie dans le plan :** mesures, angles, parallèles, triangles, parallélogrammes, Pythagore, Thalès, transformations, symétries centrale et axiale, translation, rotation, homothétie, similitude, réduire, agrandir, trigonométrie.
– **Espace :** aires, volumes, cube, parallélépipède rectangle, prisme droit, pyramide, cône, sphère, sections de solides. Se repérer dans l'espace, se repérer sur une sphère.
– **Algorithmique et programmation :** suite d'instructions.

2 Compétences évaluées

L'épreuve est composée de différents exercices permettant de vérifier :
– la maîtrise du calcul (écriture fractionnaire, puissances, écriture scientifique) ;
– la capacité de développer et de factoriser avec ou sans les identités remarquables et de résoudre une équation-produit ;
– la capacité de rechercher un PGCD pour rendre une fraction irréductible ou pour résoudre un problème ;
– la capacité de résoudre une équation ou une inéquation du premier degré à une inconnue ;
– la capacité de résoudre un problème à l'aide d'une équation ou d'une inéquation ;
– la capacité de calculer des pourcentages, de changer d'unités des grandeurs composées ;
– la capacité de calculer la moyenne, la médiane, les fréquences, l'étendue d'une série statistique ;
– la capacité de calculer la probabilité d'un événement, de deux événements incompatibles, d'un événement contraire ;
– la capacité de réaliser une figure à l'aide des outils de géométrie (règle, compas, équerre, rapporteur) ;
– la capacité d'utiliser le théorème de Pythagore et sa réciproque ;
– la capacité d'utiliser le théorème de Thalès et sa réciproque ;
– la capacité d'utiliser les notions de trigonométrie ;
– la capacité de calculer la mesure des angles d'un triangle, d'un triangle particulier ;
– la capacité de calculer des aires ou des volumes, d'appliquer un coefficient d'agrandissement ou de réduction ;
– La capacité de transformer une figure par symétrie, translation, rotation ou homothétie ;
– la capacité de visualiser des objets dans l'espace, de définir des sections planes ;
– la capacité de rédiger une démonstration à partir des données et des propriétés géométriques étudiées.

3 Les bons réflexes à avoir

Reporter le texte sur votre copie, puis vérifier qu'il est sans erreur.
Appliquer les règles de calcul étudiées sans précipitation, les unes à la suite des autres, car il vous est demandé de rédiger en détaillant les calculs.
Si possible, vérifier votre résultat à l'aide de la calculatrice.
Réaliser des figures de géométrie claires et précises.
Analyser la figure et les données, puis compléter la figure en notant sur celle-ci les longueurs, les mesures d'angles et toutes les propriétés figurant dans le texte.
Dans chaque démonstration : rappeler les hypothèses utilisées ; énoncer le théorème appliqué ; écrire clairement la conclusion.

4 Gestion de l'épreuve

Info +
Lors de la relecture en fin d'épreuve, corrigez les fautes d'orthographe et mettez en évidence chaque réponse.

Il est nécessaire de consacrer quelques minutes à la lecture de tout le sujet et à la relecture de la copie en fin d'épreuve.
Durant l'épreuve, des règles élémentaires doivent être respectées. Il faut :
– suivre les instructions données pour la présentation de l'épreuve ;
– lire correctement l'énoncé de chaque exercice ;
– analyser le vocabulaire mathématique utilisé dans le texte et définir la question posée ;
– analyser si l'exercice a des questions dépendant les unes des autres ;
– bien appliquer les règles de calculs étudiées ;
– réaliser en géométrie une figure claire et précise qui doit illustrer le texte. Il ne faut jamais faire de cas particulier ;
– rédiger des démonstrations rigoureuses qui incluent les théorèmes utilisés ;
– écrire des raisonnements mathématiques s'enchaînant logiquement. Ils ne doivent pas être une suite de calculs sans liens entre eux ;
– créer des graphiques précis lorsque l'on représente des fonctions affines. Les points choisis pour construire les droites ne doivent pas être trop proches pour que le tracé de la droite soit juste. Les lectures d'images et d'antécédents doivent être indiquées par des pointillés.

BREVET BLANC Mathématiques - Sujet 1

Exercice 1 (4 points)

Les questions de cet exercice sont indépendantes.

1. À l'aide d'un calcul mental, Julien a trouvé que 199×201 est égal à 39 999.
Sa réponse est-elle vraie ou fausse ? Cocher la bonne case en justifiant le calcul mental de Julien.

❑ V ❑ F

2. Cocher la bonne case et justifier la réponse.
Si $xy = 12$ et $x^2 + y^2 = 25$, alors

a. $(x + y)^2$ est égale à ❑ 37 ❑ 38 ❑ 49 ❑ 64

b. $(x - y)^2$ est égale à ❑ 1 ❑ 13 ❑ 25 ❑ 36

3. Quelle est la distance des deux points A et B ? Cocher la ou les bonnes cases en justifiant votre choix.

❑ 9 ❑ 8 ❑ 7 ❑ 5 ❑ Inconnue

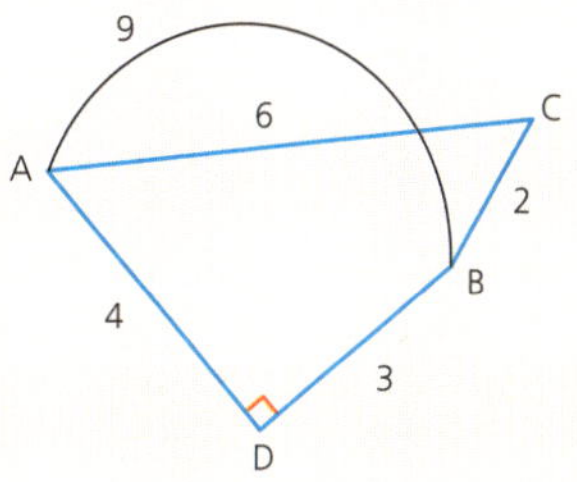

Exercice 2 (8 points)

1. Pour chacune des conversions suivantes, dire si elle est vraie ou fausse en justifiant soigneusement la réponse.

	V	F
a. 1 kg/dm³ = 1 g/cm³	❑	❑
b. 1 km/h = 1 m/s	❑	❑
c. 4,5 h = 4 h 30 min	❑	❑

2a. Pour se rendre à son travail, Antoine parcourt 15 km. Lundi, il a mis 24 min 12 s, mardi 32 min 40 s et mercredi 29 min 45 s. Quel jour de la semaine sa vitesse moyenne a été la plus proche de 30 km/h ? Cocher la bonne case et justifier la réponse.

❑ Lundi ❑ Mardi ❑ Mercredi

b. Jeudi et vendredi, Antoine s'est rendu au travail à une vitesse moyenne de 30 km/h. Exprimer sa vitesse v en km/min.

c. Voici la représentation graphique de la distance d parcourue en fonction du temps t.

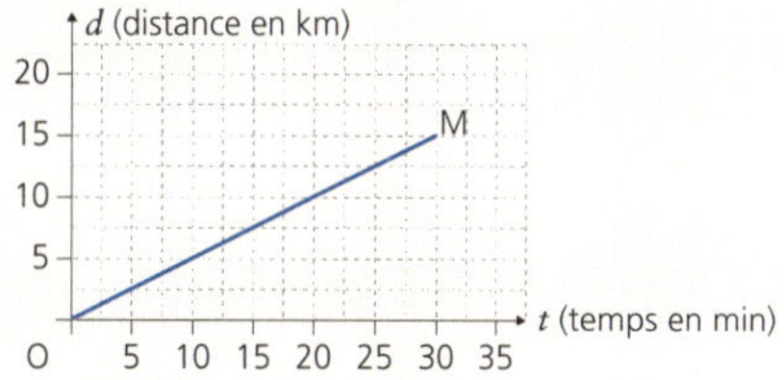

Trouver graphiquement la distance d qu'il a parcourue en 25 minutes. Justifier par calcul.

Exercice 3 (4 points)

Trois copains se sont partagés une pizza. La pizza coûte 18 euros. Claudie n'a pas mangé autant que ses deux copains, alors Charles et Émile ont décidé que Claudie paiera la moitié de ce que chacun d'eux paiera.

1. Quelle somme Claudie aura-t-elle à payer ?

2. Claudie a remercié ses copains et a arrondi son paiement à l'euro. Combien alors chacun de ses copains a-t-il payé sa part de pizza ?

Exercice 4 (7 points)

Dans une commune, 2 560 habitants ont voté pour une nouvelle loi, 1 900 ont voté contre la loi et 540 n'avaient pas d'opinions.

1. Quel pourcentage d'habitants est-il favorable à la nouvelle loi ? Contre la loi ? Sans opinion ?

2. Compléter le tableau récapitulatif et tracer un diagramme circulaire représentant les résultats de ce vote.

Habitants	Favorable à la loi	Contre la loi	Sans opinion	TOTAL
Effectif	…	…	…	…
Fréquence	…	…	…	1
Fréquence en %	…	…	…	100
Secteur en degrés (arrondi à l'unité)	…	….	…	360

Exercice 5 (6 points)

En météorologie, le vent est le mouvement de l'air. La mesure du vent est définie par sa vitesse. Le « nœud » (en anglais *knot*) est une vitesse utilisée en navigation maritime et aérienne. 1 nœud est égal à 1,852 km/h.
Un arbre a été cassé lors d'un ouragan.

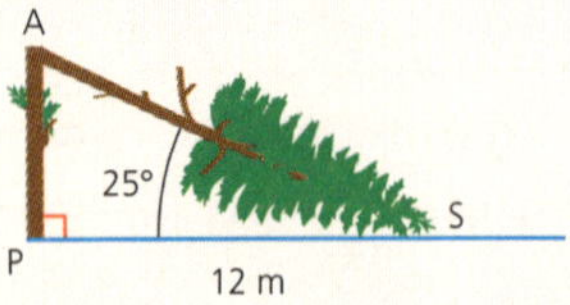

1. Sachant que la vitesse du vent était de 213 km/h, exprimer à l'unité près cette vitesse en nœuds.
2. Observer les indications portées par la figure et calculer au centimètre près la hauteur initiale de l'arbre.

Exercice 6 (8 points)

Les questions de cet exercice sont indépendantes.
1. Pour réaliser une figure dont le motif est un triangle équilatéral de côté 50 unités, Michou a utilisé le logiciel Scratch. Il a ainsi défini son motif :

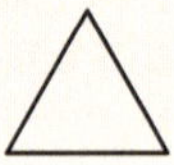

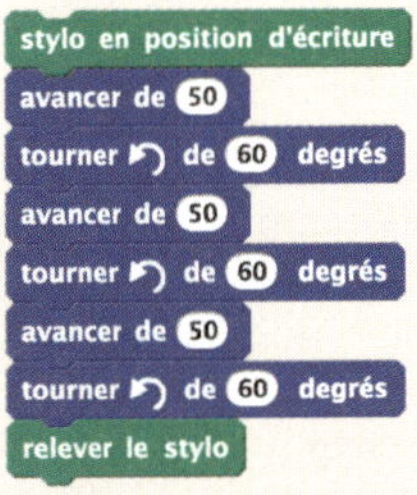

Michou s'est rendu compte d'une erreur concernant la mesure des angles. Comment a-t-il corrigé son algorithme ?
2. Observer le pavage réalisé par Michou avec des triangles équilatéraux et répondre aux questions suivantes. Justifier vos réponses.
Les points A, B, … et R ont été ajoutés à la figure.

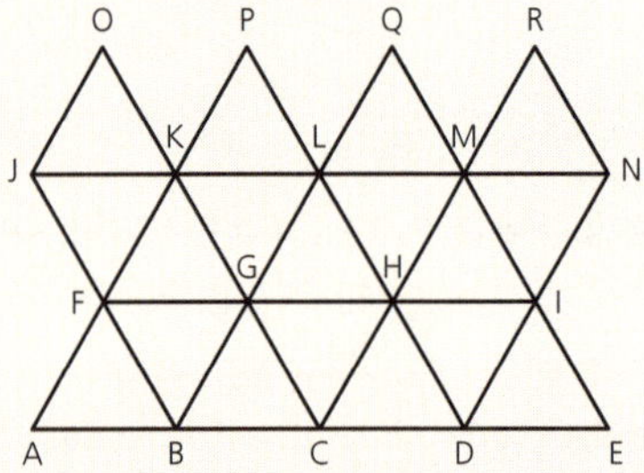

a. Pourquoi les points A, F, K et P sont-ils alignés ? Qu'en est-il des points F, G, H et I ?
b. Quelle est la nature du quadrilatère CDIH ?
c. Quelle est l'image du point I dans la symétrie par rapport à la droite (DH) ?
d. Dans la translation qui transforme A en F, quelle est l'image du point C ?
e. Préciser la rotation de centre L qui transforme M en G.
f. Quelle est l'image du triangle ABF dans l'homothétie de centre A et de rapport 3 ?

Exercice 7 (8 points)

La Pyramide du Louvre est une œuvre de l'architecte Leoh Ming Pei. Il s'agit d'une pyramide régulière dont la base est un carré de côté 35,50 mètres et dont les quatre arêtes qui partent du sommet mesurent toutes 33,14 mètres.
1. La Pyramide du Louvre est schématisée comme ci-contre. Calculer la hauteur réelle de la Pyramide du Louvre. On arrondira le résultat au centimètre près.

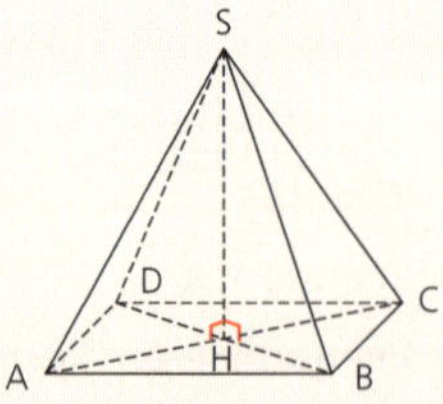

2. On veut tracer le patron de cette pyramide à l'échelle 1/800.
a. Calculer les dimensions nécessaires de ce patron en les arrondissant au millimètre près.
b. Construire le patron en faisant apparaître les traits de construction. On attend une précision de tracé au millimètre.

Exercice 1 (7 points)

Pour chacune des questions, une seule réponse est exacte. Aucune justification n'est demandée.

Question	Réponse A	Réponse B	Réponse C
1. Le mois dernier, Eliane a acheté un pantalon en soldes à 31,85 €. Cette semaine, elle a trouvé le même pantalon et au même magasin à 49 €. Quelle était la remise en pourcentages ?	15 %	30 %	35 %
2. Lors des soldes, une réduction de 20 % a été suivie d'une réduction de 20 %. Quelle est la remise totale en pourcentage ?	40 %	36 %	34 %
3. Une enveloppe contient 20 cartes numérotées de 1 à 20. Sachant que chaque carte a la même probabilité d'être tirée, quelle est, en pourcentage, la probabilité de tirer une carte portant un nombre premier ?	0,4	40 %	45 %
4. Les triangles ABC et DEF sont semblables. Quelles sont les mesures des côtés DE, EF et le coefficient k de réduction ? 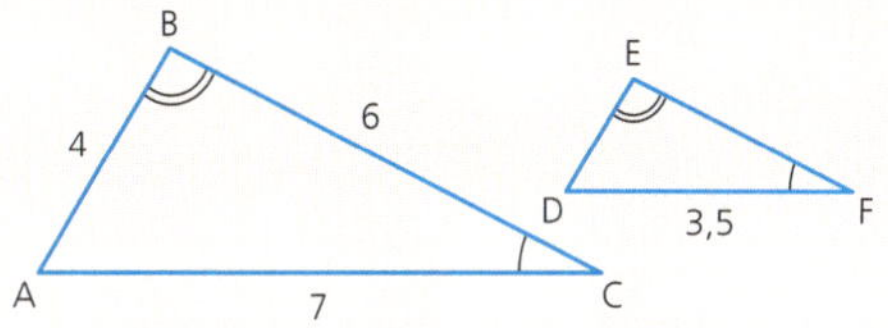	DE = 2, EF = 4 et $k = 2/3$	DE = 4, EF = 3 et $k = 3/4$	DE = 2, EF = 3 et $k = 1/2$
5. Les droites d et d' sont parallèles. Quelle est la nature du triangle ABC ? 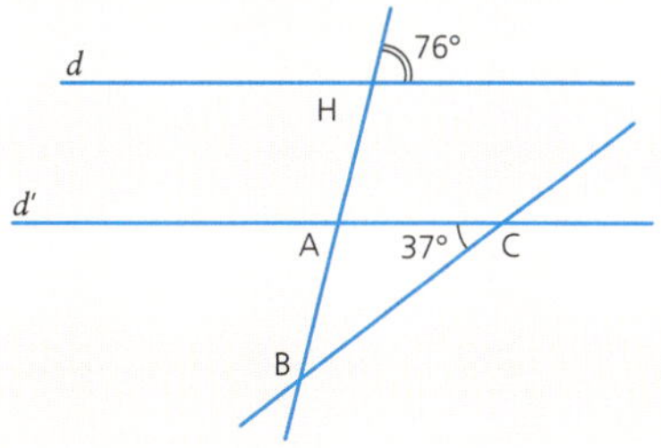	quelconque	isocèle	équilatéral

Exercice 2 (8 points)

Les questions de cet exercice sont indépendantes.

1. Pour quelle valeur de x le point A appartient-il au segment [BC] ?

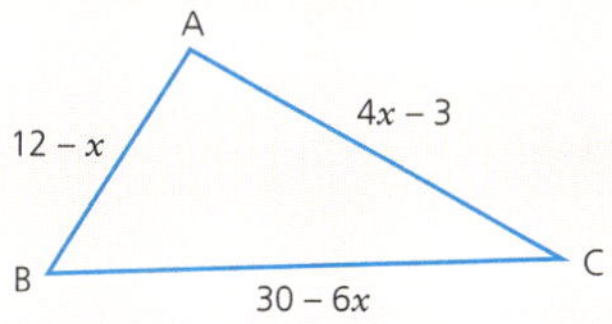

2. Quelles sont les solutions de l'inéquation $32 - 20x < 8 - 8x$?
Cocher la bonne case et représenter graphiquement les solutions.

a. $x < -2$ ❑
b. $x > -2$ ❑
c. $x < 2$ ❑
d. $x > 2$ ❑

3. De quelle(s) inéquation(s) le couple ($x = 3$; $y = -2$) est-il solution ? Cocher la ou les bonnes cases A, B, C ou D des inéquations. Aucune justification n'est demandée.

a. $x^2 + y^2 > 13$ ❑
b. $4x - 5y \leq 22$ ❑
c. $-4y + 2x \geq 10$ ❑
d. $3x - 2y < 13$ ❑

4. Tania et Philippe ont accompagné leur fils Tony de 11 ans à un parc d'attractions. L'entrée leur a coûté 7,50 euros. Sachant qu'ils ne voudraient pas dépenser plus de 50 euros, combien de tickets de 1,60 € peuvent-ils acheter pour profiter ensemble des attractions du parc ?

Exercice 3 (6 points)

Les questions de cet exercice sont indépendantes.

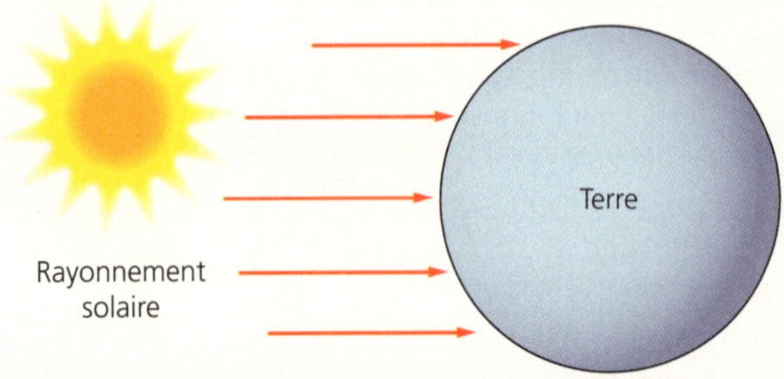

1. La vitesse de la lumière est estimée à 300 000 km/s. Du Soleil à la Terre la lumière met environ 500 s.

a. Exprimer 500 secondes en minutes et secondes.

b. Exprimer la vitesse de la lumière en notation scientifique.

c. En notation scientifique, combien de secondes la lumière met-elle pour nous parvenir ?

d. En notation scientifique, quelle est la distance Terre-Soleil en kilomètres ?

2. Pour chacune des affirmations suivantes, dire si elle est vraie ou fausse. Aucune justification n'est demandée.

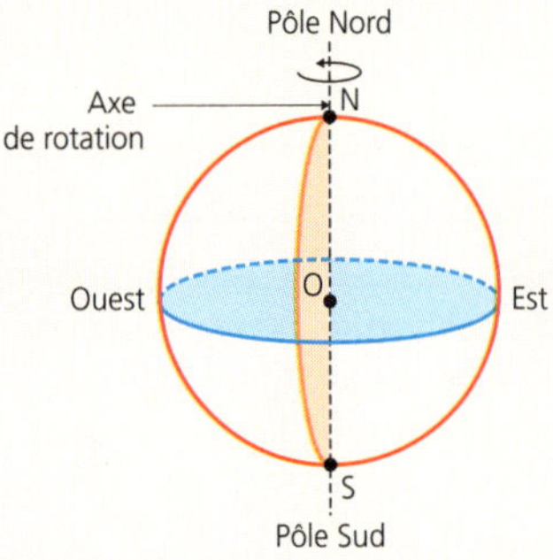

a. Un point de la Terre est repéré par l'intersection d'un parallèle et d'un méridien.

b. Un parallèle est un cercle imaginaire dont le plan est perpendiculaire à l'axe polaire NS.

c. Un méridien est un demi-cercle imaginaire qui passe par les pôles nord N et sud S de la Terre.

d. Un point de l'équateur a parfois pour latitude 0.

e. Un point du méridien qui passe par Greenwich a toujours pour longitude 0.

f. Les coordonnées géographiques de Lyon (46° N ; 5° E) signifient que sa latitude est de 46°vers le Nord et que sa longitude est de 5° vers l'Est.

Exercice 4 (7 points)

Les questions de cet exercice sont indépendantes.

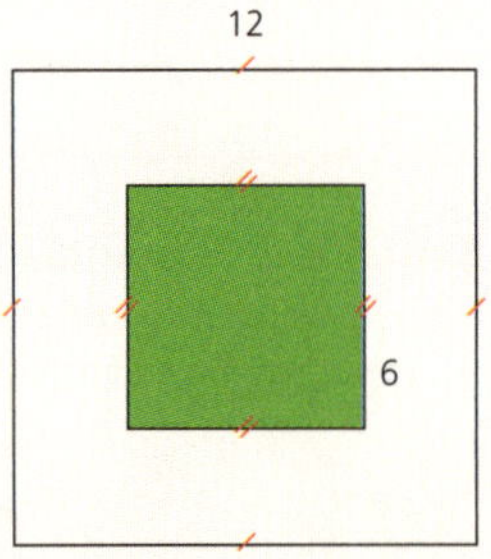

1. Cocher la bonne case. Aucune justification n'est demandée.

a. Les deux quadrilatères sont des carrés. Quel pourcentage de la figure est coloré ?

❑ 16 % ❑ 36 %
❑ 25 % ❑ 50 %

b. Quelle est, en pourcentage, l'aire de la partie non colorée par rapport à celle qui est colorée ?

❑ 5 % ❑ 25 % ❑ 300 % ❑ 400 %

2. Pour une meilleure visibilité des spectateurs, la scène d'un théâtre est légèrement oblique.

Sachant que les supports [BC] et [DE] de la scène sont perpendiculaires à la plate-forme horizontale :

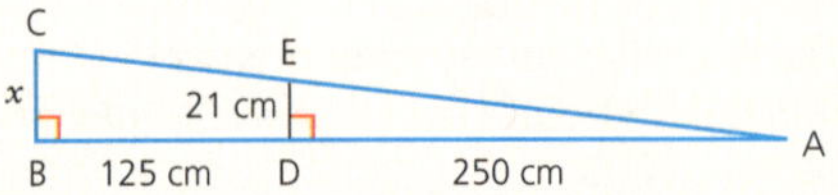

a. Calculer la hauteur x du support [BC].

b. Vérifier que $\widehat{BAC}$ mesure environ 5°.

Exercice 5 (7 points)

On propose deux programmes de calcul.

Programme A
- Choisir un nombre.
- Ajouter 5.
- Calculer le carré de cette somme.

Programme B
- Choisir un nombre.
- Soustraire 7.
- Calculer le carré de cette différence.

1a. Quel nombre faut-il choisir pour que le résultat du programme A soit 0 ?
b. Quels nombres permettent d'obtenir 1 en tant que résultat du programme B ?
c. Quel nombre doit-on choisir pour obtenir le même résultat avec les deux programmes ?
2. On appelle f la fonction qui, au nombre choisi, associe le résultat du programme A.
a. Parmi les fonctions suivantes, quelle est la fonction f ? Aucune justification n'est demandée.

❑ $x \mapsto x^2 + 25$ ❑ $x \mapsto x^2 + 5$ ❑ $x \mapsto (x + 5)^2$ ❑ $x \mapsto 2(x + 5)$

b. Est-il vrai que –2 est un antécédent de 9 par la fonction f ?
c. Quels sont tous les antécédents de 9 par la fonction f ?

Exercice 6 (7 points)

1. Le volume total de la maison est de 810 m^3. Sachant que la toiture est formée de deux pans rectangulaires de même dimensions, quelle est la valeur de x ? Unité : m.
2. La pente de la toiture est définie par rapport à l'angle $\widehat{SAD}$. Montrer que M est le milieu de [AD] et que $\widehat{SAD} = 45°$.

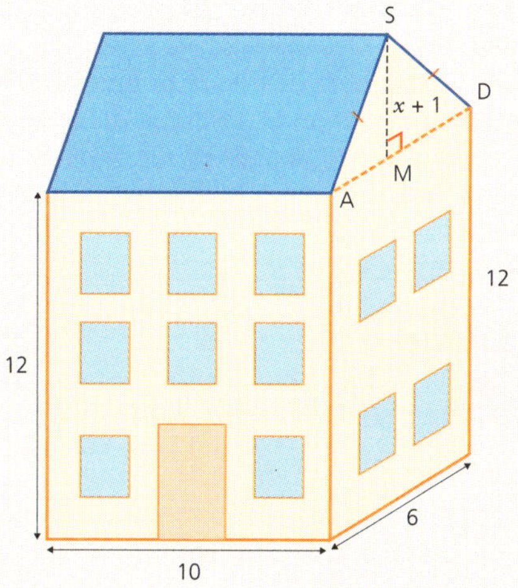

Exercice 7 (3 points)

Une feuille de calcul d'un tableur est représentée ci-dessous. Pour chaque question, une seule des trois réponses proposées est exacte. Aucune justification n'est demandée.

	A	B	C	D
1	35	21	18	
2				
3				
4				
5				

Propositions	Réponses		
	A	B	C
1. Dans la cellule A3, lorsqu'on écrit : =A1*B1+C1 on obtient alors :	1 365	74	753
2. Dans la cellule B3, lorsqu'on écrit : =MAX(A1;C1) on obtient alors :	35	21	18
3. Dans la cellule C3, lorsqu'on écrit : =SOMME(A1:C1) on obtient alors :	35	74	56

Mathématiques – Corrigés du sujet 1

Exercice 1

1. $199 = 200 - 1$ et $201 = 200 + 1$,
donc $= 199 \times 201 = (200 - 1)(200 + 1) = 200^2 - 1^2 = 40\,000 - 1 =$ **39 999**.
C'est donc **vrai**.

2a. $(x + y)^2 = x^2 + y^2 + 2xy$.
Or, $xy = 12$ et $x^2 + y^2 = 25$.
Donc, $x^2 + y^2 + 2xy = 25 + 2 \times 12 = 25 + 24 =$ **49**.

b. $(x - y)^2 = x^2 + y^2 - 2xy$
Or, $xy = 12$ et $x^2 + y^2 = 25$.
Donc, $x^2 + y^2 - 2xy = 25 - 2 \times 12 = 25 - 24 =$ **1**.

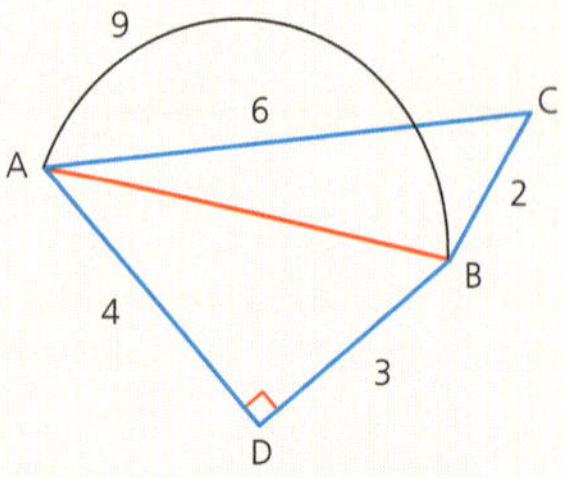

3. La distance des deux points A et B est **5**. En effet, en géométrie plane la distance de deux points A et B est la mesure du segment [AB]. Or, le triangle ABD est rectangle en D, donc d'après le théorème de Pythagore $AB^2 = AD^2 + BD^2 = 16 + 9 = 25$.
Soit $AB = \sqrt{25} = 5$.

Exercice 2

1a. Vrai. En effet, $1\text{ kg/dm}^3 = 1\text{ kg}/1\text{ dm}^3 = 1\,000\text{ g}/1\,000\text{ cm}^3 = 1\text{ g}/1\text{ cm}^3 = 1\text{ g/cm}^3$.

b. Faux. En effet, $1\text{ km/h} = 1\text{ km}/1\text{ h} = 1\,000\text{ m}/3\,600\text{ s} = 10\text{ m}/36\text{ s} \approx 0{,}28\text{ m/s}$.

c. Vrai. En effet, $4{,}5\text{ h} = 4\text{ h} + 0{,}5\text{ h} = 4\text{ h} + \frac{5}{10}\text{ h} = 4\text{ h} + \frac{1}{2}\text{ h} = 4\text{ h }30\text{ min}$.

2a. 30 km/h signifie 30 km en une heure ou bien 30 km en 60 min. Soit 15 km en 30 min. Or, parmi les trois durées, 29 min 45 s est la plus proche de 30 min. **Mercredi** est donc le jour de la semaine où sa vitesse moyenne a été la plus proche de 30 km/h.

b. $v = 30\text{ km/h} = 30\text{ km}/60\text{ min} =\text{ km/min}$, donc $v = 0{,}5\text{ km/min}$.

c. Par lecture graphique, le point A d'abscisse $t = 25$ min a pour ordonnée $d = 12{,}5$ km.
Par calcul $d = v \times t$. Or, $v = 0{,}5$ km/min et $t = 25$ min, donc $d = 0{,}5 \times 25 = 12{,}5$ km.

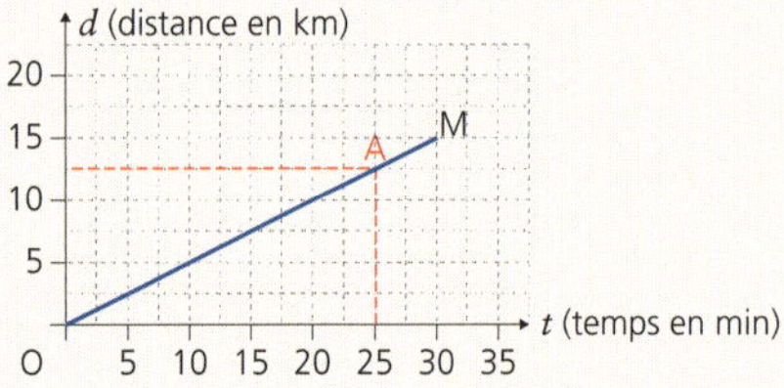

Exercice 3

1. Choix de l'inconnue :
En euros, soit x la somme que Claudie aura à payer. Par conséquent, Charles et Émile auront chacun $2x$ euros à payer.
Mise en équation du problème :
$x + 2x + 2x = 18$
Résoudre l'équation :
$5x = 18$, donc $x = \frac{18}{5} = 3{,}60$
Répondre à la question :
Claudie aura à payer 3 euros 60 centimes.

2. Arrondi à l'unité, Claudie a payé 4 euros. Chacun des deux copains a alors payé : $(18 - 4) \div 2 = 7$. Ils ont donc payé chacun 7 euros.

Exercice 4

1. Nombre total de votants : $2\,560 + 1\,900 + 540 = 5\,000$.
Fréquence des habitants favorables à la nouvelle loi : $\frac{2\,560}{5\,000} = 0{,}512$.
Or, $0{,}512 = \frac{0{,}512}{1} = \frac{51{,}2}{100}$, donc en pourcentage : 51,2 %.
De même : fréquence des habitants contre la loi : $\frac{1\,900}{5\,000} = 0{,}38$. Ce qui correspond, en pourcentage, à $\frac{38}{100} = 38$ %.
Enfin : fréquence des habitants sans opinion : $\frac{540}{5\,000} = 0{,}108$. Ce qui correspond, en pourcentage, à 10,8 %.

2. À l'aide d'un calcul de proportionnalité et d'un produit en croix, on trouve :
- Secteur en degrés représentant les favorables à la loi :

$\frac{360 \times 51{,}2}{100} = 184{,}32$, soit 184° arrondi à l'unité (car $3 < 5$).

• Secteur en degrés représentant les contre la loi :
$\frac{360 \times 38}{100}$ = 136,8, soit 137° arrondi à l'unité (car 8 > 5).
• Secteur en degrés représentant les sans opinion :
$\frac{360 \times 10,8}{100}$ = 38,88, soit 39° arrondi à l'unité.
On a bien : 184° + 137° + 39° = 360°, d'où le tableau récapitulatif et le diagramme circulaire suivant :

Habitants	Favorable à la loi	Contre la loi	Sans opinion	TOTAL
Effectif :	2 560	1 900	540	5 000
Fréquence :	0,512	0,38	0,108	1
Fréquence en % :	51,2	38	10,8	100
Secteur en degrés arrondi à l'unité :	184	137	39	360

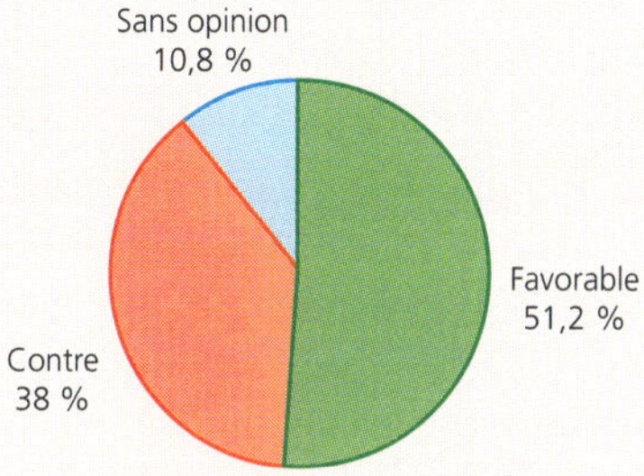

Exercice 5

1. 213 ÷ 1,852 ≈ 115, 01. Arrondie à l'unité près, 213 km/h = 115 nœuds.
2. Le triangle APS est rectangle en P et d'hypoténuse [AS].
L'angle aigu $\widehat{ASP}$ est de 25°, PS est un côté adjacent à $\widehat{ASP}$ et [AP] est le côté opposé à l'angle $\widehat{ASP}$.
Or, $\frac{AP}{PS} = \tan\widehat{ASP}$, donc $\frac{AP}{12} = \tan 25°$ ou AP = 12 × tan 25°. À l'aide de la calculatrice, on trouve AP = 5,60 m arrondi au cm près.
De même, $\cos 25° = \frac{PS}{AS}$, donc AS × cos 25° = PS, soit $AS = \frac{PS}{\cos 25°}$ ou $AS = \frac{12}{\cos 25°}$. À l'aide de la calculatrice, on trouve AS = 13,24 m arrondi au cm près.
5,60 + 13,24 = 18,84, donc la hauteur initiale de l'arbre était au cm près de 18,84 m.

Exercice 6

1. *Ci-contre, les lettres A, B, C, D, les droites en pointillés et les mesures de 50 et 60° ont été rajoutées à la figure du logiciel.*
En tournant de 60° dans le sens contraire des aiguilles d'une montre, voici la figure ABCD incorrecte obtenue par Michou. Elle n'est pas relative à un triangle équilatéral.
Il a ainsi corrigé le motif :

```
stylo en position d'écriture
avancer de 50
tourner ↺ de 120 degrés
avancer de 50
tourner ↺ de 120 degrés
avancer de 50
tourner ↺ de 120 degrés
avancer de 50
relever le stylo
```

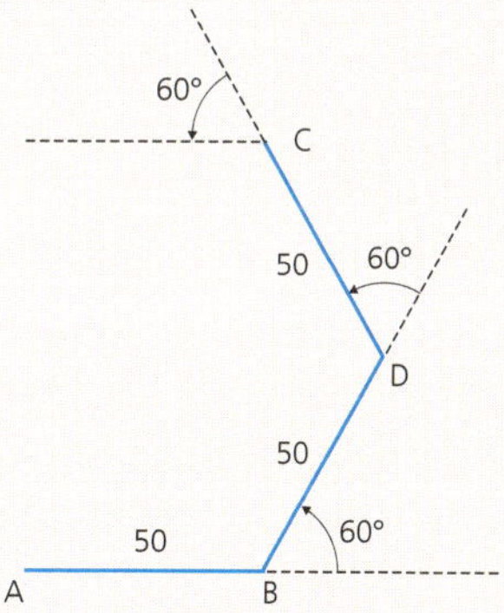

1re étape : À partir d'un point A, avancer de 50, définir ainsi le point B et le segment [AB].

2e étape : À partir de B, tourner la demi-droite [Bx) dans le sens contraire à celui des aiguilles d'une montre de **120°**, et avancer de 50. Définir ainsi le point F et tracer [BF].

3e étape : À partir de F, tourner [Fy) de **120°** et avancer de 50, tracer ainsi [FA].

Le triangle équilatéral ABF est ainsi tracé.

4e étape : À partir de A, tourner la demi-droite [Az) de 120° et avancer de 50. La pointe du stylo est alors en B.

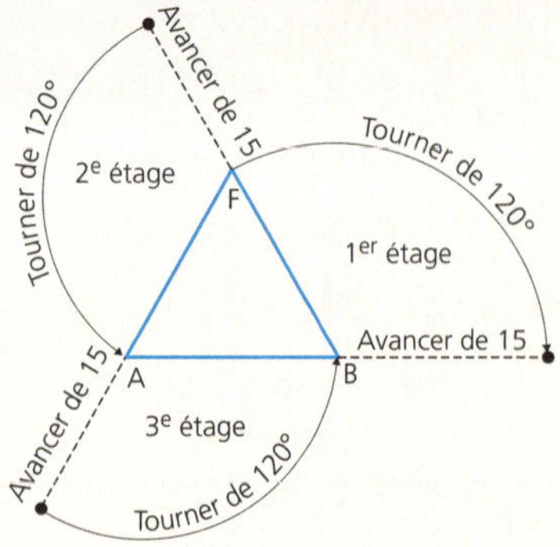

Remarque : cette dernière étape permet de reprendre le même motif du triangle équilatéral mais à partir de B. *(Voir figure de la question 2.).*

2a. Les angles de tous les triangles sont de 60°. $\widehat{AFK} = \widehat{AFB} + \widehat{BFG} + \widehat{GFB} = 3 \times 60° = 180°$, donc les points A, F et K sont alignés. De même $\widehat{FKP} = 180°$, donc F, K et P sont alignés. Par conséquent les quatre points A, F, K et P sont alignés.
De même, F, G et H sont alignés et G, H et I sont alignés, donc les quatre points F, G, H et I sont alignés.

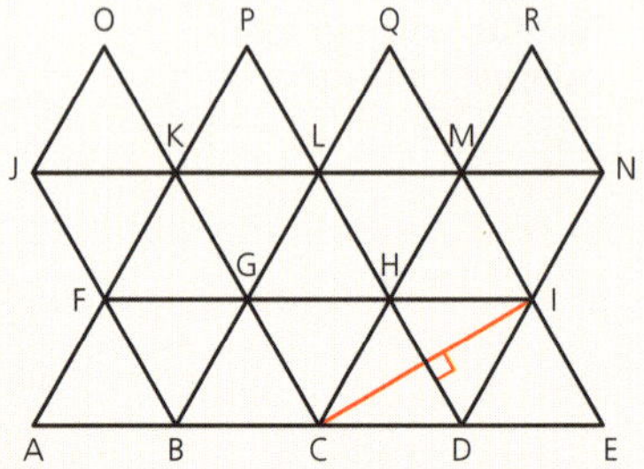

b. Les quatre côtés du quadrilatère CDIH sont de même longueur, donc CDIH est un losange.

c. Les diagonales d'un losange sont perpendiculaires et se coupent en leur milieu, donc le symétrique de I par rapport à (DH) est le point C.

d. Dans la translation qui transforme A en F, l'image du point C est H. En effet, le quadrilatère ACHF, ayant les côtés opposés égaux (AF = CH et AC = FH), est un parallélogramme, donc (CH)//(AF) et CH = AF.

e. LM = LG et $\widehat{MLG} = 120°$. Par conséquent G est l'image de M dans la rotation de centre L et d'angle 120° dans le sens des aiguilles d'une montre.

f. Dans l'homothétie de centre A et de rapport 3, l'image du triangle ABF est le triangle ADP. En effet, ces deux triangles sont en situation de Thalès, car (BF)//(DP) (les angles $\widehat{ABF}$ et $\widehat{ADP}$ sont en position d'angles correspondants et égaux à 60°), donc $\frac{AB}{AD} = \frac{AF}{AP} = \frac{BF}{DP} = \frac{1}{3}$ ou bien AD = 3 × AB, AP = 3 × AF et DP = 3 × BF.

Exercice 7

1. La base ABCD est un carré, donc ses diagonales [AC] et [BD] sont perpendiculaires, de même longueur et se coupent en leur milieu, H.

Par conséquent, $AH = \frac{1}{2}AC$, $AH^2 = (\frac{1}{2}AC)^2 = \frac{1}{4}AC^2$.

Dans le triangle ABC rectangle en C, d'après le théorème de Pythagore
$AC^2 = AB^2 + BC^2$, donc $AC^2 = 35{,}5^2 + 35{,}5^2 = 2\,520{,}5$.

Or, $AH^2 = \frac{1}{4}AC^2$, donc $AH^2 = \frac{2520{,}5}{4} = 630{,}125$.

Le triangle SAH est rectangle en H, donc $SA^2 = SH^2 + AH^2$, soit $SH^2 = SA^2 - AH^2$,
$SH^2 = 33{,}14^2 - 630{,}125 = 468{,}1346$.

$SH = \sqrt{468{,}1346} \approx 21{,}636$ m. Arrondi au centimètre, SH = 21,64

2a. À l'aide d'un tableau et d'un calcul de proportionnalité, on trouve :

	Échelle	**Côté de la base de la pyramide**	**Arête de la pyramide**
Longueur réelle en mm	800	35 500	33 140
Longueur sur le patron (arrondie au mm)	1	44	41

b. On construit un carré de côté 44 mm, et on le nomme ABCD.
Avec une ouverture de compas égale à 41 mm, on construit à partir des points A et B deux arcs qui se coupent en S_1. On joint A et S_1 puis B et S_1 pour avoir la face S_1AB.
On fait de même pour avoir les faces S_2BC, S_3CD et S_4AD.
Lors du pliage, les sommets S_1, S_2, S_3 et S_4 sont confondus en S.

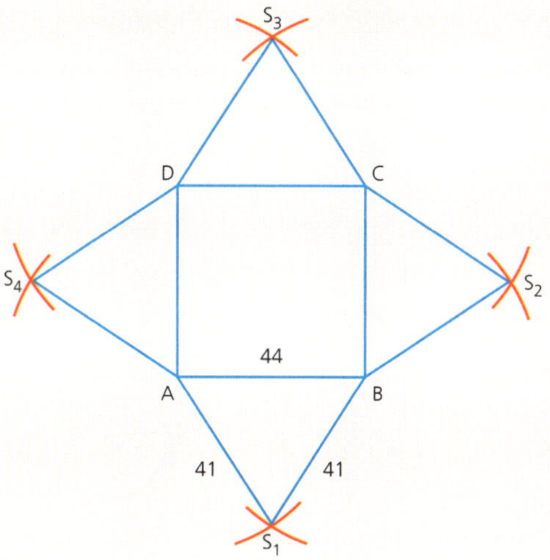

Mathématiques – Corrigés du sujet 2

Exercice 1

1. Réponse C. En effet, la remise a été de 49 € – 31,85 € = 17,15 €.
Le prix de base est 49 €, donc en pourcentage la remise est de $\frac{17{,}15}{49} = 0{,}35 = \frac{35}{100} =$ 35 %.

2. Réponse B. En effet, après la première remise de 20 %, un article qui coûte à la base 100 € est vendu à 80 €. À la deuxième remise de 20 % sur les 80, la réduction est de $\frac{80 \times 20}{100} = 16$ €. Au total, la réduction sur 100 € a été de 20 + 16 = 36 €, soit 36 %.

3. Réponse B. En effet, un nombre premier est un nombre qui admet exactement deux diviseurs, 1 et lui-même. Les nombres premiers inférieurs à 20 sont 2, 3, 5, 7, 11, 13, 17 et 19. Ils sont au nombre de 8, donc P(nombre premier) = $\frac{8}{20} = 0{,}4$. En pourcentage, $0{,}4 = \frac{4}{10} = \frac{40}{100} = 40\ \%$.

4. Réponse C. En effet, Les triangles ABC et DEF étant semblables, les côtés opposés aux angles égaux sont proportionnels. $\widehat{ABC} = \widehat{DEF}$, donc DF et AC sont proportionnels. Le coefficient k de réduction est égal à $\frac{DF}{AC} = \frac{3{,}5}{7} = \frac{1}{2}$. Or, AB = 4, donc son homologue DE = 2. De même, BC = 6, donc son homologue EF = 3.

5. Réponse A. En effet, le triangle ABC n'est certainement pas équilatéral, car $\widehat{ACB} = 37°$ et non 60°. Il n'est pas isocèle, car $\widehat{ABC} \neq \widehat{ACB}$, en effet :
$\widehat{MAC} = 76°$ (correspondants) et $\widehat{BAC} = 180° - 76° = 104°$. La somme des angles d'un triangle est de 180°, donc $\widehat{ABC} = 180° - (104° + 37°) = 39°$ et non 37°.

Exercice 2

1. A est un point du segment [BC] si :

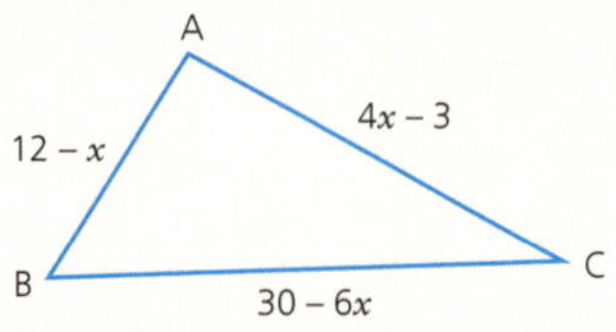

$(12 - x) + (4x - 3) = 30 - 6x$, donc

$$12 - x + 4x - 3 = 30 - 6x$$
$$9 + 3x = 30 - 6x$$
$$6x + 3x = 30 - 9$$
$$9x = 21$$
$$x = \frac{21}{9} \text{ ou } x = \frac{7}{3}$$

Dans ce cas, on dit que le triangle ABC est aplati.

2. Réponse d. En effet : $32 - 20x < 8 - 8x$
$$32 - 8 < 20x - 8x$$
$$24 < 12x.$$

En divisant les deux membres de l'inéquation par le nombre positif 12, sans changer le sens de l'inéquation, et en simplifiant par 12 on obtient :

$$\frac{24}{12} < x, \text{ soit } x > 2.$$

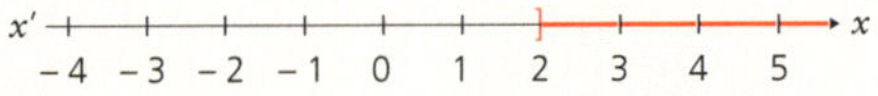

3. Réponse b. et c. En effet pour $x = 3$ et $y = -2$:
L'inéquation **a.** n'est pas vérifiée, car $3^2 + (-2)^2 = 13$ et 13 n'est pas strictement supérieur à 13.
L'inéquation **b.** est vérifiée, car $4 \times 3 - 5(-2) = 22$ et $22 \leq 22$.
L'inéquation **c.** est vérifiée, car $-4(-2) + 2 \times 3 = 14$ et $14 \geq 10$.
L'inéquation **d.** n'est pas vérifiée, car $3 \times 3 - 2(-2) = 9 + 4 = 13$ et 13 n'est pas strictement inférieur à 13.

4. Soit x le nombre de tickets que les parents peuvent acheter.
<u>Mise en inéquation du problème</u> :
$7{,}50\ € + 1{,}60x\ € \leq 50\ €$
<u>Résoudre l'inéquation</u> :
$1{,}6x \leq 50 - 7{,}5$
$1{,}6x \leq 42{,}50$
$x \leq \frac{42{,}5}{1{,}6}$, donc $x \leq 26{,}56$
<u>Répondre à la question posée</u> :
Pour trois personnes, le nombre de tickets est un nombre entier et multiple de 3, donc $x \leq 24$. Tania et Philippe peuvent acheter 24 tickets. Tous les trois peuvent alors s'offrir au maximum 8 attractions.

Exercice 3

1a. 500 s = 8 min 20 s.
b. 300 000 km/s = 3×10^5 km/s.
c. 500 s = 5×10^2 s.
d. Distance = vitesse × temps.
En km, la distance qui sépare la Terre du Soleil est donc égale à :
$(3 \times 10^5) \times (5 \times 10^2) = 15 \times 10^7$. Or $15 = 1,5 \times 10$, donc $15 \times 10^7 = 1,5 \times 10 \times 10^7$.
En notation scientifique la distance Terre-Soleil est de $1,5 \times 10^8$ km.
2a. Vrai, par définition.
b. Vrai, par définition.
c. Vrai, par définition.
d. Faux, car par définition <u>tous</u> les points de l'équateur ont pour latitude 0.
e. Vrai, par définition.
f. Vrai, car le couple de coordonnées géographiques est toujours de la forme (latitude ; longitude).

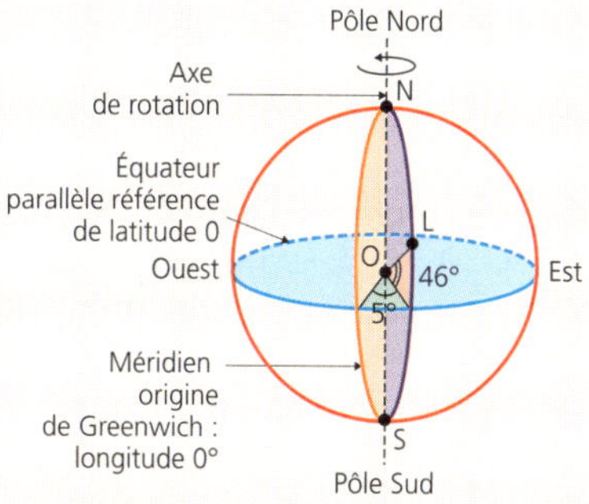

Exercice 4

1a. Par calcul : $\dfrac{\text{aire colorée}}{\text{aire de la figure}} = \dfrac{4^2}{12^2} = \dfrac{36}{144} = \dfrac{1}{4} = \dfrac{25}{100} = 25\ \%$.
La figure est donc colorée à 25 %.
b. Aire non colorée = $12^2 - 6^2 = 144 - 36 = 108$.
$\dfrac{\text{aire non colorée}}{\text{aire colorée}} = \dfrac{108}{36} = \dfrac{3}{1} = \dfrac{300}{100} = 300\ \%$.
Donc, l'aire de la partie non colorée correspond à 300 % de celle qui est colorée.
2a. Les droites (DE) et (BC) sont perpendiculaires à (BC) : elles sont donc parallèles.
Les triangles ADE et ABC sont en configuration de Thalès, par conséquent :
$\dfrac{AD}{AB} = \dfrac{DE}{BC}$, soit $\dfrac{250}{250+125} = \dfrac{21}{x}$ ou bien $250 \times x = 21 \times 375$, $x = \dfrac{7\,875}{250} = 31,5$ cm.
La hauteur [BC] mesure donc 31,5 cm.
b. Dans le triangle ADE rectangle en D, $\tan \widehat{BAC} = \dfrac{\text{côté opposé}}{\text{côté adjacent}} = \dfrac{DE}{AD} = \dfrac{21}{250} = 0,084$.
À l'aide la calculatrice, $\tan^{-1} 0,084 = 4,8°$.
Arrondi à l'unité, $\widehat{BAC} = 5°$.

Exercice 5

1a. Soit x le nombre à choisir. Le résultat du programme A est $(x+5)^2$.
$(x+5)^2 = 0$ pour $x + 5 = 0$, donc pour $x = -5$.
b. Soit x le nombre choisi. Le résultat du programme B est $(x-7)^2$.
Si $(x-7)^2 = 1$,
alors $x - 7 = -1$ ou bien $x - 7 = 1$,
donc $x = 7 - 1$ ou bien $x = 7 + 1$.
Soit $x = 6$ ou bien $x = 8$.
c. Soit x le nombre choisi pour les deux programmes. Le même résultat est obtenu avec les deux programmes si $(x+5)^2 = (x-7)^2$, donc si $(x+5)^2 - (x-7)^2 = 0$. Or, Le premier membre est la différence de deux carrés, donc si :
$[(x+5) - (x-7)][(x+5) + (x-7)] = 0$. Soit $12 \times (2x - 2) = 0$. Le produit est nul si $2x - 2 = 0$; $2x = 2$, donc $x = 1$.
2a. $f : x \mapsto (x+5)^2$. Soit $f(x) = (x+5)^2$.
b. Pour $x = -2$, $f(-2) = (-2+5)^2 = 3^2 = 9$. C'est donc vrai.
c. Les antécédents de 9 sont les valeurs de x telles que $f(x) = 9$, donc $(x+5)^2 = 9$.
Soit $(x+5)^2 - 9 = 0$;
$(x + 5 - 3)(x + 5 + 3) = 0$;
$(x+2)(x+8) = 0$.
Un produit de facteurs est nul si l'un des facteurs est nul, donc $(x+2)(x+8) = 0$ pour $x = -2$ ou $x = -8$. Par conséquent, tous les antécédents de 9 sont -2 et -8.

Exercice 6

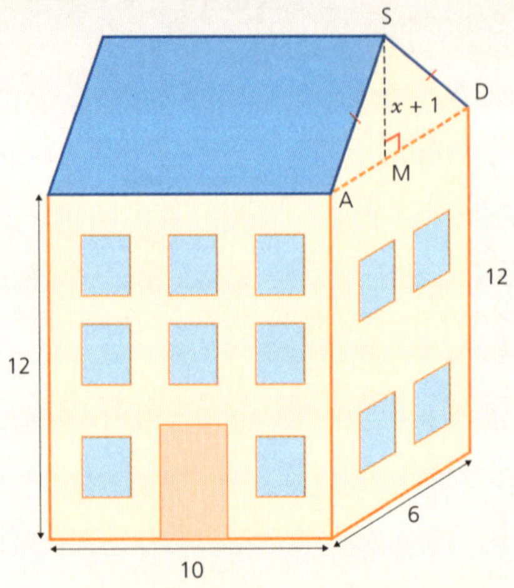

1. Le volume V de la maison est la somme du volume d'un parallélépipède rectangle V_1 et du volume d'un prisme droit V_2 dont la base est le triangle isocèle SAD.

$V_1 = B \times h = (10 \times 6) \times 12 = 720\ m^3$ et

$V_2 = B \times h = \dfrac{6 \times (x+1)}{2} \times 10 = 30x + 30.$

D'où : $V = 720 + (30x + 30) = 30x + 750.$

Si $V = 810\ m^3$, alors $30x + 750 = 810$

$30x = 810 - 750$; $30x = 60$ et $x = 2$.

x vaut donc 2 m.

2. Le triangle SAD est isocèle, car par hypothèse SA = SD. La droite (SM) est perpendiculaire à la base [AD], donc (SM) est la médiatrice de [AD] ; par conséquent, M est le milieu de [AD] et $AM = \dfrac{AD}{2} = \dfrac{6}{2} = 3$. Or, pour $x = 2$, SM = 3, donc le triangle AMS est rectangle isocèle en M. La somme des angles d'un triangle est égale à 180°, donc $\widehat{SAM} = 45°$ou bien $\widehat{SAD} = 45°$.

Rappels

- La face latérale d'un prisme droit est toujours un rectangle.
- L'aire d'un triangle se calcule avec la formule suivante : $\dfrac{B \times h}{2}$

Exercice 7

1. Réponse A. En effet, $35 \times 21 + 18 = 753$.

2. Réponse A. En effet, A1 = 35 et C1 = 18, et 35 > 18.

3. Réponse B. En effet, $35 + 21 + 18 = 74$.

Histoire-géo
Enseignement moral et civique

Histoire

Géographie

Enseignement moral et civique

HISTOIRE

1 La Première Guerre mondiale (1914-1918)

▸▸▸ Quelles sont les causes et les grandes phases du premier conflit mondial ?

1 L'engrenage européen

a/ Les tensions entre puissances européennes

- **Des rivalités économiques** : les vieilles nations industrielles comme le Royaume-Uni se sentent menacées par la montée de la puissance économique allemande.
- **Des rivalités coloniales** : le Royaume-Uni et la France possèdent les deux plus grands empires coloniaux du monde. Les puissances européennes se disputent les derniers territoires disponibles. Plusieurs crises, comme celles qui opposent en 1905 puis en 1911 la France et l'Allemagne à propos du Maroc, ont déjà failli déclencher la guerre.
- **Des nationalismes* exacerbés** : la France, vaincue par la Prusse en 1871, veut prendre sa revanche. Dans les empires multinationaux (Autriche-Hongrie, Russie), des **minorités nationales** (Polonais, Tchèques, Baltes, Slaves du Sud) veulent former des États indépendants.
- **La préparation de la guerre** : les puissances européennes se livrent une course aux armements. **Deux systèmes d'alliances** se sont formés :
  - la **Triple Alliance** ou Triplice : Allemagne, Autriche-Hongrie, Italie ;
  - la **Triple Entente** : France, Russie, Royaume-Uni.

b/ Le déclenchement de la guerre

> **Info +**
> **La Serbie** soutient les Slaves du Sud de l'Empire austro-hongrois qui réclament leur indépendance.

- **L'assassinat, le 28 juin 1914 à Sarajevo** (Bosnie-Herzégovine), de l'héritier du trône d'Autriche-Hongrie par un nationaliste serbe de Bosnie donne à cet empire l'occasion de déclarer la guerre à la **Serbie**, protégée de l'Empire russe (28 juillet 1914).
- En quelques jours, par le **jeu des alliances, la plupart des puissances européennes – ainsi que leurs empires coloniaux – sont en guerre**. Les puissances centrales (Allemagne, Autriche-Hongrie, bientôt rejointes par l'Empire ottoman et la Bulgarie) forment un bloc qui combat, sur le **front Ouest**, la France, le Royaume-Uni et à partir de 1915 l'Italie, et sur le **front Est**, la Russie isolée de ses alliés après la bataille des Dardanelles (voir carte Rabat).

2 Les grandes phases de la guerre

a/ 1914 : l'échec de la guerre de mouvement

- Sur le **front Ouest**, l'armée allemande traverse la Belgique (neutre) et entre en France ; elle s'approche de Paris, mais recule après la contre-offensive française de la **Marne** dirigée par le général Joffre.
- Sur le **front Est**, l'armée russe est battue à Tannenberg.
- À la fin de 1914, les **fronts se stabilisent**.

b/ 1915-1917 : une longue guerre de position

> **Mot-clé**
> **Tranchée** : fossé creusé le long du front par les soldats pour se protéger.

- Enterrées dans des **tranchées**, les armées mènent **une guerre de position meurtrière.**
- Plusieurs **offensives** destinées à percer le front échouent, mais causent de **nombreuses pertes**. Ainsi en 1916 à **Verdun**, les Allemands tentent une percée : la bataille dure plus de 9 mois et plus de 300 000 soldats, français et allemands, sont tués.

c/ 1917 : la guerre devient mondiale

Le **2 avril 1917**, les **États-Unis** entrent en guerre du côté de l'Entente.

d/ 1918 : la fin de la guerre

- Après deux révolutions, la **Russie** signe avec l'Allemagne une **paix séparée** à Brest-Litovsk (mars 1918) : le front **Est disparaît**.
- Les **Allemands** reportent toutes leurs forces sur le front Ouest. Ils tentent une **offensive** décisive avant l'arrivée des Américains, mais sont à nouveau arrêtés sur la Marne.
- L'une après l'autre, les **puissances centrales et leurs alliés s'inclinent**. Les Empires austro-hongrois et ottoman s'effondrent. L'Allemagne signe l'**armistice le 11 novembre 1918 à Rethondes.**

▸▸▸ La Grande Guerre est une rupture majeure dans l'histoire mondiale.

La première guerre totale

En quoi la guerre de 1914-1918 est-elle la première « guerre totale » ?

1 Une mobilisation totale

a/ La guerre concerne l'ensemble du pays

- Les combats, qui se déroulent sur terre mais aussi en mer (guerre sous-marine), mobilisent **70 millions de soldats** venus de tous les continents, y compris des colonies.
- À l'arrière, la **population civile** contribue à l'effort de guerre. Dans les exploitations agricoles, dans les usines, les femmes remplacent les hommes partis au combat.

b/ La mobilisation économique et financière

- La guerre de tranchées, devenue guerre d'usure, nécessite la **reconversion de l'économie** selon des directives de l'État. L'industrie se tourne vers la production d'armements et d'équipements indispensables au front.
- Afin de financer cet effort considérable, les États belligérants augmentent les impôts, s'endettent (emprunts nationaux ou auprès des États-Unis), émettent de la monnaie.

c/ La mobilisation des esprits

- La presse et le courrier des soldats sont soumis à la **censure** pour éviter la diffusion d'informations décourageantes.
- La **propagande*** justifie la guerre et présente à l'arrière une vision mensongère du front et des combats.

2 Des combattants soumis à une violence de masse

a/ Des millions de sacrifiés

- Dans les tranchées, les **techniques de guerre se transforment**. **L'aviation** militaire se développe, l'artillerie est plus puissante et de **nouvelles armes** (mitrailleuses, tanks, gaz) tuent et mutilent atrocement les combattants (**Otto Dix, *La Guerre***).
- Les états-majors ordonnent **des offensives** meurtrières (Verdun, Chemin des Dames).

> **Info +**
> Dans son triptyque *La Guerre* (1929 à 1932), le peintre **Otto Dix** (1891-1969) témoigne de la brutalité et de l'horreur des combats auxquels il a participé.

b/ L'enfer des tranchées

- Entre les assauts meurtriers, terrés au fond des tranchées, les soldats endurent **des conditions de vie infernales** : froid, boue, vermine, insuffisance des rations alimentaires, et toujours, la peur.
- Ils reçoivent des informations falsifiées, destinées à leur « soutenir le moral » : c'est le « **bourrage de crâne** ».

3 Des populations civiles brutalisées

a/ Les violences contre les populations civiles

- Les armées commettent des **crimes de guerre** : exécutions, viols, massacres ; en Belgique – occupée malgré sa neutralité – et dans le Nord de la France, l'armée allemande soumet des civils à la **déportation** et à des **travaux forcés**.
- Les **bombardements** de grandes villes font des centaines de victimes civiles, comme à Lens.

> **Mot-clé**
> **Déportation** : déplacement forcé d'une population.

b/ Le génocide des Arméniens (1915)

En 1915, le **gouvernement turc** profite de la guerre pour ordonner la **déportation** vers les déserts de Syrie-Mésopotamie et le **meurtre de 1,5 million d'Arméniens** – une minorité chrétienne de l'empire ottoman, déjà persécutée avant la guerre, et qu'il accuse à tort de complicité avec les Russes. C'est le premier **génocide*** du XXe siècle.

4 Vie et mort de l'Union sacrée

- En 1914, dans chaque pays en guerre, tous les courants politiques s'unissent contre l'ennemi. Opposé à la guerre, le socialiste français Jean Jaurès est assassiné le 31 juillet 1914.
- En 1917, l'Union sacrée se défait. Dans toutes les armées, les **mutineries** se multiplient. À l'arrière, des **grèves** éclatent et le **pacifisme** renaît.

> **Mot-clé**
> **Mutinerie** : refus des soldats d'obéir aux officiers.

La violence sans précédent du premier conflit mondial, étendue à des populations entières, mais aussi ses accablantes conséquences déterminent toute l'histoire du XXe siècle.

3 L'Europe à la fin de la Première Guerre mondiale

▶▶▶ Quelles transformations la guerre a-t-elle apportées en Europe? Pourquoi dit-on de la paix qu'elle est «ratée»?

1 Des conséquences irréversibles

Mots-clés

Soviets: conseils de paysans, d'ouvriers et de soldats.

Bolcheviks: révolutionnaires marxistes qui veulent instaurer un régime communiste.

a/ La vague révolutionnaire

- En **février-mars 1917**, une **révolution** abolit le tsarisme en **Russie**. Le gouvernement provisoire est contesté par les **soviets**, dans lesquels le parti bolchevique, dirigé par **Lénine**, gagne en influence. En **octobre 1917, les bolcheviks s'emparent du pouvoir** et signent avec l'Allemagne **l'armistice de Brest-Litovsk** (décembre 1917).
- Les empires allemand, austro-hongrois et ottoman s'effondrent. La **démocratie parlementaire** progresse en Europe; dans plusieurs États (Allemagne, Angleterre), les **femmes accèdent au droit de vote**.
- La révolution russe suscite de vifs espoirs. Les bolcheviks créent en 1919 l'**Internationale communiste** (*Komintern* ou IIIe Internationale). Les partis socialistes européens se divisent pour donner naissance à des **partis communistes** qui rejoignent le *Komintern* (congrès de Tours en 1920 en France).
- En France, en Italie, éclatent des mouvements de grève. En **Allemagne** (voir Fiche 6) et en **Hongrie**, les révolutions échouent.

b/ L'Europe affaiblie

- La guerre a produit un **désastre humain et démographique**: 10 millions de morts, 8 millions de blessés et mutilés, un déficit de naissances.
- Les combats ont **dévasté des régions industrielles et agricoles**. Il faut reconvertir les économies adaptées à la guerre.
- L'Europe, **endettée** vis-à-vis des États-Unis, perd définitivement sa prééminence financière. La dévalorisation des monnaies européennes entraîne l'**inflation***.

2 Une paix ratée

Info +

14 points: propositions d'organisation des relations internationales et de tracé des frontières européennes destinées à garantir la paix et le droit des peuples à disposer d'eux-mêmes.

a/ La «paix des vainqueurs»

- Ni la Russie soviétique ni les pays vaincus ne sont invités à la conférence de la paix à Paris en 1919. La France, le Royaume-Uni, l'Italie, et surtout les États-Unis représentés par leur président **Wilson** (qui a exprimé ses objectifs dans les ***Quatorze points***), imposent une «**paix des vainqueurs**».
- L'Allemagne doit signer le **traité de Versailles** (28 juin 1919) qu'elle qualifie de ***Diktat***: déclarée seule responsable de la guerre, elle doit payer des **réparations**. Elle perd ses **colonies** et une partie de son territoire, coupé en deux par le corridor de **Dantzig**. Son **armée**, réduite à 100000 hommes, ne peut posséder ni chars ni avions et doit évacuer la rive gauche du Rhin.
- **La Société des Nations**, créée pour préserver la paix par des négociations publiques, n'a pas de force armée. L'URSS, l'Allemagne, les États-Unis n'y participent pas.

b/ Une nouvelle carte de l'Europe (voir carte Rabat)

- Le démembrement des grands empires donne naissance à de nouveaux États.
- L'**empire austro-hongrois** laisse place à l'**Autriche** et à la **Hongrie**; le reste de ses territoires contribue à la formation de la **Pologne**, de la **Tchécoslovaquie** et de la **Yougoslavie**; la **Transylvanie** revient à la Roumanie.
- Les États baltes (**Estonie, Lettonie, Lituanie**) et la **Finlande**, issus de **l'Empire russe**, deviennent indépendants.
- Issu du démantèlement de l'Empire ottoman, le territoire de la nouvelle **Turquie** est partagé entre l'Europe et l'Asie mineure. La **Syrie** et le **Liban** sont confiés à la France; l'**Irak** et la **Palestine** au Royaume-Uni, sous mandats de la SDN.

c/ Des sources de tension

- L'Allemagne n'accepte pas le **traité de Versailles.** Les Allemands des Sudètes contestent leur rattachement à la Tchécoslovaquie.
- L'Italie n'a pas obtenu les terres irrédentes de la côte dalmate qui sont données à la Yougoslavie (victoire «mutilée»).

▶▶▶ Ces problèmes mal résolus menacent la paix.

La Russie puis l'URSS de 1918 à 1929

▶▶▶ Comment les difficultés des premières années ont-elles pesé sur la formation de la Russie soviétique ?

1 La guerre civile et le communisme de guerre (1918-1921)

a/ Les premières mesures du pouvoir bolchevique

Au pouvoir depuis la révolution d'octobre 1917, **Lénine** et les bolcheviks ont décrété :
- la **confiscation** des grandes propriétés foncières mises à la disposition des paysans ;
- la **nationalisation*** des usines et des banques ;
- l'ouverture de **négociations de paix** avec l'Allemagne qui aboutissent au traité de **Brest-Litovsk** signé le **3 mars 1918** : la Russie perd presque toute l'Ukraine (son « grenier à blé »), la Biélorussie, les États baltes, la Pologne – soit 1/4 de son territoire, 26 % de sa population, 75 % de ses réserves de charbon, 32 % de sa production agricole, 23 % de sa production industrielle ;
- le droit pour les minorités nationales de former des États indépendants.

> Info +
> **Lénine (1870-1924)** : d'abord membre du Parti ouvrier social-démocrate de Russie, il fonde le Parti bolchevique. Exilé en Suisse, il revient et dirige la Révolution d'octobre 1917.

b/ La guerre civile et les interventions étrangères

- Dès 1918, les **Russes blancs**, partisans de l'ancien régime, cherchent à renverser le gouvernement bolchevique.
- Des **détachements d'armées étrangères** (française, anglaise, tchèque, américaine) interviennent pour soutenir les Blancs. La Pologne attaque la Russie pour étendre son territoire vers l'Est.
- Bientôt, les bolcheviks ne contrôlent plus qu'un territoire réduit autour de Moscou, Petrograd et Kazan.

c/ Le communisme de guerre

- Trotski crée et organise **l'Armée rouge**.
- **Les libertés individuelles sont suspendues** (discipline militaire dans les usines).
- **Les récoltes sont réquisitionnées** pour l'armée et les villes.
- L'Assemblée nationale constituante élue au suffrage universel est dissoute ; le parti bolchevique devient parti unique ; la **Tchéka**, police politique, poursuit les opposants ; la censure de la presse et de la radio est établie.
- En 1921, les bolcheviks – désormais appelés communistes – ont gagné, mais le pays est ravagé ; la terreur règne ; ils ont perdu leurs soutiens de 1917, tels les marins de Kronstadt qui se révoltent en mars 1921.

2 De la Russie à l'URSS (1921-1929)

a/ La NEP

- Pour redresser la situation économique, Lénine fait adopter une **nouvelle politique économique** (NEP), retour partiel et provisoire au **capitalisme*** : les réquisitions de produits agricoles sont remplacées par un impôt fixe en nature ; les petites entreprises industrielles et commerciales privées sont autorisées ; un appel est lancé aux capitaux et aux techniciens étrangers.
- Ces mesures permettent le **redressement de la production**, mais le **chômage** grimpe et les **inégalités sociales** s'accroissent, à la ville (**nepmen**) comme à la campagne.

> Mot-clé
> **Nepmen** : commerçants enrichis grâce à la NEP.

b/ La naissance de l'URSS

- Fondée en 1922, l'Union des Républiques socialistes soviétiques (**URSS**) est un **État fédéral** composé de **15 républiques** proclamées égales en droits et autonomes pour la justice, l'éducation, la santé…
- En réalité, tout le pouvoir est centralisé à **Moscou**, capitale de la Russie, et Staline, commissaire du peuple aux nationalités, mène une politique de russification forcée.

c/ La succession de Lénine

Lénine meurt en 1924. Appuyé sur une majorité de communistes tardivement recrutés et peu instruits, **Staline**, devenu secrétaire général du Parti communiste, élimine ses opposants – dont **Trotski**, partisan d'une **révolution permanente** étendue à d'autres pays, exclu du Parti (1927) puis expulsé d'URSS (1929).

▶▶▶ En 1929, Staline est maître du Parti communiste et de l'URSS.

La Grande Dépression

▶▶▶ Comment le krach de 1929 à New York plonge-t-il l'économie mondiale dans une crise inédite ?

1 Du krach de Wall Street à la crise mondiale

a/ Les revers de la prospérité

La prospérité américaine des années 1920 a favorisé une **hausse excessive de la valeur des actions** et la formation d'une « **bulle spéculative** ». Les « **farmers** » ne profitent pas de cette prospérité : ne pouvant honorer leurs dettes, ils sont expropriés et chassés de leurs terres.

b/ Le « Jeudi noir » de Wall Street

Le **jeudi 24 octobre 1929**, les cours de la bourse de New York s'effondrent. Les actionnaires vendent leurs titres. La **baisse des cours**, continue jusqu'en 1933, cause la **faillite des banques**, qui cessent de financer l'activité économique.

c/ La crise prend une dimension mondiale

Les Américains suspendent leurs importations et rapatrient les capitaux investis dans le monde, contribuant ainsi à **exporter la crise**. L'Allemagne, qui dépend depuis 1924 de l'aide américaine, est la plus atteinte. La France est touchée à partir de 1931. La contraction générale du commerce entraîne une **récession mondiale**. Au Brésil, on utilise le café, invendu, pour alimenter les locomotives. Seule l'URSS échappe à la dépression.

2 Une crise économique et sociale aux conséquences politiques

a/ La production industrielle s'effondre

Aux États-Unis, les **prix** industriels **baissent** de 30 %, ceux des produits agricoles de 50 %.

b/ Hausse du chômage et crise sociale

Le **chômage**, massif aux États-Unis (13 millions de chômeurs en 1933) et en Allemagne (6 millions en 1932), plonge une grande partie des populations dans la misère. La politique de « laisser-faire » du président républicain Hoover aggrave la crise sociale. En Allemagne, la crise favorise l'arrivée au pouvoir d'Hitler en janvier 1933.

> **Mot-clé**
> **Protectionnisme** : protection contre la concurrence étrangère par des taxes douanières élevées.

c/ Rétrécissement du marché mondial

Les États adoptent des mesures **protectionnistes**. Certains **dévaluent** leur monnaie pour atténuer les effets de la crise : la Grande-Bretagne en 1931, les États-Unis en 1933. D'autres (France, Belgique) restent attachés à l'étalon-or. Face au recul du commerce, les métropoles coloniales se replient sur leurs **empires**. Allemagne, Japon et Italie mènent des **politiques expansionnistes** : le Japon occupe la Mandchourie (Chine) en 1931, Mussolini conquiert l'Éthiopie en 1935.

3 Des politiques anti-crise novatrices

a/ Aux États-Unis : le *New Deal*

F. D. Roosevelt, président démocrate élu en 1932, adopte des mesures d'aide à l'industrie, à l'agriculture (fixation des prix agricoles), au système bancaire et lance de grands travaux créateurs d'emplois (*Tennessee Valley Authority*). Le *Social Security Act* de 1935 préfigure la mise en place d'un système de protection sociale. Malgré un bilan décevant, le *New Deal*, inspiré des principes **keynésiens**, initie l'État-providence qui se généralise après 1945.

> **Info +**
> Selon J.M. **Keynes**, économiste britannique proche de Roosevelt, l'État doit jouer un rôle économique en assurant de bonnes conditions de vie à tous.

b/ En Allemagne : grands travaux et industries de guerre

Les nazis lancent de **grands travaux** (construction d'autoroutes) pour résorber le chômage, puis choisissent l'**autarcie** pour rendre le pays indépendant du monde extérieur. L'économie est orientée vers la préparation de la guerre.

c/ En France : des mesures sociales

Le gouvernement du **Front populaire** élu en 1936 majore les salaires pour favoriser le **pouvoir d'achat** ; semaine de 40 heures et congés payés doivent contribuer au recul du chômage.

▶▶▶ La crise de 1929 ébranle le système capitaliste et contribue au déclenchement de la Seconde Guerre mondiale.

La montée du nazisme en Allemagne (1918-1934)

Comment les nazis ont-ils pris le pouvoir et installé une dictature en Allemagne ?

1 La République de Weimar (1918-1933)

a/ Un régime né de la défaite

- La **République*** est proclamée le **9 novembre 1918**. Le gouvernement provisoire dirigé par les sociaux-démocrates signe l'**armistice**. Les femmes obtiennent le droit de vote. L'assemblée constituante de Weimar dote le pays d'un **régime parlementaire**.
- À Berlin, la **révolution spartakiste**, d'inspiration communiste, est écrasée par le gouvernement social-démocrate en janvier 1919.
- La **droite nationaliste** n'accepte pas la défaite. Seuls les sociaux-démocrates du SPD et les démocrates-chrétiens du Zentrum soutiennent le régime.

b/ Des problèmes économiques et financiers

- L'Allemagne, ruinée par la guerre, ne peut payer les **réparations** imposées par les vainqueurs – 20 Mds de marks-or, dont 52 % pour la France. En **janvier 1923**, les Français occupent la **Ruhr**, principale région industrielle de l'Allemagne.
- L'**inflation*** se déchaîne : le dollar atteint 17 792 marks en janvier 1923 et 4 200 Mds de marks le 15 novembre. L'aide des États-Unis et la création d'une nouvelle monnaie permettent de stabiliser la situation entre 1924 et 1929.
- Mais en **1929**, la **crise économique** atteint l'Allemagne : le nombre de **chômeurs** passe de 1 à 6 millions entre 1928 et 1932. Hitler et le Parti nazi deviennent alors une force politique de premier plan.

2 La conquête du pouvoir par les nazis (1933)

a/ Un parti nationaliste, raciste et antidémocratique

- Le **Parti national-socialiste** des travailleurs allemands (NSDAP), dirigé par Hitler, s'appuie sur les **SA** (voir p. 16) et sur la violence de rue. Après l'échec du putsch de Munich en novembre 1923, il prend le pouvoir légalement.
- **Hitler** expose ses idées et son programme dans ***Mein Kampf*** (1925) : supériorité de la « race aryenne », **antisémitisme***, **nationalisme*** pangermaniste, « espace vital » pour les Allemands, rejet de la démocratie.

Info +

Adolf Hitler : né en Autriche en 1889. Peintre sans succès, il s'est imprégné d'idées racistes et antisémites alors qu'il vivait difficilement à Vienne et à Munich. Blessé et gazé lors de la Première Guerre mondiale, indigné par la signature de l'armistice, il s'engage dans la vie politique.

b/ La crise favorise l'accession des nazis au pouvoir

- L'incapacité du régime face à la crise nourrit la progression électorale des partis d'opposition : communistes à l'extrême gauche, nazis à l'extrême droite. Le NSDAP devient le premier parti au Reichstag après les élections législatives de 1932.
- Soutenus par les patrons de l'industrie qui croient se servir d'eux pour écarter le danger communiste, les nazis profitent de la division à gauche entre socialistes et communistes.
- Le **30 janvier 1933**, **Hitler** est nommé **chancelier** par le président Hindenburg.

3 L'installation de la dictature

- L'incendie du Reichstag en février 1933 sert de prétexte pour **restreindre les libertés** et interdire le Parti communiste. Les **SA** et les **SS** entretiennent un climat de **terreur**, assassinant des opposants. Hitler obtient du Reichstag le vote des **pleins pouvoirs.**
- Le premier **camp de concentration** ouvre à Dachau en mars 1933.
- En juillet 1933, le NSDAP devient le **parti unique**.
- Le **30 juin 1934**, Hitler fait massacrer les chefs des SA (« **Nuit des Longs Couteaux** »).
- À la mort d'Hindenburg en août 1934, Hitler prend le titre de ***Führer*** et l'Allemagne devient le **Troisième Reich**.

Mots-clés

SA (*Sturmabteilung* ou Sections d'assaut) : organisation paramilitaire du parti nazi.
SS (*Schutzstaffel*) : créée en 1925 pour la protection rapprochée de Hitler.

Les nazis ont pris le pouvoir en toute légalité, profitant de la crise économique, de la peur du communisme et de la division de la gauche.

L'Allemagne nazie (1933-1939)

▶▶▶ Comment l'application par les nazis de la doctrine de Hitler : « *Ein Volk, ein Reich, ein Führer* (un peuple, un empire, un guide) » mène-t-elle à la guerre ?

1 Un régime raciste et antisémite

a/ « *Ein Volk* » : une définition raciste de la nation* allemande

- Hitler reprend les idées développées au XIXe siècle par J. A. de Gobineau et H. Chamberlain : les Allemands appartiendraient à la « race supérieure » des **aryens**.
- Pour préserver la « pureté » du « sang allemand », le régime mène une **politique eugéniste*** : stérilisation forcée des porteurs de maladies héréditaires ; assassinat des handicapés ; meurtre ou déportation des homosexuels.

b/ Une politique antisémite*

- La **persécution des Juifs**, définis comme « race inférieure », débute en 1933 avec une campagne de **boycott des magasins juifs**. Ils sont exclus de nombreuses professions.
- Les **lois de Nuremberg** (septembre 1935) définissent les Juifs, leur ôtent la citoyenneté allemande et leur interdisent le mariage avec des personnes de « sang allemand ».
- Durant la **Nuit de Cristal** (9 novembre 1938), des **pogroms*** ont lieu dans tout le pays : des synagogues sont incendiées et des milliers de Juifs sont humiliés, battus, spoliés de leurs biens, déportés ou tués. La communauté juive est frappée d'une amende collective.

2 Terreur et embrigadement

a/ « *Ein Führer* » : Hitler, chef suprême

Hitler, qui a pris le titre de ***Führer*** (« guide »), cumule tous les pouvoirs. Il est l'objet d'un **culte de la personnalité**.

> **Mot-clé**
> **Gestapo** : police secrète d'État, dirigée par Himmler.

b/ La terreur policière

La **Gestapo** arrête tous les suspects d'opposition au régime. Ils sont torturés, enfermés dans des **camps de concentration** ou assassinés. Nombre d'intellectuels choisissent l'exil.

c/ Une population rigoureusement encadrée

- L'appartenance au Parti nazi conditionne l'accès à tous les postes importants. Ses organisations contrôlent toute la société.
- Livres et programmes scolaires sont révisés. Les adolescents doivent adhérer aux **Jeunesses hitlériennes** qui les embrigadent et les préparent à leurs fonctions futures : la guerre pour les garçons, les trois K « *Kinder, Küche, Kirche* » (enfants, cuisine, église) pour les filles.
- Presse, radio, et cinéma sont soumis à l'État nazi. Les ouvrages jugés dangereux, ou écrits par des Juifs, sont brûlés au cours d'autodafés (destruction par le feu) publics.
- Une **propagande*** omniprésente, dirigée par Goebbels, endoctrine les citoyens. Les **congrès du Parti nazi à Nuremberg** sont l'occasion de grandes parades.

3 La guerre comme horizon

a/ « *Ein Reich* » : un projet expansionniste

Hitler veut rassembler toutes les populations de langue et de « sang allemand » dans un seul État **(pangermanisme)** et pense que la « supériorité » de la « race allemande » lui donne le droit de conquérir son « espace vital » (*Lebensraum*) à l'Est, aux dépens des « peuples inférieurs » comme les Slaves, voués à devenir ses esclaves.

> **Mot-clé**
> **Ersatz** : produit synthétique de remplacement.

b/ La préparation de la guerre

Production d'armements, construction d'autoroutes et orientation vers l'**autarcie** avec la mise au point d'**ersatz** permettent de préparer la guerre et de faire reculer le chômage. Hitler conclut des alliances et commet plusieurs violations du traité de Versailles (voir Fiche 3).

▶▶▶ L'Allemagne nazie est un régime totalitaire*.

L'expérience du Front populaire en France (1936-1938)

▶▶ Quelle fut l'action du Front populaire, gouvernement issu d'une alliance électorale de gauche, porté par des grèves massives ?

1 Face à la crise, un gouvernement de la gauche unie

a/ La crise des années 1930 en France

▪ La **crise économique**, née aux États-Unis, atteint l'Europe au début des années 1930, entraînant **chômage** et chute des revenus.

▪ La crise est aussi politique. La France est, depuis 1870, sous la IIIe République, un **régime parlementaire** caractérisé par l'instabilité gouvernementale, où **les femmes n'ont toujours pas le droit de vote**.

▪ Les **ligues** d'extrême-droite cherchent à profiter de l'impuissance du régime face à la crise et à des scandales impliquant des parlementaires, comme l'affaire Stavisky. Le **6 février 1934**, leur manifestation devant la Chambre des députés contre la république parlementaire tourne à l'émeute. Tirant les leçons de l'arrivée au pouvoir des nazis en Allemagne, la gauche décide de s'unir contre la montée du **fascisme**.

> Mot-clé
> **Fascisme** : nom du régime de Mussolini en Italie de 1922 à 1943 ; régimes et mouvements politiques nationalistes, antidémocratiques, favorables à un pouvoir autoritaire.

b/ Une alliance électorale de la gauche

▪ Aux élections législatives de mai 1936, **une alliance électorale réunissant le Parti communiste, la SFIO ou Parti socialiste et les radicaux** obtient la majorité absolue à la Chambre des députés. **Léon Blum** (SFIO) forme un **gouvernement** composé de socialistes et de radicaux, soutenu par les communistes, dans lequel figurent trois femmes.

2 Un vaste mouvement social

L'espoir né de cette victoire suscite **un mouvement de grèves sans précédent** par sa spontanéité, son ampleur (2 millions de grévistes), sa forme (occupation des entreprises), la participation inédite de certaines catégories professionnelles (garçons de café, petites mains de la haute couture, vendeuses des grands magasins), son ambiance joyeuse.

3 Des réformes novatrices

a/ Les premières conventions collectives

▪ Pour la première fois, le gouvernement arbitre des négociations entre représentants du patronat et des salariés qui concluent les **accords de Matignon** (7 juin 1936) : **conventions collectives**, augmentation des salaires de 7 à 15 %, droit syndical et délégués du personnel dans les entreprises.

▪ Des **réformes sociales** (2 semaines de **congés payés**, semaine de travail limitée à **40 heures**) sont votées. Le gouvernement **nationalise*** chemins de fer (création de la SNCF), usines d'armement, industrie aéronautique.

> Mot-clé
> **Convention collective** : accord entre représentants des salariés et employeurs, s'appliquant à toutes les entreprises d'une branche professionnelle.

Jean Zay, ministre de l'Éducation nationale et des Beaux-Arts, prolonge la **scolarité obligatoire** jusqu'à **14 ans**, et crée le Centre national de la recherche scientifique (C.N.R.S.) ; Léo Lagrange, chargé des sports et des loisirs, crée les **auberges de jeunesse**.

Le gouvernement Blum cherche à **relancer l'économie en encourageant la consommation**.

4 L'échec du Front populaire

Le **patronat**, effrayé par les grèves et les nouveaux droits accordés aux salariés, craint l'influence du communisme. La **droite attaque** violemment le gouvernement Blum (affaire Salengro). Le **PC**, la **SFIO** et les **radicaux se divisent** quant à la poursuite des réformes et à une intervention en faveur des républicains espagnols. Léon Blum est obligé de dévaluer le franc en 1937. En 1938, les radicaux s'allient avec la droite et Daladier devient président du Conseil : c'est la fin du Front populaire.

▶▶ Le Front populaire a définitivement changé la société française.

9 La Seconde Guerre mondiale, conflit planétaire (1939-1945)

▸▸▸ Quelles sont les grandes phases de la guerre ?

1 La marche à la guerre

a/ Des coups de force restés sans réponse

- La **guerre civile espagnole (1936-1939)** permet à Hitler d'expérimenter son nouvel armement (bombardement de Guernica).
- **Hitler multiplie les coups de force** : il rétablit le **service militaire** en Allemagne (**1935**), remilitarise la **Rhénanie** (**1936**) et annexe l'Autriche (**Anschluss, 1938**).
- En **septembre 1938**, il réclame les **Sudètes**. Lors de la conférence de **Munich**, Français et Britanniques croient sauvegarder la paix en lui cédant. En **mars 1939**, il envahit et démembre la **Tchécoslovaquie**.

> Mot-clé
> **Sudètes** : territoire peuplé d'Allemands, rattaché à la Tchécoslovaquie en 1919.

b/ La guerre inévitable

- Allié avec l'Italie (**axe Rome-Berlin**) et le **Japon**, il signe avec l'URSS le **pacte germano-soviétique** (**22 août 1939**), pacte de non-agression prévoyant notamment le partage de la Pologne.
- Le **1er septembre 1939**, les Allemands envahissent la Pologne, qu'ils partagent avec les Soviétiques. Le **3 septembre**, la **France et la Grande-Bretagne déclarent la guerre à l'Allemagne**.

2 1939-1941 : les victoires de l'Axe

a/ En Europe de l'Ouest

- Au printemps 1940, les Allemands occupent le Danemark, la Norvège, les Pays-Bas et la Belgique, puis entrent en France où ils progressent rapidement : c'est la ***Blitzkrieg*** (guerre éclair). Les civils fuient vers le Sud : c'est l'**exode**.
- Le **22 juin**, le gouvernement **Pétain** signe l'**armistice** avec l'Allemagne (voir Fiche 11).
- Dirigée par **Churchill, l'Angleterre, seule de 1940 à 1942, continue la guerre**.

b/ En Afrique L'armée italienne et l'*Afrika Korps* de **Rommel** envahissent l'**Égypte** et l'**Afrique du Nord**.

c/ En URSS Le **22 juin 1941**, la *Wehrmacht*, l'armée allemande, **rompant le pacte germano-soviétique**, entre en URSS. Son avance est foudroyante : en septembre 1941, elle atteint Stalingrad. **Hitler semble maître de l'Europe**.

3 1942 : le tournant de la guerre

a/ Le début de la guerre du Pacifique

- Le **7 décembre 1941**, l'aviation japonaise bombarde la base navale américaine de **Pearl Harbor. Les États-Unis entrent en guerre contre l'Axe**.
- Les batailles de **Midway** (juin 1942) et le débarquement américain à **Guadalcanal** (août 1942) stoppent l'expansion japonaise (voir Fiche 57, carte 1).

b/ En Afrique du Nord Les troupes allemandes sont vaincues par les Britanniques à **El Alamein**. En novembre 1942, **les Anglo-Américains débarquent** au Maroc et en Algérie.

c/ En Europe Sur le **front russe**, la Wehrmacht échoue à prendre **Stalingrad** et capitule le **2 février 1943** (voir Fiche 10).

4 1943-1945 : les victoires des Alliés

a/ En Europe de l'Ouest

- Les **Anglo-Américains** débarquent en **Italie** en septembre 1943 puis en **Normandie** (6 juin 1944) et en **Provence** (15 août 1944). La France est libérée.
- **L'Armée rouge libère l'Europe orientale** et arrive la première à **Berlin**. Les **armées anglo-américaine et soviétique** occupent l'Allemagne (voir Fiche 57, carte 2). Hitler se suicide le 30 avril 1945.
- Le **8 mai 1945**, l'armée allemande **capitule** sans condition.

b/ En Asie

- Dans le **Pacifique**, les avions **kamikazes** du Japon infligent des pertes sévères aux Américains.
- **Les 6 et 9 août 1945**, les États-Unis larguent deux **bombes atomiques** sur **Hiroshima** et **Nagasaki**.
- **Le Japon capitule le 2 septembre 1945**.

▸▸▸ C'est la fin de la Seconde Guerre mondiale.

La Seconde Guerre mondiale, une guerre d'anéantissement

▸▸▸ En quoi la Seconde Guerre mondiale est-elle une guerre d'anéantissement ?

1 Une guerre totale

a/ Un conflit planétaire

- Tous les **continents** et presque tous les **États** sont concernés. La guerre se déroule **sur terre, sur mer, dans les airs**.
- Toutes les **ressources** économiques (matières premières, énergie, produits de remplacement ou *ersatz*) et humaines (soldats, ingénieurs, travailleurs, hommes et femmes, populations des colonies, travail forcé) sont mobilisées.

b/ Une guerre idéologique

- Les puissances de l'**Axe** sont des dictatures **racistes expansionnistes** qui veulent imposer un « ordre nouveau ».
- Les États de la **Grande Alliance** et les mouvements de **résistance** défendent la **liberté**, la **démocratie**, les **droits humains**.
- Chacun des camps s'appuie sur une intense **propagande***.

c/ Une guerre technique

- La puissance des moyens de destruction progresse : chars, bombardiers, porte-avions, bombe atomique.
- La guerre s'appuie sur **une production de masse et standardisée d'armes et de moyens de transport** d'une vitesse, d'un rayon d'action et d'une capacité croissants : V1 et V2 allemands, B29 américains, bateaux de transports *Liberty ships*.
- Les **innovations technologiques** s'accélèrent : électronique-informatique (radar, équipement radio, ordinateur) ; nylon (parachutes) ; moteurs à réaction ; fusées ; antibiotiques.

2 Une guerre d'anéantissement

a/ Les civils forment la majorité des 55 millions de morts

- Le mitraillage des routes de l'exode, les bombardements massifs des villes (Londres, Dresde), les représailles et massacres d'otages (Oradour-sur-Glane), les bombes d'Hiroshima et de Nagasaki ont fait des millions de victimes civiles.
- Les nazis massacrent les **populations slaves**, considérées comme inférieures. En Asie, les Japonais massacrent des civils chinois, indonésiens, indochinois.
- Les déportés pour faits de résistance et les homosexuels sont asservis et assassinés dans les camps de concentration.

b/ La bataille de Stalingrad (juillet 1942-février 1943), emblématique

- Durant l'été 1942, la VIe armée allemande tente de prendre Stalingrad, **première ville industrielle d'URSS** au nom symbolique. **Massivement bombardée**, la ville est **presque rasée**.
- En novembre, les Soviétiques entreprennent d'encercler **l'armée allemande, prisonnière dans Stalingrad**. Affamés, épuisés, les Allemands **capitulent le 2 février 1943**.
- Les Soviétiques comptent 500 000 morts et 600 000 blessés, les Allemands, 350 000 morts, blessés ou prisonniers.

c/ Le crime contre l'humanité : le génocide* des Juifs et des Tziganes

- Dans l'Europe occupée par les nazis, les Juifs sont privés de leurs droits puis éliminés. En Europe de l'Est, les nazis les obligent à se regrouper dans des **ghettos** où ils les affament.
- En URSS, les ***Einsatzgruppen*** fusillent systématiquement les Juifs au fur et à mesure de l'avancée allemande (massacre de Babi Yar les 28 et 29 septembre 1941, 33 771 victimes).
- Lors de la **conférence de Wannsee**, en janvier 1942, les nazis décident la mise en œuvre de la « **solution finale du problème juif en Europe** ». Dès lors, les Juifs de toute l'Europe sont arrêtés, transportés vers des **centres de mise à mort** situés en territoire polonais (Auschwitz-Birkenau, Maïdanek, Chelmno, Sobibor, Treblinka, Belzec) et assassinés, selon un processus industriel, dans des **chambres à gaz**. Les corps sont brûlés dans des **fours crématoires**.
- Ce **génocide**, appelé **Shoah**, a causé la mort de près de **6 millions de Juifs** européens. Plus de 200 000 **Tziganes** ont péri dans les mêmes conditions.

> **Mot-clé**
> ***Einsatzgruppen*** : « groupes d'intervention » mobiles suivant l'armée allemande pendant l'invasion de l'URSS.

▸▸▸ Après la guerre, des responsables nazis ont été jugés pour ces crimes contre l'humanité lors du procès de Nuremberg.

11 La France de 1940 à 1944

▸▸▸ Le régime de Vichy, né de la défaite, rejette la démocratie, la **république*** et les droits humains.

1 La défaite de 1940 et l'installation du régime de Vichy

a/ La France vaincue

- De septembre 1939 à avril 1940, les soldats français attendent le long de la ligne Maginot : c'est la « **drôle de guerre** ».
- En **mai 1940**, après avoir occupé le Danemark, la Norvège, la Belgique et les Pays-Bas (*Blitzkrieg*), **l'armée allemande envahit la France**. Les populations fuient vers le Sud, sous les bombardements : c'est l'**exode**.
- Le 22 juin 1940, le nouveau gouvernement du **maréchal Pétain** signe l'**armistice**. L'armée française est réduite à 100 000 hommes, plus d'1,5 million de soldats français restent prisonniers, la France doit livrer du matériel militaire à l'Allemagne et payer les frais d'entretien des troupes d'occupation.
- Elle est divisée par une **ligne de démarcation** : au Nord la **zone occupée**, au Sud la **zone libre**. Mais le **8 novembre 1942**, après le débarquement allié en Afrique du Nord, les Allemands occupent la zone libre.

b/ Un régime réactionnaire, antisémite* et discriminatoire

- Le **10 juillet 1940, Pétain** reçoit du Parlement les **pleins pouvoirs** : c'est la fin de la IIIe République. Quatre actes constitutionnels font de lui le **chef de l'État français**, détenant tous les pouvoirs, et de **Pierre Laval** son successeur.
- Le régime de Vichy veut régénérer la France par une « **Révolution nationale** » dont les principes sont « **Travail, Famille, Patrie** » et qui s'appuie sur la religion et le culte de Pétain.
- Des corporations remplacent les syndicats, la grève est interdite. Le divorce est rendu plus difficile et l'avortement sévèrement réprimé. Le corps enseignant est « épuré ». La **franc-maçonnerie** est interdite.
- Ce sont 15 000 Français qui **perdent leur nationalité**.
- Vichy prend l'initiative d'une **politique antisémite : statut des Juifs** du 3 octobre 1940 ; internement des Juifs étrangers ; création d'un Commissariat aux questions juives.

> Mot-clé
> **Franc-maçonnerie** : ensemble de groupes organisés selon des rites, autour d'un idéal de solidarité et de progrès de l'humanité.

2 La France à l'heure allemande

a/ Pénurie et terreur

- Les produits de première nécessité sont **rationnés**. C'est le temps des **ersatz** (produits de remplacement) et du **marché noir** (vente clandestine de produits).
- La population, soumise au **couvre-feu**, est terrorisée par les **exécutions d'otages**, et plus tard par les **bombardements alliés**.
- En juin 1942, les Allemands imposent aux Juifs le port de l'**étoile jaune**. Les **déportations vers les centres de mise à mort** se multiplient. **76 000** des 300 000 Juifs vivant en France en 1939 sont déportés – 2 500 seulement en reviennent. Ceux qui échappent à la déportation le doivent à la population qui les cache.

b/ Collaboration et collaborateurs

- **Le gouvernement de Vichy collabore** avec l'occupant : ses troupes combattent en Syrie contre la Grande-Bretagne et la France Libre (1941) ; il organise la **relève** – retour de soldats prisonniers en Allemagne contre le départ de travailleurs français volontaires – puis en février 1943, le **Service du travail obligatoire** (STO) oblige les jeunes gens à aller travailler en Allemagne. Vichy **aide les Allemands à combattre la Résistance** (Milice).
- La **police française** arrête les Juifs lors de **rafles** comme celle du **Vel' d'Hiv**, les **16 et 17 juillet 1942 à Paris**.
- Des **individus** choisissent aussi la **collaboration** : **économique**, au service de l'Allemagne ; **mondaine** pour des artistes et des figures du Tout-Paris ; par conviction pour des **intellectuels** (Robert Brasillach, Céline) ou des **hommes politiques** (Jacques Doriot et Marcel Déat) qui fondent la **Légion des volontaires français contre le bolchevisme** pour combattre l'URSS sous uniforme allemand.

▸▸▸ Dès juin 1940, la résistance à l'occupation allemande et au régime de Vichy commence.

La décolonisation

▸▸▸ Comment les colonies deviennent-elles indépendantes ?

1 La remise en cause de la colonisation

a/ Les empires coloniaux

▪ Les **Européens** se sont étendus à travers le monde au XIXe siècle, en conquérant des territoires africains et asiatiques. De **vastes empires coloniaux** ont alors vu le jour, comme symboles de **puissance** et de **prospérité économique**. Différents statuts existent pour les territoires (colonie, protectorat, mandat), mais partout, les populations locales se retrouvent **soumises** aux Européens.

▪ L'**Empire britannique** et l'**Empire français** sont les deux plus grands empires coloniaux.

b/ La remise en cause

▪ À l'issue de la Seconde Guerre mondiale, **l'ordre colonial est remis en cause** :
– les métropoles sont affaiblies par la guerre ;
– les États-Unis et l'URSS affirment leur anticolonialisme ;
– l'ONU prône le droit des peuples à disposer d'eux-mêmes.

▪ La France commence tout d'abord par **réprimer les mouvements indépendantistes** avant d'y faire face par la négociation dans les années 1950.

2 Les étapes de la décolonisation

La **décolonisation** est très rapide : **entre 1947 et 1962**, la quasi-totalité des territoires coloniaux d'Afrique et d'Asie **s'émancipe**.

a/ L'Asie s'éveille…

▪ C'est en **Asie** que la décolonisation commence. **En 1947, la Grande-Bretagne accorde son indépendance à l'Inde** (voir Fiche 13), qui est la plus prospère de ses colonies. Cette indépendance est liée au retrait des Anglais et non à une guerre, mais elle provoque de nombreux bouleversements comme le déplacement de 14 millions de personnes et les affrontements entre hindous et musulmans.

▪ **L'Indochine française devient indépendante en 1954**, après un long conflit armé.

b/ … suivie par l'Afrique

Le mouvement s'étend ensuite à l'**Afrique** dans les années 1950, le plus souvent de façon pacifique. Ainsi, **les protectorats français (Maroc et Tunisie) en Afrique du Nord obtiennent leur indépendance en 1956**. **L'Afrique noire** obtient progressivement son autonomie, et l'indépendance est proclamée en **1960**. D'autres colonies, comme l'**Algérie (1962) ou la République démocratique du Congo (1960)**, vont lutter de **manière violente** pour obtenir leur indépendance.

3 Les défis de l'indépendance et l'émergence du tiers-monde

▪ Les nouveaux États sont fragiles, ils ne sont pas nécessairement préparés à l'autonomie et connaissent des **difficultés politiques, économiques et sociales**.

▪ Des **tensions entre ethnies** peuvent apparaître et aboutir, parfois, à des conflits meurtriers comme au Nigeria où la guerre du Biafra a entraîné une famine et la mort de plus d'un million de personnes (1967-1970).

▪ Les États sont confrontés à des difficultés économiques car les productions étaient auparavant tournées vers la métropole : l'agriculture est peu performante, l'industrie quasi inexistante.

▪ **En 1955, les premiers États décolonisés se retrouvent à Bandung** (Indonésie) et revendiquent leur autonomie par rapport aux États-Unis et à l'URSS : c'est la naissance du **tiers-monde**. Ils cherchent ainsi à s'émanciper d'une nouvelle tutelle.

▪ Ils adhèrent à des organismes internationaux afin d'être défendus, comme l'Organisation de l'unité africaine (OUA), la Ligue arabe. Ils entrent à l'ONU, qui relaie leurs revendications dans le cadre de la **CNUCED**.

> **Mot-clé**
> **Tiers-monde** : expression politique, qui désigne les États pauvres, nouvellement indépendants, qui ne veulent pas dépendre d'un État dans le contexte de la guerre froide (voir Fiche 14).

> **Mot-clé**
> **CNUCED** : conférence des Nations unies sur le Commerce et le Développement, créée en 1964, afin de favoriser le développement économique des nouveaux États.

▸▸▸ La décolonisation est rapide et entraîne la mise en place de nouveaux enjeux dans un monde marqué par la guerre froide.

13 L'indépendance des Indes britanniques

▶▶▶ Comment s'effectue l'indépendance des Indes britanniques ?

1 La remise en cause de la colonisation

Info +
Nehru devient Premier ministre de l'Inde, une fois l'indépendance acquise.

Mot-clé
Nationalisme : désigne les mouvements qui revendiquent l'indépendance.

a/ Deux mouvements contestataires

Les Indes appartiennent à la couronne britannique depuis 1857. La domination du Royaume-Uni est contestée par :
– le **Parti du Congrès**, fondé en 1885 et dirigé par **Gandhi** puis par **Nehru**. Parti **nationaliste** indien, il milite pour une plus large autonomie puis pour l'indépendance d'une Inde unifiée.
– la **Ligue musulmane**, fondée en 1906 et dirigée par **Ali Jinnah**. La Ligue musulmane réclame la création d'un État fondé sur l'islam indépendant, pour les musulmans des Indes britanniques.

b/ La contestation pacifique

Durant les années 1920-1930, la contestation progresse contre la présence britannique. **Gandhi s'engage de manière pacifique contre les Anglais.** Il développe ainsi la doctrine non violente de la « résistance passive » et de la « désobéissance civile » face aux Anglais. Il organise le boycott des produits britanniques, les marches protestataires comme **la marche du sel en 1931** : après avoir parcouru 300 km à pied, Gandhi arrive au bord de l'océan Indien et recueille un peu de sel dans ses mains. Par ce geste symbolique, il encourage ses compatriotes à violer le monopole d'État sur le sel.

2 Accéder à la décolonisation

a/ Les premiers éléments de reconnaissance

- **En 1935**, Gandhi obtient un geste du gouvernement britannique, qui accepte de déléguer la gestion des affaires intérieures aux élites locales. **L'Inde dispose alors d'un gouvernement et d'un Parlement**.
- **En 1942**, le **Quit India est adopté** : par ce texte, Gandhi accorde le soutien des Indiens au gouvernement anglais pour la guerre, en échange de la reconnaissance de l'indépendance du pays, à la fin de celle-ci.

b/ L'indépendance

- Des **négociations** sont alors entamées à la fin de la Seconde Guerre mondiale, notamment parce qu'Attlee, Premier ministre anglais, veut préserver les intérêts économiques et commerciaux, l'indépendance étant inéluctable.
- Mais les négociations sont rendues compliquées par les **rivalités indiennes**. En effet, le Parti du Congrès revendique une Inde indépendante, multiconfessionnelle alors que la Ligue musulmane veut son propre État musulman.
- Après des violences entre les deux partis, le Parlement britannique vote en **juillet 1947 l'indépendance des Indes britanniques**, qui sont alors divisées en deux États : l'**Union indienne**, multiconfessionnelle mais peuplée majoritairement d'hindouistes et le **Pakistan**, qui est un État musulman, divisé en deux parties distantes de 1 700 km.

3 Les défis de l'indépendance

a/ 14 millions de personnes déplacées

La partition entraîne le **déplacement de 14 millions de personnes** entre les deux nouveaux États, soit par conviction religieuse, soit par peur de devenir une minorité et d'être alors en danger dans le pays. Ces transferts sont accompagnés de violence, et **un million de personnes trouvent la mort**, dont **Gandhi, assassiné en 1948**.

b/ Des conflits durables

Cette partition marque les deux États, qui entrent en **conflit** à propos du **Cachemire** : c'est un territoire à majorité musulmane, mais dirigé par un Hindou, qui décide de se rattacher à l'Union indienne. L'ONU intervient en 1949 et impose une ligne de cessez-le-feu qui **divise le Cachemire en deux**.

- En **1971**, la partie orientale du Pakistan prend son indépendance et devient le **Bangladesh**.

▶▶▶ L'Union indienne obtient son indépendance de manière pacifique mais le bain de sang n'est pas évité.

La guerre froide (1947-1991)

▶▶▶ Comment le monde s'organise-t-il à partir de 1947, à cause des rivalités entre l'URSS et les États-Unis ?

1 La mise en place d'un monde bipolaire

a/ Vers la division du monde en deux

- L'**Organisation des Nations unies (ONU) est créée en 1945** à la fin de la Seconde Guerre mondiale, laissant espérer un avenir de paix et de démocratie. Mais, très vite, des rivalités apparaissent entre les États-Unis et l'URSS : l'Europe est coupée en deux blocs.
- **En 1947**, les États-Unis mettent en place le **plan Marshall** pour contribuer à la reconstruction économique de l'Europe. L'URSS considère ce plan comme une arme dirigée contre elle, et refuse d'y participer.
- **Deux blocs voient le jour**. Le premier, celui de l'Ouest, est dirigé par les États-Unis. Protégé par l'**OTAN**, ce bloc veut défendre le monde libre et protéger la démocratie contre le communisme (**doctrine Truman**). Le second, celui de l'Est, est dirigé par l'URSS et regroupe les pays d'Europe de l'Est, qui deviennent des démocraties populaires. Ce bloc est soudé par le **Pacte de Varsovie**, et se présente comme le camp « anti-impérialiste », menant la lutte des classes à l'échelle mondiale (**doctrine Jdanov**).

b/ Une guerre sans conflit direct

- La guerre froide se caractérise par l'**absence de combat direct entre les rivaux**. Les lieux de combat et de crises sont hors territoire américain ou russe. Il s'agit d'une **guerre idéologique et culturelle**, une guerre d'opinion et d'information pour affirmer la puissance de chacun.
- Le monde est ainsi coupé en deux, les deux Grands nouant des **alliances** avec les différents États afin de limiter l'expansion de l'autre. Le bloc de l'Est est renforcé avec l'entrée de la Chine en 1949. Mais ce **monde bipolaire** est remis en cause par la **décolonisation** (voir Fiche 12) et l'indépendance de nouveaux États, avec l'émergence du tiers-monde.

2 Les phases de la guerre froide

a/ 1947-1961 : un monde bipolaire

La première partie de la guerre froide est marquée par la mise en place des blocs et par des **crises importantes** : le **blocus de Berlin-Ouest en 1948**, puis la construction du mur de Berlin et du **rideau de fer*** (1961, voir Fiche 15), la **guerre de Corée (1950-1953)**, qui débouche sur la division de la Corée entre le Nord communiste et le Sud pro américain, **la crise de Cuba (1962**, voir Fiche 15), la plus grave de la guerre froide.

b/ 1962-1975 : la Détente

La crise de Cuba est suivie d'un certain apaisement entre les deux blocs, et les deux Grands décident de **limiter leurs armements nucléaires**. Mais, dans le contexte des indépendances en Asie et en Afrique, États-Unis et URSS essaient de multiplier de nouvelles alliances.

> Mot-clé
> **Détente** : période durant laquelle les États-Unis essaient de désamorcer les tensions par le dialogue.

c/ 1975-1991 : vers la fin de la guerre froide

- La Détente prend fin dans les années 1970, avec l'intervention soviétique en Afghanistan (1979). On assiste alors à un **retour des tensions** et à un réarmement des blocs. L'URSS installe ainsi des missiles en Europe, le long du rideau de fer, c'est la **crise des euromissiles**.
- Mais **l'URSS est confrontée à une grave crise économique**. **Gorbatchev** arrive au pouvoir en 1985 et met en place des réformes, comme la **glasnost** et la **perestroïka**. Ces réformes conduisent à la fin de la guerre froide : **le bloc de l'Est s'effondre en 1989** lorsque l'URSS assouplit son contrôle sur les démocraties populaires. **En 1991, le régime soviétique disparaît**.

> Mots-clés
> **Glasnost** : politique visant à promouvoir la transparence économique et sociale pour rétablir les libertés.
> **Perestroïka** : politique visant à restructurer le système économique soviétique.

▶▶▶ La guerre froide a conduit à une nouvelle organisation du monde en deux blocs, entre 1947 et 1991.

15 Les crises de la guerre froide (1947-1991)

▶▶▶ Quelles sont les grandes crises qui ont marqué la guerre froide ?

1 L'Allemagne et Berlin divisés, symboles de la guerre froide

a/ Le blocus de Berlin (juin 1948-mai 1949)

- À la sortie de la Seconde Guerre mondiale, Berlin, comme l'Allemagne, est divisée en **4 zones d'occupation** : britannique, américaine, française et soviétique. Mais les Alliés n'arrivent pas à se mettre d'accord sur le sort de l'Allemagne et de Berlin.
- Du 24 juin 1948 au 12 mai 1949, **Staline coupe les voies de communication** (routières et ferroviaires) entre l'Allemagne de l'Ouest et Berlin : c'est le blocus de Berlin.
- Les Américains mettent alors en place un **pont aérien pour ravitailler Berlin-Ouest**. Staline doit renoncer, et les États-Unis sortent vainqueur de cette première crise.

b/ La division de l'Allemagne (1949)

Cette crise marque la rupture entre les deux blocs et la division de l'Allemagne. Deux États sont créés : le **23 mai 1949, la République fédérale d'Allemagne (RFA)**, qui regroupe les zones d'occupation britannique, américaine et française, puis le **7 octobre 1949, la République démocratique allemande (RDA)** à partir de la zone d'occupation soviétique. La RDA est une démocratie populaire, dépendante de l'URSS.

c/ La construction du mur de Berlin (1961)

- Jusqu'au début des années 1960, **3 millions d'Allemands de l'Est sont passés à Berlin-Ouest** ou en RFA. Pour mettre fin à cette hémorragie, les Soviétiques décident de construire un mur, qui marque physiquement la séparation entre Berlin-Est et Berlin-Ouest.
- **La construction du mur commence dans la nuit du 12 au 13 août 1961**. Cette barrière matérialise la **division de l'Europe en deux** par ce qu'on appelle le **rideau de fer***. Les États-Unis n'interviennent pas pour empêcher sa construction.
- **Berlin**, divisée en deux, devient le **symbole de la guerre froide**.

d/ Vers la chute du mur

- Lors de la période de la **Détente** (voir Fiche 14), les tensions s'apaisent en Allemagne.
- **En 1963, Kennedy**, en visite à Berlin-Ouest, proclame : « **Ich bin ein Berliner** » et dénonce le « mur de la honte ».
- À partir de 1969, la RFA met en place l'**Ostpolitik**, afin d'améliorer les **relations entre RFA et RDA**. Ainsi, la RDA est reconnue comme un État.
- Avec la disparition du rideau de fer en Europe, **la frontière entre RFA et RDA est ouverte le 9 novembre 1989**, c'est la **chute du mur de Berlin**. Le **3 octobre 1990**, l'Allemagne est **réunifiée**.

2 La crise des missiles à Cuba (1962)

> **Info +**
> **Doctrine Monroe** : l'Amérique aux Américains. Il s'agit de la volonté des États-Unis de diffuser leur modèle sur le continent américain et de le protéger.

- **En 1959, Fidel Castro prend le pouvoir à Cuba**, soutenu par l'URSS.
- Les États-Unis décident alors d'intervenir, afin d'appliquer la **doctrine Monroe**. Ils essaient ainsi de débarquer en 1961 dans la baie des Cochons. C'est un échec. Ils mettent alors en place un **embargo économique** (qui a pris fin en 2015).
- Fidel Castro en profite pour se rapprocher encore de l'URSS et Cuba devient une base militaire soviétique, avec l'**installation de missiles tournés vers les États-Unis**. Le 14 octobre 1962, les États-Unis les découvrent. Après une semaine de négociations et de tensions extrêmes, Khrouchtchev cède à Kennedy et retire les missiles cubains.
- Cette crise a conduit le monde au bord de l'explosion nucléaire et marque le **paroxysme de la guerre froide**. Les deux grands décident alors de réinstaurer le dialogue entre eux, marquant ainsi le début de la **Détente** (voir Fiche 14).

▶▶▶ D'autres crises ont lieu pendant la guerre froide, comme la guerre de Corée (1950-1953) ou la guerre du Vietnam (1964-1975), marquée par l'intervention directe des États-Unis.

Plus de soixante ans de construction européenne

Comment, en pleine guerre froide, la construction européenne s'est-elle mise en place ?

1 Construire une unité en Europe occidentale

a/ Les premières créations

- L'idée de créer une union économique en Europe occidentale apparaît, avec pour objectif de restaurer la paix, de s'émanciper des États-Unis, et de s'affirmer face à l'URSS dans le contexte de la guerre froide. Cette idée est défendue par des hommes comme **Jean Monnet** ou **Robert Schuman**, surnommés les **Pères fondateurs de l'Europe**.
- **Le Conseil de l'Europe est créé en 1949**, pour défendre la paix, les Droits de l'Homme et les valeurs européennes.
- La réconciliation franco-allemande est scellée par la création de la **Communauté européenne du charbon et de l'acier, la CECA**, en **1951**. Celle-ci regroupe la France, la RFA, l'Italie, la Belgique, le Luxembourg et les Pays-Bas. La production du charbon et de l'acier dépend donc désormais d'une autorité commune.
- En 1954, le projet d'une communauté européenne de défense (CED) échoue.

b/ La Communauté économique européenne (CEE)

- L'idée de construction européenne est relancée par le **traité de Rome (1957)**, qui crée la **Communauté économique européenne (CEE)**et met en place une coopération économique, dans le but de créer un **marché commun**.
- La CEE est **progressivement élargie** (voir carte rabat) : Irlande, Royaume-Uni et Danemark en 1973, Grèce en 1981, Espagne et Portugal en 1986.
- La CEE voit ses **compétences approfondies** avec la **politique agricole commune**, créée pour développer l'agriculture des États membres. Des institutions démocratiques voient le jour : **le Parlement européen est ainsi élu au suffrage universel direct depuis 1979**.

> Mot-clé
> **Marché commun** : union économique de pays où les biens, les services, les capitaux et les personnes circulent librement.

2 Les nouveaux enjeux à partir de 1989

a/ De la CEE à l'Union européenne

- Après la guerre froide, l'Europe devient aussi sociale et politique.
- Le **traité de Maastricht** est signé en **1992**. Il transforme la CEE en **Union européenne**. Il instaure une **citoyenneté européenne**. Il prépare l'Union économique et monétaire. Celle-ci débouche sur la mise en place d'une **monnaie unique : l'euro**. Il est adopté entre 1999 et 2002 par les États membres sauf le Royaume-Uni, la Suède et le Danemark. La politique monétaire commune est menée par la **BCE** (banque centrale européenne).
- Le **traité de Schengen (1995)** permet la **libre circulation des personnes et des biens**.
- En 1995, l'Union européenne s'élargit encore avec l'Autriche, la Finlande et la Suède.

b/ Intégrer l'Europe de l'Est à l'Union européenne

- L'UE poursuit son **élargissement** en intégrant les **pays d'Europe de l'Est**, passant de 15 en 1995, à 25 en 2004, 27 en 2007 puis 28 membres en 2013.
- Des programmes sont mis en place pour aider les nouveaux États membres à combler leur retard économique et social.

c/ Quelle Europe aujourd'hui ?

- Le traité constitutionnel est rejeté en 2005 par la France et les Pays-Bas. **Le traité de Lisbonne**, signé en 2007, permet la mise en œuvre de réformes, afin de renforcer l'intégration économique et de répondre aux critiques réclamant plus de démocratie et une politique sociale européenne.
- De plus en plus, l'Union européenne est confrontée à l'**euroscepticisme**, aggravé par la **crise économique** et la **crise des migrants**.

L'Europe a su construire une union pour préserver la paix mais est confrontée aujourd'hui à des enjeux politiques et économiques qui la remettent en question.

17 À la recherche d'un nouvel équilibre mondial depuis 1990

Comment évolue la géopolitique mondiale depuis 1990 ?

1 D'un monde unipolaire à un monde multipolaire

Mots-clés

Monde unipolaire : monde dominé par une seule puissance.

Monde multipolaire : monde marqué par la présence de plusieurs grandes puissances.

a/ La superpuissance américaine contestée

- Avec la fin de la guerre froide, les États-Unis restent le seul État doté de tous les attributs de la puissance : économique, politique, militaire, culturelle… On parle de **l'hyperpuissance américaine**, qui domine le monde.
- La vulnérabilité américaine est pourtant mise en évidence par les **attentats du 11 septembre 2001**. Les États-Unis entrent alors en **guerre contre le terrorisme islamiste**, et malgré l'opposition internationale, ils interviennent en Afghanistan (2001) puis en Irak (2003) mais n'obtiennent aucune victoire décisive.

b/ De nouvelles puissances régionales

- Très vite, la suprématie américaine est contestée par des puissances incomplètes comme le Japon ou l'Union européenne, mais aussi par les puissances émergentes, notamment les **BRICS** (Brésil, Russie, Inde, Chine, Afrique du Sud). **Les puissances émergentes apparaissent dans les années 1990**. Elles se caractérisent par une **forte croissance économique**, veulent jouer un rôle dans les relations internationales (certaines revendiquent une place au Conseil de sécurité de l'ONU), mais sont marquées par de **fortes inégalités sociales**.
- Avec la dislocation de l'URSS, de nouveaux États apparaissent et intègrent l'**Union européenne** entre 2004 et 2013, qui passe ainsi de 15 à **28 États membres**. Les États-Unis n'arrivent plus à maintenir la paix ni à stabiliser les États contre lesquels ils interviennent militairement (l'Irak est aujourd'hui occupée en partie par l'État islamique).

c/ La mise en place d'une gouvernance mondiale

- **L'ONU**, qui n'avait eu qu'un rôle très limité pendant la guerre froide, peut désormais intervenir dans les conflits en déployant les **casques bleus**.
- L'idée d'une **gouvernance mondiale** voit le jour afin de gérer les problèmes à l'échelle internationale : développement durable, coopération économique, inégalités, contrôle des armes nucléaires, protection des Droits de l'Homme.

2 Un monde de plus en plus divisé

- L'espoir d'un « **nouvel ordre mondial** » basé sur la paix, la coopération internationale et la sécurité collective s'évanouit assez vite avec **l'apparition de nouveaux et nombreux conflits**.
- Certains sont liés à des **conflits anciens**, non résolus, comme des problèmes de frontières au Cachemire, en Corée ou au Moyen-Orient ou des guerres civiles comme en Algérie.
- Mais des **conflits d'un nouveau genre** voient le jour. Ils peuvent être liés à l'apparition de nouveaux États, aux revendications identitaires, ethniques ou religieuses (la guerre de Yougoslavie, 1991-1999), à l'obtention de ressources (eau ou pétrole comme la 1re guerre du Golfe, 1991), à l'opposition contre les régimes politiques en place (en Syrie depuis 2011, révolutions arabes en 2011). Les conflits peuvent toucher les populations civiles, voire tourner au **génocide*** (Rwanda, 1994).
- Depuis les années 2000, le réveil des identités se traduit par le **développement de l'islamisme***, qui marque son opposition à l'Occident par un retour à un islam originel. Il s'appuie sur différents mouvements (**Al-Qaïda, AQMI, État Islamique ou Daech**), revendique le jihad et utilise les réseaux internationaux de communication pour attirer de nouvelles recrues. Il peut prendre la forme violente du **terrorisme**, en touchant de nombreux pays américains, européens (Paris en janvier et novembre 2015, Bruxelles en 2014 et 2016) ou africains (Nigeria en 2011, Kenya en 2013).

Depuis 1990, le monde est devenu instable et cherche encore son équilibre alors que les tensions sont toujours plus vives.

Le terrorisme religieux

▶▶▶ En quoi la menace terroriste trouble-t-elle l'ordre mondial établi et met-elle en évidence une nouvelle forme de conflit ?

1 La mise en place du terrorisme religieux

■ Les années 1990 sont marquées par l'**échec du nouvel ordre mondial** mis en place à la fin de la guerre froide et caractérisé par la concertation entre les États sous l'égide de l'ONU. Les **États-Unis** apparaissent comme la seule puissance capable de mettre fin à un conflit.

■ Les années 1990 se caractérisent aussi par le **réveil identitaire des minorités**. Dans un certain nombre de pays musulmans, ce réveil des identités se traduit par le développement de l'**islamisme***. Celui-ci se **radicalise** progressivement dans les années 1990 et s'organise autour de plusieurs groupes : les Talibans, Al-Qaïda... Ces mouvements s'opposent aux gouvernements musulmans jugés impies comme en Algérie, à l'ordre mondial établi par les Américains et revendiquent le **jihad**. Dès 1998, des attentats revendiqués par Al-Qaïda sont commis, comme à Nairobi au Kenya, faisant 400 morts.

> **Mot-clé**
> **Jihad** : guerre sainte, prônée par des islamistes radicaux contre les Occidentaux ou les régimes musulmans pro-occidentaux.

2 Les États-Unis attaqués

■ **Le 11 septembre 2001, les États-Unis sont attaqués sur leur sol.** Les cibles visées sont les **symboles de la puissance américaine** : la puissance **économique et financière** avec les tours de bureaux du World Trade Center à New York ; la puissance **militaire** avec le Pentagone ; la puissance **politique**, car la Maison Blanche était la dernière cible, non atteinte par le quatrième avion.

■ Le bilan est très lourd pour un seul attentat : près de **3000 morts**, des milliers de blessés, New York est dévastée... Le **traumatisme est mondial**.

■ Le président américain, G. W. Bush déclare alors la **guerre contre le terrorisme et contre les « États voyous »** qui cherchent à se doter de l'arme nucléaire. Il décide d'intervenir en **Afghanistan** pour éradiquer les camps d'entraînement d'Oussama Ben Laden, fondateur d'Al Qaïda, puis en 2003 en **Irak**. L'ONU refuse cette dernière intervention, ce qui révèle le glissement vers l'**unilatéralisme**.

■ **Les États-Unis s'enlisent dans ces conflits**, qui se transforment en guerres civiles et participent au discrédit des États-Unis et de l'Occident. Ils se retirent d'Irak en 2011 et d'Afghanistan en 2014. **Ben Laden**, responsable du réseau Al-Qaïda, **est tué par les Américains en 2011**.

3 Une nouvelle forme de conflits

■ Les réseaux terroristes se renforcent dans les États déstabilisés par la **chute des régimes politiques**, notamment en Afrique du Nord (Libye) et au Moyen-Orient (Irak, Syrie). Le fonctionnement **en réseau** est facilité par les nouveaux moyens de communication et par l'argent de la contrebande ou de la vente du pétrole.

■ De **nouveaux groupes terroristes** apparaissent : **AQMI** (Al-Qaïda au Maghreb Islamique, groupe terroriste d'origine algérienne, rattaché à Al-Qaïda et qui agit dans toute la zone saharienne), **Boko Haram** (Nigeria) ou **l'État Islamique – Daech**. L'État Islamique se développe sur les territoires irakiens et syriens et son essor est lié aux déstabilisations des régimes politiques par les guerres.

■ **Les attaques meurtrières touchent les différents continents.** L'Europe est touchée à plusieurs reprises : Madrid en 2004, Londres en 2005, Paris en janvier et novembre 2015, Bruxelles en 2014 et en 2016. L'Afrique est aussi visée (Nigeria en 2011, Kenya en 2013), ainsi que l'Afghanistan, le Pakistan, l'Irak ou la Turquie.

■ Les États occidentaux s'opposent à ces différents réseaux terroristes. Ainsi, **la France est engagée sur plusieurs théâtres de guerre** : dans l'espace sud-saharien de la Mauritanie, du Mali, du Niger et du Tchad (opération BARKHANE) et en soutien à l'armée irakienne pour lutter contre les forces de l'État Islamique (Daech, opération CHAMMAL)

▶▶▶ Le terrorisme met sous pression l'ordre mondial établi, menacé par une nouvelle forme de conflit.

19 Repenser la République (1944-1947)

▶▶▶ Comment refonder la République dans les années difficiles de l'immédiat après-guerre ?

1 La démocratie avant tout (6 juin 1944 - octobre 1946)

a/ Restaurer la République et la faire évoluer…

- …dans un souci de plus grande démocratie et de justice moins arbitraire. Pour cela, le Gouvernement provisoire s'appuie sur le programme de réformes du Conseil National de la Résistance (CNR).
- Il est légitimé l'année suivante par la **loi constitutionnelle du 2 novembre 1945**, véritable constitution provisoire proposant par référendum la création d'une Assemblée constituante qui se voit confier le pouvoir législatif, le GPRF reconduit étant responsable du pouvoir exécutif.
- Dès la Libération, l'autorité de l'État, les libertés fondamentales, les partis politiques et les syndicats sont rétablis. L'égalité absolue de tous les citoyens devant la loi est affirmée. Le GPRF élargit la démocratie politique en donnant le droit de vote aux femmes (avril 1944) ainsi que la possibilité pour celles-ci d'être élues. Pour éloigner le spectre de la dictature, l'Assemblée nationale constituante invite l'ensemble des partis à s'exprimer (PCF, SFIO, MRP essentiellement) sur le contenu de la constitution à venir.

> Mot-clé
> **État-providence** : conception de l'État fondée sur la redistribution des richesses et la prise en charge des risques sociaux (maladie, vieillesse, chômage…).

b/ Le GPRF instaure une démocratie économique et sociale…

- …avec la **nationalisation*** des grands secteurs de l'économie, la **planification** annonciatrice de modernisation (1er plan quinquennal) et un **État-providence** prenant en compte les difficultés d'une population exsangue (création de la Sécurité sociale, garantie d'un niveau de salaire décent et mise en place d'un système de retraite).

2 Une république à l'épreuve de la reconstruction (1946-1947)

a/ Retour à la démocratie

- La Constitution d'octobre 1946 qui fonde la IVe République, crée une **démocratie parlementaire** dans laquelle le président de la République a peu de pouvoir. L'Assemblée nationale est élue à la représentation proportionnelle, sans doute le mode de scrutin le plus démocratique mais qui favorise le **multipartisme** et freine les initiatives.
- L'idée d'un pouvoir exécutif faible et d'un pouvoir législatif dépendant des alliances entre partis déplaît au général de Gaulle qui démissionne dès janvier 1946. Le discours de Bayeux (16 juin 1946) puis la fondation du **RPF** (Rassemblement du Peuple français) en 1947, justifient ses prises de position.

> Mots-clés
> **Démocratie parlementaire** : régime politique monarchique ou républicain, dans lequel le Parlement composé de représentants élus du peuple, détient le pouvoir législatif.
> **Tripartisme** : coalition gouvernementale qui réunit en France, entre janvier 1946 et mai 1947, les 3 principaux partis politiques (PCF, SFIO, MRP).

b/ Une période de crise

- L'année 1947, ou « année terrible », se déroule sous le signe de la crise économique, de l'inflation*, du gel des salaires, de la pénurie alimentaire. Le **Tripartisme**, majoritaire à l'Assemblée, ne résiste pas aux débuts de la Guerre froide.
- En effet, l'acceptation du **plan Marshall**, pour reconstruire l'Europe mais aussi pour lutter contre le communisme, oppose la SFIO et le MRP au PCF qui critique l'impérialisme américain et provoque de grandes grèves insurrectionnelles au péril de la république. Les communistes sont exclus du gouvernement au profit d'une nouvelle coalition, la **Troisième Force**.
- Cette situation troublée convainc le général de Gaulle de la nécessité d'un État fort, dans ses engagements à l'intérieur comme à l'extérieur (politique coloniale en Indochine controversée).

▶▶▶ **Malgré le réel souci d'exercer pleinement la démocratie, la IVe République montre les faiblesses d'un régime qui peine à créer une cohésion politique face aux difficultés générées par la reconstruction.**

De Gaulle et le nouveau système républicain (1958-1969)

▸▸▸ En quoi la Ve République modifie-t-elle la tradition républicaine ?

1 Le nouveau cadre institutionnel

a/ De Gaulle, président du conseil (juin-décembre 1958)

▪ Les divisions politiques, l'antiparlementarisme violent, la crise d'Alger (13 mai 1958) précipitent la fin de la IVe République. Le président René Coty fait appel à de Gaulle.

▪ Pour gérer cette période de transition, le général obtient les pleins pouvoirs dès son **investiture**, malgré l'opposition de la gauche qui y voit une décision contrainte par les événements. Il s'entoure de juristes et engage une large concertation faite de compromis avec les partis, afin d'élaborer rapidement une nouvelle constitution, approuvée massivement par **référendum** (28 septembre 1958).

> Mot-clé
> **Référendum** : vote direct des électeurs sur une question posée par le pouvoir exécutif et dont la réponse possible ne peut être que oui ou non.

b/ La nouvelle constitution

▪ Elle modifie l'équilibre des pouvoirs donnant naissance à un régime semi-présidentiel qui ne s'inscrit pas dans la tradition républicaine puisque l'exécutif est placé sous l'autorité presque exclusive du président de la République, « clé de voûte » des institutions.

▪ L'Assemblée nationale, élue au scrutin uninominal majoritaire à 2 tours, peut renverser le gouvernement par la **motion de censure** mais elle prend le risque d'une **dissolution** décidée par le président.

▪ Le Parlement perd sa prééminence. Il n'investit plus le gouvernement.

▪ Le général de Gaulle est élu premier président de la Ve République (21 décembre 1958) au suffrage indirect.

c/ Le référendum de 1962

L'un des caractères essentiels de la constitution de la Ve République est de donner une tête à l'État et d'éviter ainsi le retour à l'instabilité politique. Mais pour cela, il faut la confiance explicite de la nation d'où l'idée de déplacements en province, d'interventions télévisées et surtout d'un référendum proposant l'élection présidentielle au **suffrage universel direct**, ce qui est chose faite en 1962.

> Mot-clé
> **Suffrage universel direct** : système électoral dans lequel les citoyens électeurs votent directement pour le candidat de leur choix.

2 Une politique dominée par la personnalité du chef de l'État

a/ Un président dynamique

▪ Le but : redonner à la France sa grandeur perdue et assurer son indépendance nationale.

▪ Le général de Gaulle veut moderniser et harmoniser la croissance par les **plans quinquennaux** (IVe et V^{e}). Les « **Trente Glorieuses** » favorisent l'essor économique qu'il souhaite pour le pays, avec la volonté d'une production française et un soutien des secteurs de pointe. Pour renforcer une monnaie affaiblie par l'inflation et les dépenses des guerres coloniales, il crée le « **nouveau franc** ».

b/ Un président ambitieux...

▪ Le général de Gaulle mène une politique extérieure ambitieuse (dotation de l'arme nucléaire, retrait partiel de l'**OTAN**). Il met un terme à la guerre d'Algérie par les **accords d'Évian (mars 1962)**, développe une coopération avec les États africains devenus indépendants, se rapproche de l'Allemagne.

c/ ... mais un président contesté

▪ Pourtant, lors des élections présidentielles de mai 1965, ses opposants dénoncent un pouvoir personnel et quasi monarchique. La crise sociale et idéologique de **mai 68**, en révélant les difficultés d'adaptation aux évolutions de la société, montre l'usure du pouvoir. Par le **référendum de 1969**, de Gaulle met en balance sa légitimité face à une situation de paralysie générale. Son échec le conduit à démissionner.

▸▸▸ Même si les institutions de la Ve République confèrent au général de Gaulle des pouvoirs inédits qui se révèlent efficaces au cours de la période 1958-1969, les citoyens français rejettent l'idée d'un pouvoir présidentiel jugé abusif.

21 La Vᵉ République à l'épreuve de la durée

▸▸▸ En quoi alternance et cohabitation ont-elles fait évoluer les institutions de la Vᵉ République ?

1 1969-2007 : une période marquée par l'alternance

a/ 1969-1981 : des présidents de droite, héritiers du gaullisme

- **Georges Pompidou** (1969-1974) poursuit la politique gaullienne, tout en affichant un désir de plus large ouverture sur l'Europe.
- **Valéry Giscard d'Estaing** (1974-1981), imprime une **image de modernité** en imposant d'importantes réformes de société (majorité à 18 ans, vote de la loi Veil sur l'avortement).
- Mais la crise économique et la montée du chômage confirment la défiance des électeurs pour la droite : un socialiste est élu aux présidentielles de 1981.

Mot-clé

Alternance : arrivée au pouvoir d'un président de la République politiquement opposé au précédent.

b/ 1981-1995 : Première alternance, la gauche au pouvoir

- Les **deux septennats de François Mitterrand** (1981-1995) inaugurent de 1981 à 1986 une ère de réformes (abolition de la peine de mort, décentralisation, âge de la retraite abaissé à 60 ans) en même temps qu'une tentative de relance économique (**nationalisations*** massives) et l'engagement de grands travaux pour favoriser la culture de masse.
- Mais pour lutter contre l'inflation et le chômage, François Mitterrand doit se résoudre à une **politique de rigueur** qui déçoit les Français sans toutefois empêcher sa réélection en 1988.

c/ Deuxième alternance, retour de la droite au pouvoir

- **Jacques Chirac** (1995-2007) s'attaque au déficit budgétaire, à la réforme des retraites du secteur public, à la lutte contre les violences urbaines, à la création d'une armée professionnelle, supprimant ainsi le service militaire obligatoire.
- **Le quinquennat de Nicolas Sarkozy** (2007-2012) ouvre de multiples chantiers de réformes dont celle des retraites mais doit faire face à une très grave crise économique et financière (2008). Celle-ci, difficile à juguler, favorise la victoire de la gauche aux élections présidentielles de 2012.

2 La Vᵉ République à l'épreuve de la cohabitation

Mot-clé

Cohabitation : coexistence d'un président de la République et d'une majorité politique qui lui est opposée à l'Assemblée nationale.

Entre 1986 et 2002, la France subit à trois reprises, lors d'élections législatives, le **partage du pouvoir exécutif** entre un président de la République et un Premier ministre de familles politiques opposées.

a/ Trois cohabitations qui limitent les réformes

- Celles qui impactent les 2 septennats de François Mitterrand (gauche) durent 2 ans : 1986-1988 avec Jacques Chirac, Premier ministre de droite, 1993-1998 avec Édouard Balladur, Premier ministre de droite.
- Celle qui altère le septennat de Jacques Chirac dure 5 ans (1997-2002), soit un mandat législatif. À la différence des deux précédentes, elle intervient après **dissolution de l'Assemblée nationale en 1997**, conséquence d'une grave crise sociale. Contre toute attente, la gauche est victorieuse. Lionel Jospin (socialiste) devient Premier ministre de Jacques Chirac.

b/ La cohabitation : une limite aux pouvoirs du président ?

- La neutralisation des deux têtes de l'exécutif restreint pour un temps la fonction présidentielle au profit du Premier ministre.
- Mais le président de la République conserve des prérogatives importantes, notamment une grande liberté d'expression et le pouvoir de dissoudre l'Assemblée nationale pour mettre fin à la cohabitation.
- Cependant, la **loi constitutionnelle du 2 octobre 2000** qui fait coïncider la durée du mandat présidentiel avec celui des députés (5 ans), limite le risque d'une nouvelle cohabitation et **renforce le rôle du président**.

▸▸▸ Les institutions de la Vᵉ République, par leur souplesse, montrent une grande capacité d'adaptation.

Des années 1950 aux années 1980, une société en mutation

▸▸▸ Pourquoi peut-on dire que la société française a subi de profondes transformations des années 1950 aux années 1980?

1 Les Trente Glorieuses et leurs conséquences démographiques

- Du *baby-boom* au *papy-boom*: la brusque remontée de la natalité dès la fin de la Seconde Guerre mondiale est symptomatique de l'optimisme général qui règne durant les **Trente Glorieuses*** (1950-1973, années d'expansion économique) Mais à partir de 1975, l'idée d'un *papy-boom*, conséquence prévisible du *baby-boom*, est renforcée par l'allongement de l'espérance de vie et la baisse de la natalité. Il en résulte un **vieillissement de la population** déjà sensible dans les années 1980, qui amoindrit le nombre des actifs, augmente les dépenses de santé et déséquilibre le financement des retraites.
- Dans le cadre de la reconstruction qui suit la guerre, la France fait massivement appel à une main-d'œuvre surtout issue d'Europe et du Maghreb, **immigration** officiellement stoppée après 1975, regroupement familial et demandes d'asile exceptés. Cela pose le problème de l'intégration de populations marginalisées et regroupées dans des quartiers qui se ghettoïsent.
- Alors que les règles qui régissaient jusque-là une société conformiste volent en éclats, la **modification de la structure familiale** porte sur le recul des mariages, l'augmentation de l'union libre et l'essor des familles monoparentales.

2 Une société qui libère la parole et les actes

- Marquées par la **culture de masse**, les classes moyennes, mieux instruites et plus critiques, contestent l'ordre établi, provoquant des manifestations de rue spectaculaires (révolte estudiantine de mai 1968). On voit émerger avec le culte des loisirs, la jeunesse-rock des années 1960, rap-techno plus tard.
- Dans le même temps, les mouvements féministes revendiquent plus de liberté pour les femmes (légalisation de l'avortement, accès aux grandes écoles, **parité** dans le monde du travail).
- La liberté de l'information dans l'audiovisuel (voulue par Valéry Giscard d'Estaing), offre la possibilité de débats qui opposent les partis politiques sur les préoccupations des Français et fait entrer dans les foyers, par la télévision, le discours politique.
- Face à une société de consommation peu soucieuse du devenir de la planète, les écologistes font entendre leur voix et mettent l'accent sur la nécessité de développer les énergies renouvelables au détriment du nucléaire.

Mots-clés

Culture de masse: mouvement social fondé sur un mode de vie et ade pensée associé à la société de consommation.

Parité: égalité au niveau de la représentation politique, ou du salaire à niveau professionnel comparable entre hommes et femmes.

3 Une nouvelle donne économique

- La diminution constante du nombre d'ouvriers et d'agriculteurs et le passage d'une société industrielle très développée sous les Trente Glorieuses, à une société du tertiaire, inaugure une nouvelle ère économique aux lourdes conséquences sociales.
- Le premier choc pétrolier de 1973 installe le pays dans une récession durable.
- L'avènement de la robotique et les **délocalisations** liées à la **mondialisation** naissante entraînent une forte concurrence et un **chômage** devenu récurrent, obligeant l'État à se préoccuper des laissés pour compte (création du RMI, des contrats emploi-solidarité). En même temps, la refonte de l'organisation du travail devenue nécessaire dans les entreprises, met l'accent sur la **flexibilité** et le temps partiel.
- Cependant, le désengagement de l'État dans une période de **libéralisme** affiché dès les années 1980, développe un sentiment de défiance vis-à-vis des pouvoirs publics.

▸▸▸ Malgré une augmentation notable du niveau de vie de la société française entre les années 1950 et 1980, les bouleversements socio-économiques provoqués en partie par les premiers effets de la mondialisation ont ouvert des perspectives d'avenir incertain.

23 Enjeux, débats et forces politiques (1970-2000)

▶▶▶ Comment la Ve République répond-elle aux revendications d'une société qui se transforme après les années de Gaulle ?

1 Le clivage droite/gauche est-il toujours aussi pertinent ?

a/ Aux origines des notions de droite et de gauche

Celles-ci renvoient à deux mouvements politiques issus de la Révolution française. Traditionnellement, aux valeurs d'autorité, d'identité nationale, de sécurité et de conservatisme, illustrées par la droite, on oppose les valeurs de progrès, d'égalité, de solidarité, incarnées par la gauche.

b/ Des années 1950 aux années 1980, la bipolarisation reste la base de l'organisation politique

- Les mêmes sensibilités politiques se regroupent en deux blocs droite/gauche. Ainsi, au début de la Ve République, le parti socialiste et le parti communiste forment une « **Union de gauche** » (1972). Tandis que les partis de droite de la mouvance gaulliste s'unissent dans l'**UDR** devenu **RPR** (1976) auquel s'ajoute l'**UDF** (droite non gaulliste).
- L'élection du président de la République au suffrage universel direct et le recours au scrutin uninominal majoritaire à deux tours pour les élections législatives aident à conforter cette **bipolarisation** jusqu'en 1981.

c/ À partir de 1981, un paysage politique moins lisible

- Déjà, à la fin des **Trente Glorieuses***, le clivage traditionnel droite/gauche mettant en scène une droite conservatrice opposée à une gauche progressiste s'émiette avec l'émergence de **forces alternatives** qui prennent position face aux nouveaux problèmes sociétaux et économiques non résolus des années 1970 (Front national, écologistes).
- Les trois cohabitations achèvent de brouiller les frontières entre droite et gauche, les campagnes présidentielles (1995, 2002) donnant l'occasion d'exprimer des sensibilités différentes à l'intérieur des grands partis (gauche plurielle), mais aussi au sein de partis au succès éphémère (Chasse, pêche, nature et traditions) avec le sentiment d'une **fragmentation du paysage politique**.
- Enfin, plus récemment, le ralliement d'une partie de la gauche à l'économie libérale et l'acceptation par la droite de l'État-providence sèment l'incertitude quant au fondement idéologique des partis traditionnels.

2 Face aux attentes d'une société qui change : des lois qui font débat

La Ve République adapte ses lois, dont certaines font débat car elles bousculent la tradition au nom de la modernité. Et parmi elles :

- Sous Valéry Giscard d'Estaing : la **loi Simone Veil** de 1974 légalise l'avortement donnant lieu à des débats passionnés où partisans et adversaires s'opposent à l'Assemblée nationale et dans la rue. Le projet, soutenu par l'ensemble de la gauche, soumet à la réflexion générale l'isolement dont sont victimes les femmes concernées, la responsabilité médicale et déontologique, l'hypocrisie d'une société conservatrice.
- Sous François Mitterrand : la **loi Badinter** de 1981 qui abolit la peine de mort s'impose face à une opinion publique restée hostile jusqu'en 1999. Juste châtiment et prévention contre la criminalité pour les uns ; pour les autres, le caractère irréversible de la peine de mort porte atteinte au droit fondamental à la vie et annule toute possibilité de réhabilitation.
- Sous Jacques Chirac : la question de l'**intégration européenne** posée aux Français par le référendum de 2005 oppose **souverainistes** et **fédéralistes**. Contre les grandes formations politiques UMP et PS, les Français s'emparent du débat pour dire non à une Europe qu'ils jugent technocratique et trop libérale.

Mots-clés

Souverainistes : partisans d'une Europe constituée de nations souveraines, où l'autonomie politique de chacune serait préservée et respectée.

Fédéralistes : partisans d'une Europe fédérale dont la souveraineté s'exercerait en commun par le biais d'une autorité politique européenne issue d'un processus démocratique.

▶▶▶ Au travers de ses grandes formations et ses multiples sensibilités politiques, la législation française a dû s'adapter pour répondre aux enjeux d'une société en pleine mutation à l'aube du XXIe siècle.

Adapter le modèle républicain aux défis du XXIe siècle

▶▶▶ En quoi les nouvelles données politiques, économiques et sociales, en ce début de XXIe siècle, obligent à redéfinir la conception du modèle républicain ?

1 Un modèle républicain fragilisé

a/ L'héritage de la Révolution française

Les fondements du modèle républicain traditionnel et historique reposent sur les principes d'égalité, d'**universalisme**, de solidarité et de volonté commune de créer une adhésion nationale. Pour cela, la participation à la vie politique, fondée sur le vote et la représentation des citoyens, s'organise dans le cadre d'institutions fortement structurées et hiérarchisées (école, armée, lieu de travail, famille…) dépendant d'un **État centralisé**.

b/ Une société plus complexe

- Mais l'idéal républicain, complété après 1945 par la création d'un État-providence, s'est progressivement dégradé. Les inégalités sociales accrues, le chômage et la compétition croissante pour l'emploi, les **discriminations** de natures diverses, l'**intégration** liée à une **immigration** « maîtrisée », l'apparition et la reconnaissance d'une **société plurielle**, nourrissent un sentiment de profonde désunion.
- Les difficultés économiques et sociales liées à ces questions fondamentales, sous-jacentes depuis la fin des Trente Glorieuses, ont pris une importance particulière avec la crise de 2008, illustrant un dérèglement du modèle républicain et une perte de confiance en l'avenir.

> Mots-clés
> **Société plurielle** : société diversifiée sur le plan des origines et des mœurs.
> **Laïcité** : principe de séparation de l'Église et de l'État, particulièrement en matière d'enseignement.

c/ Une volonté de réformes

Face à cette situation préoccupante et sous l'impulsion européenne, la France tente de trouver un équilibre entre la préservation du vieux socle républicain et la nécessité de l'adapter. Sans pour autant renoncer ni à son modèle traditionnel d'intégration reposant sur la **citoyenneté** par l'acquisition de la **nationalité**, ni au principe de **laïcité**.

2 Quels défis à relever ? Quelles réponses à apporter ?

a/ Une insatisfaction croissante

- Le **chômage endémique**, premier facteur d'exclusion, la fin de l'exode rural comme possible ascenseur social vers la ville-lumière devenue un lieu de **ségrégation** sociale, contribuent pour certains à l'expression d'un sentiment de rejet et entretiennent la défiance vis-à-vis d'institutions qui peinent à satisfaire les attentes.
- La **dilution des responsabilités** assumées par de trop nombreux intervenants (État, Europe, collectivités territoriales) perturbe les repères indispensables au sentiment de sécurité.

b/ La conception du « vivre ensemble »

- Cette situation donne à réfléchir dans un monde en rapide évolution, et pose un double défi : celui du rapport aux autres dans une société issue de la diversité, et celui de la relation de l'individu aux institutions. Pour cela, plusieurs options sont envisagées.

c/ L'émergence de nouvelles formes de participations

L'adhésion à la vie publique ne relève plus du seul engagement politique mais aussi d'une coopération à l'amélioration du modèle social impliquant de :

- Refonder la **démocratie participative**, l'accent étant mis sur la responsabilité individuelle avec les projets de vote obligatoire et de vote pour les étrangers aux élections municipales. Avec la création de jury-citoyens (contribution des citoyens non élus aux décisions d'ordre local), et encore la possible consultation des salariés dans l'entreprise.
- Développer les **engagements alternatifs** : service civique, bénévolat, mouvements associatifs.

> Mot-clé
> **Démocratie participative** : dispositifs permettant d'augmenter l'implication des citoyens dans les prises de décisions politiques.

▶▶▶ Le modèle républicain français opte désormais pour une politique consensuelle qui, sans rejeter les fondamentaux du système, comprend la nécessité d'une réforme profonde.

25 La population française

▸▸▸ La France apparaît comme un espace relativement peu peuplé en Europe. Quelles en sont les caractéristiques?

1 Une répartition inégale

- La population de la France métropolitaine, des DROM (départements et régions d'outre-mer) et des COM (collectivités d'outre-mer) était de **66,6 millions d'habitants** en 2016. Elle vient au **2e rang en Europe** derrière l'Allemagne, avec un nombre assez proche de celui du Royaume-Uni ou de l'Italie.
- La **densité moyenne (120 hab./km²)** est cependant nettement plus faible que chez ses voisins immédiats, en dehors de l'Espagne. À l'échelle régionale, les différences sont fortes: près de 1000 hab./km² en Île-de-France, 30 en Corse, 2 en Guyane. À l'échelle locale, Paris dépasse 20000 hab./km². Les trois grandes îles ultramarines (Guadeloupe, Martinique et Réunion) apparaissent fortement peuplées, autour de 300 hab./km².
- De **grands contrastes existent dans la répartition de la population** sur le territoire: les zones les plus peuplées sont le pôle parisien, les anciennes régions industrielles (Nord, Lorraine), les grandes vallées fluviales (Rhin, Rhône, Seine, Loire) et une bonne partie des régions littorales, les DROM en dehors de la Guyane. En revanche, une bande intérieure de l'Hexagone est peu occupée, c'est la « **diagonale du vide*** » des Ardennes aux Pyrénées-Orientales, qui s'élargit dans les moyennes montagnes du Massif central.

2 Les mobilités spatiales

a/ La métropolisation

La **répartition de la population** se modifie progressivement: les grandes métropoles régionales continuent à se développer grâce à l'importance de leurs services et de leur bassin d'emplois (Lyon, Nantes, Bordeaux, Toulouse, Marseille): cela répond au phénomène observable partout dans le monde de **métropolisation***.

b/ Des régions attractives

- La **région parisienne** concentre près de 20 % de la population nationale. Elle se développe plus lentement à cause de conditions de vie difficiles, du prix élevé des logements mais attire les cadres par la présence de nombreux emplois très qualifiés. À l'échelle du Bassin parisien, l'agglomération parisienne entrave, par son dynamisme, les métropoles régionales ou villes moyennes trop proches (Rouen, Amiens, Reims, Troyes, Orléans).
- Les littoraux méditerranéens et atlantiques ainsi que le Sud-Ouest attirent par la qualité de leur cadre naturel (**héliotropisme***) et par la création de nouveaux emplois. Les retraités sont attirés par le Midi.
- Les **migrations de travail quotidiennes vers des espaces étrangers** dynamiques se font surtout en direction de la Suisse avec la chimie et la pharmacie bâloises, la banque et l'horlogerie genevoises; du Luxembourg avec sa place financière; et de la région allemande du Bade-Wurtemberg avec ses nombreuses industries mécaniques.

3 Une démographie dynamique

Info +
L'**évolution de la population** d'un territoire donné dépend de la combinaison de deux facteurs: l'**accroissement naturel** qui peut être positif ou négatif (plus de décès que de naissances) et les **migrations** qui peuvent être positives ou négatives (plus de départs que d'arrivées).

- Le taux de fécondité moyen est proche de 2; ce chiffre est nettement supérieur à celui des voisins de la France (Espagne, Italie, Allemagne). Il alimente un **excédent naturel** renforcé par l'**immigration**. Mais, malgré ces apports, **la population française vieillit**. Les régions les plus touchées par le vieillissement sont les moyennes montagnes du Massif central et le Centre-Est du territoire. Les régions d'outre-mer, notamment Mayotte et la Guyane, ont une population beaucoup plus jeune grâce à une forte immigration.
- Les proportions de populations jeunes ou âgées sont variables. Les zones rurales isolées (Massif central, Corse intérieure) ont un pourcentage élevé de populations âgées tandis que les populations les plus jeunes se concentrent dans les zones périurbaines.

▸▸▸ La population française reste dynamique, avec une répartition inégale.

Les aires urbaines

▶▶▶ La France est un espace de plus en plus urbain, avec des agglomérations qui s'étalent. Comment le phénomène d'urbanisation se manifeste-t-il ?

1 Les aires urbaines

a/ Les pôles urbains

▪ Une commune a le rang de **pôle urbain** si elle offre **au moins 1 500 emplois**, à moins d'être elle-même riveraine d'une commune qui propose davantage d'emplois (cas fréquent en Île-de-France, avec Paris, ou près de grands pôles urbains comme Lyon). Le pôle urbain exerce donc un pouvoir d'attraction sur les communes voisines.

Mots-clés

Une **aire urbaine** est la juxtaposition d'un **pôle urbain** (la ville-centre) et de **communes périurbaines**.

L'aire urbaine

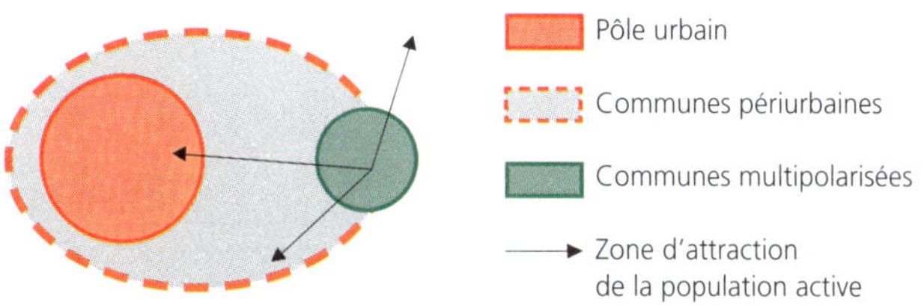

b/ Les communes périurbaines

▪ De tailles très variées, entre quelques centaines et quelques dizaines de milliers d'habitants, les **communes périurbaines** sont des villes ou des villages dont au moins 40 % de la **population active*** travaille dans l'aire urbaine. 85 % de la population habite dans les aires urbaines regroupant les pôles urbains et leur couronne périurbaine.

▪ Dans des zones très urbanisées (Nord, Alsace), des communes périurbaines peuvent être attirées par plusieurs pôles : elles sont dites **multipolarisées***. 10 % de la population y réside.

▪ 95 % de la population française vit sous l'influence des villes, et seule 5 % de la population vit dans des communes rurales.

2 L'étalement urbain

▪ Il se caractérise partout en France par le développement de **lotissements pavillonnaires**. Il répond à une aspiration des citoyens souhaitant quitter la ville-centre pour vivre dans un cadre plus verdoyant et moins coûteux.

▪ Une partie des **activités de service** (bureaux, entrepôts) s'installe en zone périurbaine pour des raisons d'économie et de facilité de circulation et de stationnement.

▪ Cette **périurbanisation*** est en partie proportionnelle à la taille du pôle urbain : elle peut atteindre une vingtaine de kilomètres pour des villes moyennes (entre 50 000 et 200 000 habitants), une cinquantaine de kilomètres pour des métropoles régionales (Bordeaux, Lyon), et plus de 100 km pour Paris.

▪ La périurbanisation a été rendue possible, surtout à partir du début des années 1960, par l'automobile individuelle. Les voies ferrées construites au XIXe siècle se révèlent alors inadaptées à l'étalement urbain et sont trop coûteuses à construire.

▪ Les autoroutes et voies rapides participent à l'éloignement des populations de la ville-centre. Mais l'aménagement de ces infrastructures coûte cher.

3 Toujours plus d'espaces urbains ?

▪ L'espace à dominante urbaine n'a cessé de se renforcer au cours des cinquante dernières années au détriment de l'espace rural. Il s'inscrit dans un développement constant à l'échelle mondiale de la **métropolisation***.

▪ Cette évolution est préoccupante car elle est **coûteuse en espace** : elle stérilise une partie de l'espace agricole. L'augmentation du trafic automobile, génératrice de pollution notamment, va **à l'encontre du développement durable**.

▪ **Des solutions existent** avec la densification des quartiers centraux des communes périurbaines, la réhabilitation de quartiers délaissés de grandes agglomérations, la mise en place de réseaux de transport à grande capacité (métros et surtout tramways) et de services locaux, commerciaux, sportifs, permettant de réduire la circulation automobile.

▶▶▶ La France est un territoire de plus en plus urbanisé. Les villes s'étendent sur les campagnes et les espaces agricoles.

27 Une région française : la Nouvelle-Aquitaine

Info +
Voir **Fiche 36** et carte **Fiche 57, carte 6**.

Comment son réseau urbain est-il constitué et comment la nouvelle organisation régionale peut-elle modifier le système urbain actuel ?

1 Une capitale régionale : Bordeaux

a/ Une aire urbaine de 1 100 000 habitants

- Bordeaux est désormais la capitale de **la plus grande région de France** (regroupant les anciennes régions Aquitaine, Limousin et Poitou-Charentes) avec 12 départements et 84 000 km². L'aire urbaine de Bordeaux est le pôle dominant de la région, et s'étend jusqu'au littoral atlantique et au bassin d'Arcachon.
- La ville bénéficie de son industrie de pointe, de ses universités, de son port, de son aéroport international, et est à la tête d'un vignoble de réputation mondiale. Elle attire les pôles urbains de Périgueux, Bergerac, Agen et Mont-de-Marsan.

b/ Une influence limitée

- L'influence de la ville dépasse le cadre de son ancienne région, attirant les aires urbaines du sud des Charentes, notamment Angoulême, Cognac et Royan mais son rayonnement est limité par les distances, la qualité imparfaite des transports ainsi que par les cadres administratifs des anciennes régions et surtout des départements.
- L'attractivité de la ville va s'accroître avec l'achèvement, en 2017, de la **LGV Paris-Bordeaux**.

Info +
Cette grande région a été créée le **1er janvier 2016** par regroupement de trois anciennes régions.

2 Un littoral dynamique

Deux réseaux urbains littoraux se sont développés en dehors de Bordeaux, avec une relative indépendance.

a/ L'aire urbaine de La Rochelle

- Avec son port de commerce, ses industries, son attractivité touristique, elle compte 200 000 habitants et attire dans son orbite l'ancien port de Rochefort et le centre tertiaire de Niort, la « capitale des assurances » (125 000 habitants). L'influence de Nantes sur cette région urbaine rivalise avec celle de Bordeaux, plus éloignée.

b/ Les aires urbaines des Pyrénées-Atlantiques

- Au sud de la région, **Bayonne** a connu un développement accéléré, et compte 280 000 habitants, englobant les grandes stations de Biarritz et Saint-Jean-de-Luz, en continuité avec l'agglomération espagnole de Saint-Sébastien.
- L'organisation du réseau autoroutier a renforcé les liens de Bayonne et de la côte avec la préfecture du département, Pau, dont l'aire urbaine compte 240 000 habitants.

3 Un intérieur moins peuplé

a/ L'ancienne région Limousin

- Avec ses trois départements, elle est restée plus rurale et beaucoup moins peuplée, dotée d'une seule grande ville, **Limoges** (250 000 habitants), ancienne capitale régionale.
- Au sud de la région, **Tulle** (30 000 habitants, comme **Guéret**) est en déclin par rapport à **Brive** (90 000 habitants), mieux située sur un carrefour ferroviaire et routier, et au cœur d'une riche région agricole. Mais Brive se tourne davantage vers Toulouse que vers Bordeaux.
- De même, tout l'est de cette ancienne région Limousin échappe à l'influence de Limoges, et encore plus de Bordeaux au profit de Clermont-Ferrand, grand pôle de la nouvelle région Auvergne-Rhône-Alpes.

b/ Poitiers

L'ancienne capitale régionale de Poitou-Charentes (210 000 habitants) a souffert, malgré une université en forte expansion et la proximité du **Futuroscope**, de sa position décentrée dans l'ancienne région et de l'influence de ses grandes rivales du littoral atlantique : Bordeaux, qui polarise le sud des deux départements charentais, et Nantes, dont l'influence se fait sentir dans les Deux-Sèvres.

L'exemple de l'aire urbaine de Bordeaux montre les limites de l'influence d'une grande capitale régionale, même si son poids démographique est sans commune mesure avec les autres aires urbaines des trois régions qui ont été réunies en 2016.

Les espaces de production industrielle

▶▶▶ L'industrie ne représente plus, hors bâtiment et énergie, que 14 % des actifs (contre 40 % en 1975) et 19 % du **PIB***. Elle représente toutefois plus des trois quarts des exportations. Quelles sont les caractéristiques des espaces de production industrielle en France ?

1 Un redéploiement des espaces industriels

- La répartition des industries répond en partie à des héritages du passé : la **première révolution industrielle** liée au charbon a développé les concentrations industrielles dans le Nord ou la Lorraine. De grandes familles entreprenantes ont développé le textile à Lille, Mulhouse et Lyon. Les grandes villes comme Paris ont attiré les industries de consommation.
- La **seconde révolution industrielle**, fondée sur l'automobile et les hydrocarbures, a favorisé la région parisienne ainsi que la France du Nord et de l'Est. À partir des années 1960, le remplacement du charbon par des hydrocarbures importés a promu quelques grands espaces portuaires, équipés de **ZIP**.
- **Ces bassins d'emploi anciens se sont effondrés** à partir des années 1960 et ne constituent plus les bases de l'industrie actuelle qui est **beaucoup plus diffuse**.

> **Mot-clé**
> Les **zones industrialo-portuaires (ZIP)** sont des espaces littoraux de grande taille créés pour accueillir des industries lourdes (sidérurgie, pétrochimie). Elles retrouvent un nouvel essor aujourd'hui avec le transport par conteneur.

2 Les facteurs de localisation

a/ Les facteurs régionaux

- Les anciennes régions de l'Est (Alsace, Franche-Comté) restent plus industrielles que la moyenne française, en raison de leur proximité avec l'axe de la dorsale européenne (voir Fiche 57, carte 9), de leur dense réseau de transport et de leur tissu de PME.
- La **région Île-de-France** reste la première région industrielle (voir Fiche 57, carte 8) bien que la désindustrialisation y ait été très forte. La région Auvergne-Rhône-Alpes arrive en seconde position, avec des métropoles comme Lyon ou Grenoble, des sillons industriels anciens ou des zones d'industries diffuses avec des PME travaillant en réseau (petite mécanique de la vallée de l'Arve, plasturgie d'Oyonnax).

b/ Les facteurs locaux

- Toutefois, la plupart des grandes agglomérations ont perdu une bonne partie de leurs industries en raison du coût important de l'immobilier, des salaires élevés et des difficultés de circulation pour les poids lourds. Les friches industrielles ont été récupérées pour construire des immeubles consacrés aux services. Beaucoup d'espaces industriels dynamiques sont situés dans des villes petites ou moyennes, voire en milieu rural, avec un tissu de PME innovantes.
- Les **métropoles** représentent au contraire une localisation privilégiée pour la direction, les services commerciaux et la recherche des grandes entreprises, grâce à la présence d'une main-d'œuvre qualifiée, de nombreux services aux entreprises et à des liaisons ferroviaires et aériennes.

3 Désindustrialisation et recomposition des espaces industriels

- La **désindustrialisation** de la France a été l'une des plus fortes d'Europe en dehors du Royaume-Uni qui a fait le choix de la priorité aux services financiers à partir de la plate-forme londonienne. Cette tendance est à l'origine d'un **déficit commercial** désormais structurel et préoccupant.
- Les productions qui ont quitté les villes se sont reconstituées en bordure des aires urbaines dans des **zones industrielles** bien desservies par des réseaux routiers et ferroviaires, voire fluviaux, et qui associent un fabricant principal à ses sous-traitants. Cela est lié à un nouveau mode de production, le **toyotisme**, qui a remplacé le fordisme.
- Les formes les plus modernes de productions industrielles se trouvent dans les **technopôles** (environ 80), dont beaucoup ont acquis en 2005 le titre de **pôles de compétitivité***.

> **Mot-clé**
> Les **technopôles** abritent à la fois des centres de recherche, des établissements universitaires assurant la formation des chercheurs et des cadres, et des unités industrielles.

▶▶▶ Les espaces industriels sont en pleine recomposition et doivent faire face à la désindustrialisation.

29 Les espaces de production agricole

▶▶▶ La population agricole française ne représente plus que 3 % des actifs et 2 % du PIB*. L'agriculture joue pourtant un rôle beaucoup plus important dans l'économie française et l'entretien des paysages ruraux. Quelles sont les caractéristiques des espaces agricoles français ?

1 Une transformation profonde

a/ La modernisation des structures agricoles

- L'agriculture française, longtemps protégée par des barrières douanières, a conservé jusqu'à la Seconde Guerre mondiale un très grand nombre d'exploitations de petite taille et une orientation vers la **polyculture** et l'**élevage laitier**.
- La **création de la PAC en 1962** et les réformes encouragées par l'État ont permis une modernisation rapide des structures agricoles au cours des cinquante dernières années. La **population active*** agricole qui était encore de 27 % en 1954 s'est réduite à moins de 2 % aujourd'hui et le nombre d'exploitations a été divisé par quatre.

> **Mot-clé**
> La **PAC** (politique agricole commune) représente la première et la plus importante politique communautaire de l'Union européenne.

b/ La spécialisation régionale

- Sous la contrainte de la concurrence européenne et étrangère, l'agriculture française s'est spécialisée en mettant en valeur des productions destinées en partie à l'exportation : **céréales et oléagineux** du Bassin parisien (Picardie, Champagne, Centre-Val-de-Loire), **vins de qualité et spiritueux** (Bordeaux, Champagne, Bourgogne, Alsace, Cognac). Les espaces moins favorisés des moyennes montagnes se sont tournés vers les **productions fromagères** de qualité ou la **production de viande**. Les petites exploitations de l'Ouest se sont orientées vers l'**élevage hors-sol*** intensif (porc, volailles).

2 Des activités de plus en plus intégrées

a/ Les filières agroalimentaires

La production n'est plus qu'un maillon dépendant de **grands groupes laitiers, fromagers, viticoles**. Les coopératives, très nombreuses dans la récolte et le conditionnement des produits, sont souvent de taille insuffisante. Mais globalement, l'agriculture et les industries agroalimentaires dégagent un **excédent commercial structurel** de 8 à 10 Mds € par an.

b/ Les modes de commercialisation

Ils ont profondément évolué au profit des **grandes chaînes de distribution** (hyper et supermarchés), en position de force par rapport aux producteurs.

3 Mutations en cours et menaces

a/ L'évolution de la PAC et la logique productiviste

- La France a beaucoup profité des **subventions** et des **prix garantis** de la PAC dans l'Union européenne des vingt premières années. Les élargissements successifs et les négociations commerciales internationales ont progressivement réduit les aides et renforcé la logique libérale, favorisant ainsi les exploitations les plus grandes.
- La PAC a cependant évolué dans les années 2000 dans le sens d'une meilleure protection des sols et du développement durable.
- La compétitivité de l'agriculture française face à la concurrence internationale est passée par la recherche d'un **modèle productiviste**, aujourd'hui remis en cause par les **dégâts écologiques** qu'il occasionne. L'**agriculture biologique**, dont les cahiers des charges sont très stricts, ne connaît qu'un développement limité (3 % des surfaces) mais se développe.

b/ Des inégalités régionales croissantes

Le productivisme renforce les espaces de plaine aux sols de qualité et aux climats favorables, et marginalise une bonne partie des espaces de moyenne montagne ou de plateaux élevés qui deviennent des campagnes « fragiles ». Or, l'activité agricole contribue au maintien d'une population minimum et à l'entretien des paysages ruraux. La **progression des friches** est localement préoccupante.

▶▶▶ Les espaces agricoles français ne cessent de se transformer mais beaucoup d'entre eux connaissent des difficultés persistantes.

Les espaces touristiques et de services

▶▶▶ Les services représentent maintenant 79 % du PIB* et 75 % des emplois. Quelles sont les caractéristiques des espaces touristiques et de services français ?

1 Des espaces de services surtout urbains

■ Les services irriguent l'ensemble du territoire national, avec de fortes concentrations dans les métropoles.

■ Ils n'ont cessé de se développer depuis la fin de la Seconde Guerre mondiale avec l'**externalisation* de nombreuses activités** autrefois incluses dans l'industrie (gestion, entretien, transports). L'augmentation du niveau de vie a également permis de créer une grande diversité de services financiers, d'aides à la personne et de commerces de détail.

■ Les **zones commerciales** se sont déplacées. Leur **accessibilité** est devenue un facteur de localisation déterminant. Elles se trouvent plus ou moins éparpillées soit dans les centres-villes où elles ont parfois du mal à se maintenir, soit dans de vastes espaces des zones périurbaines bien reliées au pôle urbain par le réseau routier. Les périphéries accueillent aussi les entrepôts.

■ Les grandes métropoles ont mis en place des quartiers spécialisés dévolus à ces activités souvent hébergées dans des **gratte-ciel** : la Défense à Paris, la Part-Dieu à Lyon, Euralille à Lille. Ces quartiers bien desservis par les axes de transport abritent les **sièges sociaux** des grandes entreprises.

2 Les espaces touristiques

a/ Les atouts du territoire français

Le tourisme a durablement transformé une partie du territoire national. La France est l'un des premiers pays d'accueil européens derrière l'Espagne : elle bénéficie de **climats et paysages variés**, de **nombreux littoraux**, de **hautes montagnes** propices aux sports d'hiver et d'un **patrimoine monumental** incomparable.

b/ Une inégale répartition des flux

■ Les six régions qui reçoivent plus de la moitié des flux touristiques traduisent cette variété et l'attirance des littoraux : PACA, Auvergne-Rhône-Alpes, Languedoc-Roussillon-Midi-Pyrénées, Bretagne, Aquitaine-Limousin-Poitou-Charentes, Pays-de-la-Loire. **Le tourisme stimule le développement local mais est mal réparti** : les hautes montagnes sont avantagées par rapport aux massifs d'altitude moyenne.

■ 85 % des Français prennent leurs **vacances** en France mais **près de 40 % des nuitées** touristiques proviennent des étrangers. Le tourisme est une activité majeure et la balance touristique est largement excédentaire.

Info +
L'INSEE définit les **vacances** comme des séjours d'au moins 4 jours et 4 nuits consécutifs passés hors du domicile. Les **loisirs** correspondent soit à une excursion en dehors du domicile, soit à un séjour de fin de semaine, en France ou à l'étranger.

3 Les aménagements touristiques durables

■ Beaucoup de milieux naturels fragiles comme les littoraux ou les montagnes ont subi des **dégradations** sous les effets des aménagements et de la fréquentation d'un tourisme de masse.

■ Le **tourisme durable**, que l'on cherche maintenant à promouvoir, passe par une cohabitation entre développement et protection de l'environnement. Le **tourisme rural**, quoiqu'en progrès, reste minoritaire, avec des capacités d'accueil très variées : campings, gîtes ruraux, villages de vacances, hôtels isolés.

■ Deux types d'espaces protégés majeurs structurent ce tourisme durable :

– les **parcs nationaux**, créés à partir des années 1960. Il y en a dix, dont trois en outre-mer et sept dans l'Hexagone ; le dernier, celui des Calanques, ne date que d'avril 2012. Leur logique est de protéger totalement une zone centrale et d'accueillir les visiteurs dans la zone périphérique ;

– les **parcs naturels régionaux**, au nombre de 51, ont été créés pour valoriser un espace rural et y développer l'activité. L'histoire d'une partie de ces parcs (Vanoise, Camargue) est jalonnée de **conflits d'usage** entre la protection de l'environnement, l'agriculture et l'essor du tourisme.

▶▶▶ Les espaces de services sont au cœur du développement économique des métropoles et les espaces de tourisme participent à la puissance française.

31 Les espaces de faible densité

Info +
L'espace rural regroupe environ 29 000 communes françaises sur un peu moins de 37 000.

Les espaces de faible densité se confondent avec les espaces ruraux, soit isolés (5 % de la population française), soit sous l'influence d'un pôle urbain (17 % de la population). Quelles en sont les caractéristiques?

1 Des espaces ruraux en pleine transformation

a/ Un siècle d'affaiblissement

- L'espace rural regroupe plus de 14 millions d'habitants, vivant dans des communes offrant chacune moins de 1 500 emplois.
- L'espace rural français s'est vidé depuis le milieu du XIXe siècle avec l'effondrement du nombre des exploitations et de la main-d'œuvre agricoles. Il était autrefois surtout agricole mais pouvait abriter aussi des industries. Il a commencé à se repeupler à l'échelle nationale depuis les années 1970 avec la **périurbanisation***.

b/ Les 4 nouvelles fonctions de l'espace rural

- La **fonction résidentielle** liée à la périurbanisation ou la rurbanisation, dans un territoire éloigné des villes-centres;
- La **fonction récréative et de loisirs** peut aussi revivifier les espaces ruraux;
- La **fonction industrielle** héritée du passé peut se maintenir ou s'accompagner de l'installation d'usines ou d'entrepôts;
- La **fonction de préservation** avec les **parcs naturels et les réserves** qui se sont multipliés.

2 Les espaces ruraux dynamiques

a/ L'importance des densités

- Ce sont presque toujours les **densités humaines** qui assurent le dynamisme d'un espace rural. Un village de plus de 1000 habitants peut assurer des services (écoles, encadrement médical).
- Les espaces ruraux les plus dynamiques et en transformation sont les **communes résidentielles**, à proximité des aires urbaines. La voiture individuelle y est le moyen de transport généralisé. Les agriculteurs y sont devenus très minoritaires.
- La côte méditerranéenne et la côte atlantique sont des espaces particulièrement attractifs.

b/ Les espaces de loisirs

Bien desservis par des **axes de transport rapides** et facilement accessibles en fin de semaine, ils peuvent se développer dans un rayon de 100 à 200 km autour des grandes métropoles, Paris notamment. Les citadins recherchent particulièrement les littoraux, mais aussi des campagnes offrant des paysages naturels agréables de collines, moyennes montagnes, lacs, forêts publiques (**tourisme vert**).

c/ Les campagnes agricoles bien intégrées dans la mondialisation*

Les espaces disposant d'une **agriculture spécialisée** (exploitations céréalières du Bassin parisien, grands vignobles de qualité dans le Bordelais ou en Champagne) peuvent également rester très dynamiques et bénéficier de revenus élevés.

3 Des espaces fragiles

a/ Le vieillissement et l'exode rural

- Si les densités sont inférieures à 30 hab./km², il est difficile d'y maintenir des services. Le déclin se poursuit et la désertification menace. Cela touche près d'un tiers des territoires ruraux.
- Les espaces de moyenne montagne (Massif central, Alpes du Sud, Corse intérieure), les espaces enclavés ou les espaces agricoles non spécialisés sont particulièrement défavorisés. L'État ou les collectivités locales essaient d'y relancer l'activité et de développer le tourisme avec la **création de parcs naturels régionaux ou de parcs nationaux**.

b/ La diagonale du vide

- La dévitalisation des territoires touche surtout une bande oblique de la France, dite « **diagonale du vide*** », allant de l'Ariège aux Ardennes, s'élargissant dans le Massif central, et touchant une partie des plateaux du Nord-Est.

Les espaces ruraux se sont beaucoup diversifiés depuis les années 1960. Nombre d'entre eux sont dynamiques et attirent les populations, mais celles-ci travaillent surtout dans les pôles urbains.

Les espaces ruraux de montagne

▶▶▶ Les espaces de montagne sont globalement moins peuplés que le reste du territoire, même si de grandes métropoles ont pu s'y développer. Quelles sont leurs caractéristiques ?

Info +
Les **espaces de montagne** sont définis par la double contrainte de l'altitude et des pentes.

1 Les espaces de montagne

a/ Des espaces étendus : 22 % du territoire

- En France, les communes où plus de 80 % du territoire est au-dessus de 600 m ou est affecté par de fortes pentes appartiennent aux espaces de montagnes qui représentent 22 % du territoire. Il s'agit en métropole du Massif central, des Alpes, des Pyrénées, de la Corse, du Jura et des Vosges et dans les DROM (où les critères d'altitude ont été abaissés) de la Réunion, de la Martinique et de la Guadeloupe.
- L'utilisation de ces espaces implique des **investissements coûteux** dus à des **conditions climatiques difficiles** liées à l'**altitude** ou aux **fortes pentes**.

b/ Des espaces peu peuplés : 6 % de la population.

- Les montagnes sont des zones peu peuplées, avec des densités moyennes de 30 hab./km², un peu plus dans les Vosges ou les Alpes du Nord, à la fois touristiques et industrielles, beaucoup plus faibles dans les Alpes du Sud ou la Corse.
- Ces espaces se sont dépeuplés dès la fin du XIXe siècle. On retrouve cette tendance dans toutes les moyennes montagnes difficiles d'accès, sans possibilité de tourisme hivernal, sans industries locales et éloignées de tout pôle urbain.

2 Des caractéristiques économiques spécifiques

a/ Les activités traditionnelles

- Elles ont longtemps été liées à l'exploitation forestière et à l'élevage. L'**élevage bovin allaitant** (pour la viande) est en crise dans le Massif central comme l'élevage ovin dans les Pyrénées, les Alpes du Sud ou la Corse. L'**élevage bovin laitier** ne peut se maintenir que s'il débouche sur des productions fromagères de qualité.
- Des industries spécialisées ont pu se développer : textile dans les Vosges ; lunetterie, horlogerie, travail du bois dans le Jura ; mécanique dans les Alpes.

b/ Des évolutions contrastées

- Certaines **industries** connaissent une réelle prospérité. Le travail du bois du Jura s'est reconverti dans l'industrie du jouet et la plasturgie.
- Si les populations rurales ont globalement abandonné les espaces les plus contraignants dès la fin du XIXe siècle, l'hémorragie a été stoppée par la **croissance des populations urbaines**.

3 Les politiques d'aménagement

a/ Politique de la montagne et désenclavement

- La prise en compte des handicaps structurels de la montagne a été tardive en France. La première **loi montagne** d'aide spécifique aux espaces d'altitude et de fortes pentes n'a vu le jour qu'en 1985.
- Le désenclavement des massifs montagneux passe aussi par la création de voies rapides. Les Alpes du Nord ont profité des JO de Grenoble (1968) et Albertville (1992) pour bénéficier de tunnels alpins (Mont-Blanc, Fréjus) et de nouvelles autoroutes. Le Massif central a été partiellement désenclavé par les autoroutes A 75 (Clermont-Ferrand-Montpellier), A 20 (Toulouse-Limoges), et A 89.

b/ Tourisme montagnard et protection de la nature

- Dès le début des années 1960, le tourisme est apparu comme une activité motrice, capable de pallier le déclin des activités industrielles et agricoles. Des stations de notoriété internationale se sont développées, surtout dans les Alpes du Nord. Mais depuis le début des années 2000, elles doivent faire face à une stagnation de leur fréquentation.
- La plupart des **parcs nationaux** et une grande partie des **parcs naturels régionaux** sont en montagne et protègent la nature. Des conflits d'usage existent entre le souhait d'étendre les domaines skiables et la préservation d'espaces fragiles.

▶▶▶ Les espaces de montagne sont en grande partie des espaces ruraux de faible densité. Le tourisme ne peut pallier à lui seul les contraintes d'un milieu difficile.

33 Situation et contraintes du territoire français

▶▶▶ Quelles sont les contraintes du territoire français ?

1 Un territoire privilégié

- Le territoire hexagonal est situé à des latitudes moyennes et tempérées et bénéficie d'un **climat majoritairement océanique**. Le sud du pays a un **climat méditerranéen**. La majorité des territoires ultramarins sont situés en **zone tropicale**. Cette variété climatique, jointe à un riche patrimoine monumental, attire de nombreux touristes.
- L'Hexagone est **ouvert** à la fois **sur l'Atlantique**, la **Manche** et la **mer du Nord**, et sur la **Méditerranée**. Des couloirs naturels de circulation, comme l'axe Rhin-Saône-Rhône, permettent un passage facile entre la France et les pays voisins d'Europe occidentale. Les axes de la Seine et du Rhône et les plaines du Nord rendent possible le transport fluvial.
- Le territoire présente une **grande variété de reliefs** : plaines, bas-plateaux, moyennes et hautes montagnes. Une grande diversité se retrouve également dans les **DROM**, avec des formations végétales et des écosystèmes très riches. La France offre donc une **grande variété de milieux naturels et de paysages**.
- Les façades maritimes ont permis à la France de développer la **littoralisation*** des activités et de participer plus facilement aux échanges mondiaux qui s'effectuent principalement par mer.
- Les **DROM** et **COM** (voir Fiches 25 et 39), situés dans les océans Atlantique, Indien et Pacifique, accroissent considérablement la **ZEE** de la France, qui est la 2e du monde.

> **Mot-clé**
> La **ZEE** est la zone économique exclusive, l'espace maritime au maximum de 370 km au-delà des côtes, sur lequel un État dispose de droits exclusifs d'exploitation et de gestion des ressources naturelles.

2 Les contraintes du territoire français

a/ Des contraintes de reliefs et de climats

- Les hautes montagnes présentent d'importantes **contraintes de froid, d'enneigement prolongé et de pentes** qui peuvent en rendre l'accès difficile. Les moyennes montagnes rencontrent des problèmes identiques d'accessibilité. La zone méditerranéenne connaît une sécheresse estivale exigeant l'irrigation des cultures et de gros aménagements d'approvisionnement en eau. Une partie des DROM (Antilles, Réunion) possède des montagnes volcaniques escarpées.
- L'État ou les collectivités locales peuvent surmonter ces difficultés au prix d'aménagements coûteux (tunnels, viaducs, barrages) mais qui peuvent aussi accroître les risques.
- L'**isolement** touche de nombreux espaces français, les DROM et COM en particulier, les fragilise économiquement et rend les conditions de vie des populations plus difficiles.

b/ Une exposition accrue aux risques naturels ?

- La France est exposée à un certain nombre de **risques** que les aménagements effectués depuis une cinquantaine d'années, comme l'**artificialisation des sols*** ou les **changements climatiques**, ont accrus. Dans les grandes vallées fluviales (Val de Loire) ou les zones littorales, des constructions périurbaines ou des quartiers de vacances ont été établis en **zone inondable**, accroissant la vulnérabilité et mettant en danger la sécurité des personnes et des biens.
- La richesse du pays et une bonne capacité à organiser des services de prévision permettent certes d'espérer faire face, au moins en partie, aux **aléas** de la nature, mais ne suppriment pas les risques.

> **Mots-clés**
> Un **risque** est la combinaison d'un **aléa** et de la **vulnérabilité**. L'aléa est la probabilité qu'un événement survienne.

- L'Hexagone a été victime, au cours des dernières années, de **tempêtes** catastrophiques ayant abattu de grosses quantités de bois dans les massifs forestiers (Landes, Vosges) et surtout d'**inondations** ayant fait plusieurs dizaines de victimes.
- Une partie des DROM, en milieu tropical, présente une grande vulnérabilité aux cyclones, au **volcanisme actif** et aux **séismes** (Antilles).

▶▶▶ La France bénéficie d'un territoire privilégié, ouvert et diversifié. Le territoire est cependant soumis à des risques qui peuvent se transformer en catastrophes.

Les contrastes du territoire français

▶▶▶ Le territoire français est marqué par de nombreux contrastes et inégalités. Quels sont-ils ?

Info +
Voir carte **Fiche 60**.

1 Des régions dynamiques et motrices

a/ Les métropoles dominent le territoire français

Mot-clé
Les métropoles sont des villes qui concentrent les activités, les fonctions de commandement et les populations.

- Le territoire français s'organise autour des liens entre ses **métropoles** qui deviennent des **pôles organisateurs** reliés par des **réseaux de transports**.
- Chaque métropole domine un **espace régional plus ou moins vaste**. Paris est la principale et domine la région Île-de-France ainsi que les villes des régions proches qui sont à une heure de Paris en train (Orléans, Tours, Le Mans, Lille, Reims). Certaines métropoles jouent aussi un rôle à l'**échelle européenne** (Lyon, Lille) ou **mondiale** (Paris).
- Les métropoles ont une croissance démographique variable. La population augmente à Paris et dans les métropoles du Sud et de l'Ouest. Celles du Nord et de l'Est ont tendance à perdre des habitants.

b/ Des périphéries dynamiques

- Les **littoraux atlantique et méditerranéen** profitent d'un tourisme national ou international et d'une qualité de vie attractive. Ils bénéficient aussi de l'augmentation des échanges qui se traduit par le développement de grands ports, comme ceux du Havre ou de Marseille.
- Certains **espaces frontaliers** (au Nord et à l'Est) profitent de la proximité avec la dorsale européenne et de fonds européens (**programme Interreg**). Les échanges de travailleurs permettent de dynamiser ces régions, souvent touchées par le chômage.

2 Des espaces en marge ou en crise

a/ Les anciennes régions industrielles

- **Les régions industrielles du Nord et de l'Est** ont subi des **fermetures d'entreprises** qui ont souvent été délocalisées.
- Des **politiques de reconversion** ont été mises en place : des musées ont ouvert (le centre Pompidou à Metz, le Louvre à Lens) et des entreprises étrangères comme Toyota à Valenciennes se sont installées.

b/ Les DROM

Les **DROM** sont des périphéries du territoire français à cause de leur éloignement. Ils bénéficient, cependant, de politiques et de fonds français et européens (**FEDER***) qui compensent, seulement en partie, cet éloignement.

c/ Les espaces montagnards et les espaces ruraux

- Les **espaces montagnards et les espaces ruraux** sont souvent désertés par les activités. La **diagonale du vide*** et la **Corse intérieure** sont principalement concernées par l'exode et la disparition des services publics (voir Fiche 31).
- Les régions montagneuses essaient de dynamiser leur territoire en développant des activités de sports d'hiver.

3 L'organisation actuelle du territoire

a/ Le développement des services

- L'économie française a évolué depuis une trentaine d'années. Actuellement, elle est surtout tournée vers les **services**, ce qui modifie l'organisation du territoire français. Les régions industrielles se trouvent souvent délaissées et la plupart des activités ont tendance à se regrouper dans les villes.
- Les services sont aussi **inégalement répartis** : ils sont peu présents dans les zones rurales.

b/ L'intégration à la mondialisation*

La France doit s'adapter et s'**intégrer à la mondialisation** qui se traduit essentiellement par l'augmentation des échanges. Certains lieux sont particulièrement privilégiés (littoraux, métropoles, dont Paris, **ville mondiale***).

▶▶▶ Les contrastes du territoire français sont principalement liés à la mondialisation : les métropoles et les littoraux bénéficient des échanges et du regroupement des activités, alors que les territoires intérieurs sont souvent des marges moins dynamiques.

35 Les politiques d'aménagement du territoire

La Seconde Guerre mondiale met en évidence la domination de Paris sur le territoire français. Les politiques d'**aménagement*** mises en place visent à rééquilibrer le territoire. Comment ont évolué ces politiques et quels en sont les objectifs ?

1 Réduire les disparités

a/ Paris, une ville macrocéphale

Capitale française, Paris domine les villes françaises en termes d'habitants, d'activités et de richesses. On dit que c'est une **ville macrocéphale***. Actuellement, l'agglomération de Paris est sept fois plus peuplée que celles de Lyon ou de Marseille.

b/ Les métropoles d'équilibre (années 1960)

- Pour rééquilibrer le territoire et lutter contre la domination parisienne, l'État a désigné 8 villes, les métropoles d'équilibre : Lille, Nancy-Metz, Strasbourg, Lyon-Grenoble-Saint-Étienne, Marseille, Toulouse, Bordeaux, Nantes-Saint-Nazaire.
- Ces villes ont été dotées d'équipements et les investissements publics renforcés. Mais dès les années 1970, le bilan est décevant : Paris domine toujours.

c/ La décentralisation* (à partir des années 1980)

- L'État a donné des compétences nouvelles aux **collectivités territoriales*** (régions, départements, communes, etc.) qui sont chargées de l'aménagement local et régional (le département gère par exemple les collèges).
- Cela a contribué à la création de l'intercommunalité. Les agglomérations de plus de 400000 habitants peuvent désormais exercer leur rôle en matière de développement économique, d'innovation, de transition énergétique et de politique de la ville. Ce sont des métropoles (Paris, Lyon, Bordeaux...).

2 Renforcer la compétitivité du territoire

a/ Développer le tourisme

- Dans les années 1960, l'État décide d'aménager de grands espaces pour accueillir des touristes et renforcer la puissance française.
- Il aménage **certaines stations de ski dans les Alpes** (Tignes, Courchevel, La Plagne...) et de vastes domaines skiables (Les Trois Vallées, l'Espace Killy).
- Des **stations balnéaires dans le Languedoc-Roussillon** sont créées afin de capter les flux de touristes rejoignant l'Espagne et limiter l'affluence sur la Côte d'Azur.

b/ Développer l'innovation

- Avec l'insertion de la France dans la **mondialisation***, l'aménagement du territoire évolue d'une logique de rééquilibrage des territoires à une **logique de compétition**. Certains territoires comme les villes, les littoraux ou les frontières, sont favorisés pour attirer les activités.
- Des **pôles de compétitivité*** ont été créés pour relancer l'innovation en France depuis 2005. Les entreprises, les établissements de recherche et les universités travaillent ensemble pour développer des projets innovants dans des domaines variés comme les hautes technologies, les systèmes informatiques, les neurosciences...

3 S'insérer dans l'Europe et appliquer le développement durable

a/ S'intégrer dans l'Europe

- La France est un **carrefour dans l'Union européenne**. Elle doit donc aménager ses transports pour développer les **liaisons** entre les différents espaces européens et pour rester un territoire attractif.
- Il existe plusieurs liaisons comme le **tunnel sous la Manche** entre la France et le Royaume-Uni ou la **ligne TGV entre Lyon et Turin**, en projet.

b/ Mettre en place une politique durable

La France applique la politique européenne dans le développement durable et l'environnement. Les villes doivent, par exemple, rédiger un **Agenda 21*** qui est un plan d'action et d'aménagement pour chaque commune (exemple : Angers).

Les politiques d'aménagement en France ont évolué afin de renforcer la puissance économique française. Paris reste toutefois le pôle dominant et les projets actuels renforcent sa supériorité.

Les nouvelles régions françaises

▸▸▸ Quelles sont les caractéristiques des régions françaises ?

Info +
Voir **Fiche 57, carte 6**.

1 Les régions en France

a/ Une collectivité territoriale* récente

■ Le système administratif français est un **empilement d'échelons** issus de l'histoire. Les **communes** qui ont succédé en 1789 aux paroisses (et plus récemment les communautés de communes ou d'agglomération) gèrent l'essentiel des dépenses dont les ressources proviennent, comme pour les départements et les régions, des impôts locaux et de dotations de l'État. Les **départements** sont une création de la Révolution en 1790 et disposent d'importantes responsabilités locales.

■ Les **régions** ont été créées en 1956 pour servir de cadre local aux aménagements décidés dans la mise en place des plans quinquennaux. Remaniées à plusieurs reprises, elles se sont imposées avec les **lois de décentralisation* de 1982-1983**. En France métropolitaine, en 2015, leur nombre a été réduit de 22 à 13 (27 à 18 avec les régions d'outre-mer).

Info +
Les **régions** sont administrées par un Conseil régional élu au suffrage universel. L'État y nomme un préfet de région qui a autorité sur les préfets des départements de la région.

b/ Des compétences limitées

■ De nombreuses compétences locales sont partagées entre la région et le département. Globalement, les départements d'une région disposent d'un budget plus élevé que celui de la région dont ils font partie.

■ Les régions ne gèrent que des ressources limitées. La région française la plus peuplée et la plus riche, l'Île-de-France, disposait en 2014 d'un budget de 4,4 Mds € à comparer aux 50 Mds € de la Bavière !

■ L'empilement des structures administratives françaises, et notamment l'existence des départements et des régions, apparaît coûteux. Pour la France métropolitaine, la réduction du nombre de régions à partir du 1er janvier 2016 de 22 à 13 a certes accru la taille d'une partie des régions mais a créé de nouveaux ensembles territoriaux, imposés sans réel débat, parfois pertinents comme la Normandie, parfois artificiels comme le Grand Est qui mettront du temps à s'imposer.

Aménagement du territoire et transports		Enseignement, formation, santé
■ Organisation des transports routiers, ferroviaires (TER) et aériens ■ Gestion des parcs naturels régionaux	RÉGION	■ Gestion des lycées ■ Enseignement supérieur et recherche ■ Formation professionnelle
Développement économique		**Culture, sport et loisirs**
■ Aide aux entreprises ■ Promotion du tourisme		■ Subventions aux associations et clubs ■ Musées

Les compétences des régions

2 Les régions françaises et les régions européennes

■ À l'échelle européenne, les régions semblent être l'échelon administratif le plus adapté. Toutefois, les régions hexagonales, à part l'Île-de-France, apparaissent bien réduites par rapport à la Bavière ou à la Rhénanie – Palatinat, plus peuplées, et disposant surtout d'un budget beaucoup plus élevé.

■ Les régions françaises demeurent très **hétérogènes** par la taille, la population et le revenu moyen par habitant. Mais la taille, souvent modeste, de certaines d'entre elles, n'est pas un problème essentiel. La France est un État de **tradition centralisatrice** où les régions ne disposent, contrairement à l'Allemagne ou l'Espagne, que d'une faible autonomie, et donc de faibles ressources.

■ L'Union européenne a encouragé les coopérations transfrontalières pour créer des **eurorégions*** et favoriser une intégration accrue des activités économiques et un accroissement des échanges.

▸▸▸ Les régions françaises sont un échelon administratif récent bien adapté au développement économique, mais elles n'ont encore que des prérogatives limitées.

37 L'espace de production de l'Île-de-France

Info +
Voir **Fiche 57, carte 8**.

▶▶▶ Avec 12 millions d'habitants, l'Île-de-France est la région la plus peuplée de France. Quelles sont ses caractéristiques ?

1 La première région économique de France

a/ Déclin de l'industrie, essor du tertiaire

- L'île-de-France représente 30 % du PIB de la France et compte 6 millions d'emplois, dont 35 % de cadres. Malgré une forte désindustrialisation depuis les années 1960, la région compte encore **650 000 emplois industriels**, ce qui en fait la première de France. Toutefois, l'industrie n'y représente plus que **11,5 % de l'emploi**.
- Si la production a largement disparu, la région abrite les fonctions d'encadrement et de **recherche-développement** des grands groupes industriels. Les industries de haute technologie, très liées à la recherche, comme l'aéronautique, la défense, la pharmacie, le nucléaire sont bien représentées.

Mot-clé
La **recherche-développement** (ou R&D) des entreprises consiste à mener des recherches pour améliorer la qualité des produits ou en créer de nouveaux, trouver de nouvelles applications.

b/ Le projet du « Grand Paris »

- À l'horizon 2030, son objectif est de relier à Paris et entre eux par un réseau ferroviaire rapide tous les grands centres d'activités de la région, en particulier les deux aéroports de Roissy et d'Orly, le quartier d'affaires de la Défense, le technopôle de Paris-Sud. Son but est aussi d'améliorer les conditions de transport des habitants des banlieues et de renforcer l'attractivité des parties nord et est de la région.

2 Le premier pôle touristique et de services

a/ Paris, une capitale attractive

Paris bénéficie de son rôle de **capitale politique** depuis la fin du xe siècle et a attiré un grand nombre de fonctions commerciales, financières et administratives. Les investissements nationaux ont créé nombre de musées, dont le Louvre, qui contribuent à l'attrait touristique de la cité et de ses environs.

b/ La première région touristique de France

Les **monuments** et **musées** sont nombreux et variés à Paris, contribuant à attirer des flots de touristes. Le tourisme parisien représente près de **10 % des emplois**. S'y ajoutent les châteaux proches comme Versailles ou Fontainebleau. Une forme originale de tourisme, liée aux affaires, est le tourisme de **congrès**, avec de nombreuses **expositions**.

c/ La capitale économique du pays et une ville mondiale

Paris abrite la plupart des sièges sociaux des plus grandes entreprises et obtient le rang de **ville mondiale***, à l'instar de Londres. Un tiers des 500 premiers groupes mondiaux dispose d'un siège en Île-de-France. Ses aéroports, dont Roissy, en font la 2e plate-forme aérienne d'Europe. On qualifie une partie des services de « tertiaire supérieur », avec un grand nombre de cadres attachés aux sièges sociaux et bénéficiant de salaires élevés. La région prélève près de la moitié des ressources fiscales nationales. Ces services restent pour une grande part dans la capitale mais sont parfois desserrés dans la proche banlieue.

3 Une grande région agricole en mutation

a/ La diminution des espaces agricoles

- **Un peu moins de 50 % des terres franciliennes restent agricoles**. Les forêts en représentent 23 %.
- C'est la région où **la pression sur les espaces agricoles** est la plus forte. Le gigantisme et l'urbanisme à base d'immeubles imposants de certains espaces sont toutefois contestés et leur fréquentation stagne.

b/ Les mutations de la production

- La valeur de la production agricole reste importante, avec des formes variées. La production traditionnelle de légumes et de fleurs (horticulture) est menacée par des coûts de production élevés et une main-d'œuvre difficile à trouver : les deux tiers des surfaces ont disparu depuis les années 1970. Les **cultures de céréales et d'oléagineux** se maintiennent mieux avec des exploitations qui sont les plus grandes de France.

▶▶▶ L'Île-de-France est la région capitale de la France qui regroupe des activités industrielles, agricoles, touristiques, politiques et économiques majeures.

Une nouvelle région : Auvergne-Rhône-Alpes

▸▸▸ L'ancienne région Rhône-Alpes était l'une des plus dynamiques de France. La fusion de 2016 pourra-t-elle renforcer l'Auvergne, plus faible et beaucoup moins peuplée ?

1 Une très vaste région, active mais inégalement peuplée

▪ Avec **7,8 millions d'habitants**, c'est la 2e région de l'Hexagone par sa population, après l'Île-de-France, la seconde aussi par la taille, avec 12 départements, comme l'Aquitaine-Limousin-Poitou-Charente. C'est une région majoritairement montagnarde, avec 112 habitants par km², qui associe des espaces surtout urbains en Rhône-Alpes et plus ruraux en Auvergne.

▪ La région apparaît physiquement disparate, autour de l'axe Nord-Sud de la Saône et du Rhône, avec une bonne partie du **Massif central** à l'Ouest, les **Alpes** et le Sud du **Jura** à l'Est. La région a toutefois une réelle homogénéité économique grâce au rôle moteur de la métropole lyonnaise.

▪ La région Auvergne-Rhône-Alpes a été mise en valeur au prix de **grands travaux**. Elle est bien reliée aux espaces dynamiques voisins de la **Suisse** et de l'**Italie du Nord** par de larges vallées alpines permettant le passage d'autoroutes menant aux tunnels du Fréjus et du Mont-Blanc.

▪ Les Alpes, malgré leur altitude (mont Blanc, 4810 m), sont un **massif montagneux aéré** et ne constituent pas une véritable barrière. Des liaisons rapides ont été mises en place entre Lyon et Clermont-Ferrand. Les espaces du sud de l'Auvergne restent toutefois assez isolés et vides.

2 Lyon et son réseau urbain

▪ Les atouts de la région ont été mis en valeur par le pôle lyonnais, **2e aire urbaine française** après Paris, avec 2,2 millions d'habitants.

▪ La richesse de Lyon, basée au XIXe siècle sur l'organisation d'une filière textile, a permis d'investir dans de nouveaux secteurs industriels (chimie, mécanique, électrométallurgie). La région a profité dès la fin du XIXe siècle de sa richesse en eau pour produire de grandes quantités d'**hydroélectricité**. Cette puissance énergétique est renforcée par l'installation le long du Rhône de plusieurs **centrales nucléaires**.

▪ Contrairement à l'Île-de-France où la métropole régionale écrase les autres villes, la région Rhône-Alpes dispose d'un **réseau urbain hiérarchisé** avec une cinquantaine de pôles urbains, trois métropoles de plus de 300000 habitants, Grenoble, Clermont-Ferrand et Saint-Étienne, trois grandes agglomérations de plus de 100000 habitants, Chambéry, Annecy et Valence. De plus, l'agglomération suisse de **Genève**, qui compte 500000 habitants, déborde de plus en plus sur le territoire de la région.

3 Une activité économique diversifiée

▪ L'altitude élevée des massifs alpins et les facilités d'accès sont à l'origine de la mise en valeur du tourisme. L'**alpinisme** a été en vogue dès le XIXe siècle avec Chamonix, parallèlement au thermalisme, en vogue également dans nombre de stations du Massif central, mais en déclin, à l'image de Vichy.

▪ La région est surtout connue pour ses grandes **stations de ski** dont beaucoup ont été mises en place dans les années 1970 et 1980. Elles ont une renommée internationale : Courchevel, Val-d'Isère. Le gigantisme et l'urbanisme à base d'immeubles imposants de certaines d'entre elles sont toutefois contestés et leur fréquentation stagne.

▪ Malgré un cadre naturel peu favorable, **l'agriculture reste vivante** et sait vendre des produits labellisés : vins, fruits, fromages permettant de valoriser l'élevage de montagne.

▪ L'**industrie** a été à l'origine du développement régional. Elle se maintient grâce à la présence de grands groupes chimiques ou métallurgiques, mais aussi de PME travaillant en réseau, dans des filières spécialisées (petite mécanique dans la vallée de l'Arve, travail du plastique dans la région d'Oyonnax ou de Sainte-Sigolène, coutellerie de Thiers).

▸▸▸ La nouvelle région Auvergne-Rhône-Alpes est un espace dynamique, organisé autour du pôle lyonnais, et s'appuie sur des secteurs industriels variés et un important tourisme montagnard.

39 La France, ses DROM et ses COM

▸▸▸ Quelles sont les relations entre la France et ses territoires d'Outre-mer ?

1 Des espaces éloignés mais stratégiques

Info +
Les confettis d'empire sont principalement situés dans la **zone intertropicale chaude**.

▪ Les outre-mer sont des **vestiges de l'empire colonial**, disséminés partout dans le monde. Ils représentent environ 3 millions d'habitants sur 120 000 km².

▪ Ces territoires ont différents **statuts** :
– les **DROM** (Départements et régions d'outre-mer) ont des **pouvoirs identiques** aux régions françaises. Il s'agit de la Guadeloupe, la Martinique, la Guyane, la Réunion et Mayotte.
– les **COM** (Collectivités d'outre-mer) possèdent des statuts différents, hérités de leur histoire, et disposent d'une **plus grande autonomie**. Il s'agit de Saint-Barthélemy, la partie française de Saint-Martin, Saint-Pierre-et-Miquelon, la Polynésie française et Wallis-et-Futuna.
– les **POM** (Pays d'outre-mer) ont atteint un **degré d'indépendance très élevé**, ce qui peut laisser présager une indépendance future. Il s'agit de la Nouvelle-Calédonie.
– Les **TAAF** (terres australes et antarctiques françaises) sont des communautés territoriales. Ce sont des territoires sans population indigène, mais où la France assure une présence humaine continue (logistique, scientifique ou militaire) grâce à du personnel relevé régulièrement. Il s'agit des îles Kerguelen, de la terre Adélie, de l'archipel des Crozet.

Mot-clé
La **ZEE** est un espace maritime sur lequel l'État côtier peut exploiter toutes les ressources (pêche, hydrocarbures…).

▪ Ces terres permettent à la France **d'étendre son territoire** et lui assurent une présence planétaire. Ils lui procurent aussi des avantages économiques : elle bénéficie de la **2e zone économique exclusive** (ZEE) mondiale.

▪ Ces possessions lui permettent une **présence militaire ou stratégique** dans le monde. Ainsi, le centre spatial français est situé à Kourou, en Guyane.

2 Des espaces en difficulté économique

▪ **Les économies des DROM sont très déséquilibrées**. Elles ont longtemps été tournées vers des économies de plantation (banane, sucre) pour approvisionner la métropole. Cette économie est en crise et concurrencée par les pays voisins qui bénéficient d'une main-d'œuvre moins chère.

▪ La pêche reste une activité traditionnelle et est surtout artisanale et vivrière.

▪ Actuellement, les DROM se tournent vers le **tourisme**. Mais la mise en valeur reste encore médiocre, à cause du prix du transport depuis la métropole, du coût élevé de la vie sur place, de la faiblesse des infrastructures et de la faible diversification des offres.

▪ Les **contrastes sociaux** sont importants, le chômage est élevé. Régulièrement, des manifestations ont lieu (comme aux Antilles, Guadeloupe et Martinique) contre les prix trop élevés des produits de base, majoritairement importés.

3 Des territoires aidés qui deviennent attractifs

▪ Ces territoires sont soutenus par la métropole française, grâce à des **aides financières**, qui créent une relation de dépendance.

▪ Les DROM sont considérés comme des **régions européennes** (régions ultra-périphériques) et reçoivent des fonds d'aide au développement.

▪ Les **PTOM** (composés des COM, des POM et des TAAF) sont associés à l'Union européenne et sont éligibles à des aides spécifiques.

▪ Ces aides permettent de compenser les écarts de niveaux de vie, l'éloignement, l'isolement…

▪ Avec ces aides, les DROM sont des **espaces de richesse relative**. Leur niveau de vie a fortement augmenté depuis 30 ans. Ils deviennent alors **attractifs pour leurs voisins**, souvent plus pauvres.

▸▸▸ Les DROM permettent à la France d'avoir une présence mondiale mais ils sont souvent en difficulté et peu intégrés dans leur espace régional.

La Réunion

▸▸▸ Quelles sont les caractéristiques de l'île de la Réunion, DROM français ?

1 Une région éloignée

- La Réunion est une île située à **9 200 km** de la métropole, dans l'océan Indien. Elle a le **statut de DROM** et de **région ultra-périphérique** de l'Union européenne.
- Elle bénéficie d'un **climat tropical** et a un **relief escarpé**, marqué par la présence de deux **volcans**, le Piton des Neiges et le Piton de la Fournaise, qui est encore actif.
- Peuplée de 800 000 habitants, la société est **métissée**, descendant de populations d'une grande diversité, d'origine européenne, asiatique et africaine.
- La population est **jeune** : 35 % de la population a moins de 20 ans et est principalement située sur le littoral.

2 Une situation économique fragile

- Économiquement, la Réunion a longtemps été tournée vers les cultures de plantation de la **canne à sucre**, du **café** et de la **vanille bourbon**. Ces cultures sont aujourd'hui en régression à cause de la poussée de l'urbanisation et du coût de la main-d'œuvre. La **pêche** est aussi une activité traditionnelle pratiquée pour la production vivrière et la culture gastronomique.
- Le secteur industriel est quasiment inexistant mais il est en développement, surtout dans la filière agroalimentaire.
- Le taux de **chômage** est trois fois plus important qu'en France métropolitaine et touche surtout les jeunes.
- La Réunion se tourne vers le **tourisme** pour attirer de nouvelles populations et des investissements. Cependant, les touristes sont en majorité originaires de la métropole. Elle souffre aussi de la proximité de l'île Maurice.
- Ce territoire permet à la France de diffuser sa culture dans l'océan Indien.

> **Info +**
> La Réunion a été découverte par des navigateurs portugais avant d'appartenir au roi de France, en 1642. Elle s'appelait alors l'**île Bourbon**.

3 Un territoire dépendant de la France et de l'Union européenne

- La Réunion est un territoire en **retard de développement**. L'agriculture de plantation et le tourisme ne suffisent plus et l'île est devenue financièrement dépendante de la métropole. La plupart des importations proviennent de l'hexagone.
- Des **fonds** sont ainsi accordés par l'UE pour **compenser l'éloignement** de la métropole et l'isolement. Ceux-ci ont doublé en 10 ans.
- Ces fonds ont permis de mieux **gérer l'essor urbain**, d'améliorer les déplacements à l'intérieur de l'île, comme l'amélioration de la route littorale (avec une nouvelle voie en partie souterraine) ou la création de la route des Tamarins, qui relie le littoral à l'intérieur, et double la route littorale. Un projet titanesque de « basculement des eaux » doit également développer les cultures irriguées sur la côte sous le vent (à l'ouest) et alimenter les nouveaux logements. Ces travaux sont un **moteur pour la croissance et l'emploi**.
- La Réunion s'inscrit aussi dans une politique de développement durable et de protection des territoires. Ainsi, le parc national de la Réunion a été créé en 2007. Il permet de protéger la biodiversité contre la **périurbanisation*** et de favoriser le développement économique local, notamment une filière bois de qualité et un écotourisme.
- Cependant, la Réunion reste un territoire plus riche et plus développé que ses voisins. Elle attire des populations migrantes, souvent clandestines, principalement originaires des Comores. Les relations avec ses voisins sont faibles. **La Réunion n'est pas intégrée dans son espace régional.**

▸▸▸ La Réunion est bien représentative des DROM : une île éloignée, qui souffre de faiblesses économiques, mais qui bénéficie d'aides françaises et européennes, la rendant attractive pour ses voisins.

41 L'Union européenne, un territoire en construction

Info +
Voir **Fiche 16**.

▶▶▶ En quoi l'UE est-elle un territoire en construction et à géométrie variable ?

1 La construction de l'Union européenne

a/ La CECA

En **1951**, **six pays européens**, la France, la République fédérale allemande, les Pays-Bas, la Belgique, le Luxembourg et l'Italie décident de s'associer économiquement et politiquement dans la **CECA**.

Mot-clé
Marché commun : union économique de pays où les hommes, les biens et les capitaux circulent librement (libre-échange).

b/ La CEE

- En **1957**, la construction est relancée avec la signature du **traité de Rome** qui crée la **Communauté économique européenne (CEE)** et un **marché commun**.
- La CEE connaît ses premiers élargissements (1973, 1981, 1986).

c/ L'Union européenne (UE)

- L'UE est créée en **1992** avec la signature du **traité de Maastricht** (Pays-Bas). Son but est de renforcer l'alliance économique et politique des pays membres. Politiquement, ils essaient de réformer les institutions européennes (projet de **constitution** en 2005 refusé par les Français, les Néerlandais et les Irlandais).
- Le **traité de Lisbonne de 2007** fixe les règles communes d'appartenance et de fonctionnement de l'UE. Il répartit les compétences entre l'Union et les États membres.
- L'UE a connu des **élargissements majeurs entre 2004 et 2013**, en intégrant 13 nouveaux membres (originaires d'Europe de l'Est et des Balkans) et est passée de 15 à 28 pays membres.
- Actuellement, de **nouveaux États** aimeraient entrer dans l'UE. Ils doivent auparavant s'adapter aux institutions européennes et résoudre des difficultés économiques et sociales.

2 Une union à géométrie variable

a/ La zone euro

- Mis en place en **2002**, l'euro instaure une **union économique et monétaire**. Il marque la volonté d'une intégration majeure entre les États européens, à la fois politique et sociale. Il vise une stabilité économique en Europe et permet de protéger en partie certaines économies fragilisées, comme l'Irlande ou la Grèce.
- Aujourd'hui, **19 pays de l'UE** appartiennent à la **zone euro**.

b/ L'espace Schengen

- L'UE s'est engagée dans un **processus d'ouverture de ses frontières intérieures**. Les **accords Schengen**, signés en **1995**, mettent en place une zone de **libre circulation** pour les hommes, les marchandises et les capitaux. L'existence de cet espace est remise en cause par les flux de migrants.
- L'espace Schengen comprend **26 États**. Certains membres n'appartiennent pas à l'UE (comme la Suisse) et certains pays de l'UE n'appartiennent pas à l'espace Schengen (Irlande ou Royaume-Uni).

3 L'UE dans le contexte mondial

a/ Un espace de richesse et de haut niveau de développement

- L'UE est un **foyer démographique mondial important** avec plus de 500 millions d'habitants. Elle se caractérise aussi par un **haut niveau de richesse et de développement** : les pays membres ont un **IDH*** élevé, voire très élevé.
- Elle est un **espace de paix, où les valeurs démocratiques et des Droits de l'Homme** sont des conditions essentielles pour entrer dans l'organisation.

b/ Un espace confronté à des interrogations

- L'UE est confrontée à un **manque d'unité**, chaque pays participant ou non aux projets (comme l'euro ou la gestion des migrants). Son fonctionnement est donc complexe.
- Elle traverse aussi une **crise économique**. Celle-ci pose alors des questions sur le fonctionnement de la zone euro et crée des tensions entre les États.
- **De nombreux Européens ne se reconnaissent pas dans le projet européen**.

▶▶▶ L'UE est un territoire en construction, marqué par les élargissements successifs mais aussi par des projets européens.

Les institutions européennes et leur remise en cause

▸▸▸ Créées en 1951 avec la CECA, les institutions européennes ont évolué avec les nouvelles attributions du Parlement européen et du Conseil européen.

1 Les principales institutions européennes

- Le **Conseil européen** est chargé d'établir une **politique globale pour l'UE, il n'a aucun pouvoir législatif**. Il réunit 4 fois par an les chefs d'États membres et de gouvernements.
- La **Commission européenne est le cœur de l'Europe**. Elle est à **l'initiative des lois**: elle prépare, propose et exécute les lois européennes (appelées directives) et des actions communes. Ces directives sont applicables à tous les États membres car le droit communautaire est supérieur au droit national. Elle est aussi **chargée de gérer le budget de l'UE et de distribuer les financements**. Elle **représente et défend les intérêts de l'UE**.
- Le **Parlement européen partage le pouvoir législatif** avec le Conseil de l'Union européenne (ou Conseil des ministres). Il a trois rôles essentiels: il **examine et adopte les actes législatifs** européens avec le Conseil; il **exerce un contrôle sur les activités des autres institutions** de l'UE, notamment la Commission, afin de garantir que celles-ci fonctionnent démocratiquement; il **examine et adopte le budget de l'UE** avec le Conseil. Les lois adoptées par le Parlement européen et le Conseil de l'UE sont imposées aux États membres.
- Depuis 2014, il comprend 751 députés, dont 74 députés français. Chaque pays en a entre 6 et 96. Ces députés sont élus au suffrage universel direct par les citoyens européens.

2 Des institutions remises en cause

- Les institutions européennes et la construction communautaire ont été remises en question par la **crise économique et financière de 2007-2008** et par les **élections européennes** de 2014 qui ont vu les partis hostiles à la construction européenne remporter des sièges au Parlement.
- L'UE est critiquée sur son impuissance à mettre en place une **politique étrangère commune** (vis-à-vis des pays du Sud, des conflits actuels comme la Syrie, de la crise des migrants, du terrorisme) et à jouer un rôle sur la scène géopolitique internationale.
- Elle rencontre aussi des difficultés à mettre en place une **politique économique européenne commune** avec l'euro.

L'Union européenne et ses institutions

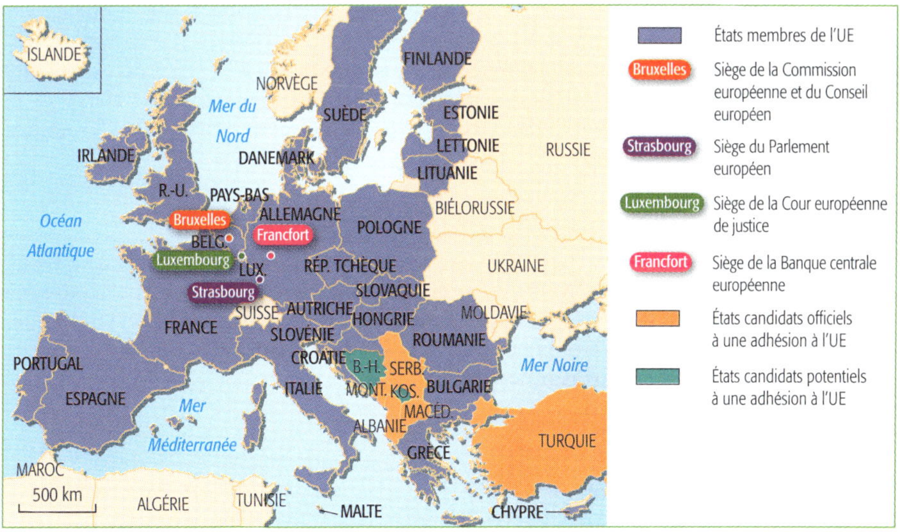

▸▸▸ L'UE est donc confrontée à de nombreux enjeux, institutionnels, politiques, géopolitiques et économiques.

GÉOGRAPHIE

43 Les contrastes territoriaux dans l'Union européenne

Info +
Voir **Fiche 57, carte 9**.

▶▶▶ L'Union européenne (UE) est un espace de richesses, influent politiquement et culturellement. Pourtant, elle se caractérise par de grandes différences entre États. Quels sont les contrastes territoriaux à l'intérieur de l'UE?

1 Une Union marquée par sa diversité

a/ Une diversité politique

Info +
L'**Union européenne** est une organisation économique, qui regroupe, en 2015, **28 États membres**. L'Europe est un continent aux limites mal définies, construites au fur et à mesure de son histoire.

La majorité des pays de l'**Union européenne** sont des démocraties, mais les organisations politiques sont très différentes. On trouve des **républiques*** (France) et des **monarchies parlementaires** (Espagne, Royaume-Uni); le pouvoir peut être centralisé (France) ou décentralisé (Allemagne, Espagne).

b/ Une grande variété de cultures et de paysages

- **24 langues officielles** sont utilisées dans les institutions européennes. Trois langues sont des langues de travail: l'anglais, le français et l'allemand. Il existe aussi une **soixantaine de langues régionales**.
- Le **christianisme** est la religion dominante dans l'UE. Mais trois ensembles se distinguent: le catholicisme est présent à l'Ouest et au Sud, le protestantisme au Nord, le christianisme orthodoxe à l'Est. Islam et judaïsme constituent des communautés importantes dans les villes d'Europe de l'Ouest.
- L'UE se caractérise aussi par une **variété de climats** (méditerranéen au Sud, tempéré à l'Ouest, continental à l'Est) et de **paysages**: des montagnes au Sud et des grandes plaines au Nord.

c/ Des écarts de développement et de richesses

- Le **niveau de développement (IDH*) est élevé** (0,83). Mais des écarts existent. Ainsi, les pays de l'Est ont un IDH élevé et les pays de l'Ouest un IDH très élevé (supérieur à 0,91).
- Les **écarts de richesses sont importants**. Les pays de l'Est ont un **PIB*** inférieur à la moyenne du PIB européen (25 000 €/hab.).

2 Une Union en trois grands ensembles

- L'**Europe du Nord-Ouest** est le pilier historique et financier de la construction européenne. Elle concentre les grandes entreprises agricoles et industrielles, les pôles de commandement. Elle abrite la **dorsale européenne** qui connait de fortes densités de populations et un niveau élevé de richesses.
- L'**Europe méditerranéenne** est un **ancien foyer d'émigration** et a bénéficié des aides européennes pour assurer son développement. Ces États sont actuellement confrontés à la crise économique liée au surendettement des États.
- L'**Europe centrale et orientale** est récemment entrée dans l'UE. C'est un espace qui connaît des difficultés démographiques, sociales et économiques. Il est en marge de la dynamique européenne mais bénéficie des politiques de rééquilibrage de l'UE et des délocalisations des entreprises.

3 Réduire les écarts

- Pour favoriser l'intégration des différents États et un développement harmonieux des territoires, l'UE a créé des **politiques de rééquilibrage** qui apportent un soutien financier aux régions en retard économiquement ou en difficulté. Celles-ci sont appelées **régions de convergence** et bénéficient d'un soutien prioritaire.
- La politique régionale suit trois objectifs:
  - **réduire les écarts régionaux**;
  - **créer des emplois** en favorisant la compétitivité et en attirant les investisseurs;
  - **encourager les relations** entre les régions d'États voisins.
- **Plusieurs fonds ont été mis en place**. Entre autres, le **FEDER*** finance le développement d'infrastructures, des petites et moyennes entreprises et des actions pour l'éducation, la santé et la recherche.

▶▶▶ L'UE est marquée par des contrastes importants, en particulier en termes de développement et de richesses. Elle essaie de les réduire avec la politique régionale européenne.

Une région transfrontalière : la « Grande Région »

▶▶▶ Quelles sont les caractéristiques d'une région transfrontalière dans l'UE ?

1 Favoriser l'intégration des régions dans la mondialisation

▪ Dans l'UE, les régions présentent une grande diversité (taille, compétences, population, richesse…), mais elles cherchent à mieux s'insérer dans l'espace européen et mondial.

▪ L'UE encourage la **coopération transfrontalière** grâce au **programme Interreg**. L'objectif est de développer les infrastructures en commun, les échanges frontaliers, mais aussi de mettre en place une coopération au niveau de la recherche et de la culture. Le FEDER soutient aussi ces programmes. Cela permet la création d'**Eurorégions**.

▪ La première Eurorégion a été créée entre l'Allemagne et les Pays-Bas. Elles sont aujourd'hui plus d'une centaine. Toutes les frontières françaises sont concernées par les Eurorégions, et elles sont intégrées à huit Eurorégions.

> Mot-clé
> **Eurorégion** : espace transfrontalier dans lequel se met en place une coopération entre les collectivités territoriales situées de part et d'autre de la frontière. La frontière devient un trait d'union et non une séparation.

2 La Grande Région

a/ Les caractéristiques

▪ La **Grande Région** regroupe le Luxembourg, la Sarre, la Rhénanie-Palatinat (Allemagne), la Wallonie Communauté française et germanophone de Belgique, et la Lorraine (France).

▪ Elle a été créée à partir de l'Eurorégion Sar-Lor-Lux (**Allemagne, France, Luxembourg**), dès 1985.

▪ Elle est située au cœur de la dorsale européenne, entre le Rhin, la Moselle, la Sarre et la Meuse.

▪ Elle compte plus de 11 millions d'habitants, soit 3 % de la population européenne de l'Europe des 15. Mais la densité est très inégale : proche de 98 hab./km² en Lorraine, elle atteint 415 hab./km² en Sarre.

▪ Elle se caractérise aussi par des flux importants de travailleurs et de consommateurs transfrontaliers. Pas moins de 200 000 travailleurs se rendent quotidiennement d'un pays à l'autre, dont 160 000 vers le Luxembourg.

b/ Les compétences et projets

▪ La Grande Région a pour but d'améliorer la **coopération politique, économique** et les partenariats entre les différents acteurs (citoyens, gouvernements, entreprises…). Cinq domaines sont au cœur des projets :

- l'**accessibilité** et les **transports** : une ligne de train régional express transfrontalier a été créée ;
- le **développement économique**, de l'**innovation** et de l'**emploi**. La Grande Région cherche à transformer son territoire en territoire moteur en UE. Certains espaces sont attractifs pour les entreprises (le Luxembourg par sa puissance financière, la Rhénanie-Palatinat par son industrie chimique), grâce aux réseaux de communication qui permettent de desservir toute l'Europe de l'Ouest. D'autres espaces, touchés par la crise industrielle des années 1980, sont en reconversion, comme le Pôle Européen de Développement du secteur Longwy (France)-Rodange (Luxembourg)-Athus (Belgique), qui vise à développer le secteur tertiaire ;
- la coopération dans l'**enseignement supérieur** et la **formation professionnelle** : création de l'université de la Grande Région ;
- la **cohésion entre les générations** : assurer les besoins d'une population vieillissante, lutter contre le chômage des jeunes, mettre en place des projets sportifs ou culturels ;
- l'amélioration de la **qualité de vie**, l'environnement, la prévention des risques naturels et le développement durable, la promotion de la culture et du tourisme.

▪ Il y a une démarche commune en matière de **développement territorial transfrontalier** et d'**aménagement du territoire**.

▶▶▶ Les Eurorégions favorisent les échanges entre les frontières, et font de ces espaces des espaces économiques moteurs dans l'UE.

GÉOGRAPHIE

45 La France, une influence mondiale

▶▶▶ Quelle est l'influence de la France dans le monde ?

1 Une présence mondiale

Info +
La France reste très liée à ses anciennes colonies, grâce en particulier à la **francophonie** et à l'**aide au développement**.

a/ Les confettis d'empire français

▪ La France comporte **cinq DROM** (Guadeloupe, Guyane, la Réunion, Martinique et Mayotte), hérités de l'empire colonial français, des **COM** (Polynésie Française), ainsi que d'autres **territoires à statut spécifique** comme les POM (Nouvelle-Calédonie) ou les TAAF (Clipperton). Ces territoires ont plus ou moins d'autonomie (voir Fiches 25 et 39).

▪ Ces « confettis d'empires » permettent à la France d'avoir une **zone économique exclusive (ZEE)** importante et ancienne. Dans cet espace, la France domine les espaces maritimes à 200 milles marins autour des côtes, soit 11 millions de km^2. C'est la seconde ZEE la plus étendue du monde.

b/ La présence française à l'étranger

▪ La France compte **plus de 1,5 million d'expatriés**, principalement en Europe, aux États-Unis, au Canada et en Afrique, ainsi que **des milliers d'étudiants français** qui étudient à l'étranger (avec Erasmus par exemple).

▪ Ces Français à l'étranger contribuent à la puissance française, avec un réseau s'appuyant sur plus de 150 **ambassades** partout dans le monde.

2 La France, un acteur politique, diplomatique et économique

a/ Une puissance politique et militaire

▪ La France est un **membre fondateur de l'Union européenne** et l'une des premières puissances de l'UE (économique, démographique, militaire).

▪ Elle est redevenue un **membre influent de l'OTAN** en réintégrant son commandement intégré en 2009.

▪ La France est **membre permanent du Conseil de sécurité à l'ONU** avec un droit de veto. Ce statut lui permet de renforcer son poids politique et diplomatique au niveau international et d'avoir une certaine indépendance vis-à-vis des États-Unis. Son armée est souvent secondée par des **ONG**.

▪ Elle dispose de l'**arme nucléaire**.

b/ Une puissance économique

▪ La France est présente dans les grandes organisations mondiales économiques comme le **G8** et le **G20** (présidé par la France en 2011).

▪ Les sociétés françaises sont bien représentées dans le monde (Carrefour, Auchan, Veolia, Areva, L'Oréal, LVMH).

▪ Mais la France doit faire face à la montée de la concurrence des pays émergents qui réclament une plus grande place économique et politique. Ainsi, la part de la France dans la production mondiale diminue.

3 Un rayonnement culturel, le *soft power* français

a/ La francophonie

220 millions de personnes dans le monde **parlent le français**, la **6e langue** la plus parlée au monde (voir carte Rabat). L'Organisation internationale de la francophonie créée en 1970 regroupe 75 États membres et observateurs parlant français.

b/ La culture française

▪ La **culture et la langue françaises** sont défendues dans le monde par un important réseau d'écoles et de lycées français, ainsi que par les Alliances françaises.

▪ Plusieurs **médias internationaux francophones** participent à son rayonnement comme RFI ou France 24.

▪ Le **cinéma français** ou les jeux vidéo sont reconnus.

▪ La France est réputée pour sa cuisine et les plaisirs de la table. La **gastronomie** française est inscrite au patrimoine mondial de l'UNESCO.

▪ Mais la France doit faire face à la **concurrence de certains États**, et en particulier des États-Unis, dans le contexte d'uniformisation du monde. Son modèle culturel a du mal à s'affirmer.

▶▶▶ Sa présence dans le monde assure à la France un rayonnement politique et culturel.

La France intégrée dans l'Union européenne

Comment la France s'intègre-t-elle dans l'Union européenne au travers des réseaux de transport et de la politique environnementale ?

1 Les réseaux de transport en France et dans l'UE

a/ L'organisation du réseau de transport français

- Le réseau de transport français est hérité d'une mise en valeur progressive du territoire. Il est donc **organisé en étoile, centralisé autour de Paris**. Les routes puis les chemins de fer au XIXe siècle, les autoroutes et les **LGV** au XXe siècle ont contribué à renforcer la puissance de Paris.
- **Le réseau de transport français est repensé pour renforcer l'intégration européenne**. Grâce à sa position de carrefour, la France est devenue un point de passage entre l'Europe du Nord, l'Italie et l'Espagne.

> **Mot-clé**
> **LGV** (Ligne à grande vitesse) : ligne ferroviaire construite pour les trains qui roulent au-dessus de 250 km/h.

b/ Un réseau de transport européen

- L'intégration des territoires européens passe par la **création d'un réseau de transport européen**. Les États définissent les tracés et partagent les financements des infrastructures de ce réseau. L'objectif est de faciliter les échanges entre les différents territoires.
- De très **grands aménagements** ont été effectués (tunnel sous la Manche). D'autres sont en cours (canal Seine-Nord-Europe, LGV Sud Europe Atlantique), ou en projet (LGV Lyon-Turin). Des progrès restent à faire dans l'intégration des réseaux électrique et gazier.

c/ Les différences d'intégration dans l'UE

- La France est bien reliée à ses voisins par les autoroutes. Des LGV sont encore en création. Quelques grandes métropoles françaises, Paris, Lyon ou Lille, servent ainsi de carrefours et sont bien intégrées.
- Les **grands ports** (Le Havre, Marseille, Dunkerque) et l'**aéroport de Roissy** sont aussi des **nœuds de communication** qui permettent de relier la France au reste du monde.
- **Certains espaces français restent en marge** : ceux qui sont éloignés des métropoles ou des principaux axes de transport (une partie du Massif central ou du littoral atlantique).

2 Les questions environnementales

a/ Les risques naturels

La France métropolitaine est **peu concernée par les risques naturels** comme les séismes mais subit des **accidents climatiques** : tempêtes (Xynthia en 2010), inondations (Alpes-Maritimes en 2015), canicules (2003)… Par contre, les DROM sont touchés par les cyclones et les éruptions volcaniques.

b/ Les risques technologiques

- L'UE est davantage exposée aux **risques technologiques** : les États utilisent des industries polluantes (agroalimentaires, papier…), transportent des matières dangereuses (hydrocarbures, produits chimiques, déchets nucléaires) et produisent et consomment de l'énergie (nucléaire par exemple).
- Des **accidents** se sont déjà produits : marée noire (naufrage de l'Érika en 1999 au large de la Bretagne), explosion dans une usine (AZF à Toulouse en 2001).
- Aujourd'hui, la question de la **poursuite de l'énergie nucléaire** pose débat, en raison des risques liés à cette activité.

c/ Les risques, une préoccupation des Européens

- Il n'existe **pas de politique globale des risques** à l'échelle européenne, seulement **quelques dispositifs** appliqués par les États. Par exemple, l'UE s'est engagée dans la **prévention des risques naturels et technologiques**. La directive **SEVESO** impose aux États membres d'identifier les sites industriels qui peuvent être à l'origine de catastrophes, comme les centrales nucléaires ou de gros complexes chimiques.
- Des **politiques européennes de protection de l'environnement** sont mises en place pour faire face à l'augmentation des déchets, à la dégradation de l'air et de l'eau, à l'**artificialisation*** des territoires… Des zones naturelles fragiles (**Natura 2000**) sont créées pour protéger la faune et la flore.

Le territoire français est intégré à l'UE grâce aux réseaux de transport et aux politiques environnementales.

L'Union européenne et ses voisins

▶▶▶ Quelle est l'attitude de l'Union européenne envers ses voisins ?

1 S'étendre vers l'est

a/ Les adhésions

▪ À la chute de l'URSS en 1991, les **anciens pays communistes d'Europe de l'Est** et les trois républiques baltes se tournent vers l'UE pour consolider leur jeune démocratie. Dix puis deux pays d'Europe centrale et orientale intègrent l'UE en **2004** et **2007**. La **Croatie** en fait également partie depuis 2013.

▪ Certains pays veulent encore entrer dans l'UE. L'Albanie, la Macédoine, le Monténégro, la Serbie et la **Turquie** sont des candidats officiels. La Bosnie-Herzégovine et le Kosovo ont un statut de candidat potentiel.

Info +
La candidature de la **Turquie** entraîne des réticences chez les Européens, à cause de son poids démographique, d'arguments culturels (islam) ou politiques (refus de reconnaître le **génocide*** arménien, attitude face à la minorité kurde).

b/ Les conditions d'adhésion

▪ Les pays candidats doivent respecter les **critères d'adhésion et s'engager à respecter les acquis communautaires** :
- avoir mis en place des institutions stables garantissant la démocratie, l'État de droit, les Droits de l'Homme, le respect des minorités et leur protection ;
- avoir institué une économie de marché viable ;
- avoir la capacité d'assumer les obligations de l'adhésion et de souscrire aux objectifs de l'union politique, économique et monétaire.

▪ Depuis 2007, le **processus d'adhésion s'est ralenti** : les Européens de l'Ouest sont plus réticents, les nouveaux entrants peinant à s'adapter économiquement.

2 L'Union pour la Méditerranée (UPM)

a/ Une coopération économique et sociale

▪ Depuis 1995, l'UE a mis en place une politique de codéveloppement avec les pays riverains de la Méditerranée. Un **partenariat euroméditerranéen** a d'abord été créé afin de renforcer la **sécurité** (créer un espace commun de paix), l'**économie** et les **finances** (construire une zone de libre-échange) et de maintenir des **relations sociales et culturelles** (échanges universitaires).

▪ Ces politiques concernent également les domaines économiques (financement d'équipements) et sociaux (réduction de la pauvreté, organisation des migrations).

b/ Une coopération politique

▪ Depuis 2005, l'**UPM** tente de développer une coopération politique, en particulier dans les domaines de l'**énergie** et de l'**environnement** (dépollution de la Méditerranée).

▪ Mais certains thèmes majeurs comme l'immigration ou la nature des régimes politiques ont été écartés.

▪ Les bouleversements du « Printemps arabe » en 2011, l'embrasement de la Libye et de la Syrie, les difficultés économiques de certains pays du nord de la Méditerranée (Grèce, Espagne, Portugal) ou la crise des migrants rendent la coopération plus compliquée.

3 La politique européenne de voisinage (PEV)

a/ Un rapprochement politique et économique

▪ Depuis 2004, l'UE a mis en place une **politique européenne de voisinage** qui comprend un **rapprochement politique** avec les normes de l'UE (démocratie, État de droit, ouverture des marchés) et **économique** avec des transferts financiers pour limiter les écarts.

▪ Cette politique concerne surtout des **pays voisins** du Sud et de l'Est qui ne sont pas candidats à l'entrée dans l'UE, mais qui forment ainsi une zone de stabilité autour d'elle.

b/ Le cas particulier de la Russie

La **Russie** est un cas particulier. Elle n'est pas candidate à l'entrée dans l'UE et refuse d'être concernée par la PEV. Mais elle entretient avec l'UE des relations privilégiées en tant que « partenaire stratégique », comme dans le domaine de l'énergie.

▶▶▶ L'Union européenne exerce une influence politique, économique et culturelle sur ses voisins.

L'Union européenne, pôle mondial, puissance limitée

►►► En quoi l'UE est-elle un pôle mondial qui attire, tout en restant une puissance politique limitée ?

1 Un pôle économique majeur de la mondialisation*

a/ Un pôle économique et financier

- L'UE est la **première puissance économique mondiale**, elle représente 30 % de la richesse mondiale. Quatre de ses États membres figurent parmi les 10 premières puissances mondiales.
- Elle est la **principale zone d'accueil des capitaux et des investissements étrangers (IDE)**. Les **bourses** européennes sont très actives, comme celles de Londres ou de Francfort.
- Sa puissance économique est liée à sa politique du **marché commun** et à l'**euro**, l'un des symboles de la réussite européenne et un facteur d'harmonisation des économies.

b/ Un pôle d'activités

- L'UE occupe les premiers rangs dans de nombreux secteurs productifs : **industrie** ou **agriculture**. Ainsi, elle domine les productions de lait, blé, vin et fleurs.
- Cependant, l'agriculture y est très dépendante de la **PAC** et de ses budgets. L'industrie européenne doit faire face à la concurrence et à la délocalisation des entreprises.
- Elle domine aussi le secteur des **services** : ses entreprises multinationales s'appuient sur un secteur de recherche et de développement de qualité.
- Les **entreprises européennes** sont très dynamiques et présentes partout dans le monde et dans des secteurs diversifiés : transports avec Airbus ou Renault ; banques et assurances avec HSBC, Santander, Axa ou Generali ; grande distribution avec Carrefour, Metro ou Auchan ; énergie avec Shell, BP, Total…

2 Un pôle qui attire

a/ Des flux de marchandises

- L'UE assure **40 % du commerce mondial** et 70 % de son commerce extérieur s'effectue entre les pays de l'UE, le reste vers les États-Unis et l'Asie orientale.
- Les produits échangés sont surtout des **produits manufacturés**.

b/ Des flux de population

- L'UE est la **première région d'immigration** au monde. Celle-ci provient des États voisins et est indispensable au maintien de son dynamisme démographique. L'attractivité est liée à la richesse et au haut niveau de vie européen. L'UE reçoit des flux de travailleurs et d'étudiants.
- Depuis le milieu des années 1980, l'UE met en place des politiques migratoires restrictives en contrôlant les frontières et en luttant contre l'immigration clandestine.
- Enfin, elle est **le premier pôle touristique mondial** : elle accueille 60 % des flux touristiques mondiaux chaque année.
- Ces mobilités contribuent à renforcer la **puissance culturelle** de l'UE dans le monde.

3 Un rôle diplomatique et militaire limité

a/ Une union difficile entre les États

- L'UE est une **association** entre les États et chacun défend ses intérêts. Ce n'est pas un État fédéral et **il n'existe pas de gouvernement européen**. Il peut être compliqué de faire fonctionner les institutions européennes à 28.
- Il est difficile d'harmoniser les politiques européennes et financières de chaque État membre, certains étant lourdement endettés alors que d'autres gèrent mieux leur budget. La gestion de la crise financière et le sauvetage de la zone euro témoignent de ces **disparités budgétaires**.

b/ Un nain militaire et politique

- Si l'UE dispose depuis peu d'un président du Conseil de l'Europe (voir Fiche 42) et d'un représentant pour la politique extérieure, elle **peine à s'exprimer d'une seule voix sur la scène internationale**.
- Sans **armée commune**, elle ne mène pas une politique militaire coordonnée.
- L'UE **reste un nain politique et militaire** par rapport aux États-Unis.

►►► L'UE est un pôle économique essentiel dans la mondialisation mais peine à s'affirmer politiquement et militairement.

49 Le citoyen français en France, en Europe et dans le monde

▶▶▶ Comment, tout en étant mineur, puis-je me préparer à devenir un citoyen français responsable ?

1 Nationalité et citoyenneté

a/ L'accès à la nationalité

▪ Un enfant acquiert la nationalité française par **filiation (droit du sang)** si l'un de ses deux parents est français ou s'il est adopté par un Français. Si les deux parents sont étrangers, l'enfant, né sur le sol français **(droit du sol)**, peut acquérir la nationalité française lors de sa majorité, s'il réside en France depuis plus de 5 ans.

▪ Des étrangers peuvent également acquérir la nationalité française par **naturalisation** : celle-ci est liée à un certain nombre de conditions et a lieu au cours de cérémonies dans des préfectures.

Mot-clé
Naturalisation : procédure administrative d'acquisition de la nationalité française.

b/ Des droits et des devoirs

▪ La nationalité est intimement liée à la **citoyenneté** à laquelle s'applique un certain nombre de **droits**, comme le droit de vote, mais aussi de valeurs (le respect des autres citoyens et des lois, la solidarité) et de devoirs.

▪ L'**élection des élèves délégués**, en début d'année scolaire, participe de ce sentiment de citoyenneté.

2 La citoyenneté européenne

a/ De nouveaux droits et devoirs

▪ Les membres de l'un des 28 pays de l'Union ont, en plus de leur nationalité, la nationalité européenne, définie par le **traité de Maastricht** de 1992. Cela leur donne le droit de séjourner et de travailler dans un autre État membre, ainsi que de voter et d'être éligible aux élections municipales et du Parlement européen.

▪ Des institutions, comme la **Cour de Justice européenne** ou la **Cour européenne des Droits de l'Homme**, veillent au respect des droits des citoyens européens.

b/ L'espace Schengen

▪ Le citoyen français, en tant que citoyen européen, peut également circuler librement sur les territoires de l'espace Schengen. Cet espace de **libre circulation des personnes** regroupe 26 États, dont 22 États de l'UE. Il a **aboli les frontières intérieures** au profit d'une frontière extérieure unique.

▪ Six États de l'UE n'en font pas partie, dont le **Royaume-Uni**, et ses dispositions sont remises en cause depuis 2015 à la suite d'attentats terroristes et de la vague de réfugiés en provenance du Moyen-Orient.

3 Présence des Français à l'étranger

a/ Les Français vivant à l'étranger

▪ En 2016, on estime que plus de **2 millions de Français** sont établis **hors de France**, de manière plus ou moins permanente. Ce nombre a doublé en vingt ans. Cela s'explique par les opportunités d'emplois à l'étranger et la mondialisation. La Suisse, les États-Unis, le Royaume-Uni, la Belgique et l'Allemagne sont les pays qui comptent le plus d'« **expatriés** » français.

▪ La **double nationalité**, cas le plus fréquent, est le fait de posséder simultanément deux nationalités. Certains États l'interdisent. Le droit français l'accepte ; ainsi, près de la moitié des immigrés ayant acquis la nationalité française ont également gardé leur nationalité d'origine.

b/ Une présence multiforme

▪ Les ONG sont des **structures citoyennes**, **non lucratives**, agissant pour des causes sociales, souvent à travers le monde. La France en compte un très grand nombre, de toutes tailles, en particulier dans les domaines de la santé et de l'éducation. N'importe quel citoyen peut y adhérer.

▪ Au-delà des frontières françaises, les citoyens français reconnaissent une certaine communauté à la **francophonie** dont les membres partagent la langue et certaines valeurs.

▶▶▶ La citoyenneté française est un cadre juridique et mental qui doit organiser la vie en communauté de la Nation. L'appartenance à l'UE accorde de nouveaux droits aux Français, dont les ressortissants sont de plus en plus nombreux à l'étranger.

La France, une démocratie

▶▶▶ Quels sont les droits politiques des citoyens français ? Sont-ils anciens ? Comment puis-je les exercer à ma majorité ?

1 L'exercice de la citoyenneté : le droit de vote

a/ L'évolution du droit de vote

La démocratie française résulte d'une longue histoire. La monarchie absolue où les Français étaient des «sujets» a pris fin en 1789 avec la **Déclaration des Droits de l'Homme et du Citoyen**. Mais la Constitution de 1791 n'établissait pas de réelle égalité de droits : une partie des hommes et toutes les femmes étaient exclus du vote. Ce suffrage, dit censitaire, a été définitivement supprimé en 1848 au profit du **suffrage universel** masculin. Le suffrage universel a été étendu aux femmes en 1944 et étendu à tous à partir de 18 ans, en 1974, avec l'abaissement de l'âge de la majorité.

> Mot-clé
> **Suffrage universel** : droit de vote de tous les citoyens lors des élections de leurs représentants.

b/ Droits et devoirs

- En France, contrairement à d'autres pays, le **vote** n'est pas juridiquement obligatoire mais il est considéré comme un **devoir moral**. La mention *«voter est un droit, c'est aussi un devoir civique»* figure sur les cartes d'électeur. Pourtant, le désintérêt à l'égard des affaires publiques ou le rejet des élites politiques explique un taux important d'**abstention** : en 2012, pour les élections présidentielles, elle a été de l'ordre de 20 % et pour les élections législatives qui ont suivi, elle a dépassé 40 %.
- D'autres droits civils ou sociaux sont garantis par la Constitution ou la loi, comme le **droit syndical** ou le **droit de grève**.

2 Institutions, principes, et fonctionnement de la Vᵉ République

a/ L'organisation de la Vᵉ République

- Les institutions de le Vᵉ République sont nées en **1958** et ont été modifiées en 1962, avec l'**élection du président de la République au suffrage universel**, puis en 2000, avec la **réduction du mandat présidentiel de 7 à 5 ans** pour le faire coïncider avec la durée du mandat des députés.
- La Vᵉ République reconnaît la séparation des pouvoirs : l'**exécutif** avec le président et le gouvernement, le **législatif** avec le Parlement (Assemblée Nationale et Sénat) et le **judiciaire**.
- C'est une démocratie représentative, où le peuple élit régulièrement ses représentants, en particulier le président de la République et les membres de l'Assemblée Nationale, les **députés**. Le peuple choisit aussi aux différents niveaux administratifs locaux ses élus au conseil municipal, au conseil départemental et au conseil régional.

b/ Parité et partis politiques

- Une **loi sur la parité** a été votée en 2000 pour obliger les partis politiques à présenter aux élections autant de femmes que d'hommes. Mais, à l'Assemblé Nationale, en 2016, 27 % seulement des députés sont des femmes et la France n'a jamais élu une femme comme présidente de la République.
- Les **partis** organisent la vie politique et participent aux débats sur l'évolution de la société. Mais leur lien réel avec la population française reste assez faible : moins de 1 % des citoyens de plus de 18 ans sont adhérents d'un parti.

3 Les symboles de la République française

Plusieurs symboles, issus de l'histoire de France, illustrent notre démocratie.

- Le **drapeau tricolore**, apparu dès juillet 1789, a été définitivement adopté en 1848.
- L'hymne national, **la Marseillaise**, date de 1792.
- La **Fête Nationale du 14 juillet** rappelle la Fête de la Fédération de 1790.
- La devise «**Liberté, Égalité, Fraternité**» est inscrite dans la Constitution de 1958.
- Le buste de **Marianne**, avec le bonnet phrygien qui coiffait les esclaves affranchis dans l'Antiquité grecque et romaine.
- Le **coq**, ancien symbole gaulois, est surtout utilisé à l'étranger par les supporters dans les rencontres sportives.

▶▶▶ La République française, ancrée dans notre histoire, est un patrimoine partagé par les générations qui se sont succédé depuis 1789.

51 Les libertés et les discriminations

▸▸▸ Quels sont les libertés et les droits fondamentaux des citoyens ? Ils sont liés à l'État démocratique où nous vivons et à l'évolution de la société.

1 Les libertés fondamentales

a/ Comprendre le premier texte fondateur

- L'égalité et la liberté ont été reconnues en France par la **Déclaration des Droits de l'Homme et du Citoyen de 1789**.
- Du principe d'égalité découlent le **suffrage universel**, et un certain nombre d'autres droits dont la mise en œuvre réelle reste toujours à défendre : l'égalité des sexes, ou l'égalité devant la loi, l'emploi, l'impôt, la justice, et l'accès à la culture.
- L'**égalité** et la **liberté** peuvent ne pas être compatibles. L'article 1 de la Déclaration des Droits de l'Homme et du Citoyen de 1789 apportait déjà certaines nuances : « Les hommes naissent et demeurent libres et égaux **en droits**. Les **distinctions sociales** ne peuvent être fondées que sur l'utilité commune ». Ce texte distingue bien l'égalité des droits de l'égalité sociale, fondée sur une conception historique du fonctionnement de la société. L'article 4 définissait aussi le cadre de la liberté individuelle : « La liberté consiste **à faire tout ce qui ne nuit pas à autrui** : ainsi l'exercice des droits naturels de chaque homme n'a de bornes que celles qui assurent aux autres membres de la société la jouissance de ces mêmes droits. **Ces bornes ne peuvent être déterminées que par la loi.** »

b/ Les autres textes fondateurs

- La **Déclaration Universelle des Droits de l'Homme** est proclamée solennellement en 1948, après la barbarie de la Seconde Guerre mondiale par tous les États membres de l'ONU. Elle considère que la reconnaissance de la dignité humaine constitue le fondement de la liberté, de la justice et de la paix dans le monde.
- La **Constitution de 1958**, qui a fondé la Ve République, rappelle dans son préambule que « La France est une République indivisible, laïque, démocratique et sociale » et que sa devise est « Liberté, Égalité, Fraternité ». Elle a été complétée en 2005 par la **Charte de l'environnement** qui consacre l'objectif du développement durable et le « Droit de vivre dans un environnement équilibré et respectueux de la santé ».

2 La négation de l'égalité : les discriminations

La loi est un cadre mais les pratiques sociales ne leur correspondent pas toujours. Les différentes formes de discrimination sont variables, insidieuses et fréquentes jusque dans l'histoire la plus récente.

> **Mot-clé**
> **Xénophobie** : hostilité systématique manifestée à l'égard des étrangers.

- Les **discriminations raciales et ethniques** restent fréquentes dans le monde : elles peuvent aller du refus de l'égalité jusqu'à l'incitation à la haine raciale qui a pu conduire au génocide. La **xénophobie**, liée à la peur de l'étranger, en est une forme commune, très répandue.
- Les **discriminations religieuses** recoupent en partie les discriminations ethno-raciales et les Français d'origine extra-européenne sont les plus touchés, notamment à l'embauche et dans le cadre du travail.
- L'**antisémitisme** est l'hostilité envers la communauté juive.
- Le **sexisme** relève d'une attitude traditionnelle, avec des conceptions stéréotypées des rôles de chaque sexe, soutenant l'inégalité des hommes et des femmes.
- L'**homophobie** est l'hostilité envers des personnes dont les attirances physiques concernent des individus de même sexe. Ce rejet de l'homosexualité reste très répandu et se traduit par des réactions d'exclusions, voire de violences physiques.

▸▸▸ Les citoyens doivent prendre conscience que toutes les formes de discrimination sont interdites par les lois françaises, mais, avouées ou non, elles demeurent répandues et doivent être combattues.

La laïcité, pilier de la République

▶▶▶ En quoi l'État laïc est-il le garant d'une école républicaine et de l'apprentissage du vivre ensemble ?

1 Une laïcité républicaine conquise

a/ Le catholicisme, ancienne religion d'État

Chaque pays a sa propre histoire et ses propres traditions. En France, jusqu'à la Révolution, la **société**, l'**école** et le **droit** demeuraient **sous l'emprise de l'Église catholique**, religion d'État. Les privilèges du clergé catholique furent abolis en 1789 mais restaurés en 1815.

b/ L'œuvre scolaire de la IIIe République et les progrès de la laïcité

- Depuis la **loi Falloux de 1850**, les religieux étaient nombreux dans l'enseignement primaire et secondaire.
- Entre 1879 et 1886, un énorme effort financier de développement des écoles publiques, avec des enseignants laïcs, fut entrepris : **gratuité de l'enseignement primaire** (1881), puis **école primaire laïque et obligatoire** de 6 à 13 ans pour les garçons et les filles (loi du 28 mars 1882). Cette dernière prescrivait que les instituteurs donneraient à leurs élèves un enseignement civique et moral, mais que l'instruction religieuse ne pourrait être donnée qu'en dehors de l'école (le jeudi, journée sans école, était prévu pour cela).

c/ La séparation de l'Église et de l'État

Elle est adoptée en **1905** et est à l'origine des **principes actuels de la République française**. Elle reconnaît la **liberté de conscience et de culte** mais précise que « La République ne reconnaît, ni ne salarie, ni ne subventionne aucun de ces cultes ». Les deux départements alsaciens et la Moselle, alors annexés par l'Allemagne, ont un régime différent, dit « concordataire ».

d/ La Constitution de la Ve République

L'article 1er de la Constitution précise que « La France est une **République indivisible, laïque, démocratique et sociale**. Elle assure l'**égalité** devant la loi de tous les citoyens sans distinction d'origine, de race ou de religion. Elle respecte toutes les croyances ».

2 La charte de la Laïcité

a/ La laïcité reprécisée

- Cette charte a été publiée en **septembre 2013**, avec 15 articles destinés à être affichés dans tous les établissements scolaires, primaires et secondaires. Elle a pour but de préciser dans le cadre de l'école un certain nombre de règles communes, d'éviter des dérives communautaristes et de rappeler non seulement le respect des convictions de chacun mais aussi la volonté d'incarner la **devise républicaine de liberté, d'égalité et de fraternité** ; ses ambitions sont vastes et dépassent le seul cadre religieux. Son préambule précise que « La Nation confie à l'École la mission de faire partager aux élèves les valeurs de la République ».
- La République respecte toutes les croyances et n'en privilégie aucune.
- L'école publique laïque assure aux élèves, à travers les programmes, le même accès à une **culture commune et partagée**.
- La laïcité permet la **liberté d'expression** dans le **respect des convictions des autres**. Elle implique aussi le rejet de toutes les violences et de toutes les discriminations et l'égalité entre les garçons et les filles.

b/ Une implication collective

- Les membres de la communauté éducative ne doivent pas manifester leurs convictions politiques ou religieuses dans l'exercice de leur travail.
- Les élèves ne doivent en aucun cas porter des **signes ou des tenues ostentatoires** d'appartenance religieuse, refuser de suivre des consignes ou d'assister à des cours, au motif que leurs convictions religieuses le leur interdisent.

> **Mot-clé**
> **Signe ostentatoire** : étalage excessif d'un objet ou d'une tenue pour mettre en valeur une identité ou l'appartenance à une communauté (croix de grande taille, hijab ou kippa).

▶▶▶ La laïcité est une valeur fondamentale qui résulte d'une longue histoire : les élèves doivent contribuer à la faire vivre au quotidien dans l'école.

53 Les médias et l'opinion

▶▶▶ Comment puis-je bâtir mon propre jugement à partir du flot d'informations que je reçois des différents médias ?

1 La révolution des médias

Mot-clé

Médias : tous les moyens écrits ou audiovisuels de diffusion des informations (quotidiens, magazines, radio, télévision, internet et réseaux sociaux).

a/ L'essor des nouveaux médias

La multiplication des ordinateurs et le développement d'Internet à partir des années 1990, puis au XXIe siècle, des tablettes et surtout des **smartphones** a considérablement accru l'accès immédiat à des informations, souvent sans aucun recul ni contrôle. Il y a aujourd'hui plus de 3 milliards d'internautes. Début 2016, **Facebook**, le principal réseau social, comptait 1,6 milliard d'utilisateurs, dont plus d'1 milliard d'utilisateurs quotidiens. **Twitter** avait, à la même date, plus de 300 millions d'utilisateurs, avec 500 millions de tweets publiés chaque jour.

b/ Les conséquences sur les médias « traditionnels »

- **Quotidiens et magazines**, qui s'étaient beaucoup développés à la fin du XIXe siècle, ont perdu, au fil des décennies, une partie de leur lectorat et connaissent aujourd'hui des difficultés financières. Pourtant, les médias, au moins pour une partie d'entre eux, semblent les seuls à permettre une analyse nuancée des événements. Certains quotidiens s'adaptent en proposant une **version numérique**, moins chère. Les magazines, utilisant une recette éprouvée, cherchent à stimuler leurs ventes par des titres chocs en première page.
- La **radio**, généralisée à partir des années 1930, a été concurrencée par la télévision à partir des années 1950, mais reste un média populaire, avec une grande variété thématique.

2 Médias et démocratie

a/ Les médias, un « quatrième pouvoir »

La **télévision, les journaux et Internet influencent l'opinion**. Les sondages qu'ils publient sont susceptibles de modifier les opinions et les intentions de vote des citoyens. Les pétitions lancées sur Internet ont un impact sur les gouvernements. Relayées par des personnalités civiles ou des élus, elles peuvent aboutir au vote de nouvelles lois.

b/ La régulation de l'audiovisuel

En France, un organisme public, le **Conseil supérieur de l'audiovisuel (CSA)**, assure le **respect de l'expression pluraliste** des courants de pensée et d'opinion dans les programmes de radio et de télévision, en particulier pour les émissions d'information politique.

c/ Internet : liberté et dangers

- Dans les pays démocratiques, les médias, par leur variété, ne reflètent plus une opinion publique dominante. Le libre accès à Internet, sans filtrage, est considéré comme une **liberté d'opinion fondamentale** mais il présente aussi des **dangers**.
- L'application du droit sur Internet est rendue difficile par l'**aspect international du réseau**, le nombre énorme de sites Internet (plus d'un milliard) et par la difficulté d'identifier leurs créateurs.

3 Le rôle croissant d'Internet et des réseaux sociaux

- Le développement d'Internet a bouleversé l'information. Les médias, et surtout Internet, deviennent des outils de recherche mais aussi des espaces interactifs, où chacun essaie de prendre la parole, donner son avis, se mettre en situation (« selfies » ou courtes vidéos) et relayer l'information sur les réseaux sociaux.
- L'attirance pour les réseaux sociaux et l'envie de se mettre en scène peuvent être à l'origine de nombreuses dérives sur sa vie privée et celle de ses proches.
- Les **réseaux sociaux** sont aussi à l'origine de nombreuses **manipulations de l'opinion**. Une information, largement relayée sur Internet, peut se révéler totalement fausse et entraîner des internautes dans des dérives sectaires. Les théories du complot relèvent de cette logique.

▶▶▶ Richesse des pays démocratiques, la multiplication des sources d'information présente aussi de nouveaux dangers de manipulation des esprits.

Les jeunes face aux addictions

►►► Comment expliquer que les adolescents soient plus particulièrement vulnérables face aux addictions ?

1 L'adolescence, une période propice aux addictions

a/ Les premières tentations

- Les premiers usages significatifs de **substances psychoactives** apparaissent à l'adolescence. Tout débute au collège et se banalise ensuite. La tentation de faire comme les autres est grande à cet âge. Or, il est avéré que la précocité de l'expérimentation de ces produits accroît les risques de dépendance ultérieure.
- Un adolescent est une personne en pleine construction physique et psychique, ce qui rend son **addiction** encore plus dangereuse. La substance finit par prendre le pouvoir sur la personne, surtout si elle est seule et fragile.

Mots-clés

Substances psychoactives : produits qui agissent directement sur le cerveau et modifient le comportement.

Addiction : relation de dépendance à une substance ou une activité qui a de graves conséquences sur la santé.

b/ Les produits psychoactifs et leurs effets

- Les produits psychoactifs le plus souvent utilisés sont l'**alcool**, le **tabac** et le **cannabis**, qui provoquent tous des effets différents à **court, moyen et long terme**. Les réactions sont variables en fonction des personnes et de la composition du produit consommé.
- Les **principaux effets** peuvent être des troubles de l'appareil respiratoire, des maux de tête et vertiges, des difficultés de concentration, une baisse possible du Q.I. et le développement de certains cancers, sans oublier anxiété, dépression, hallucinations et **isolement**.

2 Différentes addictions

a/ L'addiction devant les écrans

- Les **jeux vidéo** gardent un attrait certain mais affrontent de nouveaux concurrents. **Internet** a accéléré l'usage compulsif des smartphones que les parents achètent devant la pression sociale ainsi que pour rester en contact avec leurs enfants.
- Mais l'**usage** qu'une partie des adolescents ou des adultes en font est souvent devenu **abusif**, avec une consultation quasi-permanente des messages, photos ou vidéos.

b/ Le dopage

- Le **dopage**, chez un certain nombre de **sportifs**, apparaît comme un moyen d'augmenter leurs performances, tout en connaissant leur interdiction et les risques qu'ils encourent.
- Les effets du dopage sont **toujours dangereux** et se pose la question de l'**estime de soi** et **des autres**, de la recherche de performances à tout prix, quitte à mettre sa santé en danger.

3 Un problème de société

a/ L'augmentation des phénomènes addictifs

- La société a multiplié les risques d'**addictions**. La **révolution numérique** a été très rapide : en France, de 2010 à 2015, le nombre de personnes ayant accès à Internet est passé de 71 à 83 %, ceux disposant de tablettes de 4 à 35 % et ceux disposant d'un smartphone de 17 à 58 %. Ceci a entraîné des **changements de comportements**. La France est également l'un des pays d'Europe où les jeunes commencent à fumer le plus tôt, entre 11 et 12 ans. Entre la classe de 6e et celle de 3e, 34 % des élèves ont déjà été ivres.

b/ La réponse des pouvoirs publics

- Elle passe tout d'abord par de nombreuses **campagnes de sensibilisation**, ainsi que par des consultations qui ciblent directement les adolescents.
- La loi est aussi là pour protéger les individus et la société. **L'intervention de l'État** peut aller de la lutte contre le tabagisme passif jusqu'à l'emprisonnement d'une personne en état d'ivresse ou sa condamnation pour transport et détention de produits stupéfiants ou illicites.

►►► La question des addictions se pose dès le collège. Les formes d'addiction sont variées (tabac, cannabis, alcool, écrans, dopage, etc.). L'action des pouvoirs publics est double, par des campagnes de sensibilisation ou par l'élaboration de textes de lois répressifs.

55 Le jeune citoyen et la défense

Comment le citoyen français peut-il contribuer à la défense de son pays ?

1 Le devoir de défense

a/ Le lien entre citoyenneté et Défense

- Ce lien remonte à la Révolution française et à la « **levée en masse** » (volontaires en 1792, puis service militaire obligatoire de 1793 pour tous les hommes de 25 à 30 ans) afin de défendre le territoire et renforcer l'armée française. Le **devoir de Défense** est lié à la citoyenneté, et la Marseillaise, chant patriotique de 1792, est devenu l'hymne national. L'article 1 de la Loi Jourdan-Delbrel de 1798 précisait « Tout Français est soldat et se doit à la défense de la patrie. Hors le cas du danger de la patrie, l'armée se forme par enrôlement volontaire et par la voie de la **conscription** ».
- Le service militaire obligatoire, ou « appel sous les drapeaux » est resté un fondement de la Nation depuis cette époque jusqu'en 1997. Il n'était, en réalité, obligatoire que pour les hommes.

> Mot-clé
> **Conscription** : recrutement annuel de soldats selon leur année de naissance.

b/ La redéfinition du service militaire

En **1997**, le **service militaire obligatoire a été supprimé** devant la diminution des dangers en Europe, l'augmentation des interventions à l'étranger et la nécessité de la professionnalisation des armées, et a été remplacé par la JDC. L'armée s'est également davantage féminisée, comptant aujourd'hui environ 15 % de femmes.

2 Recensement et Journée Défense et Citoyenneté (JDC)

a/ Le recensement

Tous les jeunes Français ayant atteint l'âge de 16 ans, les filles comme les garçons, doivent se faire recenser à la mairie de leur domicile. Cette formalité est **obligatoire pour pouvoir se présenter aux examens et concours publics**, comme le baccalauréat ou le permis de conduire. La mairie délivre alors une attestation de **recensement** qui doit être conservée soigneusement. Cette démarche permet la convocation pour la JDC et l'inscription d'office sur les listes électorales.

> Mot-clé
> **Recensement** : opération statistique de dénombrement d'une population. Le recensement militaire est appelé « recensement citoyen ».

b/ La JDC : la Journée défense et citoyenneté

- La JDC est **obligatoire pour tous, garçons et filles, avant 18 ans**. Elle a plusieurs objectifs. Le jeune répond à des tests d'évaluation sur ses capacités en lecture et assiste à une présentation de la Défense nationale et des différentes formes d'engagement, notamment le service civique et la réserve, les métiers de la défense et la sécurité civile, une sensibilisation au secourisme. Il reçoit un certificat de participation qui doit obligatoirement être fourni lors de l'inscription aux concours et examens publics.

3 D'autres formes d'engagement : la Réserve et le service civique

a/ La réserve opérationnelle

- C'est un **engagement à servir dans les forces armées à temps partiel** qui s'adresse à des hommes et des femmes âgés de 17 à 35 ans. Les réservistes sont formés comme militaires pour renforcer les forces armées que l'on soit en temps de paix ou en temps de crise.
- Les réservistes entretiennent leur formation et connaissances militaires au cours de périodes de réserve.

b/ Le service civique

Le service civique est un **engagement volontaire de 6 à 12 mois** pour l'accomplissement d'une mission d'intérêt général (accompagner des personnes âgées isolées, intervenir dans les écoles, aides aux personnes handicapées). Il concerne des jeunes de 16 à 25 ans. Le volontaire reçoit une indemnité de l'État, complétée par des prestations versées par l'organisme d'accueil (le plus souvent une association ou une collectivité territoriale).

Le service militaire obligatoire a été supprimé en France en 1997 ; il a été remplacé par la JDC mais d'autres formes de service au pays se sont développées.

Défense du pays et interventions extérieures

▶▶▶ Comment, en tant que jeune citoyen, puis-je comprendre l'environnement international et me protéger des nouvelles menaces ?

1 L'engagement de l'armée française à l'étranger

a/ Les lieux d'intervention de l'armée française

- Son positionnement sur des théâtres extérieurs – pour défendre les intérêts de la France, protéger les gouvernements d'États fragiles, et assurer la sécurité de pays alliés – est ancien. Des forces armées françaises sont ainsi présentes, dans ce cadre, à Djibouti, au Sénégal, au Gabon, en Côte d'Ivoire et aux Émirats Arabes Unis, et sont susceptibles d'intervenir lors de déstabilisations régionales.
- L'armée française participe également, mais de façon limitée en termes d'effectifs, à des **opérations multinationales**, à la demande de l'OTAN, de l'ONU ou de l'UE, au Mali, en République Centrafricaine, au Sahara Occidental, en RDC, au Libéria et en Côte d'Ivoire.

b/ Les opérations et les collaborations

Les soldats français sont enfin directement engagés dans des combats sur deux théâtres principaux, l'**opération BARKHANE** dans l'immense **espace sud saharien** de la Mauritanie au Tchad (3 500 combattants), et l'**opération CHAMMAL** (3 500 militaires, 45 avions) en soutien à l'armée irakienne pour lutter contre les forces de l'État Islamique (Daech). Il s'y ajoute les opérations navales ATALANTE dans l'**océan Indien** pour lutter contre la piraterie et CORYMBE dans le golfe de Guinée pour préserver les intérêts pétroliers de la France au Nigéria et organiser des manœuvres communes avec les pays alliés. Enfin, avec mandat de l'ONU, la France entretient la force SANGARIS (700 hommes) en **République centrafricaine**, en collaboration avec d'autres armées régionales, pour éviter la guerre civile et la chute du pouvoir en place, ainsi que la force DAMAN (900 hommes) au Liban.

2 Le développement du terrorisme en France et à l'étranger

- Le **terrorisme** est devenu une menace majeure depuis le début du XXIe siècle. Il a frappé New York en 2001 et s'est élargi depuis à l'Asie du Sud et de l'Est, l'Afrique, le Moyen-Orient et l'Europe. Si le terrorisme est essentiellement **islamiste**, la grande majorité des victimes sont des musulmans (Irak, Syrie, Pakistan, Afghanistan, Yémen, Nigéria).
- L'Europe (Espagne, Royaume-Uni, France) fait aussi l'objet d'attentats terroristes sur son sol. Le seuil de vigilance a dû être relevé, avec la multiplication des surveillances de la police et de l'armée.

Mots-clés

Terrorisme : technique d'action visant à terroriser des populations ou un État par des frappes en général aveugles

Islamisme : ensemble de courants extrémistes voulant imposer un islam radical et la création d'États religieux.

3 Comment réagir en cas d'attaque terroriste en France ?

Après les attentats de 2015, le gouvernement français a lancé une campagne de sensibilisation pour mieux préparer et protéger les citoyens face à ce type de menace.

- Essayer de **s'échapper** : localiser le danger pour s'en éloigner, aider d'autres personnes, ne pas s'exposer et empêcher les gens de pénétrer dans la zone de danger.
- S'il est impossible de s'échapper, **se cacher** ; se barricader dans une pièce, en éteignant la lumière et les appareils électriques, s'éloigner des fenêtres et des portes, se coucher au sol ou bien s'abriter derrière un obstacle solide. Couper le son et le vibreur de son téléphone.
- Dès que possible, **alerter les secours**, le 17 (la police) ou le 112 (pompiers ou SAMU), et attendre les instructions des forces de l'ordre une fois qu'elles seront sur place.

▶▶▶ Malgré sa taille relativement modeste, la France maintient un effort militaire important et est présente à l'étranger, surtout en Afrique et au Moyen-Orient. Sur son territoire, elle doit faire face à des menaces nouvelles.

TEST 1 L'Europe, un théâtre majeur de guerres totales (fiches 1 à 11)

Voir corrigés p. 227.

Choisir la réponse A, B ou C. Plusieurs réponses sont possibles.

1/ Les États-Unis sont entrés dans la Première Guerre mondiale :
A. dès août 1914.
B. en novembre 1916.
C. en avril 1917.

2/ Le génocide des Arméniens, à partir de 1915, a eu lieu :
A. dans l'Empire ottoman.
B. dans l'Empire russe.
C. dans l'Empire austro-hongrois.

3/ Les bolcheviks ont pris le pouvoir en Russie :
A. en février 1917.
B. en octobre 1917.
C. en mars 1918.

4/ Au lendemain de la Première guerre mondiale, l'Europe voit apparaître de nouveaux États :
A. la Pologne.
B. la Yougoslavie.
C. la Roumanie.

5/ Le krach de Wall Street, en octobre 1929, désigne :
A. la baisse des prix agricoles et industriels.
B. l'effondrement du cours des actions à la bourse de New York.
C. l'effondrement du pouvoir d'achat.

6/ Hitler est arrivé au pouvoir en Allemagne :
A. en octobre 1922.
B. en janvier 1933.
C. en juin 1936.

7/ Le Front populaire désigne :
A. Un gouvernement de gauche.
B. Un gouvernement de droite.
C. Un vaste mouvement de grèves.

8/ La bataille de Stalingrad s'est déroulée :
A. du 17 juillet 1942 au 2 février 1943.
B. du 2 février au 19 août 1943.
C. du 19 août 1943 au 2 février 1944.

9/ La Seconde Guerre mondiale s'est terminée :
A. par un armistice en Europe, le 8 mai 1945.
B. par la capitulation de l'Allemagne, le 8 mai 1945.
C. par la capitulation du Japon, le 2 septembre 1945.

10/ Le 10 juillet 1940, le Parlement français confie les pleins pouvoirs à :
A. De Gaulle.
B. Laval.
C. Pétain.

TEST 2 Le monde depuis 1945
(fiches 12 à 18)

Voir corrigés p. 228.

Choisir la réponse A, B ou C.

1/ Par quel continent la décolonisation commence-t-elle ?
A. Par l'Asie.
B. Par l'Afrique.
C. Par l'Amérique du Sud.

2/ Comment s'appelle l'organisation politique qui regroupe les nouveaux États ?
A. Le Tiers-État.
B. Le tiers-monde.
C. Le troisième Grand.

3/ Comment s'est déroulé le début de la décolonisation en Inde ?
A. De manière pacifiste.
B. De manière spontanée.
C. De manière brutale.

4/ La décolonisation indienne a donné naissance à deux États, en 1947 :
A. l'Union indienne et le Pakistan.
B. l'Union indienne et le Bangladesh.
C. le Pakistan et le Bangladesh.

5/ Quels États la guerre froide oppose-t-elle ?
A. Les États-Unis et l'URSS.
B. L'URSS et l'Europe.
C. Les États-Unis et la Chine.

6/ Quelle est la conséquence du blocus de Berlin (1948-1949) ?
A. Berlin est réunifiée.
B. Berlin-Ouest est absorbée par Berlin-Est.
C. L'Allemagne est divisée en deux États, la RFA à l'Ouest et la RDA à l'Est.

7/ La crise des missiles à Cuba a lieu :
A. en 1959.
B. en 1961.
C. en 1962.

8/ Quels sont les États membres de la Communauté économique européenne (CEE) en 1957 ?
A. La France, la RDA, l'Italie, la Belgique, les Pays-Bas et le Luxembourg.
B. La France, le Royaume-Uni, l'Italie, la Belgique, les Pays-Bas.
C. La France, la RFA, l'Italie, la Belgique, les Pays-Bas et le Luxembourg.

9/ Qui dirige le nouvel ordre mondial mis en place en 1990 ?
A. L'ONU.
B. Les États-Unis.
C. L'URSS

10/ Quelles sont les nouvelles formes de conflit depuis 2010 ?
A. Des conflits liés à des volontés d'indépendance.
B. Des conflits liés au terrorisme religieux.
C. Des conflits liés à la conquête de ressources.

TEST 3 Françaises et Français dans une république repensée

(fiches 19 à 24)

Voir corrigés p. 229.

Choisir la réponse A, B ou C. Plusieurs réponses sont possibles.

1/ Le suffrage universel a été accordé aux femmes en France en :

A. 1920, comme aux États-Unis.
B. 1928, comme au Royaume-Uni.
C. 1944, avant même la fin de la Seconde Guerre mondiale.

2/ La Constitution d'octobre 1946 fonde :

A. la IIIe République.
B. la IVe République.
C. la Ve République.

3/ La Constitution de 1958 met en place des élections législatives :

A. à la proportionnelle.
B. au scrutin uninominal majoritaire à un tour.
C. au scrutin uninominal majoritaire à 2 tours.

4/ Les accords d'Évian datent de :

A. 1958.
B. 1962.
C. 1965.

5/ Valéry Giscard d'Estaing a été président de la République :

A. de 1974 à 1981.
B. de 1975 à 1982.
C. de 1981 à 1988.

6/ Le vieillissement de la population, sensible à partir des années 1980, est lié à :

A. la réduction de l'immigration.
B. la diminution des naissances.
C. l'allongement de l'espérance de vie.

7/ Les délocalisations sont :

A. le déplacement d'activités de la métropole parisienne vers les villes de province françaises.
B. la fermeture d'un établissement industriel.
C. le déplacement d'activités industrielles ou tertiaires vers l'étranger.

8/ Le clivage idéologique entre la droite et la gauche :

A. reste toujours aussi important dans les années 1980 et 1990.
B. se radicalise sous les mandats présidentiels de François Mitterrand.
C. s'estompe avec l'évolution d'une partie de la gauche vers l'économie libérale.

9/ La loi Veil sur l'interruption volontaire de grossesse date de :

A. 1974.
B. 1978.
C. 1981.

TEST 4 Dynamiques territoriales de la France contemporaine (fiches 25 à 32)

Voir corrigés p. 230.

Choisir la réponse A, B ou C. Plusieurs réponses sont possibles.

1/ La population française est:
A. la plus importante d'Europe occidentale.
B. la 3e population d'Europe après celles de la Russie et de l'Allemagne.

2/ La population française se redéploie progressivement:
A. vers les régions du Midi.
B. vers les espaces urbains de la moitié nord, plus industrialisés.
C. vers les littoraux de l'Ouest.

3/ Une commune périurbaine est une commune:
A. dont 40 % des actifs travaillent dans le pôle urbain ou une autre commune de l'aire urbaine.
B. qui compte obligatoirement plusieurs milliers d'habitants.
C. qui peut être un village de quelques centaines d'habitants.

4/ La politique agricole commune créée en 1962 a encouragé dans les années 1960 et 1970:
A. l'agriculture biologique.
B. une agriculture productiviste, avec toujours plus de rendements.
C. la diminution de la production pour éviter les surplus.

5/ Les « vacances » sont:
A. une expression synonyme de « loisirs ».
B. une période de détente, avec un retour chaque soir à son domicile.
C. un séjour d'au moins 4 jours consécutifs éloigné du domicile.

6/ Les parcs nationaux et les parcs naturels régionaux français ont les mêmes objectifs de protection de la nature:
A. Vrai.
B. Faux.

7/ L'espace rural est:
A. un espace dominé par l'activité agricole.
B. un espace en voie de dépeuplement par rapport aux zones urbaines.
C. un espace qui comporte aujourd'hui de nombreuses fonctions.

8/ La région française la plus industrielle est:
A. la région Auvergne-Rhône-Alpes.
B. l'Île-de-France.
C. la région Grand Est.

TEST 5 Pourquoi et comment aménager le territoire ?

(fiches 33 à 40)

Voir corrigés p. 231.

Choisir la réponse A, B ou C. Plusieurs réponses sont possibles.

1/ Les risques naturels sur le territoire français :

A. sont bien maîtrisés.

B. restent importants et peuvent être accentués par les évolutions urbaines récentes.

2/ Les métropoles d'équilibre sont :

A. des villes destinées à accueillir les populations quittant les campagnes.

B. de grandes villes, pourvues de dotations spécifiques, pour renforcer leur attractivité face à Paris.

C. de grandes villes où l'on a créé beaucoup d'emplois industriels.

3/ Les espaces les plus dynamiques du territoire français sont :

A. les métropoles du nord du pays, proches de la dorsale européenne.

B. les grandes vallées fluviales.

C. les littoraux atlantiques et méditerranéens.

4/ Depuis leur redécoupage de 2015, les régions françaises :

A. sont devenues plus homogènes.

B. ont acquis beaucoup plus de pouvoirs.

C. sont restées très hétérogènes par la taille et le revenu par habitant.

5/ La région Île-de-France est la plus riche du territoire français :

A. grâce au grand nombre de sièges sociaux d'entreprises et d'emplois à forte rémunération.

B. grâce au poids de sa population.

C. grâce à son industrie.

6/ La région Auvergne-Rhône-Alpes est :

A. une région très montagneuse.

B. une région qui souffre de son isolement.

C. très urbanisée et organisée autour du pôle lyonnais.

7/ Pourquoi la France garde-t-elle les DROM, territoires éloignés de la métropole et en retard économiquement ?

A. pour des raisons militaires ou stratégiques.

B. par solidarité sociale.

C. pour des raisons économiques.

TEST 6 La France et l'Union européenne (fiches 41 à 48)

Voir corrigés p. 232.

Choisir la réponse A, B, C ou D. Plusieurs réponses sont possibles.

1/ Quels sont les critères d'adhésion à l'Union européenne ?

A. Vouloir intégrer l'euro.
B. Avoir un régime démocratique stable et une économie de marché.
C. Revendiquer une place à l'ONU.

2/ Pourquoi dit-on que l'UE est un nain militaire et politique ?

A. Car elle n'a pas d'armée commune.
B. Car elle n'a pas de politique commune.
C. Car elle n'appartient pas aux grandes organisations militaires et politiques mondiales.

3/ Qu'est-ce que le marché commun ?

A. Un espace de libre circulation des hommes, des marchandises et des capitaux.
B. Une vaste place où les gens peuvent venir vendre leurs produits.
C. Une institution européenne.

4/ Tous les pays de l'UE appartiennent à la zone euro.

A. Vrai
B. Faux

5/ Tous les pays de l'UE appartiennent à l'espace Schengen.

A. Vrai
B. Faux

6/ Quel est le rôle de la Commission européenne ?

A. Proposer des lois.
B. Donner son avis sur les lois.
C. Adopter les lois.
D. Faire exécuter les lois.

7/ Quels sont les trois grands ensembles de l'UE ?

A. Les pays membres historiques, les pays qui ont intégré la CEE, les pays qui ont intégré l'UE.
B. Les pays du Nord-Ouest, de la Méditerranée et de l'Europe centrale et orientale.

8/ Comment la France s'intègre-t-elle à l'UE ?

A. Par ses politiques environnementales.
B. Par son réseau de transport.
C. Par ses politiques économiques.

TEST 7 La citoyenneté démocratique (fiches 49 à 56)

Voir corrigés p. 233.

Choisir la réponse A, B ou C. Plusieurs réponses sont possibles.

1/ Le drapeau européen a :
A. 6 étoiles comme les 6 pays fondateurs.
B. 12 étoiles parce que le nombre 12 est un nombre symbolique.
C. 28 étoiles à l'image du nombre actuel de membres de l'UE.

2/ La double nationalité est :
A. acceptée en France.
B. interdite en France.
C. obligatoire pour les étrangers naturalisés.

3/ En France, voter lors des élections est obligatoire.
A. Vrai.
B. Faux.

4/ La liberté, définie par la Déclaration des Droits de l'Homme et du Citoyen de 1789 consiste à faire :
A. tout ce que l'on a envie de faire, sans aucune limite.
B. faire la même chose que tous les autres.
C. faire tout ce qui ne nuit pas aux autres.

5/ La laïcité consiste à :
A. refuser la religion catholique.
B. être hostile à toutes les religions.
C. respecter toutes les croyances, sans en privilégier aucune.

6/ Le développement d'Internet, des ordinateurs et des smartphones :
A. représente un formidable accès à la connaissance.
B. a favorisé un nouvel essor des quotidiens et magazines.
C. a entraîné des dérives sur la manipulation de l'opinion.

7/ En France, le service militaire obligatoire a été supprimé en 1997 et remplacé par :
A. le service civique.
B. la JDC.
C. la réserve opérationnelle.

8/ L'armée française est engagée militairement en Afrique et au Moyen-Orient.
A. Vrai.
B. Faux.

9/ Comment doit-on réagir en premier devant une attaque terroriste ?
A. se cacher.
B. s'échapper.
C. appeler les secours et la police.

CORRIGÉS TEST 1 L'Europe, un théâtre majeur de guerres totales

Q.	1	2	3	4	5	6	7	8	9	10
R.	C	A	B	AB	B	B	AC	A	BC	C

1C Les États-Unis sont entrés en guerre le 2 avril 1917 car la guerre sous-marine menée par l'Allemagne avait causé d'importants dommages à leur flotte commerciale. Ils n'ont réellement participé aux combats en Europe qu'à partir de 1918.

2A Le gouvernement turc a ordonné le génocide, accusant à tort les Arméniens, minorité chrétienne, de faire le jeu des Russes, en guerre contre l'Empire ottoman.

3B En février 1917, une première révolution a obligé le tsar à abdiquer et un gouvernement provisoire, dirigé par des libéraux, a été nommé. Les bolcheviks le renversent en octobre 1917 et signent la paix de Brest-Litovsk en mars 1918.

4AB La Pologne (partagée depuis 1795 entre les Empires russe, allemand et austro-hongrois) renaît. La Yougoslavie rassemble les Slaves du Sud (Serbie, Monténégro, Bosnie-Herzégovine, Slovénie, Macédoine, Kosovo). La Roumanie était indépendante depuis 1878.

5B Un krach est une chute brutale et générale du cours des actions ; Wall Street est la bourse de New York.

6B Hitler arrive au pouvoir en janvier 1933. Octobre 1922 est la date d'arrivée de Mussolini et des fascistes au pouvoir en Italie ; juin 1936 est la date d'entrée en fonction du gouvernement de Front populaire en France.

7AC Le Front populaire est un gouvernement composé de socialistes et de radicaux, dirigé par le socialiste Léon Blum, et soutenu par les communistes. L'expression désigne aussi le mouvement de grèves consécutif à la victoire de la gauche aux élections de mai 1936.

8A Le 19 août 1942 marque le début de l'attaque allemande. Le 2 février 1943, le maréchal von Paulus encerclé dans Stalingrad capitule.

9BC Les Alliés s'étaient mis d'accord à Yalta, en février 1945, pour n'accepter de l'Allemagne nazie qu'une capitulation sans condition. Celle-ci, le 8 mai 1945, met fin à la guerre en Europe. C'est la capitulation japonaise, le 2 septembre, qui marque la fin de la guerre mondiale.

10C Le Parlement confie les pleins pouvoirs à Pétain. De Gaulle est à Londres, où il fonde la France Libre après avoir lancé, le 18 juin 1940, un appel à poursuivre le combat. Pétain désigne Laval comme successeur.

CORRIGÉS TEST 2 Le monde depuis 1945

Q.	1	2	3	4	5	6	7	8	9	10
R.	A	B	A	A	A	C	C	C	A	B

1A La décolonisation commence en Asie par l'émancipation de l'Inde. Elle se poursuit ensuite en Afrique.

2B Les États indépendants se réunissent lors de la conférence de Bandung en 1955 et se proclament le tiers-monde, afin de rester neutre par rapport à l'URSS et aux États-Unis.

3A La décolonisation s'est déroulée de manière pacifiste. C'est la mise en place de l'indépendance qui a été violente.

4A Le Pakistan est alors découpé en deux parties. Le Pakistan oriental prend son indépendance en 1971 et devient le Bangladesh.

5A La guerre froide oppose deux blocs dirigés par les États-Unis et l'URSS. L'Europe de l'Ouest appartient au bloc américain et la Chine au bloc soviétique.

6C Le pont aérien mis en place pendant le blocus a empêché l'absorption de Berlin-Ouest par l'Est. À l'issue du blocus, en 1949, l'Allemagne est divisée en deux.

7C La crise des missiles a lieu en 1962, après la prise de pouvoir de Fidel Castro en 1959 et son rapprochement de l'URSS.

8C Le Royaume-Uni intègre la CEE en 1973 et la RDA rejoint la CEE lors de la réunification de l'Allemagne en 1990.

9A Le nouvel ordre mondial est dirigé par l'ONU, afin de favoriser la coopération entre les États. Dans les faits, les États-Unis sont la seule puissance à pouvoir dominer.

10B Le terrorisme religieux est une forme récente de conflit, alors que la lutte pour l'indépendance s'est achevée pendant la guerre froide et que les conflits pour les ressources sont anciens.

CORRIGÉS TEST 3 Françaises et Français dans une république repensée

Q.	1	2	3	4	5	6	7	8	9
R.	C	B	C	B	A	BC	C	B	A

1C Le droit pour les femmes françaises de voter et d'être élues a été décidé en avril 1944 par le GPRF (Gouvernement provisoire de la République française).

2B C'est la Constitution de la IVe République qui est difficilement adoptée en octobre 1946. La IIIe République avait été établie en 1875 et la Ve République remplacera la IVe, 12 ans plus tard, en 1958.

3C La Constitution de 1958 a voulu mettre fin aux élections à la proportionnelle, synonymes d'instabilité gouvernementale. Le scrutin uninominal à un tour suscite le « vote utile », dégage des majorités mais empêche la représentation des petits partis. Le scrutin uninominal majoritaire à deux tours permet un large choix au 1er tour, et un choix entre deux, plus rarement trois partis, au 2e tour. Il a longtemps favorisé la bipolarisation.

4B Le général de Gaulle revient au pouvoir en 1958, en étant partisan de l'Algérie française. Mais devant le coût de la guerre et le discrédit politique qu'elle jette sur la France, il infléchit progressivement sa position et parvient aux accords d'Évian en mars 1962.

5A Valéry Giscard d'Estaing a été le 3e président de la République française, de 1974 à 1981. Il a succédé à Georges Pompidou qui est mort avant d'avoir pu terminer son mandat. C'est François Mitterrand qui a été président de la République de 1981 à 1988.

6BC Le vieillissement de la population française est essentiellement lié à l'allongement de l'espérance de vie.

7C Les délocalisations sont un phénomène marquant à partir de la fin des années 70. Des usines ferment en France et la production est réinstallée dans des pays à bas salaires, surtout en Asie orientale.

8B Le clivage droite/gauche s'affaiblit progressivement à partir des années 1980. Les partis d'extrême droite et d'extrême gauche profitent de cette situation et se développent.

9A La loi Veil sur l'autorisation et l'encadrement médical des avortements date de la première phase réformatrice du mandat de Valéry Giscard d'Estaing, en 1974. C'est la loi Badinter sur l'abolition de la peine de mort qui date de 1981.

CORRIGÉS TEST 4 Dynamiques territoriales de la France contemporaine

Q.	1	2	3	4	5	6	7	8
R.	B	AC	AC	B	C	B	C	B

1B La Russie compte 142 millions d'habitants, l'Allemagne 80 millions, la France un peu moins de 67 millions.

2AC Les espaces de la partie nord-est du territoire qui sont les plus urbanisés voient leur population stagner au profit des espaces littoraux de l'Ouest et du Midi.

3AC Le seul critère qui entre en ligne de compte est qu'au moins 40 % des actifs de la commune travaillent dans le pôle urbain ou dans l'une des communes périurbaines de ce pôle, quel que soit le nombre d'habitants de la commune.

4B La PAC a encouragé pendant 20 ans l'accroissement des productions et la modernisation des structures pour faire face à la demande européenne et développer les exportations. Cette politique a été revue à partir des années 1980 pour limiter les excédents invendables. Depuis les années 2000, une agriculture plus respectueuse de l'environnement est encouragée.

5C Les vacances qui sont un séjour d'au moins 4 jours et 4 nuits en dehors du domicile se distinguent des loisirs qui peuvent se limiter à une sortie de quelques heures.

6B Les parcs nationaux, au nombre de 10 en France, ont pour objectif de protéger totalement les écosystèmes. Les parcs naturels régionaux, au nombre de 51, ont pour objectif de mettre en valeur un espace naturel et le rendre plus accessible afin d'assurer un développement local.

7C L'activité agricole n'est plus la fonction prédominante des espaces à dominante rurale. La fonction résidentielle est de plus en plus présente à côté des fonctions touristiques et de loisirs, et de la fonction industrielle qui peut y être importante.

8B La région Île-de-France, quoique la désindustrialisation y ait été très forte, reste le premier pôle industriel de France. La région Auvergne-Rhône-Alpes, grâce à sa taille et à sa diversification, vient en 2nde position.

CORRIGÉS TEST 5 Pourquoi et comment aménager le territoire ?

Q.	1	2	3	4	5	6	7
R.	B	B	C	C	A	AC	AC

1B Les risques naturels sont de mieux en mieux répertoriés mais demeurent très importants et ne peuvent être totalement maîtrisés, notamment dans les DROM. Les constructions très nombreuses en zone inondable augmentent les risques d'inondation.

2B Huit grandes villes françaises ont été choisies dans les années 1960 dans le cadre d'une politique d'aménagement global du territoire pour réduire les déséquilibres spatiaux entre Paris et le reste de la France. Elles ont reçu des fonds spéciaux pour améliorer leur attractivité.

3C Les littoraux méditerranéens et atlantiques sont attractifs grâce à leur climat doux et leur qualité de vie. Les vallées fluviales françaises, elles, le sont moins dans la mesure où les axes fluviaux sont d'une taille modeste et ne relient pas de grandes régions industrielles à des ports, à l'exception du Rhin. Les métropoles du nord de la France, y compris Paris, ont une croissance moindre que certaines métropoles de l'Ouest ou du Sud.

4C Les nouvelles régions françaises sont restées très hétérogènes. La région Île-de-France domine toujours toutes les autres. Leurs prérogatives n'ont guère été augmentées à cause du maintien de l'existence des départements.

5A La région Île-de-France est la plus peuplée des régions françaises mais sa richesse s'explique avant tout par la présence d'un grand nombre de sièges sociaux d'entreprises internationales et de cadres supérieurs. L'industrie reste importante mais a perdu beaucoup d'emplois.

6AC La région Auvergne-Rhône-Alpes est la plus montagneuse du territoire français, avec la moitié nord des Alpes, le sud du Jura et une grande partie du Massif central. Elle n'est pas pour autant isolée grâce à un dense réseau d'autoroutes et une ligne LGV. La région compte une cinquantaine de grands pôles urbains, polarisés par la métropole lyonnaise.

7AC La France garde les DROM, notamment pour des raisons stratégiques : ils permettent d'élargir l'influence française dans le monde et d'étendre sa ZEE.

CORRIGÉS TEST 6 La France et l'Union européenne

Q.	1	2	3	4	5	6	7	8
R.	B	AC	A	B	B	AD	B	ABC

1B Le pays candidat doit avoir mis en place des institutions stables garantissant la démocratie, l'État de droit, les Droits de l'Homme, le respect des minorités et leur protection ; avoir institué une économie de marché viable ; avoir la capacité d'assumer les obligations de l'adhésion et de souscrire aux objectifs de l'union politique, économique et monétaire.

2AC L'UE n'a pas de politique militaire commune ni d'armée commune. Elle tente d'avoir une voix commune à l'échelle internationale grâce à un représentant pour la politique extérieure et au Conseil pour l'Europe. Cependant, des tensions et des désaccords peuvent exister. De plus, chaque État membre est libre d'intégrer l'OTAN ou non. La France a réintégré le commandement de l'OTAN en 2009.

3A Le marché commun est mis en place avec la CEE en 1957. Il désigne un espace de libre circulation des hommes, des marchandises et des capitaux. On parle aussi de libre-échange.

4B Faux : seuls 19 États ont adopté la monnaie commune et font partie de la zone euro. Les autres pays ne répondent pas aux critères d'adhésion (Pologne, Hongrie) ou ne veulent pas en faire partie (Suède, Danemark, Royaume-Uni).

5B Faux : l'espace Schengen comprend 26 États. Certains membres n'appartiennent pas à l'UE (comme la Suisse) et certains pays de l'UE n'appartiennent pas à l'espace Schengen (Irlande ou Royaume-Uni).

6AD La Commission européenne est chargée de proposer les lois et veille à leur exécution. Le Parlement européen donne son avis sur les lois et le Conseil de l'UE décide de leur adoption.

7B L'UE se compose de trois ensembles géographiques, en fonction des dates d'entrée dans la CEE et l'UE et des caractéristiques économiques. L'Europe du Nord-Ouest est le pilier historique et économique de l'UE ; l'Europe méditerranéenne regroupe des États qui ont bénéficié d'aides pour se développeret qui sont actuellement en crise ; l'Europe centrale et orientale regroupe les derniers États intégrés, en cours de rattrapage économique.

8ABC Les politiques françaises doivent respecter les politiques européennes, quel qu'en soit le domaine. Par contre, elles peuvent être plus strictes que les politiques européennes. La France s'intègre dans l'UE grâce à son réseau de transport (lignes LGV, aéroports...). La politique environnementale en France est liée à celle de l'Europe, en particulier dans la gestion des risques et la protection de la nature (zone Natura 2000).

CORRIGÉS TEST 7 La citoyenneté démocratique

Q.	1	2	3	4	5	6	7	8	9
R.	B	A	B	C	C	AC	B	A	B

1B Le drapeau de l'UE compte 12 étoiles : ce nombre est symbolique et n'a jamais eu de rapport avec le nombre d'États-membres.

2A La double nationalité est reconnue et acceptée par la France ; elle touche surtout les personnes d'origine immigrée qui ont été naturalisées.

3B En France, voter lors des élections est un devoir moral mais n'est pas une obligation.

4C La liberté, telle qu'elle était définie par la Déclaration des Droits de l'Homme et du Citoyen, consistait à pouvoir faire tout ce qui ne nuisait pas à autrui.

5C La laïcité, telle qu'elle est conçue en France, consiste à respecter toutes les religions, sans en privilégier aucune.

6AC Le développement du numérique a permis un accès facile à une multitude d'informations mais il entraîne aussi des dérives.

7B Le service militaire a été remplacé par la Journée défense et citoyenneté (JDC). Le service civique et la réserve opérationnelle représentent des engagements d'une certaine durée.

8A L'armée française est engagée sur plusieurs théâtres d'opérations, notamment l'opération Barkhane dans le Sahel africain, et l'opération Chammal en Irak.

9B S'échapper représente l'option prioritaire, si cela est possible. Se cacher est une solution possible mais dangereuse. L'appel aux services de secours s'impose à la condition de ne pas se faire repérer par les terroristes.

1 Seconde Guerre mondiale - Un conflit planétaire

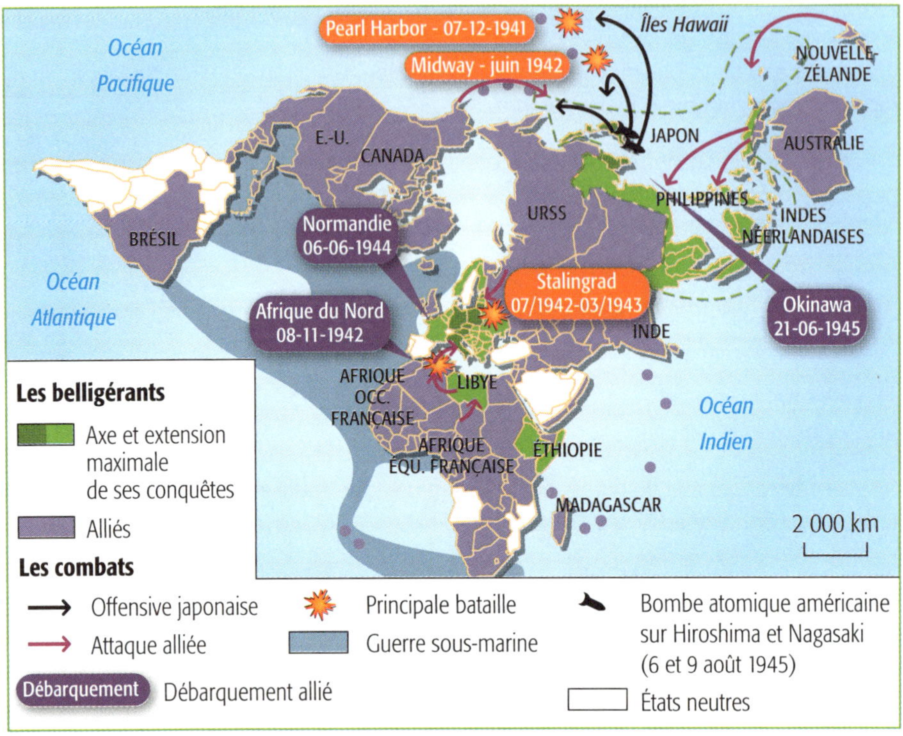

2 Seconde Guerre mondiale - La fin de la guerre en Europe et en Afrique

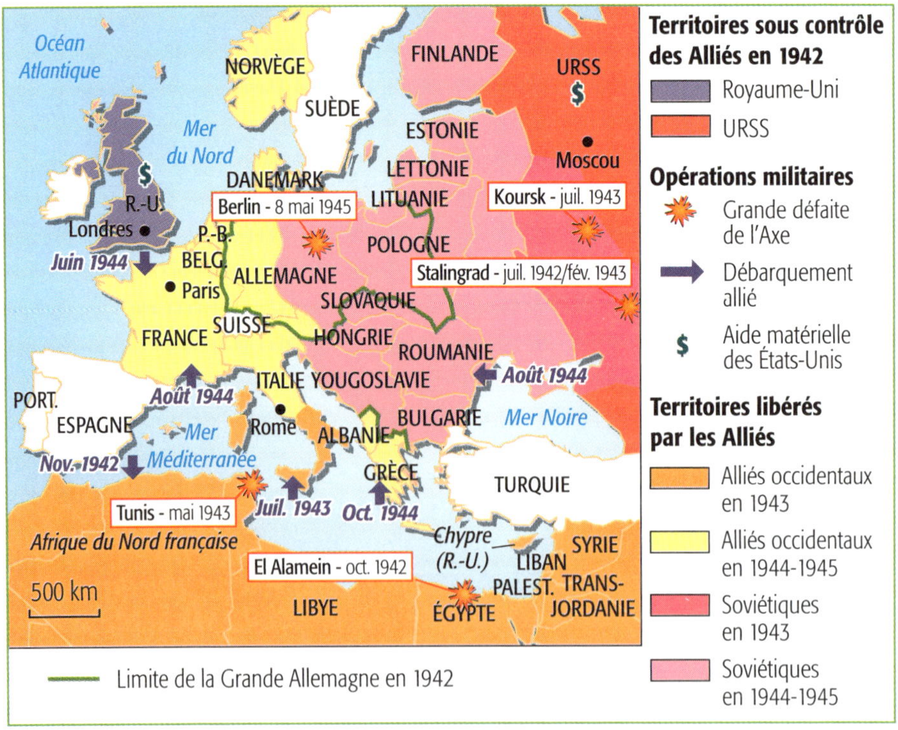

3 Le monde dans la guerre froide

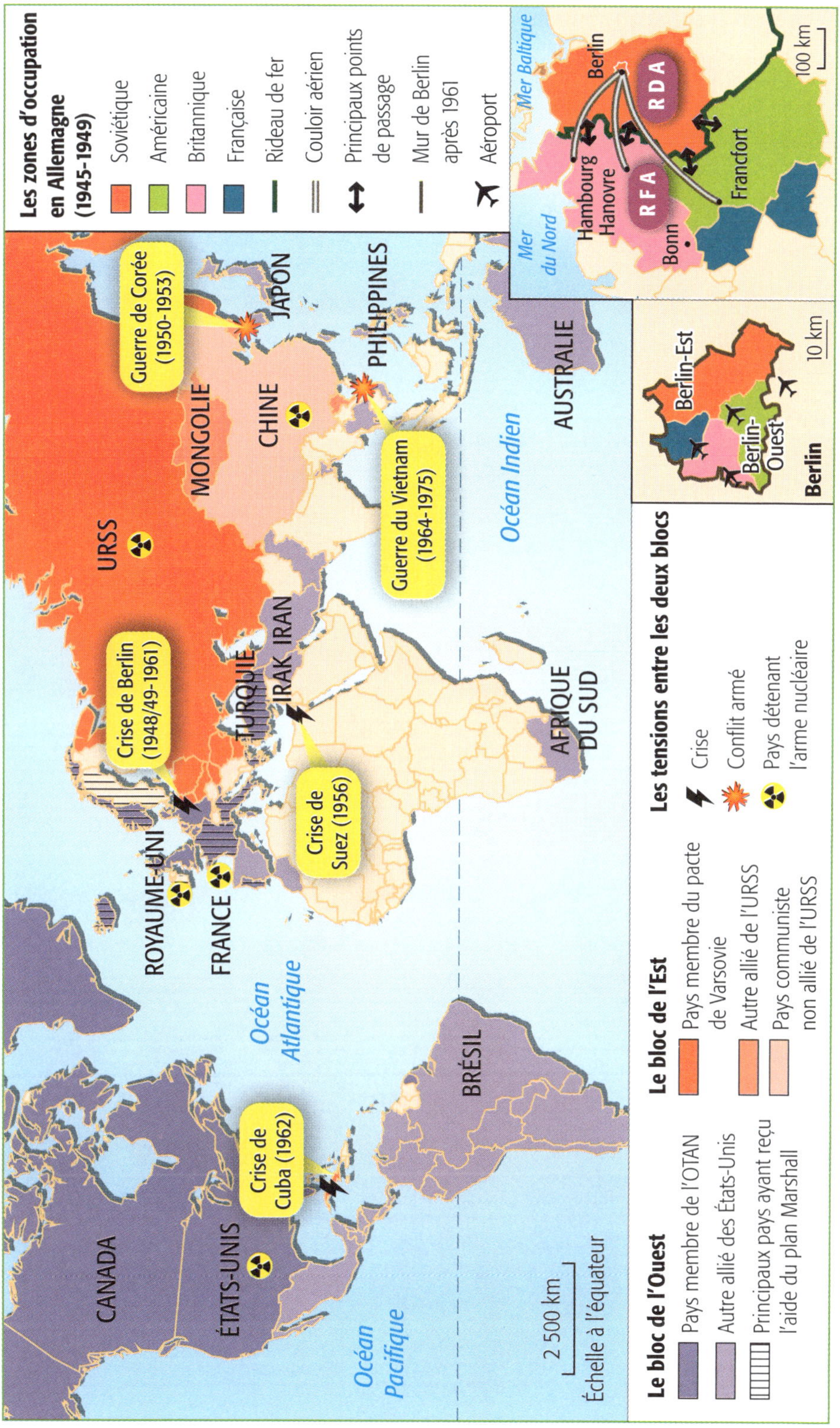

4 La décolonisation depuis 1947

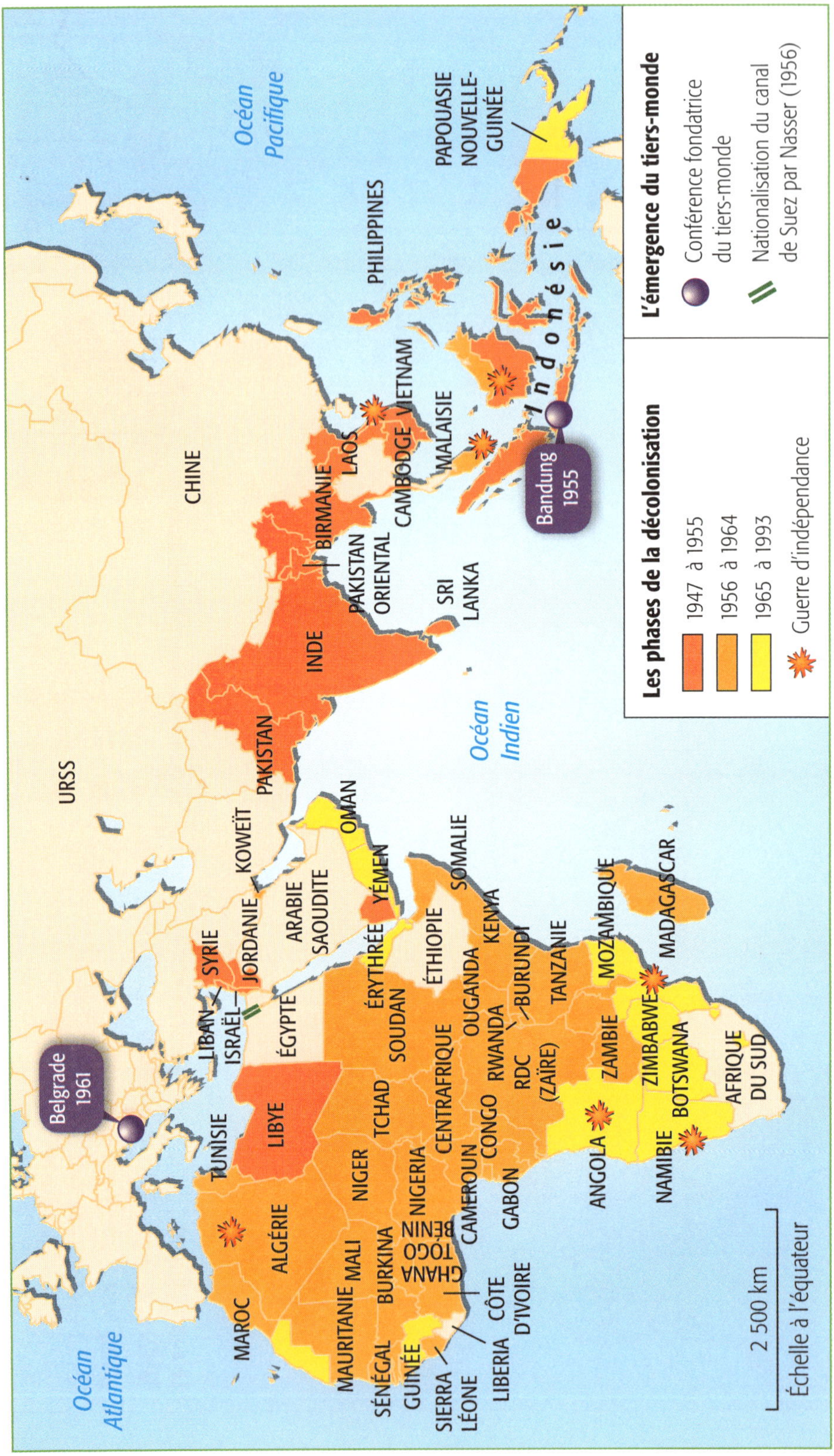

5 Le monde depuis le début des années 1990

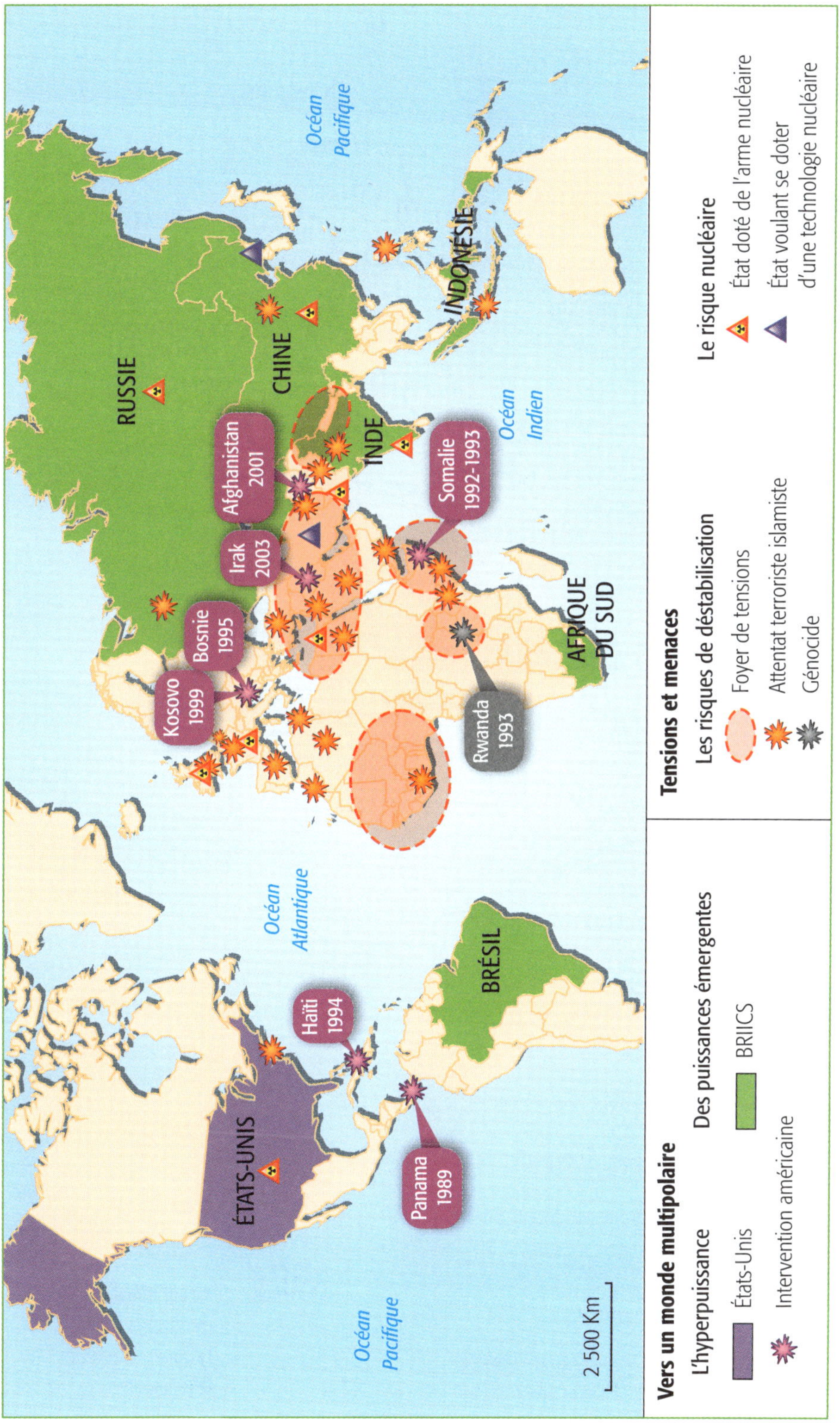

6 La Nouvelle-Aquitaine

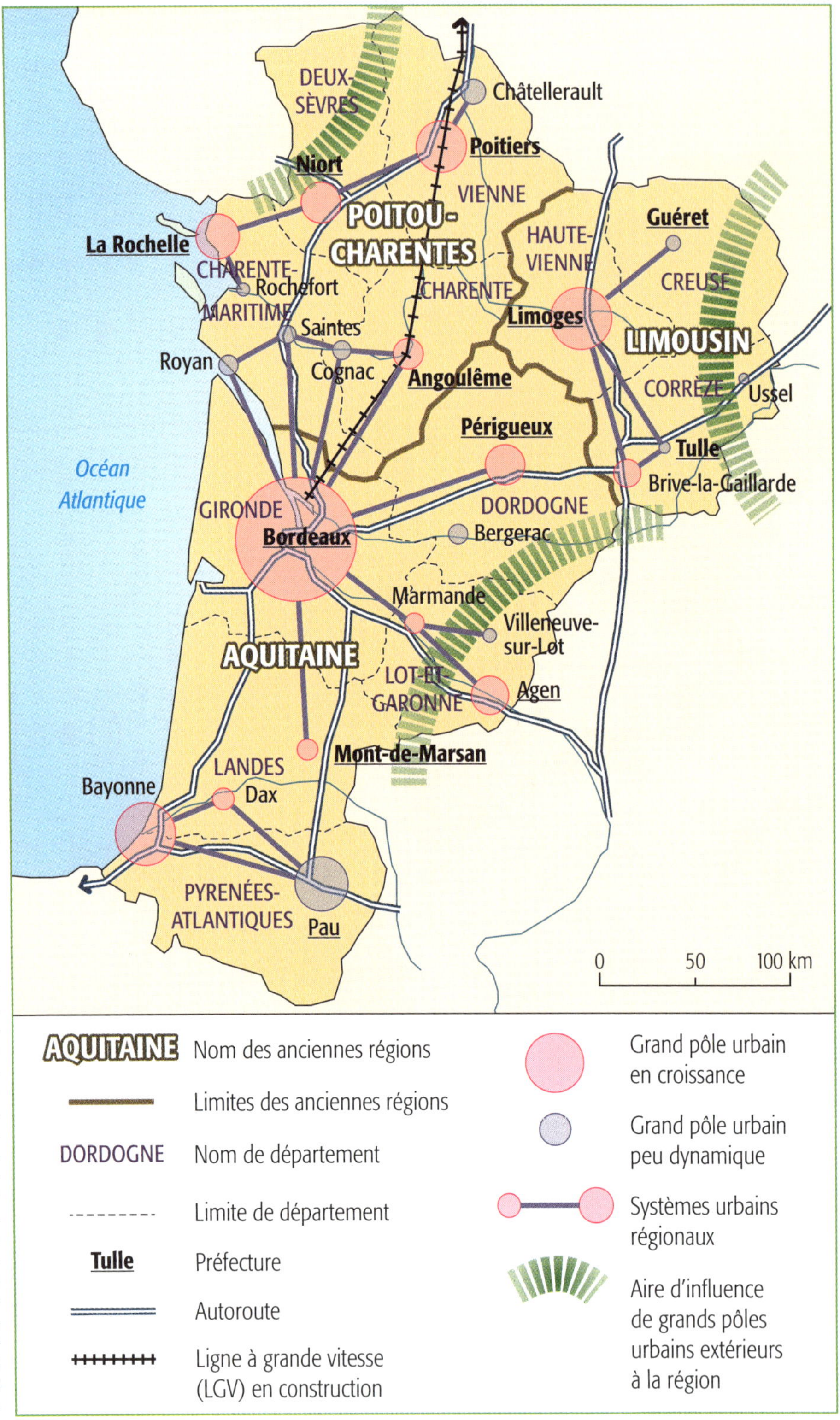

7 La population française et ses dynamismes

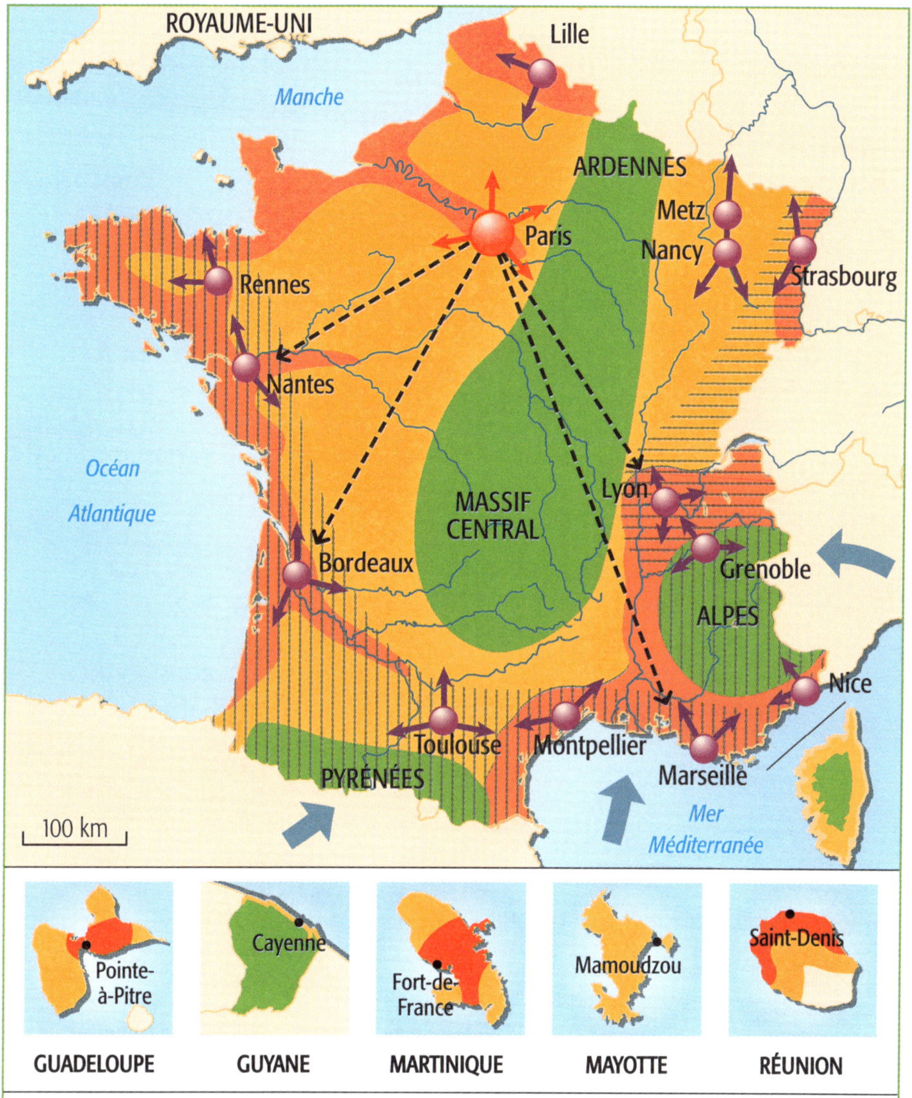

Une répartition inégale

- Forte densité de population
- Densité moyenne
- Faible densité

Une France urbanisée

- Agglomération de plus de 10 millions d'habitants
- Grande agglomération
- Étalement urbain et périurbanisation

Les dynamiques de peuplement

- Grands flux migratoires internes
- Flux d'immigration
- Régions attractives du Sud et de l'Ouest (soleil et mer)
- Autres régions attractives (effet frontière)

8 L'agglomération parisienne

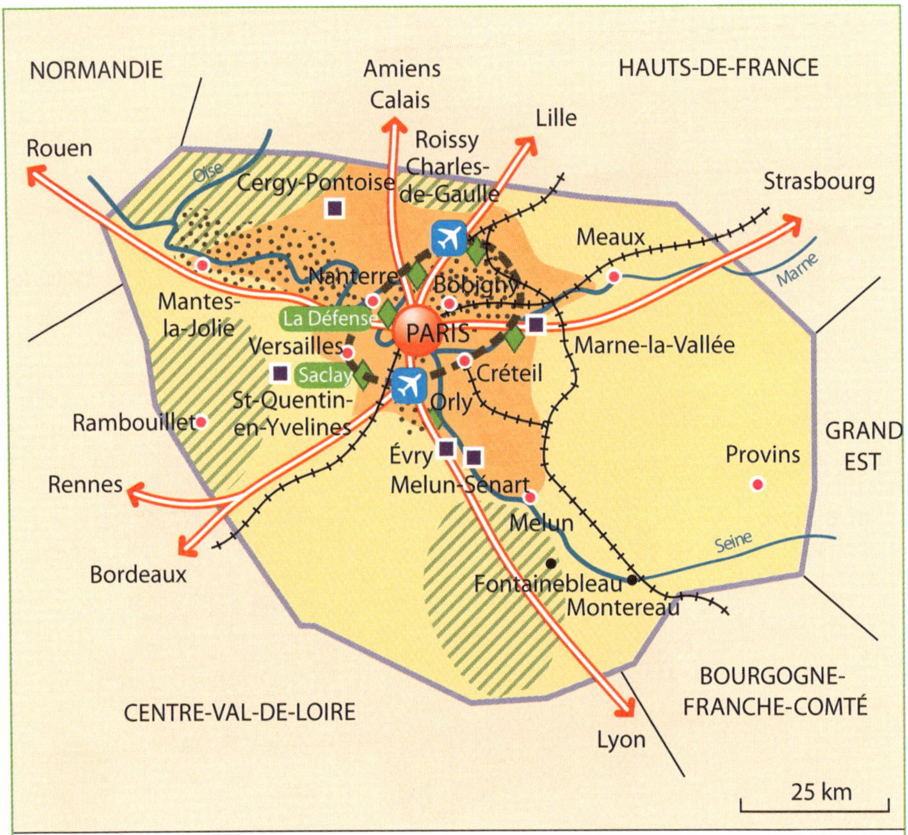

Un centre et ses périphéries

- Paris, métropole mondiale
- Ville moyenne
- Ville nouvelle créée dans les années 1960
- Espace urbain très attractif
- Espace encore rural, forte périurbanisation

L'aménagement du territoire repense les zones d'activités

- Ancienne zone industrielle à reconvertir
- Nouveau pôle d'excellence et d'innovation
- Parc naturel régional

Un réseau de transport polarisé sur Paris

- Axe autoroutier
- Nouveau projet du Grand Paris Express
- Ligne à grande vitesse (LGV)
- Voie fluviale à grand gabarit
- Grand aéroport international

9 Les contrastes dans l'Union européenne

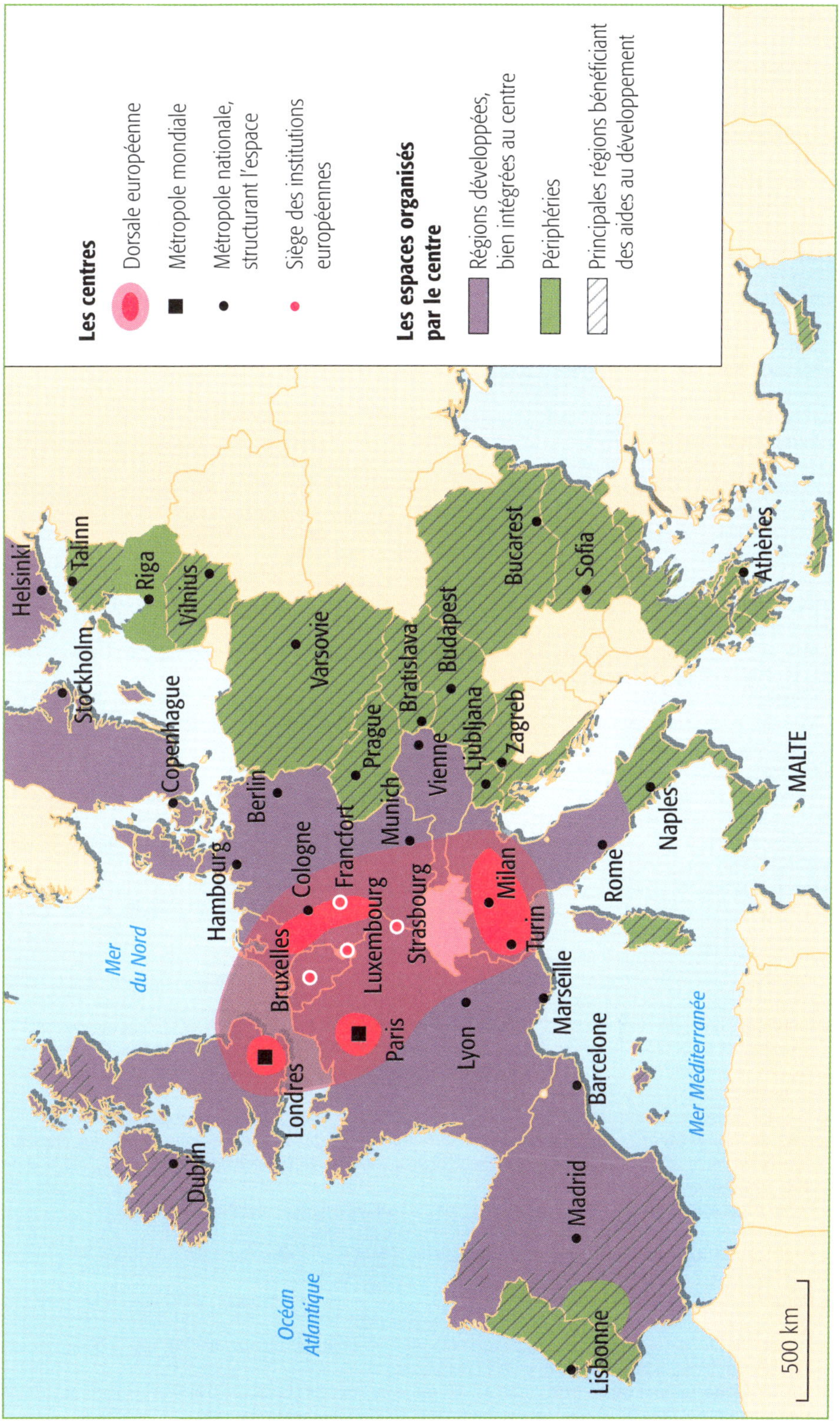

Lexique

- **Agenda 21** : plan d'action adopté en 1992 pour défendre le développement durable et l'appliquer dans les politiques étatiques.
- **Aménagement du territoire** : action publique qui vise à modifier la répartition des populations, des activités et des équipements dans un espace donné.
- **Antisémitisme** : haine des Juifs.
- **Artificialisation des sols** : processus lié à l'urbanisation, au développement des routes, des zones commerciales ou industrielles et qui empêche les eaux pluviales de s'infiltrer. Favorise les inondations.
- **Capitalisme** : organisation de l'économie fondée sur la propriété privée des moyens de production et la recherche du profit.
- **Collectivité territoriale** : division administrative à l'intérieur de l'État (région, département, commune…).
- **Crime contre l'humanité** : acte inhumain (assassinat, extermination, torture, déportation, asservissement) à l'encontre d'une population.
- **Décentralisation** : transfert des pouvoirs de l'État vers les collectivités territoriales.
- **Diagonale du vide** : espace de faible densité qui traverse le territoire français des Ardennes aux Pyrénées orientales. Caractérisée par un faible dynamisme.
- **Élevage hors-sol** : élevage intensif d'animaux (porcs, poulets) dans des hangars et où ils sont nourris industriellement.
- **Eugénisme** : protection et amélioration des qualités physiques d'une population.
- **Eurorégion** : structure européenne qui relie administrativement des territoires de deux ou plusieurs États différents pour réaliser des projets communs.
- **Externalisation** : recours par une entreprise à un prestataire extérieur pour réaliser des activités qui étaient autrefois effectuées par l'entreprise elle-même.
- **FEDER** : Fonds européen de développement régional. Sert à corriger les déséquilibres économiques entre les régions pour renforcer la cohésion économique et sociale au sein de l'UE.
- **Génocide** : assassinat intentionnel et systématique de tout un peuple.
- **Géopolitique** : rivalités de pouvoir et d'influence sur des territoires et sur les populations qui y vivent.
- **Héliotropisme** : attirance pour les espaces ensoleillés et au climat doux.
- **IDH** : Indice de développement humain. Permet de mesurer le niveau de développement d'un pays à partir de l'espérance de vie, du niveau d'éducation et du niveau de vie.
- **Inflation** : hausse générale et continue des prix.
- **Islamisme** : volonté d'instaurer un État dans lequel les institutions et la société seraient régies par l'islam.
- **Laïc, laïque** : non religieux.
- **Littoralisation** : essor du peuplement et des activités portuaires et touristiques sur les littoraux.
- **Métropole d'équilibre** : huit grandes villes françaises choisies dans les années 1960 pour réduire les déséquilibres entre Paris et la province.
- **Métropolisation** : processus de concentration des activités économiques dans les plus grandes villes. Liée à la mondialisation.
- **Mondialisation** : ensemble de relations mettant en contact les différents ensembles géographiques de la planète.
- **Nation** : groupe humain lié par un sentiment d'appartenance commune fondé sur une histoire, une culture, une langue.
- **Nationalisation** : passage d'une entreprise sous le contrôle de l'État.
- **Nationalisme** : selon le contexte, volonté de former une nation indépendante ou sentiment de supériorité de sa propre nation par rapport aux autres.
- **Périurbanisation** : développement de l'habitat, souvent pavillonnaire, dans les communes proches du pôle urbain. Elle se distingue de la rurbanisation qui est un habitat plus diffus et qui touche les communes rurales plus éloignées.
- **PIB** : Produit intérieur brut. Indicateur économique qui mesure les richesses produites par les entreprises dans un pays.
- **Pogrom** : pillages, destructions, violences physiques, meurtres commis par une population contre les Juifs.
- **Pôle de compétitivité** : structure créée en 2005 regroupant des entreprises innovantes, des établissements de recherche et d'enseignement supérieur, devant travailler en synergie et bénéficiant de subventions publiques sur un projet.
- **Population active** : ensemble des personnes exerçant ou recherchant un emploi rémunéré.
- **Propagande** : moyens utilisés pour diffuser une opinion, une idée.
- **Régime totalitaire** : régime utilisant la propagande, la terreur et la répression pour contrôler entièrement la population.
- **République** : régime politique dans lequel le pouvoir est exercé par plusieurs personnes élues pour une durée limitée.
- **Rideau de fer** : désigne la séparation entre l'Europe occidentale et l'Europe de l'Est, sous influence soviétique, aux frontières fermées et à la monnaie non convertible.
- **Scrutin proportionnel ou de liste** : chaque parti présente une liste composée d'autant de noms qu'il y a de sièges à pourvoir et obtient un nombre de sièges proportionnel au pourcentage de voix recueillies.
- **Scrutin uninominal majoritaire à deux tours** : chaque parti présente un(e) candidat(e) par siège à pourvoir. Il faut avoir la majorité absolue pour être élu(e) au premier tour, ou la majorité relative au second tour.
- **SMIG/SMIC** : Salaire minimum interprofessionnel garanti, créé en 1950, remplacé en 1970 par le Salaire minimum interprofessionnel de croissance.
- **Souverainisme** : attachement à la souveraineté nationale qui conduit à refuser de se soumettre à une autorité supranationale (dépassant le cadre d'un État).
- **Trente Glorieuses** : années 1950-1973 caractérisées par une forte expansion économique dans le monde occidental.
- **Ville macrocéphale** : ville qui regroupe la majorité des activités, des populations, des richesses et qui domine tout le territoire.
- **Ville mondiale** : grande ville qui concentre des fonctions politiques, économiques, financières, culturelles et qui a une influence mondiale.

MÉTHODE L'histoire-géographie-EMC au brevet

1 Le contenu de l'épreuve

- L'épreuve d'histoire-géographie-EMC fait partie d'une épreuve plus générale, couplée avec le français, qui dure, au total, 3 heures. Cette épreuve évalue principalement la capacité des candidats à **comprendre, analyser et interpréter des documents et des œuvres**, qu'ils soient littéraires, historiques, géographiques ou artistiques ou qu'ils relèvent de l'enseignement moral et civique. Elle se divise en deux périodes séparées par une pause de 15 minutes : histoire-géographie-enseignement moral et civique (2 heures) puis français (1 heure). Les copies sont relevées à la fin du temps imparti à chacune des deux périodes.
- L'épreuve d'histoire-géographie-EMC dure **2 heures** et comporte **3 parties**, notées en tout sur **50 points**.

a/ Exercice 1 : analyser et comprendre des documents (20 points)

L'exercice porte sur un corpus d'un à deux documents ayant trait aux programmes d'**histoire ou de géographie**. Les questions, consignes et exercices proposés ont pour objectif de guider le candidat pour vérifier sa capacité à **identifier les documents**, à **en dégager le sens**, à **en prélever des informations** et à porter éventuellement sur ces documents un **regard critique**.

b/ Exercice 2 : maîtriser différents langages pour raisonner et se repérer (20 points)

La question d'histoire ou de géographie qui vous est posée vous invite à **construire un développement, sous la forme d'un texte structuré**. Éventuellement, un exercice met en jeu un autre langage (croquis, schéma, frise chronologique).

c/ Exercice 3 : enseignement moral et civique (10 points)

Une problématique d'enseignement moral et civique est posée à partir d'une situation pratique. Le candidat répond à une ou plusieurs **questions** qui peuvent s'appuyer sur un ou deux documents.

2 Comment se préparer à l'épreuve

- **Apprenez régulièrement vos leçons** au cours de l'année.
- **Entraînez-vous** aux différents exercices demandés lors de l'épreuve.
- **Préparez-vous aux 3 domaines**, histoire, géographie et EMC, sans en négliger aucun.
- **Apprenez à gérer votre temps**, de manière minutée. Dans cette épreuve de 2 heures, consacrée à l'histoire-géographie-EMC, essayez de ne dépasser en aucun cas 40 minutes pour chacun des exercices 1 et 2 (20 points chacun) et de garder une trentaine de minutes pour l'exercice 3 d'EMC. Enfin, il faut conserver au moins 5 minutes pour vous relire, avant de rendre la copie.

3 Le jour de l'épreuve

a/ Répondre aux questions

- **Sélectionnez** parmi vos connaissances celles qui sont nécessaires pour répondre avec précision aux questions.
- Répondez par une **phrase complète**.

b/ Rédiger une réponse développée

- **Compréhension du sujet** : définissez ses termes, les limites chronologiques en histoire, l'espace concerné en géographie.
- Rassemblez sur une feuille de **brouillon** l'ensemble des éléments nécessaires pour traiter le sujet. Soyez très attentif à éviter les hors sujet et les lacunes.
- Organisez les éléments de la réponse selon une **progression logique et cohérente**.
- Préparez une phrase d'**introduction** présentant le sujet, ainsi qu'une **conclusion**.
- **Rédigez** soigneusement la réponse développée, en allant à la ligne après l'introduction, à chaque nouvel élément et avant la conclusion.
- **Justifiez** chaque affirmation par des **exemples** précis : en histoire, mentionnez chaque fois que possible la date exacte et respectez l'ordre chronologique. Indiquez les noms propres, les noms de lieux.
- Vérifiez l'**orthographe**, l'**expression écrite**, la **présentation**. En histoire, évitez le futur et les verbes « va, vont… ».

MÉTHODE Les cartes et les exercices cartographiques

1 Réaliser une tâche cartographique simple

▪ À partir d'une carte, on peut vous demander de lui **donner un titre, de tracer des flux, de choisir un figuré, d'identifier un espace en l'entourant ou en le coloriant**… La carte devient alors un document que vous devez expliquer.

▪ **Par exemple, à partir de la carte p. 134 :**

1. Proposez un titre pour la carte.
2. Entourez sur la carte un espace fortement peuplé.
3. Entourez sur la carte un espace peu peuplé.
4. Nommez et situez les pays numérotés 1 et 2.
5. Complétez la légende.
6. Attribuez à chaque lettre la ville correspondante.

2 Réaliser un croquis en 3e

a/ Comprendre le sujet du croquis

▪ Quel est l'espace géographique concerné par le sujet ?
▪ Quel est le mot-clé du sujet ? Donnez sa définition.

b/ Construire la légende du croquis

▪ Sélectionnez vos connaissances et classez-les en fonction du sujet.
▪ Choisissez des figurés adaptés dont on peut varier la taille et la couleur :
- les **figurés ponctuels** (● ■) permettent de localiser un phénomène dans un lieu précis (ville, site…) ;
- les **figurés linéaires** (— —) permettent de représenter les axes de transports, les cours d'eau, les flux… ;
- les **figurés de surface** (▬ ▨) servent à représenter un phénomène étendu, comme une région agricole, des densités…

▪ Réalisez le croquis sans oublier de lui donner un **titre**.

3 Les exercices de repérage du brevet

▪ Il s'agit de **repérer** sur un fond de carte **des villes, des pays, des mers ou océans**, dont on vous donne le nom.
▪ Cet exercice doit être préparé en vous entraînant en cours d'année sur des cartes d'une région, de la France et de l'Europe.

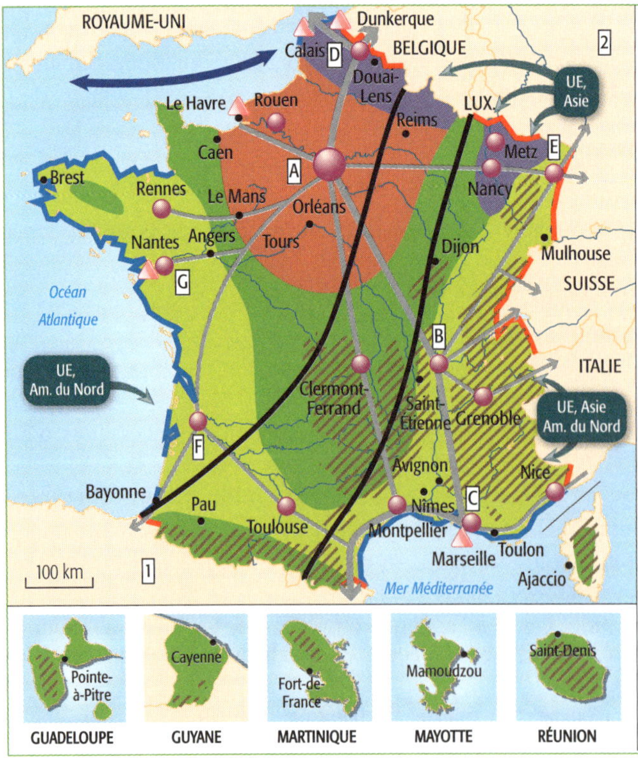

1. Les espaces dynamiques
- Paris, centre politique, économique et culturel
- Métropole régionale
- Espace frontalier dynamique
- ……………………
- Cœur du territoire français
- Régions dynamiques du Sud et de l'Ouest

2. Les facteurs de dynamisme
- Axe de transports, européens et nationaux
- Principal port
- Axe maritime mondial
- Flux d'investissements étrangers (IDE)

3. Les espaces en marge
- Espace à dominante rurale
- ……………………
- ……………………
- Région en reconversion difficile

Réponses à l'exercice de la page 133
1. Les contrastes du territoire français • **2.** L'Île-de-France, autour de Paris • **3.** La diagonale du vide • **4.** Espagne (1), Allemagne (2) • **5.** a. Littoral touristique, b. Diagonale du vide, c. Zone de montagne • **6.** A : Paris, B : Lyon, C : Marseille, D : Lille, E : Strasbourg, F : Bordeaux, G : Nantes

BREVET BLANC Histoire-Géographie-Enseignement moral et civique - Sujet 1

HISTOIRE

Analyser et comprendre un document (20 points)

1. Identifier les auteurs du texte.
2. Pourquoi le programme d'action du Comité National de la Résistance daté du 15 mars 1944 a-t-il été adopté dans la clandestinité? Expliquer la phrase soulignée en quelques lignes en faisant appel à ses connaissances.
3. Comment expliquer que le général de Gaulle soit mentionné dans le dernier paragraphe?
4. Relever les réformes prévues par le CNR et les classer dans un tableau en distinguant celles qui concernent les droits et les libertés des réformes sociales.
5. À partir de deux exemples précis relevés dans le texte, montrer que le programme du CNR a été appliqué à partir de 1944.

Le texte a été diffusé au printemps 1944 dans la clandestinité, par les journaux des mouvements de résistance.

Né de la volonté ardente des Français de refuser la défaite, la Résistance n'a pas d'autre raison d'être que la lutte quotidienne sans cesse intensifiée. Cette mission de combat ne doit pas prendre fin à la Libération. [...] Aussi les représentants des organisations de Résistance, des centrales syndicales et des partis ou tendances politiques groupés au sein du CNR délibérant en assemblée plénière le 15 mars 1944, ont-ils décidé de s'unir sur le programme suivant, qui comporte à la fois un plan d'action immédiate contre l'oppresseur et les mesures destinées à instaurer, dès la libération du territoire, un ordre social plus juste.

I. Plan d'action immédiate
Les représentants des organisations de Résistance des centrales syndicales et des partis ou tendances politiques groupés au sein du CNR [...] proclament leur volonté de délivrer la patrie en collaborant étroitement aux opérations militaires que l'armée française et les armées alliées entreprendront sur le continent, mais aussi de hâter cette libération, d'abréger les souffrances de notre peuple, de sauver l'avenir de la France en intensifiant sans cesse et par tous les moyens la lutte contre l'envahisseur et ses agents, commencée dès 1940. [...]

II. Mesures à appliquer dès la libération du territoire [...]
4) Afin d'assurer :
– l'établissement de la démocratie la plus large en rendant la parole au peuple français par le rétablissement du suffrage universel ;
– la pleine liberté de pensée, de conscience et d'expression;
– la liberté de la presse, son honneur et son indépendance à l'égard de l'État, des puissances d'argent et des influences étrangères;
– la liberté d'association, de réunion et de manifestation [...];
– l'égalité absolue de tous les citoyens devant la loi;
5) Afin de promouvoir les réformes indispensables: [...]
Sur le plan social:
– le droit au travail et le droit au repos, notamment par le rétablissement et l'amélioration du régime contractuel du travail; [...]
– Un plan complet de sécurité sociale, visant à assurer à tous les citoyens des moyens d'existence, dans tous les cas où ils sont incapables de se les procurer par le travail [...]
– une retraite permettant aux vieux travailleurs de finir dignement leurs jours; [...]
En avant donc, dans l'union de tous les Français rassemblés autour du CFLN[1] et de son président, le général de Gaulle! En avant pour le combat, en avant pour la victoire, afin que vive la France!

Extrait du programme du Conseil Nationalde la Résistance, 15 mars 1944.

1. Comité Français de Libération Nationale, remplacé le 3 juin 1944 par le Gouvernement Provisoire de la République Française.

GÉOGRAPHIE

Maîtriser différents langages pour raisonner et se repérer (20 points)

1. Sous la forme d'un développement construit d'une vingtaine de lignes, montrer quelles sont les limites à la puissance de l'Union européenne.
2. Localiser et nommer sur le fond de carte ci-dessous 6 pays qui font aujourd'hui partie de la zone euro.

ENSEIGNEMENT MORAL ET CIVIQUE

Mobiliser des compétences relevant de l'EMC (10 points)

1. Citer les différentes libertés évoquées dans les documents.
2. À quel média le document 1 fait-il référence? En prenant appui sur le document 2, montrer que la liberté évoquée dans le document 1 connaît des limites.
3. Après avoir défini ce que sont les médias, rappeler l'importance de médias libres dans la démocratie en France.

Document 1

Publicité pour « Reporters sans frontières ».

Document 2

La liberté d'expression

Art. 4 : La liberté consiste à pouvoir faire tout ce qui ne nuit pas à autrui : ainsi l'exercice des droits naturels de chaque Homme n'a de bornes que celles qui assurent aux autres hommes de la société la jouissance des mêmes droits. Ces bornes ne peuvent être déterminées que par la loi. [...]

Art. 11 : La libre communication des pensées et des opinions est un des droits les plus précieux de l'Homme, tout citoyen peut donc parler, écrire, imprimer librement, sauf à répondre de l'abus de cette liberté dans les cas déterminés par la loi.

Déclaration des droits de l'Homme et du Citoyen, 1789.

BREVET BLANC Histoire-Géographie-Enseignement moral et civique – Sujet 2

GÉOGRAPHIE

Analyser et comprendre un document (20 points)

1. Présenter ce document.
2. Quels sont les acteurs évoqués dans ce texte ?
3. Quel conflit d'usage ce texte illustre-t-il ? Expliquer ce conflit.
4. À votre avis, pourquoi les citadins viennent-ils s'installer en milieu rural ?
5. Quelle solution est proposée dans ce document pour résoudre le conflit ?

La baisse constante du nombre d'agriculteurs depuis plusieurs décennies a changé la donne des relations entre les habitants d'un territoire, entre ceux qui vivent du travail de la terre et ceux qui viennent là pour trouver un autre mode de vie, souvent idéalisé. L'installation de citadins en milieu rural est souvent source de conflit. Pour pallier ce phénomène, nous avons mis en place des journées portes ouvertes pour expliquer aux nouveaux arrivants ce que sont une exploitation agricole et ses contraintes. C'est pour nous aussi l'occasion de les écouter, de mieux se connaître pour vivre des relations de bon voisinage. Parfois, il suffit d'un geste banal pour éviter les conflits : quand je dois traiter[1] près de la maison des voisins, je leur passe un coup de téléphone pour les prévenir. Mais il faut aussi qu'ils comprennent que si je moissonne à minuit, ce n'est pas pour les embêter, mais parce que nous sommes tributaires des conditions climatiques : on ne peut arrêter de récolter le vendredi soir et reprendre le lundi matin. Notre patron, c'est aussi le temps. Ceux qui viennent s'installer doivent savoir aussi qu'ils peuvent, par leur comportement, créer des conflits ou des dommages chez leurs voisins.

Interview de Bernard Lagleyse, responsable cantonal de la FDSEA, Sud-Ouest, 23 janvier 2012.

1. Appliquer des traitements naturels ou chimiques sur les cultures.

HISTOIRE

Maîtriser différents langages pour raisonner et se repérer (20 points)

Sous la forme d'un développement construit d'une vingtaine de lignes, montrer que la guerre des tranchées est une manifestation de la violence de masse durant la Première Guerre mondiale.

ENSEIGNEMENT MORAL ET CIVIQUE

Mobiliser des compétences relevant de l'EMC (10 points)

1. Citer trois valeurs et deux symboles de la République française présents dans les documents.
2. Expliquer les phrases soulignées dans le document 2 pour montrer que la laïcité garantit les libertés à l'école.
3. Vous êtes chargé de présenter les symboles et valeurs de la République à un correspondant étranger en visite dans votre établissement en vous aidant des documents et de vos connaissances. En quelques lignes, expliquer que ces symboles et valeurs favorisent le « vivre ensemble » en France.

Document 1

Document 2

Art. 3 : La laïcité garantit la liberté de conscience à tous. Chacun est libre de croire ou de ne pas croire. […]

Art. 4 : La laïcité permet l'exercice de la citoyenneté, en conciliant la liberté de chacun avec l'égalité et la fraternité de tous dans le souci de l'intérêt général.

Art. 8 : La laïcité permet l'exercice de la liberté d'expression des élèves dans la limite du bon fonctionnement de l'école comme du respect des valeurs républicaines et du pluralisme des convictions.

Art. 9 : La laïcité implique le rejet de toutes les violences et de toutes les discriminations, garantit l'égalité entre les filles et les garçons et repose sur une culture du respect et de la compréhension de l'autre.

Art. 13 : Nul ne peut se prévaloir de son appartenance religieuse pour refuser de se conformer aux règles applicables dans l'école de la République.

Extraits de la Charte de laïcité à l'École, 2013.

BREVET BLANC Histoire-Géographie-Enseignement moral et civique - Corrigés des sujets

SUJET 1

HISTOIRE

Analyser et comprendre un document (20 points)

1. Les auteurs du texte sont «les représentants des organisations de Résistance, des centrales syndicales et des partis ou tendances politiques groupés au sein du CNR», c'est-à-dire l'ensemble des groupes de résistances qui ont décidé de s'entendre sur un programme commun à appliquer dès la libération du territoire occupé.

2. Il a été adopté dans la clandestinité car, à cette date, la France est encore un pays occupé par les troupes allemandes qui répriment par les armes toute action de résistance. La phrase soulignée fait référence aux opérations du Débarquement allié qui aura lieu en Normandie le 6 juin puis en Provence le 15 août 1944. Elle permet au CNR d'inscrire ses actions dans le cadre d'opérations militaires conjointes et de se présenter comme l'interlocuteur privilégié et légitime des alliés en France occupée.

3. Le général de Gaulle est évoqué car c'est lui qui, depuis Londres et son appel à prendre les armes du 18 juin 1940, incarne la France libre. C'est également lui qui coordonna les actions du CNR pendant la guerre et, enfin, il apparaît dans le texte en tant que président du CFLN, qui donnera lieu au Gouvernement provisoire une fois le pays libéré.

4.

Les projets de réformes du CNR après la libération du territoire	
Sur le plan des droits et des libertés	**Sur le plan social**
- Rétablissement de la démocratie et du suffrage universel - Liberté de pensée, de conscience et d'expression - Liberté de la presse et son indépendance vis-à-vis de l'État - Liberté d'association, de réunion et de manifestation - Égalité des citoyens devant la loi	- Droit au travail et au repos - Instauration de la Sécurité sociale - Mise en place d'un système de retraites

5. La Sécurité sociale a été instaurée en 1944 et les premières élections législatives ayant pour but l'élection d'une Assemblée constituante ont eu lieu dès le 21 octobre 1945.

GÉOGRAPHIE

Maîtriser différents langages pour raisonner et se repérer (20 points)

1. Les limites à la puissance de l'Union européenne sont d'abord des limites économiques. En effet, l'UE est de plus en plus directement concurrencée par les États-Unis et par l'émergence d'autres puissances comme la Chine. Cette concurrence se fait sentir dans les industries de pointe comme la robotique et l'informatique, mais aussi dans les productions culturelles de masse. D'autre part, la construction européenne s'essouffle : certains pays, comme le Royaume-Uni, ont préféré ne pas adopter l'euro et semblent même désireux de quitter l'UE, d'autres encore refusent absolument l'adhésion de la Turquie, voire toute idée d'élargissement. Mais c'est au niveau diplomatique et militaire que la puissance de l'UE est la plus limitée. Contrairement aux États-Unis, l'UE peine à imposer ses idées et à parler d'une seule voix sur la scène internationale. Sans politique étrangère et sans défense communes, sans véritable union politique, elle ne se fait que peu entendre, d'autant plus qu'elle est souvent divisée lors des crises internationales, comme cela a été le cas lors de l'intervention américaine en Irak, ou manque de cohérence, notamment dans sa gestion de la vague migratoire.

2. Attention, la zone euro n'est pas à confondre avec l'Union européenne. Elle compte aujourd'hui 19 membres : Allemagne, Autriche, Belgique, Chypre, Espagne, Estonie, Finlande, France, Grèce, Irlande, Italie, Lettonie, Lituanie, Luxembourg, Malte, Pays-Bas, Portugal, Slovaquie, Slovénie.

ENSEIGNEMENT MORAL ET CIVIQUE

Mobiliser des compétences relevant de l'EMC (10 points)

1. Le document 1 évoque la liberté de la presse, c'est-à-dire la liberté de pouvoir enquêter en toute indépendance vis-à-vis de l'État. Plus précisément, il évoque le cas des grands reporters et leur liberté, plus ou moins grande selon les régions du monde où ils se rendent, de pouvoir faire leur travail. Le document 2 évoque la liberté d'expression et de pensée, telles qu'elles ont été définies en 1789.

2. Le document 1 fait référence à la presse, qu'elle soit écrite, radio ou télévisée, par le biais des grands reporters qui se déplacent partout dans le monde pour traiter de leurs sujets. Le document 1 évoque la censure auxquels ces journalistes peuvent être soumis mais le document 2 rappelle aussi que même la liberté de la presse, c'est-à-dire la liberté de s'exprimer librement, connaît des limites encadrées par la loi, telles que la diffamation, l'injure ou encore le non-respect du droit à l'image par exemple.

3. Les médias, en tant que moyen de diffusion de l'information, permettent l'expression et la communication de diverses opinions. L'État démocratique étant garant de la liberté de penser, le pluralisme et l'indépendance des médias est une condition essentielle à leur bon fonctionnement. L'influence des médias est telle qu'elle est néanmoins encadrée par la loi (loi sur la liberté de la presse de 1881), des règles déontologiques (Charte de Munich) et par des institutions (la CNIL pour Internet, le CSA pour l'audiovisuel).

SUJET 2

GÉOGRAPHIE

Analyser et comprendre un document (20 points)

1. Ce document est la transcription d'une interview donnée par Bernard Lagleyse, un responsable cantonal de la FDSEA (Fédérations départementales des syndicats d'exploitations agricoles), à Sud-Ouest, un quotidien régional français, le 23 janvier 2012.

2. Les différents acteurs évoqués dans ce texte sont les habitants des terroirs (espaces agricoles et villages), que l'interviewé divise en deux catégories : ceux qui travaillent de la terre (les agriculteurs) et les citadins, qui travaillent dans les villes mais viennent vivre à la campagne.

3. Ce texte évoque le conflit qui oppose les agriculteurs, tributaires des conditions météos, et les citadins qui recherchent calme et tranquillité à la campagne. L'époque des moissons, qui peut amener les agriculteurs à utiliser leurs engins mécanisés même en pleine nuit, peut être source de conflits entre ces deux catégories d'habitants d'un même terroir.

4. Les citadins, selon l'interviewé, recherchent « un autre mode de vie, souvent idéalisé ». Plus généralement, les citadins qui viennent vivre à la campagne sont à la recherche de conditions de vie plus favorables qu'en milieu urbain (embouteillages, nuisances sonores, prix du logement, logement de petites dimensions, etc.).

5. La solution qui a été proposée pour résoudre le conflit a été d'instaurer un cadre de dialogue entre les deux parties, dans le cadre de journées portes ouvertes qui permettent aux agriculteurs d'expliquer les contraintes d'une exploitation agricole aux nouveaux habitants.

HISTOIRE

Maîtriser différents langages pour raisonner et se repérer (20 points)

Quand la guerre éclate en août 1914, chaque camp pense triompher rapidement mais le front s'immobilise au nord du territoire français et les armées s'enterrent dans des tranchées : c'est la guerre de position, une guerre d'usure qui dure quatre ans. On parle d'enfer des tranchées pour qualifier les conditions de vie sur les lignes de front. Les conditions de combat sont rendues d'autant plus difficiles par la vie que mènent les soldats dans les tranchées : la promiscuité, la boue, le froid, les rats, la soif et la faim font endurer aux soldats les pires souffrances. Cette expérience quotidienne de la violence est à l'origine d'une brutalisation des soldats et des sociétés toutes entières, poussés toujours plus loin dans l'atrocité de la guerre. Les combats sont également incessants et de plus en plus meurtriers. Les soldats souffrent de l'omniprésence de la mort : à tout moment ils peuvent être tués lors d'un assaut. Pour percer le front, la stratégie employée est celle de grandes offensives : le pilonnage de l'artillerie précède l'assaut des soldats qui quittent les tranchées pour traverser le no man's land sous les tirs ennemis. À Verdun, en 1916, les combats font rage pendant dix mois pour un gain de territoire quasi nul. Au total, cette bataille fait plus de 700 000 victimes, dont 300 000 morts ou disparus, allemands et français. La guerre d'usure utilise également de nouvelles armes meurtrières : les gaz, les mitrailleuses, les bombardements aériens, les obus, les chars d'assauts, etc. La guerre laisse des millions de morts, d'invalides (gazés, mutilés, « gueules cassées », etc.), de veuves et d'orphelins. Le traumatisme est immense.

ENSEIGNEMENT MORAL ET CIVIQUE

Mobiliser des compétences relevant de l'EMC (10 points)

1. Les valeurs présentes dans les documents sont la liberté, l'égalité, la fraternité, la laïcité. Les symboles visibles sont Marianne, la devise et les trois couleurs du drapeau français.

2. La laïcité garantit les libertés à l'école car elle permet à chacun de croire ou de ne pas croire, dans la mesure où aucune religion ne prend le pas sur une autre. De plus, la laïcité permet à tous de s'exprimer librement. Libertés d'expression et de conscience sont donc garanties par la laïcité.

3. Les Français partagent entre eux un certain nombre de symboles, tels que Marianne, *La Marseillaise*, le drapeau tricolore. Inscrits dans le paysage public (sur les frontons des bâtiments publics tels que les mairies ou les écoles), ces symboles incarnent des idéaux et des valeurs (liberté, égalité, fraternité et laïcité) hérités des Lumières et de la Révolution française. Ces valeurs rassemblent les principaux fondamentaux de la République et se traduisent par des droits, à la fois politiques et sociaux, reconnus à tous les citoyens afin de favoriser leur « vivre ensemble ».

Sciences

SVT, Physique-chimie, Technologie

Sciences de la vie et de la Terre

Physique-chimie

Technologie

1 Météorologie, climatologie et influence de l'Homme

▸▸▸ Comment l'être humain étudie-t-il et influence-t-il la météo et le climat ?

Info +

En **météorologie** comme en **climatologie**, grâce à des instruments, on **mesure de nombreux paramètres** tels que la température et les précipitations, mais aussi la pression atmosphérique, la vitesse du vent, l'ensoleillement, les courants marins…

Rappel !

Les **phénomènes météorologiques** et climatiques dépendent **de l'énergie du Soleil reçue par la Terre**. Cette énergie varie selon la distance Terre-Soleil et donc selon l'inclinaison de l'axe de rotation de la Terre.

1 Météorologie et climatologie

- La **météorologie** est la science qui étudie les phénomènes atmosphériques et qui a pour but de prévoir l'évolution du temps.
- La **climatologie** est la science qui étudie les climats. Un climat est l'ensemble des conditions atmosphériques à un endroit donné et à un moment donné.
- **La répartition des êtres vivants dépend du climat.** Les grandes zones climatiques (tropicale, tempérée, subpolaire, polaire) sont principalement réparties sur Terre selon la latitude, c'est-à-dire en fonction de la distance à l'équateur. Il existe des variations climatiques locales, plus ou moins étendues, qui dépendent de la présence de reliefs, d'océans…

2 Aléa, vulnérabilité et risque

- Certains phénomènes naturels (séismes, cyclones, inondations…) peuvent être dangereux pour l'être humain. En prévision et pour s'en protéger, on peut calculer l'**aléa (probabilité d'apparition d'un phénomène)**, la **vulnérabilité (capacité de résistance et de récupération des infrastructures et des populations)** et le **risque (aléa × vulnérabilité)**.
- Plus un phénomène violent est probable (aléa élevé), plus les populations et les constructions sont vulnérables (vulnérabilité élevée), plus le risque est important.

3 Énergies fossiles et énergies renouvelables

- Les **énergies fossiles** (charbon, pétrole, gaz naturel…) **se sont formées en plusieurs millions d'années** à partir de la matière organique d'êtres vivants emprisonnée dans les roches sédimentaires. Leur formation étant lente : ce sont des énergies non renouvelables pour l'être humain.
- Les **énergies renouvelables** (solaire, éolienne, hydraulique…) sont issues directement ou indirectement de l'**énergie solaire**. Comme la Terre reçoit constamment une quantité importante d'énergie en provenance du Soleil, ces énergies sont renouvelables.

4 Les changements climatiques passés et actuels

- Les scientifiques étudient les phénomènes géologiques et biologiques actuels pour mieux comprendre ceux du passé. Ils étudient la composition des glaces et des roches ainsi que les fossiles pour reconstituer les paysages et les climats anciens. On a ainsi identifié, dans le passé, des changements climatiques : certains correspondent à des **crises biologiques** au cours desquelles la biodiversité a fortement chuté.
- L'Homme utilise des quantités d'énergies fossiles de plus en plus importantes, libérant dans l'atmosphère des gaz à effet de serre (CO_2) ; on observe ainsi une **augmentation progressive de la température moyenne** sur Terre. Ce changement climatique actuel pose des problèmes pour les **trois axes du développement durable** : écologiques (modifications des climats et des conditions de vie des êtres vivants), économiques (augmentation des destructions dues aux catastrophes climatiques), sociaux (risque de réfugiés climatiques).

▸▸▸ **BILAN** L'Homme étudie les phénomènes météorologiques et, plus largement, les climats actuels et passés. Cela lui permet de mieux se protéger des risques météorologiques et d'essayer de limiter son impact sur les variations de l'effet de serre et du climat.

Séismes et volcanisme

▶▶▶ Comment la dynamique interne de la Terre se manifeste-t-elle et comment s'en protéger ?

1 Les séismes

- Un **séisme** (ou « tremblement de terre ») correspond à des vibrations du sol. Des **contraintes**, s'exerçant en permanence sur les roches, conduisent à une accumulation d'énergie, ce qui finit par provoquer la **rupture de la roche** en profondeur.

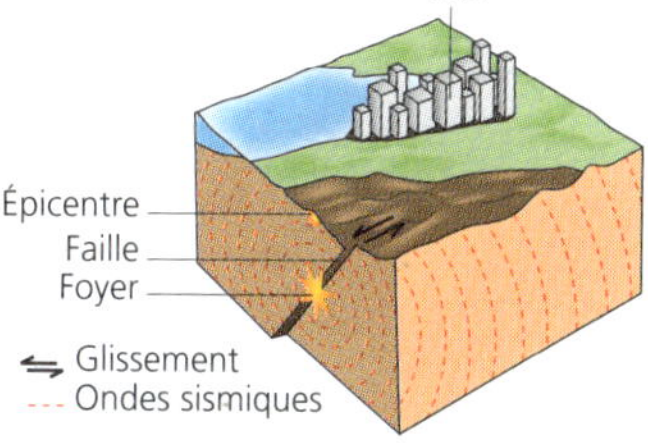

L'origine des séismes

- Le **foyer** du séisme (ou hypocentre) est l'endroit de la **faille** où se produit la rupture. À partir du foyer, des **ondes sismiques** se propagent dans toutes les directions. Le premier endroit de la surface atteint par les ondes sismiques est appelé l'**épicentre**.

Il existe deux façons d'évaluer un séisme. On peut évaluer les conséquences du séisme (séisme ressenti ou non, dégâts), c'est-à-dire l'**intensité** du séisme, sur l'échelle macrosismique européenne (**EMS 98**). On peut évaluer l'énergie libérée par le séisme, c'est-à-dire sa puissance : c'est la **magnitude** qui est mesurée sur l'**échelle de Richter** grâce à un **sismomètre**, appareil sensible aux vibrations du sol. Le tracé des ondes sismiques est un sismogramme sur lequel on peut lire l'amplitude des ondes sismiques au cours du temps.

- Les séismes sont plus fréquents près des reliefs : en bordure des continents (zones de montagnes ou près des fosses océaniques) et le long de l'axe des dorsales océaniques.

Attention !
Tous les séismes ne sont pas destructeurs, beaucoup ne sont pas ressentis (on connaît leur existence grâce aux sismomètres).

Info +
La Terre comporte de nombreux reliefs continentaux et océaniques. Les **fosses océaniques** sont les zones les plus profondes des océans. Les **dorsales** correspondent à de vastes chaînes de montagnes au fond des océans.

2 Le volcanisme

- Le **volcanisme** se manifeste par des **rejets de lave et de gaz**. Les matériaux rejetés s'accumulent, constituant progressivement l'édifice volcanique.
- Il existe deux grands types d'éruptions :
  – les **éruptions effusives**, caractérisées par des coulées de **lave fluide** ;
  – les **éruptions explosives**, caractérisées par une **lave visqueuse**, des explosions et des nuées ardentes (nuages de gaz et de cendres brûlants).
- Le **magma** est formé par la fusion de roches à plusieurs dizaines de kilomètres de profondeur. Le magma contient des gaz dissous. Quand ces gaz passent sous la forme de bulles, ils remontent vers la surface en passant par les cheminées, entraînant le magma.
- Le magma est stocké dans des **réservoirs magmatiques** localisés plus près de la surface, à quelques kilomètres de profondeur. Lorsqu'il arrive en surface, le magma a perdu une partie importante de ses gaz : c'est alors de la **lave**.
- Les volcans ne sont pas répartis au hasard à la surface de la Terre. Ils sont, en majorité, alignés en bordure de continent, le long des fosses océaniques, dans des arcs insulaires (ensembles d'îles) et au niveau des dorsales océaniques. Quelques volcans actifs sont isolés.

Info +
Quand le magma est fluide, les bulles de gaz remontent facilement à la surface et provoquent des **éruptions effusives**. Quand le magma est visqueux, les bulles de gaz sont retenues, s'accumulent et finissent par provoquer des **éruptions explosives**.

Mot-clé
Lorsqu'il est fluide, le **magma** (ou lave) s'écoule facilement. Lorsqu'il est visqueux, il s'écoule difficilement.

▶▶▶ BILAN L'activité interne de la Terre se manifeste sous la forme de séismes et du volcanisme. Bien que potentiellement dangereux, ces phénomènes peuvent être étudiés afin de mieux s'en protéger.

3 Dynamique interne de la Terre et risques géologiques

▸▸▸ Comment l'Homme étudie-t-il les manifestations de la dynamique interne de la Terre afin de mieux s'en protéger ?

1 La structure des plaques

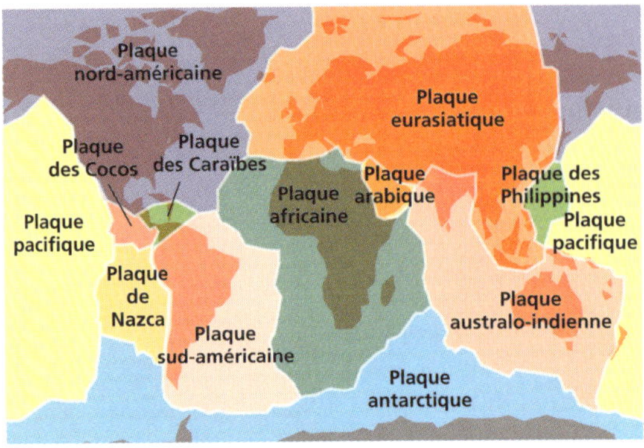

Les plaques lithosphériques

▪ En grande majorité, les séismes et les volcans sont situés dans les mêmes zones géographiques. Leur répartition permet de délimiter une **douzaine de plaques**.

▪ **L'étude de la propagation des ondes sismiques** (leur vitesse notamment) permet de déduire la nature et l'état des roches en profondeur. On sait ainsi que la partie externe de la Terre est formée de la lithosphère (rigide donc cassante et sujette à des séismes) reposant sur l'asthénosphère (moins rigide, plus souple donc moins cassante). **La lithosphère est découpée en une douzaine de plaques lithosphériques.**

2 Le mouvement des plaques

Info +

Depuis un siècle, les géologues accumulent des **preuves du mouvement des plaques** :
- des preuves indirectes (forme complémentaire des continents, répartition des fossiles, âge des basaltes océaniques…) ;
- des preuves directes (mouvements des plaques mesurés par GPS).

▪ **Les plaques se déplacent les unes par rapport aux autres, à des vitesses de quelques cm/an : c'est la tectonique des plaques.** Elles s'écartent au niveau des **dorsales** océaniques. C'est à cet endroit que la lithosphère océanique se forme, ce qui a pour conséquence de provoquer l'ouverture et l'agrandissement des océans.

▪ Elles se rapprochent et s'enfouissent au niveau des fosses océaniques : c'est la **subduction**, qui entraîne la disparition de la lithosphère océanique et donc la fermeture des océans. La **collision** des plaques engendre des déformations qui parfois aboutissent à la formation de chaînes de montagnes.

3 La protection contre les risques géologiques

Mots-clés

Aléa : probabilité que se produise un phénomène géologique (séisme ou éruption volcanique).

Risque : probabilité que se produise un phénomène géologique dangereux pour la population et/ou les constructions. Le risque est élevé si l'aléa est élevé et s'il y a des habitations en nombre important.

▪ **Les aléas sismiques et volcaniques** dus à l'activité de la planète constituent des risques pour l'Homme. Les principales zones à **risque** sismique et/ou volcanique sont bien identifiées : les géologues ont construit des cartes d'aléas géologiques, qu'ils superposent aux zones habitées.

▪ L'Homme réagit face aux risques grâce à :
– une **prévision** des éruptions volcaniques efficace fondée sur la surveillance et la connaissance du fonctionnement de chaque volcan ;
– une **prévention** sismique (zones à risques à éviter, constructions parasismiques) ;
– **l'information et l'éducation** des populations (conduites à tenir avant, pendant et après les séismes).

Info +

La **prévision à court terme** des séismes est **impossible** de nos jours. C'est pourquoi on établit des plans d'aménagement du territoire, des plans de secours et des plans d'évacuation des populations.

▸▸▸ **BILAN** La tectonique des plaques, c'est le déplacement des morceaux de lithosphère à la vitesse de quelques cm/an. L'Homme l'étudie de plus en plus, ce qui permet de prévoir, de prévenir, d'informer et donc de mieux se protéger de ses conséquences.

Érosion des roches – Roches sédimentaires et fossiles

▶▶▶ Comment les roches subissent-elles l'action des facteurs environnementaux ? Comment se forment les fossiles ?

1 Les agents d'érosion

▪ Les roches, constituant le sous-sol, subissent, à l'**affleurement**, une érosion. **L'érosion, c'est l'altération (la dégradation) des roches et le transport du résultat de l'altération.** Plusieurs facteurs environnementaux sont à l'origine de l'érosion : **l'eau (qui est le principal agent d'érosion sur Terre)**, le vent, etc.

▪ Les roches résistent plus ou moins bien à l'action de l'eau. Certaines roches sont friables et sont rapidement (de quelques heures à quelques années) entraînées par l'eau (ex : argile). D'autres roches sont plus cohérentes : l'eau doit agir beaucoup plus longtemps pour les éroder (ex : granite).

Mots-clés

Affleurement : lieu où les roches du sous-sol sont visibles en surface (au niveau d'une falaise par exemple).

Modelé d'un paysage : aspect que prennent, dans le détail, les formes du relief.

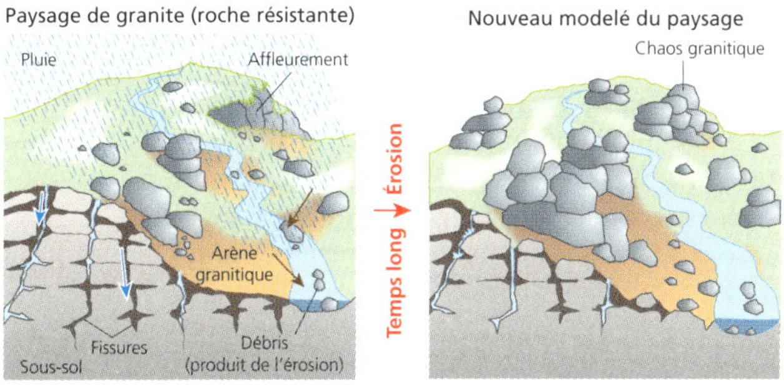

L'érosion des roches sous l'action de l'eau

2 Le transport des produits d'altération

▪ Les éléments obtenus par l'altération des roches peuvent :
– rester sur place et participer à la formation du sol ;
– être transportés plus ou moins loin.

Le transport peut se faire grâce au vent (si les éléments sont légers) ou grâce à l'eau (sous forme de particules ou sous forme dissoute).

3 La sédimentation

▪ Quand la vitesse du courant (d'eau ou d'air) diminue, les éléments transportés se déposent : c'est la sédimentation.

▪ Les sédiments correspondent soit au dépôt des particules issues de l'érosion, soit au dépôt des restes d'êtres vivants. La grande majorité des sédiments se dépose au fond de l'eau.

Info +

La très grande majorité des sédiments se dépose dans le domaine marin, une petite partie en eau douce (lacs et rivières).

4 La formation des roches sédimentaires

▪ Les sédiments s'accumulent en couches superposées les unes sur les autres. Sous le poids des couches supérieures, les sédiments sont compactés, déshydratés et cimentés : ils sont transformés en roches sédimentaires.

▪ Si, parmi les sédiments, se trouvent des restes d'êtres vivants, ceux-ci peuvent être transformés en fossiles.

▪ Les fossiles sont des traces (empreintes) ou des restes d'organismes (comme un squelette, une coquille de mollusque…) conservés dans la roche sédimentaire.

Attention !

Les sédiments s'accumulent lors de leur dépôt. Dans les roches sédimentaires, les strates (ou couches) inférieures sont donc les plus anciennes ; les strates supérieures sont les plus récentes.

▶▶▶ **BILAN** Principalement sous l'action de l'eau, le modelé actuel du paysage résulte de l'érosion des roches (c'est-à-dire de l'altération des roches et du transport des éléments issus de l'altération), de leur sédimentation et de leur transformation en roches sédimentaires. Celles-ci peuvent parfois contenir des fossiles.

SVT

5 Répartition des êtres vivants – La respiration

Comment les êtres vivants respirent-ils? Comment l'être humain influence-t-il leur répartition?

1 Les gaz impliqués dans la respiration

Info +
O_2 est la formule chimique du **dioxygène**, gaz composé de deux atomes d'oxygène. CO_2 est celle du **dioxyde de carbone**, gaz composé d'un atome de carbone et de deux atomes d'oxygène.

- **Respirer, c'est absorber du dioxygène et rejeter du dioxyde de carbone.**
- On peut mesurer la quantité de O_2 présent dans un milieu grâce à un appareil de mesure appelé «oxymètre». Pour détecter la présence de CO_2, on peut utiliser un liquide, l'**eau de chaux**: habituellement limpide (transparente), elle se trouble en présence de CO_2.

2 Les êtres vivants et la respiration

- Que l'on effectue des tests chez un animal, un végétal ou un champignon, on constate que la respiration consiste toujours en une absorption de dioxygène et un rejet de dioxyde de carbone, quel que soit le milieu.
- Les gaz O_2 et CO_2 sont présents en milieu aérien (dans l'air), mais aussi en milieu aquatique (dans l'eau) sous forme **dissoute**. Certains êtres vivants sont ainsi capables de respirer **dans l'air avec des trachées ou des poumons**, tandis que d'autres sont capables de respirer **dans l'eau avec des branchies**.

Les organes respiratoires ▶

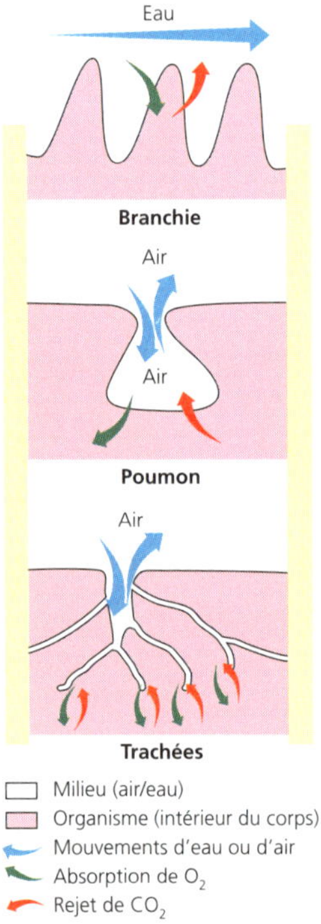

3 Le milieu de vie et son oxygénation

- Dans l'eau, **la répartition des organismes vivants dépend notamment de la teneur en dioxygène**. Certains milieux pauvres en O_2 ne sont pas favorables au développement des êtres vivants.
- L'agitation, la température de l'eau et la présence de végétaux influent sur l'oxygénation du milieu. Quand l'eau est agitée, les échanges gazeux avec l'air augmentent: elle est donc plus riche en O_2. Quand la température de l'eau augmente, la quantité de gaz dissous diminue: il y a moins de O_2. À la lumière, les végétaux rejettent du O_2, contribuant à améliorer l'oxygénation de l'eau.

Attention!
Les gaz O_2 et CO_2 présents en milieu aquatique sont dissous dans l'eau. Ne pas confondre ces gaz dissous avec les bulles présentes dans une eau pétillante: ces bulles sont constituées de gaz qui ne sont plus dissous. Tant qu'ils sont dissous, les gaz sont invisibles.

4 L'influence de l'Homme sur l'oxygénation du milieu

Mot-clé
La **biodiversité**, c'est la diversité des êtres vivants. On peut l'évaluer en comptant le nombre de groupes d'êtres vivants (ex: espèces) à un endroit donné et à un moment donné.

- L'Homme, par son action sur le milieu, peut modifier la teneur en dioxygène de l'eau et donc la répartition des organismes vivants. **Il agit sur la biodiversité de façon positive ou négative.**
- Par exemple, le bulleur d'un aquarium ou des rochers disposés après un barrage permettent d'augmenter l'agitation de l'eau et donc son oxygénation. La pollution chimique ou thermique peut entraîner une diminution de la teneur de l'eau en O_2 et donc une diminution de la biodiversité.

BILAN La respiration correspond à une absorption de O_2 et un rejet de CO_2 dans l'air ou dans l'eau. L'Homme agit sur la biodiversité, par exemple en modifiant la teneur en O_2 des milieux aquatiques.

Métabolisme cellulaire et système de transport

▶▶▶ Comment les cellules se procurent-elles les éléments nécessaires à leur fonctionnement et comment éliminent-elles leurs déchets ?

1 Les échanges entre les cellules et le sang

▪ Pour leur **métabolisme** (leur fonctionnement), les cellules effectuent en permanence des échanges avec leur environnement : **elles absorbent des nutriments (nutrition) et du O_2 (respiration), rejettent des déchets (CO_2, urée…) et de la chaleur.** Ces échanges augmentent lorsque la cellule passe du repos à l'effort.

Rappel !

L'air est un mélange de gaz. Il contient 21 % de O_2 et seulement 0,04 % de CO_2 : le gaz majoritaire est le diazote N_2, présent à hauteur de 78 %. Les autres gaz sont minoritaires : moins de 1 % au total.

2 Les besoins cellulaires

▪ Chez les animaux (ex : mammifères), les nutriments sont absorbés, lors de la **digestion**, au niveau de l'**intestin grêle**. Chez les végétaux, les **racines** absorbent l'eau et les sels minéraux.

▪ Certains animaux respirent avec des **branchies** qui permettent d'**échanger O_2 et CO_2** dans l'eau.

▪ D'autres animaux respirent dans l'air, soit avec des **poumons**, soit avec des **trachées** (chez les insectes).

▪ Les végétaux, comme les plantes à fleurs, échangent O_2 et CO_2 grâce à leurs **feuilles**.

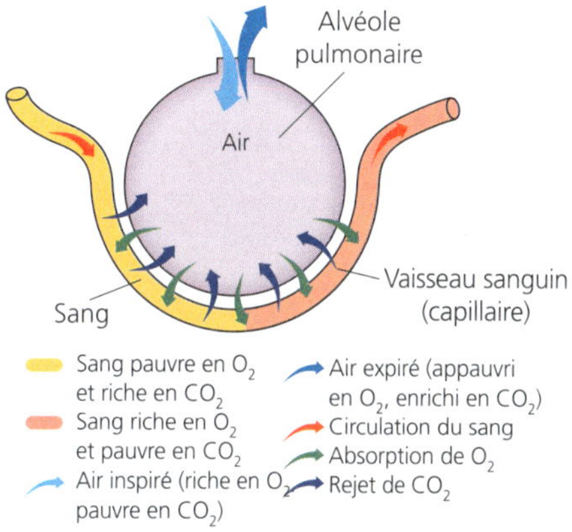

Les échanges gazeux au niveau d'une alvéole pulmonaire

3 L'élimination des déchets

▪ Les cellules qui composent nos organes fabriquent et rejettent dans le sang des **déchets** :
– **le CO_2**, au niveau des poumons ;
– **l'urée et l'acide urique** au niveau des reins qui filtrent le sang et fabriquent l'urine ; l'urine est ensuite transportée jusqu'à la vessie où elle est stockée en attendant d'être évacuée.

▪ Un **déchet** est, pour notre organisme, le résultat de son fonctionnement. C'est une substance inutilisable, voire toxique, qui doit être rejetée.

4 La circulation au sein de l'organisme

▪ **Un système circulatoire** permet de rendre le transport des molécules plus efficace au sein de l'organisme (corps des êtres vivants). Le liquide (**sang** chez les animaux, **sève** chez les végétaux) circule à sens unique dans des vaisseaux qui forment un système clos (fermé).

▪ Le sang est mis en mouvement par les contractions du muscle cardiaque (le cœur). Il arrive aux organes par les **artères** et en repart par les **veines**. Les échanges entre les organes et le sang s'effectuent au niveau de nombreux petits vaisseaux : les **capillaires**.

Mots-clés

Artères : vaisseaux sanguins transportant le sang du cœur vers les organes.
Capillaires : vaisseaux sanguins extrêmement fins, présents en grand nombre au niveau des organes.
Veines : vaisseaux sanguins par lesquels le sang repart des organes vers le cœur.

▶▶▶ BILAN Dans un organisme, les cellules coopèrent entre elles. Les échanges avec le milieu extérieur ont lieu grâce à des surfaces d'échanges (ex : poumons, feuilles, etc.) ou de filtrage (ex : reins, racines, etc.). Pour une meilleure distribution, les molécules sont souvent transportées (dans le sang ou la sève).

Info +

Chez les végétaux, la **sève brute** transporte l'eau et les sels minéraux des racines jusqu'aux feuilles, tandis que la **sève élaborée** transporte les molécules organiques fabriquées par photosynthèse vers l'ensemble des cellules.

SVT

7 Du génotype au phénotype : variation et environnement

▸▸▸ Comment le phénotype d'un individu est-il déterminé par son génotype, mais aussi par son environnement ?

1 Les caractères : points communs et variation

- En biologie, **un caractère est une caractéristique** présente chez un individu.
- Les caractères **spécifiques** sont identiques chez tous les individus d'une même espèce. D'autres caractères peuvent varier d'un individu à l'autre : ce sont les caractères **individuels**.
- Les caractères **héréditaires** se transmettent de génération en génération. Certains caractères sont modifiés par des **facteurs environnementaux** (alimentation, pratique sportive, tabagisme…) et ne sont pas héréditaires.
- **L'ensemble des caractères d'un individu est son phénotype.**

2 L'origine des caractères héréditaires

Info +

Pour établir un **caryotype**, les généticiens prennent une « photo » du **noyau d'une cellule en cours de division**. Grâce à un logiciel de traitement d'image, ils **classent les chromosomes par paire** (une paire est constituée de deux chromosomes de même taille), **par taille décroissante**, avec la paire de chromosomes sexuels en dernière position.

Attention !

X et Y sont les **noms des chromosomes sexuels**, pas leur forme. Ils ont tous les deux à peu près la **même forme**, mais le chromosome X est beaucoup plus grand que le chromosome Y.

- Les informations à l'origine des caractères héréditaires sont contenues **dans le noyau des cellules**, sous la forme d'une molécule appelée **ADN** (acide désoxyribonucléique).
- L'ADN est, à certains moments de la vie de la cellule, condensé et compacté sous la forme de bâtonnets : les **chromosomes**. L'ADN et les chromosomes sont donc le support de l'information génétique.
- Un **caryotype** est une représentation de l'ensemble des chromosomes d'une cellule d'un individu. Chaque cellule d'un être humain présente 23 paires de chromosomes.
- L'une des paires est constituée des chromosomes sexuels : **deux chromosomes X chez la femme ; un chromosome X et un chromosome Y chez l'homme**. Un nombre anormal de chromosomes entraîne des **anomalies génétiques** plus ou moins graves, empêchant parfois le développement de l'embryon.

3 Les gènes et leurs allèles

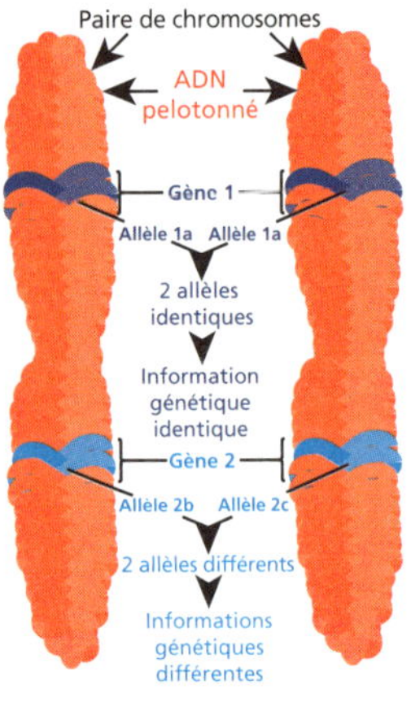

Deux gènes et leurs allèles sur une paire de chromosomes

- Les chromosomes contiennent de nombreux **gènes**. Les gènes correspondent à des informations génétiques. Un gène est un **morceau de chromosome (donc d'ADN) à l'origine d'un caractère héréditaire**.
- L'ensemble des gènes d'un individu est appelé le **génome**. Comme les chromosomes sont associés par paire, chaque gène est donc présent en deux exemplaires dans une cellule : un exemplaire sur un chromosome d'une paire, l'autre sur le deuxième de la même paire, au même endroit.
- Un gène peut exister sous plusieurs versions. **Chaque version d'un gène est appelée un allèle.** Pour chaque gène, on peut posséder soit deux fois le même allèle, soit deux allèles différents. L'ensemble des allèles constitue le génotype. Lorsque les deux allèles sont différents, soit un seul allèle s'exprime (l'allèle est **dominant** par rapport à l'autre allèle qui est **récessif**), soit les deux allèles s'expriment (ils sont **co-dominants**) et déterminent ensemble le caractère.

▸▸▸ **BILAN** L'être humain possède de nombreux caractères en commun, mais certains varient d'un individu à l'autre. Ceci est dû aux différents allèles des gènes. Le phénotype dépend ainsi du génotype, mais aussi de notre environnement.

Cycle cellulaire et stabilité génétique des individus

▶▶▶ Comment les cellules d'un individu se renouvellent-elles tout en conservant les mêmes informations génétiques ?

1 De la cellule-œuf à l'organisme

▪ Les cellules d'un organisme pluricellulaire contiennent toutes les mêmes informations génétiques que la **cellule-œuf** dont elles proviennent par multiplication cellulaire.

▪ La **multiplication cellulaire**, c'est quand une **cellule donne deux nouvelles cellules** génétiquement identiques au cours d'un **cycle cellulaire**.

▪ Ce processus permet de fabriquer de nouvelles cellules, soit pour grandir et se développer, soit pour remplacer les cellules mortes (comme le remplacement des cellules de la peau par exemple).

> **Mot-clé**
> La **cellule-œuf** est la cellule résultant de la fécondation : **fusion** de deux cellules reproductrices (d'un gamète mâle, le **spermatozoïde**, et d'un gamète femelle, l'**ovule**). C'est la première cellule du futur individu.

▪ La cellule-œuf **multiplie par deux son nombre de cellules à chaque cycle**. On obtient ainsi deux cellules, puis quatre, puis huit, puis seize, etc. jusqu'à former un embryon composé de millions de cellules.

▪ Certains organismes se multiplient par **reproduction asexuée** (sans sexe) : par exemple, des bactéries et des champignons unicellulaires, mais aussi des végétaux comme les pommes de terre, les oignons, etc.

▪ À partir de quelques cellules, ils sont capables de former de nouveaux individus identiques : des clones.

2 Les étapes du cycle cellulaire

▪ **Interphase** : période de **duplication** de l'ADN, la cellule-mère copie l'ADN à l'origine de chaque chromosome. L'**ADN est peu condensé**, pas encore compacté sous la forme de chromosomes, mais on obtiendra ainsi des chromosomes doubles en début de mitose.

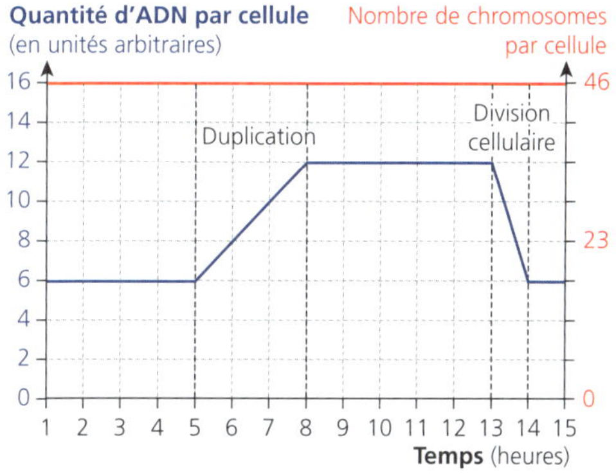

Évolution de la quantité de chromosomes et d'ADN au cours de la multiplication cellulaire

▪ **Mitose (ou division cellulaire)** : période où l'**ADN se condense sous la forme de chromosomes** doubles, formés de deux chromatides. Les chromatides de chaque chromosome double **se séparent**. On obtient deux lots de chromosomes simples, à une chromatide, séparés par une nouvelle membrane cellulaire.

▪ Les **deux nouvelles cellules-filles** contiennent donc chacune 23 paires de chromosomes **identiques à ceux de la cellule-mère : l'information est conservée au cours du cycle cellulaire.**

> **Mot-clé**
> On appelle **cellule-mère** la cellule qui va se diviser. Les cellules-filles sont les deux cellules obtenues grâce à la division : elles contiennent chacune la même information génétique que la cellule-mère.

▶▶▶ BILAN Un cycle cellulaire permet d'obtenir deux cellules à partir d'une seule cellule-mère. Pour cela, la cellule duplique son ADN avant d'en répartir (sous la forme de chromosomes) une copie dans chaque cellule-fille issue de la mitose. Il y a stabilité génétique car les deux cellules-filles sont génétiquement identiques à la cellule-mère. Ce processus permet aux êtres vivants unicellulaires de se multiplier, aux pluricellulaires de renouveler leurs cellules, voire pour certains de former de nouveaux individus par reproduction asexuée.

9 Reproduction sexuée et diversité génétique des individus

▶▶▶ Comment un couple obtient-il des enfants tous différents les uns des autres?

1 Reproduction sexuée et fécondation

- La **reproduction sexuée**, chez les animaux comme chez les végétaux, consiste en l'union d'une cellule reproductrice mâle et d'une cellule reproductrice femelle.
- La **fécondation**, c'est la rencontre et la **fusion de ces deux cellules reproductrices**, aboutissant à la formation d'une cellule-œuf (à l'origine d'un nouvel individu).

2 Reproduction sexuée et milieux de vie

Mot-clé
Les **cellules reproductrices** sont appelées **gamètes**. Les gamètes mâles sont appelés **spermatozoïdes** quand ils se déplacent en nageant dans un liquide. Les gamètes femelles sont souvent plus gros et sont appelés **ovules**.

- La **fécondation externe**, fréquente en milieu aquatique, est caractérisée par la production de nombreuses **cellules reproductrices** et par de nombreuses pertes (cellules reproductrices qui ne se rencontrent pas, exposition aux prédateurs, etc.). La **fécondation interne** (dans l'organisme maternel) est caractérisée par la production de cellules reproductrices en nombre plus réduit mais avec des pertes moins importantes (grâce à la protection des cellules reproductrices, des œufs, des jeunes, etc.).
- Dans tous les cas, la reproduction sexuée permet aux individus d'**assurer leur descendance** et donc aux espèces de se maintenir dans leur milieu.
- Les **conditions du milieu** (ex: nourriture, température, précipitations, espèces concurrentes, prédateurs…) influent sur la reproduction sexuée et donc sur le devenir d'une espèce. **L'Homme peut aussi influer sur la reproduction sexuée des espèces et donc sur la biodiversité.** Il peut:
– porter atteinte à la biodiversité par la pollution, la déforestation, la chasse et la pêche excessives, la monoculture, l'introduction de nouvelles espèces, etc.
– préserver la biodiversité en mettant en place des réserves naturelles, en établissant des quotas et des normes anti-pollution, en limitant ou en interdisant la chasse et la pêche, etc.
– recréer une biodiversité en réintroduisant des espèces, en reboisant, etc.

3 La formation des cellules reproductrices

- Les cellules reproductrices contiennent 23 chromosomes en un seul exemplaire chez l'être humain. Leur formation est le résultat d'un cycle cellulaire particulier qui aboutit à l'**obtention de quatre nouvelles cellules**, grâce à une **interphase suivie de deux divisions: c'est la méiose**.
- Lors de la 1re division, un chromosome de chaque paire est réparti au hasard dans les deux cellules-filles. Lors de la 2e division, les deux chromatides de chaque chromosome sont séparées dans les quatre gamètes ainsi formés.

4 La fécondation

- Lors de la fécondation, chaque chromosome du gamète mâle s'associe à un chromosome du gamète femelle: ils **reforment ainsi des paires de chromosomes dans la cellule-œuf**. Le nouvel individu a reçu, pour chaque paire, un chromosome de son père et un chromosome de sa mère.
- La **répartition des chromosomes dans les gamètes** et la **rencontre des gamètes lors de la fécondation**, qui s'effectuent tous deux **au hasard**, sont à l'origine de la **diversité génétique**.

▶▶▶ BILAN La reproduction sexuée est source de diversité génétique grâce aux modes de formation des gamètes et de fécondation. Ces deux processus répartissent les gènes des parents au hasard dans les gamètes et dans la cellule-œuf.

L'évolution de la biodiversité au cours des temps géologiques

▶▶▶ Comment reconstituer la biodiversité passée et étudier l'évolution ?

1 Observer le présent pour comprendre le passé

▪ Les scientifiques observent le monde actuel (ex : les êtres vivants, les milieux de vie, les paysages) pour mieux comprendre les traces du passé enregistrées dans les roches sédimentaires ; ils en déduisent les conditions d'autrefois et reconstituent les anciens milieux de vie. **Les roches sédimentaires sont donc des « archives » des anciens milieux de vie.**

▪ Pour cela, les scientifiques utilisent les strates (les couches) des roches sédimentaires, le type de sédimentation et les fossiles :
– **l'empilement des strates** permet de connaître leur âge relatif, leur étendue permet de connaître l'étendue géographique (surface) du milieu passé ;
– **certaines traces dans les sédiments** permettent de connaître le milieu de vie et le climat passés ;
– **les fossiles** permettent de connaître les êtres vivants et de donner des indices à propos du milieu de vie et du climat.

▪ L'étude des roches sédimentaires montre que depuis plus de trois milliards d'années des groupes d'êtres vivants sont apparus sur Terre, se sont développés, se sont raréfiés ou ont disparu.

▪ Toutes les espèces, y compris l'espèce humaine *Homo sapiens*, sont le fruit du processus de l'évolution.

Mot-clé
Les **roches sédimentaires** sont des « archives » car elles constituent des « enregistrements » des conditions biologiques et géologiques du passé (ex : êtres vivants, climat, etc.).

Info +
Comme pour les êtres vivants actuels, les scientifiques peuvent déterminer le groupe auquel appartient un **fossile** et le disposer dans la **classification des êtres vivants**.

2 La comparaison des espèces et leur origine commune

▪ La comparaison des espèces indique la présence de caractères différents, mais également de caractères communs, **indices d'une parenté**. Plus des êtres vivants possèdent de caractères communs, plus ils sont proches parents l'un de l'autre.

▪ Tous les êtres vivants, y compris l'Homme, sont **formés de cellules et d'ADN**. Ce caractère commun indique sans ambiguïté une **origine commune à tous les êtres vivants**.

3 L'apparition de nouveaux caractères et l'évolution des espèces

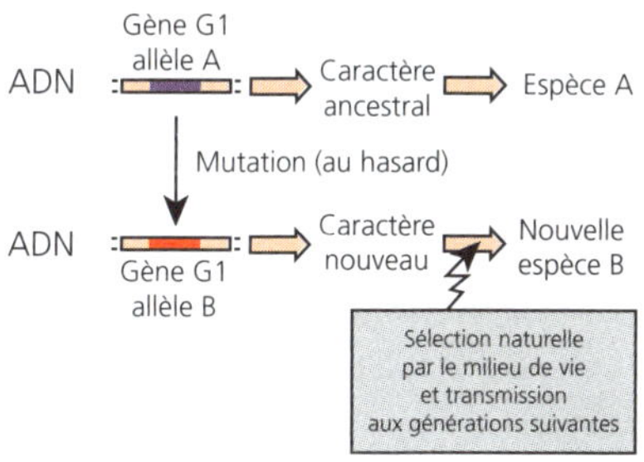

◀ *Mutation d'un gène et évolution de l'espèce*

Mot-clé
Une **mutation** est une modification de l'ADN et donc de l'information génétique. Elle a lieu **au hasard** et peut être à l'origine de la modification d'un caractère et de sa dissémination.

▪ Une espèce présente des **caractères ancestraux** mais aussi des **caractères nouveaux** par rapport à une espèce antérieure dont elle est issue.

▪ Les caractères nouveaux (avantageux ou non) apparaissent grâce aux **mutations**. En fonction des conditions de vie du milieu, il y a une **sélection naturelle** en faveur des mutations avantageuses. Si la mutation est transmise aux générations suivantes, l'espèce sera favorisée

▪ **L'évolution, c'est le processus de modification des espèces au cours du temps.**

▶▶▶ BILAN C'est en étudiant les roches sédimentaires et leurs fossiles que l'on peut reconstituer les milieux de vie ainsi que la biodiversité du passé. La comparaison des êtres vivants actuels et des fossiles indique une origine commune. L'évolution des espèces se réalise grâce aux mutations de l'ADN et à la sélection naturelle par le milieu de vie.

SVT

11 Les relations entre l'histoire de la Terre et la biodiversité

▶▶▶ Comment les facteurs géologiques et les êtres vivants ont-ils interagi au cours de l'histoire de la Terre ?

1 L'influence des conditions géologiques sur le développement des êtres vivants

Mots-clés

1 Ma = 10^6 ans
= 1 million d'années.
1 Ga = 10^9 ans
= 1 milliard d'années.
En géologie, les temps passés sont **notés en négatif**. La valeur 0 correspond au temps présent.

Mot-clé

Une **crise biologique**, ou crise de la biodiversité, se caractérise par :
- une **diminution** importante de la biodiversité ;
- une durée géologiquement **courte** (quelques millions d'années) ;
- un phénomène **mondial** (réchauffement du climat, volcanisme, météorite, etc.).

- Il y a 4,6 **Ga**, **les planètes du système solaire, et notamment la Terre, se forment** grâce à l'accumulation d'éléments en orbite autour du Soleil. La température passe de plus de 1 000 °C à moins de 100 °C entre –4,5 et –4 Ga. **L'eau peut alors rester à l'état liquide** : les océans se forment et les **premiers êtres vivants** apparaissent **vers –3,5 Ga.**
- Des **événements géologiques majeurs** ont affecté la surface de la Terre depuis son origine en modifiant les milieux et les conditions de vie : chute de grosses météorites, éruptions volcaniques massives, tectonique des plaques ou encore variations climatiques.
- Ces modifications de l'environnement, notamment lors des grandes **crises biologiques**, sont à l'origine de la **sélection** de formes de vie adaptées. Par exemple, à la limite **Crétacé-Tertiaire** il y a 65 Ma, de nombreuses espèces ont disparu (extinctions), parmi lesquelles les dinosaures par exemple, mais ensuite des groupes tels que les oiseaux et les mammifères ont connu une importante diversification (augmentation de la biodiversité).

2 Les êtres vivants à l'origine de modifications géologiques

- Les plus anciens fossiles qu'on ait retrouvés sont âgés de –3,45 Ga : ce sont des **cyanobactéries**. Ces bactéries vivent dans des eaux pauvres en O_2 (dioxygène) et rejettent elles-mêmes du O_2. Elles ont contribué à la **modification de la composition des océans puis de l'atmosphère** (enrichissement en dioxygène, formation de la **couche d'ozone**), changeant ainsi les conditions de vie sur Terre.
- Les événements biologiques et géologiques ayant affecté la Terre sont utilisés pour subdiviser les temps géologiques **en ères et en périodes**.

Rappel !

La formule chimique de l'ozone est O_3. La couche d'ozone dans la haute atmosphère protège les êtres vivants des rayons UV (ultraviolets) venant du Soleil.

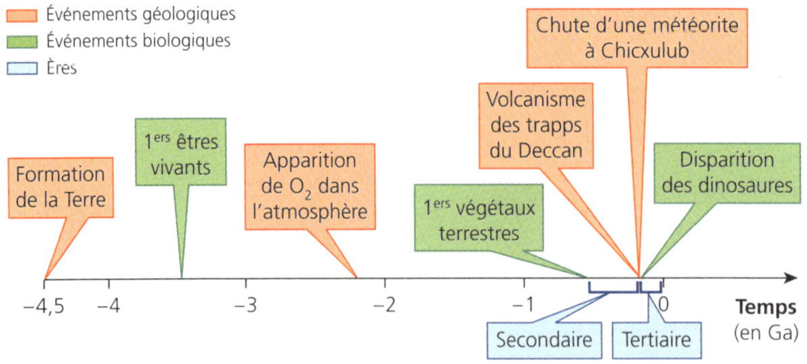

Quelques événements de l'histoire de la Terre

▶▶▶ BILAN Les facteurs géologiques et biologiques ont interagi tout au long de l'histoire de la planète. La mise en place de certaines conditions géologiques, physiques et chimiques (ex : température entre 0 et 100 °C, présence d'eau, atmosphère, etc.) a rendu la vie possible. Les êtres vivants ont modifié la composition chimique des océans et de l'atmosphère (ex : enrichissement en O_2). Certains événements géologiques ont également modifié la biodiversité (ex : crises biologiques).

Nutrition, hygiène et santé

▸▸▸ Comment se procurer les nutriments essentiels pour un organisme en bonne santé ?

1 L'énergie au niveau des organes

- Pour fonctionner, nos cellules utilisent de l'**énergie**. Il existe **plusieurs formes d'énergie** : thermique (chaleur), chimique (nutriments…), motrice (mouvements du corps).
- On ne fabrique pas l'énergie, mais on la convertit, on la transforme. Les cellules convertissent l'énergie chimique des nutriments et du O_2 en énergie utilisable (par exemple, l'énergie motrice des cellules musculaires) et en énergie thermique. Les cellules libèrent aussi des déchets (CO_2, urée, eau…). Le fonctionnement d'une cellule est appelé **métabolisme**.

> **Mot-clé**
> L'**énergie** est ce qui permet à l'organisme de vivre. Elle est mesurée en kilojoules (kJ) ou en kilocalories (kcal).

2 La transformation des aliments en nutriments

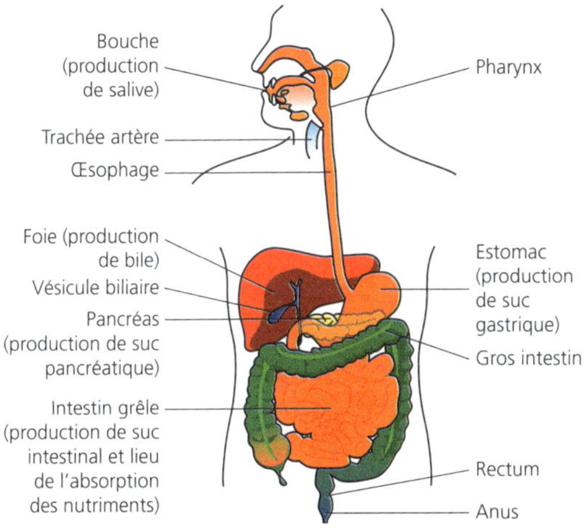

◂ *L'appareil digestif de l'être humain*

> **Mot-clé**
> Une **enzyme** est capable de « couper » les aliments (grosses molécules) en nutriments (petites molécules) utilisables par notre organisme.

- La transformation de la plupart des aliments en nutriments s'effectue dans le tube digestif sous l'action d'**enzymes digestives**. Ces **transformations chimiques** complètent l'**action mécanique** (mastication et mouvements de l'estomac).
- Les enzymes digestives sont contenues dans les **sucs digestifs** fabriqués par différents organes et déversés dans le tube digestif : la salive (bouche), le suc gastrique (estomac), la bile (foie), le suc pancréatique (pancréas) et le suc intestinal (intestin grêle).
- Certains éléments présents dans nos aliments n'ont pas besoin d'être digérés : eau, vitamines et sels minéraux.

3 Le devenir des nutriments

- **Le passage des nutriments dans le sang a lieu tout au long de l'intestin grêle, dont la grande surface favorise l'absorption.** Les organes utilisent les nutriments (comme le glucose) comme source d'énergie.
- **Pour être en bonne santé, il est nécessaire que les apports (liés à l'alimentation) et les dépenses (liées à l'activité physique) énergétiques soient équilibrés.** Des apports énergétiques supérieurs ou inférieurs aux besoins de l'organisme favorisent certaines maladies : obésité, diabète, maladies cardio-vasculaires… D'autres comportements sont également bénéfiques : avoir une activité physique régulière, éviter de grignoter et de fumer.

> **Attention !**
> Comme les solides, les **liquides de notre alimentation** sont digérés et absorbés **dans l'intestin grêle**. Une partie des liquides et des solides (ex : fibres des végétaux) n'est pas absorbée et se retrouve dans les selles.

▸▸▸ **BILAN** Les enzymes des sucs digestifs transforment les aliments en nutriments. Les nutriments sont alors absorbés au niveau des muqueuses intestinales puis transportés par le sang jusqu'aux organes et leurs cellules. Pour être en bonne santé, une alimentation équilibrée, en quantité et en qualité, est nécessaire.

13 Contamination, infection et réactions immunitaires

▶▶▶ Comment les microbes nous rendent-ils malades et comment notre organisme lutte-t-il contre eux ?

1 La contamination

Mots-clés
La **peau** recouvre la surface visible de notre corps : mains, tête, jambes… Les **muqueuses** recouvrent les surfaces internes : muqueuses respiratoire, digestive, génitale…

▪ De nombreux micro-organismes sont présents dans notre environnement. Certains sont **pathogènes** : ils sont à l'origine de maladies. Lorsque des micro-organismes **franchissent la peau ou les muqueuses (pénétration dans l'organisme)**, c'est la **contamination**. Ils se transmettent entre individus : par l'air, l'eau, la nourriture, les objets, le sang, lors de rapports sexuels…

2 L'infection

Attention !
Tous les microbes ne sont **pas pathogènes** ! Notre corps est constitué d'environ 10^{14} cellules, mais nos intestins abritent aussi 10^{14} bactéries indispensables au **bon fonctionnement de notre appareil digestif**.

▪ Après la contamination, les micro-organismes pathogènes entraînent une **infection : ils se multiplient et provoquent des troubles dans l'organisme**. L'infection microbienne se caractérise par :
– la multiplication des bactéries dans le sang ou les organes ;
– la multiplication des virus à l'intérieur des cellules.

3 Les réactions immunitaires rapides

▪ L'organisme détecte la présence d'éléments étrangers grâce à son **système immunitaire**. Une réaction rapide, la **phagocytose**, permet de stopper l'infection. La phagocytose est réalisée par certains **leucocytes** : les **phagocytes**. Ils reconnaissent les éléments étrangers, les absorbent et les détruisent.

▪ La destruction de l'élément étranger se fait grâce à des **enzymes** présentes dans le cytoplasme du phagocyte. Ces enzymes sont des protéines qui vont « découper » l'intrus en petits morceaux. Le plus souvent, la phagocytose réussit à stopper l'infection rapidement : on ne tombe pas malade.

4 Les réactions immunitaires lentes

▪ Quand l'agent infectieux est trop virulent et n'est pas éliminé par la phagocytose, des **réactions lentes** se mettent alors en place. Le micro-organisme porte à sa surface des molécules, appelées **antigènes**, que les **lymphocytes** reconnaissent comme étrangères à notre organisme. Les lymphocytes **spécifiques** de cet antigène se multiplient rapidement dans certains organes (ex : ganglions lymphatiques).

▪ Les **lymphocytes B** fabriquent des molécules capables de se fixer sur les antigènes et de les neutraliser : ce sont des **anticorps**. Chaque anticorps est **spécifique** d'un antigène (il ne fonctionne que sur lui seul) et permet de neutraliser le micro-organisme.

▪ Les **lymphocytes T** détruisent les cellules infectées par un **virus** en se collant à elles et en les perforant. Leur action est également spécifique : ils n'agissent que sur les cellules infectées portant les antigènes spécifiques d'un virus.

Attention !
Quand le malade possède **dans son sang un anticorps** élaboré contre un antigène, on dit que le malade est **séropositif** pour cet anticorps. On peut ainsi être séropositif pour d'autres anticorps que ceux fabriqués contre le VIH.

▶▶▶ **BILAN** Parmi les micro-organismes, beaucoup sont inoffensifs, voire bénéfiques, mais d'autres sont pathogènes. On tombe malade si des microbes pathogènes nous contaminent, nous infectent et que la phagocytose échoue. Le système immunitaire est encore capable de réagir grâce aux lymphocytes. Des réactions lentes se mettent en place (ex : production d'anticorps) et l'on guérit généralement après quelques jours.

La lutte contre les perturbations du système immunitaire

▶▶▶ Comment lutter contre les microbes ? Comment ceux-ci perturbent-ils notre système immunitaire ?

1 L'asepsie

- L'**asepsie** est une méthode **préventive** qui consiste à limiter le plus possible le nombre de micro-organismes pathogènes, afin de **réduire les risques de contamination**.
- L'asepsie est pratiquée dans de nombreux domaines : stérilisation du matériel médical, pasteurisation des aliments, lavage des mains, préservatif…
- L'utilisation du préservatif permet d'empêcher la contamination par les micro-organismes responsables des MST ou IST (maladies ou infections sexuellement transmissibles), notamment le VIH.

2 L'antisepsie

- L'**antisepsie** est une méthode **curative** qui s'applique après la contamination ou l'infection, afin de réduire les risques d'infection ou son développement. On utilise des produits capables de **détruire les microbes** : produits antiseptiques pour désinfecter, antibiotiques…
- Les **antibiotiques** permettent **d'éliminer des bactéries pathogènes, mais pas les virus**. Les antibiotiques sont spécifiques : un antibiotique est efficace contre certaines bactéries, mais pas contre toutes.

3 La mémoire immunitaire et la vaccination

- Les **lymphocytes mémoire** sont le support de la **mémoire immunitaire** vis-à-vis d'un antigène, ce qui permet aux réactions spécifiques d'être plus rapides et plus efficaces lors de contacts ultérieurs avec cet antigène.
- C'est sur ce principe que repose la **vaccination**, méthode **préventive et durable** qui consiste à **présenter au système immunitaire des antigènes** portés par des micro-organismes responsables d'une maladie afin que le système « s'habitue » à les combattre et les inscrive dans sa mémoire immunitaire.

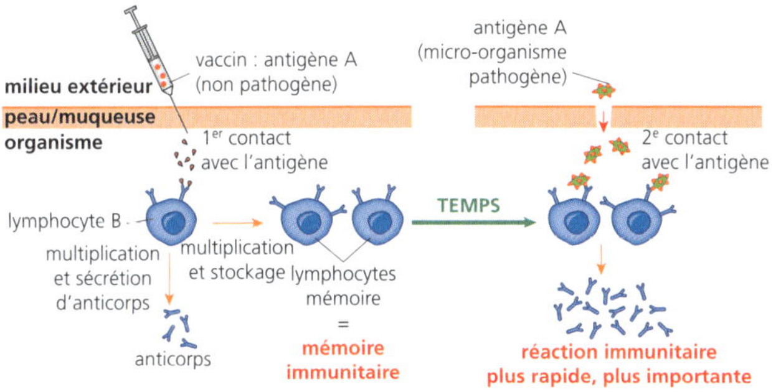

Rôle des lymphocytes B dans la vaccination

Info +
Le système immunitaire peut parfois fonctionner de façon excessive en réagissant à des molécules non pathogènes (pollen, latex, acariens, maquillage, aliments…) : ce sont les **allergies**.

4 Le SIDA et les perturbations du système immunitaire

- Le système immunitaire est parfois perturbé dans son fonctionnement (il fonctionne mal : soit trop, soit trop peu).
- Le **VIH** entraîne la diminution de la production d'anticorps et parasite les lymphocytes T dans lesquels il se multiplie, entraînant leur destruction. Quand ces lymphocytes deviennent trop peu nombreux, la protection immunitaire est amoindrie (on est alors **immunodéficient**), des micro-organismes pathogènes peuvent facilement nous infecter : des maladies opportunistes se développent et peuvent être mortelles.

Mot-clé
Le **VIH** (virus de l'immunodéficience humaine), qui se transmet par voie génitale et sanguine, provoque une immunodéficience appelée SIDA (syndrome de l'immunodéficience acquise). Un test de séropositivité permet de déterminer si une personne a été contaminée par le VIH.

▶▶▶ **BILAN** Pour lutter contre les microbes, on utilise les techniques d'asepsie, d'antisepsie et de vaccination. De leur côté, certains microbes tels que le VIH s'attaquent à notre système immunitaire.

SVT

15 Système nerveux, drogues et dopage

▶▶▶ Comment le système nerveux joue-t-il un rôle dans la communication entre les organes ? Comment son fonctionnement peut-il être perturbé ?

1 Le cerveau, organe central du système nerveux

Info +
Le corps humain contient **15 milliards de neurones** (cellules nerveuses) au total :
- 9 milliards de neurones sont dans le cerveau ;
- 6 milliards de neurones sont répartis dans le reste du corps (moelle épinière et nerfs).

- Le **système nerveux** met en relation les **organes sensoriels** et les **organes effecteurs** (par exemple, les muscles).
- Ces communications, très rapides, s'effectuent au sein d'un réseau de cellules nerveuses : les **neurones**.

Sens	Organe	Stimulation
vue	œil	lumière
ouïe	oreille	sons
odorat	nez	substances chimiques présentes dans l'air
goût	langue	substances chimiques présentes dans les aliments
toucher	peau	chaleur, pression

Les cinq sens : un des classements des organes sensoriels

Attention !
Dès la naissance, on possède tous nos neurones. Ces cellules ne se divisent plus : elles ne sont pas remplacées au cours de notre vie. Il est donc important de les préserver !

- Un mouvement peut répondre à une stimulation extérieure, reçue par un organe sensoriel (récepteur). De ce récepteur naît alors un **message nerveux sensitif** qui est transmis aux **centres nerveux** (cerveau et moelle épinière) par un nerf sensitif. Le centre nerveux qui reçoit le message nerveux sensitif l'**analyse** (c'est la perception), puis élabore en réponse un **message nerveux moteur**. Il est transmis au muscle (organe effecteur) par un nerf moteur.

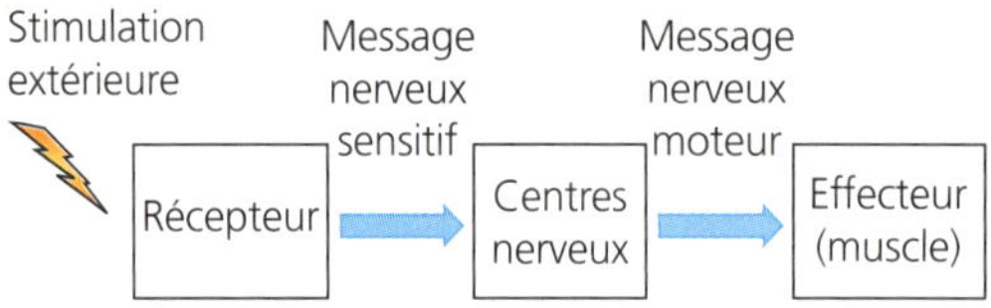

La commande du mouvement

2 Les perturbations du système nerveux

- Le fonctionnement du système nerveux peut être **perturbé** (augmentation des temps de réaction, troubles du sommeil, violence…) dans certaines **situations** (stress, fatigue…) ou par la consommation de certaines **substances** (alcool, drogue…).

Mot-clé
Une **drogue** est une molécule qui perturbe le fonctionnement du cerveau et qui entraîne une dépendance. Certaines sont illégales (cocaïne, héroïne), d'autres sont légales (nicotine, caféine), mais leur usage peut être réglementé dans le cadre sportif (dose de caféine qui ne doit pas dépasser un certain seuil).

- Les molécules constituant les **drogues** se fixent sur les récepteurs des neurones et perturbent le fonctionnement de ces neurones. À plus ou moins long terme, elles entraînent des **phénomènes d'accoutumance et de dépendance**.
- Les récepteurs sensoriels peuvent être altérés ou détruits par des agressions de l'environnement : **chocs, brûlures, bruits** (ex : l'exposition à un bruit excessif provoque des lésions de l'oreille interne et des pertes d'audition chez les adolescents et les adultes), etc.
- Afin de repousser les limites du corps, certains utilisent des **produits dopants** qui ont des effets secondaires, notamment sur le système nerveux (troubles du comportement, etc.).

▶▶▶ **BILAN** Le système nerveux, dont le cerveau est l'organe le plus important, joue un rôle dans la réception et l'intégration des informations. Les neurones, qui transmettent ces informations, sont des cellules qui ne se renouvellent pas. Il est donc essentiel de les protéger vis-à-vis de certaines situations et consommations (fatigue, drogues, dopage…).

Puberté et reproduction

▸▸▸ Comment l'appareil reproducteur permet-il d'obtenir un nouvel individu ?

1 Les modifications corporelles à la puberté

▪ L'être humain devient apte à se reproduire à la **puberté** :
– **les caractères sexuels secondaires** apparaissent (pilosité, voix, taille, musculature…) ;
– les **organes reproducteurs** du garçon et de la fille deviennent **fonctionnels**.

▪ La puberté dure quelques années. Elle est plus ou moins précoce selon les individus.

Info +
Les caractères sexuels primaires sont présents dès la naissance : ce sont les organes reproducteurs.

2 Le fonctionnement des appareils reproducteurs

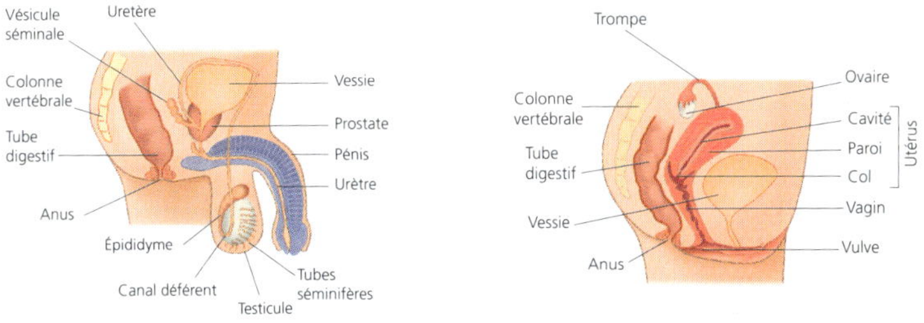

Les appareils reproducteurs

▪ Le fonctionnement de l'appareil reproducteur **masculin** est **continu**. Il fabrique sans arrêt des **spermatozoïdes** (environ 1 000 par seconde), de la puberté jusqu'à la mort.

▪ Le fonctionnement de l'appareil reproducteur **féminin** est **cyclique** (il dure 28 jours), de la puberté jusqu'à la **ménopause**, vers 50 ans.

▪ À chaque **cycle menstruel** :
– la couche superficielle de la paroi de l'utérus s'épaissit puis est éliminée sous la forme d'un écoulement de sang ; ce sont **les règles (les menstruations)**, qui annoncent le début d'un cycle et qui durent environ 5 jours ;
– un des ovaires libère un **ovule** dans l'une des deux trompes ; c'est l'**ovulation**, qui a lieu le 14e jour du cycle.

Attention !
Ces valeurs sont des moyennes : les cycles ne sont pas toujours réguliers.

3 La formation d'un nouvel individu

▪ Lors d'un rapport sexuel, environ 300 millions de spermatozoïdes sont expulsés par le pénis lors de l'éjaculation du **sperme** et sont déposés dans le **vagin**. Une partie des spermatozoïdes franchit le col de l'utérus, passe par l'utérus jusqu'aux trompes où se trouve éventuellement un ovule. La **fécondation**, fusion entre l'ovule et un spermatozoïde, a lieu dans l'une des deux trompes : on obtient une **cellule-œuf**.

▪ La cellule-œuf subit de nombreuses divisions cellulaires pour devenir un embryon. Si un **embryon** (jusqu'au 3e mois de grossesse), qui deviendra un **fœtus** (du 4e au 9e mois), s'implante dans l'utérus, la paroi utérine reste épaisse : **les règles sont absentes** (un des premiers signes de grossesse).

▪ Des **échanges entre la mère et le fœtus** permettent d'assurer les besoins du futur enfant. Ils sont réalisés **grâce au placenta et au cordon ombilical** :
– les nutriments et le dioxygène passent de la mère au fœtus (mais aussi les virus, la nicotine, l'alcool ou les drogues) ;
– les déchets et le dioxyde de carbone produits par le fœtus passent du fœtus à la mère.

▪ Lors de l'accouchement, les **contractions de l'utérus**, les mouvements du bébé et l'aide du personnel médical permettent la naissance de l'enfant.

Mot-clé
Le **sperme** est un liquide contenant les spermatozoïdes et des substances fabriquées par la prostate et la vésicule séminale. Ces substances permettent de nourrir et de conserver les spermatozoïdes.

Attention !
Le **cordon ombilical** relie le fœtus au placenta de la mère, mais pas le nombril du fœtus au nombril de la mère ! Le nombril est la cicatrice laissée par le cordon ombilical : il ne repousse jamais après la naissance.

▸▸▸ **BILAN** À partir de la puberté, des cellules reproductrices sont fabriquées ou libérées. La fécondation aboutit à la formation d'une cellule-œuf. L'embryon puis le fœtus sont reliés à la mère : leur bon développement dépend notamment de l'hygiène de vie de celle-ci.

17 Hormones, sexualité et reproduction

▸▸▸ Comment les hormones agissent-elles ?
Comment utilise-t-on les hormones pour contrôler notre reproduction ?

1 Les hormones

▪ Une **hormone** est une substance, fabriquée par un organe, libérée et transportée dans le sang, qui agit sur le fonctionnement d'un ou plusieurs organes cibles.

▪ L'appareil reproducteur est contrôlé par des hormones. La puberté est due à une augmentation progressive des concentrations sanguines de certaines hormones fabriquées par le cerveau. Ces hormones **déclenchent le développement des testicules et des ovaires**, qui libèrent à leur tour d'autres hormones (la **testostérone** fabriquée par les testicules, la **progestérone** et les **œstrogènes** fabriqués par les ovaires) qui **entraînent l'apparition des caractères sexuels secondaires**. Elles **contrôlent aussi le cycle menstruel féminin** (ex : la diminution des hormones ovariennes **déclenche les règles**).

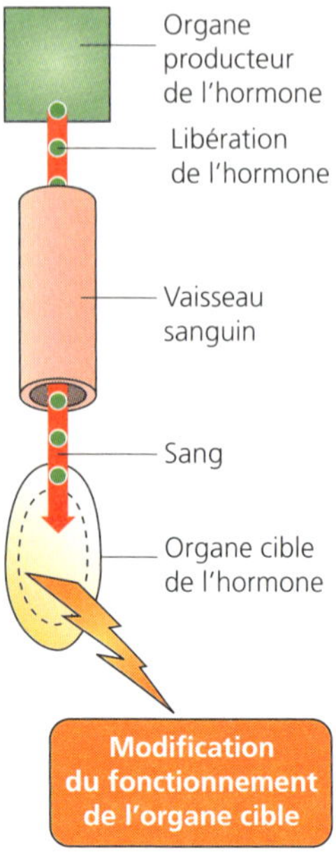

Schéma fonctionnel de l'action d'une hormone ▸

2 La maîtrise de la reproduction humaine

Mot-clé

Le **stérilet** ou DIU (dispositif intra-utérin) est une méthode de contraception mécanique et chimique, disposée dans l'utérus, qui empêche le passage des spermatozoïdes et bloque l'éventuelle implantation d'un embryon.

Info +

Un effet **contraceptif** empêche la fécondation. Un effet **contragestif** empêche la nidation de l'embryon. Un effet abortif agit après l'implantation de l'embryon (IVG : interruption volontaire de grossesse).

Info +

La **pilule contraceptive** contient des hormones qui agissent sur plusieurs organes cibles : les **ovaires** (pour empêcher l'ovulation) ; la **glaire cervicale**, gel situé dans le col de l'utérus (pour la rendre visqueuse et gêner le passage des spermatozoïdes) ; l'**utérus** (pour rendre sa paroi incapable d'accueillir un embryon).

▪ La **contraception** désigne les **méthodes utilisées pour éviter, de façon réversible et temporaire, une grossesse**. La contraception peut être **chimique ou mécanique** : pilule, implant contraceptif, **stérilet** (DIU), préservatif… Elle concerne la femme ainsi que l'homme.

▪ Les méthodes utilisées sont soit à effet **contraceptif**, soit à effet **contragestif**, soit les deux. La diversité des méthodes de contraception permet à chacun de choisir la plus appropriée.

▪ La **pilule** est une méthode de contraception chimique destinée à la femme (elle contient des hormones qui contrôlent l'appareil reproducteur féminin). Il existe plusieurs sortes de pilules :
– les **pilules contraceptives**, qui agissent de façon préventive pour empêcher l'ovulation en freinant le passage des spermatozoïdes et en bloquant une éventuelle implantation d'embryon ;
– la **pilule d'urgence, appelée « pilule du lendemain »**, qui est à utiliser de façon exceptionnelle et le plus rapidement possible après le rapport sexuel.

▪ Le **préservatif** est une méthode de contraception mécanique qui bloque le passage des spermatozoïdes. C'est la seule méthode qui **protège des MST/IST** (maladies/infections sexuellement transmissibles), comme le SIDA par exemple.

▪ Les **méthodes de procréation médicalement assistée (PMA)** peuvent permettre à un couple stérile de donner naissance à un enfant.

▸▸▸ **BILAN** Les hormones, dont la production varie à la puberté, transmettent des informations aux organes. Elles sont également utilisées artificiellement dans la pilule contraceptive. Il existe d'autres méthodes de contraception, comme le préservatif. La PMA permet au contraire de favoriser la conception d'un enfant.

Matière à grande et petite échelle

1 Cours

a/ De l'infiniment petit à l'infiniment grand

- L'Homme se situe à un niveau intermédiaire entre le monde **microscopique** (l'infiniment petit) et le monde **cosmique** (l'infiniment grand).
- Des objets les plus petits (microbe, cellule…) aux objets les plus grands de l'Univers (étoile, galaxie…), la matière est partout constituée d'**atomes**.
- L'espace est essentiellement constitué de vide, ce qui correspond à une **structure lacunaire**.
- Les **éléments chimiques** constituant les étoiles et les autres astres sont les mêmes que ceux présents sur Terre : hydrogène, carbone, oxygène, fer… Par **réactions nucléaires**, les éléments chimiques les plus lourds se sont formés à partir des éléments chimiques les plus légers (hydrogène, hélium).

Info +
Que ce soit entre le noyau d'un atome et les électrons ou entre le Soleil et les planètes, il n'y a que du **vide**.

b/ Longueurs dans l'Univers

- Selon les tailles des objets que l'on souhaite exprimer, le scientifique utilise les multiples et les sous-multiples du mètre *(voir tableau en rabat de couverture)* mais aussi d'autres unités plus pratiques :

– l'unité astronomique, notée ua, qui est égale à la distance moyenne Terre-Soleil :
$1 \text{ ua} = 1{,}5 \times 10^{11} \text{ m} = 1{,}5 \times 10^{8} \text{ km}$, soit 150 millions de km ;

– l'année lumière, notée a.l., qui correspond à la distance parcourue dans le vide par la lumière en un an :
$1 \text{ a.l.} \approx 10^{13} \text{ km}$.

Info +
La distance d (en km) que parcourt la lumière à la vitesse v ($3 \times 10^5 \text{ km.s}^{-1}$) pendant la durée Δt de 1 an (en secondes) vaut $d = v \times \Delta t = 3 \times 10^5 \times 365{,}25 \text{ j} \times 24 \text{ h} \times 60 \text{ min} \times 60 \text{ s} \approx 9{,}5 \times 10^{12} \text{ km} \approx 10^{13} \text{ km}$.

c/ L'ordre de grandeur

- Pour comparer rapidement des longueurs ou des tailles d'objets, on utilise l'**ordre de grandeur** : c'est la puissance de 10 la plus proche de cette longueur ou taille (ex : la distance Terre-Soleil étant de $1{,}5 \times 10^{11}$ m, son ordre de grandeur est de 10^{11} m). On utilise souvent l'unité SI pour la déterminer.

Rappel !
L'**unité du système international** (unité SI) d'une grandeur est l'unité en vigueur dans le monde. L'unité SI d'une distance est le mètre m.

2 Exercice résolu

1. Convertir les données astronomiques en kilomètres. Utiliser l'écriture scientifique pour exprimer les résultats.
a. Distance Soleil-Mercure : 0,38 ua.
b. Diamètre de la Voie lactée : 100 000 a.l.
c. Distance Soleil-Véga : 25,3 a.l.
2. En déduire l'ordre de grandeur en kilomètres de ces données.

Rappel !
L'écriture scientifique, souvent utilisée en sciences, s'exprime de la façon suivante : $a \times 10^n$ avec $1 \leq a < 10$ et n un entier (–2, –3,…1, 2,…).

▶▶▶ SOLUTION

1. On utilise les conversions suivantes :
$1 \text{ ua} = 1{,}5 \times 10^8 \text{ km}$ et $1 \text{ a.l.} = 10^{13} \text{ km}$.
a. Distance Soleil-Mercure :
$0{,}38 \times 1{,}5 \times 10^8 = 0{,}57 \times 10^8 \text{ km} = 5{,}7 \times 10^7 \text{ km}$.
b. Diamètre de la Voie lactée :
$10^5 \times 10^{13} = 10^{18} \text{ km} = 1 \times 10^{18} \text{ km}$.
c. Distance Soleil-Véga :
$25{,}3 \times 10^{13} \text{ km} = 2{,}53 \times 10^{14} \text{ km}$.
2. L'écriture scientifique permet de déterminer très rapidement l'ordre de grandeur en arrondissant à la puissance de 10 :
a. Distance Soleil-Mercure : 10^8 km.
b. Diamètre de la Voie lactée : 10^{18} km.
c. Distance Soleil-Véga : 10^{14} km.

19 États de la matière

1 Cours

a/ Molécules et changement d'état

- La matière est constituée de petites particules appelées **molécules**.
- L'eau pure contient des molécules toutes identiques : les molécules d'eau.

Rappel !
L'air que nous respirons est un mélange de gaz principalement composé de diazote à 80 % et de dioxygène à 20 %.

- À l'**état gazeux**, les molécules sont dispersées et bougent sans cesse de manière désordonnée.
- À l'**état liquide**, les molécules sont plus rapprochées (état compact) et continuent de bouger de manière désordonnée.
- À l'**état solide**, les molécules sont dans un état compact et ne bougent plus les unes par rapport aux autres (état ordonné).
- Chaque passage d'un état à un autre porte un nom qui lui est propre.

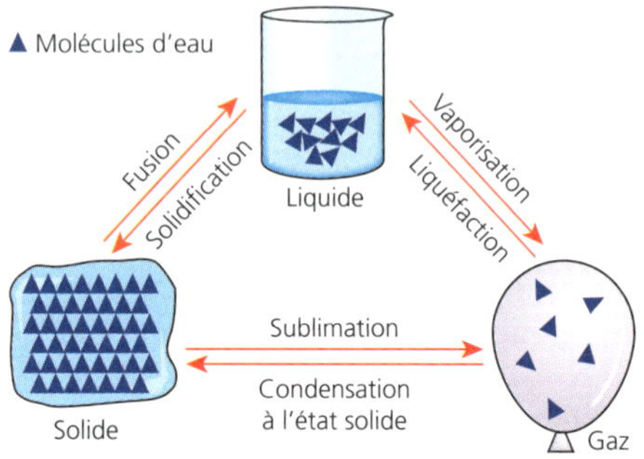

- Lors d'un changement d'état, le nombre de molécules ne change pas, la masse ne change donc pas. Par contre, le volume change.

b/ Diffusion et compressibilité

- Lorsqu'on mélange une goutte de colorant dans un verre d'eau, le colorant finit par occuper tout le volume d'eau. On dit que le soluté (le colorant) a **diffusé** dans le solvant (l'eau).
- Contrairement aux liquides et aux solides, les gaz sont **compressibles** : on peut rapprocher les molécules qui le constituent.

c/ Masse volumique des solides et des liquides

- La **masse volumique**, notée ρ, d'un liquide ou d'un solide est caractéristique de celui-ci. On la détermine grâce à la relation $\rho = \frac{m}{V}$, où m est la masse d'un certain volume V de la substance choisie.
- L'unité SI de la masse volumique est le **$kg.m^{-3}$** (noté également kg/m^3), mais on utilise d'autres unités comme le $kg.L^{-1}$, le $kg.dm^{-3}$, le $g.cm^{-3}$, le $g.mL^{-1}$…
- La masse volumique de l'eau est de 1 $kg.L^{-1}$ ou 1 $kg.dm^{-3}$. Cela signifie que 1 L (ou 1 dm^3) d'eau pèse 1 kg. On dit que la **densité de l'eau est de 1**.
- La densité du fer est de 7,9. Cela signifie que le fer est 7,9 fois plus dense que l'eau : 1 dm^3 de fer pèse 7,9 kg. Sa masse volumique est donc de 7,9 $kg.dm^{-3}$.

2 Exercice résolu

1. Mathieu possède une bille métallique. Il souhaite connaître la densité du métal dont est constituée cette bille.

a. Pour déterminer le volume de la bille, Mathieu la plonge dans une éprouvette graduée contenant 30,0 mL d'eau. Il lit la nouvelle graduation atteinte par l'eau : 44,1 mL. En déduire le volume de la bille.

b. Quel appareil Mathieu doit-il utiliser pour déterminer la masse de la bille ?

c. Mathieu mesure une masse de 100,1 g. Calculer la masse volumique du métal constituant la bille.

Conseil !
Il faut bien repérer les unités de la masse et du volume. Ce sont elles qui donnent l'unité utilisée pour la masse volumique. Par exemple, une masse en kg et un volume en L correspondront à une masse volumique en $kg.L^{-1}$.

SOLUTION

1a. Le volume de la bille est de 44,1 – 30,0 = 14,1 mL.

b. Une balance.

c. En utilisant la relation : $\rho = \frac{m}{V} = \frac{100{,}1\ g}{14{,}1\ mL} = 7{,}10\ g.mL^{-1}$.

Atomes et ions – Tableau périodique

1 Cours

a/ L'atome

▪ La matière est constituée d'**atomes** qui ont une taille de l'ordre de 10^{-10} m. Chaque atome est composé d'un noyau entouré d'électrons qui se déplacent autour de lui. Chaque **électron** porte une charge électrique négative.

▪ Entre le noyau et le nuage électronique, il y a essentiellement du vide : on dit que la matière a une structure **lacunaire.**

> **Info +**
> La structure de la matière au niveau microscopique ressemble à celle rencontrée au niveau cosmique : elle est **lacunaire**.

b/ Constitution du noyau atomique

▪ Le noyau atomique, environ 100 000 fois plus petit que l'atome lui-même, est constitué de particules appelées **nucléons**. Leur nombre dans le noyau, noté *A*, est appelé **nombre de masse**. Il y a deux types de nucléons : les **neutrons** et les **protons**.

▪ Les **protons** portent chacun une charge électrique positive (de valeur opposée à celle de l'électron). Leur nombre, noté *Z*, est appelé **numéro atomique**.

▪ Les neutrons ne portent pas de charge électrique. Leur nombre, noté *N*, vaut *A* – *Z*.

▪ Le noyau atomique concentre toute la masse de l'atome car la masse des électrons est négligeable devant celle des nucléons.

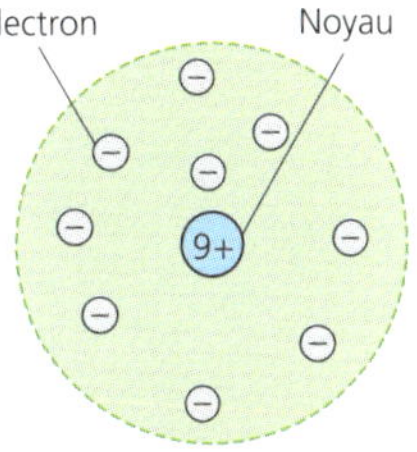

Représentation simplifiée d'un atome

> **Rappel !**
> Dans un atome, électriquement neutre, s'il y a *Z* protons dans le noyau, il y a *Z* électrons dans le nuage électronique.

c/ Les ions

▪ Lorsqu'un atome perd ou gagne un ou plusieurs électrons, il devient un ion.

▪ Si un atome gagne un ou plusieurs électrons, il se charge négativement : c'est un **anion** (ex : l'atome de chlore Cl en gagnant un électron devient l'ion chlorure Cl^-).

▪ Si un atome perd un ou plusieurs électrons, il se charge positivement : c'est un **cation** (ex : l'atome de magnésium Mg en perdant deux électrons devient l'ion magnésium Mg^{2+}).

▪ De la même manière qu'une molécule est constituée d'atomes *(voir fiche 21)*, un ion peut être composé d'un groupement d'atomes (ex : l'ion sulfate SO_4^{2-} ou l'ion nitrate NO_3^-).

d/ Éléments chimiques et tableau périodique

▪ Les atomes ou ions possédant le même numéro atomique *Z* appartiennent au même **élément chimique**. Chaque élément chimique est représenté par un symbole (une ou deux lettres) qui permet de l'identifier.

▪ Tous les éléments chimiques connus sont rangés dans un **tableau périodique** par numéro atomique *(voir rabat de couverture)*. Il y a plus d'une centaine d'éléments chimiques connus aujourd'hui, soit naturels soit artificiels (créés au laboratoire).

2 Exercice résolu

1. Le napoléon est une pièce de monnaie contenant 5,805 g d'or pur. Un atome d'or pèse environ $3{,}35 \times 10^{-25}$ kg. Chaque atome d'or contient 79 électrons.

a. En déduire le numéro atomique *Z* de l'or.

b. Rechercher dans le tableau périodique le symbole de l'élément or.

c. Combien y a-t-il d'atomes d'or dans un napoléon ?

▶▶▶ SOLUTION

1a. *Z* = 79, car il y a 79 électrons, donc 79 protons.

b. Symbole de l'or : Au.

c. Dans un napoléon, il y a :

$$\frac{5{,}805 \times 10^{-3}\ \text{kg}}{3{,}35 \times 10^{-25}\ \text{kg}} = 1{,}73 \times 10^{22} \text{ atomes d'or.}$$

21 Transformation chimique

1 Cours

a/ Les molécules

- Une **molécule** est constituée d'atomes liés entre eux par des liaisons chimiques.
- Les molécules sont représentées par des **formules** indiquant le nombre et la nature des atomes. On utilise aussi des dessins ou des maquettes pour représenter les molécules : on parle de **modèles moléculaires**.

Molécule	Formule	Modèle moléculaire
Eau	H_2O	
Dioxygène	O_2	
Dioxyde de carbone	CO_2	
Méthane	CH_4	

b/ Transformations chimiques

- Lors d'une transformation chimique, les molécules des **réactifs** se cassent, les atomes constituant ces molécules se réarrangent entre eux et forment de nouvelles liaisons, créant ainsi de nouvelles molécules : les **produits**.
- Pour représenter une transformation chimique, on écrit l'**équation de la réaction** : réactifs → produits.
- Tous les atomes présents dans les produits doivent être **de même nature et en même nombre** que dans les réactifs. C'est pourquoi il est nécessaire d'**ajuster** l'équation de la réaction en mettant les coefficients adéquats devant les formules des molécules.

c/ Exemple de transformation chimique : la combustion

- Au cours d'une combustion, un combustible (le charbon, le méthane, le butane…) et un comburant (le dioxygène) sont consommés : ce sont les **réactifs**.

La combustion libère de l'énergie (sous forme de chaleur) et il se forme du dioxyde de carbone et de la vapeur d'eau : ce sont les **produits**.

- La combustion du méthane, par exemple, s'écrit :

méthane + dioxygène → dioxyde de carbone + eau

soit l'équation chimique : $CH_4 + \mathbf{2}\ O_2 \rightarrow CO_2 + \mathbf{2}\ H_2O$

2 Exercice résolu

1. Le butane est le principal combustible utilisé dans les briquets. La molécule de butane contient deux atomes de carbone et six atomes d'hydrogène.

a. Donner la formule chimique du butane. Dessiner le modèle moléculaire.

b. Quels sont les réactifs et les produits de la combustion du butane ?

c. Écrire l'équation chimique de la réaction de combustion du butane.

▶▶▶ SOLUTION

1a. Formule du butane : C_2H_6.

b. Réactifs : butane et dioxygène ; produits : dioxyde de carbone et eau.

c. On remplace les noms des molécules par leur formule dans le bilan :

$$\ldots\ C_2H_6 + \ldots.\ O_2 \rightarrow \ldots.\ CO_2 + \ldots\ H_2O.$$

Il y a 1 carbone dans les produits et 2 carbones dans les réactifs. Essayons d'ajuster avec un coefficient 2 devant CO_2 :

$$C_2H_6 + \ldots.\ O_2 \rightarrow 2\ CO_2 + \ldots\ H_2O.$$

Ensuite, il faut mettre un coefficient 3 devant H_2O pour qu'il y ait le même nombre d'hydrogène dans les réactifs et les produits :

$$C_2H_6 + \ldots.\ O_2 \rightarrow 2\ CO_2 + 3\ H_2O.$$

Il y a donc maintenant $2 \times 2 + 3 \times 1 = 7$ oxygènes dans les produits et 2 dans les réactifs. Pour éviter un coefficient fractionnaire $\frac{7}{2}$ devant O_2, on multiplie tous les coefficients par 2 pour supprimer la fraction :

$$2\ C_2H_6 + 7\ O_2 \rightarrow 4\ CO_2 + 6\ H_2O.$$

Caractère acide ou basique d'une solution

1 Cours

a/ Acidité et basicité des solutions – Notion de pH

▪ Le pH mesure l'acidité ou la basicité d'une solution aqueuse. C'est un nombre sans unité compris **entre 0 et 14.** Le pH se mesure soit avec une sonde appelée **pH-mètre**, soit avec du **papier pH** (qui change de couleur en fonction de l'acidité de la solution).

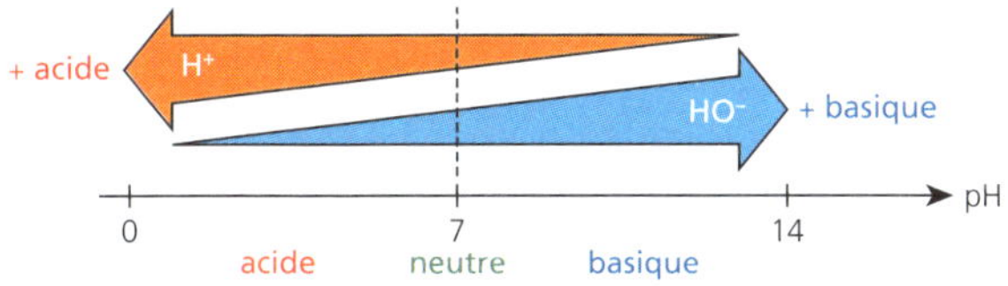

Attention !
Bien écrire pH avec un « p » minuscule et un « H » majuscule.

▪ Toutes les solutions aqueuses contiennent des **ions hydrogène H^+** et des ions **hydroxydes HO^-** en proportions variables. Plus la solution est acide, plus la concentration en ions H^+ est importante. Plus la solution est basique, plus la concentration en ions HO^- est importante.

b/ Dilution

▪ Si on **dilue** une solution acide (c'est-à-dire si **on ajoute de l'eau à cette solution afin de diminuer sa concentration**), le pH de la solution augmente en se rapprochant de 7 (elle reste cependant acide). De même, si on dilue une solution basique, le pH de la solution diminue et se rapproche de 7 (en restant basique).

Attention !
Pour diluer une solution très acide, on prépare le volume d'eau à ajouter puis on verse la solution très acide dans ce volume d'eau. Cela permet de diminuer les risques de projections acides.

c/ Composition de l'acide chlorhydrique

▪ L'acide chlorhydrique contient des ions chlorure Cl^- et des ions hydrogène H^+ en solution dans l'eau. Une solution d'acide chlorhydrique a un pH inférieur à 7 ; elle contient beaucoup plus d'ions H^+ que d'ions HO^-.

2 Exercice résolu

1. Théo dispose de plusieurs solutions aqueuses. Il souhaite savoir si ces solutions sont acides ou basiques. Voici les résultats des mesures effectuées.

Solution aqueuse	Eau minérale	Jus d'orange	Eau de Javel	Déboucheur chimique	Vinaigre
pH mesuré	7,0	6,4	12,8	12,9	4,1

a. Quel moyen a-t-il utilisé pour réaliser ces mesures ?
b. Sur un axe gradué en pH de 0 à 14, placer chacune des solutions testées en fonction de son pH.
c. Repérer les solutions acides, neutres et basiques. Quelle est la solution la plus acide ? La plus basique ?
d. Sur le flacon du déboucheur chimique, Théo repère le pictogramme ci-dessous. Que signifie-t-il ? Quelles sont les précautions à prendre pour utiliser cette substance ?

▶▶▶ SOLUTION

1a. Ces mesures sont précises, il a utilisé un pH-mètre.
b.

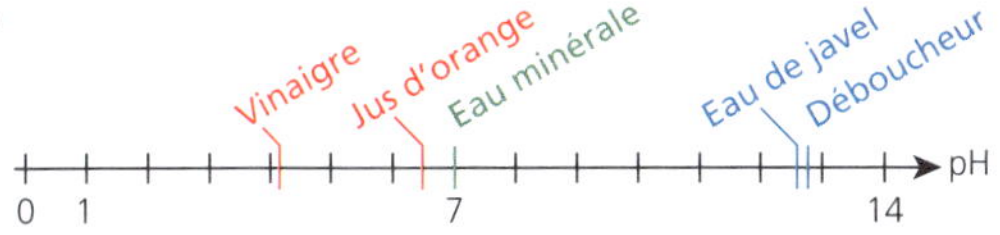

c. Solutions acides : vinaigre et jus d'orange. Neutre : eau minérale. Basiques : eau de Javel et déboucheur. La plus acide : vinaigre ; la plus basique : déboucheur.
d. Il signifie corrosif : il faut éviter de s'en mettre sur la peau (et dans les yeux) et porter des gants et des lunettes.

3 Application

2. On plonge un morceau de fer dans un tube à essai qui contient quelques millilitres d'acide chlorhydrique dilué. On observe un dégagement gazeux qui, testé à la flamme d'une allumette, détonne. On observe également un précipité vert lors du test à la soude à la fin de la réaction.
a. Quels sont les réactifs de la réaction ?
b. Repérer les produits de la réaction grâce aux tests réalisés.
c. Effectuer le bilan de la réaction.

Caractériser un mouvement – Vitesse

1 Cours

a/ Définir le système et le référentiel

- On appelle **système** le corps dont on étudie le mouvement.
- On appelle **référentiel** l'objet de référence par rapport auquel on étudie le mouvement du système. C'est le référentiel terrestre qui est utilisé pour décrire la plupart des mouvements qui ont lieu sur la Terre.

b/ Décrire le mouvement

- Dans un référentiel donné, la **trajectoire** d'un système est la courbe reliant les positions successives prises par celui-ci au cours de son mouvement.
- Le mouvement du système étudié est **rectiligne** lorsque sa trajectoire est une portion de droite, **circulaire** lorsque sa trajectoire est une portion de cercle et **curviligne** lorsque sa trajectoire est une portion de courbe.
- Le mouvement est **uniforme** lorsque la vitesse ne varie pas. Le mouvement est **accéléré** si la vitesse augmente. Le mouvement est **décéléré** (ou ralenti) si la vitesse diminue.

c/ La vitesse

- La **vitesse moyenne** v d'un corps est le quotient de la distance d parcourue par la durée Δt de son parcours.

$$v = \frac{d}{\Delta t}$$

vitesse en mètres par seconde (m/s) — v ; d : distance en mètres (m) ; Δt : durée en secondes (s)

Attention !
La conversion de mètre par seconde (m/s) en kilomètre par heure (km/h) est la suivante :

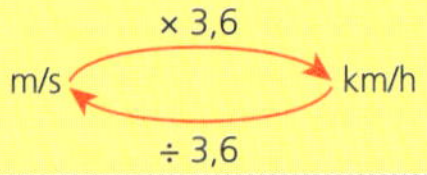

- L'unité du système international de la vitesse est le mètre par seconde (m/s) qui peut aussi s'écrire $m.s^{-1}$.
- La vitesse n'est pas seulement définie par sa **valeur**, mais aussi par sa **direction** (horizontale, verticale, oblique…) et son **sens** (vers la droite, vers le haut…).

d/ Relativité du mouvement

- La trajectoire et la vitesse d'un système dépendent du référentiel choisi. C'est pourquoi il faut préciser le point de vue d'observation lorsqu'on décrit un mouvement. On parle de **relativité du mouvement**.

2 Exercice résolu

1. Voici la chronophotographie d'une roue de vélo (durée entre chaque photo : $\Delta t = 25$ ms) :

Mot-clé
Une **chronophotographie** est une succession de photographies prises à intervalles de temps égaux permettant de décomposer un mouvement.

On étudie les trajectoires du centre de la roue noté C et d'un point sur le pneu noté R.

a. Quelle est la trajectoire du centre C de la roue dans le référentiel du vélo ? dans le référentiel terrestre ?

b. Quelle est la trajectoire du point R de la roue dans le référentiel du vélo ?

c. Calculer la vitesse du centre C de la roue dans le référentiel terrestre en $m.s^{-1}$ puis en $km.h^{-1}$.

▶▶▶ SOLUTION

1a. Par rapport au vélo, le centre C du vélo est immobile. Dans le référentiel terrestre (observateur extérieur), le centre C de la roue avance en ligne droite. Sa trajectoire est donc rectiligne.

b. Le cycliste assis sur le vélo et équipé d'une caméra sur le côté (ce qui correspond au référentiel du vélo) voit juste la roue tourner. Le point R décrit donc un cercle, sa trajectoire est circulaire dans le référentiel du vélo.

c. Le mouvement du centre C est rectiligne uniforme. Appliquons la formule $v = \frac{d}{\Delta t}$, où d est la distance entre deux points C consécutifs et Δt la durée entre deux photos consécutives ($\Delta t = 25$ ms $= 0{,}025$ s).

$$v = \frac{0{,}2}{0{,}025} = 8\ m.s^{-1} = 8 \times 3{,}6 \approx 29\ km.h^{-1}.$$

Interactions et forces

1 Cours

a/ Action mécanique

▪ Un objet 1 exerce une **action mécanique** sur un objet 2 si l'objet 1 modifie le mouvement de l'objet 2. On dit que ces deux objets sont **en interaction**.

▪ Une action mécanique **de contact** nécessite un contact entre les objets concernés (ex : la main tire la corde). Une action mécanique **à distance** ne nécessite aucun contact (ex : la Lune est attirée par la Terre).

b/ Diagramme objets-interactions

▪ Avant d'établir un diagramme objets-interactions, il faut commencer par définir le système étudié.

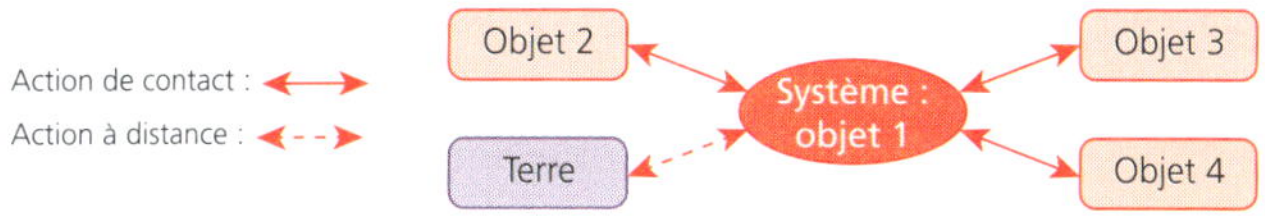

▪ Le système étudié (ici, l'objet 1) est placé au centre du diagramme, les objets en interaction sont placés autour et reliés au système par des flèches doubles (trait plein ou pointillés).

Info +
L'outil mathématique utilisé pour représenter une force est le **vecteur** que l'on écrit sous la forme d'un segment fléché. On parlera alors de vecteur force noté $\vec{F}$. La longueur du segment fléché est proportionnelle à la valeur de la force.

c/ Force

▪ Une action mécanique est modélisée par une **force**. Elle est caractérisée par un **point d'application** (point où la force est exercée), une **direction** (verticale, horizontale, oblique…), un **sens** (vers la gauche, vers la droite, vers le haut…) et une **valeur** en newtons (N).

d/ Poids et réaction du sol

▪ Le **poids** d'un objet est la modélisation de l'action mécanique à distance exercée par la Terre sur l'objet situé à sa surface *(voir fiche 25)*. Le point d'application de cette force est le centre de l'objet, appelé centre de gravité ; sa direction est verticale, son sens est vers le bas et sa valeur en newtons (N) est donnée par la relation :

$$P = m \times g.$$

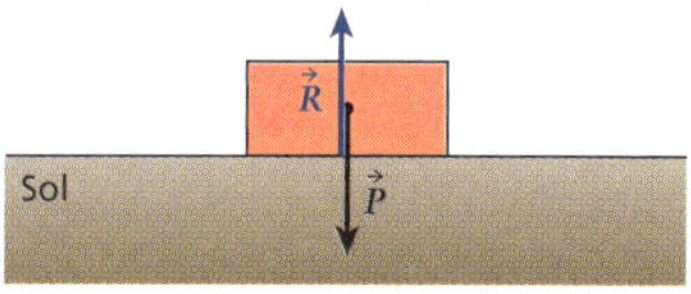

▪ L'interaction de contact exercée par le sol sur un objet est modélisée par une force appelée **réaction du sol** dont la valeur est notée R. Le point d'application de cette force est le point de contact entre le sol et l'objet, sa direction est perpendiculaire au sol, son sens est vers le haut et sa valeur en newtons (N) se détermine par des calculs *(voir fiche 26)*.

2 Exercice résolu

1a. Le système étudié est la balle de tennis dans le référentiel terrestre. Représenter le diagramme objets-interactions de la photo.

b. Représenter sans souci d'échelle les forces exercées sur la balle de tennis.

▶▶▶ SOLUTION

1a.

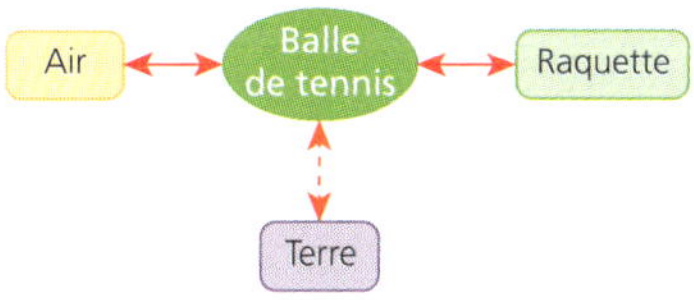

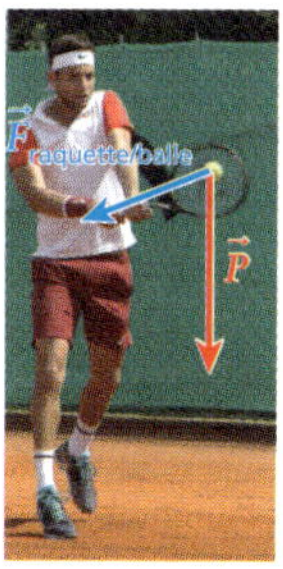

b. On considère que l'action exercée par l'air sur la balle est négligeable. L'action de la Terre sur la balle est modélisée par le poids, noté $\vec{P}$, appliqué au centre de la balle, vertical et vers le bas. L'action de la raquette sur la balle est modélisée par la force exercée par la raquette sur la balle, notée $\vec{F}_{raquette/balle}$, appliquée au point de contact entre la balle et la raquette, de direction oblique, de la droite vers la gauche, sa valeur est notée $F_{raquette/balle}$.

25 Poids et gravitation

1 Cours

a/ Notion de gravitation

- La gravitation, appelée aussi **interaction gravitationnelle**, est une interaction **attractive** à distance s'exerçant entre deux objets. Elle dépend de la masse des objets.
- La gravitation gouverne tout l'Univers. Dans le Système solaire, chacune des huit planètes tourne autour du Soleil. Le mouvement quasi circulaire de ces planètes est dû à l'action qu'exerce le Soleil sur chacune d'elles. De même, autour de certaines de ces planètes tournent des corps appelés satellites naturels. La Lune est le satellite naturel de la Terre.

b/ Force gravitationnelle

- L'interaction gravitationnelle exercée par un objet A sur un objet B est modélisée par une force appelée **force gravitationnelle** dont la valeur est notée $F_{A/B}$.
- Cette force $\vec{F}_{A/B}$ est dirigée selon l'axe objet A–objet B, de sens B vers A (force de A sur B, c'est donc l'objet A qui attire l'objet B) et de valeur en newtons (N):

$$F_{A/B} = G\frac{m_A \times m_B}{d^2}$$

Attention !
La valeur de la force attractive $\vec{F}_{A/B}$ a la même valeur que celle de la force attractive $\vec{F}_{B/A}$.

- G est la constante universelle de gravitation: $G = 6{,}67 \times 10^{-11}$ N.m^2.kg^{-2}. Les masses m_A et m_B sont en kg. La distance d séparant le centre des deux objets A et B est en mètres (m).

c/ Poids et masse d'un corps

- L'action gravitationnelle de la Terre sur un objet situé dans son environnement proche est appelée **poids** de cet objet. Alors que la masse d'un objet se mesure avec une balance, en kilogrammes (kg), le poids d'un objet se mesure avec un dynamomètre, l'unité de mesure étant le **newton (N)**.

Info +
L'intensité de la pesanteur sur la Lune est $g_{Lune} = 1{,}6$ N.kg^{-1}.

- La relation entre le poids et la masse s'écrit: $\boldsymbol{P = m \times g}$.
- P est le poids **(en N)**, m la masse **(en kg)** et g l'intensité de la pesanteur au voisinage de la Terre: $g \approx 9{,}8$ N.kg^{-1}.

2 Exercice résolu

1. On étudie une pomme de masse $m = 120$ g posée sur le sol terrestre.
a. Calculer la valeur F de la force d'attraction gravitationnelle exercée par la Terre sur la pomme.
b. Calculer la valeur P du poids de la pomme.
c. Comparer F et P.
d. La pomme est maintenant posée à la surface de la Lune. Quelle est la valeur du poids de la pomme sachant que l'intensité de la pesanteur sur la Lune est 6 fois plus petite que sur la Terre?
Données: Au niveau du sol terrestre, $g \approx 9{,}8$ N.kg^{-1}. Masse de la Terre: $m_T = 5{,}98 \times 10^{24}$ kg. Rayon de la Terre: $R_T = 6{,}38 \times 10^3$ km.

▶▶▶ SOLUTION

1a. $m_{pomme} = 120$ g $= 0{,}120$ kg et la distance d entre les deux centres de gravité des objets (la Terre et la pomme) est équivalente au rayon R_T de la Terre.
Donc $d = R_T = 6{,}38 \times 10^3$ km $= 6{,}38 \times 10^6$ m.

$$F = 6{,}67 \times 10^{-11} \times \frac{5{,}98 \times 10^{24} \times 0{,}120}{(6{,}38 \times 10^6)^2} = 1{,}2 \text{ N.}$$

b. $P = m_{pomme} \times g = 0{,}120 \times 9{,}8 = 1{,}2$ N.
c. On a: $F = P$. C'est normal, ces deux grandeurs représentent la même chose.
d. À la surface de la Lune, $g_{Lune} = \frac{1}{6} \times g_{Terre} = \frac{9{,}8}{6} = 1{,}6$ N.kg^{-1}. La masse de la pomme est la même sur la Lune, mais son poids change: $P = m_{pomme} \times g_{Lune} = 0{,}120 \times 1{,}6 = 0{,}2$ N.

Équilibre statique et mouvement rectiligne uniforme

1 Cours

a/ Équilibre statique

■ On dit d'un système qu'il est en **équilibre statique** (ou encore immobile ou au repos) lorsqu'il n'est pas en mouvement. Les forces qui s'exercent sur lui **se compensent** alors.

Exemple : un ballon posé sur le sol horizontal est soumis à deux forces : le poids $\vec{P}$ exercé par la Terre et la réaction $\vec{R}$ exercée par le sol. Ces deux forces se compensent : elles ont une même direction, une valeur identique, mais des sens opposés.

b/ Mouvement rectiligne uniforme

■ On dit d'un système qu'il est en **mouvement rectiligne uniforme** si les forces qui s'exercent sur lui se **compensent**. Ce principe est appelé **principe d'inertie**.

Exemple : un palet de hockey lancé sur une piste de glace.

Attention !
Les **forces de frottements** $\vec{f}$ se représentent par un vecteur qui est de sens opposé au mouvement de l'objet.

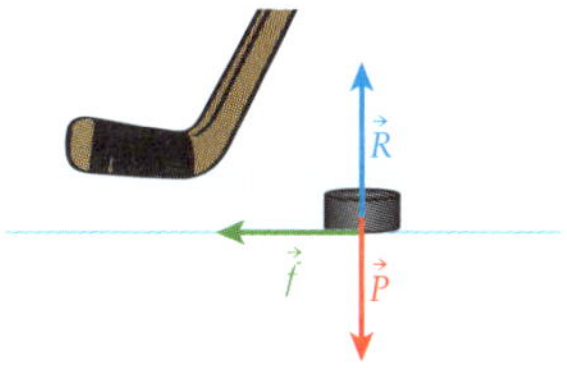

Avec les frottements de la piste sur le palet. Mouvement rectiligne ralenti : les forces ne se compensent pas.

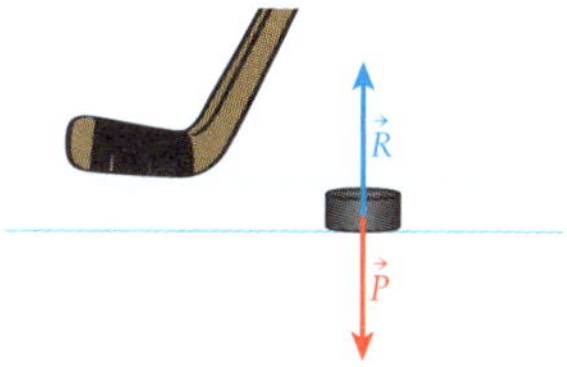

Sans aucun frottement. Mouvement rectiligne uniforme : les forces se compensent.

2 Exercice résolu

1. On lâche une boule de pétanque du haut d'une tour. Quelle sera la nature du mouvement sachant que l'on néglige les frottements de l'air ? Justifier précisément.

▶▶▶ SOLUTION

1. La seule force qui s'exerce sur la boule est le poids $\vec{P}$ exercé par la Terre puisque les frottements de l'air sont négligeables. Les forces ne se compensent donc pas, le mouvement est rectiligne et accéléré (vers le bas).

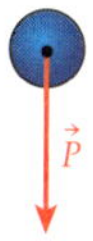

3 Application

2. Un objet de masse $m = 500$ g est accroché à un dynamomètre, c'est-à-dire à un ressort étiré jusqu'à une certaine graduation exprimée en newtons (N).

Données : $g = 9{,}8\ \text{N.kg}^{-1}$.

a. Calculer la valeur du poids P de l'objet.

b. L'objet étant immobile, que peut-on dire des forces qui s'exercent sur lui ?

c. Représenter la force non dessinée sur le schéma ci-contre (appelée force de rappel et notée $\vec{T}$).

d. Quelle est la valeur de cette force de rappel ?

Conseil !
Le point d'application de la force de rappel est situé au point de contact entre l'objet de masse m et le crochet du dynamomètre.

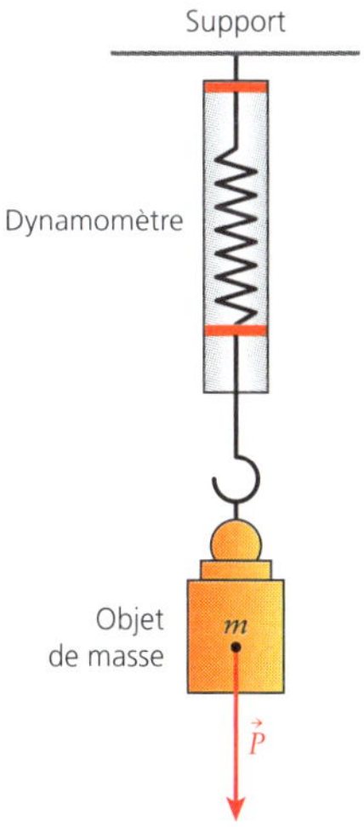

27 Intensité et tension électriques

1 Cours

Rappel !
Les dipôles constituant un circuit en série ne forment qu'une seule boucle ; ils sont branchés les uns après les autres.

Rappel !
Un circuit qui comporte une dérivation est un circuit avec deux boucles contenant chacune le générateur.

a/ L'intensité du courant électrique

- L'intensité d'un courant électrique, notée I, se mesure avec un **ampèremètre** (—(A)—) branché en série. Son unité est l'**ampère** (A).
- **L'intensité du courant est la même** en tout point d'un circuit **en série**.
- La **loi d'additivité de l'intensité** dit que, dans un circuit comportant une dérivation, l'intensité du courant dans la branche principale est égale à la somme des intensités du courant dans les deux autres branches.

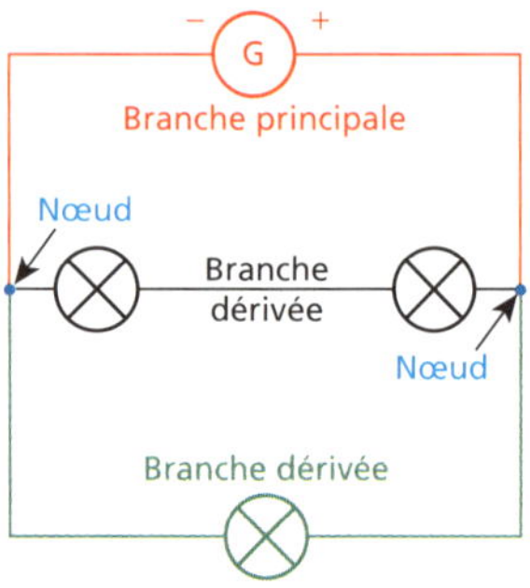

b/ La tension électrique

- La tension électrique, notée U, aux bornes d'un dipôle se mesure avec un **voltmètre** (—(V)—) branché en dérivation aux bornes du dipôle. Son unité est le **volt** (V).
- La tension aux bornes d'un fil ou d'un interrupteur fermé traversé par un courant est nulle.
- **La tension est la même** aux bornes de deux dipôles branchés **en dérivation**.
- **La loi d'additivité des tensions dans un circuit en série** dit que la tension aux bornes d'un ensemble de dipôles en série est égale à la somme des tensions aux bornes de chacun des dipôles.

2 Exercices résolus

1. Dessiner le montage permettant de mesurer l'intensité I du courant dans un circuit en série comprenant un générateur et une lampe en précisant les branchements de l'ampèremètre.

2. Anna mesure la tension aux bornes de la lampe. Elle obtient une valeur de 3,56. L'image de l'appareil est donnée ci-contre.

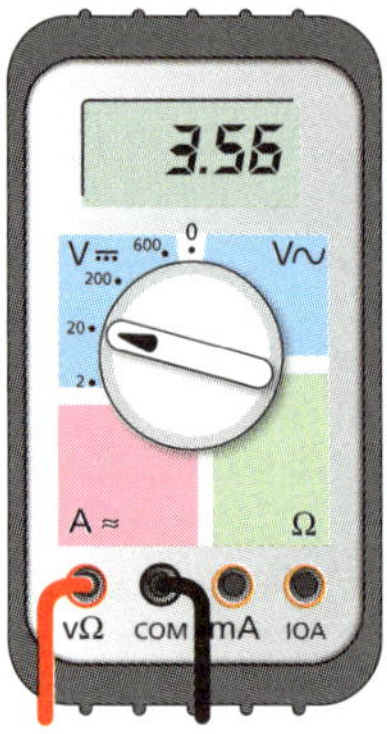

a. Comment se nomme cet appareil ?
b. Quelle est l'unité de la valeur affichée ?
c. Anna a-t-elle utilisé le calibre qui lui donnera la meilleure précision ? Justifier.
d. Quel calibre pourrait endommager l'appareil ?

SOLUTION

1. L'ampèremètre se branche en série de telle sorte que **le courant entre par la borne notée mA et sorte par la borne notée COM.**

Rappel !
Le courant sort toujours de la borne positive du générateur.

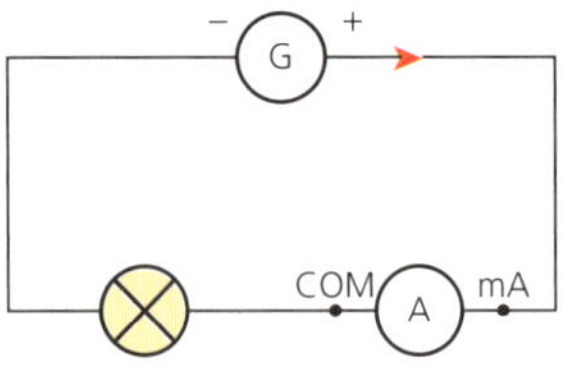

2a. Cet appareil est un voltmètre.
b. L'unité est le volt.
c. Oui, elle a sélectionné le calibre 20 V, immédiatement supérieur à 3,56 V.
d. Le calibre 2 V pourrait endommager l'appareil, car 3,56 V > 2 V.

Résistance électrique et loi d'Ohm

1 Cours

a/ Le conducteur ohmique

- Un **conducteur ohmique**, appelé plus communément résistance, est un dipôle qui résiste à la circulation du courant. Le symbole normalisé d'une résistance est :

- L'unité SI de la **résistance électrique** R d'un conducteur ohmique est l'ohm, noté Ω (oméga).
- On mesure la résistance électrique R d'une résistance en la **branchant directement** aux bornes d'un **ohmmètre** (la résistance est mesurée quand le **circuit est déconnecté**).

Attention !
Ne pas confondre une **résistance**, nom courant du conducteur ohmique, et la **grandeur de la résistance** R qui caractérise ce dipôle.

b/ La loi d'Ohm

- La tension U aux bornes d'un conducteur ohmique est **proportionnelle à** l'intensité I qui le traverse. Le coefficient de proportionnalité est la **résistance électrique** R.
- La loi d'Ohm s'écrit, avec U en volts (V), R en ohms (Ω) et I en ampères (A) :

$$U = R \times I$$

c/ L'effet Joule

- Le **générateur** fournit de l'énergie à la résistance qui **la transfère à l'extérieur** sous forme de chaleur : c'est l'**effet Joule**.
- Ce **transfert thermique** est utilisé dans les sèche-cheveux, les bouilloires, les radiateurs électriques…
- Pour éviter tout risque d'incendie dû à l'effet Joule généré par les appareils électriques, on les protège par un **fusible** qui coupe le circuit dès que l'intensité est supérieure à l'intensité maximale que peut supporter l'appareil.

2 Exercice résolu

1. Gabin mesure l'intensité du courant qui traverse un conducteur ohmique pour différentes valeurs de tension à ses bornes. Il obtient les résultats suivants.

***U* (V)**	6	5	4	3	2	1	0
***I* (mA)**	188	155	125	93	62	31	0

a. Tracer la caractéristique de ce conducteur ohmique.
b. Trouver une relation mathématique entre U et I.
c. Déterminer la valeur de la résistance.
d. Quel appareil Gabin aurait-il pu utiliser pour mesurer la valeur de la résistance de ce conducteur ohmique ?

Conseil !
Pour tracer la caractéristique, il faut : graduer, orienter, nommer les axes, puis représenter chaque point par une croix et tracer la droite moyenne (la droite passant au plus près des points expérimentaux).

▶▶▶ SOLUTION

1a. On porte l'intensité I sur l'axe des abscisses et la tension U sur l'axe des ordonnées. On choisit l'échelle : 1 cm pour 20 mA et 1 cm pour 1 V.

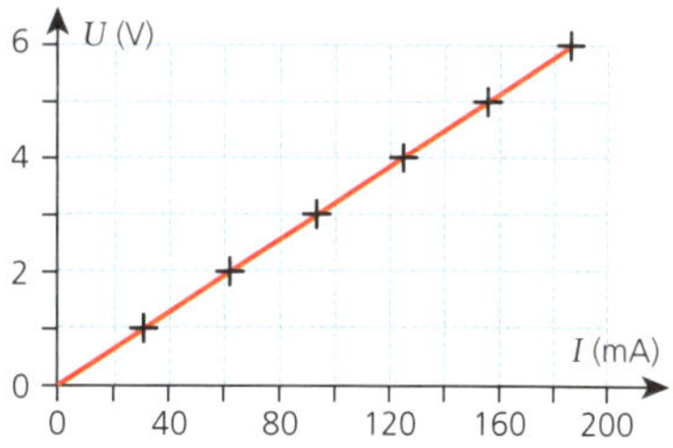

b. On obtient une droite passant par l'origine : la tension U et l'intensité I sont donc proportionnelles : $U = R \times I$. C'est la loi d'Ohm.

c. Le point de coordonnées (100 mA ; 3,2 V) appartient à la droite. On convertit l'intensité en unité SI : $I = 0{,}1$ A. $R = \dfrac{U}{I} = \dfrac{3{,}2}{0{,}1} = 32$ Ω.

d. Gabin aurait pu utiliser un ohmmètre branché directement aux bornes du conducteur ohmique déconnecté du circuit.

Conseil !
Relever les coordonnées d'un point appartenant à la droite, puis calculer la résistance R.

29 Puissance et énergie électriques

1 Cours

a/ Puissance électrique

Info +
L'énergie électrique E s'exprime en joules (J), mais aussi couramment en kilowattheures (kWh).
1 kWh = $3,6 \times 10^6$ J.

Rappel !
Pour un fonctionnement normal d'un appareil, une tension nominale doit lui être appliquée.

- La **puissance** souligne la rapidité du transfert de l'énergie : elle permet de prévoir l'énergie échangée pendant une durée. Elle s'exprime en watts (W). L'énergie se mesure donc pendant une durée, alors que la puissance est instantanée.
- Sur les différents appareils électriques domestiques est affichée la puissance nominale de l'appareil, c'est-à-dire la puissance électrique reçue par l'appareil en fonctionnement normal.

Voici quelques exemples de puissances nominales électriques :

	Lampe fluocompacte	Ordinateur	Radiateur	Locomotive du TGV	Centrale nucléaire
Puissance nominale	15 W	100 W	1,5 kW	10 MW	1 GW

- La puissance électrique P (en W) d'un appareil électrique vérifie la relation $\boldsymbol{P = U \times I}$, où U est la tension à ses bornes (en V) et I l'intensité du courant qui le traverse (en A).
- Lorsque l'intensité du courant qui traverse un fil électrique dépasse un certain seuil, il y a un **risque de surchauffe** et d'incendie. C'est pourquoi les câbles et les prises électriques portent **l'indication des valeurs maximales** des intensités supportées.
- Pour protéger les installations électriques, on branche en série des **coupe-circuits** (fusible ou disjoncteur) : ils ouvrent le circuit en cas d'intensité excessive.

b/ Énergie électrique

- L'énergie électrique E (en J) transférée à un appareil électrique de puissance nominale P (en W) qui fonctionne pendant une durée Δt (en s) s'écrit : $\boldsymbol{E = P \times \Delta t}$.

2 Exercice résolu

1. On cherche à déterminer l'énergie électrique (en J et en kWh) consommée par trois appareils électriques fonctionnant simultanément pendant 2 heures : un ordinateur portable, une lampe et un radiateur électrique.

a. Quelle est l'unité d'énergie du système international ?

b. Attribuer à chaque appareil la puissance nominale qui lui correspond en utilisant les valeurs suivantes : 40 W ; 70 W ; 1,2 kW.

c. Voici l'étiquette des caractéristiques de l'ordinateur portable :

19 V ⎓ 3,7 A 70 W

Donner les valeurs correspondant à P, U et I. La relation $P = U \times I$ est-elle vérifiée ?

d. Calculer l'énergie électrique consommée par les deux autres appareils électriques fonctionnant simultanément pendant 2 heures, puis l'énergie totale consommée.

▶▶▶ SOLUTION

1a. L'unité d'énergie SI est le joule J.

b. 40 W : lampe ; 70 W : ordinateur et 1,2 kW : radiateur.

c. $P = 70$ W ; $U = 19$ V et $I = 3,7$A

$P = U \times I = 19 \times 3,7 = 70$ W : la relation est vérifiée.

d.

Appareil	Ordinateur	Lampe	Radiateur
P (W)	70	40	1 200
P (kW)	0,07	0,04	1,2
Δt (s)	$2 \times 60 \times 60 = 7\,200$		
Δt (h)	2		
E (J) = P (W) × Δt (s)	$70 \times 7\,200 = 5,04 \times 10^5$	$40 \times 7\,200 = 2,88 \times 10^5$	$1\,200 \times 7\,200 = 8,64 \times 10^6$
E (kWh) = P (kW) × Δt (h)	$0,07 \times 2 = 0,14$	$0,04 \times 2 = 0,08$	$1,2 \times 2 = 2,4$

L'énergie consommée globalement est donc de
$5,04 \times 10^5 + 2,88 \times 10^5 + 8,64 \times 10^6 = 9,432 \times 10^6$ J,
soit 9,432 MJ ou encore de $0,14 + 0,08 + 2,4 = 2,62$ kWh.

Énergie cinétique, énergie de position

1 Cours

a/ Différentes formes d'énergie

- Un objet en mouvement au voisinage de la Terre possède :
– une énergie de position notée E_p ;
– une énergie de mouvement appelée aussi énergie cinétique et notée E_c.
- L'**énergie de position** augmente avec l'altitude à laquelle se trouve l'objet.
- L'**énergie cinétique** augmente avec la vitesse v de l'objet et se calcule grâce à la formule suivante : $E_c = \frac{1}{2} \times m \times v^2$, où m est la masse de l'objet en kg.

Attention !
L'unité de l'énergie est le joule (J). Penser à bien convertir la vitesse dans l'unité officielle : le m/s.

b/ Énergie mécanique

- La somme de l'énergie de position et de l'énergie cinétique constitue ce qu'on appelle l'**énergie mécanique** E_m, qui s'écrit : $E_m = E_p + E_c$.
- Si les frottements sont négligeables, l'énergie mécanique d'un objet se **conserve**, c'est-à-dire qu'elle garde toujours la même valeur.

c/ Sécurité routière

- La **distance de freinage** dépend de l'état du véhicule, de l'état de la route et de la vitesse. Elle est **proportionnelle à l'énergie cinétique** du véhicule. Comme l'énergie cinétique d'un véhicule est proportionnelle au carré de sa vitesse, la distance de freinage croît plus rapidement que la vitesse elle-même.
- Lors du freinage, l'**énergie cinétique est convertie en énergie thermique** au niveau des disques de freins et des pneus. Si la vitesse d'un véhicule est multipliée par 2, son énergie cinétique, tout comme la distance de freinage, est multipliée par 2 au carré, c'est-à-dire 4.

Mot-clé
Distance de freinage : distance parcourue depuis le début du freinage jusqu'à l'arrêt du véhicule.

2 Exercice résolu

1. Une voiture de 600 kg roule à 50 km/h. Un animal surgit sur la route à 200 m de la voiture. Le conducteur met 1,1 seconde à réagir avant d'appuyer sur le frein.
a. Déterminer la distance parcourue par la voiture pendant le temps de réaction, notée D_r.
b. Quelle forme d'énergie possède la voiture avant de freiner ?
c. Calculer cette énergie.
d. Sous quelle forme cette énergie est-elle principalement transformée lors du freinage ?
La **distance d'arrêt** notée D_a d'un véhicule (distance parcourue par le véhicule entre le moment où le conducteur aperçoit un obstacle et le moment où il s'arrête) est la somme de la **distance de réaction** notée D_r (distance parcourue par le véhicule entre le moment où le conducteur aperçoit un obstacle et le moment où il freine) et la **distance de freinage** notée D_f.
La distance de freinage d'un véhicule bien entretenu roulant sur une route sèche à une vitesse de 50 km/h est de 16 m.
e. Exprimer D_a en fonction de D_r et D_f puis calculer la distance d'arrêt d'un véhicule roulant à la vitesse de 50 km/h.
f. Si la voiture avait roulé à la vitesse de 100 km/h, la distance de freinage aurait-elle été de 32 m, 48 m ou 64 m ?

▶▶ SOLUTION

1a. 50 km/h = $\frac{50\,000 \text{ m}}{3\,600 \text{ s}}$ = 13,9 m/s. Pendant 1,1 seconde, la voiture parcourt donc :
$D_r = v \times \Delta t = 13{,}9 \times 1{,}1 = 15{,}3$ m.
b. La voiture possède de l'énergie cinétique.
c. $E_c = \frac{1}{2} \times m \times v^2 = 0{,}5 \times 600 \times 13{,}9^2 = 57\,963 \text{ J} \approx 58 \text{ kJ}$.
d. Sous la forme d'énergie thermique au niveau des freins.
e. $D_a = D_r + D_f$ et $D_a = 15{,}3 + 16 = 31{,}3 \text{ m} \approx 31$ m.
f. $D_f = 16 \times 4 = 64$ m.

Attention !
Ne pas oublier de bien convertir les unités pour appliquer les formules.

31 Conversions énergétiques

1 Cours

a/ Les ressources énergétiques

▪ Il existe deux grandes familles de ressources énergétiques : les **ressources non renouvelables** et les **ressources renouvelables**.

b/ Les différentes formes d'énergie

▪ Différentes formes d'énergie existent : **l'énergie chimique** (énergie stockée dans les liaisons entre les atomes) ; **l'énergie nucléaire** (énergie stockée dans le noyau des atomes) ; l'**énergie de rayonnement** (énergie transportée par un rayonnement) ; l'**énergie thermique** (énergie liée à la chaleur) ; l'**énergie électrique** (énergie associée au mouvement des charges électriques) ; **l'énergie mécanique** (énergie que possède un corps du fait de son mouvement).

c/ Transfert et conversions énergétiques

▪ L'énergie ne peut être ni créée ni détruite : elle peut être transférée d'un endroit à un autre et/ou peut être convertie d'une forme d'énergie en une autre.

d/ Principe de conservation de l'énergie

▪ Si un système n'échange aucune énergie avec le milieu extérieur, **l'énergie du système se conserve**, elle ne varie pas.

▪ Si un système échange de l'énergie avec l'extérieur, l'énergie du système augmente ou diminue d'une valeur correspondant à l'énergie transférée entre le système et l'extérieur. L'énergie du système n'est plus conservée, elle n'est plus constante.

e/ Conversion de l'énergie

▪ Un convertisseur d'énergie reçoit une forme d'énergie et la convertit en une autre. Il y a inévitablement une perte d'énergie lors de cette conversion. On parle alors d'**énergie dissipée**.

Le principe de conservation de l'énergie permet d'écrire $E_{\text{reçue}} = E_{\text{convertie}} + E_{\text{dissipée}}$.

2 Exercice résolu

1. Une cellule photovoltaïque est un composant électronique qui, exposé au rayonnement du Soleil, produit de l'électricité.

a. Quelle est la source d'énergie de la cellule ? Est-elle renouvelable ?

b. Dessiner la chaîne énergétique de la cellule photovoltaïque.

c. En utilisant le principe de conservation de l'énergie, écrire une relation entre les différentes énergies de la chaîne.

d. Quelles sont les autres sources d'énergie renouvelables parmi : biomasse, géothermie, gaz naturel, uranium ?

▶▶▶ SOLUTION

1a. La source d'énergie de la cellule est le Soleil qui est une source d'énergie renouvelable.

b.

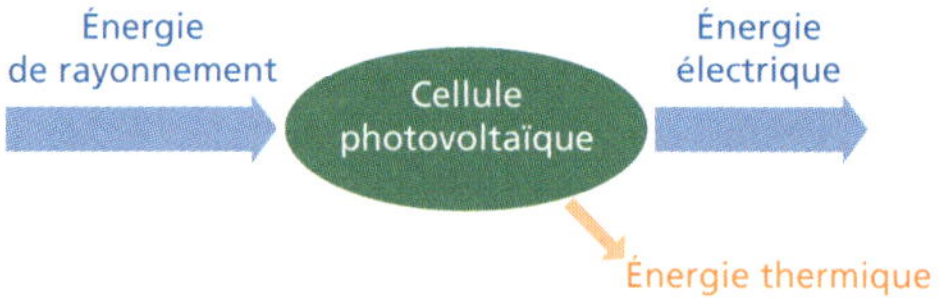

c. Énergie de rayonnement = énergie électrique + énergie thermique

d. La biomasse et la géothermie sont également des sources d'énergie renouvelables.

3 Application

2. Les éoliennes offshore (en pleine mer) peuvent fournir une puissance de 6 MW par heure (contre 2 MW pour les éoliennes terrestres) et peuvent fonctionner environ 2 500 heures par an.

a. Établir la chaîne énergétique mise en œuvre dans une éolienne.

b. Rappeler la relation entre énergie et puissance.

c. Calculer l'énergie produite par une éolienne offshore en un an.

d. Combien d'éoliennes offshore faudrait-il pour produire l'énergie électrique annuelle de 20 TWh consommée en Bretagne ? (1 TWh = 10^{12} Wh)

Signaux lumineux

1 Cours

a/ Les sources de lumière

- Les **sources de lumière primaires** produisent leur propre lumière : le Soleil, les étoiles, les lampes, etc.
- Les **objets diffusants** ne produisent pas de lumière, mais renvoient une partie de la lumière qu'ils reçoivent : la Lune, les planètes, les objets éclairés, etc.

Info +

Le **laser** est une source de lumière primaire qui émet un faisceau très fin et puissant. C'est pour cela qu'il présente un danger pour l'œil.

b/ La propagation de la lumière

- La lumière se propage de façon **rectiligne** dans un milieu homogène et transparent. Cette propagation est représentée par le **rayon lumineux** : une droite munie d'une flèche indiquant le sens de propagation.
- Pour voir un objet, il faut que cet objet soit éclairé par une source lumineuse et que l'œil reçoive la lumière diffusée par cet objet.

Mot-clé

On définit l'**année lumière** (notée a.l.) comme la distance parcourue par la lumière dans le vide en une année. Unité utilisée par les astronomes, 1 a.l. équivaut à presque 10 000 milliards de kilomètres.

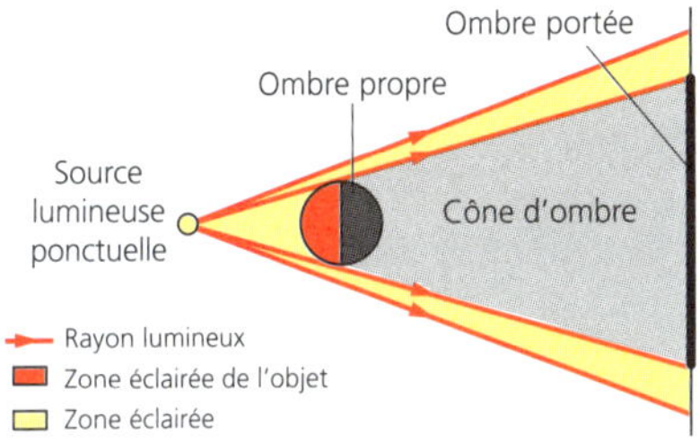

- Lorsqu'une source lumineuse éclaire un objet placé devant un écran, on observe des zones qui ne reçoivent pas de lumière (les ombres) et des zones éclairées.
- La lumière se propage dans l'air et dans le vide à une **vitesse proche de 300 000 km/s**. La lumière se propage moins vite dans les autres milieux transparents (eau, verre, plexiglas…).

c/ La lumière : une onde électromagnétique

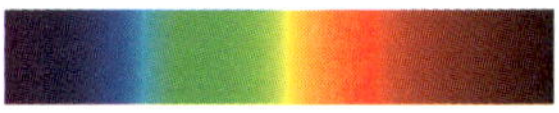

Le rayonnement visible

- La **lumière visible** fait partie des ondes électromagnétiques auxquelles l'œil humain est sensible (elle regroupe toutes les couleurs du violet au rouge).
- Les **ondes électromagnétiques**, à la différence des ondes mécaniques *(voir fiche 33)*, ne nécessitent aucun support matériel pour se propager.
- En dehors du rayonnement visible, on peut trouver parmi les ondes électromagnétiques les **rayons gamma** (utilisés en radiothérapie), les **rayons X** (utilisés en radiologie), le **rayonnement ultraviolet** (UV) et le **rayonnement infrarouge** (IR) tous invisibles à l'œil humain.

2 Exercice résolu

1. La distance entre la Terre et la Lune est de 384 000 km. Calculer en secondes le temps mis par la lumière pour atteindre la Lune depuis la Terre.

2. La distance qui sépare la Terre de la plus proche étoile (autre que le Soleil) appelée Proxima du Centaure est d'environ 4,4 a.l.

a. Convertir cette distance en km.

b. Combien de temps (en années) faudrait-il à une sonde voyageant à 50 km/s pour aller jusqu'à cette étoile ?

▶▶▶ SOLUTION

1. On utilise la formule de la vitesse : $v = \dfrac{d}{\Delta t}$; la durée s'exprime alors par : $\Delta t = \dfrac{d}{v}$

avec $d = 384\,000$ km et v la vitesse de la lumière dans le vide : $v = 300\,000$ km/s.

$\Delta t = \dfrac{d}{v} = \dfrac{384\,000}{300\,000} = 1{,}28$ s.

2a. 1 a.l. = 10^{13} km, donc 4,4 a.l. = $4{,}4 \times 10^{13}$ km.

b. De même que pour la question 1., on a :

$\Delta t = \dfrac{d}{v} = \dfrac{4{,}4 \times 10^{13}}{50} = 8{,}8 \times 10^{11}$ s, soit (en divisant par 3 600 s) environ $2{,}4 \times 10^{8}$ h,

soit (en divisant par 24 h) environ $1{,}0 \times 10^{7}$ jours, soit (en divisant par 365 j) environ $2{,}7 \times 10^{4}$ années, soit plus de 27 000 ans !

33 Signaux sonores

1 Cours

a/ Le son

Mots-clés

Compression : zone où la pression augmente, les molécules d'air sont très rapprochées.

Dilatation : zone où la pression diminue, les molécules d'air sont éloignées les unes des autres.

Fréquence d'un son : correspond au nombre de vibrations par seconde. Elle s'exprime en hertz (Hz).

- Un **son** est une vibration communiquée à l'air et perçue par l'oreille humaine. Par exemple, la vibration des cordes d'un instrument de musique entraîne la vibration des molécules d'air. Il s'ensuit des variations de pression (zones de compression et de dilatation) qui font vibrer le tympan de l'oreille. L'**émetteur** du son est la corde vibrée et le **récepteur** est l'oreille humaine.
- L'oreille humaine est sensible aux sons de **fréquences** comprises entre 20 Hz (son grave) et 20000 Hz (son aigu). Cet intervalle diminue avec l'âge.
- Les sons de fréquence inférieure à 20 Hz sont des **infrasons** : l'être humain ne peut pas les entendre, contrairement aux éléphants ou aux taupes.
- Les sons de fréquence supérieure à 20000 Hz sont des **ultrasons** : l'être humain ne peut pas les entendre, contrairement aux chiens, dauphins ou chauves-souris.
- Le niveau d'intensité sonore est mesuré en décibels (dB). Le seuil d'audibilité est de 0 dB, le seuil de danger 85 dB et le seuil de douleur 120 dB.
- Des troubles auditifs, parfois irréversibles, peuvent apparaître après une exposition prolongée au bruit ou après une exposition courte mais intense.

b/ Propriétés des ondes acoustiques

- Les ondes sonores font partie des **ondes mécaniques**, car elles ont besoin d'un milieu matériel pour se propager. Elles ne se propagent donc pas dans le vide.
- Leur vitesse est de 340 $m.s^{-1}$ dans l'air et à température ambiante. Elle augmente avec la température de l'air.
- Le son va plus vite dans les solides et les liquides que dans l'air.
- Les **ondes acoustiques** peuvent être **absorbées** lors de leur propagation, **transmises** en traversant un obstacle ou bien **réfléchies** par un obstacle (phénomène d'écho).

2 Exercice résolu

Conseil !

Retrouver dans le texte la durée d'un aller-retour de l'impulsion et calculer la durée d'un aller simple.

1. Le sonar est un émetteur-récepteur d'ultrasons utilisé par les navires pour repérer, par exemple, le fond marin. Une impulsion très brève est émise vers le fond et revient au sonar au bout de 32 ms.

a. Quel est le milieu de propagation de cette onde ultrasonore ?

b. Qui est l'émetteur ? le récepteur ?

c. Sachant que le son se propage à 1500 $m.s^{-1}$ dans l'eau de mer, quelle est la profondeur du fond marin ?

▶▶▶ SOLUTION

1a. Le milieu de propagation est l'eau.

b. L'émetteur est le sonar. Le récepteur est le sonar.

c. La durée de l'écho est de 32 ms, la durée d'un aller est de $\frac{32}{2} = 16$ ms, soit $\Delta t = 0{,}016$ s.

$v = \frac{d}{\Delta t}$ soit $d = v \times \Delta t = 1500 \times 0{,}016 = 24$ m. La profondeur du fond marin est de 24 mètres.

3 Application

2. Agnès enregistre avec un microphone un signal sonore périodique de période $T = 100$ ms.

a. Convertir la période T en secondes. Utiliser l'écriture scientifique.

b. La fréquence f d'un signal périodique correspond au nombre de périodes par seconde. Donner la relation entre la fréquence f et la période T.

c. Déterminer la fréquence de l'onde sonore.

d. Conclure pour savoir si le son est audible.

Démarche créative pour concrétiser une idée

▸▸▸ Comment créer de nouveaux objets ou apporter de nouvelles solutions à un problème posé ?

1 Cours

▪ Être **créatif**, pour une personne ou une équipe, c'est trouver une ou plusieurs solutions originales concrètes à un problème posé.

a/ Identifier le problème à résoudre

▪ Avant de rechercher des solutions, il est nécessaire de bien **cerner le problème** posé. Il naît d'un **besoin nouveau** exprimé par les utilisateurs : s'il n'est pas possible d'adapter un objet technique existant, il est possible d'en créer un nouveau.

▪ En technologie, l'identification du problème posé est nécessaire pour aboutir à une solution réaliste, concrète et économiquement viable. Le problème posé doit être simple et compris par tous les membres de l'équipe de « créatifs ».

▪ Pour identifier un problème posé, on peut aussi découper l'objet en **blocs fonctionnels.**

b/ Récolter les idées

▪ À partir du problème posé, l'équipe se met au travail : durant un laps de temps défini, tous les membres expriment, chacun à leur tour, les idées qui leur viennent. Ces idées sont notées une à une. On appelle cette étape le **remue-méninges**.

c/ Ordonner les idées et laisser incuber

▪ La collecte d'idées de façon désordonnée est une condition de la créativité. Il est nécessaire ensuite d'organiser les idées, de les classer par catégories à déterminer. On peut utiliser un schéma appelé « **carte mentale** ».

▪ Organiser les idées du groupe permet de **déterminer des priorités** pour une recherche de solutions.

▪ Une fois le classement effectué, l'équipe se laisse du temps pour que chacun puisse réfléchir à une ou plusieurs solutions : c'est la **phase d'incubation**. Durant cette phase, chacun peut réaliser des croquis ou des schémas de solutions possibles, afin de les partager avec les autres membres de l'équipe.

▪ En l'absence d'idée concrète, l'équipe peut décider d'étudier des objets techniques qui ont une ou plusieurs fonctions techniques communes avec le problème posé *(voir fiche 42)*.

> **Mots-clés**
>
> **Remue-méninges ou brainstorming** : Le remue-méninges consiste à relever les idées de tous les membres d'une équipe, sans les trier ni les censurer, à partir d'un problème posé.
>
> **Carte mentale** : schéma composé de mots permettant d'ordonner les idées et de les représenter visuellement.

d/ Mettre les idées en commun et choisir une solution à concrétiser

▪ Il s'agit d'une **phase d'échange** entre les membres de l'équipe. Chacun présente son ou ses idées aux autres.

▪ À partir de ces présentations, l'équipe fait un choix :
– soit de la solution proposée par un membre du groupe ;
– soit d'une **solution hybride** (composée de plusieurs idées).

▪ Par la suite, l'équipe aura à construire un **prototype** de l'objet technique à l'aide de différents moyens tels que :
– des matériaux facilement modelables (carton, pâte à modeler, ficelle, etc.) ;
– d'un ordinateur et des programmes de modélisation ;
– des machines de prototypage type imprimante 3D ou de matériel de prototypage électronique (cartes électroniques et circuit d'essai).

2 Application

1. Proposer un logo pour le collège Louis-Armand de Moulins-lès-Metz et justifier vos choix.

2. Quelle fonction nouvelle pourrait-on ajouter à un lampadaire ?

TECHNOLOGIE

35 Amélioration d'une solution technique et design

▶▶▶ Comment améliorer l'esthétique d'un objet technique ou d'un espace ?

1 Cours

Mot-clé

Design : il permet la création d'un projet en vue de la réalisation d'un espace, d'un produit ou d'un visuel (design graphique). Il a pour but d'inventer, de résoudre un problème technique, d'harmoniser un espace, de créer des repères afin de faciliter la vie des utilisateurs et d'améliorer leur qualité de vie.

▪ Intégrer une dimension **design** lors de la conception ou l'amélioration d'un objet technique ou d'un espace, c'est lui donner un aspect, une **forme pratique et originale**.

▪ Dans le domaine du design, les passerelles entre la technologie et les **arts plastiques** sont nombreuses.

a/ Le design d'espace

▪ De plus en plus souvent, l'architecture d'intérieur et le **design d'espace** se rapprochent afin d'obtenir un résultat harmonieux. Il est nécessaire de prendre en compte ce que voit et ce dont a besoin l'utilisateur de l'espace à aménager.

▪ Quels sont les besoins d'un client de restaurant entre le moment où il regarde les tarifs à l'extérieur et le moment où il quitte l'établissement ? Il faut **se mettre à la place** du client afin de **prévoir** ce qu'il pourrait demander en plus et ainsi répondre à ses attentes.

▪ Le nouvel objet qui pourrait être ajouté à cet espace doit **s'intégrer en harmonie** avec le reste du mobilier et de la décoration, afin de ne pas choquer le client.

▪ Il peut être aussi nécessaire de revoir l'aménagement de l'espace pour faciliter les déplacements, la sécurité, l'information et la communication.

b/ Le design produit

▪ Le **design produit** prend en compte l'objet technique suivant quatre angles d'étude : la dimension formelle, la dimension chromatique, la dimension matérielle et la dimension structurelle.

– La **dimension formelle** demande l'étude et la conception de **formes originales et fonctionnelles**.

– La **dimension chromatique** fait intervenir une ou plusieurs **couleurs** de l'objet technique afin qu'elles soient harmonieuses et que l'objet technique soit **intégré à l'environnement** dans lequel il va évoluer.

– La **dimension matérielle** fait intervenir le choix du ou des **matériaux** suivant l'effet voulu.

– La **dimension structurelle** est nécessaire afin d'assurer la solidité de l'objet.

▪ Ces éléments permettront de déterminer des tendances pour les quatre dimensions et de lancer la **recherche de solutions** qu'il faudra **justifier** auprès des clients.

c/ Le design graphique

▪ Le **design graphique** permet la **création de visuels**, l'utilisation de polices de caractères originales, le choix de couleurs **afin d'identifier** l'entreprise ou la personne le plus facilement possible. Ainsi, les publicités, les affiches, les emballages font l'objet d'un design graphique.

2 Exercice résolu

1. La commune de Douarnenez accueille tous les 4 ans des grands voiliers dans son port. Elle souhaite équiper son port de nouveaux mobiliers urbains (banc, poubelles, lampadaires, panneaux de signalisation). Si vous étiez *designer*, quelles tendances matérielles, chromatiques et formelles pourriez-vous lui conseiller ?

▶▶▶ SOLUTION

1. Le cadre dans lequel va être intégré le nouveau mobilier peut s'inspirer de la mer, des voiliers et du port.

a. Tendance possible pour la dimension matérielle : du bois, de la toile, du cordage.

b. Tendance possible pour la dimension chromatique : couleur du bois, brun, beige, noir.

c. Tendance possible pour la dimension formelle : gouvernail, mat, proue de bateau.

Communiquer à distance avec une installation domotique

▸▸▸ Comment contrôler une installation domotique à distance ?

1 Cours

▪ Le principe de la **domotique** est de faire communiquer les équipements d'une maison entre eux.

a/ L'acquisition de l'information

▪ Elle fait partie de la chaîne d'information d'un système automatisé.

▪ L'acquisition d'un événement ou d'une information est réalisée par des **capteurs**. Elle est ensuite transformée en signal électrique logique, analogique ou numérique pour être exploitée.

> **Mot-clé**
> **Capteur** : élément sensible à une grandeur physique (température, champ magnétique) qu'il transforme en grandeur électrique.

	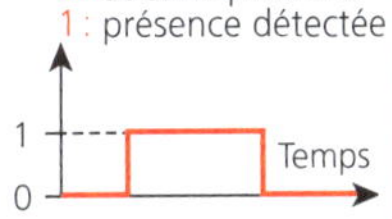	**Signal logique** (deux états possibles : 0 ou 1).
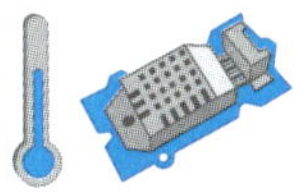	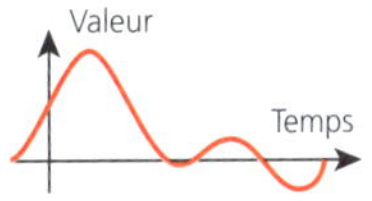	**Signal analogique** (la sortie peut prendre plusieurs valeurs).
	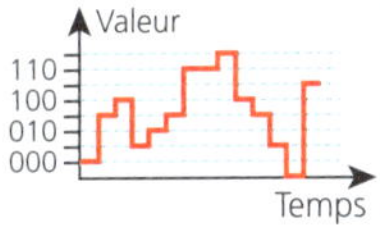	**Signal numérique** (la sortie est codée par des mots informatiques composés de 0 et de 1).

b/ Le traitement de l'information

▪ Les informations envoyées par les capteurs sont traitées pour générer des commandes ou des messages d'information. On distingue deux types de traitement : **câblé** (utilisé sur des systèmes simples, toute modification du traitement nécessite d'intervenir sur le câblage) ou **programmé** (réalisé par des interfaces programmables, il permet des adaptations et des évolutions par programmation).

c/ La transmission de l'information

▪ L'information peut être transmise par **liaison filaire simple** (un câble est utilisé pour transmettre un ordre ou un compte rendu de type « tout ou rien ») ou **par liaison sans fil** :

– **liaison infrarouge** (aucun obstacle ne doit se trouver entre l'émetteur et le récepteur, le débit est d'environ 10 Mb/s pour une distance de 30 m) ;

– **liaison wifi** *(Wireless Fidelity)* (elle utilise les ondes hertziennes. Le débit varie selon les normes entre 11 et 450 Mb/s et la portée entre 10 et 250 m) ;

– **liaison bluetooth** (elle utilise les ondes radio, le débit est d'environ 1 Mb/s avec une portée très faible).

> **Mot-clé**
> **Objet connecté** : objet relié à Internet et/ou à d'autres objets de son environnement. Il est capable de déclencher une action et de communiquer avec des éléments physiques.

d/ La maison connectée

▪ La maison connectée intègre des **objets connectés** que l'utilisateur peut manipuler à distance à l'aide d'un ordinateur ou d'un smartphone, en utilisant une application qui se connecte au serveur web de la maison.

2 Application

1. Compléter le schéma en reliant les équipements qui communiquent entre eux et en indiquant par des flèches les sens de la communication.

2. Expliquer la nature du traitement effectué par la « box » sur les données issues du capteur de température.

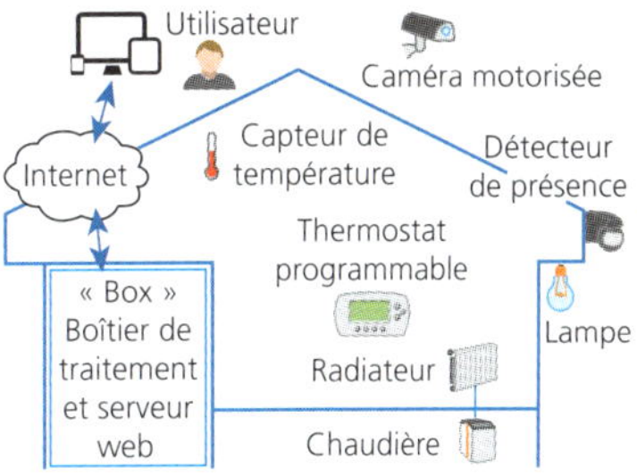

37 Contrôler l'accès à un lieu par un système communicant

▶▶▶ Comment personnaliser les droits et niveaux d'accès à des zones privées ?

1 Cours

Mots-clés

RFID : technologie d'identification automatique qui utilise le rayonnement radiofréquence pour identifier les objets porteurs d'étiquettes lorsqu'ils passent à proximité d'un interrogateur.

Identification biométrique : reconnaissance d'un individu grâce à son empreinte digitale, contour de sa main, empreinte veineuse, reconnaissance faciale ou oculaire (iris).

▪ Les objets connectés **RFID** sont de plus en plus utilisés dans la gestion des accès aux espaces privés grâce à leur simplicité d'utilisation et à leur faible consommation d'énergie.

a/ Les technologies de contrôle d'accès aux zones privées

▪ La **serrure électronique à code** est la plus simple mais pas la plus sécurisante. Elle est souvent à 4 chiffres.

▪ La **biométrie** est la plus contraignante mais certainement la plus sécurisante. Les terminaux d'**identification biométrique** permettent une identification biologique propre à chacun.

▪ Le **badge** est le meilleur compromis aux solutions biométriques ou aux serrures à code. Il utilise des normes technologiques avec ou sans contact et permet d'attribuer des autorisations d'accès selon les personnes, les horaires ou même la quantité de badges présentés ensemble.

▪ Aujourd'hui, la **CNIL** (Commission Nationale de l'Informatique et des Libertés) n'autorise le recours à un système centralisé de reconnaissance par empreintes digitales que dans des situations où la sécurité est déterminante.

b/ Principe de fonctionnement d'un système RFID

▪ Un système RFID est constitué de deux éléments en interaction :

– un **transpondeur** : dispositif récepteur appelé aussi *tag* ou étiquette, que l'on place sur les éléments à tracer. Il est muni d'une puce contenant les informations et d'une antenne pour permettre les échanges d'informations ;

– un ou plusieurs **interrogateurs** : dispositifs actifs, émetteurs de radiofréquences, qui vont activer les étiquettes qui passent devant eux en leur fournissant l'énergie dont ils ont besoin pour fonctionner.

▪ La liaison entre le transpondeur et l'interrogateur est réalisée par **couplage magnétique** (distance < 1,5 m) ou par **couplage électrique** (distance allant jusqu'à 6 m).

c/ Les étiquettes radiofréquences

▪ On distingue trois types d'étiquette :

– les **étiquettes passives** qui ne nécessitent aucune source d'énergie en dehors de celle fournie par les lecteurs au moment de leur interrogation ;

– les **étiquettes actives** qui sont équipées d'une batterie leur permettant d'émettre un signal et qui peuvent être lues depuis de longues distances ;

– les **étiquettes semi-actives** qui possèdent une batterie qu'ils utilisent non pas pour émettre des signaux, mais pour enregistrer des données, lors du transport par exemple.

2 Exercice résolu

Indiquer sur le schéma le nom des composants et la nature des échanges.

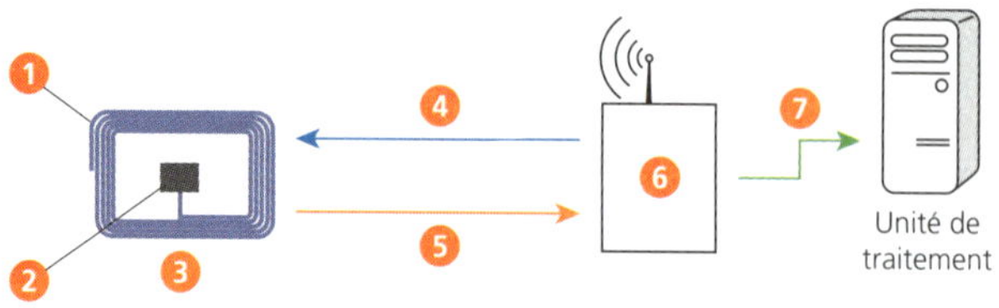

▶▶▶ SOLUTION

1 Antenne RFID – 2 Puce RFID – 3 Étiquette RFID – 4 Énergie – 5 Informations – 6 Interrogateur – 7 Données

Ce qui influence les innovations technologiques

Qu'est-ce qui est source d'innovations technologiques et qui influence l'évolution des objets techniques aujourd'hui ?

1 Cours

- Les objets techniques évoluent en fonction de certains éléments. Ainsi, les **matériaux**, l'**ergonomie**, l'esthétique, les énergies modifient les objets techniques au fil du temps et des **innovations**. C'est aussi le cas des usages et de l'évolution des techniques *(voir fiche 39).*

a/ Les nouveaux matériaux

- Les **matériaux** utilisés pour fabriquer des objets techniques sont en constante évolution. Ils ont longtemps servi à identifier une **période de l'Histoire** (l'âge de pierre, l'âge du fer, l'âge du bronze). Aujourd'hui, on utilise un nombre important de matériaux que l'on peut classer suivant trois familles : les matériaux **organiques**, les matériaux **métalliques** et les matériaux **céramiques**.
- Des chercheurs s'appliquent à en trouver de nouveau. Par exemple, en 2016, une équipe de chercheurs suédois a réussi à rendre du bois transparent. Ceci permettra de développer de nouvelles applications, de nouveaux objets techniques.

Mots-clés

Innovation : consiste à trouver des solutions nouvelles à un problème donné.
Matériau : matière entrant dans la construction d'un objet technique.
Ergonomie : science permettant d'adapter des objets pour améliorer le confort, l'efficacité et la sécurité de l'utilisateur (ex : l'ergonomie du poste de travail informatique).

b/ L'ergonomie et l'esthétique

- Plus de **confort** et de **sécurité** sont les maîtres-mots de l'**ergonomie** et de l'esthétique. Adapter la forme de l'objet à son **environnement d'utilisation** pour **faciliter l'usage** rend l'objet plus sûr et plus agréable à utiliser. Les *designers*, entre autres, travaillent sur l'ergonomie et l'esthétique.

c/ Des sources d'énergies nouvelles ou des économies d'énergies

- Depuis près de 75 ans, l'**électricité** s'est imposée comme la source d'énergie la plus utilisée, mais, jusqu'il y a peu, elle était difficile à transporter dans des objets nomades.
- L'**usage d'énergies fossiles** a un impact sur le **développement durable** : pollution, réchauffement climatique, épuisement des ressources de la planète, etc. Ainsi, il est nécessaire de diminuer la consommation des **énergies fossiles** dont les stocks sont limités et de privilégier le développement des énergies renouvelables.

d/ L'impact environnemental

- Un objet technique vendu à un utilisateur passe par plusieurs étapes avant et après son utilisation. On parle de **cycle de vie d'un objet technique**.
- Les étapes sont les suivantes : conception, approvisionnement en matières premières, production, distribution, vente, utilisation jusqu'à la fin de vie, puis recyclage ou démontage.
- Chaque étape du cycle de vie du produit a un impact à la fois sur l'activité humaine et sur l'environnement.

2 Exercice résolu

1. Représenter sous la forme d'un schéma le cycle de vie d'un produit.

SOLUTION

1. Le schéma représente un « cycle » et doit donc être circulaire. Il reprend les six étapes de vie d'un objet technique, allant de la conception à la fin de vie et au tri des matières premières.

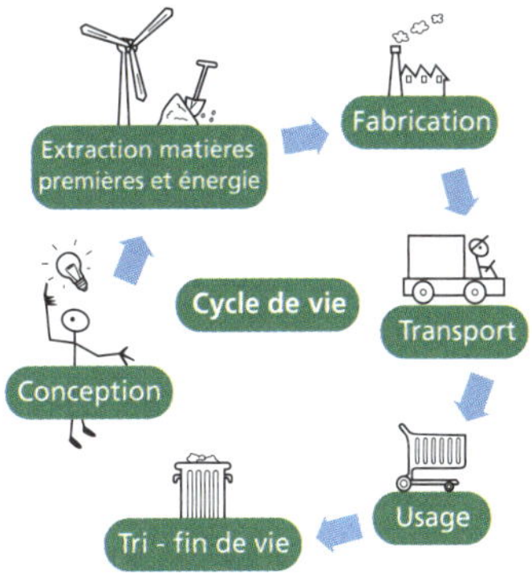

3 Application

2. Imaginer quelles applications pourraient avoir recours au bois transparent dans la vie de tous les jours.

TECHNOLOGIE

39 L'évolution des objets techniques à travers le temps

▸▸▸ Quels sont les éléments qui ont révolutionné la création de nouveaux objets techniques ?

1 Cours

- L'évolution des objets techniques dépend de différents facteurs, mais ces derniers peuvent parfois modifier le mode de vie des utilisateurs.
- Les objets techniques sont en **constante évolution**. Ces évolutions apportées par l'Homme lui permettent d'améliorer le service rendu afin de **faciliter la vie** de l'utilisateur et de **gagner en efficacité**.

a/ Les grandes inventions

- Lors de la création d'un nouvel objet technique, il est nécessaire de s'assurer que sa mise en œuvre est **réalisable en fonction du milieu technique** dans lequel il se situe, et ceci à un **prix raisonnable**.
- L'évolution de la **science** et des **techniques** a permis l'arrivée de la machine à vapeur, de l'électricité, de la machine à calculer, de l'ordinateur. Ces **inventions** sont apparues au fil du temps et ont permis de développer de nouveaux objets techniques. Elles ont modifié le **milieu technique** à leurs époques respectives et ont ainsi créé de nouveaux besoins pour l'Homme.

> **Mots-clés**
> **Invention** : création d'un nouveau produit ou d'un nouveau procédé inconnu jusque-là.
> **Milieu technique** : ensemble des connaissances et des techniques disponibles à une période de l'Histoire.

b/ Les machines qui ont révolutionné les techniques

- L'**apparition progressive des machines** a modifié les techniques de fabrication et a permis l'apparition d'usines. À la fin du XXe siècle, des **machines à commande numérique automatisées** sont apparues. Plus récemment, l'informatique et les imprimantes 3D ont apporté **plus de possibilités** de réalisation à l'industrie. Des outils de simulation permettent de créer des modèles ou prototypes numériques avant de passer à la fabrication.

c/ Ces objets qui ont été remplacés

- Le **téléphone portable**, apparu dans les années 1970, est progressivement remplacé par le **smartphone** qui permet de téléphoner et héberge de nombreuses applications informatiques.
- Le **boulier**, véritable outil de calcul manuel, existait au XIIe siècle. Il a été remplacé par la **machine à calculer** et, aujourd'hui, par des **programmes informatiques** puissants présents sur tous les continents.

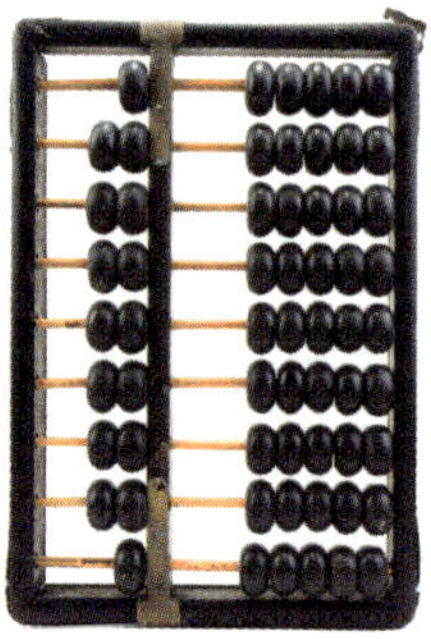

Le boulier, ancêtre de la calculatrice et des programmes de calcul.

d/ Ce que cela change pour l'utilisateur

- Il n'a jamais été aussi facile de communiquer grâce au développement des smartphones et des **réseaux de télécommunications**.
- L'accès à l'information, à des définitions ou des tutoriels vidéo **change la relation de l'utilisateur aux savoirs**. Ces nouveaux usages engendrent de nouveaux comportements, notamment vis-à-vis du respect de la vie privée ou de la sécurité au volant.
- Aujourd'hui, avec la mondialisation, les objets techniques issus d'inventions ou d'innovations sont **disponibles plus largement et plus rapidement**.
- Toutefois, les **usages** des objets techniques **varient en fonction des coutumes** des habitants de chaque pays. Les entreprises peuvent être amenées à adapter leur produit en fonction de cela.

2 Application

Expliquer pourquoi le moulin à vent a disparu et identifier un objet technique qui, aujourd'hui, utilise la force du vent.

Représenter la programmation d'un système automatisé

►►► Comment sont programmés des systèmes automatisés ?

1 Cours

▪ Un **système automatisé** est programmé de **façon séquentielle** : les étapes nécessaires s'exécutent les unes après les autres après validation de conditions appelées **transitions**.

▪ Un **système informatisé** est programmé pour **répondre à des événements** qui se produisent à l'extérieur ou à l'intérieur du système.

a/ Exprimer le principe de fonctionnement à l'aide d'un organigramme

▪ Un **organigramme** peut retranscrire le **principe de fonctionnement** d'un système automatisé. Il est composé d'étapes, de conditions de transitions et de sous-programmes.

> **Mot-clé**
> **Principe de fonctionnement** : exprimer ce principe consiste à rédiger un paragraphe ou réaliser un schéma répondant à la question : « Comment fonctionne l'objet technique ? »

b/ Les symboles d'un organigramme

▪ Les symboles utilisés dans un organigramme sont les suivants :

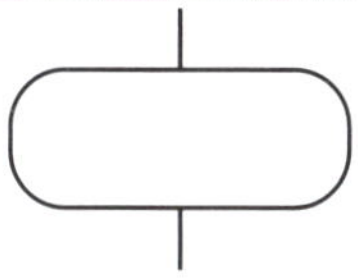	**Début/Fin** Ce symbole représente la situation de début ou de fin de l'organigramme. Un organigramme commence toujours par « début ». S'ensuivent les événements et états qui permettent d'initialiser le système.
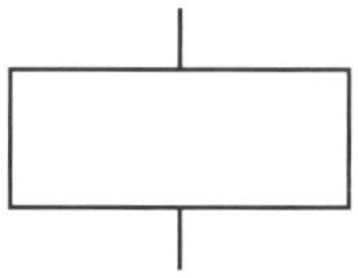	**Événement/Action** Ce symbole représente une action. Celle-ci permet aux éléments du système de s'activer ou de se désactiver.
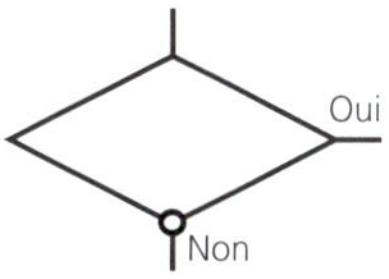	**État/Condition** Ce symbole représente, sous forme de question, un test. « Oui » et « Non » indique la direction que doit prendre le programme lorsque la condition est satisfaite ou non.
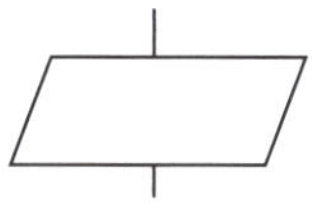	**Traitement** Ce symbole représente un traitement permettant de récupérer les informations des différents capteurs.
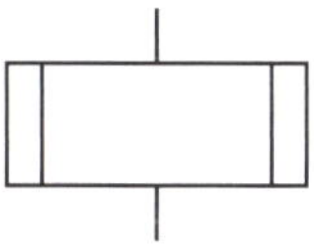	**Sous-programme ou procédure** Partie d'un programme qui peut être appelée depuis le programme principal. Une fois le sous-programme terminé, la boucle retourne au programme principal.

c/ La programmation par blocs

▪ Pour programmer un système informatisé, d'autres outils sont utilisés *(voir fiche 48)*.

2 Application

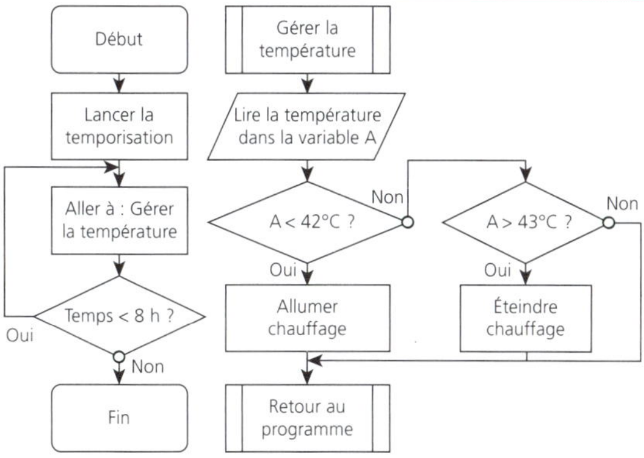

1. À partir de l'organigramme suivant, exprimer le principe de fonctionnement de la yaourtière.

2. Écrire l'organigramme permettant d'allumer une lampe lorsqu'il fait nuit et qu'une présence est détectée.

41 Représentations simplifiées d'un système complexe

▸▸▸ Comment décrire facilement, avec un schéma, le fonctionnement d'un système complexe ?

1 Cours

Mot-clé
Schéma fonctionnel : représentation graphique d'un système, réalisée par des blocs assurant chacun une fonction technique du système.

▪ Le **schéma fonctionnel** d'un système permet de décrire son fonctionnement et de montrer les relations entre ses différentes parties et avec son environnement.

a/ Comment décrire simplement un système

▪ Le **croquis** peut être utilisé pour décrire simplement un système en montrant ses constituants et les liens qui existent entre eux.

b/ Comment réaliser un schéma fonctionnel

▪ Pour assurer sa fonction d'usage, un objet technique possède plusieurs parties qui ont chacune un rôle différent appelé **fonction technique**.
▪ Pour établir le schéma fonctionnel d'un système, on identifie les **différentes parties qui le constituent**. Ensuite, on dispose les fonctions techniques assurées par chacune des parties dans des **blocs fonctionnels** qu'on relie les uns aux autres afin de matérialiser leurs **interactions**.

c/ Comment représenter la circulation de l'énergie et des informations

▪ Un système peut être décomposé en deux chaînes, qui interagissent : la **chaîne d'énergie** (permet de remplir la fonction d'usage) et la **chaîne d'information** (réalise l'acquisition et le traitement d'informations intérieures et extérieures au système et génère les informations pour l'opérateur ou des ordres pour la chaîne d'énergie).
▪ La **chaîne d'information** peut être décomposée **en quatre fonctions** (Acquérir, Traiter, Stocker et Communiquer) et la **chaîne d'énergie en cinq fonctions** (Alimenter, Distribuer, Convertir, Transmettre et Agir).

2 Exercices résolus

1. Dessiner le schéma fonctionnel d'un robot qui se déplace en suivant un tracé au sol.
2. Compléter la chaîne d'énergie du portail en indiquant :
a. les données à l'entrée de la chaîne d'information, les informations pour l'utilisateur, les ordres transmis à la chaîne d'énergie et la source de l'énergie alimentant le système ;
b. les éléments techniques qui assurent les fonctions « Alimenter », « Convertir » et « Transmettre » de la chaîne d'énergie.

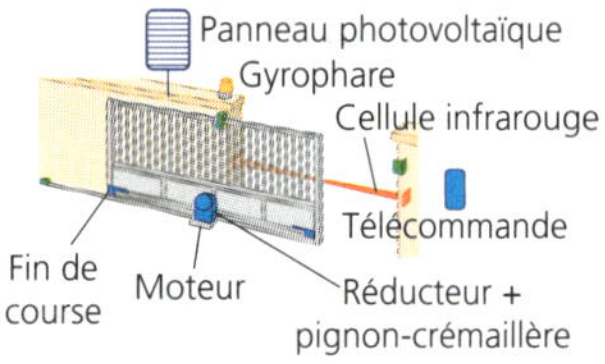

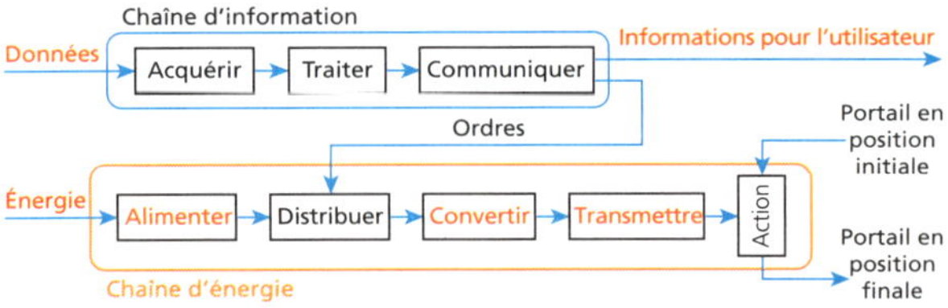

▸▸▸ SOLUTION

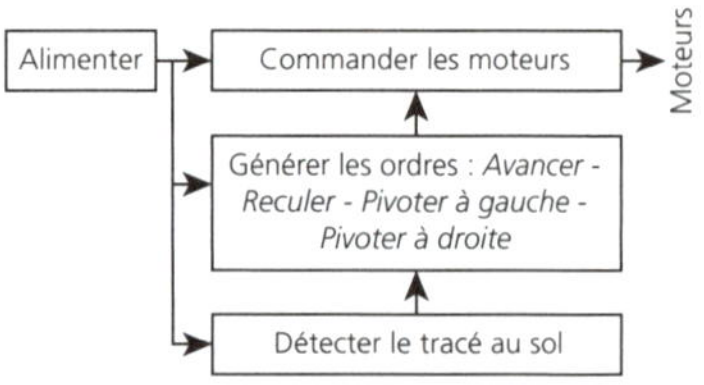

1. Le système est décomposé en quatre parties qui assurent quatre fonctions techniques : « Alimenter » (fournit l'énergie aux différentes parties), « Commander les moteurs » (fait tourner les moteurs dans les deux sens de rotation), « Détecter le tracé au sol » (indique la position du robot par rapport au tracé) et « Générer les ordres » (génère les ordres de déplacement en fonction de la position du robot).
2a. Données (commandes de l'utilisateur – états des fins de course – état de la cellule infrarouge) – **Informations pour l'utilisateur** (gyrophare) – **Ordre** (faire tourner le moteur dans un sens ou dans l'autre) – **Énergie** (solaire).
b. Alimenter (panneau photovoltaïque + batterie d'accumulateurs) – **Convertir** (moteur électrique) – **Transmettre** (réducteur – pignon-crémaillère).

Analyse fonctionnelle

▸▸▸ Comment rechercher, énoncer et préciser les fonctions d'un produit ?

1 Cours

▪ L'analyse fonctionnelle est une méthode d'analyse et de **description** du **besoin** et du produit, **unique et compréhensible par tous** les acteurs de la chaîne de conception.

Mot-clé
Besoin : nécessité ou désir ressenti par l'utilisateur.

a/ Les fonctions du produit

▪ Une fonction est une action réalisée par un produit et qui s'exprime sous forme d'un but à atteindre ou d'une finalité. Elle est souvent définie à l'aide d'un verbe à l'infinitif.

▪ Il existe différents types de fonctions : **fonction d'usage** (à quoi sert l'objet), **fonction principale** (la raison d'être de l'objet), **fonction complémentaire** (qui n'est pas la fonction première de l'objet, mais qui contribue à son amélioration), **fonction contrainte** (normes, lois, environnement, etc.), **fonction d'estime** (liée à l'impact psychologique ou affectif du produit sur l'utilisateur), **fonction technique** (fonction interne à l'objet et qui permet d'assurer une fonction de service).

b/ Les outils de l'analyse fonctionnelle

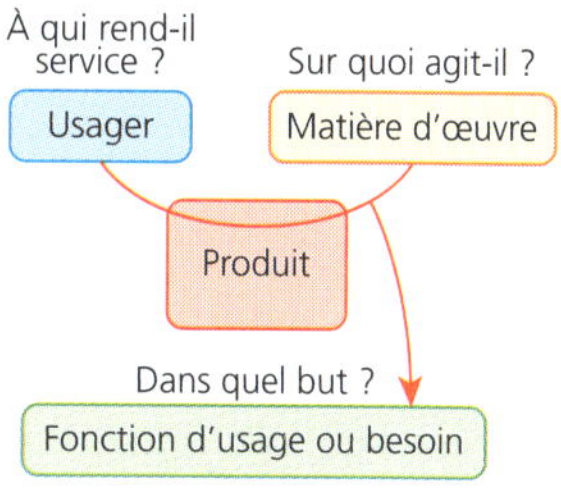

▪ Une représentation graphique appelée « **diagramme bête à cornes** » permet de formuler les besoins en répondant à trois questions : À qui le produit rend-il service ? Sur quoi agit-il ? Dans quel but est-il utilisé ?

▪ Un autre outil graphique appelé « **graphique pieuvre** » permet de trouver les fonctions de service (fonctions principales, fonctions complémentaires et fonctions contraintes) d'un produit. Il se construit de la façon suivante : le produit est placé au centre du graphique ; tous les éléments susceptibles d'entrer en contact ou d'influer sur le fonctionnement de l'objet sont placés autour ; des liens sont faits entre les éléments pour symboliser les exigences de l'objet vis-à-vis de chaque élément. Ces exigences sont transformées en « fonctions » formulées par un verbe à l'infinitif.

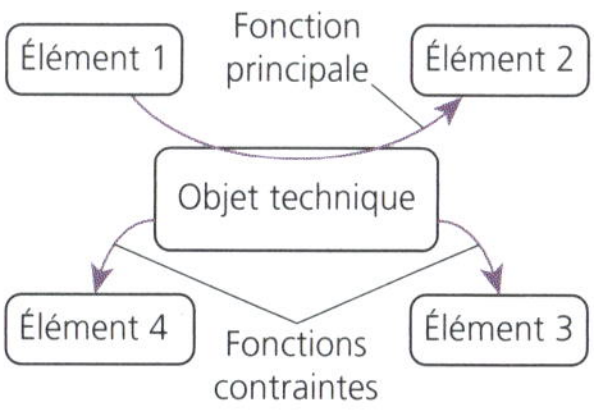

▪ Si deux éléments extérieurs sont reliés, il y a une fonction principale. Cela peut aussi être une fonction complémentaire. Les éléments qui sont reliés à l'objet lui-même induisent une fonction contrainte.

c/ Le cahier des charges fonctionnel (CDCF)

▪ Le CDCF est un **document contractuel** par lequel le demandeur formule le besoin au moyen de **fonctions de service** et de **fonctions contraintes.**

▪ Chacune des fonctions et contraintes est précisée par des **critères d'appréciation** (qui indiquent dans quelles conditions la fonction est considérée comme réalisée) associés à des **niveaux** (valeurs qui précisent les critères).

2 Exercice résolu

1. Utiliser le « graphique pieuvre » pour trouver une fonction principale, une fonction complémentaire et quatre fonctions contraintes du « baladeur MP4 ».

▸▸▸ SOLUTION

1. Voir la méthodologie dans le cours.
FP : fonction principale ; FC : fonction contrainte.

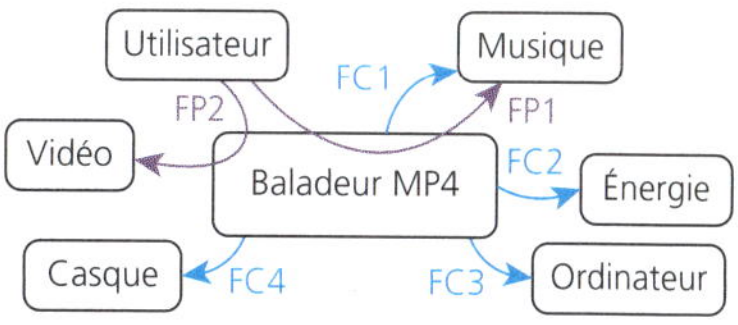

FP1 : Permettre à l'utilisateur d'écouter de la musique
FP2 : Permettre à l'utilisateur de visionner des vidéos
FC1 : Stocker les fichiers de la musique
FC2 : Disposer de sa propre source d'énergie
FC3 : Se connecter à un ordinateur
FC4 : Se relier à un casque

3 Application

2. Dessiner le « diagramme bête à cornes » d'un robot tondeuse automatique.

43 Construire un protocole expérimental

▸▸▸ Comment réaliser des expériences permettant de créer un modèle ?

1 Cours

Mot-clé
Modèle du système : représentation simplifiée du comportement et/ou de la structure d'un système réel.

▪ **Réaliser des expériences** autour d'un phénomène physique peut s'avérer nécessaire afin de **tester une solution technique** (matériau, forme, masse, conduction thermique, etc.). L'expérimentation permet de répondre à la question « Que se passe-t-il si... ? » et de créer ainsi un **modèle du système**.

a/ Élaborer un protocole d'expérimentation

▪ La réalisation d'une expérience ou d'un test nécessite la mise en place d'un protocole d'expérimentation. Ce dernier contient la **description des conditions** dans lesquelles le test est réalisé ainsi que les **étapes de son déroulement** et les **mesures à effectuer**.

▪ Lors d'une expérience, on ne fait **varier qu'un seul** paramètre à la fois. Les autres paramètres **restent rigoureusement identiques** tout au long du test.

b/ Mettre en œuvre un protocole d'expérimentation

Le protocole d'expérimentation peut être décrit en cinq étapes :

– **Formuler une hypothèse** : définir l'objectif de l'expérience (nous observons l'influence de… sur…), formuler une ou plusieurs hypothèses (nous pensons que si…).

– **Construire un schéma de l'expérience** : réaliser une représentation schématique simplifiée du système, de l'expérience à réaliser. Expliquer l'expérience.

– **Élaborer les conditions de l'expérience** : indiquer le facteur à faire varier, les facteurs gardés constants, le paramètre à relever, énoncer le résultat attendu.

– **Réaliser les tests** (changer les valeurs du facteur variable et observer les variations du paramètre à relever). On utilise des outils de mesure et de contrôle (capteur de distance, de poids, de température, de masse, de force, de flux lumineux, de niveau sonore, etc.).

– **Présenter le tableau de données** numériques acquises à partir des mesures réalisées lors des tests. Ceci permettra par exemple de produire une courbe, un tableau comparatif, un diagramme.

c/ Conclure à partir des données relevées

▪ Il est possible, à partir des résultats de l'étude, de rédiger une conclusion : des choix sont alors possibles avec des **preuves scientifiques**. Ces choix nous permettront de passer à la recherche de solutions techniques plus proches de la réalité.

▪ Les **données relevées** constituent un **modèle** qui pourra servir par la suite si une question identique se pose. Ces expériences permettent donc d'améliorer les connaissances scientifiques et techniques.

▪ Il faut toutefois avoir un **regard critique** sur les résultats dans l'attente de **vérification en situation réelle**.

▪ Le chercheur effectue ces expériences en laboratoire de recherche avec des appareils de mesures précis et dans des conditions strictes.

3 Application

1. Décrire un protocole expérimental permettant de comparer le comportement de trois poutres de matériaux différents (bois chêne, bois pin, aluminium) lorsqu'une charge pesant 10 kg exerce une force uniformément répartie au-dessus de chacune. Chaque poutre a une longueur de 30 cm et une section carrée de 15 mm de côté. Les poutres sont fixées par une extrémité, perpendiculairement à un mur.

2. Quel est le matériau le plus indiqué pour les roues d'un robot circulant dans un atelier dont le sol a un revêtement en carrelage ?

Utiliser la simulation pour améliorer une solution technique

▶▶▶ Comment améliorer une solution technique à partir de l'interprétation des résultats de simulations ?

1 Cours

▪ Afin de mieux prévoir les dimensions, les formes et les matériaux à utiliser lors de la conception d'un objet technique, le concepteur fait appel à la **simulation**. Il simule, entre autres, des **phénomènes physiques complexes** (ex : chute d'un corps sur un support mou, aspect d'un produit, répartition de températures sur une carte électronique, acoustique d'une salle de spectacle, évolution de la population d'une ville, etc.).

▪ La simulation se fait à partir de **modèles numériques** complexes qui sont conçus pour que la simulation soit le **reflet de ce qui se passe dans la réalité** selon des hypothèses formulées au départ. Les modèles numériques sont souvent **imprécis**, mais ils restent une source d'information pour le concepteur.

> **Mots-clés**
> **Simulation** : désigne un procédé selon lequel on exécute un programme informatique sur ordinateur destiné à prévoir la réaction d'un système dans la réalité. Elle assiste le concepteur d'un système technique.
> **Modèle numérique** : programme informatique qui permet de simuler sur ordinateur ce qui se passerait dans la réalité.

a/ Observer un modèle de simulation

▪ Lors de la conception d'un objet technique, les **fonctions techniques ou les contraintes** *(voir fiche 42)* fixent le **cadre de la recherche de solutions**. Ainsi, la vitesse, le poids, la tension de fonctionnement, les dimensions, le ou les matériaux utilisés et la forme sont des facteurs déterminants.

▪ Il est donc souvent nécessaire de réaliser une ou plusieurs simulations sur ordinateur. Les modèles numériques font alors appel à des formules mathématiques issues de la science et de l'expérience du concepteur.

b/ Analyser les résultats

▪ Les **résultats** de la simulation peuvent avoir **plusieurs formes** : graphique, tableau de résultats, représentation d'un modèle volumique, calcul numérique. Ces résultats permettent de déterminer une ou plusieurs solutions si elles existent. En effet, il est possible que la simulation nous indique que les **solutions techniques recherchées ne sont pas réalistes**.

▪ S'il n'existe aucune solution technique, il est nécessaire de **remettre en cause le cahier des charges** et parfois de recommencer toute l'étude.

c/ Vérifier et choisir une solution afin d'améliorer l'objet étudié

▪ Le choix d'une solution doit **correspondre aux attentes du cahier des charges**. Ainsi, la modélisation, si elle a permis de trouver des solutions réalistes, permet de choisir de façon éclairée parmi une ou plusieurs solutions techniques.

2 Application

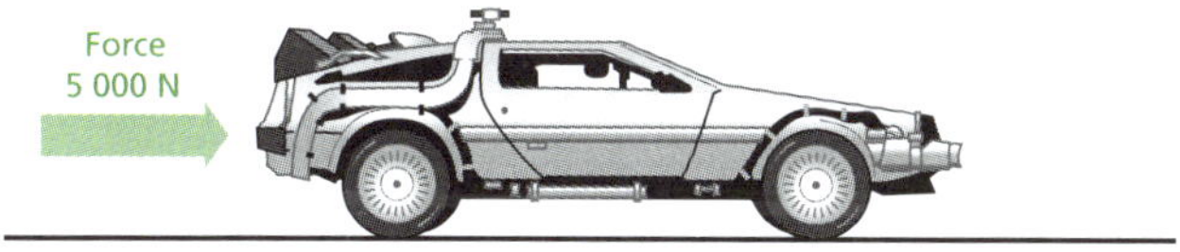

1. Une voiture est équipée d'un moteur permettant d'appliquer une force de 5 000 N.

a. À l'aide du modèle graphique ci-dessous, indiquer la masse maximale que la voiture ne devra pas dépasser afin qu'elle atteigne les 90 km/h en moins de 5 s.

b. Conclure sur l'influence de la masse sur la vitesse de la voiture.

Vitesse du véhicule en fonction de la masse

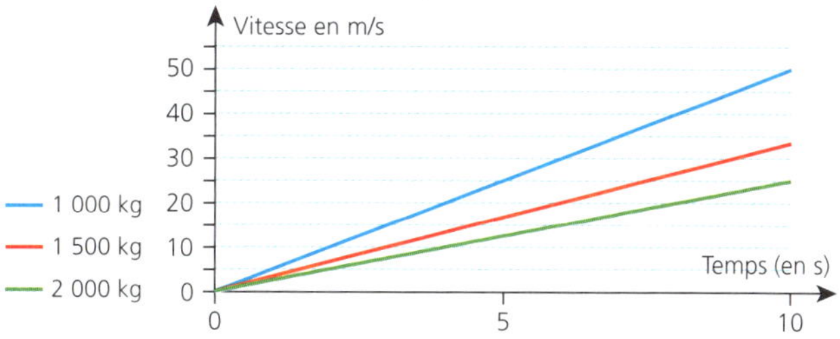

Système technique et fonctions logiques de base

▸▸▸ Comment utilise-t-on les fonctions logiques ?

1 Cours

▪ Les tests effectués par le système font souvent appel à des **combinaisons de conditions**. A et B étant deux conditions, le test pourra être validé si les conditions A ET B sont validées ou encore si les conditions A OU B sont validées.

▪ Ainsi, en combinant des conditions, il est possible d'améliorer le système afin qu'il ne fonctionne que lorsque cela est nécessaire ou d'améliorer sa sécurité.

a/ Les entrées et sorties d'un système technique

▪ Un système automatisé ou informatisé est composé de trois parties : la **partie commande**, la **partie opérative** et la **partie relation**.

▪ La partie commande contient un circuit électronique programmable permettant de donner des ordres aux **actionneurs** et de recevoir des comptes rendus de capteurs *(voir fiche 36)* ou **détecteurs**.

▪ Les **entrées** (capteurs ou détecteurs) et les **sorties** (actionneurs) sont reliées à la partie commandes et identifiés par des numéros (de 0 à 7 par exemple). L'ensemble actionneurs-détecteurs-capteurs constitue la **partie opérative**.

▪ Enfin, le système envoie des informations ou reçoit des consignes de l'utilisateur grâce à la **partie relation**.

Mots-clés

Actionneur : élément du système lui permettant d'agir (produisant mouvement, chaleur, lumière, etc.).
Détecteur : élément sensible à une grandeur physique (température, champ magnétique, etc.) qui change d'état (0 ou 1) en fonction de ce qu'il mesure.
Fonctions logiques : outils mathématiques permettant de combiner des conditions d'étapes.

b/ L'état logique

▪ L'**état logique** d'une entrée logique peut prendre deux valeurs :

0	le circuit électrique de l'entrée concernée est ouvert.
1	le circuit électrique de l'entrée concernée est fermé.

c/ La fonction logique ET

▪ La **fonction logique** ET (&) permet de combiner plusieurs conditions et n'est validée que si toutes les conditions sont vraies.

A	B	S = A.B (A ET B)
0	0	0
0	1	0
1	0	0
1	1	1

Symbole :

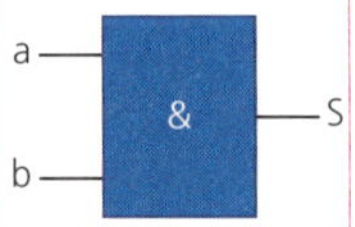

d/ La fonction logique OU

▪ La **fonction logique OU** permet de combiner plusieurs conditions et est validée si au moins l'une d'elles est vraie.

A	B	S = A+B (A OU B)
0	0	0
0	1	1
1	0	1
1	1	1

Symbole :

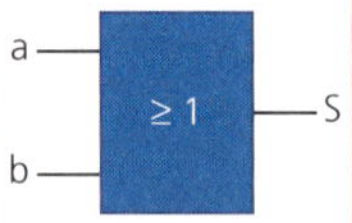

e/ Les autres fonctions logiques

▪ Il existe d'autres fonctions logiques qui permettent d'affiner les conditions.

f/ Particularité des capteurs numériques ou analogiques

▪ Certains capteurs peuvent transmettre au système des informations plus précises qu'un état logique 0 ou 1 (ex : valeur exacte de la grandeur physique mesurée).

▪ Une comparaison avec une valeur de référence peut alors être effectuée pour conditionner la réalisation d'une action (ex : distance < 100 km).

2 Application

Un système automatisé permet d'allumer une lampe la nuit lorsqu'il y a quelqu'un. La condition A répond à la question « Fait-il nuit ? ». La condition B, « Y a-t-il quelqu'un ? ». Quelle fonction logique sera utilisée pour allumer cette lampe ?

Modéliser un système de transmission de mouvement

▸▸▸ Comment mettre en place une transmission de mouvement entre deux pièces mécaniques avec ou sans transformation ?

1 Cours

▪ La transmission de mouvement est nécessaire lorsque, dans un système, l'élément qui produit le mouvement est éloigné de celui qui doit l'exploiter. Elle peut se faire avec ou sans transformation de la **nature du mouvement**.

> **Mot-clé**
> **Nature du mouvement** : ce peut être une **translation** rectiligne (tous les points du solide décrivent des trajectoires parallèles) ou une **rotation** (tous les points du solide restent à une distance fixe du centre de rotation.

a/ Transmission du mouvement

▪ La **transmission du mouvement** consiste à faire passer un mouvement d'une pièce à une autre sans en modifier la nature. Un système de transmission de mouvement est constitué d'un organe moteur, d'un organe mené et parfois d'un organe intermédiaire.

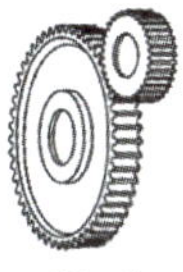

Fig. 1

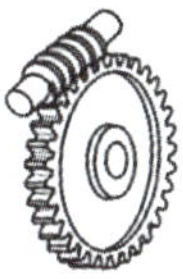

Fig. 2

▪ Il existe différents systèmes pour transmettre le mouvement entre deux pièces placées sur des **axes parallèles** *(fig. 1)* ou **perpendiculaires** *(fig. 2)*. Certains de ces systèmes utilisent la **friction** qui repose sur le principe d'adhérence et de frottement entre deux éléments (roues de friction, poulie-courroie), d'autres utilisent l'**engrènement** (roues dentées).

▪ Le **rapport de transmission** est un coefficient noté ***r*** qui peut être déterminé en fonction du nombre de tours *(N)* et du nombre de dents *(Z)* de deux roues dentées ; une motrice et une menée.

$$r = \frac{N_{\text{menée}}}{N_{\text{motrice}}} = \frac{Z_{\text{motrice}}}{Z_{\text{menée}}}$$

– **Si *r* < 1**, le système est un **réducteur** (vitesse de rotation de l'organe mené inférieure à celle de l'organe moteur).

– **Si *r* > 1**, le système est un **multiplicateur** (vitesse de rotation de l'organe mené supérieure à celle de l'organe moteur).

▪ Dans un système de transmission **par courroie** et poulie, le nombre de dents est remplacé par le diamètre *(D)* des poulies.

▪ Dans un **train d'engrenage**, seules la première roue dentée qui transmet le mouvement et la dernière qui le reçoit sont utilisées pour calculer le **rapport de transmission**. Les roues intermédiaires servent à transmettre le mouvement et à changer le sens de rotation.

b/ Transformation de mouvement

▪ Elle consiste à transmettre un mouvement d'une pièce à une autre, tout en modifiant sa nature. Il existe plusieurs systèmes de transformation de mouvement : **pignon-crémaillère** (transforme le mouvement de rotation du pignon en un mouvement de translation et inversement), **vis-écrou** (combine les mouvements d'une vis et d'un écrou pour transformer une rotation en translation), **bielle-manivelle** (transforme un mouvement de rotation en mouvement de va-et-vient rectiligne et inversement).

2 Exercices résolus

1. Dans le train d'engrenage ci-contre :

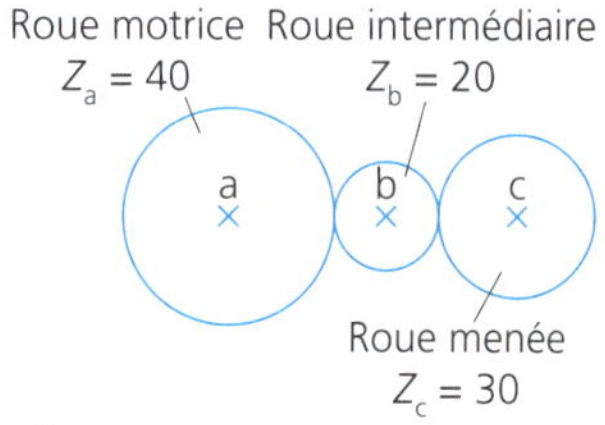

a. Lorsque la roue motrice tourne dans le sens des aiguilles d'une montre, dans quel sens tournent les deux autres roues ?

b. Combien de tours auront fait la roue menée lorsque la roue motrice aura effectué 180 tours ?

c. Si on veut que la roue motrice et la roue menée n'aient pas le même sens de rotation, que doit-on faire ?

▸▸▸ SOLUTION

1a. (b) sens inverse à celui des aiguilles d'une montre, (c) sens des aiguilles d'une montre.

b. Rapport de transmission : $r = \frac{Z_a}{Z_c} = \frac{N_c}{N_a}$ donc :

$N_c = 180 \times \frac{40}{30} = 240$ tours.

c. Il faut ajouter une roue intermédiaire.

TECHNOLOGIE

47 Comprendre le fonctionnement d'un réseau informatique

▶▶▶ Comment les informations sont-elles échangées dans un réseau informatique ?

1 Cours

Mots-clés

Protocole de communication : règles qui régissent l'envoi et la réception de données entre deux entités informatiques.
Donnée : information traitée par un ordinateur (valeur binaire 0 ou 1).
Signal : grandeur électrique dont la variation dans le temps code une information.

- Un **réseau informatique** est un ensemble d'équipements informatiques reliés physiquement ou par ondes radio dans le but d'échanger des informations en suivant un **protocole de communication**.

a/ Les constituants matériels d'un réseau local

- Les **équipements terminaux** sont les appareils qu'on souhaite faire communiquer entre eux. Ils sont connectés à des **équipements d'interconnexion** tels que le **commutateur** (permet de relier plusieurs équipements d'un réseau local) ou le **routeur** (permet d'interconnecter plusieurs réseaux).
- La communication entre les terminaux utilise des supports qui sont la **carte réseau** (contrôle les **données** et les convertit en **signal** compatible avec le support de liaison) et le **support de liaison** (permet de faire voyager les signaux entre deux équipements terminaux) qui peut être filaire ou non filaire.

b/ Les topologies physiques des réseaux informatiques

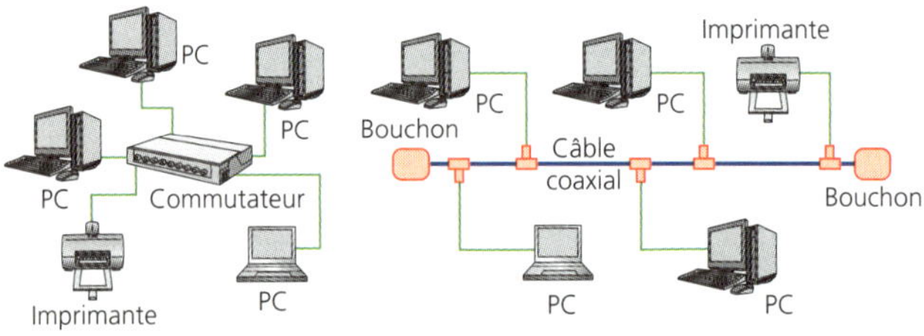

Topologie en étoile — Topologie en bus

c/ L'identification des périphériques dans le réseau informatique

- L'identification des périphériques se fait grâce à :
  - l'**adresse physique (MAC)** : numéro unique stocké dans la carte réseau du périphérique. Elle sert à identifier un périphérique dans le réseau local ;
  - l'**adresse logique (IP)** : numéro unique utilisé pour identifier des périphériques qui appartiennent ou pas au même réseau local.
- Il existe deux formats d'adresse IP : IPv4 (constituée de quatre nombres compris entre 0 et 255 séparés par des points) et IPv6 (constituée de huit groupes de 2 octets séparés par le signe « : »).

d/ Le protocole TCP-IP et ses quatre couches

- Les données échangées entre deux périphériques passent par quatre étapes appelées couches. Chaque couche ajoute des informations aux données à envoyer.
  - La couche « **Application** » traite l'information « http://www.google.fr » et sépare la donnée « www.google.fr » du protocole « http » qui sera utilisé pour la traiter.
  - La couche « **Transport** » découpe la donnée en partie et ajoute les **numéros de ports** source et destination.
  - La couche « **Internet** » ajoute les adresses IP des ordinateurs source et destination.
  - La couche « **Accès réseau** » ajoute les adresses MAC des ordinateurs source et destination et prépare le paquet pour être envoyé sur le support de transmission.

Mot-clé

Numéro de port : numéro de porte utilisée par une application pour communiquer. Les numéros inférieurs à 1024 sont réservés à des services particuliers (http = 80).

2 Application

1. Énumérer les différents constituants matériels nécessaires pour créer et connecter deux réseaux informatiques de topologie en étoile.

2. Combien de périphériques peut-on identifier dans un réseau en utilisant des adresses IPv4 ?

La programmation graphique

▸▸▸ Comment générer simplement les lignes de code nécessaires à la programmation d'un objet ?

1 Cours

▪ En informatique, programmer c'est penser et écrire dans un **langage de programmation** l'ensemble des actions que doit réaliser l'objet programmé pour accomplir une tâche ainsi que ses différentes réactions en réponse à des événements qui pourraient se produire.

> **Mots-clés**
> **Langage de programmation** : notation conventionnelle, basée sur une syntaxe précise, utilisée pour dicter le comportement de l'objet programmé.
> **Sous-programme événementiel** : ensemble d'instructions qui s'exécutent en réponse à un événement et qui permettent de réaliser une action.

a/ L'interface utilisateur

▪ Une interface graphique, appelée aussi GUI *(Graphical User Interface)*, permet à l'utilisateur d'interagir avec le programme. Elle est composée d'une fenêtre et d'éléments graphiques appelés contrôles : **Label** (texte simple), **Button** (bouton), **InputBox** (champ de saisie), **RadioBox** (bouton radio), **CheckBox** (case à cocher), etc.

▪ Lorsque les différents contrôles sont manipulés par l'utilisateur, ils déclenchent automatiquement des événements et les envoient au programme, qui les traite.

▪ En programmation événementielle, le programmeur choisit d'ignorer ces événements ou d'y répondre par l'exécution de **sous-programmes événementiels**.

b/ La programmation par blocs

▪ La programmation graphique permet de générer des programmes pour les microcontrôleurs en assemblant des « briques graphiques » appelées **blocs**.

▪ Les blocs sont identifiés par des couleurs et classés par familles. Il n'y a **pas de syntaxe** à connaître, ni à écrire : on déplace simplement des blocs d'instructions qui s'imbriquent les uns avec ou dans les autres.

▪ Ce type de programmation offre la possibilité d'écrire plusieurs sous-programmes événementiels, liés ou indépendants, qui s'exécutent en fonction des événements qui se produisent.

> **Mot-clé**
> **Algorithme** : suite finie et non ambiguë d'instructions permettant de résoudre un problème.

c/ L'organigramme de programmation

▪ Appelé aussi **algorigramme** ou **logigramme**, c'est une représentation graphique normalisée *(voir fiche 40)* d'un programme de commande construit à partir d'un **algorithme** pour décrire le fonctionnement d'un système automatisé.

▪ La structure d'un organigramme de programmation est obtenue à partir de quatre séquences de base.

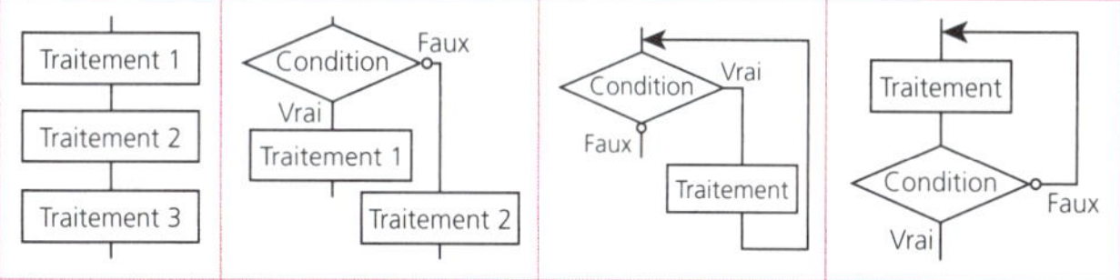

Linéaire	Alternative	Répétitive	
Traitement 1 Traitement 2 Traitement 3	**si** *Condition* **alors** Traitement 1 **sinon** Traitement 2 **fin si**	**tant que** *Condition* **faire** Traitement **fin tant que**	**répéter** Traitement **jusqu'à** *Condition*

2 Exercice résolu

Expliquer ce que fait ce programme appliqué à un robot équipé d'un stylo et qui se déplace sur une feuille de papier.

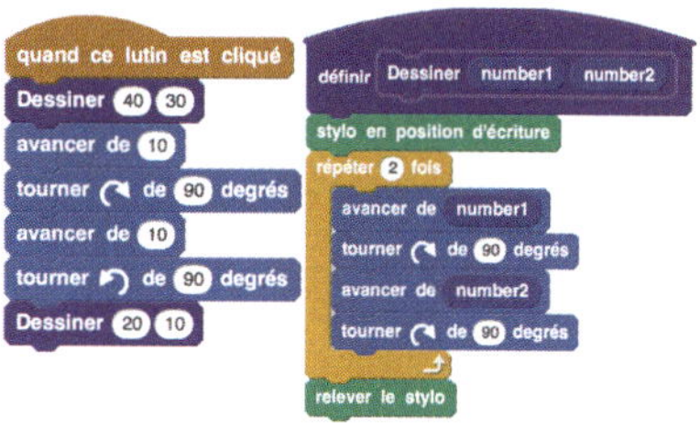

▸▸▸ SOLUTION

Le robot place son stylo au contact de la feuille et dessine un rectangle de 40 × 30 puis relève le stylo avant d'aller se placer à l'intérieur du rectangle dessiné. Il pose à nouveau le stylo sur la feuille et dessine un rectangle de 20 × 10.

1 Physique-chimie

FICHE 22 Caractère acide ou basique d'une solution

2a. Les réactifs sont le fer et l'acide chlorhydrique. Ce sont ces espèces qui vont disparaître pendant la transformation chimique.

b. La détonation lors du test à la flamme permet d'affirmer que le gaz formé est du dihydrogène. La formation du précipité vert lors du test à la soude permet d'affirmer qu'il s'est formé des ions fer (II).

Les ions fer (II) sont en solution avec les ions chlorure Cl^- qui sont des ions spectateurs présents initialement dans la solution d'acide chlorhydrique ne réagissant pas.

c. Le bilan de cette réaction chimique est :

fer + acide chlorhydrique → solution aqueuse de chlorure de fer (II) + dihydrogène

FICHE 26 Équilibre statique et mouvement rectiligne uniforme

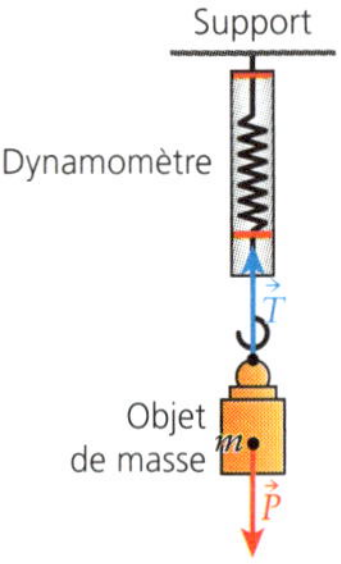

2a. $P = m \times g = 0{,}500 \times 9{,}8 = 4{,}9$ N (masse en kg).

b. D'après le principe d'inertie, les forces qui s'exercent sur lui se compensent.

c. On ajoute un segment fléché vers le haut de même taille que celui représentant $\vec{P}$. On note $\vec{T}$.

d. Cette force a la même valeur que P soit $T = 4{,}9$ N.

FICHE 31 Conversions énergétiques

2a.

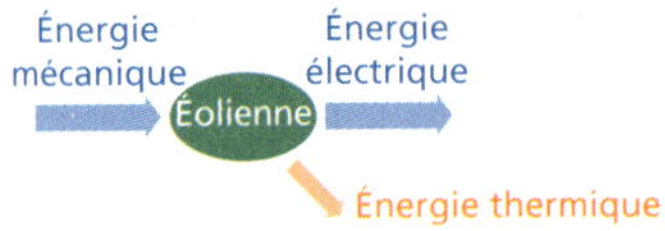

b. $E = P \times \Delta t$.

c. $P = 6$ MW $= 6 \times 10^6$ W et $\Delta t = 2\,500$ h,
d'où $E = 6 \times 10^6 \times 2\,500 = 1{,}5 \times 10^{10}$ Wh.

d. Il faudrait $\dfrac{20 \times 10^{12}}{1{,}5 \times 10^{10}} = 1\,333$ éoliennes.

FICHE 33 Signaux sonores

2a. $T = 100$ ms $= 100 \times 10^{-3}$ s $= 1 \times 10^2 \times 10^{-3}$ s $= 1 \times 10^{-1}$ s.

b. $f = \dfrac{1}{T}$.

c. $f = \dfrac{1}{10^{-1}} = 10$ Hz.

d. Ce son a une fréquence inférieure à 20 Hz ; il n'est donc pas audible.

2 Technologie

FICHE 34 Démarche créative pour concrétiser une idée

1. Propositions : Le collège porte le nom d'une personnalité, un ancien résistant ayant travaillé dans les chemins de fer. Trouver des symboles le concernant et un style d'écriture. Autres possibilités : l'architecture, un monument proche ou l'histoire de la ville.

2. Une série de lampadaires couvre en général la totalité du territoire d'une commune. On pourrait y ajouter des prises de recharge pour téléphones portables ou une borne wifi pour se connecter sur un site internet présentant le quartier, par exemple.

FICHE 36 Communiquer à distance avec une installation domotique

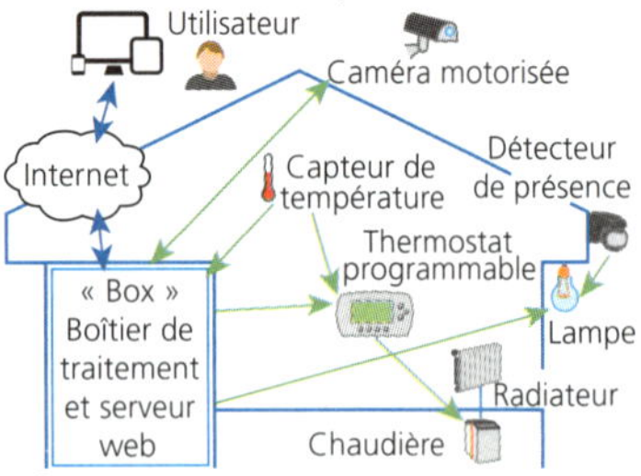

1. Voir schéma ci-contre.

2. Traitement programmé : la « box » compare la valeur de température reçue du capteur à une consigne définie par l'utilisateur et agit, si nécessaire, sur le thermostat.

FICHE 38 Ce qui influence les innovations technologiques

Utilisation dans le bâtiment (vitre, porte, etc.) ou pour la vitre d'un smartphone (solidité par rapport à un matériau classique).

FICHE 39 L'évolution des objets techniques à travers le temps

Le moulin à vent qui produisait de l'énergie liée au mouvement a disparu avec l'arrivée de l'électricité et des moteurs, en raison de son manque d'efficacité et de sa pénibilité d'utilisation. Aujourd'hui, l'éolienne convertit l'énergie du vent en électricité.

FICHE 40 Représenter la programmation d'un système automatisé

1. De manière simplifiée, durant huit heures, la yaourtière assure une température de 42 à 43 °C pour permettre la culture des bactéries lactiques.

2. L'organigramme permettant d'allumer une lampe lorsqu'il fait nuit et qu'une présence est détectée est le suivant *(ci-contre)* :

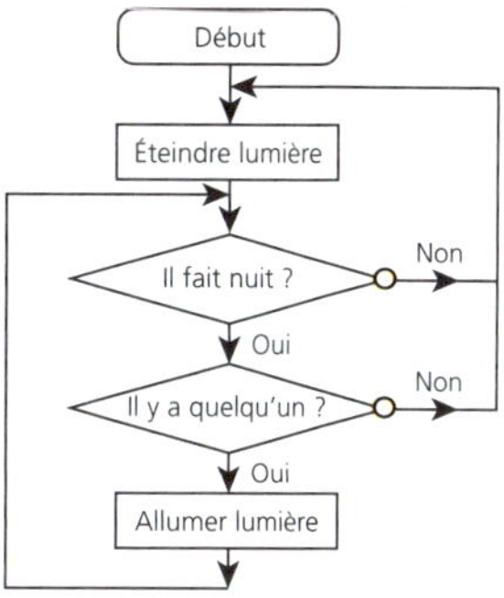

FICHE 42 Analyse fonctionnelle

2.

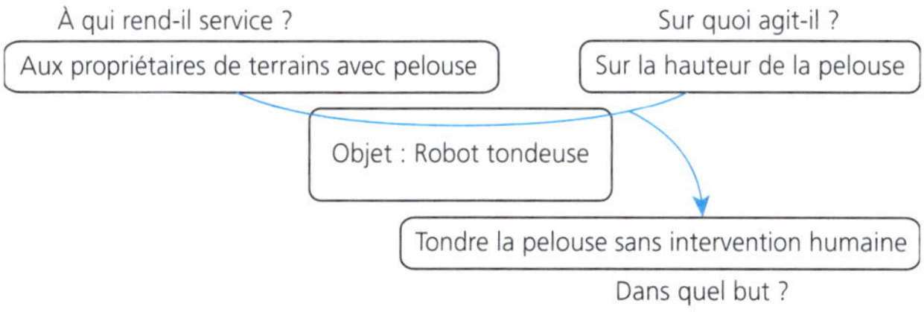

FICHE 43 Construire un protocole expérimental

1. Objectif de la simulation : nous allons observer l'influence du matériau de la poutre sur sa déformation. Nous nous attendons à une déformation (flexion) plus au moins importante de chacune des trois poutres.

Schéma de l'expérience : un logiciel de simulation est utilisé pour dessiner cette représentation simplifiée *(fig. 1)*.

Conditions de l'expérience : tout d'abord, il faut définir les facteurs constants (longueur de la poutre = 30 cm ; charge = 10 kg), les facteurs à faire varier (matériau de la poutre) et le paramètre observé (mesure de la flèche).

Déroulement : au cours de l'expérience, il faut changer le matériau et noter la mesure de la déformation (flèche) pour chacune des trois poutres puis comparer.

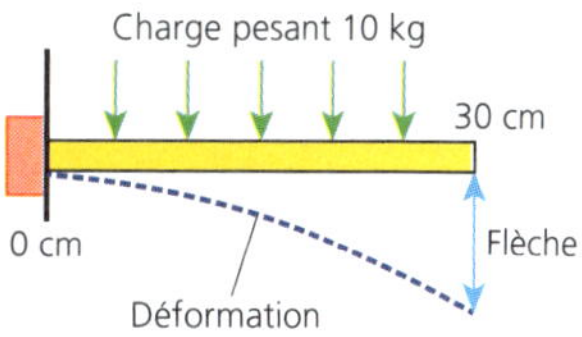

Fig. 1 : représentation simplifiée

2. Objectif de l'expérience : nous allons déterminer quel est le matériau qui possède la meilleure adhérence sur le carrelage.

Conditions de l'expérience : à l'aide d'un carreau de carrelage et de cinq échantillons de matériaux différents (bois, liège, aluminium, caoutchouc, plastique), réaliser une expérience en inclinant le carreau et noter l'angle à partir duquel le matériau commence à glisser.

Déroulement : effectuer les mesures des angles pour les cinq échantillons, puis comparer.

FICHE 44 Utiliser la simulation pour améliorer une solution technique

1a. Conversion de vitesse : la valeur 90 km/h correspond à 25 m/s (90 × 1 000 / 3 600). Seule la voiture ayant une masse de 1 000 kg pourra répondre aux exigences demandées.

b. Avec une force constante, plus la masse de la voiture est importante, plus elle met de temps à atteindre la vitesse souhaitée.

FICHE 45 Système technique et fonctions logiques de base

La fonction logique ET est à utiliser parce que la lampe extérieure s'allume s'il fait nuit ET s'il y a quelqu'un.

FICHE 47 Comprendre le fonctionnement d'un réseau informatique

1. Plusieurs ordinateurs et imprimantes, au moins un commutateur par réseau et un routeur.

2. Une adresse IP est une suite de quatre nombres décimaux. Chaque nombre peut prendre une valeur comprise entre 0 et 255 (soit 256 valeurs). Le nombre de périphériques adressables est donc 256 × 256 × 256 × 256 = 4 294 967 296.

TEST 1 La planète Terre, l'environnement et l'action humaine

(fiches 1 à 5)

Voir corrigés p. 315.

Une seule des trois réponses proposées est exacte.
Choisir la réponse A, B ou C.

1/ Une énergie fossile est :

A. une source d'énergie renouvelable formée à partir de fossiles.
B. une source d'énergie non renouvelable formée à partir de matière organique.
C. une source d'énergie formée par l'Homme.

2/ Une éruption volcanique est provoquée par :

A. la magnitude.
B. l'édifice volcanique formé en surface.
C. les gaz contenus dans le magma.

3/ À quels paramètres un risque géologique est-il lié ?

A. L'aléa, la densité de population et les constructions.
B. Le risque, la densité de population et les habitations.
C. L'aléa, la densité de population et le risque.

4/ Qu'est-ce que la subduction ?

A. La formation de lithosphère.
B. Le déplacement des plaques de quelques cm/an.
C. La disparition de la lithosphère.

5/ Les fossiles sont présents dans :

A. les roches volcaniques.
B. les sédiments.
C. les roches sédimentaires.

6/ Qu'est-ce que la respiration chez un être vivant ?

A. L'absorption d'oxygène et le rejet de dioxyde de carbone dans l'air.
B. Le rejet de dioxygène de carbone et l'absorption d'oxygène.
C. L'absorption de dioxygène et le rejet de dioxyde de carbone.

7/ Comment détecter la présence de CO_2 ?

A. Avec de l'eau.
B. Avec de l'eau de chaux.
C. Avec de l'eau chaude.

TEST 2 Le vivant et son évolution
(fiches 6 à 11)

Voir corrigés p. 316.

Une seule des trois réponses proposées est exacte.
Choisir la réponse A, B ou C.

1/ Quels échanges (entre autres) caractérisent le métabolisme d'une cellule animale ?

A. Par une absorption de nutriments et de chaleur.
B. Par une absorption d'urée et de nutriments.
C. Par un rejet d'urée et de chaleur.

2/ Qu'est-ce qui ne fait pas partie d'un système circulatoire ?

A. Le sang.
B. La sève.
C. Les sucs digestifs (ex : la salive).

3/ Comment distinguer le caryotype d'un homme de celui d'une femme ?

A. Les hommes ont un grand et un petit chromosome sexuel.
B. Les hommes ont un chromosome sexuel en forme de X et un autre en forme de Y.
C. Les hommes ont plus de chromosomes.

4/ Un individu, pour un gène, possède :

A. toujours deux allèles identiques.
B. parfois deux allèles identiques.
C. jamais deux allèles identiques.

5/ Comment une cellule se multiplie-t-elle ?

A. En dupliquant son ADN puis en séparant ses chromosomes.
B. En dupliquant son ADN et ses chromosomes.
C. En séparant son ADN puis en dupliquant ses chromosomes.

6/ Quelle est la stratégie de reproduction la plus efficace pour une espèce ?

A. Fabriquer le plus grand nombre possible de cellules reproductrices.
B. Protéger sa descendance.
C. Les deux stratégies fonctionnent.

7/ Quel mécanisme n'intervient pas dans l'évolution ?

A. Les mutations.
B. La mitose.
C. La sélection naturelle.

8/ Quelle est la notation mathématique possible pour un million d'années ?

A. 10^6 années.
B. 10^9 années.
C. 10^{12} années.

TEST 3 Le corps humain et la santé
(fiches 12 à 17)

Voir corrigés p. 317.

Une seule des trois réponses proposées est exacte.
Choisir la réponse A, B ou C.

1/ Qu'est-ce que la digestion ?
A. La transformation des aliments en nutriments.
B. La transformation des nutriments en aliments.
C. Une transformation aboutissant à la formation d'urine.

2/ Quels sont les leucocytes qui détruisent les bactéries ?
A. Les anticorps.
B. Les lymphocytes.
C. Les phagocytes.

3/ Contre quoi un antibiotique est-il efficace ?
A. Contre certaines bactéries.
B. Contre n'importe quelle bactérie.
C. Contre n'importe quel micro-organisme pathogène.

4/ Que signifie être séropositif ?
A. Avoir des anticorps.
B. Avoir le SIDA.
C. Avoir le VIH.

5/ Qu'est-ce qu'une drogue ?
A. Toute substance entraînant accoutumance et dépendance.
B. Toute substance interdite.
C. Toute substance nocive pour la santé.

6/ Quel organe permet de ressentir des émotions ?
A. Le cerveau.
B. Le cœur.
C. Les muscles.

7/ Le fonctionnement de l'appareil reproducteur est cyclique :
A. chez les hommes.
B. chez les femmes.
C. chez les deux.

8/ Qu'est-ce qu'une hormone ?
A. Une substance fabriquée par un organe, libérée et transportée dans le sang, qui agit sur le fonctionnement d'un seul organe cible.
B. Une substance fabriquée par un organe, libérée et transportée dans le sang, qui agit sur le fonctionnement d'un ou plusieurs organes cibles.
C. Une substance fabriquée par un organe, libérée et transportée dans le sang, qui agit sur le fonctionnement de tous nos organes.

9/ Comment agit la pilule ?
A. C'est une méthode de contraception chimique.
B. C'est une méthode de contraception mécanique.
C. C'est une méthode de contraception qui protège des IST.

TEST 4 Organisation et transformation de la matière

(fiches 18 à 22)

Voir corrigés p. 318.

Une seule des trois réponses proposées est exacte.
Choisir la réponse A, B ou C.

1/ L'infiniment petit est aussi nommé monde :

A. macroscopique.
B. cosmique.
C. microscopique.

2/ En écriture scientifique, « 150 millions de km » s'écrit :

A. $1{,}5 \times 10^{11}$ km.
B. $1{,}5 \times 10^{8}$ km.
C. 150×10^{6} m.

3/ Le noyau d'un atome est constitué :

A. d'électrons, de protons et de neutrons.
B. de protons.
C. de protons et de neutrons.

4/ L'élément chimique argent a pour symbole :

A. Ag.
B. Ar.
C. A.

5/ Le nombre de protons dans un noyau est noté Z et appelé :

A. numéro atomique.
B. nombre de masse.
C. nombre massique.

6/ Si un atome gagne un ou plusieurs électrons, il se charge négativement ; c'est :

A. un anion.
B. un cation.
C. un proton.

7/ Au cours d'une combustion, le combustible et le comburant sont :

A. les produits.
B. les réactifs.
C. les acides.

8/ La formule de la molécule de dioxyde de carbone s'écrit :

A. CO_2 B. H_2O C. O_2

9/ L'équation chimique de la combustion du méthane s'écrit :

A. $CH_4 + O_2 \rightarrow CO_2 + \mathbf{2}\ H_2O$
B. $CH_4 + O_2 \rightarrow CO_2 + H_2O$
C. $CH_4 + \mathbf{2}\ O_2 \rightarrow CO_2 + \mathbf{2}\ H_2O$

TEST 5 Mouvement et interactions

(fiches 23 à 26)

Voir corrigés p. 319.

Une seule des trois réponses proposées est exacte.
Choisir la réponse A, B ou C.

1/ La trajectoire d'un objet se déplaçant en ligne droite est :
A. rectiligne.
B. curviligne.
C. circulaire.

2/ Un mouvement circulaire uniforme a une vitesse qui :
A. reste constante.
B. diminue uniformément.
C. augmente uniformément.

3/ La vitesse moyenne d'un objet vérifie la formule :
A. $v = d \times \Delta t$
B. $v = \frac{d}{\Delta t}$
C. $v = \frac{\Delta t}{d}$

4/ Dans un diagramme objets-interactions, une interaction à distance est représentée par un trait :
A. en pointillé.
B. plein.
C. double.

5/ Le poids d'un homme sur Terre correspond :
A. à la masse de cet homme.
B. à l'intensité de la pesanteur.
C. à la force d'attraction gravitationnelle exercée par la Terre sur l'homme.

6/ La valeur de la force exercée par B sur A s'écrit par convention :
A. F_{BA}
B. $F_{A/B}$
C. $F_{B/A}$

7/ Si les forces qui s'exercent sur un système se compensent, alors :
A. le système est ralenti.
B. le système accélère.
C. le système a un mouvement rectiligne uniforme.

8/ Un stylo posé immobile sur une table est soumis :
A. à deux forces qui se compensent : la réaction de la table sur le stylo et le poids du stylo.
B. à une seule force : la réaction de la table sur le stylo.
C. à une seule force : son poids.

TEST 6 L'énergie et ses conversions (fiches 27 à 31)

Voir corrigés p. 320.

Une seule des trois réponses proposées est exacte.
Choisir la réponse A, B ou C.

1/ L'unité de la tension est notée :

A. W.
B. V.
C. U.

2/ Dans un circuit comportant une dérivation, l'intensité du courant dans la branche principale est :

A. égale au produit des intensités dans les deux autres branches.
B. la même que celle circulant dans les deux branches dérivées.
C. égale à la somme des intensités dans les deux autres branches.

3/ La tension aux bornes de la pile étant de 6 V, quelle est la tension aux bornes de chaque lampe ?

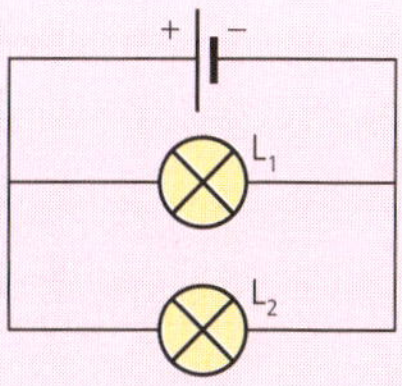

A. 6 V aux bornes de la lampe L_1 et 6 V aux bornes de la lampe L_2.
B. 3 V aux bornes de la lampe L_1 et 3 V aux bornes de la lampe L_2.
C. 4 V aux bornes de la lampe L_1 et 2 V aux bornes de la lampe L_2.

4/ La tension aux bornes de la pile étant de 6 V et celle aux bornes de la lampe L_1 de 2 V, quelle est la tension aux bornes de la lampe L_2 ?

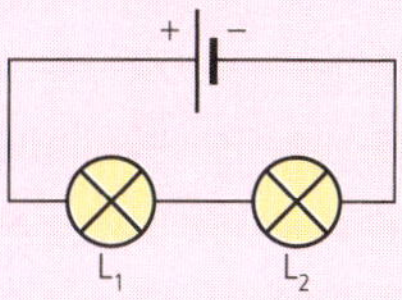

A. 2 V.
B. 6 V.
C. 4 V

5/ La loi d'Ohm s'écrit :

A. $R = \frac{U}{I}$

B. $R = U \times I$

C. $R = \frac{I}{U}$

6/ Un conducteur ohmique recevant de l'énergie électrique d'un générateur transfère cette énergie vers l'extérieur sous forme d'énergie :

A. mécanique.
B. électrique.
C. thermique.

7/ La puissance électrique reçue par une ampoule sous une tension de 3 V et parcourue par un courant d'intensité 120 mA vaut :

A. 0,36 W.
B. 360 W.
C. 3,6 W.

TEST 7 Des signaux pour observer et communiquer (fiches 32 à 33)

Voir corrigés p. 321.

Une seule des trois réponses proposées est exacte.
Choisir la réponse A, B ou C.

1/ Une source lumineuse produisant sa propre lumière est appelée :
A. objet diffusant.
B. source secondaire.
C. source primaire.

2/ Toutes les ondes électromagnétiques se propagent à une vitesse proche de :
A. 300 000 $m.s^{-1}$.
B. 340 $m.s^{-1}$.
C. 300 000 $km.s^{-1}$.

3/ Les rayons X sont utilisés :
A. en radiologie.
B. en communication radio.
C. dans les télécommandes.

4/ Le son est une onde :
A. électromagnétique.
B. mécanique.
C. électromagnétique et mécanique.

5/ L'oreille humaine est un organe sensible aux ondes :
A. lumineuses.
B. sonores.
C. ultrasonores.

6/ L'intensité sonore se mesure en :
A. ampère.
B. watt.
C. dB.

7/ Un son de fréquence 15 000 Hz est un :
A. infrason.
B. son grave.
C. son aigu.

8/ Un phénomène périodique se répète toutes les 10 secondes. Sa fréquence vaut :
A. 10 Hz.
B. 0,1 Hz.
C. 0,01 Hz.

9/ Un oscilloscope branché sur un générateur de tension variable enregistre un signal (schéma ci-contre). La période de ce signal est :
A. 10 s.
B. 20 s.
C. 30 s.

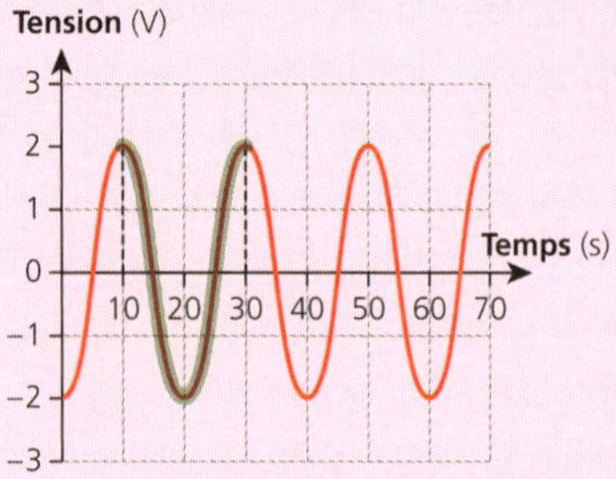

TEST 8 Design, innovation et créativité

(fiches 34 à 37)

▶▶ Voir corrigés p. 322.

Une seule des trois réponses proposées est exacte.
Choisir la réponse A, B ou C.

1/ La créativité appliquée à la conception d'un objet technique permet:

A. de créer une affiche publicitaire de l'objet technique.
B. de décrire l'objet technique pour en faire les plans.
C. d'imaginer, de concrétiser de nouvelles solutions techniques.

2/ Quel mot n'appartient pas au vocabulaire de la créativité?

A. Remue-méninges.
B. Règlement.
C. Carte mentale.

3/ À quels éléments le *designer produit* s'intéresse-t-il afin de déterminer des tendances?

A. À la forme, aux couleurs et aux matériaux.
B. À l'actualité, à la mode et aux médias.
C. Aux changements climatiques et au développement durable.

4/ Lequel de ces capteurs est utilisé dans la programmation d'une chaudière?

A. Un capteur de température.
B. Un capteur de luminosité.
C. Un capteur de proximité.

5/ Pour communiquer avec l'utilisateur, un objet technique connecté utilise le plus souvent:

A. une liaison par fibre optique.
B. une communication sans fil à faible portée.
C. une communication par satellite.

6/ Quel est le moyen le plus sûr de contrôler l'accès aux données informatiques personnelles?

A. Donner à chaque utilisateur une clé RFID à code unique.
B. Donner à chaque utilisateur un code à quatre chiffres.
C. Utiliser la reconnaissance par empreinte digitale.

7/ Les trois signaux possibles pour un capteur sont:

A. numérique, analogique, illogique.
B. logique, illogique, numérique.
C. analogique, logique, numérique.

TEST 9 Objets techniques et changements sociétaux (fiches 38 à 41)

Voir corrigés p. 323.

Une seule des trois réponses proposées est exacte.
Choisir la réponse A, B ou C.

1/ Parmi les trois chronologies de ces inventions, laquelle est fausse ?
A. Cadran solaire, horloge mécanique, montre à quartz, montre connectée.
B. Draisienne, grand-bi, bicyclette, vélomoteur.
C. Porte battante, porte automatisée, pont-levis, porte coulissante.

2/ Lequel de ces trois éléments n'intervient pas dans l'évolution des objets techniques ?
A. L'ergonomie.
B. La langue.
C. Les matériaux.

3/ Une de ces affirmations est fausse : laquelle ?
A. Un organigramme est une représentation graphique du fonctionnement d'un système automatisé.
B. Un organigramme permet de comprendre le fonctionnement d'un système automatisé.
C. Un organigramme permet de programmer un système informatisé.

4/ Un smartphone est un objet :
A. manuel.
B. automatisé.
C. informatisé.

5/ Quelle forme d'énergie n'entre pas dans la chaîne d'énergie de l'éolienne ?
A. La chaleur.
B. L'électricité.
C. L'énergie liée au mouvement.

6/ Quelle est la principale forme d'énergie utilisée par le vélo ?
A. La chaleur.
B. L'énergie liée au mouvement.
C. L'énergie rayonnante.

7/ Quelle fonction ne fait pas partie de la chaîne d'énergie ?
A. Acquérir.
B. Distribuer.
C. Transmettre.

8/ Le symbole ci-contre représente :
A. Une condition.
B. Une action.
C. L'appel d'un sous-programme.

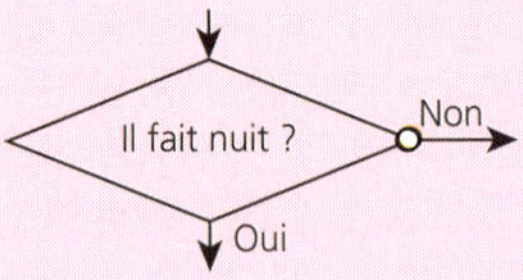

TEST 10 Modélisation et simulation des systèmes techniques

(fiches 42 à 46)

▶▶▶ **Voir corrigés p. 324.**

Une seule des trois réponses proposées est exacte.
Choisir la réponse A, B ou C.

1/ Parmi ces fonctions, laquelle ne fait pas partie des fonctions de service d'un objet technique ?

A. Fonction contrainte.
B. Fonction technique.
C. Fonction principale.

2/ Les critères d'appréciation et les niveaux permettent de préciser les :

A. fonctions de service.
B. fonctions techniques.
C. solutions techniques.

3/ Lors d'une expérimentation :

A. on fait varier tous les paramètres et on garde un seul facteur inchangé.
B. on fait varier tous les paramètres.
C. on fait varier un seul facteur et on garde tous les autres paramètres inchangés.

4/ La simulation d'un système réel à partir de son modèle numérique permet :

A. de rendre le système réel plus performant.
B. de choisir parmi une ou plusieurs solutions techniques.
C. de toujours trouver une solution technique réaliste.

5/ Dans un système automatisé, la partie commande :

A. envoie des informations à la partie opérative.
B. ne communique qu'avec l'utilisateur.
C. envoie des ordres à la partie opérative.

6/ Dans le montage ci-dessous, l'état logique de « S » sera :

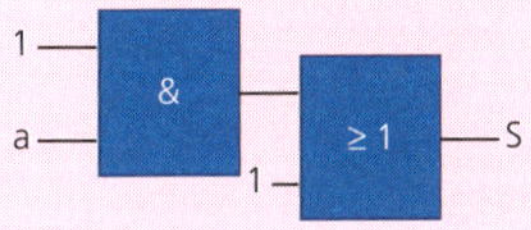

A. toujours égal à 0, quel que soit l'état logique de « a ».
B. toujours égal à 1, quel que soit l'état logique de « a ».
C. le même que l'état logique de « a ».

TEST 11 Informatique et programmation

(fiches 47 à 48)

Voir corrigés p. 325.

Une seule des trois réponses proposées est exacte.
Choisir la réponse A, B ou C.

1/ Le protocole de communication entre deux entités informatiques désigne :

A. le type de liaison utilisé pour relier les deux entités informatiques.
B. la nature des informations échangées par les deux entités informatiques.
C. l'ensemble des règles utilisées par les deux entités pour échanger des données.

2/ Dans une topologie réseau en étoile, tous les ordinateurs sont reliés :

A. à un commutateur.
B. à un routeur.
C. directement les uns aux autres.

3/ Laquelle de ces topologies réseau est la plus fiable ?

A. Topologie en étoile.
B. Topologie en bus.
C. Topologie en anneau.

4/ L'adresse suivante « 192.168.1.12 » est une :

A. adresse IPv6.
B. adresse IPv4.
C. adresse MAC.

5/ Dans la programmation événementielle :

A. des sous-programmes sont créés par les événements qui se produisent.
B. des sous-programmes sont prévus par le programmeur pour s'exécuter lorsque l'événement associé se produit.
C. aucun événement ne peut être ignoré par le programme.

6/ Quelle sera la valeur de la variable « *nombre* » après exécution des instructions ci-contre ?

A. 100.
B. 92.
C. 102.

Début
attribuer la valeur 2 à la variable « *nombre* »
tant que « *nombre* » < 100
mettre la valeur « *nombre* » + 10 dans la variable « *nombre* »
fin tant que
Fin

7/ Dans la séquence répétitive « répéter *(traitement)* jusqu'à *(condition)* », *(traitement)* :

A. peut être exécuté même si *(condition)* n'est pas validée.
B. est exécuté si et seulement si *(condition)* est validée.
C. peut ne jamais être exécuté.

CORRIGÉS TEST 1 La planète Terre, l'environnement et l'action humaine

Q.	1	2	3	4	5	6	7
R.	B	C	A	C	C	C	B

1B Une **énergie fossile** est formée à partir de **matière organique déposée sous forme de sédiments**, puis transformée **en plusieurs millions d'années** sous forme de pétrole, de gaz ou de charbon. La durée de formation étant très longue, elle est **non renouvelable**.

2C Ce sont les **gaz présents dans le magma** qui sont à l'origine de l'éruption. Ces gaz, d'abord **dissous dans le magma**, passent **sous la forme de bulles** qui remontent et entraînent le liquide avec elles vers la surface.

3A Le **risque géologique** est lié à **l'aléa** (la probabilité d'apparition d'un événement), à la **densité de population** (plus elle est importante, plus le nombre de victimes risque d'être élevé) et aux **constructions** (plus il y en a, plus il risque d'y avoir des destructions).

4C La **subduction**, c'est l'**enfoncement d'un morceau de la lithosphère océanique** à l'intérieur de la Terre, ce qui **entraîne sa disparition**.

5C Les **fossiles** sont formés **à partir d'êtres vivants** : morceaux déposés dans les sédiments ou empreintes laissées dans les sédiments. Mais pour former un fossile, il faut qu'il y ait **transformation en roche sédimentaire**, ce qui permet d'éventuellement de **le conserver pendant des millions d'années**.

6C Chez un être vivant, la respiration c'est **l'absorption de dioxygène** et le **rejet de dioxyde de carbone**, soit **dans l'air** (avec des poumons ou des trachées), soit **dans l'eau** (avec des branchies).

7B On peut détecter la présence de CO_2 **grâce à l'eau de chaux** qui **se trouble en sa présence**.

CORRIGÉS TEST 2 Le vivant et son évolution

Q.	1	2	3	4	5	6	7	8
R.	C	C	A	B	A	C	B	A

1C Le **métabolisme d'une cellule animale** se manifeste notamment sous la forme d'une **absorption de O_2** et **de nutriments** ainsi qu'un **rejet de CO_2**, de **déchets** (ex : urée) et de **chaleur**.

2C Le **sang** et la **sève** font partie de **systèmes circulatoires** présents respectivement chez des espèces animales et chez des espèces végétales. Les **sucs digestifs** sont **libérés dans le tube digestif** sans revenir à leur point de départ (ils ne font pas partie d'un circuit).

3A Un **homme** a, comme une femme, **46 chromosomes**. Mais il possède **un chromosome X** et **un chromosome Y** alors qu'une femme possède deux chromosomes X. Le chromosome Y n'est pas en forme de Y mais il est **plus petit** que le chromosome X.

4B Pour un même gène, un individu peut posséder, selon les cas, **soit deux allèles identiques**, soit **deux allèles différents**.

5A Pour se multiplier, une cellule passe en **interphase** au cours de laquelle elle **duplique son ADN**, puis en **mitose** au cours de laquelle elle **sépare ses chromosomes** en deux lots identiques.

6C Les espèces fabriquant **beaucoup de gamètes** présentent un **taux de perte important**. Celles qui **protègent leur descendance** fabriquent **moins de gamètes**. Dans les deux cas, pour continuer d'exister, il **reste quelques descendants** en capacité de se reproduire à leur tour.

7B Les **mutations** et la **sélection naturelle** interviennent **dans l'évolution des espèces**. Par contre, la mitose est une phase du cycle cellulaire au cours de laquelle les chromosomes sont séparés afin de former deux cellules-filles génétiquement identiques.

8A Un million, c'est 1 000 000, c'est-à-dire 10^6.

CORRIGÉS TEST 3 Le corps humain et la santé

Q.	1	2	3	4	5	6	7	8	9
R.	A	C	A	A	A	A	B	B	A

1A La **transformation des aliments** en nutriments. Les **nutriments** sont absorbés au niveau de l'intestin grêle. Certains éléments ne sont pas absorbés et seront évacués sous la forme de **selles** par l'anus… L'**urine** est fabriquée d'une tout autre façon **par les reins**.

2C Les **leucocytes** qui nous permettent de détruire des microbes tels que des bactéries sont les **phagocytes** (par phagocytose). Les **anticorps** permettent de les **neutraliser**. Les **lymphocytes B fabriquent** les anticorps et les **lymphocytes T détruisent les cellules infectées** par un virus par exemple.

3A Un **antibiotique** est efficace **contre certaines bactéries**. Un test appelé **antibiogramme** permet de savoir quels antibiotiques sont efficaces contre telle bactérie.

4A Être **séropositif** signifie **avoir des anticorps**. De fait, on ne peut pas dire « séropositif » tout seul, car c'est toujours vis-à-vis d'un antigène particulier. C'est, en général, une bonne nouvelle, car les anticorps vont permettre de **guérir**… mais **pas dans le cas du SIDA** causé par le VIH.

5A Une **drogue** est une **substance entraînant accoutumance** (on s'y habitue) **et dépendance** (on ne peut plus s'en passer). Elle est **nocive** (mais il y a d'autres substances nocives que les drogues) et **parfois interdite**.

6A C'est le **cerveau**, grâce à ses **nombreux neurones** (environ 9 milliards), qui permet d'**analyser** les informations reçues et notamment de **ressentir des émotions**.

7B Le fonctionnement de l'appareil reproducteur est **cyclique chez les femmes**. Le cycle menstruel dure **en moyenne 28 jours**.

8B Une **hormone** est une **substance fabriquée par un organe**, libérée et transportée **dans le sang**, qui agit sur le fonctionnement d'**un ou plusieurs organes cibles**, mais pas sur tous les organes.

9A La pilule est une méthode de **contraception chimique** (elle contient des hormones) qui **ne protège pas des IST** telles que le SIDA.

CORRIGÉS TEST 4 Organisation et transformation de la matière

Q.	1	2	3	4	5	6	7	8	9
R.	C	B	C	A	A	A	B	A	C

1C Le **monde macroscopique** est celui qui est à **taille humaine**, le **monde cosmique** est celui qui concerne les **galaxies**, les étoiles (les grandes distances).

2B 1 million de km correspond à 10^6 km, donc 150 millions de km correspondent à 150 $\times 10^6$ km. Ce n'est pas l'**écriture scientifique** (150 > 10) ; celle-ci s'écrit $1{,}5 \times 10^8$ km.

3C Le **noyau d'un atome** est constitué de **protons** et de **neutrons** (les **nucléons**) autour desquels tournent les électrons (qui ne sont pas eux-mêmes dans le noyau).

4A L'élément chimique **argent** a pour symbole **Ag**, Ar est le symbole de l'argon et A ne désigne aucun élément chimique.

5A Le **nombre de protons** dans un noyau est **noté** Z et appelé **numéro atomique**. Le nombre de masse A correspond au nombre total de nucléons.

6A Si un atome gagne un ou plusieurs électrons, il **se charge négativement** : c'est un **anion**. Un **cation** est **chargé positivement**.

7B Au cours d'une combustion, le combustible et le comburant sont les **réactifs**. Les produits peuvent être l'eau et le dioxyde de carbone.

8A La formule de la molécule de dioxyde de carbone s'écrit CO_2, celle de l'eau H_2O et celle du dioxygène O_2.

9C Les deux premières équations ne sont pas équilibrées. Il faut qu'il y ait le même nombre et type d'atomes dans les réactifs et les produits (ici 1 C, 4 H et 4 O).

CORRIGÉS TEST 5 Mouvement et interactions

Q.	1	2	3	4	5	6	7	8
R.	A	A	B	A	C	C	C	A

1A La trajectoire d'un objet se déplaçant en **ligne droite** est **rectiligne**. S'il se déplace en cercle, elle est circulaire et si c'est selon une courbe quelconque, on dit que la trajectoire est curviligne.

2A Un **mouvement circulaire uniforme** a une vitesse qui **reste constante (uniforme)**. Si la vitesse diminue uniformément, le mouvement est ralenti, si la vitesse augmente uniformément, le mouvement est accéléré.

3B La **vitesse moyenne** d'un objet vérifie la formule $v = \frac{d}{\Delta t}$. Le format de l'unité de la vitesse (ex : m/s) est une conséquence directe de cette formule et peut aider à la retenir (unité de distance « sur » unité de temps).

4A Dans un diagramme objets-interactions, une **interaction à distance** est représentée par un **trait en pointillé**, le trait plein étant réservé à une interaction de contact.

5C Le **poids** d'un homme sur Terre correspond à la **force d'attraction gravitationnelle** exercée par la Terre sur l'homme, celui-ci **étant à la surface de la Terre** (ou proche de la surface). La **masse n'est pas une force**, le poids est une force !

6C La **valeur de la force** exercée par B sur A s'écrit par convention $F_{B/A}$.

7C Si les forces qui s'exercent sur un système **se compensent**, alors le système a un **mouvement rectiligne uniforme** ou le **système est immobile** (non proposé dans les solutions). Il s'agit là du **principe d'inertie**.

8A Un stylo **posé immobile** sur une table est soumis à **deux forces qui se compensent** : la **réaction de la table** sur le stylo et le **poids** du stylo. S'il n'y avait qu'une seule force, le stylo ne pourrait pas être immobile.

CORRIGÉS TEST 6 L'énergie et ses conversions

Q.	1	2	3	4	5	6	7
R.	B	C	A	C	A	C	A

1B V, le **volt** est l'unité de la **tension** ; W, le **watt** est l'unité de la **puissance** ; U est le symbole de la tension.

2C Dans un circuit comportant une dérivation, **l'intensité** du courant **dans la branche principale** est égale à la **somme des intensités** dans les **deux autres branches**. C'est dans un circuit en série que l'intensité est la même en tout point du circuit.

3A La loi de la tension dans un circuit comportant une dérivation dit que la **tension** est la **même aux bornes** de deux dipôles **branchés en dérivation** soit ici 6 V aux bornes de L_1 et 6 V aux bornes de L_2.

4C La loi d'additivité des tensions dans un circuit série dit que la **tension aux bornes d'un ensemble** de dipôles en série (ici L_1 et L_2) est **égale à la somme des tensions aux bornes de chacun des dipôles**. La tension aux bornes de la lampe L_2 est donc de $6 - 2 = 4$ V.

5A La loi d'Ohm s'écrit : $U = R \times I$, ce qui équivaut à $R = \frac{U}{I}$.

6C Un conducteur ohmique recevant de l'énergie électrique d'un générateur transfère cette **énergie vers l'extérieur** sous forme de chaleur appelée énergie **thermique** : c'est **l'effet Joule**.

7A La **puissance électrique** reçue par une ampoule sous une tension de 3 V et parcourue par un courant d'intensité 120 mA vaut $P = U \times I = 3 \times 0{,}12 = 0{,}36$ W (U doit être en V et I en A).

CORRIGÉS TEST 7 Des signaux pour observer et communiquer

Q.	1	2	3	4	5	6	7	8	9
R.	C	C	A	B	B	C	C	B	B

1C Une source lumineuse produisant sa **propre lumière** est appelée **source primaire** (le Soleil, les étoiles, les lampes, etc.). Une source lumineuse qui **ne produit pas sa propre lumière** mais qui renvoie une partie de la lumière qu'elle a reçue est un **objet diffusant** (la Lune, les planètes, les objets éclairés, etc.); elle est appelée aussi **source de lumière secondaire**.

2C Toutes les ondes électromagnétiques se propagent à une vitesse proche de 300 000 km.s^{-1}. La vitesse de 340 m.s^{-1} est celle des ondes sonores se propageant dans l'air.

3A Les **rayons X** sont utilisés en **radiologie**. Les **ondes hertziennes** sont utilisées en **communication radio** et les **infrarouges** dans les **télécommandes**.

4B Le **son** est une **onde mécanique**, car il a besoin d'un **support matériel** pour se propager, contrairement aux ondes électromagnétiques.

5B L'oreille humaine est un organe **sensible aux ondes sonores** et insensible aux ondes ultrasonores. Ce sont les yeux qui sont sensibles aux ondes lumineuses.

6C L'**intensité sonore** se mesure en **décibels**, notés dB. C'est l'**intensité électrique** qui se mesure en **ampères** (A) et la **puissance** en **watts** (W).

7C La fréquence de 15 000 Hz est **comprise entre 20 et 20 000 Hz**, ce son est donc audible par l'oreille humaine. Un son de fréquence 15 000 Hz est un **son aigu** car **proche de 20 000 Hz** (grande fréquence). Un **infrason** est un son de fréquence **inférieure à 20 Hz** et donc inaudible. Un **son grave** est un son de fréquence supérieure mais **proche de 20 Hz** et inférieure à une centaine de hertz (petite fréquence).

8B Sa fréquence vaut $f = \frac{1}{T} = \frac{1}{10} = 0{,}1$ Hz.

9B Le signal prend alternativement des valeurs positives et négatives, on peut repérer un motif qui se répète à intervalles de temps réguliers. Un motif commence par exemple à 10 s et se termine à 30 s; un autre commence à 30 s et se termine à 50 s.
La période vaut donc $T = 50 - 30 = 20$ s.

CORRIGÉS TEST 8 Design, innovation et créativité

Q.	1	2	3	4	5	6	7
R.	C	B	A	A	B	C	C

1C La **créativité** appliquée à la conception d'un objet technique permet d'imaginer, de concrétiser de **nouvelles solutions** techniques.

2B Les deux mots à retenir dans cette liste sont **remue-méninges** et **carte mentale**. Les **règlements** ou les normes à respecter n'interviendront que plus tard dans la conception. Les règles fixent des limites à la réflexion, elles sont donc un **frein à la créativité**.

3A Le *designer produit* s'intéresse à plusieurs éléments permettant de déterminer des tendances : la **forme**, les **couleurs**, les **matériaux** et la **structure de l'objet**. Ces quatre aspects permettent de faire des propositions différentes et amèneront à faire des choix en vue de proposer des solutions créatives.

4A Le capteur de température permet de déterminer les besoins en chauffage. Il est possible d'adapter le chauffage à la température intérieure et à la température extérieure.

5B La **communication sans fil** à faible portée (wifi, infrarouge, bluetooth) est le plus souvent utilisée **pour les objets connectés**. La communication par satellite demande des moyens techniques plus importants et est utilisée sur de très longue distance. Quant à la fibre optique, elle est très rapide mais nécessite une liaison physique (fil de verre ou de plastique qui conduit la lumière).

6C La reconnaissance par **empreinte digitale** est la plus sûre car chacun possède une **empreinte unique**. Un simple code à quatre chiffres (ex : 1549, 1414, 9852, etc.) peut se transmettre facilement à une autre personne et ainsi tromper le système. Le badge à clé RFID (ex : 00:FA:EC:FF:EC) est un moyen sûr, mais il peut être prêté ou dérobé.

7C Les trois signaux possibles pour un capteur sont : logique, analogique, numérique.

CORRIGÉS TEST 9 Objets techniques et changements sociétaux

Q.	1	2	3	4	5	6	7	8
R.	C	B	C	C	A	B	A	A

1C La porte automatisée est apparue il y a peu et bien après le pont-levis. La porte battante est un **système manuel**. Le pont-levis et la porte coulissante sont des **systèmes mécanisés**. La porte automatique est un **système automatisé**.

2B La **langue** n'a pas d'influence sur l'évolution des objets techniques même si elle a un rôle important pour le **développement des produits à l'international**. Par contre, l'ergonomie et le matériau sont essentiels pour améliorer le service rendu par l'objet afin de faciliter la vie de l'utilisateur et gagner en efficacité, et donc, pour l'évolution technique.

3C Un **organigramme** n'est pas l'outil utilisé pour les systèmes informatisés. Un organigramme permet de **représenter graphiquement** le fonctionnement d'un **système automatisé**. Pour programmer un système informatisé, on utilise notamment la programmation par blocs *(voir fiche 48)*.

4C Le **smartphone** contient un système d'exploitation et réagit aux événements intérieurs ou extérieurs : il s'agit donc d'un **système informatisé**.

5A L'éolienne transforme l'**énergie du vent** (énergie liée au mouvement) en **énergie électrique**. La chaleur ne concerne pas directement la chaîne d'énergie de l'éolienne (il s'agit de pertes d'énergie).

6B Le vélo utilise l'énergie liée au mouvement. La source d'énergie du vélo est la force musculaire qui crée le mouvement.

7A La **chaîne d'énergie** utilise **cinq fonctions** (Alimenter, Distribuer, Convertir, Transmettre et Agir). Acquérir est une fonction de la chaîne d'information, qui compte quatre fonctions (Acquérir, Traiter, Stocker et Communiquer).

8A Une **condition** est une question qui **appelle deux réponses** : oui ou non. Elle est représentée dans un organigramme **par un losange**. L'action est représentée par un rectangle tandis que l'appel à sous-programme est représenté par un rectangle avec deux traits verticaux en plus aux extrémités.

CORRIGÉS TEST 10 Modélisation et simulation des systèmes techniques

Q.	1	2	3	4	5	6
R.	B	A	C	B	C	B

1B Les **fonctions de service** regroupent les **fonctions principales**, les **fonctions complémentaires**, les **fonctions contraintes** et les **fonctions d'estime**. Les fonctions techniques sont internes à l'objet et lui permettent de réaliser ses fonctions de service.

2A Les **critères d'appréciation** permettent de préciser dans quelles conditions les **fonctions de service** d'un cahier des charges sont **considérées comme réalisées**. Les niveaux précisent ces critères.

3C Pour conclure sur l'incidence d'un facteur sur le résultat d'un test, **tous les autres paramètres** de l'expérimentation doivent **rester identiques** durant le test.

4B La **simulation** permet de faire un **choix éclairé parmi plusieurs solutions**. Il est possible que les résultats d'une simulation indiquent qu'une solution technique n'est pas réaliste.

5C La **partie commande** envoie des **ordres à la partie opérative** et reçoit des comptes rendus des capteurs de cette dernière. Enfin, le système envoie des informations ou reçoit des consignes de l'utilisateur grâce à la partie relation.

6B Soit S_a la valeur à la sortie de la porte logique ET :

Si « a » = 0 :

alors : S_a = 0 ET 1 = 0
donc S = S_a OU 1 = 0 OU 1 = 1.

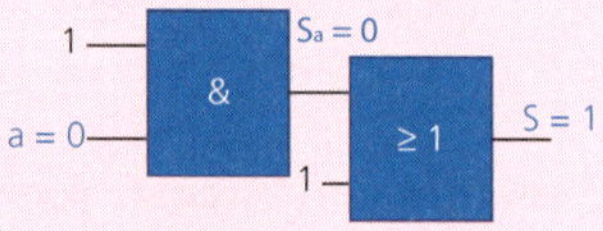

Si « a » = 1 :

alors : S_a = 1 ET 1 = 1
donc S = S_a OU 1 = 1 OU 1 = 1.

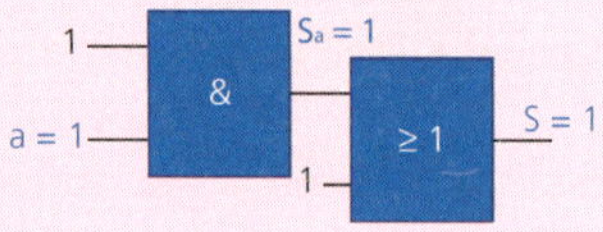

CORRIGÉS TEST 11 Informatique et programmation

Q.	1	2	3	4	5	6	7
R.	C	A	A	B	B	C	A

1C Il existe plusieurs protocoles, selon ce que l'on attend de la communication (le **protocole HTTP** permet d'envoyer et recevoir des pages HTML, des images GIF, JPG et toutes sortes d'autres données ; le **protocole FTP** permet d'envoyer et recevoir des fichiers ; les **protocoles SMTP et POP3** pour envoyer et recevoir des emails, etc.).

2A Le **commutateur** (*switch*) est l'équipement central qui relie tous les postes informatiques d'un réseau en étoile. Il constitue un **point unique de défaillance** : une panne du commutateur rend le réseau totalement inutilisable.

3A La topologie en étoile est la plus courante actuellement. Cette topologie est plus fiable car elle permet d'**éviter les collisions entre les paquets de données** lorsque plusieurs postes émettent en même temps sur le réseau. La panne d'une branche ne perturbe pas le fonctionnement global du réseau.

4B Le **format IPv4** est constitué de quatre nombres compris entre 0 et 255 séparés par des points, alors que le **format IPv6** est constitué de huit groupes de 2 octets séparés par le signe « : ». L'**adresse MAC**, quant à elle, est composée de six paquets de deux caractères séparés par le signe « : » ou « - ». Le format IPv4 est progressivement remplacé par le format IPv6 qui offre, entre autres, un espace d'adressage plus important.

5B Des **événements** (clic de souris, fin d'une temporisation, etc.) peuvent **survenir pendant l'exécution** d'un programme. Le **programmeur écrit des sous-programmes** qui s'exécuteront lorsque les événements associés surviennent.

6C À chaque itération, la valeur de la variable « *nombre* » n'est incrémentée de 10 que si elle est inférieure à 100. La valeur finale de la variable est donc 102.

7A Dans la séquence répétitive « répéter *(traitement)* jusqu'à *(condition)* », *(traitement)* est **exécuté avant de tester** ***(condition)***. Il est donc **toujours exécuté au moins une fois**. Par contre, dans la séquence répétitive « tant que *(condition)* faire *(traitement)* Fin tant que », le test de *(condition)* se fait avant : *(traitement)* n'est alors exécuté que si *(condition)* est validée.

50 MÉTHODE L'épreuve de sciences au brevet des collèges

▸▸▸ En quoi l'épreuve de sciences consiste-t-elle et comment s'y préparer ?

1 Généralités

a/ La partie « sciences »

- Elle fait partie de la première épreuve écrite du brevet, notée sur 100 points. La partie « sciences » a lieu après une pause de 15 min à la suite de l'épreuve de mathématiques (2h).
- Cette épreuve, notée sur 50 points, **dure une heure** et concerne **deux matières sur les trois** au programme :
  – soit Physique-chimie + SVT ;
  – soit Physique-chimie + Technologie ;
  – soit SVT + Technologie.
- Un **thème commun** aux deux disciplines sert de fil directeur aux différents exercices proposés.
- Chaque sous-partie doit être traitée en trente minutes environ sur une **copie distincte par discipline**. Elle est composée d'un ou de plusieurs exercices.

Info +
Chaque exercice est **indépendant des autres** : ils peuvent être faits dans n'importe quel ordre et il n'est pas nécessaire d'avoir réussi le précédent pour traiter le suivant.

b/ Critères d'évaluation

- L'évaluation de l'épreuve de sciences prend en compte la clarté et la précision des raisonnements ainsi que la qualité de la rédaction scientifique.
- 5 points (sur 50) sont ainsi réservés à la présentation de la copie et à l'utilisation de la langue française (précision et richesse du vocabulaire, syntaxe).
- Les 45 autres points permettent d'évaluer la maîtrise des compétences (observer, exploiter des données expérimentales, analyser des informations, raisonner, argumenter et communiquer) et des connaissances du programme de chaque discipline.

Attention !
Les **solutions exactes, même incomplètes** ou maladroitement formulées, sont valorisées lors de la correction. De même, les essais et les **démarches même non abouties** seront pris en compte par le correcteur.

2 Conseils pour les sciences expérimentales

- Les exercices de SVT et de physique-chimie nécessitent de maîtriser :
  – des connaissances ;
  – des techniques de raisonnement et d'étude de documents.
- Pour réussir les exercices basés sur les connaissances, il est indispensable de connaître son cours, en particulier les textes et les schémas servant de bilan.
- Pour réussir les exercices de raisonnement, il faut être capable d'étudier un document, c'est-à-dire :
  – Faire des observations : extraire les informations du document qui sont en relation avec le sujet.
  – Faire des déductions : expliquer en quoi les observations permettent de mieux comprendre le sujet et d'y répondre, au moins en partie.
- Les exercices peuvent très bien être des QCM (questionnaires à choix multiples) mais aussi des problèmes nécessitant plus de réflexion ou une prise d'initiative de la part du candidat.

3 Conseils pour la technologie

- Les exercices de technologie nécessitent de maîtriser :
  – des connaissances ;
  – des méthodologies de raisonnement.
- Il faut bien maîtriser toutes les définitions et les mots-clés. Savoir identifier (ex : topologies) et décrire (ex : installation domotique) les schémas et reconnaître des éléments via leurs caractéristiques (ex : adresses IPv4, IPv6, MAC) est également essentiel.
- Il est indispensable de bien maîtriser les différentes façons de représenter un système : la décomposition en fonction de service d'un objet technique, les chaînes d'énergie et d'information d'un système simple et la lecture d'un organigramme ou d'un programme par blocs.

Attention !
Un exercice d'algorithmique ou de programmation ne demandera pas aux candidats d'écrire un programme, mais prendra appui sur un programme fourni par le sujet.

BREVET BLANC Sciences - Sujet 1

▶▶▶ La mise en culture de végétaux

Les végétaux peuvent se développer en milieu terrestre comme en milieu aquatique. Dans le cadre de la mise en place d'une culture de végétaux au sein d'une classe, on cherche à comprendre comment les végétaux chlorophylliens assurent leur fonction de nutrition grâce à la photosynthèse. On étudie dans les deux exercices qui suivent: la transformation chimique ayant lieu lors de la photosynthèse et l'organisation des végétaux qui permet la réalisation de ces transformations chimiques.

1 Physique-chimie (22 points)

Exercice 1 (13 points)

La lumière du Soleil est la principale source d'énergie nécessaire au développement de la vie sur Terre. Tout comme l'œil humain, qui perçoit la lumière dite visible, les plantes ont leur propre sensibilité. Les plantes sont aussi, contrairement à l'œil humain, sensibles aux rayonnements ultraviolets (UV) et infrarouges (IR). De récentes études ont montré que les rayonnements UV proches de la lumière visible ont des effets bénéfiques sur la croissance et la floraison des plantes mais l'excès de certains UV (de longueur d'onde plus lointaine par rapport à la lumière visible) leur est néfaste. La lumière infrarouge est aussi utilisée par la plante afin de détecter les plantes voisines.

1. En utilisant le texte ci-dessus ou à partir de vos propres connaissances, choisir une seule bonne réponse pour chacune des propositions suivantes:

a. La lumière visible est une onde:
☐ mécanique.
☐ électromagnétique.
☐ cinétique.

b. La lumière se propage dans le vide à la vitesse de:
☐ 3×10^8 m.s^{-1}.
☐ 340 m.s^{-1}.
☐ 300 000 m.s^{-1}.

c. L'œil humain peut percevoir:
☐ la lumière visible seulement.
☐ la lumière visible et les IR.
☐ la lumière visible et les UV.

d. La lumière infrarouge est en particulier utilisée par les plantes pour:
☐ leur croissance et leur floraison.
☐ détecter les plantes voisines.
☐ communiquer avec les plantes voisines.

e. Parmi les ondes de même type que la lumière, on trouve:
☐ les ultrasons.
☐ les rayons X.
☐ la houle.

2. Compléter le diagramme d'énergie en utilisant deux des termes suivants: *énergie chimique – énergie thermique – énergie lumineuse – énergie mécanique – énergie nucléaire – énergie électrique.*

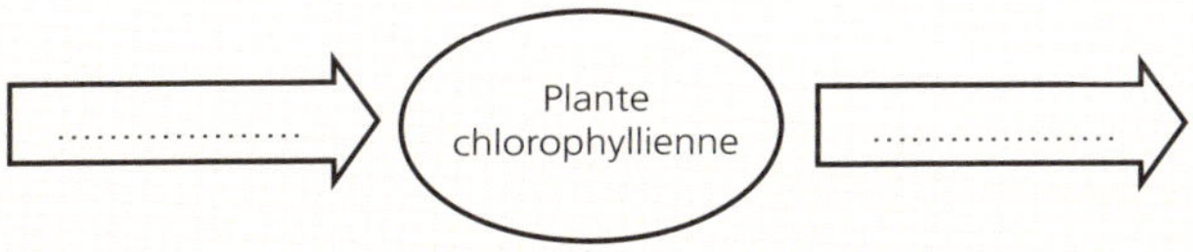

3. En plein jour, chaque mètre carré de la surface terrestre reçoit, au soleil, une puissance lumineuse d'environ 1 kW.
Donnée: relation entre puissance (P en W), énergie (E en J) et durée (Δt en s): $E = P \times \Delta t$.

a. Déterminer la puissance lumineuse reçue par une plante qui aurait une surface de 0,1 m^2 de feuilles directement exposée au rayonnement solaire. Exprimer le résultat en W.

b. En déduire l'énergie lumineuse reçue par cette plante pendant 1 h. Exprimer le résultat en kJ.

c. On considère pour simplifier que seulement 1 % de cette énergie reçue est utilisée lors de la photosynthèse pour produire les sucres dans la plante. Calculer cette énergie utile. Exprimer le résultat en kJ.

Exercice 2 (9 points)

Lors de la photosynthèse, le dioxyde de carbone de l'air réagit avec l'eau pour former du glucose et libérer du dioxygène. La transformation chimique associée à la photosynthèse s'écrit donc :

$$6\ CO_2 + 6\ H_2O \rightarrow C_6H_{12}O_6 + 6\ O_2$$

4. Quels sont les réactifs de cette transformation chimique ?

5. Quels sont les produits ?

6. Associer chaque molécule avec sa formule chimique et sa représentation :

Dioxyde de carbone	$C_6H_{12}O_6$	
Eau	H_2O	
Glucose	O_2	
Dioxygène	CO_2	

2 Sciences de la vie et de la Terre (23 points)

Après avoir compris les transformations chimiques ayant lieu lors de la photosynthèse, on s'intéresse maintenant à l'organisation des végétaux qui permet la réalisation de ces transformations chimiques.

Exercice 3 (10 points)

Le végétal, pour fabriquer sa matière organique, se procure de la matière minérale dans son milieu et utilise l'énergie lumineuse pour réaliser une transformation chimique. L'ensemble des molécules est transporté grâce à un système circulatoire.

À l'aide de ces informations et de vos connaissances, expliquer comment la nutrition minérale est réalisée chez les végétaux, en précisant notamment le rôle de chaque organe.

Exercice 4 (13 points)

Lors d'une expérimentation, on mesure les concentrations en dioxygène et en dioxyde de carbone dans le milieu.

Les résultats sont représentés dans le graphique ci-contre.

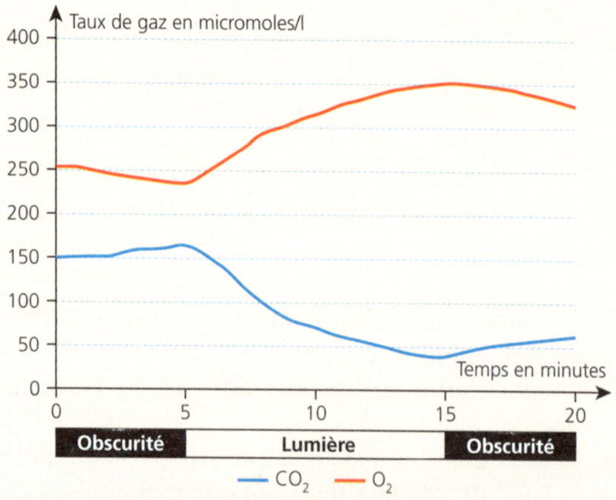

À l'aide de l'exploitation du graphique et en justifiant soigneusement vos réponses :

- Préciser la molécule rejetée par les végétaux chlorophylliens suite à la photosynthèse et dans quelles conditions de luminosité il est rejeté.
- Un mécanisme commun à de nombreux êtres vivants, végétaux comme animaux, permet d'obtenir l'énergie nécessaire au fonctionnement des cellules. Dans les cellules végétales, ce mécanisme est actif en permanence mais n'est visible que sous certaines conditions. D'après vos connaissances et l'étude du graphique, expliquer quel est ce mécanisme et comment il se manifeste ici.

BREVET BLANC Sciences - Sujet 2

La mise en place d'un tramway

Le tramway est un moyen de transport en commun circulant sur une voie ferrée composée de rails plats au niveau de la route ou sur sa propre voie; en ville ou dans sa périphérie.
Les premiers tramways sont apparus aux États-Unis au XIXe siècle et étaient alors tractés par des chevaux. Ils sont aujourd'hui électriques et alimentés en 750 V le plus souvent par des fils électriques appelés ligne aérienne de contact (LAC) ou caténaire.

Données:
La masse d'un tramway plein est d'environ 60 tonnes soit 60000 kg.
Intensité de la pesanteur $g = 9{,}8\ N.kg^{-1}$.

1 Physique-chimie (22 points)

Exercice 1 (14 points)

1. Donner la signification du symbole V. À quelle grandeur est-elle associée?
2. Quelle est le symbole de l'unité SI de l'énergie?
☐ W
☐ J
☐ kWh
3. D'après le texte, quelle a été la forme d'énergie utilisée au XIXe siècle pour faire avancer les premiers tramways?
☐ mécanique
☐ électrique
☐ thermique
4. Définir le poids d'un objet puis donner son expression en explicitant chaque terme.
5. Déterminer le poids de ce tramway.
6. Rappeler l'expression de l'énergie cinétique d'un objet se déplaçant à la vitesse v.
7. Un tramway roule à la vitesse de 50 km/h (soit environ 14 $m.s^{-1}$). Calculer son énergie cinétique. Écrire ce résultat en notation scientifique puis utiliser un multiple approprié de l'unité de mesure de l'énergie.
8. Ce tramway freine et s'arrête. Quelle est alors la valeur de son énergie cinétique?
9. Quelle conversion énergétique existe-t-il lors du freinage?
10. La distance de freinage étant proportionnelle au carré de la vitesse, comment évolue la distance de freinage d'un tramway qui double sa vitesse?

Exercice 2 (8 points)

1. Comment se nomme le métal qui est le constituant principal des rails? Écrire le symbole de cet élément chimique.
2. Les rails sont soudés entre eux grâce à une technique d'aluminothermie qui consiste à fabriquer du fer liquide et de l'oxyde d'aluminium Al_2O_3 à partir d'aluminium Al et d'oxydes de fer Fe_2O_3.
Nommer les deux réactifs puis les deux produits de cette transformation chimique.
3. Compléter et recopier le bilan de la réaction d'aluminothermie avec les noms des réactifs et des produits cités à la question précédente.

.... + ... → .... + ...

4. Le noyau d'un atome d'aluminium possède 27 nucléons dont 13 protons. Quel est son numéro atomique?
5. Déterminer le nombre de neutrons de ce noyau.
6. Déterminer le nombre d'électrons contenu dans chaque atome d'aluminium. Justifier votre réponse.

2 Technologie (23 points)

Voici le modèle réduit d'un tramway :

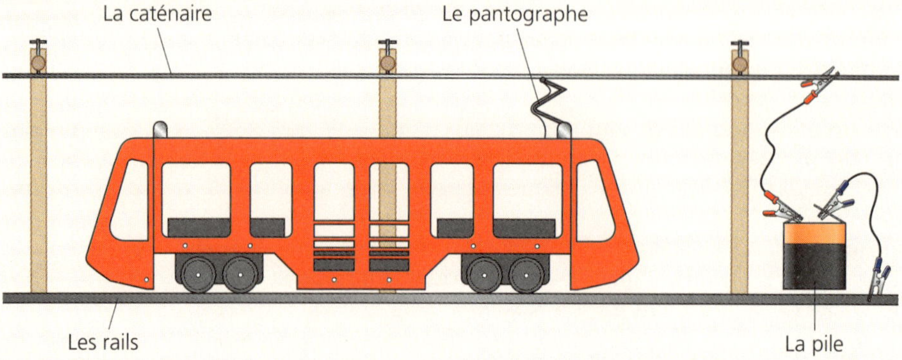

Exercice 3 (4 points)

Voici la chaîne d'énergie du tramway :

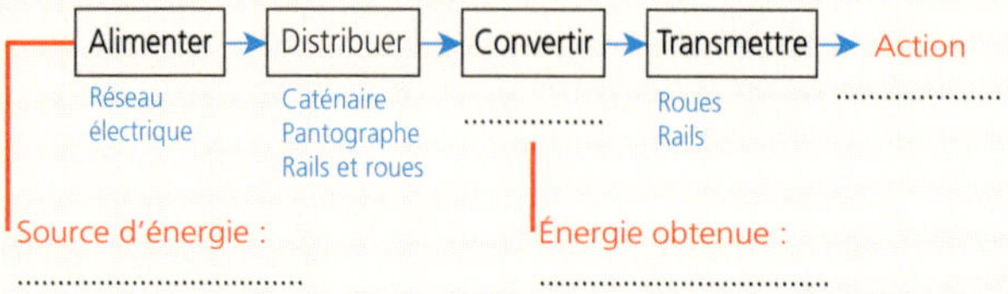

Vous donnerez vos réponses en complétant directement la chaîne d'énergie.

1. Quel est la source d'énergie du tramway ?

2. Quelle est la forme de l'énergie produite ?

3. Comment se nomment les éléments permettant de convertir l'énergie, situés près des roues du tramway ?

4. Quelle action est ainsi obtenue ?

Exercice 4 (9 points)

Vous allez maintenant réfléchir à la programmation de la porte automatique du tramway à l'aide du programme suivant :

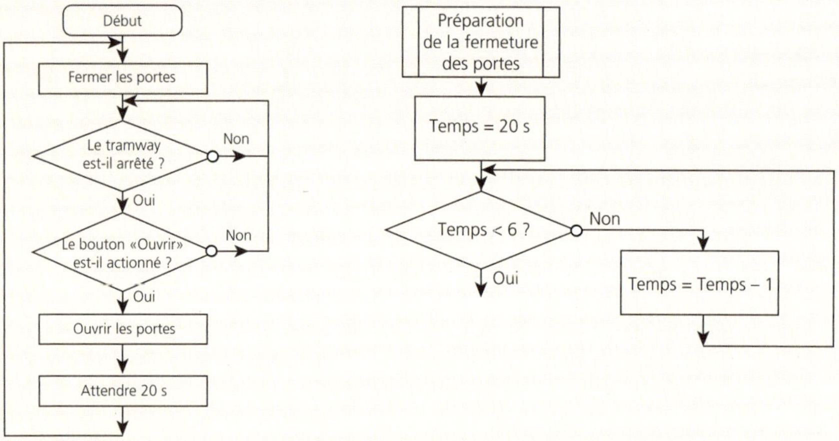

1. Expliquer ce que fait le système automatisé qui exécute le programme décrit par cet organigramme.

2. Compléter le sous-programme « Préparation de la fermeture des portes » afin d'allumer une LED en faisant un bip pendant 5 secondes.

3. Modifier l'organigramme de la question **1.** de façon à exécuter le sous-programme de la question **2.** avant la fermeture des portes et cela, sans changer le temps pendant lequel les portes restent ouvertes (20 s).

Exercice 5 (10 points)

Comparer les émissions en CO_2 (en gramme de CO_2 par passager-kilomètre) et l'efficacité énergétique (en g équivalent pétrole par passager-kilomètre) des différents moyens de transport. Que peut-on dire des voitures particulières ? Pourquoi peut-on dire que le tramway est un transport urbain intéressant au niveau écologique ?

Vous rédigerez un paragraphe de 4 à 5 lignes permettant de répondre aux questions. Vous justifierez votre analyse à l'aide de données des graphiques ci-dessous.

Document 1 :
Efficacité énergétique des transports de passagers urbains et périurbains

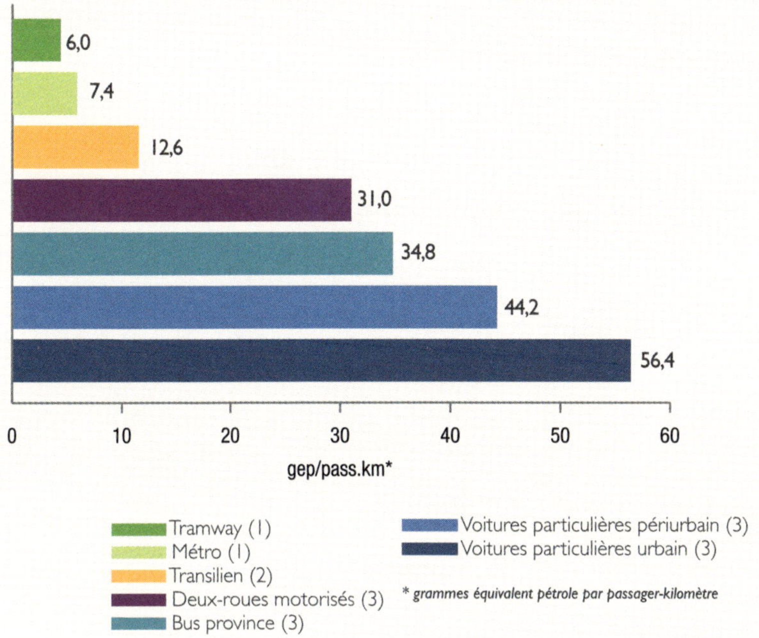

Sources : (1) RATP - 2015 (2) SNCF - «Information CO_2 des prestations de transport - Méthodologie générale» - juin 2015
(3) ADEME - Deloitte - «Etude sur les efficacités énergétiques et environnementales des modes de transports» - 2007 (données 2005)
Champ : France métropolitaine (phase amont + phase utilisation)

Source : ADEME, *Climat, Air, Énergie – édition 2015*, page 106.

Document 2 :
Émission de CO_2 des transports de passagers urbains et périurbains*

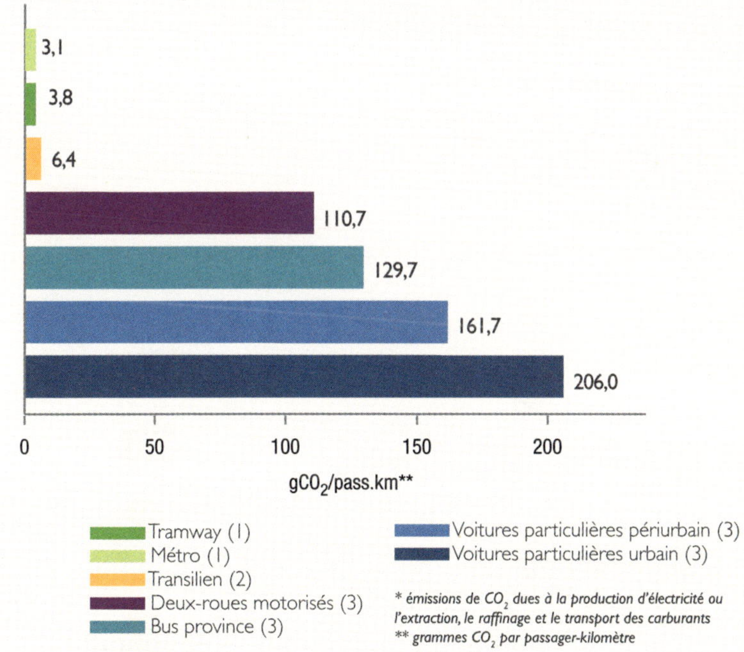

Sources : (1) RATP - 2015 (2) SNCF - «Information CO_2 des prestations de transport - Méthodologie générale» - juin 2015
(3) ADEME - Deloitte - «Etude sur les efficacités énergétiques et environnementales des modes de transports» - 2007 (données 2005)
Champ : France métropolitaine (phase amont + phase utilisation)

Source : ADEME, *Climat, Air, Énergie – édition 2015*, page 106.

La mise en culture de végétaux

1 Physique-chimie (22 points)

Exercice 1 (13 points)

1. *Chaque bonne réponse vaut 1 point (total : 5 points).*

a. La lumière visible est une onde :
☐ mécanique.
■ électromagnétique.
☐ cinétique.

b. La lumière se propage dans le vide à la vitesse de :
■ 3×10^8 m.s^{-1}.
☐ 340 m.s^{-1}.
☐ 300 000 m.s^{-1}.

c. L'œil humain peut percevoir :
■ la lumière visible seulement.
☐ la lumière visible et les IR.
☐ la lumière visible et les UV.

d. La lumière infrarouge est en particulier utilisée par les plantes pour :
☐ leur croissance et leur floraison.
■ détecter les plantes voisines.
☐ communiquer avec les plantes voisines.

e. Parmi les ondes de même type que la lumière, on trouve :
☐ les ultrasons.
■ les rayons X.
☐ la houle.

2. *Chaque bonne réponse vaut 1 point (total : 2 points).*

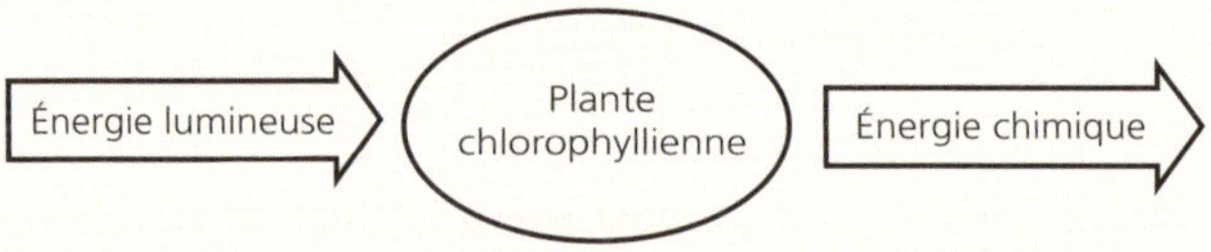

3a. 1 m² reçoit 1 kW de puissance lumineuse donc 0,1 m² en reçoit 10 fois moins soit 0,1 kW = 100 W. *(2 points)*

b. Δt = 1 h = 60 × 60 s = 3600 s.
On a donc $E_{reçue} = P_{reçue} \times \Delta t = 100 \times 3600 = 360\,000$ J = 360 kJ. *(2 points)*

c. L'énergie utile est donc 1 % × 360 = 0,01 × 360 = 3,6 kJ. *(2 points)*

Exercice 2 (9 points)

4. Les réactifs sont le dioxyde de carbone et l'eau. *(2 points)*

5. Les produits sont donc le glucose et le dioxygène. *(1 point)*

6. *(6 points)*

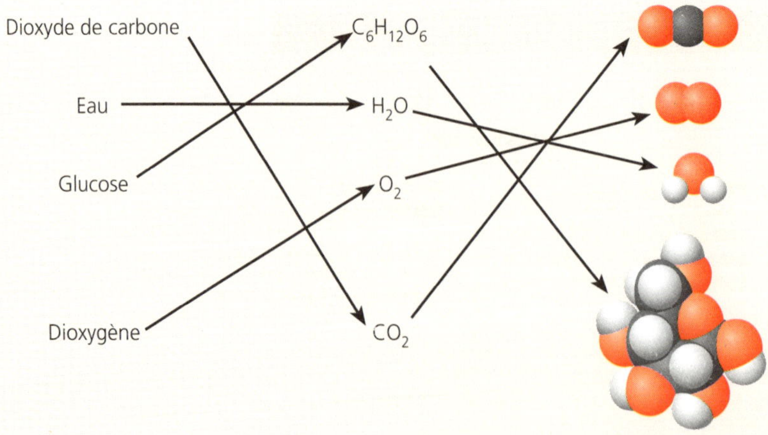

2 Sciences de la vie et de la Terre (23 points)

Exercice 3 (10 points)

Chaque idée indiquée en gras vaut 1 point.

La nutrition minérale des végétaux est réalisée à l'aide de multiples organes. Les **racines** absorbent **l'eau** et **les sels minéraux** tandis que les **feuilles** absorbent le **CO_2** présent dans l'air. C'est également les **feuilles** qui **captent l'énergie lumineuse**. Le **système circulatoire** des végétaux permet à la **sève** de transporter les nutriments à travers les **vaisseaux** du végétal. La sève brute transporte l'eau et les sels minéraux des racines jusqu'aux feuilles, tandis que la sève élaborée transporte les molécules organiques fabriquées par photosynthèse vers l'ensemble des cellules.

Exercice 4 (13 points)

Observations *(6 points)*

Chaque observation vaut 2 points.

- Sur le graphique, on observe que les concentrations en gaz varient au cours du temps, de façon différente selon les conditions d'éclairement.
- En présence de lumière, on observe une augmentation de dioxygène O_2 et une diminution de dioxyde de carbone CO_2.
- À l'obscurité, on observe une augmentation de dioxyde de carbone CO_2 et une diminution de dioxygène O_2.

Déductions *(7 points)*

Chaque idée indiquée en gras vaut 1 point.

- On en déduit que **la photosynthèse n'est réalisée qu'en présence de lumière.** La photosynthèse conduit en effet au **rejet du dioxygène O_2**. Il n'est **rejeté qu'en présence de lumière**.
- **Dans l'obscurité,** les gaz échangés sont dus à un autre mécanisme que la photosynthèse, caractérisé par une **absorption de O_2** et un **rejet de CO_2**: c'est la **respiration**.

Sciences – Corrigés du sujet 2

1 Physique-chimie (22 points)

Exercice 1 (14 points)

1. V signifie volt. *(1 point)*
Cette unité est associée à une tension. *(1 point)*
2. L'unité SI de l'énergie est le joule J. *(1 point)*
3. L'énergie qui était utilisée pour faire avancer les premiers tramways au XIXe siècle est l'énergie mécanique. *(1 point)*
4. Le poids d'un objet est la force gravitationnelle exercée par la Terre (à sa surface) sur cet objet. *(1 point)*
Le poids se calcule à l'aide de la formule suivante : $P = m \times g$. *(1 point)*
avec P poids de l'objet en newtons N ; m masse de l'objet en kg ; g intensité de la pesanteur. Ici, $g = 9{,}8\ \text{N.kg}^{-1}$. *(1 point)*
5. $P = m \times g = 60\,000 \times 9{,}8 = 588\,000$ N. *(1 point)*
6. $E_c = \frac{1}{2} \times m \times v^2$. *(1 point)*
7. $E_c = \frac{1}{2} \times m \times v^2 = 0{,}5 \times 60\,000 \times 14^2 = 5\,880\,000\ \text{J} = 5{,}88 \times 10^6\ \text{J} = 5{,}88\ \text{MJ}$. *(2 points)*
8. Ce tramway s'arrête, sa vitesse devient donc nulle, son énergie cinétique s'annule également. $E_c = 0$ J. *(1 point)*
9. Il existe une conversion d'énergie cinétique en énergie thermique au niveau des freins. *(1 point)*
10. La distance de freinage étant proportionnelle au carré de la vitesse, lorsqu'un tramway double sa vitesse, la distance de freinage est multipliée par 4 (2^2). *(1 point)*

Exercice 2 (8 points)

1. Le principal constituant des rails est le fer de symbole Fe. *(1 point)*
2. Les deux réactifs de cette transformation chimique sont l'aluminium Al et l'oxyde de fer Fe_2O_3 ; les deux produits sont le fer Fe et l'oxyde d'aluminium Al_2O_3. *(2 points)*
3. Le bilan de cette transformation chimique est :
aluminium Al + oxyde de fer Fe_2O_3 → fer Fe + oxyde d'aluminium Al_2O_3. *(1 point)*
Soit :

$$Fe_2O_3 + 2\,Al \rightarrow 2\,Fe + Al_2O_3$$

4. Son numéro atomique est $Z = 13$: il correspond au nombre de protons. *(1 point)*
5. Le nombre de neutrons de ce noyau est $N = 27 - 13 = 14$. *(1 point)*
6. L'atome étant électriquement neutre, il y a autant de charges positives (les protons) que de charges négatives (les électrons). Il y a donc 13 électrons. *(2 points)*

2 Technologie (23 points)

Exercice 3 (4 points)

Chaque bonne réponse vaut 1 point.

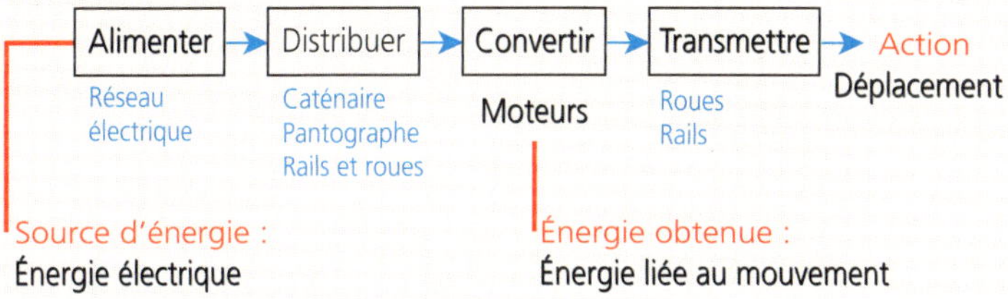

Exercice 4 (10 points)

1. Le programme commande l'ouverture des portes si et seulement si le tramway est à l'arrêt et le bouton « ouvrir » est appuyé. La fermeture des portes a lieu 20 secondes après leur ouverture. *(3 points)*

2. Voir le schéma ci-dessous. *(5 points)*

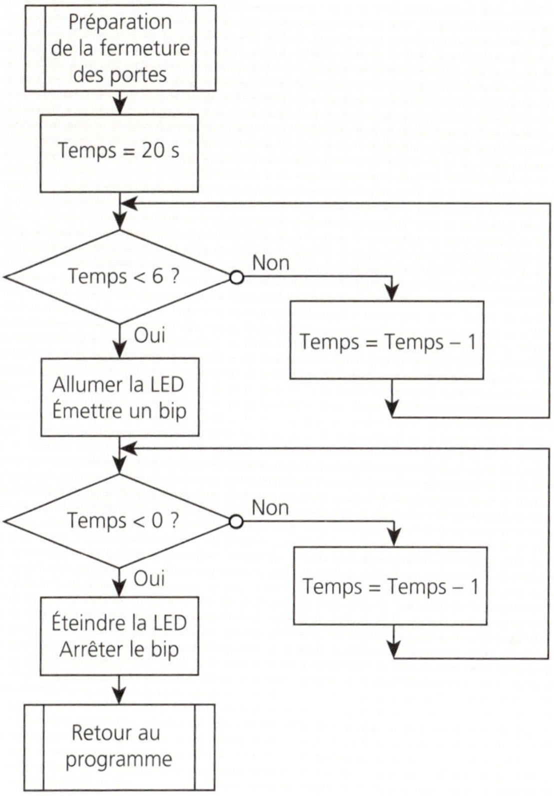

3. Remplacer l'action « Attendre 20 s » par « Aller à : Préparation de la fermeture des portes ». *(2 points)*

Exercice 5 (9 points)

Chaque idée indiquée en gras vaut 1 point.

Les **transports collectifs sur rail** sont les **moins polluants en CO_2** (< 6,4 g de CO_2 par passager-kilomètre) et les **plus efficaces au niveau énergétique** par rapport aux autres moyens de transport présentés. L'**automobile** est un moyen de transport **peu efficace énergétiquement** (> 44,2 g équivalent pétrole par passager-kilomètre) et qui **produit le plus de CO_2** (> 161,7 g de CO_2 par passager-kilomètre).

Le **tramway** est un moyen de transport **plus propre qui émet le moins de CO_2 par passager-kilomètre**. De plus, il est le moyen de transport **le plus efficace au niveau énergétique** (6 g équivalent pétrole par passager-kilomètre). Il est donc présenté comme le moyen de transport le plus écologique.

Anglais

Étude de la langue

Lexique thématique

Mieux comprendre, mieux s'exprimer

Civilisation et culture

Be, have

1 Be

a/ Le présent de *be*

Affirmatif		Négatif	
forme pleine	forme contractée	forme pleine	formes contractées
I am	*I'm*	*I am not*	*I'm not*
you / we / they are	*you're / we're / they're*	*you / we / they are not*	*you / we / they aren't* ou *you're /we're / they're not*
he / she / it is	*he's / she's / it's*	*he / she / it is not*	*he / she / it isn't* ou *he's / she's / it's not*

- *Be* peut être verbe ou auxiliaire :
*He **is** a doctor.* (verbe) ▸ Il est médecin.
*He **is** working.* (auxiliaire du verbe ***work***) ▸ Il travaille (en ce moment).

b/ *There is / There are*

- *There is / There are* se traduit en français par « il y a ». Contrairement au français, cette expression s'accorde en nombre avec le nom qui la suit immédiatement :
***There is** a desk in my room and **there are** two chairs.* ▸ Il y a un bureau dans ma chambre et il y a deux chaises.

Careful!
Ne pas confondre les deux sens de « il y a » :
Il y a trois garçons dans la voiture. = *There are three boys in the car.*
Il y a trois ans = *Three years ago.*

c/ Expressions avec *be*

- Attention aux expressions où on utilise *be* en anglais et « avoir » en français :
*I **am** hot / cold / hungry / thirsty.* ▸ J'ai chaud / froid / faim / soif.
*She **is** 15 (years old).* ▸ Elle a quinze ans.

2 Have

a/ Le présent de *have*

- On ajoute souvent le mot *got* au verbe lorsqu'il s'agit de possession, surtout en anglais britannique :
*I **have got** three dogs.* ▸ J'ai trois chiens.
- *Have* sans *got* se construit généralement avec l'auxiliaire *do / does* :
Do you have the time, please? ▸ Avez-vous l'heure, s'il vous plaît ?
Mais il peut également se construire comme *be* ou un modal :
"Have you any idea what's wrong?" "No, I haven't a clue."
▸ « As-tu une idée de ce qui ne va pas ? » « Non, pas la moindre idée. »
- On utilise très souvent la forme contractée de *have*, mais on ne contracte pas la troisième personne du singulier à l'affirmatif si on n'utilise pas *got*.

	Affirmatif		Négatif	
	forme pleine	forme contractée	forme pleine	formes contractées
avec *got*	*I / you / we / they have got*	*I've / you've / we've / they've got*	*I / you / we / they have not got*	*I / you / we / they haven't got*
	he / she / it has got	*he's / she's / it's got*	*he / she / it has not got*	*he / she / it hasn't got* ou *he's / she's / it's not got*
sans *got*	*I / you / we / they have*	*I've / you've / we've / they've*	*I / you / we / they do not have*	*I / you / we / they don't have*
	he / she / it has	(pas de forme contractée)	*he / she / it does not have*	*he / she / it doesn't have*

Remember!
Have s'emploie dans plusieurs expressions courantes où on n'utiliserait pas « avoir » en français : *have lunch / dinner*… (déjeuner, dîner…) *have a look* (jeter un coup d'œil)…

Careful!
En français, on emploie couramment « Nous sommes » et « On est » lorsqu'on parle de dates, mais en anglais on utilise ***it's*** : On est jeudi aujourd'hui. = ***It's** Thursday today.*

- Dans certaines expressions, *have* (sans *got*) peut s'employer à la forme en V-*ing* :
*I can't come now. I'**m having** lunch.*
▸ Je ne peux pas venir maintenant. Je suis en train de déjeuner.
- *Have* (avec ou sans *got*) + *on* remplace souvent *be wearing* (littéralement « être en train de porter un vêtement ») :
He's got a new shirt on.
▸ Il porte une chemise neuve.
What did she have on at the party?
▸ Que portait-elle à la fête ?

Les questions, les réponses courtes, les *tags*

1 Les questions

- Pour poser une question avec le verbe *be* au présent ou au prétérit simples, on inverse sujet et verbe :

You are in London. → Are you in London? Where are you?
▸ Vous êtes à Londres. → Êtes-vous à Londres ? Où êtes-vous ?
She was unhappy. → Was she unhappy? Why was she unhappy? ▸ Elle était malheureuse. → Était-elle malheureuse ? Pourquoi était-elle malheureuse ?

- Pour toute autre forme de *be* et pour tout autre verbe, on inverse l'auxiliaire (qui peut être *be, have, do* ou un modal) et le sujet. C'est facile quand l'auxiliaire est visible :

You're having fun. → Are you having fun? (auxiliaire : *be*)
▸ Tu t'amuses bien. → Est-ce que tu t'amuses bien ?
She's (She has) finished. → Has she finished? (auxiliaire : *have*)
▸ Elle a terminé. → A-t-elle terminé ?
We can help. → Can we help? (auxiliaire : le modal *can*)
▸ Nous pouvons aider. → Pouvons-nous aider ?

- C'est moins facile dans le cas de l'auxiliaire *do*, qui est invisible dans une phrase affirmative. Il faut retrouver la forme correcte de *do* et mettre le verbe à l'infinitif (BV) :

He likes apples. → Does he like apples?
▸ Il aime les pommes. → Est-ce qu'il aime les pommes ?
You went to England. → Did you go to England?
▸ Vous êtes allés en Angleterre. → Êtes-vous allés en Angleterre ?

> **Remember!**
> *Do* peut être verbe (= faire) ou auxiliaire. Dans la question *Do you do the shopping?* (Est-ce que tu fais les courses ?), le premier *do* est auxiliaire, le deuxième est la base verbale du verbe.

2 Les réponses courtes

- Répondre à une question fermée (= une question qui demande la réponse « Oui » ou « Non ») par un simple *Yes* ou *No* est possible, mais il est plus courant d'utiliser une *short answer* avec reprise de l'auxiliaire (ou du verbe *be*) :

*"Are you French?" "Yes, I **am**."* (***be*** verbe)
▸ « Es-tu français ? » « Oui. »
*"Is John leaving now?" "No, he **isn't**."* (***be*** auxiliaire)
▸ « Est-ce que John part maintenant ? » « Non. »
*"Have they paid the bill?" "Yes, they **have**."* (***have*** auxiliaire)
▸ « Est-ce qu'ils ont payé l'addition ? » « Oui. »
"Will you wait for me?" "No, I won't." (***will*** modal)
▸ « Est-ce que tu m'attendras ? » « Non. »

3 Les *tags*

- Le *tag* – l'équivalent de « n'est-ce pas » – est beaucoup plus utilisé en anglais qu'en français. Il est composé d'un auxiliaire/modal (ou du verbe *be*) et d'un pronom sujet. Si le verbe principal est à l'affirmatif, le *tag* est au négatif et inversement :

*Peter **is** in the garden, **isn't** he?*
▸ Peter est dans le jardin, n'est-ce-pas ?
*Mum **isn't** at home, **is** she?*
▸ Maman n'est pas à la maison, n'est-ce pas ?

- Le *tag* change selon le sujet et le verbe de la phrase qui précède :

*You didn't buy any bread, **did** you?*
▸ Tu n'as pas acheté de pain, n'est-ce pas ?
*We've made a lot of mistakes, **haven't** we?*
▸ Nous avons fait beaucoup de fautes, n'est-ce pas ?

- On ajoute le *tag* à la fin d'une phrase pour inciter l'interlocuteur à répondre ou réagir. Si la voix monte sur le *tag*, la phrase devient une vraie question ; si elle descend, on veut que l'interlocuteur partage notre avis :

He lives in London, doesn't he? (intonation montante = ▸ J'ai entendu dire qu'il habite à Londres, mais je n'en suis pas sûr.)
It's a lovely day, isn't it? (intonation descendante = ▸ Je pense qu'il fait beau ; je pense que vous êtes d'accord avec moi.)

> **Remember!**
> Un *tag* à l'affirmatif peut suivre un verbe à l'affirmatif quand on taquine ou se moque de quelqu'un : ***So you think you're clever, do you?*** Alors, comme ça, tu te crois intelligent ?

> **Careful!**
> Quand les mots interrogatifs *Who* et *What* sont le sujet du verbe qui suit, l'ordre des mots est identique à une phrase à l'affirmatif : *Who likes vanilla ice-cream?* = Qui aime la glace à la vanille ?

3 Parler du présent

1 Le présent simple

a/ Emploi

■ Le présent simple exprime surtout une vérité générale, un état d'esprit, un goût ou une activité habituelle :

*Goats **eat** almost anything.* (vérité générale)
▸ Les chèvres mangent presque tout.
*I **need** a holiday.* (état d'esprit) ▸ J'ai besoin de vacances.
*I **like** strawberries.* (goût) ▸ J'aime les fraises.
*He **works** in a factory.* (activité habituelle)
▸ Il travaille dans une usine.

■ « État d'esprit » comprend les verbes qui introduisent ce que l'on pense ou ressent (*think, know, hope, expect*, etc.) :

*I **think** it's going to rain.* ▸ Je crois qu'il va pleuvoir.

■ Quand il s'agit d'une activité habituelle, le présent simple est souvent accompagné d'une expression de fréquence :

*He **goes** to bed at 9 o'clock **every evening**.*
▸ Il se couche à 9 h tous les soirs.

Si cette expression est un adverbe de fréquence, l'adverbe se place avant le verbe, sauf si le verbe est *be* :

*I **often wear** jeans.* ▸ Je porte souvent un jean.
*She **is often** late.* ▸ Elle est souvent en retard.

b/ Formes

■ Le présent simple est identique à la base verbale (BV), sauf à la troisième personne du singulier où on ajoute *-s* (ou *-es* quand la BV se termine par *-ch*, *-sh* ou *-o*) :

*Peter like**s** chocolate. / Jack watch**es** TV every day.*

■ Pour poser une question ou former une négation, on utilise l'auxiliaire *do* (*does* à la troisième personne du singulier) :

***Do** you **like** chocolate? **Does** he **like** chocolate?*
▸ Aimes-tu / Aimez-vous le chocolat ? Est-ce qu'il aime le chocolat ?
*I **don't** (= **do not**) **like** it. He **doesn't** (= **does not**) **like** it.*
▸ Je ne l'aime pas. Il ne l'aime pas.

> **Remember!**
> *Do* peut aussi être un verbe lexical (= faire).
> Il se conjugue alors avec *do / does* comme tous les autres verbes (voir Fiche 2).

2 Le présent en *be* + V-*ing*

a/ Emploi

■ On l'emploie principalement pour parler de ce que l'on voit ou de ce qui se passe au moment où l'on parle :

*Jack's in the garden. He**'s playing** football.*
▸ Jack est dans le jardin. Il joue / est en train de jouer au football.

■ Il faut comprendre « le moment où l'on parle » au sens large ; cela peut être équivalent à « actuellement » en français.

■ Il sert aussi pour critiquer quelqu'un ou quelque chose, généralement accompagné par *always* :

*You**'re always criticising me**!*
▸ Tu n'arrêtes pas de me critiquer !

> **Remember!**
> Quand on est en train de raconter une histoire, de décrire une série d'images (comme une BD), on peut utiliser le présent simple pour les actions qui se succèdent.

b/ Formes

■ L'auxiliaire *be* se conjugue au présent. Il est suivi de la base verbale (BV) du verbe, à laquelle on accroche *-ing*.

*I **am eating** a sandwich. She **is drinking** a cup of tea.*
▸ Je mange / suis en train de manger un sandwich. Elle boit / est en train de boire une tasse de thé.
*He**'s not** / He **isn't working** today.*
▸ Il ne travaille pas aujourd'hui.
***Are** you **going** home now?*
▸ Est-ce que tu rentres à la maison maintenant ?

> **Careful!**
> Notez la différence entre ces deux questions : *What **do** you do?* = Qu'est ce que tu fais (dans la vie) ? et *What **are** you **doing**?* = Qu'est-ce que tu fais (= Qu'est-ce que tu es en train de faire) ?

Le *present perfect*

1 Forme

- Le *present perfect* simple se forme avec l'auxiliaire *has* / *have* (au présent, conjugué) + le participe passé du verbe. Le participe passé des verbes réguliers est identique au prétérit. Quant aux verbes irréguliers, voir la liste p. 390.
- Pour former l'interrogatif, on inverse sujet et auxiliaire :

*I **have finished** my work.*
▸ J'ai terminé mon travail.
***Have** you **finished** your work?*
▸ As-tu terminé ton travail ?

- Pour former le négatif, on ajoute *not* à l'auxiliaire :

*I have **not** finished my work.*
▸ Je n'ai pas terminé mon travail.

- Les formes contractées sont les suivantes :

Forme affirmative	
Forme pleine	**Forme contractée**
I / you / we / they have finished *he / she / it has finished*	*I've / you've / we've / they've finished* *he's / she's / it's finished*

Forme négative	
Forme pleine	**Forme contractée**
I / you / we / they have not finished *he / she / it has not finished*	*I / you / we / they haven't finished* *he / she / it hasn't finished* ou *I've / you've / we've / they've not finished he's / she's / it's not finished*

2 Emplois

a/ Constat : événement récent

- Il s'emploie pour parler d'un événement (normalement un événement récent) dont on voit/constate le résultat dans le présent :

*You**'ve** chang**ed** your hairstyle.*
▸ Tu as changé de coiffure. (= Je vois la différence.)
*I**'ve broken** a glass.*
▸ J'ai cassé un verre. (= Je constate qu'il est cassé.)

> **Remember!**
> En utilisant le *present perfect* pour parler d'un événement récent, on met l'accent sur son « actualité ».

- On peut accentuer le fait que l'événement est récent en ajoutant *just* :

*The train **has just arrived**.*
▸ Le train vient d'arriver.

b/ Période de temps non achevée

- Le *present perfect* s'emploie dans les phrases où la période de temps est toujours « en cours » :

*I**'ve painted** a picture this morning.*
▸ J'ai peint un tableau ce matin. (C'est encore le matin.)
*I **haven't been** to Spain.*
▸ Je ne suis pas allé en Espagne. (Sous-entendu : « jusqu'à présent » ou « de toute ma vie », et ma vie n'est pas terminée !)

On utilise alors souvent *never, ever, already* et *not yet* :

***Have you ever been** to Spain?*
▸ Êtes-vous déjà allés en Espagne ?
*We **have never** / **already been** to Spain.*
▸ Nous n'avons jamais été en Espagne. / Nous sommes déjà allés en Espagne.
*We **haven't been** to Portugal **yet**.*
▸ Nous ne sommes pas encore allés au Portugal.

> **Remember!**
> Aux États-Unis, on préfère souvent utiliser le prétérit pour les emplois **a.** et **b.** *(He just arrived. I never saw him before…).*

c/ Continuité

- Il s'emploie pour parler de quelque chose qui a commencé dans le passé et qui continue dans le présent. On utilise souvent *for* et *since* : *for* avec une période de temps (une durée), *since* quand on précise le jour, la date, l'année… :

*I **have lived** here **for** several years / **since** 2009.*
▸ Je vis ici depuis plusieurs années / depuis 2009.

> **Careful!**
> Si on précise la date / le jour / l'heure d'un événement, on n'utilise pas le *present perfect* car on s'intéresse à situer l'événement dans le passé.

5 Parler du passé

1 Le prétérit simple

Careful!
Le *-d* du prétérit des verbes réguliers s'entend toujours. Il se prononce de trois façons différentes : *played* [d], *worked* [t], *hated* [ɪd].

a/ Forme

- À l'exception de *be* qui a deux formes (*was, were*), les verbes n'ont qu'une forme au prétérit.
- La forme des verbes réguliers au prétérit (et au *present perfect*) est V + *-ed*, ou V + *-d* si le verbe se termine en *-e* :
play ▸ *play**ed**, hate* ▸ *hate**d***
- Beaucoup de verbes courants sont des verbes irréguliers, c'est-à-dire que le prétérit et le participe passé (utilisé pour le *present perfect*) ne se forment pas par le simple ajout de *-d* ou *-ed*. (Voir la liste des verbes irréguliers p. 390).
- Comme au présent simple, les formes interrogative et négative se construisent avec un auxiliaire ; c'est le prétérit de *do / does* = *did* :
*"I **loved** the film. **Did** you **enjoy** it too?" "Yes, I **did**. / No, I **didn't**."*
▸ « J'ai adoré le film. Est-ce qu'il t'a plu à toi aussi ? » « Oui. / Non. »
*"I **went** to London last weekend." "**Did** you **go** by train?"*
▸ « Je suis allé à Londres le week-end dernier. » « Y es-tu allé en train ? »
- La forme négative se contracte souvent :

Forme négative	
Forme pleine	**Forme contractée**
I / you / we / they / he / she / it ***did not work***	*I / you / we / they / he / she / it* ***didn't work***

b/ Emploi

- Le prétérit simple (*simple past* en anglais) est le temps du récit mais il ne faut pas essayer de trouver d'équivalence avec le passé simple en français. L'emploi du *present perfect* et du prétérit en anglais n'a rien à voir avec l'emploi du passé composé et du passé simple en français.
- On emploie le prétérit simple lorsqu'on parle d'un moment dans le passé qu'on peut qualifier de « fini ». Il est souvent utilisé avec un marqueur de temps :
*I went to bed **at midnight**.*
▸ Je me suis couché à minuit.
*We went to Spain **last summer**.*
▸ L'été dernier, nous sommes allés en Espagne.

Remember!
Si un marqueur de temps indique une période qui n'est pas « finie », on peut utiliser le *present perfect* (voir Fiche 4).

- Tout mot ou toute expression qui situe un événement dans le passé entraîne donc l'emploi du prétérit. C'est notamment le cas de *when* et *ago* :
***When** did you buy that computer?*
▸ Quand as-tu acheté cet ordinateur ?
*They bought the house five years **ago**.*
▸ Ils ont acheté la maison il y a cinq ans.

2 Le prétérit en *be* + V-*ing*

- C'est la forme passée du *present continuous* (= ce qu'on était en train de faire…). *Be* est donc au prétérit au lieu d'être au présent. Ce *past continuous* correspond souvent à l'imparfait en français :
*"What **were** you **doing** at midday?" "I **was having** lunch."*
▸ « Que faisais-tu à midi ? » « Je déjeunais. »

Careful!
Le *past continuous* ne correspond pas à l'imparfait en français lorsqu'il s'agit d'une activité répétée et / ou régulière : Je jouais à la poupée quand j'étais petite = *I **played** with dolls when I was little.*

- On l'emploie souvent pour parler des circonstances qui entouraient un événement passé ou une activité qui était déjà en cours quand un événement est survenu pour l'interrompre :
*I **was having** a bath when the telephone **rang**.*
▸ J'étais en train de prendre un bain lorsque le téléphone a sonné.

Parler du futur

1 *Will* et *going to*

a/ Formes

▪ *Will* est un modal avec plusieurs emplois dont l'expression du futur. Comme tous les modaux, il est invariable et se construit avec la base verbale. Il se contracte souvent à l'affirmatif et au négatif:

	Forme pleine	Forme contractée
Affirmatif	*I will finish.* *You will finish.* Etc.	*I'll finish.* *You'll finish.* Etc.
Négatif	*I will not finish.* *You will not finish.* Etc.	*I won't finish.* *You won't finish.* Etc.
Interrogatif	*Will you finish …?* *Will he finish …?* Etc.	

▪ *Going to* se construit avec *be* et est suivi de la base verbale. Il se comporte exactement comme le *present continuous*. Par exemple, pour la première personne:

	Forme pleine	Forme contractée
Affirmatif	*I am going to win.*	*I'm going to win.*
Négatif	*I am not going to win.*	*I'm not going to win.*
Interrogatif	*Are you going to win?*	

Remember!
Will et *going to* sont **souvent interchangeables**, sauf lorsqu'il s'agit de la prise de décision sur-le-champ (toujours *will*) ou d'une décision planifiée (toujours *going to*).

b/ Emplois

▪ Il faut absolument oublier le concept de «futur proche» quand il faut choisir une structure pour exprimer le futur en anglais.

▪ Il ne faut pas non plus toujours traduire *I'm going to* littéralement. *I'm going to…* n'est pas forcément l'équivalent de «Je vais…»!

▪ *Will* exprime une «réelle possibilité», une certitude personnelle, une décision prise sur-le-champ, ou une conséquence (dans une phrase conditionnelle):

I think it'll rain tomorrow.
▸ Je crois qu'il va pleuvoir demain. (réelle possibilité)
I'm convinced he'll pass the exam.
▸ Je suis persuadé qu'il va réussir l'examen. (certitude personnelle)
"I haven't got time to go to the supermarket." "I'll go."
▸ «Je n'ai pas le temps d'aller au supermarché.» «Je vais y aller.» (décision prise sur-le-champ)
If it rains, you'll get very wet.
▸ S'il pleut, tu vas être trempé. (conséquence)

▪ *Going to* exprime une certitude basée sur des preuves (évidence) ou une intention déjà planifiée:

Look at those grey clouds. It's going to rain.
▸ Regarde ces nuages gris. Il va pleuvoir. (certitude / évidence)
I'm going to spend the day at home today.
▸ Je vais passer la journée à la maison aujourd'hui. (intention déjà planifiée)

Remember!
Will s'emploie aussi pour parler de quelque chose qui ne se passe pas maintenant mais qui se passera inévitablement dans l'avenir: *One day, mankind will travel to other planets.*

2 Le présent simple, le présent en *be* + V-*ing*

▪ Ces deux temps peuvent s'employer pour parler de ce qui est prévu d'avance. Le présent simple s'utilise pour les horaires (de train, d'avion…), le présent en *be* + V-*ing* pour les plannings bien établis:

The train ***arrives*** *at 8.15 tomorrow morning.*
▸ Le train arrive à 8 h15 demain matin. (horaire)
*I****'m seeing*** *the doctor tomorrow.*
▸ Je vois le médecin demain. (rendez-vous planifié, inscrit dans mon agenda)

Careful!
Contrairement au français, on ne peut pas utiliser le présent pour offrir un service: Je vous raccompagne = *I'll drive you home.*

Les modaux

1 Formes

- Les modaux sont *can, could, will, would, must, shall, should, may* et *might*. Ils sont invariables et toujours suivis de la base verbale :

*I **can help** you.* ▸ Je peux vous aider.
*He **couldn't find** it.* ▸ Il ne pouvait pas le trouver.
*We **must go**.* ▸ Nous devons partir.
Etc.

2 Emplois

a/ Les « demandes polies »

- On utilise *can, will, could* ou *would* pour demander quelque chose à quelqu'un. *Could* et *would* sont plus polis que *can* et *will* :

Can you answer the phone? ▸ Est-ce-que tu peux répondre au téléphone ?
Will you help me? ▸ Voulez-vous m'aider ?
Could you / Would you speak more slowly, please?
▸ Pourriez-vous / Voudriez-vous parler plus lentement, s'il vous plaît ?

Careful!
Ne pas utiliser *can* à la forme affirmative quand on émet une hypothèse (ex. : Ça peut être… = *It **could** be / **might** be…*).

b/ Les hypothèses

- Pour émettre une hypothèse ou pour dire que quelque chose est certain, possible, impossible…, on utilise *will, must, should, may, could, might* ou *can't* :

It can't (cannot) be true! It must be a trick!
▸ Ça ne peut pas être vrai ! Ça doit être une ruse !

c/ L'obligation et l'interdiction

- *Must*, à l'affirmatif, exprime l'obligation ; au négatif, il exprime l'interdiction, tout comme *can't* (*couldn't* au passé) :

You can't / mustn't (must not) park here. ▸ Vous ne pouvez pas / ne devez pas vous garer ici.

- *Must* n'a pas de formes pour exprimer le passé ou le futur. On le remplace par *had to* et *will have to*. La forme négative de *have to* exprime une absence d'obligation :

*We **don't have to** go to school today.* ▸ Nous n'avons pas à aller à l'école aujourd'hui.

Remember!
Beaucoup d'Américains n'admettent pas l'emploi de *can* pour demander ou accorder la permission.

d/ La permission

- *Can* et *may* s'emploient pour **accorder** la permission. *Can, could* et *may* s'emploient pour **demander** la permission :

You can / may use a dictionary.
▸ Vous pouvez utiliser un dictionnaire.
Can I / May I / Could I have some more tea, please?
▸ Puis-je reprendre du thé, s'il vous plaît ?

e/ Compétence et perception

- *Can* et *could* s'emploient pour parler de ce qu'on sait faire ou peut faire :

I can swim. ▸ Je sais nager.
I could order anything I wanted. ▸ Je pouvais commander tout ce que je voulais.

- *Can* et *could* s'emploient avec les verbes de perception *see, hear, smell, feel* et *taste* :

I can see two people in the photo. ▸ Je vois deux personnes sur la photo.
I could hear a strange noise. ▸ J'entendais un bruit bizarre.

- *Can* n'a pas de forme pour exprimer le futur. On le remplace alors par *will / won't be able to* :

*I'**ll be able to** visit you.* ▸ Je vais pouvoir te rendre visite.

f/ Les conseils, les suggestions

- On utilise *should* pour donner un conseil :

You should see a doctor.
▸ Tu devrais voir un médecin.

Remember!
On utilise parfois *shall* pour remplacer *will* à la première personne (singulier et pluriel) : *I **shall** scream if you hurt me* = Je vais crier si tu me fais mal.

- On peut utiliser *could* et *shall* pour faire une suggestion :

We could go to the beach tomorrow.
▸ On pourrait aller à la plage demain.
Shall we picnic on the lawn?
▸ Si on pique-niquait sur la pelouse ?

Les adverbes

1 Formes

- Beaucoup d'adverbes sont formés à partir d'adjectifs. En français, on ajoute «-ment» à l'adjectif alors qu'en anglais, on ajoute *-ly*. *slow* ▸ *slowly, clever* ▸ *cleverly*

- Attention! Il y a parfois des changements orthographiques: *happy* ▸ *happily, gentle* ▸ *gently*…

- Il y a des exceptions. *Good* devient *well*; *fast, late, hard* ne changent pas:
  *He drives very **well** but very **fast**.*
  ▸ Il conduit très bien mais très vite.
  *She arrived **late** today but she works **hard**.*
  ▸ Elle est arrivée en retard aujourd'hui mais elle travaille dur.

> **Remember!**
> Si un adjectif se termine déjà en *-ly* (comme *early*), l'adverbe est identique à l'adjectif.

- Les comparatifs et superlatifs des adverbes se forment de la même façon que les adjectifs longs; on ajoute *more* ou *most* devant l'adverbe. Attention, quelques adverbes courants (*soon, late, early, near, close*…) ont un comparatif en *-er* et un superlatif en *-est*. Il existe aussi des exceptions:

adverbe	comparatif	superlatif
well	*better*	*best*
much	*more*	*most*
far	*farther / further*	*farthest / furthest*
badly	*worse*	*worst*
little	*less*	*least*

2 Différentes catégories d'adverbes

- Il existe plusieurs types d'adverbes: les adverbes de temps, de fréquence, de manière, de lieu, etc. car beaucoup ont un sens circonstanciel.

a/ Les adverbes de fréquence

always ▸ toujours
usually ▸ habituellement
occasionally ▸ de temps en temps
rarely ▸ rarement
frequently ▸ fréquemment
sometimes ▸ quelquefois, parfois
seldom ▸ peu souvent
never ▸ jamais

*I **always** drink tea in the morning.* ▸ Je bois toujours du thé le matin.
*He is **never** on time.* ▸ Il n'est jamais à l'heure.

b/ Les adverbes d'intensité

- Certains adverbes indiquent le degré ou l'intensité.

hardly ▸ à peine
fairly, rather, quite ▸ assez, plutôt
too ▸ trop
extremely ▸ extrêmement
almost, nearly ▸ presque
so ▸ si, tellement
very ▸ très
totally ▸ complètement

*He could **hardly** hear what she was saying.*
▸ Il pouvait à peine entendre ce qu'elle disait.
*They are **rather** rich.* ▸ Ils sont plutôt riches.
*I **totally** agree with you.* ▸ Je suis tout à fait d'accord avec vous.

> **Careful!**
> *Hardly* (à peine) est un adverbe d'intensité: il n'est pas l'adverbe qui correspond à l'adjectif *hard* (dur), qui, lui, ne change pas quand il joue le rôle d'adverbe.

3 Place de l'adverbe

- Quand le verbe est en un seul mot, l'adverbe se place généralement devant le verbe; quand le verbe est en deux mots ou plus, il se place généralement après le premier auxiliaire:
  *She **probably** wants something to drink.*
  ▸ Il est probable qu'elle veut quelque chose à boire.
  *We are **certainly** going to London.*
  ▸ Il est certain que nous allons à Londres.

- Avec le verbe *be*, l'adverbe se place après le verbe:
  *She **is often** late.*
  ▸ Elle est souvent en retard.

Le passif

1 Les formes

▪ Comme en français, la voix passive se forme avec *be* + le participe passé. C'est *be* qui est conjugué :

*John **made** this table.* (voix active)
▸ John a fait cette table.
*This table **was made** by John.* (voix passive)
▸ Cette table a été faite par John.
*John **made** these tables.* (voix active)
▸ John a fait ces tables.
*These tables **were made** by John.* (voix passive)
▸ Ces tables ont été faites par John.

▪ Il n'est pas toujours nécessaire de mentionner le complément d'agent (le nom qui suit *by*) :

*We **store** the boxes in this warehouse.* (voix active)
▸ C'est dans cet entrepôt que nous stockons les cartons.
*The boxes **are stored** in this warehouse.* (voix passive)
▸ C'est dans cet entrepôt que les cartons sont stockés.

▪ On trouve la voix passive à tous les temps. Par exemple : *Her new book* ***will be published*** *next month* (futur avec *will*) ; *the book* ***has been published*** (*present perfect*).

2 Les emplois

▪ Le passif est beaucoup plus employé en anglais qu'en français. Pourquoi ? L'une des raisons est qu'il remplace souvent les constructions avec « on » en français.

▪ En français, on utilise « on » quand on n'identifie pas la personne qui a fait l'action, ou que la personne est inconnue. En anglais, on utilise souvent le passif ou *they* :

▸ On a construit une nouvelle église.
*A new church **has been built**.*
▸ On dit qu'il est très malade.
***They say** he's very ill.*

▪ Si on parle de tout le monde, y compris son interlocuteur et soi-même, on utilise *you* :

▸ On ne sait jamais.
***You** never know.*

Careful!
Ne jamais traduire « on » par le passif lorsque « on » signifie « nous » : Demain, on va à la campagne.
= ***We**'re going to the country tomorrow.*

3 Les constructions particulières

▪ Lorsqu'un verbe est suivi d'une **particule**, celle-ci doit être conservée au passif. Elle se place **après** le participe passé.

*The children will be looked **after** by their grandmother.*
▸ Les enfants seront surveillés par leur grand-mère.
*The meeting has been put **off**.*
▸ La réunion a été remise à plus tard.
*They are taken care **of**.*
▸ On s'occupe d'eux.

▪ Les verbes à **double complément**, c'est-à-dire suivis de deux compléments d'objets (direct ou indirect) en anglais ont deux constructions possibles au passif. Il s'agit de verbes tels que : *ask, bring, give, offer, promise, send, show, teach* ou *tell*. Chacun de ces compléments peut servir de sujet à une phrase passive.

*He sent **her mother flowers**.* ▸ Il envoya des fleurs à sa mère.
compl. 1 — compl. 2
Flowers were sent to her mother. ▸ Des fleurs furent envoyées à sa mère.
Ou (emploi plus courant) :
Her mother was sent flowers. ▸ On envoya des fleurs à sa mère.

Les noms

1 Le pluriel des noms

- On forme le pluriel en ajoutant *-s* ou *-es* au nom singulier :
  book → *books* ▸ livre(s)
  tomato → *tomatoes* ▸ tomate(s)
- Pour les noms qui se terminent par une consonne + *-y*, on remplace le *-y* par *-i* et on ajoute *-es* :
  party → *parties* ▸ fête(s)
- Certains noms sont invariables (la même forme au singulier qu'au pluriel), dont :
  deer ▸ cerf(s) *sheep* ▸ mouton(s)

Careful!
Il faut faire attention à quelques anomalies : *the news* (les informations) est toujours singulier, *the police* (la police) est toujours pluriel !

- Certains mots sont irréguliers au pluriel :
  man → *men* ▸ homme(s) *woman* → *women* ▸ femme(s)
  child → *children* ▸ enfant(s) *foot* → *feet* ▸ pied(s)
  wife → *wives* ▸ épouse(s) *mouse* → *mice* ▸ souris
- Les mots d'origine latine ou grecque retiennent souvent la forme plurielle de la langue d'origine :
  analysis → *analyses* ▸ analyse(s)
  cactus → *cacti* ▸ cactus
  phenomenon → *phenomena* ▸ phénomène(s)

2 Majuscule ou minuscule ?

- Contrairement au français, on utilise une majuscule pour les jours de la semaine et les mois de l'année (mais pas pour les saisons) :
  *We go to the swimming-pool every **Wednesday**.*
  ▸ On va à la piscine tous les mercredis.
  *It's always cold in **January**. I hate **winter**.*
  ▸ Il fait toujours froid en janvier.
  Je déteste l'hiver.
- Les titres (= fonctions officielles), les noms des fêtes et des rues prennent aussi une majuscule :
  He is the Prime Minister of Canada.
  ▸ Il est le Premier ministre du Canada.
  New Year's Day falls on a Thursday.
  ▸ Le Jour de l'an tombe un jeudi.
  I live at 39 Buckingham Avenue.
  ▸ J'habite au 39 avenue de Buckingham.

Remember!
Les mots qui font référence à une nationalité commencent toujours par une majuscule (noms et adjectifs) : *We all speak English* (Nous parlons tous l'anglais).

3 Dénombrable ou indénombrable ?

- Dénombrable (*countable*) signifie « qui peut être compté » : une table, deux tables, etc. Un nom dénombrable existe donc au singulier et au pluriel. Indénombrable (*uncountable*) fait référence à tout ce que l'on ne peut pas compter : du fromage, du riz, de l'essence, de l'argent. Bien sûr, on peut compter l'argent, mais on ne peut pas dire : un argent, deux argents… ! Un nom indénombrable n'a donc pas de forme plurielle.
- Beaucoup de noms peuvent être soit dénombrables soit indénombrables selon le contexte et le sens. Comparez :
  Would you like some cheese? (*cheese* est indénombrable car il s'agit d'un type d'aliment, d'une quantité, donc singulier) ▸ Est-ce que tu veux du fromage ?
  These cheeses come from Normandy. (*cheeses* est dénombrable car il s'agit de différents fromages, donc pluriel) ▸ Ces fromages proviennent de la Normandie.
- On peut « transformer » un nom indénombrable en nom dénombrable en ajoutant des expressions comme *a piece of, a loaf of*, etc. :
  paper ▸ du papier ▸ *a piece of paper* ▸ un morceau de papier
  bread ▸ du pain ▸ *a loaf of bread* ▸ un pain
  furniture ▸ le mobilier / les meubles
  ▸ *a piece of furniture* ▸ un meuble

Careful!
Information et *furniture* sont indénombrables en anglais. Par conséquent, ils n'existent pas au pluriel.

Les adjectifs

1 Les adjectifs qualificatifs

- Les adjectifs sont invariables. Les adjectifs qualificatifs épithètes se placent toujours avant le nom, les adjectifs attributs sont seuls :

a big tree, blue coats ▸ un grand arbre, des manteaux bleus (épithètes)
He's tall. She's asleep. ▸ Il est grand. Elle est endormie. (attributs)

- Il ne faut pas confondre les adjectifs en *-ing* (participes présents) et les adjectifs formés avec le participe passé. Comparez :

She's ***boring****. She's* ***bored****.* ▸ Elle est ennuyeuse. Elle s'ennuie.

- Quand il y a plusieurs adjectifs, on les place dans l'ordre suivant : opinion, dimensions, âge, forme, couleur, origine, matière. Exemple :

a beautiful old German mahogany wardrobe
▸ une belle vieille penderie allemande en acajou

> **Careful!**
> Les adjectifs commençant par le préfixe *a-* (*afraid, alone, asleep*, etc.) sont toujours attributs.

2 Les adjectifs possessifs et démonstratifs

a/ Les adjectifs possessifs

pronom sujet	adjectif possessif
I	*my*
you	*your*
he	*his*
she	*her*
it	*its*
we	*our*
they	*their*

- Les adjectifs possessifs s'accordent avec le possesseur :

He's reading ***his*** *book.* ▸ Il lit **son** livre.
He's writing ***his*** *essay.* ▸ Il écrit **sa** dissertation.
He's selling ***his*** *CDs.* ▸ Il vend **ses** CD.

b/ Les adjectifs démonstratifs

singulier	pluriel
this	*these*
that	*those*

- *This* et *that* servent à faire la différence entre ce qui est proche de soi dans le temps ou dans l'espace (*this*) et ce qui est plus loin (*that*) :

This *pen is blue and* ***that*** *pen is black.* ▸ Ce stylo-ci est bleu, ce stylo-là est noir.

3 Le comparatif et le superlatif

- On forme le comparatif d'égalité avec *as … as* :

John is ***as tall as*** *Michael.* ▸ John est aussi grand que Michael.

- On forme le comparatif de supériorité en ajoutant *-er* aux adjectifs courts ou en plaçant *more* devant un adjectif long. On ajoute *than* :

John is ***taller than*** *Michael.* ▸ John est plus grand que Michael.
A Rolls Royce is ***more expensive than*** *a Mini.*
▸ Une Rolls Royce est plus chère qu'une Mini.

> **Remember!**
> Un « adjectif court » est un adjectif d'une syllabe ou un adjectif de deux syllabes qui se terminent en *-y*.

- Le superlatif est *the* + adjectif court *-est* ou *the* + *most* + adjectif long :

The Empire State Building is ***the highest*** *skyscraper in New York.*
▸ L'*Empire State Building* est le plus haut gratte-ciel de New York.
The Ritz is one of ***the most luxurious*** *hotels in Paris.*
▸ Le Ritz est l'un des hôtels les plus luxueux de Paris.

- Trois adjectifs sont irréguliers :

good ▸ *better* ▸ *the best* ▸ bon, meilleur, le / la / les meilleur(e/s)
bad ▸ *worse* ▸ *the worst* ▸ mauvais, plus mauvais, le / la / les plus mauvais(e/s), le / la / les pire(s)
far ▸ *farther* / *further* ▸ *the farthest* / *furthest* ▸ loin, plus loin, le / la / les plus loin(s)

> **Remember!**
> Le comparatif d'infériorité se construit avec *less* + adjectif : *He is* ***less*** *clever than she is.*

Les pronoms

1 Les formes

a/ Les pronoms personnels sujets, les pronoms personnels compléments

pronoms personnels sujets	*I*	*you*	*he*	*she*	*it*	*we*	*they*
pronoms personnels compléments	*me*	*you*	*him*	*her*	*it*	*us*	*them*

▪ En anglais, tout objet est neutre (= *it*). On utilise *it* également pour les animaux dont on ne connaît pas le sexe. En revanche, on dit souvent *she* pour un bateau !

b/ Les pronoms possessifs, les pronoms réfléchis

pronoms personnels sujets	*I*	*you*	*he*	*she*	*it*	*we*	*they*
pronoms possessifs	*mine*	*yours*	*his*	*hers*	*its*	*ours*	*theirs*
pronoms réfléchis	*myself*	*yourself / yourselves*	*himself*	*herself*	*itself*	*ourselves*	*themselves*

▪ Comme pour les adjectifs possessifs, c'est le possesseur qui détermine le pronom possessif et non l'« objet possédé ». Contrairement au français, les pronoms possessifs sont invariables :

*This book is **mine**. These books are **mine**. These shoes are **mine**.*
▸ Ce livre est le mien. Ces livres sont les miens. Ces chaussures sont les miennes.

c/ Les pronoms démonstratifs

▪ Ils sont identiques aux adjectifs démonstratifs :

singulier	pluriel
this	*these*
that	*those*

2 Emplois

▪ Le pronom personnel complément se place après le verbe :
*He saw **me**.* ▸ Il m'a vu. / *I bought **them**.* ▸ Je les ai achetés.

▪ Le pronom personnel complément indirect est le pronom personnel complément direct précédé par *to* :
*She gave the prize **to me**.* ▸ Elle m'a donné le prix.
*We are sending a message **to him**.* ▸ Nous lui envoyons un message.
Mais avec des verbes comme *give, send, tell, offer...*, on peut placer le pronom personnel complément indirect avant le verbe, sans *to* :
*She gave **me** the prize.*
*We are sending **him** the message.*
*They told **us** the story.*
▸ Ils nous ont raconté l'histoire.
Quand le complément direct est également un pronom, on préfère la première construction :
*She gave **it to me**.*
*We are sending **it to him**.*
*They told **it to us**.*

Remember!
Le pronom personnel COI en français n'est pas toujours l'équivalent de *to* + pronom personnel complément en anglais : Son père lui a fabriqué une trottinette (*His father made him a scooter. / His father made a scooter **for** him.*)

▪ En français, le pronom réfléchi correspond souvent à « moi-même », « lui-même », etc. :
*I made the cake **myself**.* ▸ J'ai fait le gâteau moi-même.
Il peut s'employer pour traduire un verbe pronominal en français :
▸ Il se regarda dans la glace.
*He looked at **himself** in the mirror.*
Mais, quand il s'agit d'actions qui normalement ne concernent que soi-même (se laver, s'habiller, se lever, se raser, etc.), on n'utilise pas de pronom réfléchi :
He got up, washed, shaved and got dressed.
▸ Il s'est levé, s'est lavé, s'est rasé et s'est habillé.

Careful!
Contrairement au français, on ne peut pas placer un deuxième pronom personnel devant le pronom personnel sujet pour le souligner. En anglais, on préfère appuyer sur le mot important : Lui, il n'aime pas les pâtes = ***He** doesn't like pasta.*

13 Le génitif, les noms composés

1 Le génitif

a/ Parler de qui possède quoi…

- Le génitif (l'apostrophe **s**) s'emploie surtout pour désigner le possesseur de quelque chose. On nomme d'abord le possesseur, on ajoute **'s** et ensuite on nomme l'objet qu'il possède:
  *the **woman's** dress* ▸ la robe de la femme
  *the **cat's** foot* ▸ la patte du chat
- Si le possesseur est un nom propre, on ne met jamais d'article:
  ***Bob's** jacket* ▸ la veste de Bob
- Quand le possesseur est un nom commun au pluriel régulier en -*s*, on ajoute tout simplement une apostrophe:
  *the **teachers'** room* ▸ la salle des professeurs
- Quand le pluriel est irrégulier, on utilise la marque *'s*:
  *the **children's** toys* ▸ les jouets des enfants

Remember!
Rappelez-vous la construction *a* + nom + *of* + pronom possessif / nom + *'s*: ***a** friend **of** mine* / *John'**s***.

- On peut omettre le nom de l'objet «possédé» s'il est implicite:
  *I'm going to the **butcher's**. (= the butcher's shop)*
  ▸ Je vais chez le boucher / à la boucherie.
  *I'm having dinner at the **Jacksons'**. (= the Jacksons' house.* Plusieurs membres de la famille Jackson habitent la maison, donc Jackson est au pluriel.) ▸ Je dîne chez les Jackson.
- Le génitif s'emploie parfois avec un nom de ville ou de pays:
  ***London's** first church was built here.*
  ▸ La première église de Londres fut construite ici.
  *Many of **Spain's** traditions come from the time of the Moorish occupation.*
  ▸ Beaucoup de traditions d'Espagne datent de l'époque de l'occupation des Maures.
- On peut utiliser le génitif avec les expressions de temps ou de durée:
  ***Yesterday's** match was cancelled because of the rain.*
  ▸ Le match d'hier a été annulé à cause de la pluie.
  ***Last year's** results were better.*
  ▸ Les résultats de l'année dernière étaient meilleurs.
  *a **winter's** day*
  ▸ un jour d'hiver

b/ Poser des questions

- Pour poser des questions sur «qui possède quoi», on utilise soit *whose*, qui peut être déterminant ou pronom interrogatif, soit le verbe *belong to*:
  ***Whose** cap is this?* (*whose* est déterminant)
  ***Whose** is this cap?* (*whose* est pronom)
  *Who does this cap **belong to**?* ▸ À qui est cette casquette ?

2 Les noms composés

Careful!
Notez la différence entre *a wineglass* (un verre **à** vin) et *a glass of wine* (un verre **de** vin).

- Généralement, on n'utilise pas le génitif lorsqu'il s'agit d'un objet, un concept, etc. On préfère soit un nom composé, soit une construction avec *of*:
  a chair leg ▸ le pied d'une chaise
  a book cover ▸ la couverture d'un livre
  the colour of the sky ▸ la couleur du ciel
- Un mot composé est la combinaison de deux éléments (nom + nom, nom + verbe, etc.). Certains s'écrivent en un seul mot; d'autres s'écrivent en deux mots ou sont reliés par un trait d'union:
  policeman ▸ officier de police (nom + nom)
  take-off ▸ décollage (verbe + adverbe)
  daily paper ▸ quotidien (adjectif + nom)
  swimming pool ▸ piscine (verbe + nom)
  recipe book ▸ livre de recettes (nom + nom)

Remember!
The car's boot, the car boot et *the boot of the car* sont tous les trois possibles, selon le contexte. Si vous avez des doutes, choisissez la structure avec *of*: elle passe partout.

Les articles

1 L'article indéfini : *a / an*

▪ À l'origine, *a / an* vient du nombre *one* ; c'est pourquoi il ne s'emploie pas avec un nom pluriel. Il se traduit par « un, une ». *A* devient *an* devant un son voyelle pour faire la liaison :

*It's **a** nice garden.* ▸ C'est un jardin agréable.
*It's **an** old church.* ▸ C'est une vieille église.

▪ Devant les noms de métier on emploie *a / an*. En français, on n'utilise pas d'article :

*He wants to be **an** engineer.* ▸ Il veut être ingénieur.

▪ *A / an* n'a pas de pluriel (contrairement au français où le pluriel de « un / une » est « des ») :

There were birds everywhere. ▸ Il y avait des oiseaux partout.

> **Remember!**
> *A* devient *an* devant un **son** voyelle. Cela comprend les mots qui commencent par un « h » muet.

2 L'article défini : *the*

▪ *The* vient de *that*. C'est pourquoi il désigne un élément précis dans une situation connue. Il s'emploie avec un nom singulier ou pluriel :

***The** planet is in danger.* ▸ La planète est en danger.
***The** roads in that country are terrible.*
▸ Les routes dans ce pays-là sont affreuses.

3 L'article zéro : Ø

▪ L'expression « article zéro » est tout simplement une autre façon de dire « pas d'article ». En anglais, il n'y a pas d'article devant un mot qui désigne une généralité, en particulier devant les noms de repas, de disciplines scolaires, de saison, de langue, de couleur. On peut utiliser le symbole Ø pour désigner cet « article zéro » :

before Ø lunch ▸ avant le déjeuner
after Ø geography (class) ▸ après le cours de géographie
Ø Red is my favourite colour. ▸ Le rouge est ma couleur préférée.

▪ On n'emploie pas d'article pour parler d'une vérité générale :

I like Ø cheese and Ø jam.
▸ J'aime le fromage et la confiture.
Ø Cherries are hard to find in winter.
▸ Il est difficile de trouver des cerises en hiver.

▪ Il n'y a pas d'article non plus devant les noms des régions, des langues, les titres et la plupart des noms de pays :

Ø Chinese is a complicated language.
▸ Le chinois est une langue compliquée.
Ø President Lincoln was assassinated.
▸ Le Président Lincoln fut assassiné.
Ø Austria is a beautiful country.
▸ L'Autriche est un beau pays.

> **Careful!**
> *The* s'emploie généralement devant les noms de pays au pluriel, ou qui comportent un adjectif qui n'est pas un point cardinal.

▪ Les noms des océans sont précédés de l'article, mais la plupart des noms de lacs, de montagnes et de monuments n'en a pas :

Ø Michigan, Ø Minnesota and Ø Wisconsin are the states around the edge of ø Lake Superior.
▸ Le Michigan, le Minnesota et le Wisconsin sont les États autour du lac Supérieur.
Ø Buckingham Palace is not very far from Ø Westminster Abbey.
▸ Le palais de Buckingham n'est pas très loin de l'abbaye de Westminster.

> **Remember!**
> Comparez *I like **Ø** music.* (J'aime la musique en général) et ***The** music is too loud.* (La musique [= le morceau que j'entends] est trop forte).

15 Les quantités

1 Les quantifieurs

a/ Le choix

▪ Choisir un quantifieur dépend du type de nom qu'il qualifie : est-il dénombrable (dén.) ou indénombrable (indén.) ? (Voir Fiche 10)

b/ Les principaux quantifieurs

Remember!
Some et *any* peuvent s'employer comme des pronoms : *Can I have **some**?* (Puis-je **en** avoir ?) *I haven't got **any**.* (Je n'**en** ai pas.)

▪ *Some* (dén. et indén.) s'emploie quand on sait qu'il y en a :
*They had **some** problems.* ▸ Ils ont eu des problèmes.
*Can I have **some** water, please?* ▸ Puis-je avoir de l'eau ?
▪ *Any* (dén. et indén.) s'emploie dans une phrase interrogative quand on ne sait pas s'il y en a :
*Is there **any** butter in the fridge?*
▸ Est-ce qu'il y a du beurre dans le frigo ?
ou dans une phrase négative quand on sait qu'il n'y en a pas :
*I haven't got **any** money.* ▸ Je n'ai pas d'argent.

▪ *No* (dén. et indén.) indique une quantité zéro. Le verbe est à la forme affirmative :
*There are **no** apples. There is **no** milk.*
▸ Il n'y a pas de pommes. Il n'y a pas de lait.

▪ *Much* (indén.) et *many* (dén.) sont des synonymes de *a lot of* / *lots of* (dén. ou indén.). Ils s'emploient généralement dans des phrases négatives ou interrogatives :
*There is**n't much** orange juice left.*
▸ Il ne reste pas beaucoup de jus d'orange.
*There are**n't many** people here.*
▸ Il n'y a pas beaucoup de monde ici.

Remember!
So much et *too much* peuvent modifier un verbe : *"I love her so much." "Yes, you love her too much!"* (« Je l'aime tant. » « Oui, tu l'aimes trop ! »)

▪ *Too much* / *too many* (trop de) et *so much* / *so many* (tant de) sont des composés de *much* et *many* :
*There's **too much** milk in this coffee.*
▸ Il y a trop de lait dans ce café.
*There are **so many** places to visit.* ▸ Il y a tant de sites à visiter.

▪ Il faut faire la différence entre *little* et *a little* (indén.), et entre *few* et *a few* (dén.) :
*There is **little** time.* ▸ Il y a peu de temps.
*I have **a little** money in the bank.* ▸ J'ai un peu d'argent à la banque.
***Few** people think that he's a good president.* ▸ Peu de gens pensent que c'est un bon président.
*There were **a few** interesting books on sale.* ▸ Il y avait quelques livres intéressants en vente.

c/ D'autres quantifieurs courants

▪ *Each, every, most (of), several, all (of), both (of), enough* :
***Each** guest received a present.* ▸ Chaque invité a reçu un cadeau.
***Every** person has a secret.* ▸ Toute personne a un secret.
***Most** children love ice-cream.* ▸ La plupart des enfants adorent les glaces.
*I've got **several** books about vampires.* ▸ J'ai plusieurs livres sur les vampires.
***All (of)** the rats were dead.* ▸ Tous les rats étaient morts.
***Both (of)** my brothers have got red hair.* ▸ Mes frères ont les cheveux roux, tous les deux.
*I don't think there is **enough** bread.* ▸ Je ne pense pas qu'il y ait assez de pain.

2 Tableau récapitulatif

Careful!
Quand on ne peut pas remplacer « des » par « quelques », on ne peut pas le traduire par *some* : « Qui sont ces hommes ? » « Ce ne sont pas **des** hommes, ce sont **des** femmes » = *They're Ø women, not Ø men.*

dénombrable	indénombrable
no ▸ pas de, aucun	*no* ▸ pas de
not many ▸ pas beaucoup de	*not much* ▸ pas beaucoup de
each ▸ chaque	
both (of) ▸ les deux	
every ▸ tout, chaque	
a few ▸ quelques	*a little* ▸ un peu de
few ▸ très peu de	*little* ▸ très peu de
enough ▸ assez de	*enough* ▸ assez de
several ▸ plusieurs	
a lot of, lots of ▸ beaucoup de	*a lot of, lots of* ▸ beaucoup de
many ▸ beaucoup de	*much* ▸ beaucoup de
most (of) ▸ la plupart de	*most (of)* ▸ la plupart de
so many ▸ tant de	*so much* ▸ tant de
too many ▸ trop de	*too much* ▸ trop de
all (of) ▸ tout le / la / les…	*all (of)* ▸ tout(e) le / la / les…

Les combinaisons de deux verbes

1 Les verbes suivis du gérondif (V + V-*ing*)

▪ On utilise le gérondif après certains verbes, notamment après *remember* (quand il signifie « se souvenir de ») et après les verbes qui indiquent la fin d'une action ou expriment une proposition :

*I **remember** seeing him at the party.*
▸ Je me souviens de l'avoir vu à la soirée.
*He **gave up smoking**.* ▸ Il a arrêté de fumer.
*I **suggest going** to the cinema this evening.*
▸ Je propose qu'on aille au cinéma ce soir.

> **Careful!**
> Quand *remember* signifie « ne pas oublier de » il est suivi de l'infinitif (*to* + V) : *He remembered to come* (Il n'a pas oublié de venir).

▪ Quelques verbes courants suivis du gérondif :

admit ▸ avouer
can't help ▸ ne pas pouvoir s'empêcher
delay ▸ retarder
discuss ▸ discuter
imagine ▸ imaginer
keep ▸ continuer
miss ▸ manquer
risk ▸ risquer
avoid ▸ éviter
consider ▸ considérer
deny ▸ nier
go on ▸ continuer
involve ▸ impliquer
mention ▸ mentionner
not mind ▸ ne pas déranger

2 Les verbes suivis de l'infinitif (V + *to* + V)

▪ Parmi ces verbes, on trouve ceux qui expriment une intention (*plan, intend, decide, aim*…) :

*I **intend to go** home early.* ▸ J'ai l'intention de rentrer tôt.

▪ Quelques verbes courants suivis de *to* + V :

agree ▸ consentir (à)
choose ▸ choisir
dare ▸ oser
expect ▸ s'attendre (à)
learn ▸ apprendre
offer ▸ offrir
pretend ▸ faire semblant
refuse ▸ refuser
appear ▸ sembler
claim ▸ prétendre
deserve ▸ mériter
hope ▸ espérer
manage ▸ réussir
prepare ▸ préparer
promise ▸ promettre
seem ▸ sembler

3 Les verbes suivis de V-*ing* ou de *to* + V

▪ Au Royaume-Uni, après les verbes exprimant un goût, on préfère utiliser le gérondif. Aux États-Unis, on préfère utiliser *to* + V :

*I **love** to play the guitar / **playing** the guitar.*
▸ J'adore jouer de la guitare.
*I love **to watch** / **watching** TV in bed.*
▸ J'adore regarder la télé au lit.

> **Remember!**
> *Stop* peut se construire de deux façons : *stop doing something* = arrêter de faire quelque chose ou *stop to do something* = s'arrêter pour faire quelque chose.

▪ Les deux constructions sont possibles après les verbes qui annoncent le début d'une activité :

*She **began** talking / **to talk**.*
▸ Elle a commencé à parler.

▪ *Need* est normalement suivi de *to* + V. Quand il est suivi de V-*ing*, il a un sens passif :

*I **need to go** to the toilet.*
▸ J'ai besoin d'aller aux toilettes.
*This wall **needs repainting** / **needs to be repainted**.*
▸ Ce mur a besoin d'être repeint.

▪ *Try* + *to* + V = essayer / s'efforcer d'atteindre un but.
Try + V-*ing* = essayer un moyen à sa disposition pour atteindre un but :

*I **tried to open** the lid of the box but it was stuck. I **tried using** a screwdriver but that didn't work either.*
▸ J'ai essayé d'ouvrir le couvercle de la boîte, mais c'était coincé. J'ai essayé avec un tournevis, mais cela n'a pas marché non plus.

> **Careful!**
> Quand on parle de ce que l'on **aimerait** faire à un moment précis (le conditionnel en français) on utilise ***would like*** / ***love + to*** + V : ***Would** you **like to go**?* Aimerais-tu y aller ?

17 Les subordonnées de temps et de condition – Le subjonctif

1 Les subordonnées de temps

▪ Ce sont les subordonnées qui commencent par *when, as soon as, until, before…* Quand il s'agit du futur, les subordonnées sont construites avec le présent, contrairement au français :

*When I **go** to Australia, I'**ll visit** my brother.*
▸ Lorsque j'irai en Australie, je rendrai visite à mon frère.

2 Les subordonnées de condition

▪ Pour exprimer une vérité ou une forte probabilité, la condition est exprimée avec *if* + le présent, le verbe principal est au présent ou se construit avec *going to, will* ou un autre modal :

*If you **keep** apples in a cool place, they **don't go** bad.*
▸ Si on garde les pommes dans un endroit frais, elles ne pourrissent pas.
*If the train **leaves** on time, we'**ll be** there by 11 o'clock.*
▸ Si le train part à l'heure, nous y serons avant 11 heures.

▪ Pour exprimer une possibilité ou émettre une hypothèse (« Si tu voulais…, je ferais… »), on utilise le prétérit dans la subordonnée et un verbe construit avec *would, could, might* ou *should* dans la principale :

*If you **went** to an English school, you'**d** (= you **would**) **learn** to play cricket.* ▸ Si tu allais dans une école anglaise, tu apprendrais à jouer au cricket.

▪ Si le verbe qui suit *if* est *be*, on utilise *were* à toutes les personnes :

*If I **were** you, I'**d** (= I **would**) **go** and see a doctor.*
▸ Si j'étais toi, j'irais voir un médecin.

▪ Pour exprimer une impossibilité (« Si j'avais…, j'aurais… »), on utilise le plus-que-parfait dans la subordonnée et *would have / should have /* etc. + le participe passé :

*If I'**d** (= I **had**) **seen** the tree, of course I **would have avoided** it.*
▸ Si j'avais vu l'arbre, bien sûr que je l'aurais évité.

> **Careful!**
> Rappelez-vous que *would* et *had* peuvent tous les deux se contracter en *'d*. Vous risquez donc de mal comprendre une phrase si vous lisez trop vite.

3 Le subjonctif présent

▪ Au présent, le subjonctif est identique à la base verbale. On peut l'utiliser quand on propose quelque chose, donc après des verbes comme *suggest, recommend* ou *propose* :

*I suggest (that) you **work** a bit harder.* ▸ Je propose que tu travailles un peu plus.

▪ Il faut noter qu'au passé on utilise soit le subjonctif, soit le prétérit avec ces verbes :

*He recommended (that) I **work** / **worked** harder.*
▸ Il a recommandé que je travaille plus.

▪ Le subjonctif est presque toujours « invisible » car il ne diffère de l'indicatif qu'à la troisième personne du singulier :

*I recommend (that) he **stay** in bed for a day or two.*
▸ Je recommande qu'il reste au lit pendant un ou deux jours.

▪ On rencontre souvent la transformation du subjonctif en indicatif à la troisième personne du singulier, car, pour certains, cela « sonne faux » sans le *-s* final. On peut rencontrer alors deux versions :

*I suggest (that) your son **go** / **goes** to a special school.*
▸ Je propose que votre fils aille dans une école spéciale.

> **Careful!**
> Le subjonctif est une forme que vous devez reconnaître mais pas forcément utiliser, surtout au présent, car il appartient à un style d'expression plutôt soutenu.

4 Le subjonctif passé

▪ *Were* est le subjonctif passé de *be*, à toutes les personnes. On l'utilise dans les phrases conditionnelles du type *if* + prétérit…, si le verbe qui suit *if* est *be* (voir ci-dessus « Les subordonnées de condition ») :

*If I **were** you, I'**d go** and see a doctor.*
▸ Si j'étais toi, j'irais voir un médecin.
*If Emily **were** less shy, she'**d make** more friends.*
▸ Si Emily était moins timide, elle se ferait plus d'amis.

Les subordonnées relatives

1 That, who(m), which

- Les propositions subordonnées relatives sont introduites par *that* ou *who* si l'antécédent est une personne :
  *the woman **that** / **who** asked the question* ▸ la femme qui a posé la question
- Si l'antécédent est une chose, on utilise *that* ou *which* :
  *the event **that** / **which** changed my life*
  ▸ l'événement qui a changé ma vie
- Si *that* / *who(m)* / *which* est complément du verbe qui suit, on peut l'omettre :
  the woman (that / who[m]) I saw ▸ la femme que j'ai vue
  the lamp (that / which) I bought ▸ la lampe que j'ai achetée

2 Whose, where, when, why

- On utilise *whose* pour traduire « dont » :
  *the lady **whose** dog died last week* ▸ la dame dont le chien est mort la semaine dernière
  *the house **whose** windows are all broken* ▸ la maison dont les fenêtres sont toutes cassées
- On utilise *where* si l'antécédent est un lieu, *when* avec un antécédent de temps :
  *the village **where** I was born* ▸ le village où je suis né
  *the day **when** I discovered the truth* ▸ le jour où j'ai découvert la vérité
- *Why* peut aussi introduire une proposition subordonnée relative. On l'utilise pour traduire « la raison pour laquelle / pourquoi ».
  *the reason **why** I didn't call you* ▸ la raison pour laquelle je ne t'ai pas appelé
- Si on place la subordonnée relative entre virgules, on change le sens. Comparez :
  The children who weren't tired played computer games.
  ▸ Les enfants qui n'étaient pas fatigués jouaient aux jeux vidéo. (= certains enfants n'étaient pas fatigués)
  The children, who weren't tired, played computer games.
  ▸ Les enfants, qui n'étaient pas fatigués, jouaient aux jeux vidéo. (= aucun enfant n'était fatigué)

> **Remember!**
> *the place where* = l'endroit où
> *the day when* = le jour où
> *the reason why* = la raison pour laquelle

3 Which, what = « ce qui », « ce que »

- On utilise *which* avec le sens de « ce qui, ce que » quand l'antécédent est l'ensemble de la proposition qui le précède. *Which* reprend ce qui vient d'être énoncé. Dans ce cas, il est toujours précédé d'une virgule.
  *It is very hot today, **which** is surprising.*
  ▸ Il fait très chaud aujourd'hui, ce qui est étonnant.
  *He told us he was 19, **which** wasn't true.*
  ▸ Il nous a dit qu'il avait 19 ans, ce qui n'était pas vrai.
- On utilise *what* avec le sens de « ce qui, ce que, quoi » quand la proposition relative n'a pas d'antécédent. Il annonce ce qui va suivre.
  *I don't know **what** to say.*
  ▸ Je ne sais pas quoi dire.
  *Tell me **what** to do.*
  ▸ Dis-moi ce que je dois faire.

4 La place de la préposition avec un pronom relatif

- Quand un pronom relatif est accompagné d'une préposition, celle-ci est souvent rejetée à la fin de la proposition relative.
  *The pen **with which** I'm writing is a present from my grandfather.* → *The pen **which** I'm writing **with** is a present from my grandfather.*
  ▸ Le stylo avec lequel j'écris est un cadeau de mon grand-père.
- Avec *that* ou quand le pronom relatif est sous-entendu, la préposition est obligatoirement rejetée.
  *The cousins **Ø** I like playing tennis **with** are Mark and Julia.*
  ▸ Les cousins avec lesquels j'aime jouer au tennis sont Mark et Julia.

La proposition infinitive

1 Définition

▪ Une proposition infinitive est une construction dans laquelle BV ou *to* + BV est une sorte de complément direct du verbe.

2 Verbe + nom / pronom complément + *to* + BV

▪ On utilise cette construction avec les verbes qui indiquent une pression sur autrui : *tell, ask, order, allow, warn, persuade*… On l'utilise également avec les verbes qui expriment une volonté, une préférence, une attente : *want, (would) prefer, (would) like, expect*… :

*I **told** them **to arrive** on time.*
▸ Je leur ai dit d'arriver à l'heure.
*We **expect** him **to arrive** at any moment.*
▸ Nous nous attendons à ce qu'il arrive à tout moment.

▪ En français, cette construction correspond souvent à une proposition subordonnée introduite par la conjonction « que » :

*They **want** us **to** make less noise.*
▸ Ils veulent que nous fassions moins de bruit.

▪ Dans cette construction, quand le sujet de la proposition infinitive est un pronom personnel, il est à la forme complément : *me, you, him, her, it, us, you, them.*

*The teacher allows **us** to leave the class.*
▸ Le professeur nous autorise à quitter la classe.
*My mother wants **me** to rest.*
▸ Ma mère veut que je me repose.

▪ On ajoute *not* devant la base verbale pour former une proposition infinitive négative.

*He prefers her **not** to smoke.*
▸ Il préfère qu'elle ne fume pas.
*The parents wanted the children **not** to play inside.*
▸ Les parents voulaient que les enfants ne jouent pas à l'intérieur.

3 Verbe + nom / pronom complément + BV

▪ Cette construction traduit l'idée de « faire en sorte que quelqu'un fasse quelque chose ». On utilise *make* ou *have* :

*He **made** me **do** it.* ▸ Il m'a obligé à le faire.
*I'll **have** John **repair** the car.* ▸ Je ferai en sorte que John répare la voiture.

▪ Cette construction s'utilise aussi avec *let* pour traduire l'idée de permission, d'« autoriser quelqu'un à faire quelque chose ».

*Her parents **let** her drive their new car.*
▸ Ses parents l'autorisent à conduire leur nouvelle voiture.
*They will **let** John go to this party.*
▸ Ils laisseront John aller à cette soirée.

▪ Elle s'emploie aussi avec *see* / *hear* (ou d'autres verbes de perception) pour des actions courtes ou non répétées :

*We **saw** him **look** out of the window.*
▸ On l'a vu regarder par la fenêtre. (= il a jeté un coup d'œil rapide)

▪ Comparez avec l'emploi de V-*ing* quand il s'agit d'une action qui a une certaine durée :

*We **saw** him **looking** out of the window.*
▸ On l'a vu (en train de) regarder par la fenêtre. (= il a regardé pendant un certain temps)

> **Careful!**
> Ne pas confondre *tell* et *say*. *Say* ne peut pas s'employer quand il s'agit de donner un ordre.

4 La proposition infinitive introduite par *for*

▪ La préposition *for* peut introduire une proposition infinitive ne dépendant pas d'un verbe. Elle s'emploie pour exprimer le but.

*I've brought this book **for** him to read over the weekend.*
▸ J'ai apporté ce livre pour qu'il le lise pendant le week-end.

Le discours direct et indirect

1 Le discours direct

- Si le verbe introducteur (*say, ask*, etc.) se place avant le discours direct, on met soit une virgule soit deux-points avant l'ouverture des guillemets :
  She said, "I like your tie." He replied: "Thank you."
  ▸ Elle a dit : « J'aime ta cravate ». Il a répondu : « Merci ».
- Si le verbe introducteur se place après le discours direct, on ne met jamais de point avant la fermeture des guillemets ; on le remplace par une virgule. S'il s'agit d'une question ou d'une exclamation, on utilise un point d'interrogation ou d'exclamation respectivement :
  "I like your tie," she said.
  "Where's the bank?" she asked.

> **Careful!**
> Dans le discours direct, chaque énoncé doit être entre guillemets (simples ou doubles) ; contrairement au français, on n'utilise pas de tirets.

2 Le discours indirect

a/ Changements de temps

- Si on rapporte des paroles qui ont été dites à un moment dans le passé, il faut modifier les temps des verbes utilisés dans les paroles rapportées (comme en français) :

> **Remember!**
> Dans le discours indirect, on peut omettre *that* (= que) qui suit le verbe introducteur.

Discours direct		Discours indirect	
temps	**exemple**	**temps**	**exemple**
présent simple	*he works* ▸ il travaille *he can work* ▸ il peut travailler *he must work* ▸ il doit travailler	**prétérit**	*he worked* ▸ il a travaillé / il travailla *he could work* ▸ il pouvait travailler *he had to work* ▸ il devait / a dû travailler
présent en V-*ing*	*he is working* ▸ il travaille	**prétérit en V-*ing***	*he was working* ▸ il travaillait
futur avec *will*	*he will work* ▸ il travaillera	**conditionnel avec *would***	*he would work* ▸ il travaillerait
present perfect	*he has worked* ▸ il a travaillé / il travaille	***pluperfect***	*he had worked* ▸ il avait travaillé
prétérit	*he worked* ▸ il a travaillé / il travailla	***pluperfect***	*he had worked* ▸ il avait travaillé

b/ Changements de pronoms et d'expressions de temps

- Comme en français, il ne faut pas oublier de changer les pronoms :
  *"Jane, **you** can have lunch with **us**," he said (to me).*
  ▸ – Jane, tu peux déjeuner avec nous, (me) dit-il.
  *He said (that) **I** could have lunch with **them**.*
  ▸ Il a dit que je pouvais déjeuner avec eux.
- Il faut aussi changer les expressions de temps. Voici quelques correspondances :

Discours direct	Discours indirect
today	*that day*
tonight	*that night*
this evening	*that evening*
now	*then*
yesterday	*the previous day, the day before*
tomorrow	*the next day, the following day*
two days ago	*two days before*

c/ *Say* et *tell*

- *Say* et *tell* sont plus ou moins interchangeables comme verbes introducteurs, mais *say* s'emploie en référence aux paroles prononcées tandis que *tell* s'emploie quand on précise à qui on parle :
  *She **said** (that) she felt very lonely.*
  *She **told us** (that) she felt very lonely.*
  ▸ Elle (nous) a dit qu'elle se sentait très seule.

> **Remember!**
> Quand on transforme une question avec *What, Who, When*, etc. en discours indirect, il faut changer l'ordre des mots. Le verbe suit le sujet, comme dans une phrase affirmative.

La maison, l'école

The house	La maison	The house	La maison
armchair	fauteuil	*kitchen*	cuisine
bath	baignoire	*knife* (pl. *knives*)	couteau
bathroom	salle de bains (UK), toilettes (US)	*light* (n.)	lumière, applique
		mirror	miroir, glace
bed	lit	*mobile phone (UK), cellphone (US)*	téléphone portable
bedroom	chambre à coucher		
carpet	tapis, moquette	*picture*	tableau
ceiling	plafond	*pillow*	oreiller
chimney	cheminée (extérieure)	*plate*	assiette
closet (US), cupboard (UK)	placard	*poster*	affiche
computer	ordinateur	*roof*	toit
couch, sofa	canapé	*shelf*	étagère
curtain (UK), drape (US)	rideau	*shower*	douche
dining-room	salle à manger	*sitting-room, lounge, living-room*	salon
door	porte		
fireplace	cheminée (intérieure)	*spoon*	cuillère
flat (UK), apartment (US / UK)	appartement	*toilet (UK), lavatory (UK), loo (UK,* fam.)	toilettes
floor	sol, plancher	*wall*	mur
fork	fourchette	*wallpaper*	papier peint
garden	jardin	*wardrobe*	penderie
gate	porte (de jardin…), portail	*washbasin*	lavabo
glass	verre	*window*	fenêtre
hall	entrée		

School	L'école	School	L'école
"A" level exams (UK)	≈ le Bac(calauréat)	*mistake*	erreur, faute
assembly	réunion de tous les élèves	*out of (= eleven out of twenty)*	sur (= onze sur vingt)
(black / white)board	tableau (noir / blanc)		
break	récréation	*packed lunch, lunch box*	panier repas, casse-croûte
canteen	cantine	*pass an exam*	réussir un examen
chemistry	chimie	*pen*	stylo
class	classe	*pencil case*	trousse
classroom	salle de classe	*pencil*	crayon
college, university	université	*period*	cours (= heure d'enseignement)
desk	bureau (meuble)		
eraser (US), rubber (UK)	gomme	*physics*	physique (n.)
exercise book, notebook	cahier	*playground*	cour de récréation
fail an exam	rater un examen	*primary school*	école primaire
GCSE exams (UK)	≈ le Brevet (DNB)	*public school (UK)*	collège / lycée privé
grade (US / UK), mark (UK)	note	*ruler*	règle
		schoolbag	sac (pour l'école), cartable
gym(nasium)	gymnase	*secondary school (UK)*	collège / lycée
head teacher (UK), principal (US)	directeur d'établissement	*sit / take an exam*	passer un examen
		sports kit	affaires de sport
high school (US)	lycée	*state school (UK)*	collège / lycée publique
homework	devoirs	*study* (v.)	étudier
locker	casier	*subject*	matière
map	carte	*textbook*	manuel
marker, felt-tip pen	marqueur	*timetable*	emploi du temps

Les aliments, les vêtements

Food and drink	La nourriture et les boissons	Food and drink	La nourriture et les boissons
apple	pomme	*lemon*	citron
bacon	lard fumé, bacon	*a loaf (of bread)*	un pain
beans	haricots	*marmalade*	confiture d'orange (d'agrumes)
beef	(viande de) bœuf		
bread	(du) pain	*meat*	viande
butter	beurre	*milk*	lait
cabbage	chou	*onion*	oignon
cake	gâteau	*orange juice*	jus d'orange
carrot	carotte	*peas*	petits pois
cereal	céréale, céréales (au petit déjeuner)	*peach*	pêche
		pear	poire
cheese	fromage	*pork*	(viande de) porc
chicken	poulet, volaille	*potato*	pomme de terre
chips (UK)	frites (UK), chips (US)	*raspberry*	framboise
chocolate	chocolat	*rice*	riz
coffee	café (boisson)	*sausage*	saucisse, saucisson
crisps (UK)	chips	*strawberry*	fraise
egg	œuf	*tea*	thé
ham	jambon	*tomato*	tomate
ice-cream	crème glacée, glace	*turkey*	dinde
jam	confiture	*vegetable*	légume
jelly	gelée (UK), confiture (US)	*water*	eau
lamb	(viande d')agneau		

Clothes	Les vêtements	Clothes	Les vêtements
belt	ceinture	*sandals*	sandales
boots	bottes, boots	*scarf*	écharpe, foulard
button	bouton	*shirt*	chemise
cap	casquette	*shoes*	chaussures
coat	veste, manteau	*shorts* (n.pl.inv.)	short, pantalon court
collar	col	*size*	taille, pointure
dress	robe	*skirt*	jupe
fashionable	à la mode	*sleeve*	manche
fit (v.)	être de la bonne taille	*slippers*	chaussons, pantoufles
glove	gant	*socks*	chaussettes
handbag	sac à main	*stocking*	bas (n.)
hat	chapeau	*suit* (n.)	costume
jacket	veste	*suit* (v.)	aller bien (ex. : Cela te va bien.)
jeans (n.pl.inv.)	jean(s)		
match (v.)	aller avec, se marier bien avec	*sunglasses*	lunettes de soleil
		sweatshirt	sweat
overcoat	pardessus, manteau	*swimming trunks* (n.pl.inv.)	maillot / slip de bain (garçon)
pants (n.pl.inv.)	pantalon (US), slip (UK)		
patterned	à motifs, « fantaisie »	*swimsuit*	maillot de bain
plain	uni	*tie*	cravate
pullover, sweater	pull(over)	*top* (n.)	haut (n.)
pyjamas (UK), pajamas (US) (n.pl.inv.)	pyjama	*trainers, sneakers*	baskets
		trousers (n.pl.inv.)	pantalon
raincoat	imperméable	*T-shirt*	tee-shirt

Les activités de loisir

Sports and games	Les sports et les jeux	Sports and games	Les sports et les jeux
athletics (UK), track and field (US)	athlétisme	*(horse-)riding*	équitation
		(ice) hockey	hockey (sur glace)
badminton	badminton	*jigsaw puzzle*	puzzle
ball	balle, ballon	*judo*	judo
baseball	baseball	*net*	filet
basket	panier	*pack of cards*	jeu de cartes
basketball	basket	*racquet*	raquette
board game	jeu de société	*rowing*	aviron
boxing	boxe	*rugby*	rugby
chess	échecs	*running*	course à pied
climbing	escalade	*sailing*	voile
competition, contest	compétition, concours	*score* (v.)	marquer
competitor	concurrent	*skate (rollerskates, ice skates…)*	patin (patins à roulette, patins à glace…)
computer game, video game	jeu vidéo	*skateboard, skateboarding*	planche à roulettes, skate
cricket (UK)	cricket	*skiing*	ski
crossword (puzzle)	mots croisés	*swimming*	natation
cycling	cyclisme	*swimming pool*	piscine
diving	plongée	*table tennis, ping pong*	tennis de table
fencing	escrime	*tennis*	tennis
football, soccer	football	*volleyball*	volley
goal	but	*win* (v.)	gagner
helmet	casque		

Hobbies, going out, tourism…	Les passe-temps, les sorties, le tourisme…	Hobbies, going out, tourism…	Les passe-temps, les sorties, le tourisme…
act (in a play)	jouer (dans une pièce)	*lift (UK), elevator (US)*	ascenseur
acting	faire du théâtre	*movie theater (US), cinema (UK)*	cinéma
arrival	arrivée		
band	groupe (de musique)	*painting*	peinture
beach	plage	*photography, taking photos*	photographie, faire des photos
bed and breakfast	pension où on ne sert que le petit déjeuner	*play* (n.)	pièce de théâtre
book (v.)	réserver	*postcard*	carte postale
castle	château fort	*pottery*	poterie
choir	chorale	*pub(lic house) (UK)*	pub
coach (UK)	car de tourisme, autocar	*reading*	lecture
concert hall	salle de concert	*rent (a car, a house…)*	louer (une voiture, une maison…)
cookery	arts culinaires		
cooking	(faire la) cuisine	*sightseeing*	faire du tourisme
delay (n.)	retard	*singing*	chanter
departure	départ	*spare time*	temps de loisirs
DIY (Do It Yourself)	bricolage	*stamp collecting*	collectionner les timbres
entrance	entrée	*stately home (UK)*	château / manoir ouvert au public
fishing	pêche		
funfair	fête foraine	*take off* (n., v.)	décollage ; décoller
gardening	jardinage	*theater (US), theatre (UK)*	théâtre
guest house	pension de famille	*theme park*	parc d'attractions
keep fit	garder la forme	*trip*	voyage
kite	cerf-volant	*view*	vue
land (v.)	atterrir		

La ville

Buildings and transport	Les bâtiments et les transports	*Buildings and transport*	Les bâtiments et les transports
brake (n., v.)	frein ; freiner	*pavement (UK), sidewalk (US)*	trottoir
break down	tomber en panne		
bridge	pont	*pedestrian crossing, zebra crossing (UK)*	passage piéton
building	immeuble		
bus	(auto)bus (UK / US), car (US)	*petrol (UK), gas(oline) (US)*	essence
		pillar box (UK), mail box (US)	boîte aux lettres
bus stop	arrêt de bus		
car park (UK), parking lot (US)	parking	*platform*	quai
		railway station (UK), railroad station (US)	gare (ferroviaire)
commuter	personne qui vit en banlieue et travaille en ville	*ride a bike*	monter à vélo, faire du vélo
crossroads (UK), intersection (US)	carrefour	*ring road*	boulevard périphérique
		road, roadway	route, chaussée
cycle lane	piste cyclable	*roundabout*	rond-point
drive a car	conduire une voiture	*sign*	panneau
housing estate	cité, lotissement	*speed limit*	limitation de vitesse
level crossing	passage à niveau	*street*	rue
lorry (UK), truck (US)	camion	*suburb, suburbs*	une banlieue (faubourg), la banlieue
motorbike	moto		
motorway (UK), freeway (US)	autoroute	*(tele)phone box (UK), phone booth (US)*	cabine téléphonique
no entry	sens interdit	*traffic*	circulation
no parking	interdiction de stationner	*traffic jam*	bouchon
		traffic lights (UK), stop light (US)	feux (rouges)
no through road, cul-de-sac	cul-de-sac		
		Underground / Tube (UK), subway (US)	métro
overtake	dépasser		
parking ticket	contravention	*van*	camionnette

Shops and services	Les commerces et les services	*Shops and services*	Les commerces et les services
999 (UK), 911 (US)	= les numéros d'urgence	*ironmonger's*	quincaillerie, droguerie
baker's	boulangerie	*jewel(l)er's*	bijouterie
bank	banque	*launderette (UK), laundromat (US)*	laverie automatique
bookshop	librairie		
butcher's	boucherie	*library*	bibliothèque
chemist's (UK), pharmacy (US)	pharmacie	*litter bin (UK), trash can (US)*	poubelle (dans un lieu public)
church	église	*mall (US), shopping centre*	centre commercial
department store	grand magasin	*newsagent's, paper shop (UK)*	marchand de journaux (et de confiseries)
doctor's surgery	cabinet de médecin		
dress shop (UK)	magasin de mode (féminine)	*optician's*	(chez l')opticien
		park	jardin public
drugstore (US)	drugstore (pharmacie)	*petrol station (UK), gas station (US), service station*	station-service
dry cleaner's	teinturier, pressing		
dustbin (UK), garbage / trash can (US)	poubelle	*police station*	commissariat
		sales / shop assistant	vendeur, vendeuse
(dust)bin man (UK), garbage collector (US)	éboueur	*second-hand*	d'occasion
		shop (UK), store (US)	magasin, boutique
fire station	caserne de pompiers	*shop / store window*	vitrine
fishmonger's	poissonnerie	*shopkeeper*	commerçant
garage (UK), (car) repair shop (US)	garage	*skyscraper, tower block, high-rise building*	gratte-ciel, tour
greengrocer's	marchand de fruits et légumes	*supermarket*	supermarché
		sweet shop	confiserie
grocer's	épicerie	*till (UK), cash desk*	caisse
health centre	centre médical	*town hall (UK), city hall (US)*	mairie
hospital	hôpital		

Les animaux, la nature

Animals and plants	Les animaux et les végétaux	*Animals and plants*	Les animaux et les végétaux
bear	ours	*leopard*	léopard
bird	oiseau	*lion*	lion
bush	buisson	*monkey*	singe
cat	chat	*mouse* (pl. *mice*)	souris
chicken	poulet	*oak*	chêne
cow (pl. *cows, cattle*)	vache (bétail)	*pig*	porc (animal)
crow, rook	corbeau	*pony*	poney
deer	cerf, biche	*puppy*	chiot
dog	chien	*rabbit*	lapin
duck	canard	*rat*	rat
fir (tree)	sapin	*robin*	rouge-gorge
flower	fleur	*rose*	rose
fox	renard	*sheep* (n.inv.)	mouton(s)
fur	fourrure	*snake*	serpent
goose	oie	*squirrel*	écureuil
grass	herbe	*tail*	queue
hamster	hamster	*tiger*	tigre
hen	poule	*tortoise*	tortue
horse	cheval	*tree*	arbre
kitten	chaton	*wild*	sauvage
lamb	agneau	*wolf* (pl. *wolves*)	loup
leaf (pl. *leaves*)	feuille		

The landscape and the weather	Le paysage et le temps qu'il fait	*The landscape and the weather*	Le paysage et le temps qu'il fait
cliff	falaise	*lane*	petite route de campagne
climate	climat	*lightning*	foudre
climate change	changement climatique	*melt*	fondre
cloud, cloudy	nuage, nuageux	*mountain*	montagne
coast	côte	*ocean*	océan
corn, wheat	blé	*pond, pool*	étang, bassin, mare
country, countryside	campagne	*rain* (n., v.)	pluie ; pleuvoir
earth	terre (= sol)	*rain forest, tropical forest*	forêt tropicale
environment	environnement	*river*	rivière, fleuve
farm	ferme	*rock*	roche, rocher
field	champ	*sea*	mer
flock (of sheep), herd (of cows)	troupeau	*sky*	ciel
		snow (n., v.)	neige ; neiger
fog, foggy	brouillard, brumeux	*storm*	tempête, orage
forest	forêt	*stream*	ruisseau
frost	gel, gelée	*sunny*	ensoleillé
global warming	réchauffement climatique	*thunder*	tonnerre
greenhouse effect	effet de serre	*valley*	vallée
ground	sol	*waterfall*	cascade, chute
hedge	haie	*wave*	vague
hill	colline	*wind, windy*	vent, venteux
ice	glace	*wood*	bois
lake	lac		

Le travail, la société

Jobs	Les métiers	*Jobs*	Les métiers
accountant	comptable	*model*	mannequin
actor, actress	comédien, comédienne	*musician*	musicien, musicienne
architect	architecte	*nurse*	infirmier, infirmière
baker	boulanger, boulangère	*office worker*	employé(e) de bureau
butcher	boucher, bouchère	*painter*	peintre
chef, cook	cuisinier, cuisinière	*pilot*	pilote (d'avion)
civil servant	fonctionnaire	*police officer (policeman, policewoman)*	policier, policière
doctor	médecin		
dressmaker	couturier, couturière	*politician*	homme / femme politique
driver	chauffeur, conducteur	*sailor*	marin
electrician	électricien, électricienne	*sales rep(resentative)*	agent commercial(e), représentant(e)
engineer	ingénieur		
farmer	fermier, fermière, agriculteur, agricultrice	*scientist*	scientifique
		secretary	secrétaire
fashion designer	styliste	*shop / sales assistant*	vendeur, vendeuse
fireman	pompier	*shopkeeper*	commerçant(e)
flight attendant	steward, hôtesse de l'air	*singer*	chanteur, chanteuse
gardener	jardinier, jardinière	*social worker*	assistant(e) social(e)
grocer	épicier, épicière	*soldier*	soldat, militaire
journalist	journaliste	*teacher*	enseignant(e)
lawyer	avocat, avocate	*waiter, waitress*	serveur, serveuse
manager, director	chef, directeur, directrice	*writer*	écrivain
mechanic	mécanicien, mécanicienne		

Society, law and government	La société, la loi et le gouvernement	*Society, law and government*	La société, la loi et le gouvernement
advertising	publicité	*constituency*	circonscription
allow, let	permettre	*immigrant*	immigré(e)
burglar	cambrioleur	*judge*	juge
citizen	citoyen(ne)	*licence (UK), license (US)*	permis
Congress (US)	= Congrès	*marriage*	mariage (= état)
congressman, congresswoman (US)	député	*MP (Member of Parliament) (UK)*	député
consumer	consommateur	*murder (UK), homicide (US)*	meurtre, assassinat
court	tribunal	*partner*	partenaire, conjoint(e)
crime	crime, délit	*politics* (n. pl.)	politique
demonstration	manifestation	*Prime Minister (UK)*	Premier ministre
fine (n.)	amende	*prisoner*	prisonnier, prisonnière
forbid, prohibit	interdire	*resident*	résident
guilty, not guilty	coupable, non coupable	*revolution*	révolution
free (adj., v.)	libre ; libérer	*rule* (n., v.)	règle ; régner, gouverner
freedom	liberté	*Senate (US)*	= Sénat
gaol (UK) / jail (US), prison	prison	*steal (something), rob (someone)*	voler
highway code	code de la route		
homeless, homeless person	sans abri, SDF	*tax*	impôt
House of Commons (UK)	Chambre des Communes = chambre des députés	*tenant*	locataire
		theft	vol
House of Lords (UK)	Chambre des Lords = Sénat	*thief*	voleur
		town / city council, local council	municipalité
House of Representatives (US)	Chambre des représentants = chambre des députés	*trade union*	syndicat

Les sciences, la technologie

Science	Les sciences	*Science*	Les sciences
astronomer	astronome	*liquid*	liquide
astronomy	astronomie	*measure*	mesurer
biologist	biologiste	*measurement*	mesure
biology	biologie	*medicine*	médecine
body	corps	*metal*	métal
brain	cerveau	*mineral*	minéral
chemist	chimiste	*ore*	minerai
chemistry	chimie	*organ*	organe
cure (n., v.)	remède ; guérir	*physicist*	physicien, physicienne
discover	découvrir	*physics* (n.sing.)	physique
discovery	découverte	*power*	puissance, énergie
DNA	ADN	*research* (n.sing.inv.)	recherche
do an experiment	faire une expérience	*researcher*	chercheur
earth science(s)	sciences de la terre	*scales*	balance
experiment	expérience (scientifique)	*social sciences*	sciences sociales
fail	échouer	*solar system*	système solaire
genetics (n.sing.)	génétique	*space*	espace
gravity	gravité, pesanteur	*succeed*	réussir
height	hauteur	*test* (n., v.)	test ; tester
investigate	enquêter sur, examiner	*test tube*	éprouvette
lab(oratory)	labo(ratoire)	*weight*	poids
length	longueur		

Technology	La technologie	*Technology*	La technologie
AI (artificial intelligence)	IA (intelligence artificielle)	*mouse*	souris (d'ordinateur)
CD player	lecteur de CD	*nanoscience*	nanoscience(s)
charger	chargeur	*nuclear power station*	centrale nucléaire
device	appareil, dispositif	*printer*	imprimante
digital	numérique	*recycle*	recycler
disc, disk	disque	*remote (control)*	télécommande
DVD player	lecteur de DVD	*Sat-Nav, GPS*	GPS
electronic	électronique	*save*	sauvegarder
email (n., v.)	courriel ; envoyer un courriel	*scanner*	scanneur
		screen	écran
engine, motor	moteur	*search engine*	moteur de recherche
environmentally friendly	écologique	*search* (n., v.)	recherche ; rechercher
flashdrive, memory stick, USB key	clé USB	*smartphone*	smartphone, téléphone intelligent
flat screen	écran plat	*social network*	réseau social (ex.: Facebook)
GM (genetically-modified) (food, agriculture, etc.)	transgénique, d'OGM	*solar panel*	panneau solaire
headphones	casque (à écouteurs)	*spaceship*	vaisseau spatial
key in (v.)	saisir (clavier)	*stem cell*	cellule souche
key (n.)	touche (clavier)	*test-tube baby*	bébé éprouvette
keyboard, keypad	clavier	*text (message)*	SMS
laptop	ordinateur portable	*text* (v.)	envoyer un SMS
(micro)chip	puce (d'ordinateur)	*website*	site web
mobile phone (UK), cellphone (US)	téléphone portable	*wind turbine*	éolienne
		X-ray	rayon X

Les arts

Music and the visual arts	Musique et arts plastiques	*Music and the visual arts*	Musique et arts plastiques
background	fond, arrière-plan	*landscape*	paysage
backing group	groupe (accompagnant un chanteur)	*lead singer*	chanteur principal
		microphone	micro
band, group	groupe (de musique)	*oil paint*	peinture à l'huile
brush	pinceau	*opera*	opéra
canvas	toile	*orchestra*	orchestre
cartoon	dessin humoristique	*painting, picture*	peinture, tableau
cello	violoncelle	*pop music*	musique pop, variétés
chord	accord	*poster*	affiche
chorus	refrain	*print* (n.)	gravure
classical music	musique classique	*record* (n., v.)	enregistrement, disque ; enregistrer
composer	compositeur		
conductor	chef d'orchestre	*rock music*	musique rock
double bass	contrebasse	*sculptor*	sculpteur
drums	batterie	*shape*	forme
fine arts	beaux-arts	*song*	chanson
foreground	premier plan	*sound* (n.)	son
frame	cadre	*speaker*	baffle
guitar	guitare	*trombone*	trombone
hit (n.)	tube (= grand succès)	*verse*	couplet
impressionist	impressionniste	*violin*	violon
keyboard	clavier	*water colour*	aquarelle

Literature, films and TV	Littérature, cinéma et télévision	*Literature, films and TV*	Littérature, cinéma et télévision
act (v.)	jouer (la comédie)	*news (program[me])*	infos, informations
actor, actress	comédien, comédienne	*non fiction*	littérature non romanesque
audience	public (n.), spectateurs	*novel*	roman
author	auteur	*paperback*	livre de poche
cameraman	cameraman	*part, role*	rôle
cartoon (film)	dessin animé	*play* (n.)	pièce de théâtre
cast	distribution	*playwright*	dramaturge
character	personnage	*poem*	poème
close-up	gros plan	*poetry*	poésie
comedy	comédie	*programme (UK), program (US)*	émission
comic strip	bande dessinée		
commercial	spot publicitaire	*publish*	publier
credits (n.pl.inv.)	générique	*screenwriter*	scénariste
detective story	roman / film policier	*serial*	feuilleton
director	metteur en scène, réalisateur	*series* (n.inv.)	série
		set	décor, plateau
documentary	documentaire	*stage*	scène (de théâtre)
epic (n.)	épopée, péplum	*studio*	studio, plateau de tournage
fantasy movie	film fantastique		
fiction	fiction	*subtitles*	sous-titres
film (v.), *shoot*	tourner (un film)	*thriller*	thriller, film / roman / pièce à suspense
film (n.), *movie*	film		
film / movie star	vedette de cinéma	*tragedy*	tragédie
musical (n.)	comédie musicale	*viewer*	téléspectateur

Expressions utiles

1 Les mots de liaison

Remember!
Les mots de liaison vous aident à donner une forme, une structure à vos propos et / ou rendent la structure « visible » aux personnes qui vous lisent ou vous écoutent.

- Pour lier ou contraster :
and… ▸ et… *but…* ▸ mais… *However, …* ▸ Cependant, …
- Pour introduire :
First of all, … / To start with, … ▸ Tout d'abord…
- Pour structurer :
Next, … ▸ Puis / Ensuite, …
secondly / thirdly / fourthly / etc.
▸ deuxièmement / troisièmement / quatrièmement / etc.
Consequently, … / Therefore, …, ▸ Par conséquent, … / En conséquence, …
So…, ▸ Donc…,
On the one hand, …, On the other hand, … ▸ D'un côté, …, De l'autre, …
- Pour exprimer son point de vue :
To my mind, … In my opinion, … From my point of view, … ▸ À mon avis, …
It seems to me that… ▸ Il me semble que…
- Pour justifier ses propos :
In fact, … As a matter of fact, … ▸ En fait…
What I'm trying to say is… / What I mean is that… ▸ Ce que je veux dire c'est que…
That's (the reason) why… ▸ C'est la raison pour laquelle / pourquoi
In other words, … ▸ En d'autres termes, …
- Pour conclure :
In conclusion, … / To conclude, … ▸ En conclusion, … / Pour conclure, …
In a word… In short… ▸ En un mot, …

2 Les faux-amis

- Un faux-ami est un mot anglais qui ressemble à un mot français, mais qui n'a pas le même sens. En voici quelques-uns :

Anglais	Traduction	Faux-ami	Traduction
achieve	réaliser	achever	*complete, finish*
actually	en fait	actuellement	*at present*
advertisement	publicité, réclame	avertissement	*warning*
argument	dispute	argument	*plot, intrigue*
car	voiture	car	*coach (UK), bus (US)*
chance	hasard	chance	*luck*
college	université	collège	*secondary / high school*
deceive	tromper	décevoir	*disappoint*
delay	retard	délai	*time limit*
dispose of	se débarrasser de	disposer de	*have at one's disposal*
eventually	finalement	éventuellement	*possibly*
extra	supplémentaire	extra	*excellent*
gentle	doux	gentil	*kind, nice*
grand	grandiose	grand	*big*
hall	entrée	hall	*lobby, lounge*
ignore	méconnaître	ignorer	*not know*
journey	voyage	journée	*day*
large	grand	large	*wide*
lecture	conférence	lecture	*reading*
library	bibliothèque	librairie	*bookshop*
pass (an exam)	réussir (un examen)	passer (un examen)	*sit / take (an exam)*
petrol (UK)	essence	pétrole	*petroleum, oil*
photograph	photographie	photographe	*photographer*
pretend	faire semblant	prétendre	*claim*
prevent	empêcher	prévenir	*warn*
realise (UK), realize (US)	se rendre compte de	réaliser	*achieve*
rude	impoli	rude	*rough*
sensible	sensé	sensible	*sensitive*
serious	grave	sérieux	*hard-working*
surname	nom de famille	surnom	*nickname*
sympathetic	compatissant	sympathique	*nice*

Compréhension

1 Compréhension de l'oral

a/ Comprendre quelqu'un qui vous parle

Ce que l'on attend de vous

Vous devez être capable de comprendre les consignes et les réponses que quelqu'un vous donne dans des situations quotidiennes : au restaurant, dans les transports en commun (ex. : une annonce dans une gare), dans la rue (ex. : des instructions reçues lorsque vous demandez votre chemin), avec des amis anglophones qui vous parlent de leur école, leurs goûts, leur famille, leurs loisirs…

Stratégies

- Essayez de comprendre le sens global, l'idée générale.
- Repérez les mots-clés – les mots accentués par la personne qui vous parle.
- Repérez les mots grammaticaux importants : les mots interrogatifs (*What, Where, Who*…), les négations…

b/ Comprendre un document sonore

Stratégies

- Repérez et notez la nature de l'enregistrement : est-ce une publicité à la télévision, une scène tirée d'un film ou d'un sitcom, un dialogue en famille… ?
- Identifiez les personnes qui parlent : leurs noms, leurs relations.
- Repérez le thème principal. Le titre peut vous aider, ou bien des mots particulièrement accentués.
- Identifiez la structure et le contexte du dialogue. (Qu'est-ce qui vient de se passer ? Est-ce que les personnages s'entendent bien ?) Puis formulez des hypothèses (Qu'est-ce qui va se passer ?).

Remember!
Procédez toujours du connu vers l'inconnu et ne restez pas bloqué par des mots que vous ne reconnaissez pas.

La prise de notes

- Pour repérer des détails, il est important de prendre des notes. Notez uniquement les points importants.
- Prenez des notes lisibles, sinon elles seront inutilisables par la suite.

2 Compréhension de l'écrit

a/ Comprendre un texte

Ce que l'on attend de vous

Vous devez être capable de comprendre des textes écrits dans un langage courant. Le document peut être un courriel, une lettre, un mode d'emploi, une annonce, une publicité, un court article de journal, un poème… Vous êtes censé comprendre le sens général et repérer les informations essentielles.

Stratégies

- Concentrez-vous d'abord sur tout ce que vous comprenez à la première lecture ; cela vous donnera une compréhension globale du texte.
- Ne restez pas bloqué sur les mots ou les expressions que vous ne comprenez pas à la première lecture. En relisant et en répondant aux questions, vous arriverez à deviner le sens de la plupart des mots inconnus.
- Lisez attentivement le crédit (la source du texte) et identifiez la nature du texte.
Lisez attentivement le titre du texte. Il peut vous donner une indication du thème ou du sujet.
- Identifiez la structure du texte. Par exemple, dans une lettre, un extrait de roman ou un article de journal, notez les changements de paragraphe.
- Surlignez les mots-clé et les phrases-clé.

Remember!
Essayez d'identifier le rôle des mots inconnus. Si un mot est précédé d'un article ou d'un quantifieur, il est probable que c'est un nom ; s'il se termine en *-ing*, il est verbe ou gérondif, etc.

b/ Comprendre des consignes en anglais

- Lisez attentivement les consignes pour être sûr de répondre aux questions posées.
Justify = Justifier. Il ne suffit pas de répondre « Oui » ou « Non » à une question. Il faut que vous justifiez votre réponse.
Quote = Citer. On vous demande de fournir une citation du texte pour justifier votre réponse.
Tick the (right) box = Cocher la (bonne) case.

1 Décrire une image

a/ Situer les différents éléments

© Hemera / Thinkstock

In the background / ***at the top*** *there's a blue desk.*
▸ En arrière-plan / En haut il y a un bureau bleu.
In the foreground / ***at the bottom*** *there are two green chairs.*
▸ Au premier plan / En bas, il y a deux fauteuils verts.
On the left-hand side *there's a computer on a yellow desk.*
▸ À gauche, il y a un ordinateur posé sur un bureau jaune.
In the middle *there's an old red typewriter.*
▸ Au milieu, il y a une vieille machine à écrire rouge.
On the right-hand side *there's a smaller yellow desk.*
▸ À droite, il y a un plus petit bureau jaune.
In the top left-hand corner *there are some shelves.*
▸ Dans le coin supérieur à gauche, il y a des étagères.
In the top right-hand corner *there's a drawing board.*
▸ Dans le coin supérieur à droite, il y a une table à dessin.
In the bottom left-hand corner *there's an electric kettle.*
▸ Dans le coin inférieur à gauche, il y a une bouilloire électrique.
There's a cactus on the top shelf, ***above*** *the shelf with books on.*
▸ Il y a un cactus sur l'étagère supérieure, au-dessus de l'étagère où les livres sont rangés.
There's a printer on a table ***below*** *the picture.*
▸ Il y a une imprimante sur une table au-dessous du tableau.
There are lots of pens and brushes ***next to*** *the disk drive.*
▸ Il y a beaucoup de stylos et de pinceaux à côté du lecteur de disques.
The chairs are ***in front of*** *the desks.*
▸ Les fauteuils sont devant les bureaux.
There are tubes of paint on the floor ***under*** *the blue desk.*
▸ Il y a des tubes de peinture par terre sous le bureau bleu.
There's a pair of glasses on top of the computer on the left.
▸ Il y a une paire de lunettes posée sur l'ordinateur à gauche.

b/ Présenter l'image

- Identifiez le genre, le moyen d'expression :

a cartoon ▸ un dessin humoristique
a comic strip ▸ une bande dessinée
a painting ▸ une peinture, un tableau
a print ▸ une gravure
a poster ▸ une affiche
a still ▸ un photogramme
a photo(graph) ▸ une photo(graphie)
an advertisement / *advert* / *ad* ▸ une publicité
a landscape ▸ un paysage
a portrait ▸ un portrait
It's an oil painting / *a watercolour* / *a charcoal drawing.*
▸ C'est une peinture à l'huile / une aquarelle / un croquis au fusain.

- Décrivez les personnages :
  It's set in... / The scene takes place in... ▸ La scène a lieu dans...
  The characters look...
  ▸ Les personnages ont l'air...
  old / young / middle-aged / well-to-do / poor ▸ vieux / jeune / d'une cinquantaine d'années / aisé / pauvre
  unhappy / miserable / cheerful / happy
  ▸ malheureux / très malheureux / souriant / heureux
  well-dressed / smart / in rags / down and out
  ▸ bien habillé / chic / vêtu de haillons / miteux
- Parlez de ce qui se passe :
  It looks as if... ▸ Il me semble que...
  They are probably... They might be... He may be... ▸ Il est probable qu'ils... ▸ Il se peut qu'ils... ▸ Il peut être en train de...
- Parlez de ce que l'artiste veut communiquer :
  The painter is trying to show...
  ▸ Le peintre essaie de nous montrer...
  The picture shows / illustrates / portrays...
  ▸ Le tableau montre / illustre / représente...

Remember!
La description d'image permet d'acquérir des compétences qui vous seront très utiles dans toute communication personnelle ou professionnelle.

2 Faire un exposé

a/ Parler d'un texte

- En anglais, le mot *text* ne correspond pas toujours à « texte » en français :
  This is an extract / excerpt from... ▸ Ce texte est un extrait de...
  This extract / article / passage (which is) entitled...
  ▸ Ce texte, intitulé...
- Parlez de la date de publication, du genre, de l'auteur, ... :
  It was published in... ▸ Il est paru / a été publié en...
  a novel ▸ un roman
  a short story ▸ une nouvelle
  a newspaper article ▸ un article de journal
  a writer ▸ un écrivain
  a journalist ▸ un(e) journaliste
- Parlez du contenu :
  It's about... / It deals with... ▸ Il s'agit de... / Il parle / traite de...
  It describes / depicts / portrays... ▸ Il décrit...
  The main / central characters in this passage are...
  ▸ Les personnages principaux de ce texte sont...

Careful!
Quand vous parlez devant la classe, ne parlez pas trop rapidement, parlez fort, vérifiez que l'on vous entend bien, que l'on vous écoute et que l'on vous comprend.

b/ Parler d'une personne ou d'un événement

- Le contexte
  *He was born **during the war**.* ▸ Il est né pendant la guerre.
  *Life was difficult **in those days**.*
  ▸ La vie était difficile à cette époque.
  *He came from a poor **background**.*
  ▸ Il venait d'un mileu pauvre / défavorisé.
  *He had a happy **childhood**.* ▸ Il eut une enfance heureuse.
- Une suite d'événements :
  *She **then** decided to come to London.*
  ▸ Puis elle a décidé de venir à Londres.
  ***In 1953**, they went to California.*
  ▸ En 1953, ils sont allés en Californie.
  ***A few years later**, he lost his job.*
  ▸ Quelques années plus tard, il a perdu son emploi.
  ***After that**, she went to live in the country.*
  ▸ Après cela, elle est partie / allée vivre à la campagne.

32 Parler en interaction

1 Comprendre et se faire comprendre

Remember!
Parler en interaction implique non seulement l'expression orale mais aussi la compréhension de l'oral, car il faut comprendre son interlocuteur pour pouvoir lui répondre !

a/ Clarté, précision, concision

▪ Parlez distinctement, assez fort et mettez-vous face à votre interlocuteur. Si vous ne comprenez pas quelque chose, n'hésitez pas à le dire. Voici quelques expressions à utiliser en cas de problèmes de compréhension :

Would you mind repeating that? / *Could you say that again, please?*
▸ Pourriez-vous répéter s'il vous plaît ?
Could you speak louder, please?
▸ Pourriez-vous parler plus fort, s'il vous plaît ?
I'm sorry, I didn't understand. ▸ Veuillez m'excuser, je n'ai pas compris.
May I ask (you) a question? ▸ Puis-je (vous) poser une question ?
What do you mean by … ? ▸ Que voulez-vous dire par … ?
Can you spell … ? ▸ Pouvez-vous épeler … ?

b/ D'accord, pas d'accord

▪ On peut être d'accord ou pas d'accord avec ce qui vient d'être dit :
That's very true, but… ▸ Cela est vrai, mais…
Yes, but in spite of… ▸ Oui, mais malgré…
However / *Nevertheless, …* ▸ Toutefois, … / Cependant, … / Néanmoins, …
On the contrary, … ▸ Au contraire, …
I don't agree with what you've just said.
▸ Je ne suis pas d'accord avec ce que vous venez de dire.
In my opinion / *To my mind, …* ▸ De mon point de vue, …

c/ Les automatismes

▪ Apprenez quelques réactions conventionnelles :
Thank you very much. ▸ Merci beaucoup.
Not at all. / *It's a pleasure.* / *No problem.* ▸ Je vous en prie. / Pas de problème.
I'm sorry. ▸ Désolé. *It doesn't matter.* / *That's all right.* / *Never mind.*
▸ Cela ne fait rien. / Pas de souci.
Would you mind if… ▸ Est-ce que cela vous dérange si… ?
Not at all. ▸ Pas du tout.
Would you like to… ? ▸ Est-ce que tu aimerais… ? *Yes, please.* / *Yes, I would.* / *No, thank you.*
▸ Oui, avec plaisir. / Non, merci.
Can I have… ? ▸ Puis-je avoir… ? *Yes, of course (you can).* / *No, I'm sorry you can't.* ▸ Oui, bien sûr. / Non, désolé.
My dog has just died. ▸ Mon chien vient de mourir.
Oh no. / *Oh dear.* / *Oh, what a pity.* / *Oh, I'm so sorry.*
▸ Oh, non. / Oh, quel dommage. / Oh, je suis désolé.

Remember!
Les Anglais disent souvent *I'm sorry*, même quand ils n'ont rien à regretter sauf le fait de ne pas être d'accord. On entend souvent : *I'm sorry but you're wrong* (Désolé, mais tu as tort).

d/ Prononciation

▪ Faites des efforts de de prononciation et d'accentuation. Au cours d'un débat, exagérez votre intonation : choisissez les mots que vous voulez souligner et accentuez-les (en montant la voix et / ou le volume).

2 Enchaîner

▪ La plupart des conversations de la vie quotidienne ont un but précis : acheter quelque chose, demander un renseignement, résoudre un problème, rassurer, se plaindre, avouer… et on a besoin de la participation de son interlocuteur pour arriver à son objectif. Pour solliciter sa participation, on utilise des questions directes :
It's a very nice dress. But it's very expensive. What do you think? ▸ C'est une très jolie robe. Mais elle est très chère. Qu'en penses-tu ?
I'm having the fillet steak. What about you? ▸ Je vais prendre le filet de bœuf. Et toi ?

▪ On utilise aussi des *tags* (voir Fiche 2) :
He's the mayor, isn't he?
▸ C'est le maire, n'est-ce pas ?
You haven't got any money left, have you?
▸ Il ne te reste plus un sou, n'est-ce pas ?

Remember!
Comme pour l'expression orale en continu, il est important de savoir ce que vous avez envie de dire, d'ordonner vos pensées et de vous exprimer simplement et clairement.

Écrire

1 Écrire un dialogue

a/ Un extrait de pièce de théâtre

- Vous pouvez choisir de présenter votre dialogue comme l'extrait d'une pièce de théâtre. Écrivez les répliques sans guillemets et en ajoutant des didascali (indications scéniques), si vous le souhaitez. Exemple :

PAUL : (beginning to cry) I don't know what to do.
JANE : What's the matter, Paul? (She puts her arm around him.)
▸ PAUL : (qui commence à pleurer) Je ne sais pas quoi faire.
JANE : Qu'est ce qui ne va pas, Paul ? (Elle met son bras autour de lui.)

b/ Un extrait de narration

- Si vous écrivez votre dialogue à l'intérieur d'une narration, il faut alors respecter la ponctuation anglaise. Pour chaque nouvel énonciateur, allez à la ligne et ouvrez les guillemets (pas de tirets). Fermez les guillemets à la fin de la réplique et ajoutez votre narration (pour expliquer qui parle, etc.) Exemple :

"Go away!" shouted Paul.
"No. I'm going to stay," replied Jane angrily.
▸ – Va-t-en ! cria Paul.
– Non, je reste, répondit Jane en colère.

2 Écrire une carte postale, un courriel, une lettre

- Commencez par :

Dear … ▸ Cher(s) / Chère(s) + prénom(s)
Hello / Hi … ▸ Bonjour + prénom(s) (plus familier que *Dear*)

- Si vous utilisez le nom de famille de la personne, commencez par :

Dear Mr … / Mrs … / Miss … ▸ Cher Monsieur / Chère Madame / Chère Mademoiselle + nom de famille

- Commencez votre message :

Thank you for your email / letter.
▸ Merci de votre courriel / lettre.
I am writing to tell you that…
▸ Je vous écris pour vous dire que…
We are having a wonderful time / holiday at the seaside.
▸ Nous passons de merveilleuses vacances au bord de la mer.
I'm sorry I haven't written sooner.
▸ Je regrette de ne pas avoir écrit plus tôt.

- Terminez votre message :

I hope / Hope to see you soon. / I look forward to seeing you soon.
▸ J'espère te / vous voir bientôt.
I hope / Hope you are well.
▸ J'espère que tu vas / vous allez bien.

- Le mot de la fin :

Love (from) ▸ Amitiés (pour de très bons amis)
Best wishes (from)
▸ Amitiés, Très cordialement, Bien à toi / vous (pour des amis, des connaissances)
Best regards ▸ Cordialement (à utiliser uniquement dans des courriels)
Yours sincerely ▸ Cordialement, Salutations distinguées (à utiliser uniquement dans des lettres)

> **Remember!**
> *Ms* – prononcé « mzz » – est souvent utilisé pour remplacer *Mrs* ou *Miss*, car *Ms* ne dévoile pas l'état civil d'une femme – *Ms* est donc très « politiquement correct ».

3 Raconter une histoire, un événement…

- Votre texte doit avoir un début, un milieu et une fin. Le début peut être :
  - une « accroche » pour que le lecteur ait envie de lire ce qui suit ;
  - l'information-clé qui sera développée plus loin ;
  - le début chronologique de la narration.

> **Remember!**
> Pour qu'un lecteur puisse suivre votre narration, il a besoin d'être guidé. D'où l'utilité des mots comme *next, therefore, so, before, after…*

Le Royaume-Uni

1 Key facts

Remember!

Le Royaume-Uni ne fait pas partie de la zone euro. La monnaie est la livre sterling (£). 100 *pence* = 1 livre.

Name	The United Kingdom (England, Scotland, Wales, Northern Ireland). The name "Britain" is sometimes used instead.
Population	About 61 million.
Capitals	London (capital of England and of the UK), Edinburgh (Scotland), Cardiff (Wales), Belfast (Northern Ireland).
Flag	The Union Jack or Union Flag.
Emblems	The rose (England), the thistle (*chardon*) (Scotland), the leek (*poireau*) (Wales), the shamrock (*trèfle*) Ireland.
Government	Constitutional monarchy. Two Houses of Parliament: the House of Commons (lower house: 650 members) and the House of Lords (upper house: 763 Lords). Main parties: Labour (left-wing), Conservative (right-wing), Liberal Democrats (centre). Current monarch: Elizabeth II. Current Prime Minister: David Cameron (Conservative Party in a coalition government with the Liberal Democrats).

2 Key dates

43 A.D.	The Romans conquered Britain.
1066	William of Normandy (William the Conqueror) conquered England.
1534-1538	Under Henry VIII, the Church of England broke away from the Catholic Church.
1588	England was now Protestant. The Spanish Armada (a fleet of 130 ships) was sent to invade England and restore the Catholic religion, but the invasion failed.
1649-1660	After the defeat and execution of the King in the Civil War, the "Commonwealth" was established under Oliver Cromwell.
1660	The monarchy was restored under Charles II.
1666	The Great Fire of London destroyed most of the old city.
1707	Act of Union: England and Scotland came under one government.
1800	Acts of Union: Ireland became part of the United Kingdom.
1815	Napoleon was defeated at Waterloo.
1837-1901	Under Queen Victoria Britain became the most powerful nation in the world.
1914-18	World War I.
1921	Independence of the Republic of Ireland.
1928	Women got the vote.
1939-45	World War II.
1999	Devolution: the creation of the Scottish Parliament and the Welsh Assembly.

3 Key people

William the Conqueror (c.1027-1087)	He conquered England in 1066.
Henry VIII (1491-1547)	He created the Church of England. The monarch became head of the church (1534).
William Shakespeare (1564-1616)	A dramatist and poet. His plays include *Romeo and Juliet* and *Hamlet*.
Sir Isaac Newton (1643-1727)	A scientist famous for his theory of gravity.
Charles Darwin (1809-1882)	A scientist who revolutionised theories about evolution.
Charles Dickens (1812-1870)	A popular novelist, the author of *Oliver Twist*.
Sir Winston Churchill (1874-1965)	Prime Minister during World War II. Famous for his inspirational speeches.
Margaret Thatcher (1925-2013)	As Conservative Prime Minister (1979-1990) she reduced the power of the trades unions (*syndicats*).
Diana, Princess of Wales (1961-1997)	She changed the relationship between the Royal Family and the people.

4 Key places

Buckingham Palace	The official London residence of the monarch.
Downing Street	The official residences and offices of the Prime Minister and the Chancellor of the Exchequer (= *ministre des Finances*).
Hadrian's Wall	A wall built across northern England by the Romans. It was designed to keep out the Scots.
Loch Ness	A huge Scottish lake, famous for its legendary monster.
The London Eye	Since 2000, this "big wheel" has been London's major tourist attraction.
Oxford and Cambridge	The two oldest and most prestigious British universities.
Stonehenge	A prehistoric site in south-west England.

Les États-Unis

1 Key facts

Name	The United States of America. (50 states and 1 federal district: The District of Columbia.)
Population	About 313 million.
Capital	Washington D.C.
Flag	"The Stars and Stripes." 50 white stars on a blue background represent the 50 states, 13 red and white stripes represent the 13 original colonies.
Emblem	The bald eagle (= *aigle pygargue à tête blanche*).
Government	Federal constitutional republic. Three branches of government. 1. Legislative: Congress = the House of Representatives (435 members) and the Senate (100 members); two parties: the Republicans, centre-right, and the Democrats, centre-left. 2. Executive: President and cabinet officers. 3. Judicial: Supreme Court and federal courts. Current President: Barack Obama (Democrat).

Careful!

Ne pas confondre Washington D.C. (capitale et siège du gouvernement) et l'état de Washington au nord-ouest des États-Unis.

2 Key dates

1492	Christopher Columbus "discovered" America.
1620	The *Mayflower* arrived in Plymouth, Massachusetts, with Puritan colonists called the Pilgrim Fathers.
1775-1781	The War of Independence. The 13 colonies won independence from Britain.
1776	July 4th. The Declaration of Independence.
1848-1852	The California Gold Rush. The discovery of gold led to migration to the West and the settlement of California.
1861-1865	The Civil War (*guerre de Sécession*). Because of northern anti-slavery policies, the Southern States tried to leave the Union.
1917	The USA joined the First World War.
1920	Women got the vote.
1920-1933	Prohibition. Selling alcoholic drinks was illegal.
1929	The Wall Street Crash led to the Great Depression (*récession*).
1941	December 7th. Japan attacked the naval base of Pearl Harbor in Hawaii. The US declared war on Japan and joined the European war.
1945	Atom bombs were dropped on Hiroshima and Nagasaki. Japan surrendered.
1963	Martin Luther King organised a civil rights march on Washington and made his "I have a dream" speech. President Kennedy was assassinated in Dallas.
1965-1975	The Vietnam War. More than 58,000 US soldiers died.
1969	Apollo 11 landed on the moon.
1974	The Watergate Scandal. President Nixon was forced to resign.
2001	September 11th. Islamic terrorists hijacked planes and destroyed the two World Trade Towers in New York.

3 Key people

Benjamin Franklin (1706-1790)	He was one of the Founding Fathers (*fondateurs de la nation*) and a scientist.
George Washington (1732-1799)	The 1st President (1789). The "father of the country".
Abraham Lincoln (1809-1865)	The 16th President. He abolished slavery.
Thomas Edison (1847-1931)	He invented the phonograph (*tourne-disques*) and the electric light bulb (*ampoule électrique*).
Henry Ford (1863-1947)	He founded the Ford Motor Company and created mass-production.
Rosa Parks (1913-2005)	An African-American civil rights activist. She refused to give up her seat to a white passenger on a bus.
John F. Kennedy (1917-1963)	The 35th President. He made inspirational speeches.
Martin Luther King (1929-1968)	He was an African-American clergyman and politician.

Remember!

Trois icônes – Abraham Lincoln, John F. Kennedy et Martin Luther King furent assassinés.

4 Key places and festivals

Ellis Island	An island in New York Harbour. From 1892 to 1954, it was the place where immigrants arrived and were inspected.
Hollywood	An area of Los Angeles and the centre of the movie industry.
Independence Day	July 4th. It commemorates the signing of the Declaration of Independence in 1776.
Thanksgiving	The fourth Thursday in November. It celebrates the first successful harvest (*moisson*) of the Pilgrim Fathers.
The Pentagon	The headquarters of the United States Department of Defense.
The White House	The President's official residence and office in Washington, D.C.
Wall Street	The financial area of New York.

La République d'Irlande

1 Key facts

Remember!
L'Irlande du Nord fait partie du Royaume-Uni. L'Irlande du Sud (Eire) est un État indépendant.

Name	(The Republic of) Ireland or Eire. (26 counties)
Population	About 4.5 million.
Capital	Dublin.
Flag	Three vertical stripes: green, white and orange.
Emblems	The harp, the shamrock (*trèfle*).
Government	A republic with a bicameral parliamentary system. The Head of State is the President. Current President: Michael D. Higgins. Current Prime Minister: Brian Cowan, Coalition.

2 Key dates

1169	Beginning of Norman / English rule of Ireland. The English lost control of the country in the 15th century.
1536-1603	Reconquest of Ireland by the English. Later, all Catholic possessions were given to Protestants.
1690	Battle of the Boyne. Catholic supporters of James II were defeated by Protestant supporters of William II.
1800	Acts of Union. Ireland merged with England, Scotland and Wales.
1845-1849	The Great Potato Famine. Millions died and thousands emigrated.
1922	Independence of "Southern Ireland".
1949	"Southern Ireland" became a republic. It separated from the Commonwealth.

3 Key places

Phoenix Park	Near Dublin. The largest urban park in Europe. Here, in 1882, the murder of two English officials by Republicans delayed Home Rule.
Blarney Castle	A castle dating from 1200 in County Cork. Kissing the "Blarney Stone" is supposed to give you the gift of eloquence.

Le Commonwealth

1 Canada

Name	Canada. (10 provinces and 3 territories)
Population	More than 34 million.
Capital	Ottawa. (Largest cities: Toronto and Montreal.)
Emblem	The maple leaf. (*feuille d'érable*)
Government	A bicameral parliamentary democracy and constitutional monarchy, with the British monarch as head of state. Current Prime Minister: Stephen Harper, Conservative Party.

Remember!

Most of the 54 members of the Commonwealth are former British colonies. The three main members are Canada, Australia and India.

Remember!

Quebec is a province of Canada. It voted against independence in 1995.

2 Australia

Name	(The Commonwealth of) Australia. (6 states and 2 territories)
Population	About 22 million.
Capital	Canberra. (Largest city: Sydney.)
Emblems	Animals: kangaroo, emu, koala. Floral: the golden wattle (*acacia pycnantha Benth*).
Government	A bicameral parliamentary democracy and constitutional monarchy, with the British monarch as head of state. Current Prime Minister: Julia Gillard, Australian Labor Party.

Remember!

Australia was discovered by Captain Cook in 1770. It became a British penal colony.
The natives of Australia are called Aborigines.

3 India

Name	(The Republic of) India. (28 states and 7 territories)
Population	About 1,240,000,000.
Capital	New Delhi (part of metropolitan Delhi). (Largest city: Mumbai [Bombay].)
Emblem	A design of three lions.
Government	A bicameral parliamentary democracy under a President. Current President: Pranab Mukherjee. Current Prime Minister: Manmohan Singh, United Progressive Alliance Party.

Remember!

India became independent in 1947.
The continent was divided into India (Hindu) and Pakistan (Moslem).

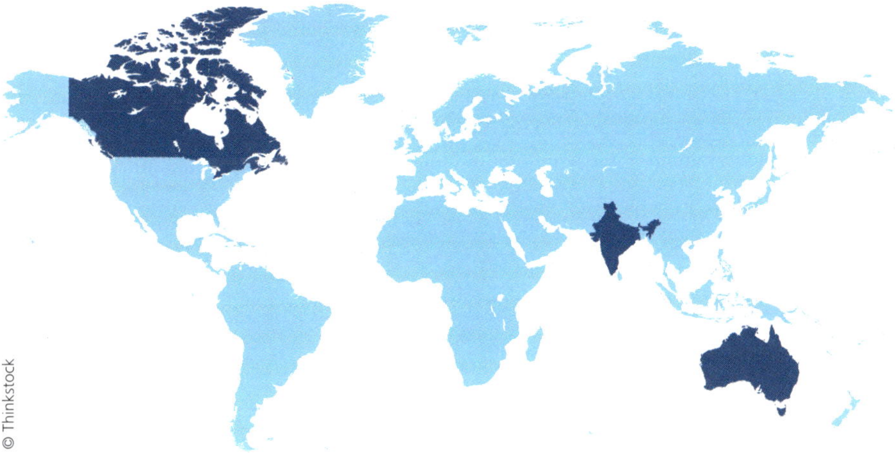

38 L'Histoire des arts

- Before the Normans invaded in 1066, England was a mixture of Roman, Saxon and Viking influences. The langage was called Old English. After 1066, French was spoken at court and a style of architecture developed, called **Norman** (= *roman* or *anglo-normand* in France).
- In the Middle Ages, French and Latin dominated English literature. The first important book in Middle English (the language between Old English and Modern English) was *The Canterbury Tales* by **Geoffrey Chaucer** (c. 1343-1400).
- The Renaissance came later to England than to Italy and France. Under the **Tudor** monarchs (1485-1603), England became a world power. **William Shakespeare** (1564-1616) wrote his first play in 1592.
- When London was rebuilt after The Great Fire of 1666, the **Baroque** style dominated. **Christopher Wren** (1632-1723) rebuilt St Paul's Cathedral.
- In the 18th and 19th centuries (1714-1901), England was ruled by the House of **Hanover**. Under four King Georges, from 1714 to 1830, the arts flourished (the novel, the theatre and painting). In 1719, **Daniel Defoe** (1661-1731) published *Robinson Crusoe*. Some of the most popular paintings were portraits by **Thomas Gainsborough** (1727-1788) and landscapes by **John Constable** (1776-1837).
- The later 18th and early 19th centuries saw the beginning of the **Romantic** movement. **J. M. W. Turner** (1775-1851) painted seascapes in pre-impressionist style. **Mary Shelley** (1797-1851) wrote *Frankenstein* in 1818 and there were many romantic poets, notably **John Keats** (1795-1821) and **William Wordsworth** (1770-1850). This was also the beginning of the romantic novel. **Jane Austen** (1775-1817) wrote *Pride and Prejudice* in 1813.
- Under Queen Victoria (1837-1901), the British Empire expanded and Britain became the most powerful nation in the world. **Victorian** art was mostly very grand, even monumental. In architecture, there was an important "**Gothic revival**" movement (e.g. the Houses of Parliament). Victorians believed in a strict moral code but there was a lot of poverty. In literature, **Charles Dickens** (1812-1870), who wrote *Oliver Twist* in 1838, showed the other side of Victorian society.
- The 19th century also produced some giants: the Irish poet, novelist and playwright **Oscar Wilde** (1854-1900), the Scottish creator of Sherlock Holmes, **Arthur Conan Doyle** (1859-1930) and the English writer of *Alice in Wonderland*, **Lewis Carroll** (1832-1898).
- In the 20th century, American artists inspired others all over the world, notably the urban scenes of **Edward Hopper** (1882-1967), the abstract paintings of **Jackson Pollock** (1912-1956) and the Pop Art of **Andy Warhol** (1928-1967) and **Roy Lichtenstein** (1923-1997).
- Since the last century, British and American novels have been translated into many different languages. The most popular are the works of **Ernest Hemingway** (1899-1961) and the detective stories of **Agatha Christie** (1890-1976).

TEST 1 Autour du verbe (Fiches 1 à 9)

Une seule des trois réponses est juste. Choisir la réponse A, B ou C.
Voir corrigés p. 383.

1/ Peter and Mary ... a large house in the country.
A. has B. have C. has got

2/ In my village ... a very old church and some cottages.
A. it is B. there are C. there's

3/ I ... have cornflakes for breakfast because I don't like them.
A. never B. always C. usually

4/ At the moment, Peter ... with his grandparents in the country.
A. stays B. staying C. is staying

5/ "Mark and Jane work in London, ... ?" "Yes, I think so."
A. don't they B. does she C. isn't it

6/ "... tidy your room this morning?" "No, I didn't."
A. Are you B. Did you C. Have you

7/ I didn't make a curry because Harry and Jane ... like Indian food.
A. do B. don't C. aren't

8/ Our family ... in this village for 100 years.
A. living B. lives C. has lived

9/ I began painting this picture a year ago and I ... it yet.
A. haven't finished B. have completed C. finished

10/ Yesterday evening I ... your article in the school magazine.
A. read B. see C. have written

11/ If you don't work hard at school, you ... pass your exams.
A. don't B. won't C. can

12/ "Please help me! Someone's stolen my bag!" "Don't panic. ... the police."
A. I call B. I'll call C. I'm going to call

13/ I ... answer all the questions in the test. It was too difficult.
A. can B. may C. couldn't

14/ Before we went into the temple we ... take off our shoes.
A. will have to B. must C. had to

15/ Mrs Green is 80 but she can see perfectly. She ... wear glasses.
A. doesn't have to B. mustn't C. will have to

16/ "... hungry?" "Yes. What's for lunch?"
A. Are you B. Have they C. It's

17/ They have a fabulous swimming pool, ... ?
A. isn't it B. don't they C. hasn't it

18/ Do you ... to the cinema on Saturday evenings?
A. often go B. sometimes going C. go never

19/ How often ... fish for dinner?
A. have you B. are you having C. do you have

20/ The 9:30 plane has ... taken off.
A. just B. yet C. was

21/ When ... her first trip to the USA?
A. did she take B. has she gone C. has she taken

22/ I bought that painting ...
A. two years ago B. since 2010 C. for a long time

23/ Where did ... your phone? Was it in the shopping centre?
A. they found B. you lost C. you lose

24/ Uncle Bill ... stop smoking. He has decided he really must do it.
A. is going to B. will C. has

25/ "Oh no! The washing machine has broken down!" "Don't worry, ... it."
A. I'll repair B. I repair C. I'm going to repair

TEST 2 Autour du nom (Fiches 10 à 15)

Une seule des trois réponses est juste. Choisir la réponse A, B ou C.
Voir corrigés p. 384.

1/ He has an enormous farm with hundreds of cows and ...
A. duck B. sheep C. pig

2/ The police ... trying to find the person who caused the accident.
A. are B. is C. have

3/ On French television, the national ... is usually at 8 p.m.
A. information B. new C. news

4/ The ... in this room dates back to the time of Queen Elizabeth I.
A. pictures B. furniture C. chairs

5/ He lost two front ... when he fell down in the playground.
A. legs B. feet C. teeth

6/ Where are John and Mike? I need ... help.
A. their B. they C. them

7/ Jenny's new bedroom is very small. She doesn't know where to put all ... CDs.
A. its B. her C. their

8/ I've bought some blue ... curtains for the bedroom.
A. cotton B. long C. lovely

9/ I felt sick this morning but I'm ... now.
A. best B. better C. badly

10/. Their house is ... as a castle!
A. bigger B. as big C. enormous

11/ The ... mountains in the world are in the Himalayas.
A. highest B. more beautiful C. higher

12/ Can you see ... ships on the horizon?
A. that B. these C. those

13/ Jupiter is ... from the Sun than the Earth.
A. nearer B. farther C. closer

14/ Can you send ... an email as soon as possible?
A. to him B. his C. him

15/ Do you like these shoes? John gave ... me for my birthday.
A. it B. them to C. they for

16/ Kate was upset at the party because her best friend's dress was prettier than ...
A. her B. hers C. she was

17/ She cuts her hair ... . She never goes to the hairdresser's.
A. itself B. themselves C. herself

18/ He went into the bathroom and brushed ... teeth.
A. his B. himself C. the

19/ Look! ... are the photos I took on holiday last year.
A. These B. This C. That

20/ Where is ... ?
A. John's books B. John books C. John's book

21/ All of our ... died because he forgot to water them.
A. neighbour's plants B. neighbours' plant C. neighbours' plants

22/ "Excuse me, madam, ... vehicle is this?"
A. who's B. yours C. whose

23/ My eyes are tired because I spend all day in front of a ...
A. screen's computer B. computer screen C. screen of computers

24/ Sorry, but the ... was closed, so I couldn't get what you wanted.
A. supermarket's B. chemist's C. library's

25/ I thought it was ... awful film.
A. a B. an C. Ø

TEST 3 Autour de la phrase (Fiches 16 à 20)

Une seule des trois réponses est juste. Choisir la réponse A, B ou C.
Voir corrigés p. 385.

1/ We ... to find a place to park the car, but it was impossible.
A. tried B. kept C. suggested

2/ My hair is too long. I ... to get a haircut.
A. don't mind B. need C. recommend

3/ The meeting will begin as soon as Mrs Burton ...
A. arrived B. arrives C. will arrive

4/ If Richard ... more time on his homework, he would get better marks.
A. spends B. spent C. has spent

5/ The party would have been more fun if Ben ... there.
A. was B. had been C. would have been

6/ If I ... in your position, I would accept the offer.
A. had B. were C. am

7/ I'm sure he would feel better if he ... at home in bed.
A. were B. went C. stays

8/ That's the lady ... lost her cat yesterday.
A. which B. who C. whom

9/ *Dracula* is one of the most frightening films ... I have ever seen.
A. that B. who C. whose

10/ Her first book – ... title was *Murder* – became a bestseller.
A. which B. whose C. that

11/ I suggest ... back to the village we passed just now.
A. we go B. that going C. we're going

12/ My parents ... to spend less time on my computer.
A. said I B. want me C. tell that I

13/ My Maths teacher ... do the exercise again.
A. made me B. persuaded me C. told

14/ They asked me where ...
A. the station was B. was the Post Office C. is the bus stop

15/ The tourist said he ... been to Japan before.
A. wasn't B. had never C. hasn't ever

TEST 4 Vocabulaire : les thèmes essentiels (Fiches 21 à 28)

Une seule des trois réponses est juste. Choisir la réponse A, B ou C.
Voir corrigés p. 386.

1/ A tree fell on the … and damaged the chimney.
A. garden B. ceiling C. roof

2/ A lot of the … schools in England are very expensive.
A. public B. state C. free

3/ Peter often takes a … lunch. He hates canteen food.
A. box B. home C. packed

4/ She was disappointed because she didn't … her "A" levels.
A. fail B. pass C. took

5/ At Christmas, it is traditional to have roast … for dinner.
A. pastry B. rabbit C. turkey

6/ Curry served with … is very popular in the UK.
A. rice B. sausages C. custard

7/ She's looking for a pair of shoes that … her new dress.
A. fit B. suit C. match

8/ You have to wear a … when you go cycling.
A. net B. basket C. helmet

9/ Monopoly is the most popular … game in the world.
A. board B. contest C. word

10/ Windsor … is one of the oldest of the monarch's homes.
A. Castle B. Palace C. House

11/ For the station, turn left at the next … and then you'll see it.
A. town hall B. crossroads C. traffic

12/ My father is a …: he takes the train to London every morning and gets back at about 6.30 p.m.
A. commuter B. menswear C. dustman

13/ In a supermarket, you pay at a … .
A. cash desk B. crossing C. sales

14/ The New York … has 468 stations and operates 24 hours a day.
A. tram B. subway C. taxi rank

15/ The shop … told me I could try the trousers on if I wanted to.
A. driver B. window C. assistant

16/ The thick white … made it impossible to see.
A. rain B. fog C. frost

17/ You can see the white … of Dover when you approach the coast.
A. hills B. cliffs C. rocks

18/ There was a flash of … and we knew the storm had begun.
A. cloud B. thunder C. lightning

19/ Loch Ness is the largest of the … in Scotland.
A. ponds B. lakes C. seas

20/ The polar ice cap is melting because of … warming.
A. global B. climate C. weather

21/ He was found guilty of speeding and he lost his … .
A. licence B. highway code C. court

22/ There are 650 MPs in the House of … .
A. Senate B. Commons C. Representatives

23/ They didn't sell any red toasters because … didn't like the colour.
A. consumers B. burglars C. civil servants

24/ When taxes went up, there were … all over the country.
A. revolution B. courts C. demonstrations

25/ The accident at the nuclear power … was very serious.
A. laboratory B. station C. centre

TEST 5 Les outils de la communication
(Fiches 29 à 33)

Une seule des trois réponses est juste. Choisir la réponse A, B ou C.
Voir corrigés p. 387.

1/ In a letter, you put your own address in the … .
A. top left-hand corner
B. top right-hand corner
C. bottom right-hand corner

2/ In this picture, the artist … two of his friends.
A. represents B. portrays C. depict

3/ Oliver Twist is the main … in a novel of the same name.
A. character B. person C. heroine

4/ *Frankenstein* is … a monster created by a mad scientist.
A. concerns B. about C. between

5/ A lot of people died … the famine.
A. for B. during C. since

6/ He came from a poor … but became very rich.
A. background B. context C. foreground

7/ The first scene of the film … in a London street.
A. sets B. takes place C. has a place

8/ Would you … repeating that sentence, please?
A. like B. mind C. do

9/ Yes, but … you put your point well, I don't agree with you.
A. although B. because C. if

10/ … of everything you say, I still can't agree.
A. Because B. Nevertheless C. In spite

11/ The bus would be cheaper. …, I think I'll take a taxi.
A. Although B. However C. In spite of

12/ "Thank you so much." "It's a … . "
A. problem B. matter C. pleasure

13/ Oh … , I've spilt some coffee on my new dress.
A. mind B. pity C. dear

14/ "I'm terribly sorry. I think it's broken." "… mind."
A. Never B. Don't C. You wouldn't

15/ "I like the style and colour. What … ?" "I agree. It suits you."
A. are you thinking B. about C. do you think

TEST 6 Civilisation et Histoire des arts (Fiches 34 à 40)

Une seule des trois réponses est juste. Choisir la réponse A, B ou C.
Voir corrigés p. 388.

1/ Spain tried to invade England in 1588 because England was ...
A. Catholic. B. Protestant. C. powerless.

2/ Who died a natural death?
A. Princess Diana.
B. President Kennedy.
C. Christopher Wren.

3/ The Upper House of the British Parliament is...
A. The Senate.
B. The House of Lords.
C. The House of Commons.

4/ Which political party is left wing?
A. The Republicans.
B. The Labour Party.
C. The Liberal Democrats.

5/ ... was the US President during the American Civil War.
A. Lincoln B. G. Washington C. J. F. Kennedy

6/ A lot of Irish people died in the 1840s because ...
A. of civil war. B. of the British invasion. C. they had no food.

7/ India, Pakistan and Nigeria are all...
A. independent states.
B. Moslem countries.
C. British colonies.

8/ In 1947, Gandhi was one of the important people involved in ...
A. Indian independence. B. Civil Rights II. C. World War II.

9/ ... is the name of a dynasty of British monarchs.
A. George B. Victorian C. Tudor

10/ Which important building was destroyed in 1666?
A. Buckingham Palace.
B. St Paul's Cathedral.
C. The White House.

11/ What did Conan Doyle and Agatha Christie have in common?
A. They were both Scottish.
B. They wrote detective stories.
C. They died in the same year.

12/ Charles Dickens often wrote about ... in his novels.
A. the monarchy B. Victorian detectives C. poor people

13/ Toronto, Sydney and New York are ... .
A. capital cities B. important northern ports C. huge cities

14/ The first English people to go to North America arrived...
A. in *The Mayflower*. B. in California. C. at Ellis Island.

15/ ... is not a London tourist attraction.
A. The Tower of London B. The London Eye C. Stonehenge

CORRIGÉS TEST 1 Autour du verbe

Q.	1	2	3	4	5	6	7	8	9	10	11	12	13	14	15	16	17	18	19	20	21	22	23	24	25
R.	B	C	A	C	A	B	B	C	A	A	B	B	C	C	A	A	B	A	C	A	A	A	C	A	A

1B *have*. A et C sont à la troisième personne du singulier. Il faut un verbe au pluriel. *Have* peut exister seul, sans *got*.

2C *there's*. L'équivalent de « il y a » est *there is* (*there's*) ou *there are*. Il est au singulier quand le premier nom qui suit est au singulier (*a very old church*).

3A *never*. Le locuteur n'aime pas les *cornflakes*, il / elle ne les mange donc jamais (= *never*).

4C *is staying*. Le présent en *be* + V-*ing* s'emploie lorsqu'il s'agit d'une action en cours (*at the moment*).

5A *don't they*. Le *tag* est au présent simple et au négatif car le verbe principal est au présent simple et à l'affirmatif.

6B *Did you*. La réponse courte est au prétérit, la question est donc au prétérit.

7B *don't*. Il s'agit ici du présent simple pour exprimer un goût. L'auxiliaire du présent simple est *do* / *does*. Le curry est un plat indien…

8C *has lived*. On emploie le *present perfect* pour une action qui a commencé dans le passé et continue dans le présent.

9A *haven't finished*. *Yet* s'emploie avec un verbe au négatif (= pas … encore). La phrase est au *present perfect* car il s'agit d'une action qui a un rapport avec le présent (et l'avenir).

10A *read*. La phrase est au prétérit car l'action est située dans le passé (*yesterday evening*). *Read* (qui rime ici avec *red*) est le prétérit de *read*.

11B *won't*. Dans une phrase conditionnelle de ce type, quand le verbe principal est au présent, la subordonnée se construit avec *will* / *won't*.

12B *I'll call*. On utilise *will* pour des offres de service faites sur-le-champ.

13C *couldn't*. L'action est située dans le passé (*was*). *Can* et *may* sont donc exclus. En plus, la logique exige un modal au négatif.

14C *had to*. L'action est située dans le passé (*went*). *Must* n'existe qu'au présent. Au prétérit, on le remplace par *had to*.

15A *doesn't have to*. Pour exprimer une absence d'obligation, on utilise *not have to*. Ne pas confondre avec *mustn't* (= ne doit pas).

16A *Are you*. Certaines expressions qui se construisent avec « avoir » en français se construisent avec « être » (*be*) en anglais : *hungry, thirsty, afraid*, etc.

17B *don't they*. Le *tag* est au présent simple et au négatif car le verbe principal est au présent simple et à l'affirmatif. On reprend le sujet du verbe principal : *they*.

18A *often go*. Le présent simple à l'interrogatif se construit avec la base verbale (*go*). L'adverbe se place devant le verbe.

19C *do you have*. Il s'agit de fréquence, c'est donc le présent simple. Les questions avec *have* (sans *got*) se construisent avec l'auxiliaire *do* / *does*.

20A *just*. *Yet* ne s'emploie qu'avec des verbes au négatif. *Just* + *present perfect* = venir de.

21A *did she take*. Quand on demande à quelqu'un de situer un événement dans le passé, on utilise le prétérit.

22A *two years ago*. Il s'agit d'une action située dans le passé et datée. On cherche donc à traduire « il y a » et non « depuis ».

23C *you lose*. Il s'agit du prétérit. On utilise la base verbale (*lose*) après l'auxiliaire *do* / *does*.

24A *is going to*. On utilise *be* + *going to* pour exprimer une intention.

25A *I'll repair*. On utilise *will* pour des offres de service faites sur-le-champ.

CORRIGÉS TEST 2 Autour du nom

Q.	1	2	3	4	5	6	7	8	9	10	11	12	13	14	15	16	17	18	19	20	21	22	23	24	25
R.	B	A	C	B	C	A	B	A	B	B	A	C	B	C	B	B	C	A	A	C	A	C	B	B	B

1B *sheep*. Il faut un nom pluriel après *hundreds of*. *Sheep* est invariable : il ne prend pas de -*s* au pluriel.

2A *are*. *Police* (nom invariable) est toujours pluriel.

3C *news*. Attention au piège ! *News* (invariable et singulier) signifie « les nouvelles » ou « les informations ». *Information* (invariable et indénombrable) = les renseignements.

4B *furniture*. Le verbe est au singulier. *Furniture* (invariable et indénombrable) est le seul nom singulier (= les meubles, le mobilier).

5C *teeth*. On ne peut pas parler de *front legs* (sauf pour les animaux à quatre pattes) ou de *front feet*. *Teeth* est le pluriel de *tooth* (= dent).

6A *their*. *Help* est un nom ici, complément de *need*. Il faut donc un adjectif. *They* et *them* sont des pronoms personnels.

7B *her*. L'adjectif possessif s'accorde avec le « possesseur ». Jenny est le nom d'une fille…

8A *cotton*. Rappelez-vous l'ordre des adjectifs : opinion, dimensions, âge, forme, couleur, origine, matière.

9B *better*. Il manque un adjectif attribut. *Badly* est un adverbe. *Best* (normalement précédé par *the*) ne convient pas à cause du sens (« je me sens mieux » et non « je suis le meilleur »).

10B *as big*. Le mot *as* ne suit pas un adjectif à la forme comparative (*bigger*). La construction exige la présence de *as* devant l'adjectif.

11A *highest*. Un adjectif à la forme comparative (comme *higher* ou *more beautiful*) n'est pas précédé par *the*. Il faut un adjectif à la forme superlative.

12C *those*. Le locuteur regarde des bateaux qui sont très loin. *These* s'emploie pour identifier ce qui est près de soi. *That* est également impossible car il est au singulier.

13B *farther*. *Farther* est le seul adjectif parmi les trois qui peut être suivi de *from*. Et… Jupiter est plus loin du Soleil que la Terre !

14C *him*. Il y a deux constructions possibles avec *send* : *send someone something* ou *send something to someone*. Il faut donc un pronom personnel complément non précédé de *to*.

15B *them to*. *Give* se construit de la même façon que *send* (voir l'exemple précédent).

16B *hers*. Il s'agit de « la sienne » = *hers* (qui s'accorde avec le possesseur : Kate).

17C *herself*. C'est le pronom réfléchi qui s'accorde avec le sujet (troisième personne au singulier, féminin).

18A *his*. Quand il s'agit d'actions qui normalement ne concernent que soi-même (se laver, s'habiller, etc.), on n'utilise pas de pronom réfléchi.

19A *These*. Le verbe est au pluriel. *This* et *that* sont des pronoms démonstratifs au singulier.

20C *John's book*. Le verbe est au singulier. *Books* est donc impossible.

21A *neighbour's plants*. La présence de *all* exige un nom pluriel et on ne parle que d'un seul voisin (*he*).

22C *whose*. *Whose* = à qui. Ne pas confondre avec *who's* (= qui est).

23B *computer screen*. Il s'agit de l'écran d'un ordinateur, un nom composé.

24B *chemist's*. On utilise le génitif avec le métier d'une personne quand on parle d'un lieu de travail ou d'un magasin (= chez le…). *Supermarket* et *library* ne sont pas des métiers.

25B *an*. *A* devient *an* devant un son voyelle pour faire la liaison.

CORRIGÉS TEST 3 La phrase

Q.	1	2	3	4	5	6	7	8	9	10	11	12	13	14	15
R.	A	B	B	B	B	B	A	B	A	B	A	B	A	A	B

1A *tried*. *Keep* et *suggest* ne sont jamais suivis d'un gérondif (V-*ing*).

2B *need*. *Not mind* et *recommend* ne sont jamais suivis d'un infinitif (*to* + V).

3B *arrives*. Dans une subordonnée de temps qui parle de ce qui va se passer, le verbe est au présent.

4B *spent*. Il s'agit d'une hypothèse (« S'il passait…, il aurait… »). L'imparfait en français devient le prétérit en anglais.

5B *had been*. Il s'agit d'une impossibilité (« La fête aurait été plus amusante si Ben avait été là »). La subordonnée se construit avec *would have* + le participe passé.

6B *were*. C'est une hypothèse (« Si j'étais…, j'accepterais… »). Si le verbe qui suit *if* est *be*, on utilise *were* à toutes les personnes.

7A *were*. Même remarque que pour l'exemple 6. *Went* est impossible car il n'est jamais suivi de *at*.

8B *who*. Les propositions subordonnées relatives sont introduites par *that* ou *who* si l'antécédent est une personne. *Whom* est impossible car il s'agit d'un sujet ici, et non pas d'un complément.

9A *that*. Les propositions subordonnées relatives sont introduites par *that* ou *which* si l'antécédent est une chose.

10C *whose*. On utilise *whose* pour traduire « dont ». Notez l'absence de l'article défini après *whose*.

11A *we go*. *Suggest* peut être suivi du subjonctif (réponse A) ou du gérondif (V-*ing*). Réponse C n'est pas un gérondif, c'est le présent en *be* + V-*ing*. Réponse B est le début d'une subordonnée relative.

12B *want me*. C'est une proposition infinitive : *want* + pronom complément + *to* + BV.

13A *made me*. C'est une proposition infinitive : *make* + pronom complément + BV. Si on utilisait *persuade* ou *tell*, il faudrait ajouter *to* devant la BV.

14A *the station was*. Quand on transforme une question avec *What, Who, When*, etc. en discours indirect, il faut changer l'ordre des mots. Le verbe suit le sujet, comme dans une phrase affirmative.

15B *had never.* Il a dit : *I have never been*… Le *present perfect* devient le plus-que-parfait en discours indirect, car le verbe introducteur est au prétérit (*said*).

CORRIGÉS TEST 4 Vocabulaire : les thèmes essentiels

Q.	1	2	3	4	5	6	7	8	9	10	11	12	13	14	15	16	17	18	19	20	21	22	23	24	25
R.	C	A	C	B	C	A	C	C	A	A	B	A	A	B	C	B	B	C	B	A	A	B	A	C	B

1C *roof*. *Roof* (toit) est la bonne solution car un arbre est tombé sur la cheminée (*chimney*) qui se trouve sur le toit. Une cheminée à l'intérieur d'une maison s'appelle un *fireplace*.

2A *public*. Attention au faux-ami ! En Angleterre, les *public schools* sont des écoles indépendantes et payantes. Les écoles publiques, gratuites, sont des *state schools*.

3C *packed*. *Packed* vient du verb *pack* qui signifie « emballer ».

4B *pass*. Attention au faux-ami ! Passer un examen = *take* / *sit an exam*.

5C *turkey*. Le plat principal du repas traditionnel de Noël comprend non seulement de la dinde mais également des pommes de terre rôties, des choux de Bruxelles et des carottes.

6A *rice*. Normalement, le curry, plat d'origine indienne, est servi avec du riz, quoique certains Anglais servent des frites en accompagnement !

7C *match*. Ne pas confondre *fit*, *match* et *suit*. *Fit* = être de la bonne taille, *suit* = aller bien à quelqu'un, *match* = aller ensemble avec quelque chose.

8C *helmet*. « Casque » se traduit par *helmet* lorsqu'il s'agit de matériel de sécurité. Un casque pour écouter de la musique est *headphones*.

9A *board*. Les jeux de société s'appellent des *board games* parce que la plupart d'entre eux se jouent sur une planche de carton ou de bois dépliée.

10A *Castle*. La différence entre *a castle* et *a palace* (tous les deux peuvent se traduire par « château ») est que *a castle* est fortifié – c'est un palais-forteresse.

11B *crossroads*. Il est impossible qu'il y ait deux *town hall* (hôtel de ville) dans la même ville…

12A *commuter*. Souvent traduit par « banlieusard », *commuter* n'est pas péjoratif. *Commute* = faire la navette.

13A *cash desk*. Cela n'a pas de rapport avec les espèces (= *cash*). L'expression vient du verbe *cash* = « encaisser ». La personne qui travaille au *cash desk* est un / une *cashier* (caissier / caissière).

14B *subway*. Attention à la différence entre l'anglais américain et l'anglais britannique. En Grande-Bretagne, *a subway* = « un passage souterrain ».

15C *assistant*. Le mot *assistant* s'emploie pour un vendeur / une vendeuse dans un magasin. Un vendeur de voitures serait un *car salesman*.

16B *fog*. La réponse est indiquée par la présence de *thick white*. La pluie n'est pas blanche (et le gel n'empêche pas de voir…).

17B *cliffs*. Les falaises blanches de Douvres sont très célèbres. On peut même les voir de la France par beau temps.

18C *lightning*. Ne pas confondre *thunder* (tonnerre) et *lightning* (foudre). *A flash of lightning* = un éclair.

19B *lakes*. Le mot *loch* vient du gaélique écossais (la langue parlée par 58 000 Écossais).

20A *global*. L'adjectif *global* est devenu très répandu, surtout dans les expressions *global market* (marché mondial) et *global economy* (système économique mondial).

21A *licence*. *Licence* (ou *license* aux États-Unis) s'emploie uniquement dans le sens de « permis ». Une licence obtenue après des études universitaires est *a degree*.

22B *Commons*. Les membres de la Chambre des Communes (= députés) sont élus par suffrage universel.

23A *consumers*. Notez aussi le nom composé *consumer society* = « société de consommation ».

24C *demonstrations*. Notez également *demonstrate* (= manifester) et *demonstrator* (= manifestant).

25B *station*. Attention au faux-ami ! *Station* s'emploie pour les trains, le métro et l'énergie. En revanche, « une station de taxis » = *a taxi rank*.

CORRIGÉS TEST 5 Les outils de la communication

Q.	1	2	3	4	5	6	7	8	9	10	11	12	13	14	15
R.	B	B	A	B	C	A	B	B	A	C	B	C	C	A	C

1B *top right-hand corner*. Votre adresse et la date se placent en haut à droite. L'adresse de votre correspondant, sauf s'il s'agit d'un(e) ami(e), se place à gauche, après la date.

2B *portrays*. Attention au faux-ami ! Si c'était *represent*, le sujet serait le tableau, pas le peintre : the *picture represents*…

3A *character*. Un personnage = *a character*, une personne = *a person*. *Heroine* est féminin, donc impossible, car Oliver Twist est un garçon !

4B *about*. *Be about* = concerner, s'agir de.

5C *during*. Pendant = *during* ; pour, depuis (+ période de temps) = *for* ; depuis (+ date) = *since*.

6A *background*. Ce mot a deux sens : « arrière-plan » et « contexte » dans le sens de « milieu ».

7B *takes place*. Cette expression verbale signifie « avoir lieu ». Ne pas confondre *set* = placer, coucher (pour le soleil) et *be set in* = avoir comme toile de fond.

8B *mind*. *Would you mind* est une formule de politesse suivie du gérondif (V-*ing*).

9A *although*. Le sens de la phrase exige *although* (= bien que).

10C *In spite*. Le sens de la phrase exige *in spite of* (= malgré) et non *because of* (à cause de). *Nevertheless* n'est jamais suivi de *of*.

11B *However*. Ce mot signifie « cependant ». Notez la présence de la virgule : *although* (= bien que) et *in spite of* (= malgré) ne sont jamais suivis d'une virgule.

12C *pleasure*. On peut dire *It's a pleasure*, *Don't mention it*, *No problem* ou *You're welcome* quand quelqu'un vous remercie.

13C *dear*. *Oh dear* (= Mince !, Quel dommage !) se dit quand on compatit ou quand on a fait une bêtise.

14A *Never*. *Never mind* signifie « Pas de souci ! ».

15C *do you think*. Quand on demande l'avis de quelqu'un, on utilise le présent simple.

CORRIGÉS TEST 6 Civilisation et Histoire des arts

Q.	1	2	3	4	5	6	7	8	9	10	11	12	13	14	15
R.	C	C	B	B	A	C	A	A	C	B	B	C	C	A	C

1C *Protestant*. L'Espagne voulait placer la catholique Marie Stuart (*Mary Queen of Scots*) sur le trône d'Angleterre.

2C *Christoper Wren*. La Princesse Diana est morte dans un accident de voiture à Paris, le président Kennedy fut assassiné à Dallas.

3B *The House of Lords*. Le Sénat (*Senate*) est la chambre supérieure des États-Unis.

4B *The Labour Party*. Le parti républicain (aux États-Unis) est de droite ; le parti des *Liberal Democrats* est un parti du centre.

5A *Lincoln*. C'est lui qui a, en quelque sorte, provoqué la Guerre civile en annonçant la fin de l'esclavage dont le Sud dépendait pour sa main d'œuvre dans les champs de coton.

6C *they had no food*. La *Potato Famine* durait depuis presque cinq ans. La pomme de terre était l'aliment de base du paysan irlandais.

7A *independent states*. Le Pakistan est un État musulman. Le Nigeria est moitié musulman, moitié chrétien.

8A *Indian independence*. Mahatma Gandhi (1869-1948) fut l'un des leaders du mouvement nationaliste (et pacifiste) en Inde.

9C *Tudor*. Tudor fut le nom de famille des souverains anglais entre 1485 et 1603.

10B *St Paul's Cathedral*. C'était le feu (*The Great Fire of London*) qui a détruit l'ancienne cathédrale. La nouvelle fut terminée en 1708.

11B *They wrote detective stories*. Agatha Christie n'était pas Écossaise. Elle est morte en 1976, 46 ans plus tard que Conan Doyle.

12C *poor people*. Plusieurs romans de Dickens sont situés dans les quartiers pauvres de Londres ou chez des gens pauvres.

13C *huge cities*. Les capitales du Canada, de l'Australie et des États-Unis sont Ottawa, Canberra et Washington. Sydney, en Australie, est dans l'hémisphère sud, ce qui rend *northern* impossible.

14A *in* The Mayflower. Ce fut le nom du bateau qui a transporté des colons anglais en 1620.

15C *Stonehenge*. Ce site préhistorique est dans le Wiltshire, à 137 kms au sud-ouest de Londres.

Terminologie et abréviations

1 Terminologie

Quand on parle de la structure d'une phrase ou de la fonction d'un mot, on utilise plus ou moins la même terminologie selon qu'il s'agit d'une phrase en anglais ou en français : on retrouve donc sujet, verbe, COD (complément d'objet direct), COI (complément d'objet indirect), adjectif, adverbe, article, conjonction, préposition… Certains termes et expressions que vous trouvez dans votre manuel d'anglais peuvent quand même poser problème :

- article Ø — Cela veut dire qu'il n'y a pas d'article devant le nom. Ex. : *I like Ø chocolate* (▸ J'aime le chocolat).
- infinitif — En français, l'infinitif est un seul mot (faire, parler, vivre…). En anglais, il comprend deux mots : *to* et la base verbale (voir ci-dessous) (*to make, to speak, to live*…).
- V ou BV — C'est l'abréviation de « base verbale » (= l'infinitif sans *to*).
- V-*ing* ou V + -*ing* — C'est la base verbale + la terminaison -*ing* : soit le gérondif (nom verbal), soit le participe présent. (Ex. : *making, speaking, living*).
- *be* + V-*ing* — Dans le milieu scolaire en France, ce terme a remplacé « présent progressif » (*present continuous/progressive*).
- *modal* ou *modal auxiliary* — C'est un verbe qui est utilisé en combinaison avec un deuxième verbe pour exprimer la possibilité, la compétence, la permission, l'obligation, le conseil… (Ex. : *can, must, may, should*… = pouvoir, savoir, devoir…).
- quantifieur — Une expression de quantité.
- dénombrable (*countable*),
- indénombrable (*uncountable*) — Un nom dénombrable peut être singulier ou pluriel (ex. : *one bottle, two bottles*). Un nom dénombrable ne peut être que singulier (ex. : *music*). Beaucoup de noms peuvent être les deux selon le contexte (ex. : *I like cheese* [= le fromage en général, indénombrable], *Edam and Gouda are Dutch cheeses* [= des fromages, dénombrable]).

2 Les abréviations

On peut écrire la plupart des abréviations avec ou sans points (ex. : *US* ou *U.S.*). Voici les abréviations courantes qui pourraient vous poser des problèmes…

a/ Le poids

Abréviation	Anglais	Français
oz	ounce, ounces	*once* (1 oz = *28,350 g*)
lb, lbs	pound, pounds	*livre(s) (n.f.)* (16 oz. = 1 lb.)

b/ Les mesures et la vitesse

Abréviation	Anglais	Français
in	inch, inches	*pouce* (1 in = *2,54 cm*)
ft	foot, feet	*pied(s)* (12 in = 1 ft)
sq	square	*carré (ex. :* 2 sq.km. = *2 km²*)
mi	mile, miles	*mille(s)* (1 mi = *1,6093 km*)
mph	miles an/per hour	*milles par heure*

c/ Le temps qui passe

Abréviation	Anglais	Français
am	ante meridiem	*avant midi* (6 am = *6 h*)
pm	post meridiem	*après-midi* (6 pm = *18 h*)
GMT	Greenwich Mean Time	*heure du méridien de Greenwich*

d/ Le latin

Abréviation	Anglais	Français
e.g.	exempli gratia	*par exemple*
i.e.	id est	*c'est-à-dire*

Verbes irréguliers

Infinitif	Prétérit	Participe passé	Français
awake	*awoke*	*awoken*	(se) réveiller
be	*was / were*	*been*	être
bear	*bore*	*borne*	supporter
beat	*beat*	*beaten*	battre
become	*became*	*become*	devenir
begin	*began*	*begun*	commencer
bet	*bet*	*bet*	parier
bite	*bit*	*bit*	mordre
bleed	*bled*	*bled*	saigner
blow	*blew*	*blown*	souffler
break	*broke*	*broken*	casser
bring	*brought*	*brought*	apporter, amener
build	*built*	*built*	construire
burn	*burned / burnt*	*burned / burnt*	brûler, incendier
burst	*burst*	*burst*	éclater
buy	*bought*	*bought*	acheter
catch	*caught*	*caught*	attraper
choose	*chose*	*chosen*	choisir
come	*came*	*come*	venir
cost	*cost*	*cost*	coûter
cut	*cut*	*cut*	couper
dig	*dug*	*dug*	creuser
do	*did*	*done*	faire
draw	*drew*	*drawn*	dessiner
dream	*dreamed / dreamt*	*dreamed / dreamt*	rêver
drink	*drank*	*drunk*	boire
drive	*drove*	*driven*	conduire
eat	*ate* [et, eɪt]	*eaten*	manger
fall	*fell*	*fallen*	tomber
feed	*fed*	*fed*	nourrir
feel	*felt*	*felt*	(se) sentir
fight	*fought*	*fought*	(se) battre, combattre
find	*found*	*found*	trouver
fly	*flew*	*flown*	voler (= avion)
forbid	*forbade* [fe'bæd]	*forbidden*	interdire
forecast	*forecast*	*forecast*	prédire, prévoir
forget	*forgot*	*forgotten*	oublier
forgive	*forgave*	*forgiven*	pardonner
freeze	*froze*	*frozen*	geler

Infinitif	Prétérit	Participe passé	Français
get	*got*	*got / gotten*	obtenir, devenir, etc.
give	*gave*	*given*	donner
go	*went*	*gone*	aller
grow	*grew*	*grown*	cultiver
hang	*hung*	*hung*	suspendre, accrocher
have	*had*	*had*	avoir
hear	*heard*	*heard*	entendre
hide	*hid*	*hidden*	(se) cacher
hit	*hit*	*hit*	frapper
hold	*held*	*held*	tenir, contenir
hurt	*hurt*	*hurt*	blesser
keep	*kept*	*kept*	garder, (se) conserver
kneel	*kneeled / knelt*	*kneeled / knelt*	s'agenouiller
knit	*knitted / knit*	*knitted / knit*	tricoter
know	*knew*	*known*	connaître, savoir
lay	*laid*	*laid*	mettre (la table)
lead [li:d]	*led* [led]	*led* [led]	mener
lean	*leaned / leant*	*leaned / leant*	s'appuyer
leap	*leaped / leapt* [lept]	*leaped / leapt*	sauter, bondir
learn	*learned / learnt*	*learned / learnt*	apprendre
leave	*left*	*left*	partir, quitter
lend	*lent*	*lent*	prêter
let	*let*	*let*	permettre
lie	*lay*	*lain*	s'allonger
light	*lit / lighted*	*lit / lighted*	allumer
lose	*lost*	*lost*	perdre
make	*made*	*made*	faire, fabriquer
mean	*meant* [ment]	*meant* [ment]	signifier
meet	*met*	*met*	rencontrer
pay	*paid*	*paid*	payer
put	*put*	*put*	mettre, poser
read [ri:d]	*read* [red]	*read* [red]	lire
ride	*rode*	*ridden*	monter (à cheval / à vélo…)
ring	*rang*	*rung*	sonner
rise	*rose*	*risen*	se lever, s'élever
run	*ran*	*run*	courir, gérer
say	*said* [sed]	*said* [sed]	dire
see	*saw*	*seen*	voir
sell	*sold*	*sold*	vendre
send	*sent*	*sent*	envoyer

Infinitif	Prétérit	Participe passé	Français
set	*set*	*set*	placer, poser
sew	*sewed*	*sewed / sown*	coudre
shake	*shook*	*shaken*	secouer
shine	*shone*	*shone*	briller
shoot	*shot*	*shot*	tirer (sur), fusiller
show	*showed*	*shown*	montrer
shut	*shut*	*shut*	fermer
sing	*sang*	*sung*	chanter
sit	*sat*	*sat*	s'asseoir
sleep	*slept*	*slept*	dormir
smell	*smelled / smelt*	*smelled / smelt*	sentir (à l'odeur)
speak	*spoke*	*spoken*	parler
spell	*spelled / spelt*	*spelled / spelt*	épeler
spend	*spent*	*spent*	dépenser, passer (du temps)
spill	*spilled / spilt*	*spilled / spilt*	déverser, renverser
spoil	*spoiled / spoilt*	*spoiled / spoilt*	gâcher, gâter
spread	*spread*	*spread*	répandre, étaler
stand	*stood*	*stood*	être debout
steal	*stole*	*stolen*	voler (= dérober)
stick	*stuck*	*stuck*	coller
strike	*struck*	*struck*	frapper
swear	*swore*	*sworn*	jurer
sweep	*swept*	*swept*	balayer
swim	*swam*	*swum*	nager
take	*took*	*taken*	prendre, emporter, emmener
teach	*taught*	*taught*	enseigner
tear	*tore*	*torn*	déchirer
tell	*told*	*told*	dire, raconter
think	*thought*	*thought*	croire, penser
throw	*threw*	*thrown*	jeter
understand	*understood*	*understood*	comprendre
upset	*upset*	*upset*	bouleverser, renverser
wake	*woke*	*woken*	(se) réveiller
wear	*wore*	*worn*	porter (un vêtement)
win	*won*	*won*	gagner (un prix, etc.)
write	*wrote*	*written*	écrire

NOTES

NOTES

NOTES

NOTES

IMPRIM'VERT®

Imprimé en France par Clerc à Saint-Amand-Montrond
N° d'imprimeur : 14438 - Dépôt légal : janvier 2017
N° d'édition : 41000453-01